GUIDE MICHELIN

RESTAURANTS

DEUTSCHLAND
2024

MICHELIN

INHALTSVERZEICHNIS
CONTENTS

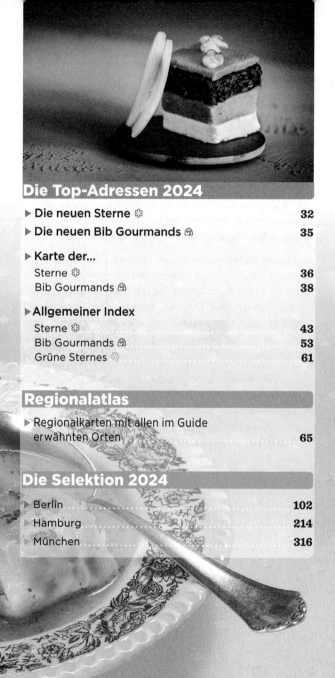

Die Top-Adressen 2024

Regionalatlas

Die Selektion 2024

light wood © Getty Images Plus - Termate/Getty Images Plus (rechts)

EDITORIAL

Liebe Leserin, lieber Leser,

Mit großer Freude stellen wir Ihnen den Guide MICHELIN Deutschland 2024 vor. Diese neue Restaurantauswahl beweist wieder einmal das hohe Niveau und die Vielfalt der deutschen Gastronomie.

Wie bereits in den vergangenen Jahren sehen sich die Gastronominnen und Gastronomen auch in diesem Jahr mit enormen Herausforderungen und Widrigkeiten konfrontiert, die die krisenbehaftete Wirtschaftslage mit sich bringen. Umso beeindruckender sind das Engagement und der Ideenreichtum, die sie in ihren Betrieben an den Tag legen.

Trotz der schwierigen Situation halten sie unbeirrt an ihrem Ziel fest, ihren Gästen spannende kulinarische Erlebnisse zu bescheren. Mit reichlich Know-how und einem bemerkenswerten Qualitätsanspruch sorgen die Köchinnen und Köche für abwechslungsreiche produktorientierte Küchen, bei denen sie sich nur zu gerne an der Saison und der Region orientieren, auf Ressourcenschonung und Tierwohl achten und damit der wachsenden Nachfrage nach Nachhaltigkeit Rechnung

tragen. Ebenfalls nicht mehr wegzudenken aus der hiesigen
Gastro-Szene ist die pflanzenbasierte Küche – hier zeigt sich
auch ein Trend zu rein vegetarischen oder sogar rein veganen
Restaurants. Eine zukunftsweisende Entwicklung, die unsere
Inspektorinnen und Inspektoren überall im Land beobachten und
die sich in dieser Selektion widerspiegelt.

Liebe Leserin, lieber Leser, diese Restaurantauswahl wurde
für Sie zusammengestellt. Es liegt an Ihnen, mit dem Guide
MICHELIN als Reisebegleiter spannende Adressen zu entdecken.
Zögern Sie nicht, uns Ihre Erfahrungen - ob erfreulich oder
enttäuschend - mitzuteilen. Mit Ihren Rückmeldungen können
wir uns stetig verbessern - für Sie! ◾

Das Guide MICHELIN-Team

BEMERKENSWERT...

Die hiesige Restaurantlandschaft ist nach wie vor breit aufgestellt und bei aller Vielfalt unverändert niveauvoll in Sachen Qualität und Know-how. Vor allem junge Küchenchefs gehen mutig ihren Weg und setzen ihre hervorragende Ausbildung sowie ihr Talent interessant und kreativ um. Die gastronomische Zukunft bleibt spannend...

Vor allem der Süden des Landes macht in der neuen Selektion kulinarisch von sich reden

Ganz oben angekommen ist das „ES:SENZ" in Grassau. Unter der Leitung von Edip Sigl hat es das schicke Restaurant des Hotels "Das Achental" von zwei auf drei MICHELIN Sterne geschafft – unsere Inspektor*innen waren von der kreativen Küche mit eigener Handschrift und der enormen Leistungssteigerung innerhalb kurzer Zeit mehr als angetan!

Als weiteres Aufsteiger-Highlight sei das „KOMU" in München zu nennen. Neu in die Restaurantauswahl aufgenommen, wurde es direkt mit zwei Sternen ausgezeichnet. Zu verdanken ist dieser beachtliche Erfolg Patron und Küchenchef Christoph Kunz, der keineswegs unbekannt ist in der deutschen Gastro-Szene. Nachdem er sein Können bereits im Münchner "Alois" unter Beweis stellte, begeistert er nun hier geradezu als Shootingstar mit seinem modernen Kochstil.

Auch das „PUR" im luxuriösen "Kempinski Hotel Berchtesgaden" in Berchtesgaden hat eine bemerkenswerte Entwicklung durchlaufen. Von einem auf zwei Sterne heißt es für das hochmotivierte Team um Ulrich Heimann, das hier ein wunderbares Degustationsmenü zum Besten gibt.

Auch die 1-Stern-Restaurants verdienen Beachtung. Neue Sterne finden sich über das ganze Land verteilt, vom hohen Norden über den Osten bis ganz in den Süden. So wurde beispielsweise in Keitum auf Sylt das Restaurant „Tipken's by Nils Henkel" neu mit einem Stern ausgezeichnet, ebenso das Restaurant „St. Andreas" im sächsischen Aue - Bad Schlema. Hier dürfen sich zwei Brüder mit der Aufnahme in den Guide MICHELIN auch gleich über einen Stern freuen. Mit dem „Restaurant Residenz Heinz Winkler" in Aschau im Chiemgau ist ein echter Klassiker mit neuem Küchenteam zurück in der Sterneliga.

Blättern Sie sich durch den Guide, es gibt noch weit mehr an tollen Restaurants zu entdecken...

Der Vegi-Trend hält an

Vegetarische und vegane Küche ist nach wie vor gefragt in der Spitzengastronomie. Küchenchefs und Gäste gleichermaßen legen zunehmend Wert auf pflanzenbasierte Küche. Wo sich früher nur einzelne vegetarische Gerichte auf der Karte fanden, bietet man heute ganze Menüs auch als fleischfreie Variante an, nicht selten auch rein vegan. In der gesamten Gastronomie des Landes und nicht zuletzt auch in Sternerestaurants spürt man die Leidenschaft der Köchinnen und Köche für die Vegi-Küche. Sie beweisen, dass man Kreativität und hohen Qualitätsanspruch auch ohne Fleisch und Fisch niveauvoll auf den Teller bringen kann. In unserer Selektion finden Sie so manches Restaurant, das sich komplett der fleischlosen Küche verschrieben hat.

Nachhaltigkeit – Genuss ohne Verzicht

Nach wie vor ein großes Thema in der Gastronomie ist die Nachhaltigkeit. Wir möchten wissen, woher unser Essen kommt, wie und wo die Produkte erzeugt und verarbeitet werden. Das gilt zum einen für die eigene Küche daheim, insbesondere aber auch für Restaurants. Zahlreiche Gastronomen sind sich ihrer Verantwortung gegenüber Umwelt und Natur bewusst und setzen sich in ihren Betrieben für Ressourcenschonung und einen respektvollen Umgang mit Lebensmitteln ein. Um dieses Engagement zu würdigen, hat der Guide MICHELIN 2020 den Grünen Stern eingeführt, eine besondere Auszeichnung für konkrete Initiativen, die viele Gastronomen umsetzen. Dazu zählen die Verwendung von saisonalen, regionalen und lokalen (Bio-) Produkten sowie Fleisch aus artgerechter Tierhaltung, „Nose to tail"-Verarbeitung, Vermeidung langer Transportwege... Das sind nur einige der vielfältigen Maßnahmen der Gastronomen. Und auch über das Produkt hinaus spielt das Thema Nachhaltigkeit eine Rolle, so achten viele Betriebe auf Energieeinsparung und Recycling, sensibilisieren ihre Mitarbeiter*innen und informieren ihre Gäste.

Wer glaubt, dass diese nachhaltige Ausrichtung im Widerspruch steht zu kulinarischem Anspruch und Genuss, der irrt. Das beweist nicht zuletzt die beachtliche Zahl an Sternerestaurants, die mit dem Grünen Stern ausgezeichnet sind. Hier verbinden die Köchinnen und Köche sehr erfolgreich das hohe Niveau ihrer Küche mit der Verwendung ressourcenschonend produzierter und vorwiegend regionaler Zutaten, die sie gekonnt in den Mittelpunkt ihrer Speisen stellen.

Auch in der neuen Selektion des Guide MICHELIN Deutschland spiegelt die bemerkenswerte Zahl an Grünen Sternen das Engagement für nachhaltige Gastronomie wider und somit die enorme Bedeutung dieser zukunftsweisenden Entwicklung. ■

DIE GRUNDSÄTZE DES GUIDE MICHELIN

Ob in Japan, in den Vereinigten Staaten, in China oder in Europa, die Inspektoren des Guide MICHELIN respektieren weltweit exakt dieselben Kriterien, um die Qualität eines Restaurants zu überprüfen. Dass der Guide MICHELIN heute weltweit bekannt und geachtet ist, verdankt er der Beständigkeit seiner Kriterien und der Achtung gegenüber seinen Lesern. Diese Grundsätze möchten wir hier bekräftigen:

Die oberste Regel. Die Inspektoren testen **anonym und regelmäßig** die Restaurants, um das Leistungsniveau in seiner Gesamtheit zu beurteilen. Sie bezahlen alle in Anspruch genommenen Leistungen und geben sich nur zu erkennen, um ergänzende Auskünfte zu erhalten. Die Zuschriften unserer Leser stellen darüber hinaus wertvolle Erfahrungsberichte für uns dar und wir benutzen diese Hinweise, um unsere Besuche vorzubereiten.

Um einen objektiven Standpunkt zu bewahren, der einzig und allein dem Interesse des Lesers dient, wird die Auswahl der Häuser in **kompletter Unabhängigkeit** erstellt. Die Empfehlung im Guide MICHELIN ist daher kostenlos. Die Entscheidungen werden vom Chefredakteur und seinen Inspektoren gemeinsam gefällt. Für die höchste Auszeichnung wird zusätzlich auf europäischer Ebene entschieden.

Der Guide MICHELIN ist weit davon entfernt, ein reines Adressbuch darzustellen, er konzentriert sich vielmehr auf eine **Selektion** der besten Restaurants in allen Komfort- und Preiskategorien. Eine einzigartige Auswahl, die auf ein und **derselben Methode** aller Inspektoren weltweit basiert.

Alle praktischen Hinweise, alle Klassifizierungen und Auszeichnungen werden **jährlich aktualisiert**, um die genauestmögliche Information zu bieten.

Die Kriterien für die Klassifizierung im Guide MICHELIN sind weltweit identisch. Jede Kultur hat ihren eigenen Küchenstil, aber gute **Qualität** muss der **einheitliche Grundsatz** bleiben.

Von Tokio bis San Francisco, von Paris bis Kopenhagen, die Mission des Guide MICHELIN ist immer die gleiche, nämlich die besten Restaurants der Welt zu finden.

Küchenvielfalt und Know-how, moderne Kreativität oder große Tradition - unabhängig von Ort und Stil haben die Inspektoren des Guide MICHELIN nur ein Ziel: Geschmack und Qualität... Nicht zu vergessen die Emotionen.

Unter all den im Guide empfohlenen Restaurants erhalten die bemerkenswertesten eine Auszeichnung: die Sterne – bis zu drei für Restaurants, die Sie an die Spitze der Gastronomie führen. Ebenso der Bib Gourmand, der für unser bestes Preis-Leistungs-Verhältnis steht.

Dazu kommt ein weiterer Stern, nicht rot, sondern grün, der auf Betriebe hinweist, die sich für nachhaltige Gastronomie einsetzen.

So viele Geschmackserlebnisse, die man erleben kann – all das ist die Selektion des Guide MICHELIN, und noch viel mehr!

DIE AUSWAHL DES GUIDE MICHELIN

DIE MICHELIN STERNE

Die bemerkenswertesten Küchen sind die mit MICHELIN Stern – einem ❀, zwei ❀❀ oder drei ❀❀❀. Von traditionell bis innovativ, von schlicht bis aufwändig – ganz unabhängig vom Stil erwarten wir immer das Gleiche: beste Produktqualität, Know-how des Küchenchefs, Originalität der Gerichte sowie Beständigkeit auf Dauer und über die gesamte Speisekarte hinweg.

❀❀❀	Eine einzigartige Küche – eine Reise wert!
❀❀	Eine Spitzenküche – einen Umweg wert!
❀	Eine Küche voller Finesse – einen Stopp wert!

BIB GOURMAND

Ein Maximum an Schlemmerei: gute Produkte, die schön zur Geltung gebracht werden, eine moderate Rechnung, eine Küche mit exzellentem Preis-Leistungs-Verhältnis.

DER GRÜNE STERN

GASTRONOMIE & NACHHALTIGKEIT

Achten Sie in unserer Restaurantselektion auf das Symbol MICHELIN Grüner Stern: Es kennzeichnet Betriebe, die sich besonders für nachhaltige Gastronomie einsetzen. Informationen über das besondere Engagement des Küchenchefs finden Sie unter den betreffenden Restaurants.

DIE SYMBOLE
DES GUIDE MICHELIN

N   Neu empfohlenes Haus im Guide
N   Eine neue Auszeichnung in diesem Jahr!

Einrichtungen & Service

     Besonders interessante Weinkarte
     Schöne Aussicht
     Park oder Garten
     Für Körperbehinderte leicht zugängliche Räume
     Klimaanlage
     Terrasse mit Speiseservice
     Privat-Salons
     Parkplatz
     Kreditkarten nicht akzeptiert
U   Nächstgelegene U-Bahnstation (in Berlin)

Preisklasse

€	unter 35 €
€€	35 - 60 €
€€€	60 - 100 €
€€€€	über 100 €

Schlüsselwörter

Schlüsselwörter lassen auf den ersten Blick den Küchenstil und das Ambiente eines Hauses erkennen.

REGIONAL • DESIGN

LEGENDE
DER STADTPLÄNE

Sehenswürdigkeiten

• Restaurants

🏛 Interessantes Gebäude

☿☦☪🕍🕌🛕 Interessantes Gotteshaus

Straßen

═══ Autobahn • Schnellstraße

❶ ❶ Numerierte Ausfahrten

Hauptverkehrsstraße

Fußgängerzone oder Einbahnstraße

🅿 Parkplatz

⌐⌐⌐ Tunnel

🚉 Bahnhof und Bahnlinie

+++++ Standseilbahn

—•—•— Luftseilbahn

Sonstige Zeichen

ℹ Informationsstelle

☿☦☪🕍🕌🛕 Gotteshaus

○ ∴ ✗ Turm • Ruine • Windmühle

░ ₜᵗₜ Garten, Park, Wäldchen • Friedhof

◯ ⚑ 🐎 Stadion • Golfplatz • Pferderennbahn

🏊 🏊 Freibad oder Hallenbad

◄ ✹ Aussicht • Rundblick

▪ ◎ Denkmal • Brunnen

⚓ Jachthafen

🗼 Leuchtturm

✈ Flughafen

Ⓜ U-Bahnstation

🚌 Autobusbahnhof

○ Strassenbahn

🚢 Schiffsverbindungen:
⛴ Autofähre • Personenfähre

✉ Hauptpostamt (postlagernde Sendungen)

🏛 Rathaus

EDITORIAL

Dear Reader,

WIt is with great pleasure that we present the MICHELIN Guide Germany 2024. This new selection of restaurants is once again testament to the quality and diversity of Germany's gastronomy scene.

This year, as in previous years, restaurateurs are coming up against enormous challenges that are symptomatic of a difficult economic climate. It is all the more impressive to see their dedication in the face of adversity, and the wealth of ideas they are implementing in their businesses. They remain resolute in their bid to treat their guests to exciting culinary experiences, despite the crises they are currently facing. Chefs are bringing to bear an abundance of expertise and letting nothing slide when it comes to the remarkable standards of quality that are their benchmark; creating a great variety of ingredient-led cuisines, they are

only too happy to focus on seasonal and regional produce, remaining mindful of resource efficiency and animal welfare and, in so doing, staying abreast of the growing demand for sustainability in the industry. Plant-based cuisine has also become an integral part of dining out in Germany, with a trend towards vegetarian or even fully vegan restaurants. Our inspectors have observed this forward-looking tendency throughout the country and it is reflected in this selection.

The Guide has been designed for you, dear reader. Now it is over to you to go out and discover exciting restaurants with the MICHELIN Guide as your travelling companion. Please do not hesitate to get in touch about your experiences – either positive or disappointing. With your feedback we can constantly improve – for you! ∎

The MICHELIN Guide Team

TRENDS AND HIGHLIGHTS

Germany's restaurant scene is as wide ranging as ever and, for all its diversity, it continues to maintain its lofty standards in terms of quality and know-how. Young chefs, most notably, are boldly striking out and putting their excellent training and talent to use in interesting and creative ways. The future of gastronomy looks bright!

The south of Germany in particular is making waves in the new selection

TES:SENZ in Grassau has reached the very top. Under the management of Edip Sigl, this upscale restaurant in the hotel Das Achental has climbed the rankings from two to three Michelin stars – our inspectors were won over by this creative cuisine with its own signature style and impressed by the speed with which the restaurant has risen to the next level.

Another shooting star is KOMU in Munich. A new addition to the guide's selection, this up-and-coming restaurant has secured two stars right off the bat. This remarkable success is down to chef-patron Christoph Kunz, who is already a familiar face in German fine dining circles. Having already proven his skills at Alois in Munich, he is climbing the ladder here with his modern style of cooking.

PUR, the fine dining restaurant in the luxe Kempinski Hotel Berchtesgaden, in Berchtesgaden in the Bavarian Alps, has also gone from strength to strength. Making the leap from one to two stars, Ulrich Heimann and his tremendously motivated team present their wonderful tasting menu here.

The one-star restaurants are also deserving of attention, with new stars cropping up in every corner of the country, from the far north to the eastern

reaches and all the way to the south. For example, Tipken's by Nils Henkel, in Keitum on the North Frisian island of Sylt, has been awarded a new star, as has St. Andreas, in Aue–Bad Schlema in Saxony. Here, two brothers will be celebrating both their entry into the MICHELIN Guide and receiving a star. And the restaurant of the Residenz Heinz Winkler, in Aschau im Chiemgau – a true classic with a new kitchen team – is back in the star league.

Browse through the pages of the guide – there are many more terrific restaurants for your delectation.

The veggie trend continues

Vegetarian and vegan cuisine is still in demand in fine dining circles, as chefs and guests alike increasingly turn their attention to plant-based cuisine. Where previously there might have been a single vegetarian dish, today entire set menus are going meat-free and often are even fully vegan. Chefs' enthusiasm for vegetable-led cooking is a trend that can be witnessed all over the country, not least in Michelin-starred restaurants. Such establishments prove that meat or fish are no prerequisite for bringing creativity and high-calibre cuisine to the table. In our selection you will come across many a restaurant that has dedicated itself entirely to meat-free cuisine.

Sustainability –
dining out without compromise

Sustainability remains a hot topic in the restaurant industry. We want to know where our food comes from, and how and where foodstuffs are produced and processed – whether we are cooking at home or eating out. Many restaurateurs are aware of their responsibilities when it comes to nature and the environment, and are committed to using resources mindfully and treating edibles with respect.

In 2020, in a nod to this commitment, the MICHELIN Guide introduced the Green Star, a special award acknowledging the concrete initiatives that many restaurant owners are implementing in the name of sustainability. These measures include using seasonal, regional and local (organic) ingredients and meat from species-appropriate animal husbandry, adopting a nose to tail philosophy and reducing food miles – to name but a few. Sustainability also plays a role not only on the plate, but also in various aspects of the running of the restaurant, with many restaurateurs getting to grips with energy saving and recycling, as well as raising awareness among their employees and providing diners with information.

You can find the entire MICHELIN Guide selection at www.guide.michelin.com and on our app, which is available free of charge for iOS and Android.

Looking for a suitable hotel?
The MICHELIN Guide hotel specialists have a wide selection for you – peruse our website www.guide.michelin.com

Anyone who believes that the sustainable approach is at odds with lofty culinary standards and an enjoyable dining experience is mistaken – you only have to look at the plethora of Michelin-starred restaurants that have also clinched the Green Star. In these establishments, the chefs succeed in linking the high calibre of their cuisine to the use of resource-efficient and predominantly regional ingredients, which they expertly showcase as the focus of their cuisine.

In the new selection of the MICHELIN Guide Germany, too, the remarkable number of Green Stars reflects the industry's commitment to sustainable gastronomy and in so doing underscores the enormous importance of this forward-thinking trend. ■

THE MICHELIN GUIDE'S COMMITMENTS

Whether they are in Japan, the USA, China or Europe, our inspectors apply the same criteria to judge the quality of each and every restaurant that they visit. The MICHELIN Guide commands a **worldwide reputation** thanks to the commitments we make to our readers – and we reiterate these below:

Our inspectors make regular and **anonymous visits** to restaurants to gauge the quality of products and services offered to an ordinary customer. They settle their own bill and may then introduce themselves and ask for more information about the establishment.

To remain totally objective for our readers, the selection is made with complete **independence**. Entry into the guide is free. All decisions are discussed with the Editor and our highest awards are considered at an international level.

The guide offers a **selection** of the best restaurants in every category of comfort and price. This is only possible because all the inspectors rigorously apply the same methods.

All the practical information, classifications and awards are revised and updated every year to give the most **reliable information** possible.

In order to guarantee the **consistency** of our selection, our classification criteria are the same in every country covered by the MICHELIN Guide. Each culture may have its own unique cuisine but **quality** remains the **universal principle** behind our selection.

THE MICHELIN GUIDE'S SELECTION

CUISINE QUALITY AWARDS

STARS

Our famous One ✿, Two ✿✿ and Three ✿✿✿ Stars identify establishments serving the highest quality cuisine – taking into account the quality of ingredients, the mastery of techniques and flavours, the levels of creativity and, of course, consistency.

✿✿✿	Exceptional cuisine, worth a special journey!
✿✿	Excellent cuisine, worth a detour!
✿	High quality cooking, worth a stop!

BIB GOURMAND

Good quality, good value cooking.
'Bibs' are awarded for simple yet
skilful cooking.

THE MICHELIN GREEN STAR

GASTRONOMY AND SUSTAINABILITY

The MICHELIN Green Star highlights role-model establishments actively committed to sustainable gastronomy. A quote by the chef outlines the vision of these trail-blazing establishments. Look out for the MICHELIN Green Star in our restaurant selection!

From Tokyo to San Francisco, Paris to Copenhagen, the mission of the MICHELIN Guide has always been the same: to uncover the best restaurants in the world.

Cuisine of every type; prepared using grand traditions or unbridled creativity; whatever the place, whatever the style.. the MICHELIN Guide Inspectors have a quest to discover great quality, know-how and flavours.

And let's not forget emotion... because a meal in one of these restaurants is, first and foremost, a moment of pleasure: it is experiencing the artistry of great chefs, who can transform a fleeting bite into an unforgettable memory.

From all of the restaurants selected for the Guide, the most remarkable are awarded a distinction: first there are the Stars, with up to Three awarded for those which transport you to the top of the gastronomic world. Then there is the Bib Gourmand, which cleverly combines quality with price.

And finally, another Star, not red but green, which shines the spotlight on establishments that are committed to producing sustainable cuisine.

There are so many culinary experiences to enjoy: the MICHELIN Guide brings you all these and more!

SYMBOLS

N (in circle)   New establishment in the guide
N   Establishment getting a new distinction this year

Facilities & services

🍇	Particularly interesting wine list
≤	Great view
🌳	Park or garden
♿	Wheelchair access
A/C	Air conditioning
🍴	Outside dining available
🏠	Private dining room
🚗	Valet parking
P	Car park
🚫	Credit cards not accepted

Range price

€	under 35 €
€ €	35 - 60 €
€ € €	60 - 100 €
€ € € €	over 100 €

Key words

Two keywords help you make your choice more quickly: orange for the type of cuisine, gold for the atmosphere.

REGIONAL • DESIGN

TOWN PLAN KEY

Sights

• Restaurants

Place of interest
Interesting place of worship

Road

Motorway, dual carriageway
Junction: complete, limited
Main traffic artery
Pedestrian street
Car park
Tunnel
Station and railway
Funicular
Cable car, cable way

Various signs

Tourist Information Centre
Place of worship
Tower or mast • Ruins • Windmill
Garden, park, wood • Cemetery
Stadium • Golf course • Racecourse
Outdoor or indoor swimming pool
View • Panorama
Monument • Fountain
Pleasure boat harbour
Lighthouse
Airport
Underground station
Coach station
Tramway
Ferry services:
passengers and cars, passengers only
Main post office with poste restante
Town Hall

2024...
DIE TOP-ADRESSEN

✿ DIE NEUEN STERNE...

✿✿✿

Grassau | **ES:SENZ**

✿✿

Berchtesgaden | **PUR**
Langenargen | **SEO Küchenhandwerk**
München | **KOMU**

Christopher Busch / ES:SENZ

julia@shytsee/KOMU

Matak Studios Fotografie&Film OG, Markus Gmeiner, Karin Faltejse / SEO Küchenhandwerk

Schloss Frankenberg/Le Frankenberg

<table>
<tr><td>Lindau im Bodensee</td><td>**KARRisma**</td></tr>
<tr><td>Markt Indersdorf</td><td>**MIND**</td></tr>
<tr><td>Meisenheim</td><td>**Meisenheimer Hof**</td></tr>
<tr><td>Neuenahr-Ahrweiler, Bad</td><td>**Restaurant Brogsitter -
Historisches Gasthaus Sanct Peter**</td></tr>
<tr><td>Neustadt an der Weinstraße</td><td>**irori**</td></tr>
<tr><td>Nürnberg</td><td>**Wonka**</td></tr>
<tr><td>Rothenburg ob der Tauber</td><td>**Mittermeier**</td></tr>
<tr><td>Sankt Ingbert</td><td>**midi**</td></tr>
<tr><td>Simmershofen</td><td>**Winzerhof Stahl**</td></tr>
<tr><td>Stuttgart</td><td>**ZUR WEINSTEIGE**</td></tr>
<tr><td>Sylt/Keitum</td><td>**Tipken's by Nils Henkel**</td></tr>
<tr><td>Weigenheim</td><td>**Le Frankenberg**</td></tr>
<tr><td>Weinstadt</td><td>**Cédric**</td></tr>
</table>

...UND DIE NEUEN BIB GOURMAND

Berlin	**MaMi's**
Bischofswiesen	**Kulturhof Stanggass - Gasthaus**
Bocholt	**Mussumer Krug**
Ellwangen (Jagst)	**Hirsch**
Emmerich	**Zu den drei Linden - Lindenblüte**
Endingen am Kaiserstuhl	**Dutters Stube**
Erlangen	**Holzgarten**
Friesoythe	**Regional Friesoythe**
Mühlhausen	**Die Bürgermeisterei 1728**
München	**Gasthaus Waltz**
Prien am Chiemsee	**Zum Fischer am See**
Riedenburg	**Forst's Landhaus**
Saarow, Bad	**AS am See**
Sulzbach-Laufen	**Die Krone**
Teisendorf	**MundArt2015**

Philipp Reinhard/Krone

✿ Die Sterne 2024

Dreis	✽✽✽	Ort mit mindestens einem 3-Sterne-Restaurant
Köln	✽✽	Ort mit mindestens einem 2-Sterne-Restaurant
Bonn	✽	Ort mit mindestens einem 1-Stern-Restaurant

Norderney

Bad Zwischenahn

Münster

Haltern am See
Dorsten
Duisburg Essen Dortmur
Velbert Wuppertal
Meerbusch Odenthal
Düsseldorf
Erkelenz Pulheim Gummersba
Köln
Aachen Niederkassel **Bergisch Gladbach**
Nideggen Bonn Limbur
Euskirchen an der La
Bad Neuenahr-Ahrweiler **Andernach**
Koblenz
Darscheid **Dreis** Wiesbader
Kiedrich
Piesport Eltville am Rhei
Trittenheim Bad Selze
Trier Sobernheim
Naurath/Wald
Neuhütten Meisenhein
Perl
Sankt Wendel **Mannheim**
Saarlouis Maßwei
Saarbrücken Pirmase
Sankt Ingbert
Blieskastel
Baiersbronr
Bad Petersta
Endingen am Kaiserstuhl **Rust** La
Vogtsburg im Kaiserstuhl
Freiburg im Breisga
Bad Krozingen
Sulzburg **Schluchse**
Efringen-Kirchen
Grenzach-Wyhlen Bad
Säcking

Baden-Württemberg

Kirchheim an der Weinstraße
Weisenheim am Berg
Mannheim
Heidelberg
Neustadt an der Weinstraße **Deidesheim**
Birkweiler Eggenstein-Leopoldshafen **Zweiflingen**
Wachenheim an der Weinstraße
Karlsruhe Bietigheim Bissingen
Vaihingen an der Enz Schorndorf
Ettlingen Asperg Waiblingen
Waldbronn Fellbach
Baden-Baden Gernsbach **Stuttgart**
Neuhausen Weinstadt Kernen im Remstal
Bad Teinach
Zavelstein Ehningen Waldenbuch
Baiersbronn
Bad Peterstal

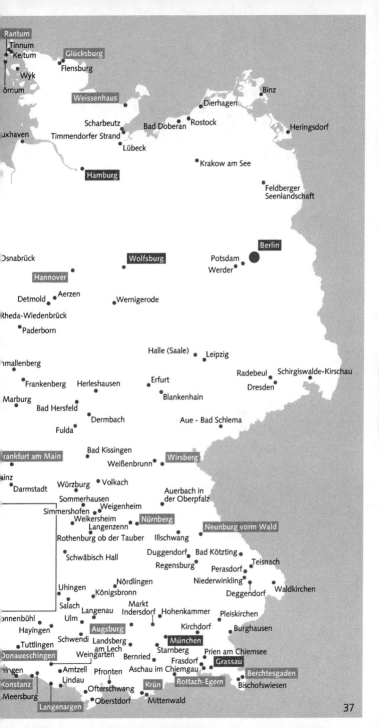

Rantum
Tinnum
Keitum
Glücksburg
Flensburg
Wyk
örnum
Weissenhaus
Binz
Dierhagen
Scharbeutz
Bad Doberan
Rostock
Heringsdorf
Timmendorfer Strand
uxhaven
Lübeck
Krakow am See
Hamburg
Feldberger
Seenlandschaft
Berlin
Osnabrück
Potsdam
Wolfsburg
Werder
Hannover
Detmold
Aerzen
Wernigerode
Rheda-Wiedenbrück
Paderborn
Halle (Saale)
Leipzig
Radebeul
Schirgiswalde-Kirschau
mallenberg
Frankenberg
Herleshausen
Erfurt
Dresden
Marburg
Blankenhain
Bad Hersfeld
Dermbach
Aue - Bad Schlema
Fulda
Bad Kissingen
rankfurt am Main
Weißenbrunn
Wirsberg
inz
Darmstadt
Würzburg
Volkach
Auerbach in
der Oberpfalz
Sommerhausen
Weigenheim
Simmershofen
Weikersheim
Nürnberg
Langenzenn
Neunburg vorm Wald
Rothenburg ob der Tauber
Illschwang
Schwäbisch Hall
Duggendorf
Bad Kötzting
Teisnach
Regensburg
Perasdorf
Uhingen
Nördlingen
Niederwinkling
Königsbronn
Deggendorf
Waldkirchen
Salach
Markt
Indersdorf
Hohenkammer
Pleiskirchen
nnenbühl
Langenau
Ulm
Kirchdorf
Burghausen
Hayingen
Schwendi
Landsberg
Augsburg
Tuttlingen
am Lech
München
Bernried
Starnberg
Prien am Chiemsee
onaueschingen
Weingarten
Frasdorf
Grassau
Amtzell
Pfronten
Aschau im Chiemgau
Berchtesgaden
ingen
Lindau
Rottach-Egern
Bischofswiesen
Konstanz
Ofterschwang
Krün
Meersburg
Oberstdorf
Mittenwald
Langenargen

37

Bib Gourmand 2024

• Orte mit mindestens
einem Bib-Gourmand-Haus.

Molfsee

Neuendorf bei Wilster

Tangstedt

Hamburg

Dornum

Wurster
Nordseeküste

Schneverdingen

Friesoythe

Hannov

Bad Nenndorf

Emsdetten

Herford

Horn-Bad
Meinberg   Po

Vreden

Harsewinkel

Hövelhof

Emmerich

Bocholt

Waltrop

Rüthen

Hann. Münd

Brilon

Neukirchen-Vluyn

Düsseldorf

Köln

Gummersbach

Aachen

Hardert

Freiensteinau

A

Frankfurt
am Main

Heidelber

Saarbrücken

Karlsruhe

Stuttgart

Villingen-
Schwenningen

Freiburg im Breisgau

Bad Malente-Gremsmühlen

Schwerin

Waren

üneburg

Berlin

Bad Saarow

Nordhausen

Wilthen

Mühlhausen

Dresden
Pirna

senach

Chemnitz

Aue - Bad Schlema

Gersfeld

Lichtenberg

Rödental

Presseck
Weissenstadt

Kirchlauter

Bindlach

Forchheim

Heßdorf
Heroldsberg

Erlangen
Illschwang

Wernberg-Köblitz

Marktbergel

Pilsach

Cham

Spalt

Regensburg

Pappenheim
Riedenburg

Windorf
Hauzenberg

Aldersbach
Ruderting

Höchstädt
an der Donau

Bergkirchen

Wasserburg am Inn

Ulm°

Friedberg
Forstinning
Prien am
Chiemsee

Fürstenfeldbruck
Waging am See

Finning
München
Zorneding
Teisendorf

Dießen am Ammersee
Frasdorf
Piding

Gmund am Tegernsee
Schleching

Dietramszell
Samerberg
Bischofswiesen

Bad Tölz
Neubeuern

Wackersberg
Bad
Wiessee
Feldkirchen-Westerham

Oberstdorf

A

Meerfeld

Eltville am Rhein

Jugenheim in Rheinhessen

Bad Kreuznach

Großbundenbach

Frankweiler

Saarbrücken

Blieskastel

Berghaupt

Kenzingen

Frei

Endingen am Kaiserstuhl

Ihringen

Oberri

Staufen im Breisgau

Heitersheim

Sulzburg

Todtn

Bad Bellingen

Klein

Wiese

Zell im Wiesent

Lörrach

Inzling

Grenzach-Wyhlen

Bib Gourmand 2024

- Orte mit mindestens einem Bib-Gourmand-Haus.

40

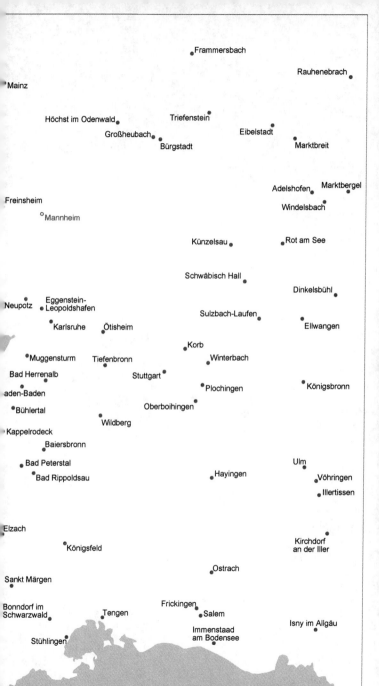

Frammersbach

Rauhenebrach

Mainz

Höchst im Odenwald
Triefenstein
Großheubach
Eibelstadt
Bürgstadt
Marktbreit

Adelshofen
Marktbergel
Freinsheim
Windelsbach
°Mannheim

Künzelsau
Rot am See

Schwäbisch Hall

Dinkelsbühl

Neupotz
Eggenstein-
Leopoldshafen
Sulzbach-Laufen
Karlsruhe
Ötisheim
Ellwangen

Korb
Muggensturm
Tiefenbronn
Winterbach
Bad Herrenalb
Stuttgart
aden-Baden
Plochingen
Königsbronn
Bühlertal
Oberboihingen
Kappelrodeck
Wildberg
Baiersbronn

Ulm
Bad Peterstal
Hayingen
Bad Rippoldsau
Vöhringen
Illertissen

Elzach

Königsfeld
Kirchdorf
an der Iller

Ostrach
Sankt Märgen

Bonndorf im
Schwarzwald
Tengen
Frickingen
Salem
Isny im Allgäu
Immenstaad
Stühlingen
am Bodensee

41

STERNE-RESTAURANT-INDEX

N Neu ausgezeichnetes Haus

✿✿✿

Stadt	Restaurant	Seite
Baiersbronn	Restaurant Bareiss	95
Baiersbronn	Schwarzwaldstube	95
Berlin	Rutz ✿	110
Dreis	Waldhotel Sonnora	153
Grassau	ES:SENZ N	209
Hamburg	The Table Kevin Fehling	222
München	JAN	326
Perl	Victor's Fine Dining by christian bau	376
Piesport	schanz. restaurant.	378
Wolfsburg	Aqua	459

✿✿

Stadt	Restaurant	Seite
Andernach	PURS	88
Augsburg	AUGUST	91
Berchtesgaden	PUR N	98
Bergisch Gladbach	Vendôme	100
Berlin	CODA Dessert Dining	123
Berlin	FACIL	110
Berlin	Horváth ✿	120
Berlin	Lorenz Adlon Esszimmer	110
Berlin	Tim Raue	120
Deidesheim	L.A. Jordan	145
Donaueschingen	Ösch Noir	151
Frankfurt am Main	Gustav ✿	185
Frankfurt am Main	Lafleur	188
Glücksburg	Meierei Dirk Luther	207
Hamburg	100/200 Kitchen ✿	231
Hamburg	bianc	222
Hamburg	Haerlin	222
Hamburg	Lakeside	224
Hannover	Jante	236
Hannover	Votum	237
Karlsruhe	sein	259

A

E

F

STERNE-RESTAURANTS

O

P

R

S

T

U

STERNE-RESTAURANTS

BIB GOURMANDS RESTAURANTS

N Neue Auszeichnung 2024

H

I

J

K

P

R

S

T

Stadt	Restaurant	Seite
Tangstedt	Gutsküche ❀	**430**
Teisendorf	MundArt2015 **N**	**431**
Tengen	Gasthof zur Sonne	**431**
Tiefenbronn	Bauernstuben	**431**
Todtnau	derWaldfrieden ❀	**432**
Bad Tölz	Jägerwirt ❀	**432**
Triefenstein	Weinhaus Zum Ritter	**433**

U

Stadt	Restaurant	Seite
Ulm	Treibgut ❀	**438**

V

Stadt	Restaurant	Seite
Vöhringen	Speisemeisterei Burgthalschenke	**442**
Vreden	Am Kring - Büschker's Stuben	**444**

W

Stadt	Restaurant	Seite
Wackersberg	Tölzer Schießstätte - Hager	**445**
Waging am See	Landhaus Tanner ❀	**445**
Waltrop	Gasthaus Stromberg	**448**
Waren (Müritz)	Kleines Meer	**448**
Wasserburg am Inn	Weisses Rössl	**449**
Weissenstadt	Gasthaus Egertal	**453**
Wernberg-Köblitz	Wirtsstube im Hotel Burkhard	**454**
Bad Wiessee	Freihaus Brenner	**456**
Wildberg	Talblick	**456**
Wilthen	Erbgericht Tautewalde	**457**
Windelsbach	Landhaus Lebert	**457**
Windorf	Feilmeiers Landleben	**458**
Winterbach	Landgasthaus Hirsch	**458**
Wurster Nordseeküste	Gasthaus Wolters - Zur Börse	**462**

Z

Stadt	Restaurant	Seite
Zell im Wiesental	Berggasthof Schlüssel	**462**
Zorneding	Alte Posthalterei	**463**

GRÜNER STERN INDEX

✿ **Nachhaltige Gastronomie**
N Neue Auszeichnung 2024

Animaflora/Getty Images Plus

Regionalatlas

Regionalkarten mit allen im Guide erwähnten Orten.

Ort mit mindestens...

- einem Restaurant
- ✿ einem Sterne-Restaurant
- ✿ einem Bib-Gourmand-Restaurant

Place with at least...

- one restaurant
- ✿ one starred establishment
- ✿ one restaurant "Bib Gourmand"

Kiel

Rostock

Hamburg

Bremen

Hannover

Berlin

Magdeburg

Dortmund

Essen

Düsseldorf

Köln

Bonn

Leipzig

Dresden

Erfurt

Frankfurt
am Main

Mannheim

Nürnberg

Karlsruhe

Regensburg

Stuttgart

Freiburg
im Breisgau

München

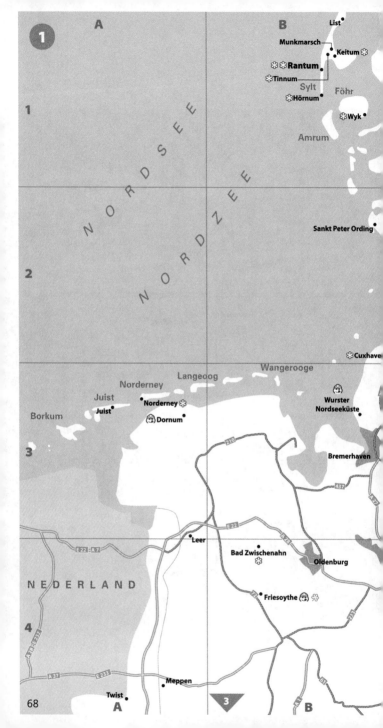

A

B

List

Munkmarsch

Keitum

Rantum

Tinnum

Sylt

Föhr

Hörnum

Amrum

Wyk

1

N O R D S E E

N O R D Z E E

Sankt Peter Ording

2

Cuxhave

Wangerooge

Langeoog

Norderney

Juist

Norderney

Wurster
Nordseeküste

Borkum

Juist

Dornum

Bremerhaven

3

NEDERLAND

Leer

Bad Zwischenahn

Oldenburg

Friesoythe

4

Meppen

Twist

A

3

B

69

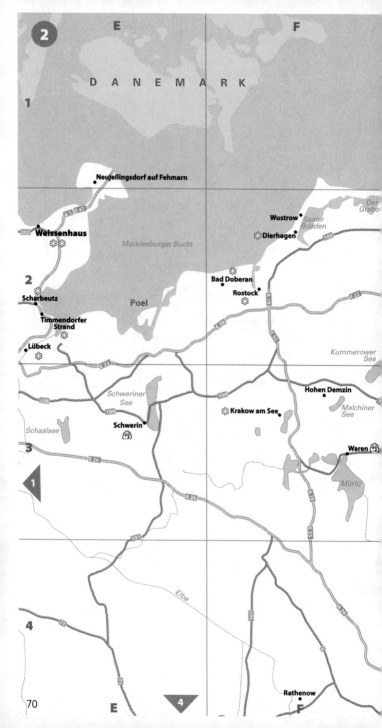

2

E   F

1

D A N E M A R K

Neujellingsdorf auf Fehmarn

Der Grabo

A 11 E 47

Wustrow   *Saaler Bodden*

202 **Weissenhaus**

Dierhagen

105

Mecklenburger Bucht

2

Bad Doberan

Scharbeutz

Poel

Rostock

A 19

E 22

E 55

E 251

Timmendorfer Strand

E 20

Kummerower See

Lübeck

208

Schweriner See

104

Hohen Demzin

Malchiner See

104

Krakow am See

Schaalsee

Schwerin

3

1

E 26

Waren

Müritz

A 24

191

E 55

A 19

A 24

Elbe

4

27

191

107

A 24

Rathenow

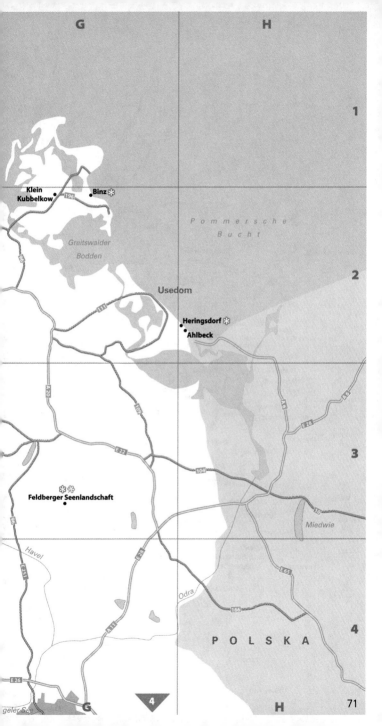

G   H

1

Klein Kubbelkow   **Binz** ❄

Pommersche Bucht

Greitswalder Bodden

Usedom

Heringsdorf ❄
Ahlbeck

2

❄❄
Feldberger Seenlandschaft

Havel

Miedwie

3

Odra

P O L S K A

4

geler See

G

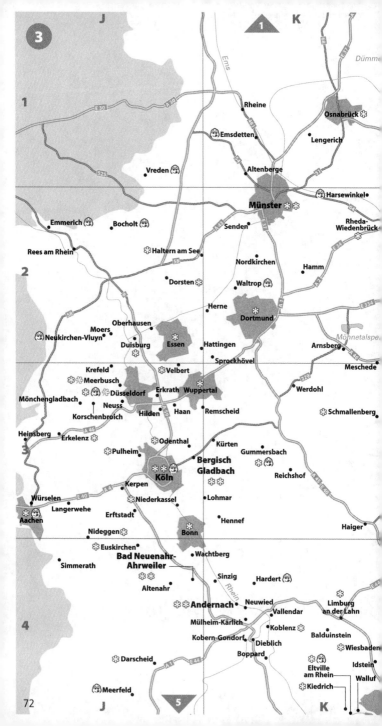

Mit Leidenschaft an der Seite der Gastronomie!

60 JAHRE GROSSHANDEL

Wir freuen uns, dass wir seit 60 Jahren unseren Beitrag zu gastronomischen Sternstunden leisten dürfen.

Unsere Zutaten und die Kunst kreativer Köche – das ist und bleibt ein echtes Erfolgsrezept. Wir freuen uns auf viele weitere Gänge!

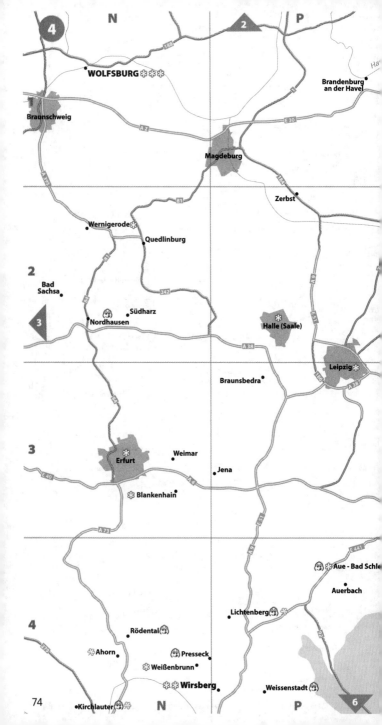

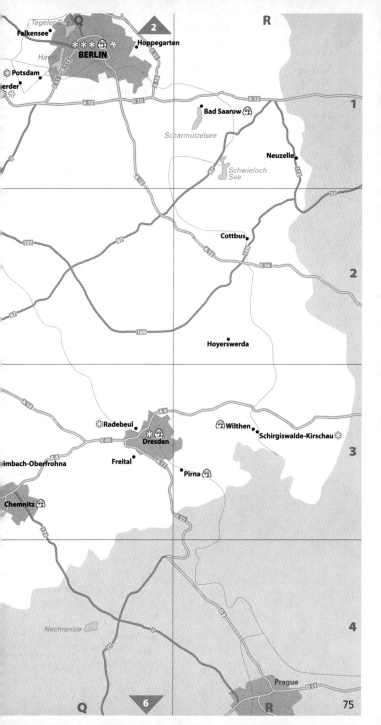

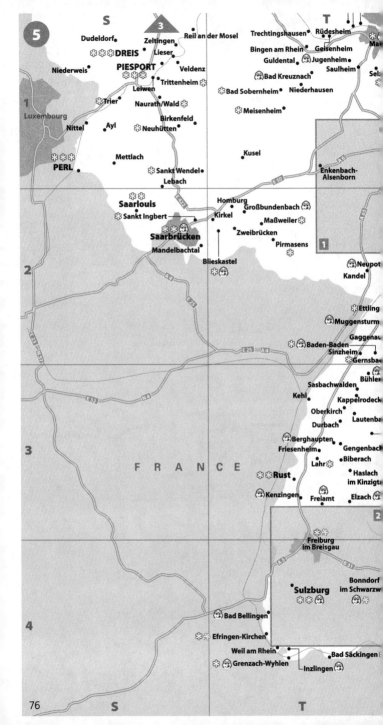

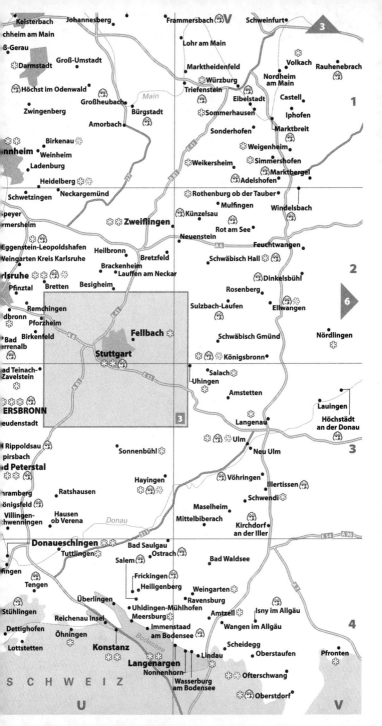

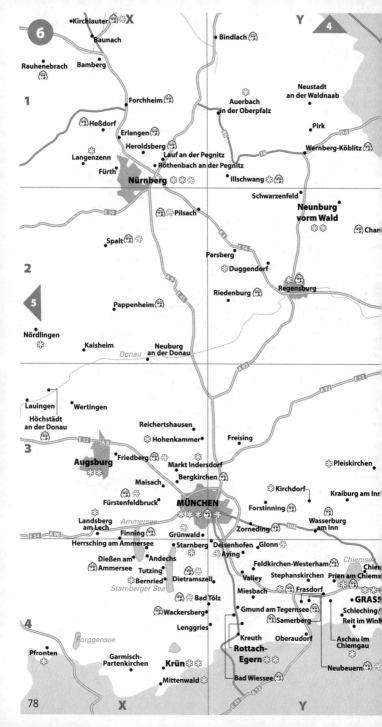

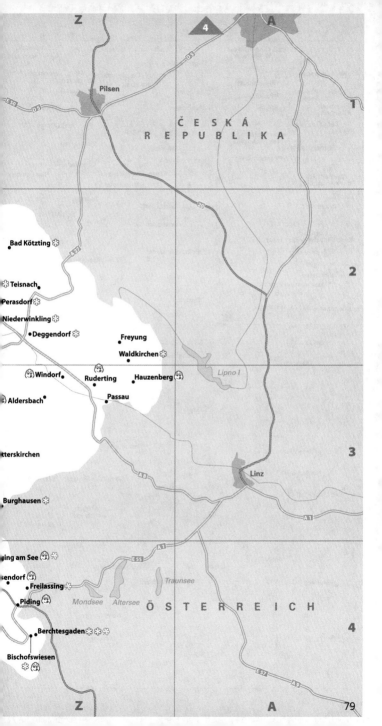

Z

A

E 50 D 5

Pilsen

Č E S K Á
R E P U B L I K A

1

E 50 D 5

D 20

Bad Kötzting ❀

2

B 271

Teisnach ❀

Perasdorf ❀

Niederwinkling ❀

●Deggendorf ❀

Freyung

Waldkirchen ❀

Windorf   Ruderting   Hauzenberg

Lipno I

Aldersbach●

Passau

terskirchen

A 8

Linz

3

Burghausen ❀

A 1

ging am See

E 55   A 1

sendorf

●Freilassing

Traunsee

Piding   Mondsee   Altersee   Ö S T E R R E I C H

Berchtesgaden ❀ ❀ ❀

4

Bischofswiesen
❀

E 57   A 9

Z

A

1

Kirchheim an der Weinstraße

Neuleiningen

Weisenheim am Berg

Enkenbach-Alsenborn

Bad Dürkheim

Bissersheim

Freinsheim

Kallstadt

Wachenheim an der Weinstraße

Deidesheim

Ruppertsberg

Neustadt an der Weinstraße

Maikammer

Dernbach (Kreis Südliche Weinstrasse)

Frankweiler

Siebeldingen

Birkweiler

Ilbesheim bei Landau in der Pfalz

Klingenmünster

Herxheim

B

2

Endingen am Kaiserstuhl

Schönwald im Schwarzwald

Vogtsburg im Kaiserstuhl

Denzlingen

Simonswald

Vörstetten

Waldkirch

Ihringen

Glottertal

Gottenheim

Gundelfingen

Sankt Peter

Freiburg im Breisgau

Sankt Märgen

Kirchzarten

Wittnau

Bad Krozingen

Horben

Oberried

Staufen im Breisgau

Hinterzarten

Heitersheim

Münstertal

Müllheim

Todtnau

Sulzburg

Schluchsee

Badenweiler

Tunau

Häusern

Kleines Wiesental

Zell im Wiesental

Binzen

Lörrach

2

B

2

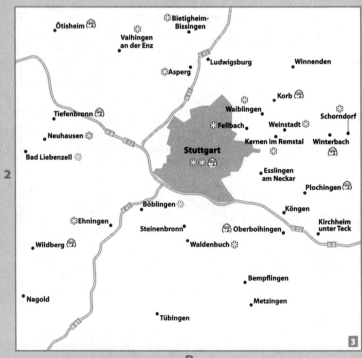

Ötisheim

Bietigheim-Bissingen

Vaihingen an der Enz

Asperg

Ludwigsburg

Winnenden

Korb

Tiefenbronn

Waiblingen

Weinstadt

Schorndorf

Neuhausen

Fellbach

Winterbach

Bad Liebenzell

Kernen im Remstal

Stuttgart

Esslingen am Neckar

Plochingen

Böblingen

Köngen

Ehningen

Steinenbronn

Oberboihingen

Kirchheim unter Teck

Wildberg

Waldenbuch

Bempflingen

Nagold

Metzingen

Tübingen

3

B

80

PPAMPicture/Getty Images Plus

Die Selektion 2024

Die Restaurants sind nach Städten von A bis Z geordnet.

AACHEN

Nordrhein-Westfalen – Regionalatlas **3**-J3

ℰℰ **LA BÉCASSE**

Chef: Christof Lang

FRANZÖSISCH-KLASSISCH • BISTRO Auch wenn die Lage des Restaurants am Zentrumsrand recht unscheinbar ist, die Küche ist es keineswegs! Bereits seit 1981 empfängt Sie Patron Christof Lang in dem gepflegten Eckhaus. Er und sein Team um Küchenchef Andreas Schaffrath sorgen für reduzierte, geradlinig-klassische Küche, die hier und da auch mit modernen Elementen gespickt ist. Die Speisen sind unkompliziert, haben aber dennoch Finesse, vom Geschmack ganz zu schweigen! Top Produktqualität ist selbstverständlich. Und dazu vielleicht einen der schönen französischen Weine? Sie bilden den Schwerpunkt der ansprechenden Weinauswahl. Der Service ist sehr aufmerksam, freundlich und charmant, alles läuft angenehm reibungslos. Mittags gibt es nur das kleine Lunchmenü.

🅰🅲 **🅿** – Preis: €€€€

Hanbrucher Straße 1 ✉ *52064 –* 𝒞 *0241 74444 – labecasse.de – Geschlossen: Montag und Sonntag*

ℰℰ **SANKT BENEDIKT**

Chef: Maximilian Kreus

KREATIV • FAMILIÄR Seit 1982 hat das Aachener „Sankt Benedikt" seinen festen Platz in der nordrhein-westfälischen Sternegastronomie. Nach der Flutkatastrophe konnte Familie Kreus mit enormer Kraftanstrengung ihr Restaurant Anfang Dezember 2021 wiedereröffnen. Sehr zur Freude der Gäste, die in dem denkmal-geschützten Haus im historischen Ortskern von Kornelimünster seither wieder in den Genuss der klassisch geprägten Küche von Maximilian Kreus kommen. Basis für seine Gerichte sind immer exzellente Produkte, die er gefühlvoll und mit einer gewissen eigenen Idee zubereitet. Der Service ist überaus freundlich, versiert die Weinberatung - man empfiehlt ausschließlich Weine deutscher Winzer. Am Abend serviert man das Gourmetmenü (auch als vegetarische Variante), mittags gibt es den Bistro-Lunch in Form eines 3-Gänge-Menüs.

🍴 – Preis: €€€€

Benediktusplatz 12 ✉ *52076 –* 𝒞 *02408 2888 – stbenedikt.de – Geschlossen: Montag und Sonntag, abends: Dienstag und Mittwoch*

🕸 **BISTRO**

KLASSISCHE KÜCHE • GEMÜTLICH Kein Wunder, dass das charmante Restaurant in dem schmucken historischen Haus immer gut besucht ist, denn hier wird grundehr-lich und mit richtig viel Geschmack gekocht! Dazu sorgen ein gemütlich-modernes Interieur und professioneller, sympathisch-natürlicher Service unter der Leitung der Chefin für ein angenehmes Drumherum. Schön auch die kleine Terrasse mit Blick auf Kirche und Marktplatz. Während man hier mittags den Bistro-Lunch mit drei Gängen bekommt, kann man am Abend das "Sankt Benedikt"-Gourmetmenü genießen.

🍴 – Preis: €€

Benediktusplatz 12 ✉ *52076 –* 𝒞 *02408 2888 – stbenedikt.de – Geschlossen: Montag und Sonntag, abends: Dienstag und Mittwoch*

BISTRO

FRANZÖSISCH-KLASSISCH • BRASSERIE Das stilvoll-geradlinige Bistro im "Parkhotel Quellenhof", Flaggschiff der Aachener Hotellerie, bietet saisonal und international inspirierte Küche von "Yellow Fin Tuna, Amalfi-Zitrone, Avocado & Buttermilch" bis zu Klassikern wie "Wiener Schnitzel, Kartoffel-Gurken-Salat, Steirisches Kernöl, Preiselbeeren & Zitrone". Sehr schön der Terrassenbereich.

🛏♿🅰🍴⇔🅿 – Preis: €€

Monheimsallee 52 ✉ *52062 –* 𝒞 *0241 91320 – www.parkhotel-quellenhof.de/ la-brasserie – Geschlossen mittags: Sonntag*

PLAISIR BY HAMID HEIDARZADEH

MODERN • CHIC Hier stechen sofort der schöne Terrazzo-Boden, das klare reduzierte Design in Schwarz und Weiß sowie die hohen Decken mit tollem Stuck ins
Auge. Chef Hamid Heidarzadeh kocht einen interessanten Mix aus klassischer Basis
und modernen Elementen und bindet leichte asiatische und mediterrane Einflüsse
mit ein. Serviert wird ein Menü mit vier bis sieben Gängen.

Preis: €€€

Schlossstraße 16 ⊠ *52066 – 𝒞 0241 89464514 – www.plaisiraachen.de –*
Geschlossen: Montag, Dienstag, Sonntag, mittags: Mittwoch-Samstag

ADELSHOFEN

Bayern – Regionalatlas **5**-V1

🕸 ZUM FALKEN

REGIONAL • GEMÜTLICH Seit vielen Jahren betreibt Lars Zwick den gemütlich-
rustikalen Gasthof im reizenden Taubertal. Gekocht wird regional und saisonal,
donnerstags und freitags gibt's frische hausgemachte Würste. Man hat auch eigene
Obstbrände und eine Imkerei. Alte Scheune für Feierlichkeiten, Weinproben im
Gewölbekeller. Übernachten können Sie in hübschen Zimmern mit ländlichem
Charme.

🏡 ⇔ 🅿 – Preis: €

Tauberzell 41 ⊠ *91587 – 𝒞 09865 941940 – www.landhaus-zum-falken.de –*
Geschlossen: Montag und Dienstag

AERZEN

Niedersachsen – Regionalatlas **3**–L1

✿ HILMAR Ⓝ

FRANZÖSISCH-KLASSISCH • ELEGANT Speisen bei echtem Schloss-Feeling!
Könnte es einen stilvolleren Rahmen geben als das wunderbare Gemäuer des
"Schlosshotels Münchhausen", einem herrschaftlichen Anwesen von 1570? Unter
neuem Namen und neuer Küchenleitung bietet man Ihnen moderne Gerichte,
die sich an der französischen Klassik orientieren. Stephan Krogmann, zuvor
Küchenchef im "Gutshaus Stolpe", präsentiert in seinem 5-Gänge-Menü ausgezeichnete Produkte, die angenehm reduziert und sehr exakt z. B. zu "Seeteufel
von der bretonischen Küste an der Gräte gebraten, Anisaromen, Pinienkerne
& kleines Muschelragout mit Meereskräutern" verarbeitet werden. Fein auch
schon die diversen Kleinigkeiten vorab. Optional gibt es noch den Käsewagen.
Abgerundet wird das Ganze durch freundlichen, versierten Service und elegantes
Ambiente, das historisches Flair (Stuckdecken, Parkettboden, Gemälde) mit
Frische und Leichtigkeit verbindet.

🦪 ⇔ 🅿 – Preis: €€€€

Schwöber 9 ⊠ *31855 – 𝒞 05154 70600 – www.schlosshotel-muenchhausen.*
com – Geschlossen: Montag, Dienstag, Sonntag, mittags: Mittwoch-Samstag

SCHLOSSKELLER

MARKTKÜCHE • REGIONALES AMBIENTE Richtig gemütlich ist der liebevoll
dekorierte Gewölbekeller, traumhaft die Terrasse am Schlossweiher! Man kocht
regional und saisonal, vom klassischen Wiener Schnitzel bis zu "gebratenem
Zanderfilet, Rahmsauerkraut, Schnittlauch-Kartoffeln, Rieslingsauce".

🍽 🏡 🅿 – Preis: €€

Schwöber 9 ⊠ *31855 – 𝒞 05154 70600 – www.schlosshotel-muenchhausen.*
com – Geschlossen mittags: Montag-Sonntag

AHLBECK – Mecklenburg-Vorpommern ➜ Siehe Usedom (Insel)

AHORN

Baden-Württemberg – Regionalatlas **4**–N4

SCHLOSS HOHENSTEIN

Chef: Andreas Rehberger

SAISONAL • HISTORISCHES AMBIENTE Idyllisch liegt das schöne, in 14. Jh. als Burg erstmals urkundlich erwähnte Schloss in einer tollen Parkanlage. Neben einem geschmackvollen Hotel haben Alexandra und Andreas Rehberger hier ein ansprechendes Restaurant in Wintergartenstil, in dem der Patron für saisonale Küche mit Produkten aus der Region sorgt. Dazu die sehr gute Weinberatung durch die charmante Chefin.

Engagement des Küchenchefs: Unsere Lage abseits der Städte kommt uns entgegen, denn wir züchten unsere eigenen Kräuter, suchen den intensiven Austausch mit regionalen Produzenten, bieten Bioweine und halten unsere Speisekarte bewusst klein, um so nachhaltig wie möglich zu wirtschaften und dem Gast das näher zu bringen.

🛏☐✿🄿 – Preis: €€€

Hohenstein 1 ✉ 96482 – 𝄢 09565 9393151 – www.schlosshotel-hohenstein.de – Geschlossen: Montag und Dienstag, mittags: Mittwoch-Sonntag

ALDERSBACH

Bayern – Regionalatlas **6**–Z3

🌱 DAS ASAM

MARKTKÜCHE • FREUNDLICH In der 1. Etage des einstigen Klostergebäudes speisen Sie in den "Modlersälen" unter einer schönen hohen Decke mit tollem Stuck und Malereien - geschmackvoll der Mix aus historischem Rahmen und geradlinigem Interieur. Geboten wird modern inspirierte, saisonale Küche. Ein Klassiker ist der schmackhafte Zwiebelrostbraten! An warmen Sommertagen ist die Terrasse im Kreuzgarten des Klosterinnenhofs ein idealer Ort! Übernachten können Sie in gepflegten, schlicht-charmanten Gästezimmern.

🛏&☐🄿 – Preis: €€

Freiherr-Von-Aretin-Platz 2 ✉ 94501 – 𝄢 08543 6247624 – www.das-asam.de – Geschlossen: Dienstag und Mittwoch, mittags: Montag, Donnerstag-Samstag, abends: Sonntag

ALPIRSBACH

Baden-Württemberg – Regionalatlas **5**–U3

RÖSSLE

REGIONAL • LÄNDLICH In dem bereits in 4. Generation als Familienbetrieb geführten Haus mit der gepflegten Fachwerkfassade wird saisonal, teilweise auch mit internationalen Einflüssen gekocht. Klassiker mit Bezug zur Region finden sich ebenfalls. Sie möchten übernachten? Dann dürfen Sie sich auf Zimmer im modernen Schwarzwaldstil freuen. Ausflugstipp: Klosteranlage und Klosterbrauerei, beides gut zu Fuß erreichbar.

&☐✿🄿 – Preis: €€

Aischbachstraße 5 ✉ 72275 – 𝄢 07444 956040 – www.roessle-alpirsbach.de/ de – Geschlossen: Mittwoch und Donnerstag, mittags: Montag und Dienstag

ALTENAHR

Rheinland-Pfalz – Regionalatlas **3**–J4

GASTHAUS ASSENMACHER

INTERNATIONAL • KLASSISCHES AMBIENTE Bei Christian und Christa Storch spürt man das Engagement. Der Chef überzeugt mit einer schmackhaften klassischen Küche, die er auf moderne Art präsentiert. Seine Gerichte kommen ohne viel Chichi daher, die guten Produkte stehen im Fokus. Dazu freundlicher, aufmerksamer Service unter der Leitung der herzlichen Chefin. Nett die kleine Terrasse auf der Rückseite des Hauses. Im Hotel können Sie gepflegt übernachten.

🍽 🅿 – Preis: €€

Brückenstraße 12 ⊠ 53505 – ✆ 02643 1848 – assenmacher-altenahr.de –
Geschlossen: Montag und Dienstag

ALTENBERGE
Nordrhein-Westfalen – Regionalatlas **3**-K1

PENZ AM DOM

REGIONAL • FREUNDLICH In dem hübschen alten Bürgerhaus vis-à-vis dem Dom mischt sich Historisches mit Modernem. Ein schöner stimmiger Rahmen für die frische, schmackhafte und preislich faire Küche. Tipp: Kommen Sie mal montagabends zum "After Work Dinner", da gibt es ein 3-Gänge-Menü für 25 €. Mittags unter der Woche nur Business Lunch. Tolle Terrasse!

🍽 ♻ – Preis: €€

Kirchstraße 13 ⊠ 48341 – ✆ 02505 9399530 – penz-am-dom.de – Geschlossen:
Mittwoch und Sonntag, mittags: Samstag

AMORBACH
Bayern – Regionalatlas **5**-U1

ABT- UND SCHÄFERSTUBE

FRANZÖSISCH-KLASSISCH • RUSTIKAL Ruhe und Natur pur erwarten Sie auf dem schönen Anwesen des jahrhundertealten Klosterguts. Im Restaurant mit historisch-rustikaler Note wird klassisch und mit saisonalen Einflüssen gekocht - Spezialität ist Lamm. Angenehm die Terrasse mit Blick auf den Odenwald. Sehenswert ist auch der sehr gut bestückte Gewölbeweinkeller von 1524. Gepflegt übernachten können Sie im Hotel "Der Schafhof".

🐄 🍽 ♻ 🅿 – Preis: €€€

Schafhof 1 ⊠ 63916 – ✆ 09373 97330 – schafhof-amorbach.de – Geschlossen
mittags: Montag-Freitag

AMTSTETTEN
Baden-Württemberg – Regionalatlas **5**-V3

STUBERSHEIMER HOF

KLASSISCHE KÜCHE • GEMÜTLICH In dem liebevoll sanierten ehemaligen Bauernhof darf man sich auf geschmackvoll-ländliche Atmosphäre freuen. In der sehr netten Stube mit schönem Holzboden wird man freundlich umsorgt, während die Juniorchefin in der Küche Regie führt und regionale Gerichte zubereitet. Angenehm sitzt man im Sommer im charmanten Innenhof. Hübsche Gästezimmer bietet der Familienbetrieb ebenfalls.

🍽 ♻ 🅿 – Preis: €€

Bräunisheimer Straße 1 ⊠ 73340 – ✆ 07331 4429970 – www.stubersheimer-hof.
de – Geschlossen: Montag und Dienstag, mittags: Mittwoch-Samstag

AMTZELL
Baden-Württemberg – Regionalatlas **5**-V4

✿ SCHATTBUCH

KREATIV • TRENDY Fest in der Allgäuer Gastro-Szene etabliert ist das trendig-elegante "Schattbuch". Hier sorgt das Küchenteam um Sebastian Cihlars für moderne Gerichte, wobei man nie die Region aus den Augen verliert und stets auf sehr gute Produkte setzt. Finesse und ein Hauch Bodenständigkeit gehen Hand in Hand. Am Abend gibt es zwei Menüs (eines davon vegetarisch), mittags können Sie neben günstigeren Tagesmenüs auch Gourmet-Gerichte à la carte wählen. Die Atmosphäre ist freundlich - leger und gleichermaßen fachkundig das Serviceteam um Christian Marz. Im Sommer sitzt man auf der Terrasse richtig schön.

🅰 🏡 ⇄ 🅿 – Preis: €€€

Schattbucher Straße 10 ⊠ 88279 – ☏ 07520 953788 – schattbuch.de/home – Geschlossen: Montag und Sonntag, mittags: Samstag, abends: Dienstag

ANDECHS
Bayern – Regionalatlas **6**–X4

BERNHARDHOF

MODERN • ENTSPANNT Am Fuße des berühmten Klosters Andechs finden Sie dieses sympathische chic-moderne Restaurant. Wo früher der Bauernhof der Holzingers stand, kümmert sich die Familie heute sehr freundlich und engagiert um ihre Gäste. Am Herd sorgt der Junior für gute, frische Küche mit regionalen und internationalen Einflüssen. Übrigens: Wohnen kann man hier auch richtig komfortabel, und zwar in großzügigen Maisonetten und Suiten.

♿ 🏡 🅿 – Preis: €€

Andechser Straße 32 ⊠ 82346 – ☏ 0170 4411222 – www.bernhardhof.de – Geschlossen: Dienstag und Mittwoch, mittags: Montag, Donnerstag-Samstag

ANDERNACH
Rheinland-Pfalz – Regionalatlas **3**–K4

❀❀ **PURS**

MODERNE KÜCHE • DESIGN In einer unscheinbaren Nebenstraße versteckt sich dieses kleine Juwel, entstanden aus der "Alten Kanzlei" von 1677. Geschmackvollmodern das Design von Axel Vervoordt, das auch im gleichnamigen Boutique-Hotel für einen schicken Look sorgt. Hingucker sind Kunstwerke an der Wand sowie die dank verglaster Front gut einsehbare Küche. Das Team um Yannick Noack verarbeitet hier ausgesuchte Produkte zu einem modern-saisonalen 6- bis 8-Gänge-Menü, das Sie um ein "Signature Dish" erweitern können. Wie stimmig man Kontraste in Textur und Aroma kombiniert, beweist z. B. der in feinen Streifen angerichtete Hamachi auf angenehm weicher Risoni-Pasta, zu der sich Blumenkohl und Mandelstücke gesellen, jeweils in naturbelassener und gerösteter Form; dazu eine weiße Soja-Schaumsauce sowie als Garnitur eine Nocke Kaviar - nicht das einzige Gericht, das den Nagel auf den Kopf trifft! Den Apero gibt's im Winter in der Lounge mit Kamin, im Sommer auf der tollen Terrasse.

❀ 🅰 – Preis: €€€€

Steinweg 30 ⊠ 56626 – ☏ 02632 9586750 – purs.com – Geschlossen: Montag, Dienstag, Sonntag, mittags: Mittwoch-Samstag

❀ **YOSO** 🆕

INNOVATIV • CHIC Geboren in Südkorea, aufgewachsen in Schweden und ausgebildet in der französischen Küche, schlagen gleich drei Herzen in der kulinarischen Brust von Peter Fridén, ehemals Küchenchef im Karlsruher "TAWA YAMA FINE". Mit seiner "New Nordic Japanese Cuisine" vereint er im "YOSO" drei Küchen-Kulturen: asiatisch-japanisch, skandinavisch und französisch. Eine interessante, gefühlvolle und innovative Liaison aus Texturen und Kontrasten, basierend auf top Produkten, zeigt z. B. "Heilbutt & Schwertmuschel, Spinat, Koji Beurre Blanc, Fermentierte Stachelbeere". Es gibt ein Menü mit vier, fünf oder sechs Gängen, auch vegetarisch. Das engagierte, freundliche Service-Team samt Köchen erklärt Ihnen kompetent die Gerichte. Dazu erwartet Sie in dem Restaurant des Hotels "Am Ochsentor" im historischen Zentrum Andernachs ein urbanes, geradlinig-modernes Ambiente mit fernöstlichem Touch.

🃏 ⇔ – Preis: €€€€
Schafbachstraße 14 – ✉ 56626 – 𝒞 02632 4998643 – purs.com/purs/yoso –
Geschlossen: Montag-Sonntag

ARNSBERG
Nordrhein-Westfalen – Regionalatlas **3**–K2

MENGE

MARKTKÜCHE • FREUNDLICH Christoph Menge kocht geschmackvoll und ambitioniert, von gefragten Klassikern wie dem "Sauren Schnitzel" bis zu gehobeneren Gerichten wie "Wolfsbarsch mit Petersilienwurzel und Rote Beete". Je nach Saison gibt's auch Galloway-Rind, Wild und Lamm - natürlich aus der Region. In dem traditionsreichen Familienbetrieb kann man auch gepflegt übernachten.

🍴 ⇔ 🅿 – Preis: €€€
Ruhrstraße 60 – ✉ 59821 – 𝒞 02931 52520 – hotel-menge.de – Geschlossen:
Montag und Sonntag, mittags: Dienstag-Samstag

ASCHAU IM CHIEMGAU
Bayern – Regionalatlas **6**–Y4

🕸 **RESTAURANT RESIDENZ HEINZ WINKLER**

FRANZÖSISCH-MODERN • ELEGANT Mit kulinarischer Klassik auf Spitzenniveau hat Kochlegende Heinz Winkler seine "Residenz" berühmt gemacht. Seit der Eröffnung 1991 hat er sie geführt und kontinuierlich aufgebaut. Sohn Alexander wahrt als Gastgeber die Tradition des Hauses und am Herd setzt ein neues motiviertes Team das bewährte Konzept fort: eine klassisch geprägte Küche, die auch moderne Akzente einbezieht und auf hervorragenden Produkten basiert - gelungen umgesetzt z. B. bei "Steinbutt mit geräuchertem Aal, Lardo Speck und Beurre blanc". Das Angebot umfasst Menüs sowie Gerichte à la carte und lässt auch die Winkler-Klassiker nicht vermissen, die die Gäste ebenso schätzen wie das venezianisch-elegante Ambiente. Sehr gut die Weinkarte, stimmig die Empfehlungen von Alexander Winkler, freundlich der Service.

🍸 🃏 🍴 ⇔ 🅿 – Preis: €€€€
Kirchplatz 1 – ✉ 83229 – 𝒞 08052 17990 – www.residenz-heinz-winkler.de –
Geschlossen mittags: Montag-Sonntag

ASPERG
Baden-Württemberg – Regionalatlas **7**–B2

🕸 **SCHWABENSTUBE**

FRANZÖSISCH-KLASSISCH • ELEGANT Hinter all dem Engagement, der Herzlichkeit und der Beständigkeit, die im Hause Ottenbacher eine Selbstverständlichkeit sind, steht eine lange Familientradition, genau genommen vier Generationen! Man pflegt das Bewährte und bleibt dennoch nicht stehen – so trifft in dem schmucken Fachwerkhaus mit den grünen Fensterläden historischer Charme auf modern-elegante Elemente. Die Küche von Max Speyer ist klassisch ausgelegt, bezieht aber auch die Region mit ein. Zur Wahl stehen drei Menüs - darunter ein veganes - sowie Gerichte à la carte. Dazu eine gute Weinkarte. Zum Übernachten hat das Hotel "Adler" wohnliche Zimmer.

🃏 🅿 – Preis: €€€
Stuttgarter Straße 2 – ✉ 71679 – 𝒞 07141 26600 – www.adler-asperg.de/de –
Geschlossen: Montag, Dienstag, Sonntag, mittags: Mittwoch-Samstag

AUE - BAD SCHLEMA

Sachsen – Regionalatlas **4**–P4

🕸 **ST. ANDREAS** Ⓝ

MODERNE KÜCHE • MINIMALISTISCH In dem kleinen Restaurant des traditionsreichen Hotels "Blauer Engel" sind die beiden Brüder Unger mit Engagement und fachlicher Kompetenz im Einsatz. Während Claudius für den Service verantwortlich ist, sorgt Benjamin als Chef am Herd für kreative saisonale Küche in Form eines Menüs mit drei bis sieben aufwändig präsentierten Gängen wie z. B. "Kalb, Buchenpilze, Stachelbeere, Petersilienwurzel". Auch die Köche einschließlich Küchenchef servieren mit und erklären die Gerichte. Sehr einladend das geradlinig-moderne Ambiente mit elegantem Touch.

🕸 🎱 🅿 – Preis: €€€€

Altmarkt 1 ⊠ 08280 – ☏ 03771 5920 – www.hotel-blauerengel.de – Geschlossen: Montag, Dienstag, Sonntag, mittags: Mittwoch-Samstag

😊 **LOTTERS WIRTSCHAFT - TAUSENDGÜLDENSTUBE**

REGIONAL • LÄNDLICH Das Hotel "Blauer Engel" beherbergt neben schönen Gästezimmern auch dieses Restaurant. Auf 360 Jahre Tradition kann das Haus zurückblicken, da spürt man historischen Charme! Warmes Holz sorgt in den Räumen für Gemütlichkeit - ein hübsches Detail ist auch der alte Kachelofen. Dazu wird man persönlich umsorgt und gut essen kann man ebenfalls - à la carte oder in Menüform. Nett sitzt man auch in der Brauerei "Lotters Wirtschaft" nebst urigem Gewölbe.

🅿 – Preis: €€

Altmarkt 1 ⊠ 08280 – ☏ 03771 5920 – www.hotel-blauerengel.de – Geschlossen: Montag und Sonntag, mittags: Dienstag-Samstag

AUERBACH (VOGTLAND)

Sachsen – Regionalatlas **4**–P4

RENOIR

KLASSISCHE KÜCHE • ELEGANT Seit über 30 Jahren steht dieses Haus für Beständigkeit und gute Küche. Man setzt auf Klassik - das gilt für die Speisen ebenso wie für die gediegene und zugleich angenehm unkomplizierte Atmosphäre. Die schmackhaften Gerichte aus guten Produkten gibt es als saisonales Menü mit drei bis fünf Gängen oder à la carte. Dazu können Sie der Weinempfehlung vertrauen - der Chef ist auch ausgebildeter Sommelier! Tipp: Besichtigen Sie die kleine Galerie im Haus.

🅿 – Preis: €€

Schönheider Straße 235 ⊠ 08209 – ☏ 03744 215119 – www.restaurant-renoir. de – Geschlossen: Montag und Dienstag, mittags: Mittwoch-Samstag, abends: Sonntag

AUERBACH IN DER OBERPFALZ

Bayern – Regionalatlas **6**–Y1

🕸 **SOULFOOD**

Chef: Michael Laus

INTERNATIONAL • TRENDY "SoulFood" - das bedeutet "Nahrung für die Seele", und genau die bieten Christine Heß und Michael Laus. Nach ihrer gemeinsamen Zeit in der Frankfurter "Villa Merton" haben sich die beiden direkt neben dem Rathaus von Auerbach den Traum vom eigenen Restaurant erfüllt. Hier beweist der Patron ein Händchen für kreative Küche. Wirklich interessant und bis ins Detail exakt gearbeitet sind z. B. "Orientalische Rinderhackbällchen, Hummus, Petersilien-Salsa, Sesam, Kichererbsen, Granatapfel, Walnüsse" - echtes Soulfood! Sehr gut die Produktqualität, fair die Preise. Sie können "DasEine" oder "DasAndere" Menü wählen oder die einzelnen Gänge auch beliebig austauschen. Und dann ist da noch die herzliche Chefin, die sich fürsorglich um die Gäste kümmert - die Apero-Snacks zu Beginn serviert übrigens der Chef selbst. Ein schönes modernes Restaurant, in dem es einfach ausgezeichnet schmeckt!

Preis: €€€

Unterer Markt 35 ⊠ 91275 - 𝒞 09643 2052225 - www.restaurant-soulfood. com - Geschlossen: Montag und Dienstag, mittags: Mittwoch und Donnerstag

AUGSBURG

Bayern - Regionalatlas 6-X3

❀❀ AUGUST

Chef: Christian Grünwald

KREATIV • KLASSISCHES AMBIENTE Geradezu ein Ort der Kunst! Da ist zum einen die spezielle Atmosphäre in der denkmalgeschützten Haag-Villa von 1877, zum anderen die Küche von Christian Grünwald, die man in dieser Form wohl kein zweites Mal findet. Er ist ein überaus kreativer Koch, der vor allem eines hat: seine eigene Handschrift! Und die gibt er in einem saisonalen Menü zum Besten - klasse schon die diversen Kleinigkeiten vorab. Die Natur bringt Inspirationen, die Produktqualität ist ausgezeichnet, vom heimischen Reh bis zur bretonischen Seezunge. Serviert wird auf beleuchteten "Schaufenster"-Tischen, unter deren Glasplatte Deko und Essbares präsentiert wird. All das erlebt man in überaus stilvollen Räumen, umsorgt von einem angenehm ruhigen und eingespielten Service - Christian Grünwald ist auch selbst "am Gast" und erklärt die Kreationen.

🛋️🎡🅿 - Preis: €€€€

Johannes-Haag-Straße 14 ⊠ 86153 - 𝒞 0821 35279 - restaurantaugust.de - Geschlossen: Montag-Mittwoch, Sonntag, mittags: Donnerstag-Samstag

❀ ALTE LIEBE

Chef: Benjamin Mitschele

MODERNE KÜCHE • CHIC Inhaber und Küchenchef Benjamin Mitschele - in Augsburg schon lange als Gastronom bekannt - gibt hier zwei Konzepte zum Besten. Mittwochs und donnerstags bietet man als Bistro "Small Plates" à la carte, freitags und samstags ein aufwändiges "Tasting Menu". Hier wie dort sind die Gerichte durchdacht, geschmacksintensiv und ausdrucksstark. Dabei achtet man immer sehr auf Produktqualität und Saisonalität, einiges kommt aus der eigenen biozertifizierten Gärtnerei. Ambitioniert die Weinberatung. Die Atmosphäre ist angenehm modern-leger. Im Sommer nette Terrasse auf dem Gehsteig.

🐝 🎡 - Preis: €€€€

Alpenstraße 21 ⊠ 86159 - 𝒞 0821 65057850 - www.alte-liebe-augsburg.de - Geschlossen: Montag, Dienstag, Sonntag, mittags: Mittwoch-Samstag

❀ SARTORY

KLASSISCHE KÜCHE • ELEGANT Schön modern präsentiert sich das kleine Gourmetrestaurant des geschichtsträchtigen Hauses, dem heutigen Hotel „Maximilian's". Das gilt für das klare frische Design ebenso wie für die klassisch basierte Küche. Unter der Leitung von Simon Lang wird mit sehr guten Produkten und saisonalem Bezug gekocht - teilweise kommen die Kräuter aus dem Garten des Küchenchefs. Eigenen Honig hat man ebenfalls. Geboten wird ein Menü, auch als vegetarische Variante. Zusätzlich gibt es mittwochs und donnerstags ein 5-Gänge-Tasting-Menü. Benannt ist das Restaurant übrigens nach Johann Georg Sartory, dem berühmten Augsburger Küchenchef a. d. 19. Jh.

♿ 🅰 - Preis: €€€€

Maximilianstraße 40 ⊠ 86150 - 𝒞 0821 50360 - www.sartory-augsburg.de - Geschlossen: Montag, Dienstag, Sonntag, mittags: Mittwoch-Samstag

NOSE & BELLY

INNOVATIV • MINIMALISTISCH "Folge deiner Nase - höre auf deinen Bauch" - dafür steht der Name dieses kleinen Restaurants im Zentrum von Augsburg. Ein Besuch lohnt sich, das liegt vor allem an der durchdachten saisonalen Küche, für die Hendrik Ketter und sein Team vorzugsweise regionale Produkte verwenden. Es gibt ein Menü mit vier bis sieben Gängen - auch als vegetarische Variante. Dazu versierter, sympathischer Service und angenehm puristisch-modernes Ambiente.
&. 🏠 – Preis: €€€

Heilig-Kreuz-Straße 10 ⊠ 86152 – ℰ 0821 50895791 – www.noseandbelly.de – Geschlossen: Montag, Dienstag, Sonntag, mittags: Mittwoch-Samstag

AYING

Bayern – Regionalatlas **6**–Y4

BRAUEREIGASTHOF AYING

Chef: Tobias Franz

MARKTKÜCHE • GEMÜTLICH Im Restaurant des schmucken "Brauereigasthofs Hotel Aying", einem traditionsreichen Familienbetrieb, lässt man sich in stimmigem, wertig-gemütlichem Ambiente herzlich umsorgen. Serviert wird eine gute regional-saisonale Küche, für die man Produkte von ausgesuchter Qualität verwendet. Dazu gibt es neben schönen Weinen natürlich auch Ayinger Bierspezialitäten. Auch wohnen kann man hier sehr geschmackvoll und komfortabel.

🕸 *Engagement des Küchenchefs:* Unsere Region liegt uns am Herzen, daher verarbeiten wir nur das Beste aus unserer Umgebung, aus eigener Jagd und Zucht! Dazu profitieren wir natürlich von unserer eigenen Landwirtschaft, unserer eigenen Brauerei, Gärtnerei, Imkerei, und wir schenken Mineralwasser aus der eigenen Quelle aus.

🕸 🏠 ⇔ 🅿 – Preis: €€€

Zornedinger Straße 2 ⊠ 85653 – ℰ 08095 90650 – www.brauereigasthof-aying.de – Geschlossen: Montag und Dienstag

AYL

Rheinland-Pfalz – Regionalatlas **5**–S1

WEINRESTAURANT AYLER KUPP

MARKTKÜCHE • FREUNDLICH Während Sie sich frische saisonal ausgerichtete Gerichte schmecken lassen, für die man gerne Produkte aus der Region verwendet, schauen Sie auf die Weinberge und den schönen Garten. Darf es dazu vielleicht ein Riesling vom Weingut nebenan sein? Auch auf Übernachtungsgäste ist man eingestellt: Im Hotelbereich stehen gepflegte, freundliche Zimmer für Sie bereit.
🕸 🏠 🅿 – Preis: €€

Trierer Straße 49a ⊠ 54441 – ℰ 06581 988380 – www.saarwein-hotel.de – Geschlossen: Dienstag und Mittwoch, mittags: Montag, Donnerstag-Sonntag

BADEN-BADEN

Baden-Württemberg – Regionalatlas **5**–T2

🕸 LE JARDIN DE FRANCE IM STAHLBAD

Chef: Stéphan Bernard

FRANZÖSISCH-KLASSISCH • ELEGANT Seit 1998 sind Sophie und Stéphan Bernhard mit Engagement in der Stadt im Einsatz. Nach ihrem Umzug begrüßen sie ihre Gäste nun im „Stahlbad", einem schönen Bau a. d. 19. Jh. mitten im Herzen von Baden-Baden. Nach wie vor überaus gefragt ist die klassisch-französische Küche, die dem Patron, einem gebürtigen Franzosen, gewissermaßen im Blut liegt. Die Gerichte sind produktorientiert, klar im Aufbau und schön harmonisch. Der

Service samt Chefin ist herzlich und versiert, auch in Sachen Wein wird man trefflich beraten - man hat eine richtig gute Auswahl.

🏶 🎦 ⇔ – Preis: €€€€

Augustaplatz 2 ⊠ 76530 – ℰ 07221 3007860 – www.lejardindefrance.de/ baden-baden/aktuell – Geschlossen: Montag und Sonntag

MALTES HIDDEN KITCHEN

Chef: Malte Kuhn

MODERNE KÜCHE • GEMÜTLICH Mitten in der hübschen Fußgängerzone der gepflegten Kurstadt finden Sie dieses interessante Doppelkonzept aus Kaffeehaus und Restaurant: Tagsüber werden Kaffee und Kuchen serviert, am Abend bietet das Team um Patron und Namensgeber Malte Kuhn moderne Speisen - zubereitet in der hinter einer verschiebbaren Wand versteckten Küche, der "hidden kitchen". Gekonnt reduziert man sich auf das Wesentliche, das Produkt steht im Mittelpunkt des 3- bis 6-Gänge-Menüs, aus dem Sie auch à la carte wählen können. Neben der Weinbegleitung gibt es dazu auch eine alkoholfreie Getränkebegleitung auf Basis der Tees aus dem Kaffeehaus. Freundlich und geschult der Service, auch die Köche und der Chef kommen an den Tisch und erklären die Gerichte. Kurzum: ein sympathisches und gemütliches kleines Restaurant mit eigenem Charme - da macht es wirklich Spaß, Gast zu sein!

🎦 ⇔ – Preis: €€€€

Gernsbacher Straße 24 ⊠ 76530 – ℰ 07221 7025020 – exquisite-concepts. com/maltes-hidden-kitchen – Geschlossen: Montag, Dienstag, Sonntag, mittags: Mittwoch-Samstag

WEINSTUBE ZUM ENGEL

REGIONAL • GEMÜTLICH Mit seiner Weinstube hat Christian Beck, Sohn der Betreiber des ebenfalls in Neuweier gelegenen Hotels und Restaurants "Heiligenstein", für eine kulinarische Bereicherung im Ort gesorgt. Die Küche verbindet Regionales, Saisonales und Mediterranes. Vegetarisches und Vespergerichte gibt es ebenfalls. Dazu freundlicher Service und ein gemütliches Ambiente aus Tradition und Moderne. Schön auch die Terrasse.

⇔ 🅿 – Preis: €€

Mauerbergstraße 62 ⊠ 76534 – ℰ 07223 9912392 – www.weinstube-zum-engel. de – Geschlossen: Montag und Sonntag, mittags: Dienstag-Samstag

DIE KLOSTERSCHÄNKE

INTERNATIONAL • GEMÜTLICH Ein sympathisches, gemütliches Restaurant unter familiärer Leitung, das dank seiner schönen Lage einige Kilometer von der Stadtmitte entfernt eine herrliche Terrasse mit tollem Blick auf die Rheinebene bietet. Die Chefin bereitet regional-saisonale Gerichte und auch italienische Speisen zu. Appetit machen z. B. der Klassiker "Cordon bleu mit Schwarzwälder Schinken und Bergkäse" oder - aus der Heimat des Chefs - "Saltimbocca alle Romana".

⇔ ⇔ 🅿 – Preis: €€

Klosterschänke 1 ⊠ 76530 – ℰ 07221 25854 – www.restaurant-klosterschaenke. de – Geschlossen: Montag, mittags: Dienstag-Samstag

HEILIGENSTEIN

KLASSISCHE KÜCHE • FREUNDLICH Hier sitzt man in geschmackvoll-modernem Ambiente bei klassisch-saisonaler Küche. Gute, frische Produkte werden angenehm unkompliziert und mit Geschmack zubereitet. Dazu gibt es eine schöne Weinkarte mit über 400 Positionen. Hübsch die Terrasse. Zum Übernachten hat das ruhig gelegene Haus attraktive wohnliche Zimmer.

🏶 ⇔ ⇔ 🅿 – Preis: €€

Heiligensteinstraße 19a ⊠ 76534 – ℰ 07223 96140 – hotel-heiligenstein.de – Geschlossen: Donnerstag, mittags: Montag-Mittwoch

MORIKI

ASIATISCH • TRENDY Ganz in der Nähe des Festpielhauses bekommt man hier im Restaurant des Hotels "Roomers" panasiatische Gerichte und eine schöne Sushi-Auswahl. Auf der Karte liest man z. B. "Sake Teriyaki - Schottischer Lachs mit Teriyaki glasiert, süß eingelegter Gurkensalat, Reis". Das Ambiente dazu ist recht cool, trendig und gleichermaßen hochwertig, ein junges motiviertes Serviceteam umsorgt Sie angenehm leger und kompetent.

  🕸 🛆 🎐 ⇔ – Preis: €€€

Lange Straße 100 ⊠ 76530 – ℰ 07221 90193901 – www.roomers-hotels.com/baden-baden

NIGRUM

INTERNATIONAL • DESIGN Ein tolles Kreuzgewölbe, edle dunkle Töne, Designer-Elemente und Kunst - so stylish zeigt sich das Restaurant in den ehemaligen Stallungen etwas oberhalb der Stadt, nur wenige Schritte vom Neuen Schloss. Geboten wird ein modern inspiriertes Menü mit vier oder sechs Gängen - als Extragang gibt es optional Käse. Chic auch die Bar für Apero oder Digestif. Tipp: Sie können das Haus von der Fußgängerzone über die "Burgstaffeln"-Treppe erreichen. Für Autofahrer hat man einige Parkplätze vor dem Lokal.

  🛆 🅿 – Preis: €€€€

Schloßstraße 20 ⊠ 76530 – ℰ 07221 3979008 – www.restaurant-nigrum.de – Geschlossen: Montag, Dienstag, Sonntag, mittags: Mittwoch-Samstag

WEINSTUBE BALDREIT

TRADITIONELLE KÜCHE • RUSTIKAL Sie liegt schon etwas versteckt, diese sympathische Weinstube, doch das Suchen lohnt sich - vor allem im Sommer, da wird die charmante Terrasse im lauschigen Innenhof zum Lieblingsplatz! Neben entspannter Atmosphäre und freundlichem Service darf man sich auch auf saisonal beeinflusste Küche freuen. Man hat viele Stammgäste und ist immer gut besucht, also reservieren Sie lieber!

  🎐 ⇔ – Preis: €€

Küferstraße 3 ⊠ 76530 – ℰ 07221 23136 – Geschlossen: Montag und Sonntag, mittags: Dienstag-Freitag, abends: Samstag

WINTERGARTEN

MODERN • ELEGANT Richtig schön luftig und licht ist es hier, so wünscht man es sich von einem Wintergarten. In dem geschmackvollen Restaurant des ehrwürdigen "Brenners Park-Hotel & Spa" gewährt die raumhohe Verglasung zum Kurpark einen wunderbaren Blick ins Grüne - da lockt natürlich auch die Terrasse! Die klassische und saisonale Küche können Sie am Abend als Menü oder à la carte wählen. Vegetarische Gerichte sind auch dabei. Mittags wird von Mo. bis Fr. ein 3-gängiges Lunch Menü angeboten.

  ≤ 🛆 🎐 ⇔ – Preis: €€€€

Schillerstraße 4 ⊠ 76530 – ℰ 07221 900890 – www.oetkercollection.com/de/hotels/brenners-park-hotel-spa/restaurants-bars/restaurant-wintergarten

BADENWEILER

Baden-Württemberg – Regionalatlas **7**–B1

SCHWARZMATT

KLASSISCHE KÜCHE • GEMÜTLICH Hier darf man sich auf klassische Küche mit saisonalem Bezug freuen. Dazu stimmiges Ambiente mit hübschen Stoffen, Farben und Accessoires, nicht zu vergessen der herrliche Garten. Ein Muss am Nachmittag: Kuchen nach altem Rezept von Hermine Bareiss! Im gleichnamigen Ferienhotel stehen Zimmer im eleganten Landhausstil bereit.

  🛆 🎐 🅿 – Preis: €€

Schwarzmattstraße 6a ⊠ 79410 – ℰ 07632 82010 – schwarzmatt.de

BAIERSBRONN

Baden-Württemberg – Regionalatlas **5**-U3

✿✿✿ RESTAURANT BAREISS

FRANZÖSISCH-KLASSISCH • LUXUS Claus-Peter Lumpp ist ein Meister seines Fachs! Seit März 1992 ist der gebürtige Schwabe Küchenchef im Bareiss'schen Gourmetrestaurant und gehört gewissermaßen zum Inventar des Hauses. Seine Küche ist nach wie vor klassisch-französisch geprägt, dennoch bringt er auch moderne Elemente ein. So verbindet er z. B. topfrischen und saftigen gebratenen Langostino mit Kürbis in Form von Gelee, zarten Scheiben und Püree sowie einer Krustentiersauce mit ungeheuer viel Kraft und geschmacklichem Ausdruck, verfeinert mit etwas Ingwer. Nicht zu vergessen der tolle Käsewagen, ebenso klasse sind Confiserie und Pralinen vom Wagen! Dazu eine niveauvolle Atmosphäre, die nicht zuletzt dem exzellenten Service unter der Leitung von Thomas Brandt, einem Maître alter Schule, zu verdanken ist. Für top Weinberatung sorgt Sommelier Teoman Mezda. Wunderbar, dass man in diesen Genuss auch mittags kommt!

☆ & ㎢ 🅿 – Preis: €€€€

Hermine-Bareiss-Weg 1 ✉ 72270 – 𝒸 07442 470 – www.bareiss.com – Geschlossen: Montag-Mittwoch

✿✿ SCHWARZWALDSTUBE

FRANZÖSISCH-KLASSISCH • DESIGN Modern-elegant und zugleich mit regionalem Bezug, so präsentiert sich die "Schwarzwaldstube" im Stammhaus der "Traube Tonbach", die giebelhohe Fensterfront gibt den Blick in die Natur frei! In der Küche begeistern Torsten Michel und sein Team mit einer durchdachten Mischung aus Moderne und Klassik in Form von klar strukturierten Kreationen voller Finesse und Aromen, die auf top Produkten basieren. Es gibt ein kleines und ein großes Degustationsmenü sowie ein vegetarisches Menü. Verlockend liest sich nicht nur "Lackierte Wolfsbarschschnitte 'Ikejime France' mit krosser Haut, Jus Perlé von gerösteten Barschkarkassen mit Sanddorn und Ahornsirup". Für einen krönenden Abschluss sorgt Piet Gliesche mit seinen wunderbaren Desserts. Und dann ist da noch das überaus angenehme, perfekt organisierte Serviceteam um Restaurantleiterin Nina Mihilli und den mit Persönlichkeit und Kompetenz glänzenden Chef-Sommelier Stéphane Gass!

☆ ⇆& ㎢ 🅿 – Preis: €€€€

Tonbachstraße 237 ✉ 72270 – 𝒸 07442 492665 – www.traube-tonbach.de/ restaurants-bar/schwarzwaldstube – Geschlossen: Montag und Dienstag, mittags: Mittwoch-Freitag

✿ 1789

MODERNE KÜCHE • MINIMALISTISCH Florian Stolte hat nach seiner Zeit in der "Köhlerstube" und im "temporaire" nun mit dem "1789" sein eigenes Spielfeld! Ein intimes, minimalistisch und zugleich wertig-chic gestaltetes Restaurant, in dem es angenehm locker zugeht. Zwei Menüs, eines davon rein vegetarisch, repräsentieren seinen ganz eigenen Stil: klassische Basis, moderne Interpretation, asiatische Einflüsse. Gerichte wie z. B. "Adlerfisch, Paprika, Koriander, Rotes Thaicurry" strotzen geradezu vor Aromatik und zeigen eine mutige und anregende, gekonnt eingebundene Schärfe. Die Produkte sind von top Qualität, so verbirgt sich hinter "Rind, Steinpilz, Lauch, Asiajus" ein ausgezeichnetes australisches Jack's Creek Wagyu. Die Küche begeistert mit tollen Akzenten, geschmacklicher Balance und äußerst präzisem Handwerk. Das Serviceteam ist gewohnt versiert, wobei es sich Florian Stolte nicht nehmen lässt, den ein oder anderen Gang selbst zu servieren.

☆ & ㎢ 🅿 – Preis: €€€€

Tonbachstraße 237 ✉ 72270 – 𝒸 07442 492665 – www.traube-tonbach.de/ restaurants-bar/1789-1 – Geschlossen: Mittwoch und Donnerstag, mittags: Montag, Dienstag, Freitag-Sonntag

❀ SCHLOSSBERG

Chef: Jörg Sackmann

KREATIV • ELEGANT Seit Jahrzehnten ist das "Schlossberg" eine kulinarische Institution im idyllischen Murgtal. Das Interieur ist chic und wertig: moderne Formen, helles Holz und ruhige Grau- und Beigetöne, hier und da Design-Akzente. Als eingespieltes Vater-Sohn-Team bieten Jörg und Nico Sackmann sowohl klassische Speisen als auch moderne Kreationen mit internationalen Einflüssen und Produkten, mal kommen die Gerichte reduziert, mal komplex daher. Es gibt zwei Menüs mit fünf bis acht Gängen, eines davon vegetarisch. Sie möchten länger bleiben? Schön sind die Gästezimmer und der Spa-Bereich des Hotels "Sackmann".

🏧 🅿 – Preis: €€€€

Murgtalstraße 602 ✉ 72270 – ☎ 07447 2890 – www.hotel-sackmann.de – Geschlossen: Montag und Dienstag, mittags: Mittwoch-Sonntag

☺ DORFSTUBEN

REGIONAL • GEMÜTLICH "Uhrenstube" und "Förster-Jakob-Stube", so heißen die reizenden, mit Liebe zum Detail originalgetreu eingerichteten Bauernstuben a. d. 19. Jh. Ausgesprochen herzlicher Service im Dirndl umsorgt Sie mit richtig guter saisonal-regionaler Küche samt Wild aus eigener Jagd und Forellen aus eigener Zucht. Beliebt die "Dorfstuben"-Klassiker. Tipp: Beachten Sie das Tagesmenü.

♿ 🏡 🅿 – Preis: €€

Hermine-Bareiss-Weg 1 ✉ 72270 – ☎ 07442 470 – www.bareiss.com

☺ SCHATZHAUSER

INTERNATIONAL • CHIC Eine weitere Variante der "Traube Tonbach"-Gastronomie der Familie Finkbeiner. Puristisch-modern und luftig-licht die Atmosphäre, toll die Terrasse mit Blick ins Tal. Geboten wird ein schöner Mix aus internationaler Küche und regionalen Klassikern, dazu Steaks vom Lavastein-Grill. Sehr freundlich und ebenso geschult der Service. Benannt ist das Restaurant übrigens nach dem guten Waldgeist eines Schwarzwald-Märchens.

♿ 🏧 🏡 ✧ 🅿 – Preis: €€

Tonbachstraße 237 ✉ 72270 – ☎ 07442 492622 – www.traube-tonbach.de/restaurants-bar/schatzhauser-1 – Geschlossen abends: Sonntag

ENGELWIRTS-STUBE

MARKTKÜCHE • GEMÜTLICH Ein schönes Restaurant mit hübscher Terrasse zum Garten. Geboten wird eine regional-saisonal geprägte Küche mit internationalen Einflüssen. Zur einladenden Atmosphäre trägt auch der freundliche und geschulte Service bei. Sie können auch getrost einen längeren Aufenthalt planen, dafür bietet das komfortable Ferien- und Wellnesshotel "Engel Obertal" stilvolle Gästezimmer und tolle Möglichkeiten zum Entspannen.

🐾 ♿ 🏡 🅿 – Preis: €€

Rechtmurgstraße 28 ✉ 72270 – ☎ 07449 850 – www.engel-obertal.de

FORELLENHOF

REGIONAL • REGIONALES AMBIENTE Auch dieser historische Forellenhof in idyllischer Lage gehört zur Bareiss'schen Gastromomie. Der Name lässt es bereits vermuten: Im Fokus stehen Gerichte rund um die frischen Forellen aus eigener Zucht. Neben hübschen gemütlichen Stuben lockt natürlich auch die Terrasse. Geöffnet von 11.30 - 17.30 Uhr. Tipp: Fischverkauf im "Forellenlädle" (9 - 12 Uhr).

♿ 🏡 ✧ 🅿 – Preis: €

Schliffkopfstraße 64 ✉ 72270 – ☎ 07442 470 – www.forellenhof-buhlbach.com – Geschlossen abends: Montag-Sonntag

KAMINSTUBE

FRANZÖSISCH-KLASSISCH • ELEGANT Schön sitzt man in der stilvoll-eleganten Stube mit dem namengebenden Kamin, die neben dem "Restaurant Bareiss" und den "Dorfstuben" ebenfalls zur Gastronomie des luxuriösen Hotels der Familie Bareiss gehört. Geboten wird klassisch-traditionelle Küche mit internationalen Einflüssen - auch kleine Portionen sind möglich. Dazu sehr freundlicher Service. Beliebt ist im Sommer die Terrasse mit Blick ins Ellbachtal.

⇘ ⌖ 🅼 🛆 🅿 – Preis: €€€

Hermine-Bareiss-Weg 1 ✉ *72270 – 𝒞 07442 470 – www.bareiss.com –*
Geschlossen mittags: Montag-Freitag

BALDUINSTEIN

Rheinland-Pfalz – Regionalatlas **3**–K4

RESTAURANT ZUM BÄREN

REGIONAL • LANDHAUS Seit 1827 ist Familie Buggle in dem idyllisch gelegenen Traditionshaus im Einsatz. Mit Küchenchef Joachim Buggle ist inzwischen die 8. Generation an der Spitze und sein Konzept kann sich sehen lassen. Mit geschmacksintensiven, angenehm reduzierten, ohne Chichi zubereiteten Gerichten wie "Glasiertes Kalbsbries mit Erbse und Pfifferlingen" oder "In Nussbutter pochierter arktischer Saibling mit Pak Choi und Süßkartoffelpüree" hat er sich der kulinarischen Klassik verschrieben. Im Restaurant mit seinem schönen Interieur im Landhausstil herrscht eine angenehme und gemütliche Atmosphäre, in der Weinstube geht es etwas rustikaler zu. Dazu die wunderbare Terrasse unter Lindenbäumen! Umsorgt werden Sie von einem charmanten und herzlichen Serviceteam. Auch übernachten lässt es sich im "Bären" hervorragend.

⅋ 🛆 ⇄ 🅿 – Preis: €€

Bahnhofstraße 24 ✉ *65558 – 𝒞 06432 800780 – www.landhotel-zum-baeren.*
de – Geschlossen: Montag-Mittwoch

BAMBERG

Bayern – Regionalatlas **6**–X1

VITA

ITALIENISCH • GEMÜTLICH Fabio Galizia (zuvor Junior Souschef im Restaurant "Schloss Schauenstein" in Fürstenau) bietet in seinem Restaurant am Rande der hübschen Innenstadt eine sehr gelungene Kombination aus italienischer und französischer Küche, in die sich saisonale Einflüsse mischen. Sie können à la carte wählen oder ein Menü mit vier oder fünf Gängen. Aufmerksam und geschult der Service, gut die Weinberatung durch Sommelière Anja Körber. Ansprechend das moderne und zugleich gemütliche Ambiente. Im Sommer sitzt man schön auf der Terrasse vor dem Haus oder im Innenhof.

🛆 – Preis: €€€

Obere Sandstraße 34 ✉ *96049 – 𝒞 0951 57397 – vita-bamberg.de –*
Geschlossen: Mittwoch, mittags: Montag, Dienstag, Donnerstag-Sonntag

BAUNACH

Bayern – Regionalatlas **6**–X1

ROCUS

INTERNATIONAL • FAMILIÄR In dem hübschen ehemaligen Bahnhof von 1904 wird ambitioniert gekocht, dabei orientiert man sich an der Saison. Neben Gerichten à la carte bietet man auch ein Menü. Terrasse im Innenhof oder zur Bahnlinie. Tipp: Buchen Sie einen Tisch im Weinkeller, umgeben von vielen spanischen Rotweinen!

🛆 🅿 – Preis: €€€

Bahnhofstraße 16 ✉ *96148 – 𝒞 09544 20640 – www.restaurant-rocus.de –*
Geschlossen: Montag-Mittwoch, mittags: Donnerstag-Samstag

BELLINGEN, BAD

Baden-Württemberg – Regionalatlas **5**–T4

🏵 LANDGASTHOF SCHWANEN

REGIONAL • GASTHOF Ein Landgasthof im besten Sinne! Familie Fräulin ist hier mit Engagement für Sie da, das ganze Haus ist sehr gepflegt, von der Gastronomie bis zu den wohnlichen Gästezimmern. Gekocht wird schmackhaft, unkompliziert und mit regionalem Einfluss - am Abend ist das Angebot etwas umfangreicher. Und das Ambiente dazu? Die Räume präsentieren sich mal traditionell-ländlich, mal mit moderner Note.

🍴 ⇄ 🅿 – Preis: €€

Rheinstraße 50 ✉ *79415 –* 📞 *07635 811811 – www.schwanen-bad-bellingen.de – Geschlossen: Montag und Dienstag*

BERGHOFSTÜBLE

MARKTKÜCHE • FREUNDLICH Sehr schön liegt das Haus etwas außerhalb des Ortes, toll die Aussicht auf die Hügellandschaft ringsum - da sitzt man gerne auf der herrlichen Terrasse! Drinnen gibt es im vorderen Bereich die gemütliche Gaststube, hinten den eleganteren Wintergarten. Hier wie dort serviert man einen Mix aus gutbürgerlich und klassisch. Beliebt ist u. a. das Cordon bleu!

⇖ 🍴 🅿 – Preis: €€

Markus-Ruf-Straße ✉ *79415 –* 📞 *07635 1293 – www.berghofstueble-bad-bellingen.de – Geschlossen: Montag und Dienstag*

BEMPFLINGEN

Baden-Württemberg – Regionalatlas **7**–B2

KRONE

FRANZÖSISCH-KLASSISCH • RUSTIKAL Seit 1973 steht Patron Werner Veit hier am eigenen Herd! Die nächste Generation ist bereits mit von der Partie - am Gast und in der Küche. Gekocht wird klassisch, mit regional-saisonalen Einflüssen und auch mal international. Bei der Produktqualität geht man keine Kompromisse ein, so manches kommt aus der Region. Beliebt: das günstige Mittagsmenü. Schön die Balkonterrasse. Tipp: Reservieren Sie rechtzeitig, das Restaurant ist gefragt!

🍴 ⇄ 🅿 – Preis: €€€

Brunnenweg 40 ✉ *72658 –* 📞 *07123 31083 – www.kronebempflingen.de – Geschlossen: Montag, Dienstag, Sonntag, mittags: Mittwoch*

BERCHTESGADEN

Bayern – Regionalatlas **6**–Z4

✿✿ PUR

MODERNE KÜCHE • DESIGN Hier lockt schon die malerische Lage auf dem Obersalzberg samt tollem Bergpanorama! Doch das Gourmetrestaurant des luxuriösen "Kempinski Hotel Berchtesgaden" hat noch weit mehr zu bieten. Da ist zum einen das puristische, modern-elegante Interieur in ruhigen dunklen Tönen, zum anderen die Küche von Ulrich Heimann. Er gibt ein stimmiges Degustationsmenü mit fünf oder sieben Gängen zum Besten. Die Gerichte sind klug aufgebaut, nie überladen und überzeugen mit hervorragenden Produkten. I-Tüpfelchen sind die Saucen - einfach wunderbar z. B. die ausgesprochen geschmacksintensive Jus zu Challens-Entenbrust mit Sellerie, Trüffel und Quitte. Begleitet wir das ausgezeichnete Essen von einem sehr freundlichen und zuvorkommenden Service. An schönen Sommertagen sitzt man natürlich gerne auf der herrlichen Terrasse!

🎵 🛏 🍴 🅿 – Preis: €€€€

Hintereck 1 ✉ *83471 –* 📞 *08652 97550 – www.kempinski.com/berchtesgaden – Geschlossen: Montag, Dienstag, Sonntag, mittags: Mittwoch-Samstag*

BERCHTESGADENER ESSZIMMER

Chef: Maximilian Kühbeck

REGIONAL • GEMÜTLICH Jede Menge Charme und Atmosphäre stecken in dem historischen Gasthaus, das von Maximilian und Roxana Kühbeck mit Herzblut und Sinn für Nachhaltigkeit geführt wird. Mit ausgewählten Produkten aus der direkten Umgebung wird geschmackvoll und ambitioniert gekocht. Es gibt zwei Menüs, eines davon vegetarisch, sowie eine A-la-carte-Auswahl. Neben dem gemütlichen kleinen Gastraum mit Gewölbedecke kommen auch die beiden "Kitchen Tables" mit Blick in die offene Küche gut an.

🌿 *Engagement des Küchenchefs:* Regionalität steht in meiner Küche neben der Qualität der Speisen an erster Stelle, Fleisch kommt vom Metzger mit eigener Zucht, die anderen Produkte aus maximal 20 km Entfernung, Kräuter oft aus dem eigenen Garten! Unsere Gäste sollen glücklich, aber auch mit gutem Gefühl nach Hause gehen!

⇗ – Preis: €€€

Nonntal 7 ✉ 83471 – ☎ 08652 6554301 – esszimmer-berchtesgaden.com – Geschlossen: Montag und Sonntag, mittags: Dienstag-Samstag

JOHANN GRILL ⓝ

KLASSISCHE KÜCHE • ZEITGEMÄSSES AMBIENTE Einfach wunderbar die Lage oberhalb von Berchtesgaden, ringsum traumhafte Natur samt herrlicher Bergkulisse! Hier dürfen Sie sich im Restaurant des luxuriösen „Kempinski Hotel Berchtesgaden" auf eine schmackhafte saisonale Küche aus regionalen Produkten freuen. Dessert-Tipp: die Eckerbichl-Haustorte! Ebenso einladend das klar-modern designte Ambiente. Benannt ist das Restaurant übrigens nach dem Erstdurchsteiger der Watzmann-Ostwand und erstem offiziellem Bergführer Deutschlands. Als Hotelgast genießen Sie hier schon beim Frühstück die Panoramaaussicht.

⤚ ⌂ ♿ 🅰 🍴 ⇗ 🅿 – Preis: €€€

Hintereck 1 ✉ 83471 – ☎ 08652 97550 – www.kempinski.com/berchtesgaden

LOCKSTEIN 1

Chefs: Gabriele Kurz und Christl Kurz

VEGETARISCH • GEMÜTLICH Das ist schon eine besondere Adresse: Durch die schöne Küche gelangt man in das 500 Jahre alte Bauernhaus, das von einem eingespielten Mutter-Tochter-Team geleitet wird. Hier kocht man mit Liebe und Können, und zwar ein vegetarisches Menü mit frischen Gerichten aus regionalen Produkten. Tipp: Auch die beiden hübschen Ferienwohnungen sind gefragt.

🌿 *Engagement des Küchenchefs:* Seit Jahrzehnten stehe ich, und inzwischen auch meine Tochter Gabi, für Nachhaltigkeit und vegetarische Gaumenfreuden in unserem 500 Jahre alten Haus! Dafür verwenden wir Produkte aus dem eigenen Garten, wie Wildkräuter, Aprikosen und Quitten, Küchenabfälle werden im eigenen Gemüsegarten kompostiert!

🍴 – Preis: €€

Locksteinstraße 1 ✉ 83471 – ☎ 08652 9800 – www.biohotel-kurz.de – Geschlossen mittags: Montag-Sonntag

BERGHAUPTEN

Baden-Württemberg – Regionalatlas **5**-T3

🏵 HIRSCH

REGIONAL • LÄNDLICH Ein badischer Landgasthof wie aus dem Bilderbuch! Hier wohnt man in geschmackvollen, wohnlichen Zimmern und wird kulinarisch ebenso gut versorgt. Am Herd führt der Schwiegersohn der Inhaberfamilie Regie und bietet Klassiker der badischen und französischen Küche, von geschmorten Rinderbäckchen bis zum Filet vom Loup de mer. Gekocht wird immer mit Geschmack und Würze und mit sehr guten, frischen Produkten. Charmant und geschult der Service.

♿ 🍴 ⇗ 🅿 – Preis: €€

Dorfstraße 9 ✉ 77791 – ☎ 07803 93970 – www.hirsch-berghaupten.de – Geschlossen: Montag, mittags: Dienstag-Freitag

BERGISCH GLADBACH

Nordrhein-Westfalen – Regionalatlas **3**–J3

✿✿ VENDÔME

KREATIV • LUXUS Seit dem Jahr 2000 hat Joachim Wissler die Leitung des eleganten Gourmetrestaurants im luxuriösen "Althoff Grandhotel Schloss Bensberg" inne. In seine klassisch-französisch basierte Küche bindet der gebürtige Schwabe auch moderne Elemente ein und sorgt für kreativ kombinierte Aromen in filigranen und technisch anspruchsvollen Gerichten. Die Produkte sind durchweg Spitzenklasse - himmlich z. B. die Languste und die Rotbarbe. Geboten werden zwei Menüs mit sechs oder acht Gängen, eines konventionell, das andere vegetarisch - Sie können auch gerne mischen. Dazu ein gut besetzter Service, kompetent, stets präsent und dennoch angenehm zurückhaltend. Sehr schön auch die Weinkarte - nicht zuletzt für Liebhaber deutscher Rieslinge eine Freude.

🕏 ৬ 🎬 ⇦ – Preis: €€€€

Kadettenstraße ⊠ 51429 – ℰ 02204 421940 – www.althoffcollection.com/de/
althoff-grandhotel-schloss-bensberg – Geschlossen: Montag und Dienstag,
mittags: Mittwoch-Sonntag

DRÖPPELMINNA

MARKTKÜCHE • GEMÜTLICH Gemütlich-rustikal ist die Atmosphäre in dem hübschen Fachwerkhaus, charmant die Deko aus antiken Stücken und allerlei Zierrat samt der namengebenden dreifüßigen Kaffeekannen aus Zinn. Aus der offenen Küche kommt ein wechselndes klassisch geprägtes Menü. Dazu schöne Weine, darunter eine gute Auswahl aus dem Elsass - der Patron ist Sommelier. Lauschige Terrasse.

🕏 🍴🅿 – Preis: €€€

Herrenstrunden 3 ⊠ 51465 – ℰ 02202 32528 – www.restaurant-droeppelminna.
de – Geschlossen: Montag-Mittwoch, mittags: Donnerstag-Samstag

BERGKIRCHEN

Bayern – Regionalatlas **6**–X3

🐢 GASTHAUS WEISSENBECK

MARKTKÜCHE • REGIONALES AMBIENTE Lauter zufriedene Gesichter! Kein Wunder, denn Mutter und Tochter Weißenbeck kochen richtig gut und preislich fair. Aus regionalen Zutaten entstehen z. B."Stubenküken mit Steinpilz-Semmelfülle" oder "filetierte bayrische Lachsforelle auf der Haut gebraten". Die Karte wechselt nach Verfügbarkeit der Produkte. Richtig gemütlich sitzt man in dem geradezu malerischen Wirtshaus auch noch, und im Sommer lockt draußen die schöne Gartenterrasse.

🍴 ⇦ 🅿 – Preis: €€

Ludwig-Thoma-Straße 56 ⊠ 85232 – ℰ 08131 72546 – www.weissenbeck.de –
Geschlossen: Montag und Dienstag, mittags: Mittwoch-Freitag

BERLEBURG, BAD

Nordrhein-Westfalen – Regionalatlas **3**–L3

ALTE SCHULE

KLASSISCHE KÜCHE • ZEITGEMÄSSES AMBIENTE Gemütlich sitzt man in dem ehemaligen Schulgebäude in schönem modernem Ambiente und lässt sich freundlich und aufmerksam umsorgen. Serviert werden saisonale Gerichte aus regionalen Produkten wie z. B. "Wittgensteiner Hirschgulasch, Serviettenknödel, Apfelkompott".

Preis: €

Goetheplatz 1 ⊠ 57319 – ℰ 02751 9204780 – www.hotel-alteschule.de –
Geschlossen: Mittwoch und Donnerstag, mittags: Montag, Dienstag, Freitag,
Samstag

BERLIN

Berlin – Regionalatlas **22**-B2

In der Hauptstadt heißt es Eintauchen in eine vielfältige
Gastro-Szene. Wenn Sie Glück haben, bekommen Sie im
Lorenz Adlon Esszimmer einen der begehrten Tische
und genießen neben der hervorragenden Küche noch
einen herrlichen Blick auf das Brandenburger Tor. **Bob &
Thoms** in einer ruhigen Seitenstraße unweit des KaDeWe
bietet moderne Küche mit regionalen und internationalen
Produkten. In unerwarteter Lage in einem belebten Kiez am
Landwehrkanal lockt Sebastian Frank im **Horváth** mit der
einzigartigen, von seiner Heimat Österreich inspirierten
Küche. Trendig und cool geht es im Herzen von Berlin im
Cookies Cream bei exzellenter vegetarischer Küche zu -
Achtung: etwas versteckt der Zugang über den Hinterhof eines
Hotels. Interessant auch das sympathische **Lucky Leek**: Hier
kocht man rein vegan. Besuchen Sie auch das Geschwisterpaar
Miriam und Marcel Hertrampf im Restaurant **MaMis** - am
besten im Sommer auf der Terrasse. Legere Atmosphäre und
italienische Küche gibt's im **Mine** nicht weit vom Ku'damm -
nett die Terrasse auf dem Gehsteig. Freunde chinesischer
Küche gehen ins **Golden Phoenix** samt Bar.

UNSERE RESTAURANTAUSWAHL

Jancouver/Getty Images Plus

RESTAURANTS AM SONNTAG GEÖFFNET

UNSERE RESTAURANTAUSWAHL

ALLE RESTAURANTS VON A BIS Z

BERLIN

bernjuer/Getty Images Plus

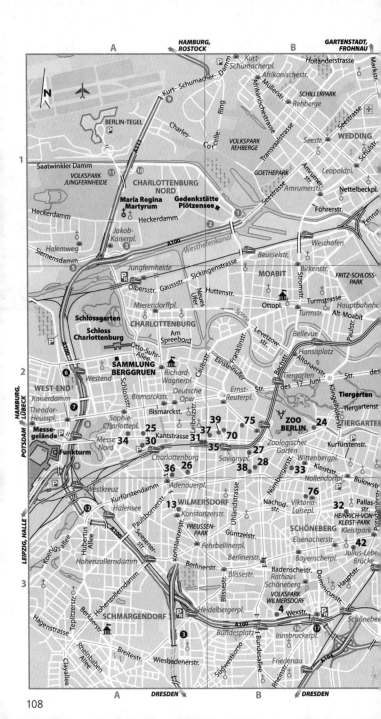

A   B

N

Hollännderstrasse

Kurt-Schumacherpl.

Afrikanischestr.

Müllerstr.

Afrikanischestrasse

SCHILLERPARK

Rehberge

Seestrasse

WEDDING

BERLIN-TEGEL

Charles-

Corcelle-

Ring

VOLKSPARK
REHBERGE

GOETHEPARK

Seestr.

Seestrasse

Amrumer
str.

Amrumerstr.

Leopoldpl.

Nettelbeckpl.

Föhrerstr.

Fennstr.

1

Saatwinkler Damm

VOLKSPARK
JUNGFERNHEIDE

CHARLOTTENBURG
NORD

Maria Regina
Martyrum

Gedenkstätte
Plötzensee

Heckerdamm

Heckerdamm

Jakob-
Kaiserpl.

A 100

Westhafenkanal

Westhafen

Halemweg

Siemensdamm

Jungfernheide

Sickingenstrasse

Beusselstr.

Birkenstr.

MOABIT

Stromstr.

FRITZ-SCHLOSS-
PARK

Schlossgarten

Schloss
Charlottenburg

Olbersstr.

Gaussstr.

Huttenstr.

Neues
Ufer

Mierendorffpl.

Ottopl.

Turmstrasse

Turmstr.

Hauptbahnhof

Alt-Moabit

CHARLOTTENBURG

Am
Spreebord

Spree

Levetzow-
str.

Bellevue

Hansaplatz

SAMMLUNG
BERGGRUEN

Otto-Suhr-
Allee

Richard-
Wagnerpl.

Cauerstr.

Einsteinufer

Frankinstr.

Bachstr.

Altonaerstr.

Tiergarten
des 17 Juni

Str.

des

WEST-END

Westend

Schlosstr.

Bismarckstr.

Deutsche
Oper

Ernst-
Reuterpl.

Ernst-

Str.

Tiergarten
des 17 Juni

Klingelhöferstr.

TIERGARTEN

Kaiserdamm

Theodor-
Heusspl.

Bismarckst.

Sophie-
Charlottepl.

Leibnizstr.

39

75

ZOO
BERLIN

24

Tiergartenst

Messegelände

37

70

Messe
Nord

Kantstrasse

31

Zoologischer
Garten

Kurfürstenstr.

Funkturm

34

30

Charlottenburg

35

Savignypl.

27

Wittenbergpl.

33

Kleiststr.

Nollendorfpl.

Bülowstr.

Westkreuz

36

26

Adenauerpl.

38

28

Nürnbergerstr.

76

Kurfürstendamm

Halensee

13 WILMERSDORF

Konstanzerstr.

Uhlandstrasse

Nachod-
str.

Viktoria-
Luisepl.

32

Pallas-
str.

HEINRICH-VON-
KLEIST-PARK

Paulsbornstr.

Seesener
str.

Konstanzerstr.

PREUSSEN-
PARK

Güntzelstr.

SCHÖNEBERG

Kleistpark

Eisenacherstr.

42

Julius-Lebe-
Brücke

Hubertus
Allee

Koenigs Allee

Fehrbellinerpl.

Berlinerstr.

Berlinerstr.

Bayerischerpl.

Hohenzollerndamm

Blissestr.

Blissestr.

Badenschestr.

Rathaus
Schöneberg

Dominicusstr.

Hauptstr.

Schönebe

3

Hagenstrasse

Teplitzerstr.

Berkaerstr.

SCHMARGENDORF

Hohenzollerndamm

Heidelbergerpl.

A 100

VOLKSPARK
WILMERSDORF

4

Wexstr.

17

Rheinbaben
Allee

Clayallee

Breitestr.

3

Wiesbadenerstr.

Bundesplatz

Südwestkorso

Bundesallee

Innsbruckerpl.

Friedenau

Rheinstr.

A 103

HAMBURG,
LÜBECK

POTSDAM,

LEIPZIG, HALLE

A   B

DRESDEN

DRESDEN

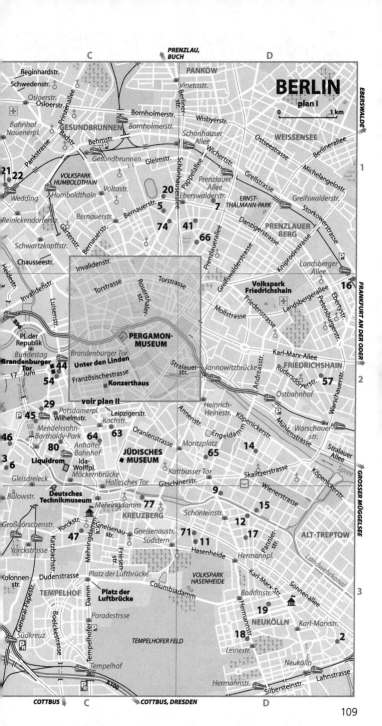

✿✿✿ RUTZ

Chefs: Marco Müller und Dennis Quetsch

MODERNE KÜCHE • DESIGN Lassen Sie sich auf die "Reise" durch Marco Müllers Inspirationsmenü ein. Mit seinem eigenen, klaren Stil baut er im Menü gekonnt einen Spannungsbogen auf, der Service erläutert auf angenehm lockere und legere Art die Ideen hinter den Gerichten und geht gerne auf Fragen ein. Auf der Karte finden sich tolle Produkte wie z. B. Wagyu-Rind aus Deutschland, das durch einen ganz eigenen Charakter überzeugt, oder auch der in der Nordsee invasive Kalamar. Ob Kaninchen als Tatar oder Dry Aged Karpfen, auch erfahrene „Esser" werden hier sicher das ein oder andere Mal überrascht – in absolut positivem Sinne! Im Sommer sitzt man am besten auf der kleinen, aber gemütlichen Terrasse. Wenn Sie in Berlin sind, dann lassen Sie sich diese Küche nicht entgehen!

✿ *Engagement des Küchenchefs:* In meiner Küche verarbeite ich nur das beste Produkt. Mir sind die Nachhaltigkeit, die visuelle wie auch die geschmackliche Authentizität meiner Waren genauso wichtig wie die Frische und die Herkunft! Daher arbeite ich mit kleinen Erzeugern eng zusammen und suche den ständigen Austausch!

ॐ 🅰 🎏 – Preis: €€€€

Stadtplan: E1-43 – *Chausseestraße 8* ✉ *10115* – **U** *Oranienburger Tor* – 𝒞 *030 24628760 – rutz-restaurant.de – Geschlossen: Montag und Sonntag, mittags: Dienstag-Samstag*

✿✿ FACIL

KREATIV • CHIC Eine wahre Oase mitten in Berlin! Hier oben im 5. Stock des Hotels „The Mandala" sitzt man einfach herrlich auf der kleinen Terrasse mit Kastanienbäumen und Springbrunnen - wirklich ein Ort, um der Hektik der Stadt zu entkommen! Aber auch drinnen im schicken, luftig-lichten Dachgarten-Restaurant fühlt man sich dank Rundumverglasung fast wie im Freien. Schöne Bambuspflanzen sorgen für eine asiatische Note. "Top" ist neben der Location auch die Küche von Michael Kempf (Küchendirektor) und Joachim Gerner (Küchenchef). Sie hat eine klassische Basis, ist kreativ und integriert gekonnt asiatische und mediterrane Akzente. Im Menü heißt es beispielsweise "Norwegische Jakobsmuschel von Roderick Sloan, Meeresfenchel, Liebstöckel". All das wird abgerundet durch einen smarten, professionellen Service.

ॐ ♿ 🅰 🎏 ⇔ – Preis: €€€€

Stadtplan: C2-45 – *Potsdamer Straße 3* ✉ *10785* – **U** *Potsdamer Platz* – 𝒞 *030 590051234 – facil.de/de – Geschlossen: Samstag und Sonntag*

✿✿ LORENZ ADLON ESSZIMMER

KREATIV • LUXUS Schon der Gang durch die Lobby des exklusiven "Hotel Adlon Kempinski" stimmt Sie ein auf das noble Ambiente des Restaurants im 1. Stock. Mit etwas Glück bekommen Sie einen Tisch mit Blick auf das Brandenburger Tor. Der anspruchsvolle, klassisch-opulente Rahmen findet in der überaus niveauvollen kreativen französischen Küche von Reto Brändli sein Pendent. Durchweg exzellente Zutaten werden zu ausgefeilten, wunderbar ausgewogenen Kompositionen zusammengestellt, klasse die technische Präzision - etwas Besonderes sind die Saucen, top in Konsistenz und Aromatik! Hervorragend auch das Serviceteam um Oliver Kraft und Sommelier Hans-Martin Konrad: Vom ersten Moment an werden Sie ausgesprochen zuvorkommend und professionell umsorgt. Toll die Weinkarte, fundiert die Beratung.

ॐ ♿ 🅰 ⇔ – Preis: €€€€

Stadtplan: C2-44 – *Unter den Linden 77* ✉ *10117* – **U** *Brandenburger Tor* – 𝒞 *030 22611960 – www.lorenzadlon-esszimmer.de – Geschlossen: Montag, Dienstag, Sonntag, mittags: Mittwoch-Samstag*

☼ BANDOL SUR MER

Chef: Andreas Saul

KREATIV · NACHBARSCHAFTLICH Sie würden in diesem ungezwungen-legeren Restaurant mit "shabby Chic" keine Sterneküche erwarten? Zugegeben, der kleine Raum - übrigens ein ehemaliger Dönerladen - kommt schon etwas „rough" daher: Die Einrichtung ist dunkel gehalten und sehr schlicht, die blanken Tische stehen recht eng. In der offenen Küche zeigt Andreas Saul bemerkenswerte Leidenschaft, Präzision, Originalität und Kreativität. Er kocht mit Bezug zur Region und ist dabei ganz schön innovativ. Wie finden Sie z. B. "Charcuterie von der Karotte"? Hier gibt's - wie sonst bei Salami üblich - mit Edelpilz verfeinerte Karotte. Man fermentiert auch gerne, räuchert und stellt Pürees her, auch fernöstliche Einflüsse wie beispielsweise Kimchi finden sich. Das Menü - "alles" oder "fast alles" (rein vegetarisch) - ist durchdacht bis ins Detail und steckt voller einzigartiger Aromen. Das ist richtig hohes Niveau gepaart mit sympathischer Bodenständigkeit.

☼ *Engagement des Küchenchefs:* Uns ist die Work-Life-Balance der Mitarbeiter mindestens genauso wichtig wie die Qualität unserer Produkte und unser grüner Fingerabdruck! Fisch und Fleisch beziehen wir von befreundeten Jägern und Züchtern, dazu Produkte von lokalen Kleinproduzenten und unser Menü ist stark vegetabil geprägt!

🕸 🕏 – Preis: €€€€

Stadtplan: E1-50 – *Torstraße 167* ✉ *10115* – **U** *Rosenthaler Platz* – 📞 *030 67302051* – *www.bandolsurmer.de* – *Geschlossen: Samstag und Sonntag, mittags: Montag-Freitag*

❄ ### COOKIES CREAM

VEGETARISCH • HIP Trendy, hip und sicher eines der "berlinsten" Restaurants der Stadt! Speziell ist schon der Weg hierher: Über den Hinterhof (Lieferantenzufahrt) erreicht man eine unscheinbare Tür, an der man klingeln muss. Nach dem Empfang an der Bar (ideal für Apero oder Drink nach dem Essen), gelangen Sie über alte Treppen in das lebendige Restaurant im 1. Stock (früher übrigens ein angesagter Nachtclub). Umgeben von "Industrial Style" genießen Sie das rein vegetarische Menü "Die glorreichen 7", wählbar mit fünf bis sieben Gängen. Bei fein abgestimmten Gerichten wie beispielsweise "Geschmorte Paprika, Jalapeño, Kapern" oder "Navette vom Holzkohlegrill, Safran, Olive" bindet man gelungen Schärfe und Säure ein und spielt mit Texturen. Zum Erweitern gibt es ein paar "Klassiker". Der Service ist lässig, aber ebenso professionell und sehr gut organisiert. Eine coole Adresse, die bei einem bunt gemischten Publikum ankommt - Berliner und Touristen, Foodies aus aller Welt und Liebhaber der Vegi-Küche.

🦘 🎟 – Preis: €€€€

Stadtplan: E2-51 – *Behrenstraße 55* ✉ *10117* – **U** *Französische Straße* – 𝒸 *030 27492940* – www.cookiescream.com – *Geschlossen: Montag und Sonntag, mittags: Dienstag-Samstag*

❄ ### GOLVET

KREATIV • DESIGN Hier in der 8. Etage des „Loeser & Wolff"-Hauses beeindruckt der sensationelle Blick über den Potsdamer Platz und die Stadt! Dazu kommt der stylische Look des großzügigen Restaurants in den Räumen des ehemaligen "40seconds Club" samt offener Küche und Bar. Von den Plätzen an der Theke kann man den Köchen zuschauen. Das Team um Küchenchef Jonas Zörner kocht modern-kreativ und setzt auf Produktqualität und eigene Ideen. Ihr Menü wechselt mit den Jahreszeiten. Interessant auch die Weinkarte mit kleinen ökologischen Betrieben. Oder lieber etwas Alkoholfreies wie hausgemachter Kombucha? Top der Service.

🦘 ≼ 🎟 🎐 🎎 – Preis: €€€€

Stadtplan: C2-46 – *Potsdamer Straße 58* ✉ *10785* – **U** *Kurfürstenstraße* – 𝒸 *030 89064222* – www.golvet.de – *Geschlossen: Montag, Dienstag, Sonntag, mittags: Mittwoch-Samstag*

❄ ### HUGOS

MODERNE KÜCHE • CHIC Die herrliche Aussicht und das schicke Ambiente machen das "Hugos" im 14. Stock des Hotels "InterContinental" zu einer richtig interessanten Adresse in der Hauptstadt. Sanfte Beleuchtung, elegante Einrichtung und Kerzenlicht schaffen eine entspannte und romantische Atmosphäre. Die Gerichte des Küchenchefs Eberhard Lange stehen dem attraktiven Rahmen in nichts nach: In seinem 8-Gänge-Menü (reduzierbar auf sechs Gänge) bringt er mit modern umgesetzten klassischen Speisen seine präzise Technik zum Ausdruck. Dazu eine Weinkarte mit rund 500 Positionen. Tipp: Nehmen Sie vor dem Abendessen einen Aperitif an der Bar ein.

🦘 ≼ ♿ 🎟 🎎 – Preis: €€€€

Stadtplan: B2-24 – *Budapester Straße 2* ✉ *10787* – **U** *Wittenbergplatz* – 𝒸 *030 26021263* – www.berlin.intercontinental.com/de/dine/hugos-restaurant – *Geschlossen: Montag-Mittwoch, Sonntag, mittags: Donnerstag-Samstag*

❄ ### IRMA LA DOUCE

FRANZÖSISCH-KLASSISCH • LIBERTY-STIL Der Name kommt nicht von ungefähr. Er nimmt Bezug auf den US-amerikanischen Film "Irma la Douce", der auf das gleichnamige Musical zurückgeht. Klassische Einrichtungsdetails in Kombination mit golden-warmem Licht schaffen ein wirklich schönes Ambiente, das ein bisschen das Flair vergangener Tage vermittelt. Die Atmosphäre ist angenehm ungezwungen, der Service sehr freundlich und versiert. Die Küche verbindet klassisch-französische Elemente mit modern-kreativen Ideen. Geschmacksintensive Gerichte wie z. B. das butterzarte Boeuf Bourguignon basieren auf ausgezeichneten Produkten.

Auch Austern finden sich immer auf der Karte. Dazu empfiehlt man kompetent die passenden Weine, der Fokus liegt hier auf Frankreich.

🍴 – Preis: €€€

Stadtplan: C2-3 – *Potsdamer Straße 102* ✉ *10785* – **U** *Kurfürstenstrasse* – 𝒞 *030 23000555* – *www.irmaladouce.de* – *Geschlossen: Montag und Sonntag, mittags: Dienstag-Samstag*

🌼 **PRISM**

Chef: Gal Ben Moshe

ISRAELISCH • MINIMALISTISCH Das Restaurant im Kiez Charlottenburg-Wilmersdorf hält neben minimalistisch-schickem Ambiente auch eine spannende Küche bereit. In seinen levantinisch inspirierten Gerichten kombiniert Patron Gal Ben Moshe seine israelische Heimat mit modernem europäischem Stil. So entstehen interessante kontrastreiche Speisen aus hervorragenden Produkten. Überzeugend sind hier sowohl die tolle geschmackliche Vielfalt als auch eine ganz persönliche Note, die man sonst nirgends bekommt. Harmonisch begleitet wird das Ganze von den trefflichen Weinempfehlungen der ausgesprochen freundlichen Gastgeberin und ausgezeichneten Sommelière Jacqueline Lorenz. Unter den 530 Weinen sind u. a. auch Israel, Syrien oder der Libanon vertreten. Alle Weine gibt es auch glasweise.

🍷 – Preis: €€€€

Stadtplan: A2-25 – *Fritschestraße 48* ✉ *10627* – **U** *Wilmersdorfer Straße* – 𝒞 *030 54710861* – *www.prismberlin.de* – *Geschlossen: Montag und Sonntag, mittags: Dienstag-Samstag*

😊 **FUNKY FISCH**

WESTLICH / ASIATISCH • HIP Lust auf Fisch? Unkompliziert und asiatisch inspiriert? Dann auf ins trendig-lebendige "Funky Fisch" von The Duc Ngo. Mittelpunkt ist die große Fischtheke. Hier suchen Sie sich Fisch und Meeresfrüchte aus, die dann in der offenen Küche zubereitet werden. Man bietet einen breiten asiatischen Mix von chinesisch bis vietnamesisch, dazu Einflüsse aus der ganzen Welt. Gleich nebenan betreibt man übrigens noch das "Ngo Kim Pak".

🍴 – Preis: €€

Stadtplan: A2-35 – *Kantstraße 135* ✉ *10625* – **U** *Kantstraße* – 𝒞 *0163 9382215* – *funky-fisch.de* – *Geschlossen: Montag und Sonntag*

😊 **NOVEMBER BRASSERIE**

JAPANISCH • MINIMALISTISCH Diese japanische Brasserie in einem geschäftigen Viertel lockt mit einem interessanten abendlichen Angebot an Gerichten aus der Küche Japans - Sushi und Sashimi fehlen da natürlich auch nicht. Dazu darf man sich auf kompetenten und sympathisch-natürlichen Service freuen und auch das angenehm helle und modern-minimalistische Interieur ist einladend, kleine Sushi-Theke inklusive.

🅰🍴 – Preis: €€

Stadtplan: D1-41 – *Husemannstraße 15* ✉ *10435* – **U** *Husemannstraße* – 𝒞 *0162 3332135* – *november.berlin* – *Geschlossen: Montag, mittags: Dienstag-Sonntag*

😊 **NUSSBAUMERIN**

ÖSTERREICHISCH • GEMÜTLICH Ein Stück Österreich mitten in Berlin gibt es in dem gemütlichen "Edel-Beisl" von Johanna Nußbaumer, und zwar in Form von Backhendl, Tafelspitz & Co., nicht zu vergessen leckere Mehlspeisen wie Kaiserschmarrn! Auch die guten Weine stammen aus der Heimat der Chefin. Eine beliebte Adresse - reservieren Sie also lieber frühzeitig! Man hat in Berlin übrigens auch noch einen Heurigen.

🅰 – Preis: €€

Stadtplan: A2-26 – *Leibnizstraße 55* ✉ *10629* – **U** *Adenauerplatz* – 𝒞 *030 50178033* – *www.nussbaumerin.de* – *Geschlossen: Samstag und Sonntag, mittags: Montag-Freitag*

BERLIN

136

FUSION • VINTAGE Hier steht die Fusion von Peru und Italien im Fokus. Geprägt von seinen peruanischen Wurzeln und inspiriert vom Leben in Italien verbindet Küchenchef Matias Diaz Produkte beider Länder. Geboten wird das "136 Experience Menü", das alle zwei Monate wechselt. Der trendige Vintage-Look des Lokals hat Charme. Im Sommer hat man auch draußen einige Tische.

🅰️ 🍴 – Preis: €€€€

Stadtplan: E1-72 – *Linienstraße 136* ✉️ *10115* – **U** *Oranienburger Tor* – ☎️ *030 27909683 – 136-berlin.com – Geschlossen: Montag und Sonntag, mittags: Dienstag-Samstag*

893 RYOTEI

JAPANISCH-ZEITGEMÄSS • TRENDY Hinter der verspiegelten, mit Graffiti besprühten Fassade vermutet man kein Restaurant! Dennoch finden zahlreiche Gäste den Weg hierher - das Konzept kommt an! Das Interieur: trendig, in Schwarz gehalten, kleine Tische. Lebhaft die Atmosphäre. Mittelpunkt ist die offene Küche. Hier bietet The Duc Ngu eine breit ausgelegte japanische Küche, gespickt mit anderen asiatischen, aber auch südamerikanischen und europäischen Einflüssen. Das bringt eine Fülle an Gewürzen. Das Angebot reicht von Traditionellem wie Sushi, Sashimi, Tempura und Tataki bis zu kreativen Speisen wie „Sashimi Taquitos", „Tai Yuzu Truffle" und „Unagi Royal".

♿ 🅰️ – Preis: €€€

Stadtplan: A2-31 – *Kantstraße 135* ✉️ *10623* – **U** *Wilmersdorfer Straße* – ☎️ *0176 56754107 – www.893-ryotei.de – Geschlossen: Montag und Sonntag, mittags: Dienstag-Samstag*

BERTA

ISRAELISCH • FARBENFROH Berta wäre sehr stolz auf ihren Enkel, Küchenchef Assaf Granit, dass er dieses vergnügliche Restaurant nach ihr benannt hat. Die ansteckend dynamischen Köche in der offenen Küche hinter der Theke erfüllen den farbenfrohen Raum mit Schwung und Geselligkeit. Da passt die Speisekarte nur zu gut ins lebhafte Bild: Sie ist geradezu ein Fest Jerusalemer Familienrezepte, die durchzogen sind vom modernen Spirit Berlins. Geradezu süchtig macht schon das vorab servierte Brot „Frenavon" mit Tahini und Tomaten. Es ist praktisch unmöglich, sich dem Charme dieses Ortes zu entziehen!

🅰️ – Preis: €€

Stadtplan: C2-80 – *Stresemannstraße 99* ✉️ *10963* – **U** *Anhalter* – ☎️ *0162 8861827 – www.bertarestaurant.com – Geschlossen mittags: Montag-Sonntag*

BOCCA DI BACCO

ITALIENISCH • ELEGANT Außen die schmucke historische Fassade, drinnen ein schönes modern-elegantes Restaurant mit Bar und Lounge. In der durch Fenster einsehbaren Küche kocht man italienisch. Die Pasta ist natürlich hausgemacht. Darf es dazu vielleicht einer der tollen toskanischen Weine sein?

🅰️ 🅰️ 🔄 – Preis: €€

Stadtplan: E2-53 – *Friedrichstraße 167* ✉️ *10117* – **U** *Französische Straße* – ☎️ *030 20672828 – www.boccadibacco.de – Geschlossen: Montag und Sonntag*

BRASSERIE LAMAZÈRE

FRANZÖSISCH • BRASSERIE Hier im Herzen von Charlottenburg fühlt man sich fast wie in Frankreich, dafür sorgt nicht zuletzt die wirklich charmante unkomplizierte und lebhafte Bistro-Atmosphäre. Von der Tafel wählt man wechselnde Gerichte, die sich an der Saison orientieren. Gut und fair kalkuliert die Weinkarte - die Passion des Patrons!
Preis: €€

Stadtplan: A2-30 – *Stuttgarter Platz 18* ✉️ *10627* – **U** *Wilmersdorfer Straße* – ☎️ *030 31800712 – lamazere.de – Geschlossen: Montag, mittags: Dienstag-Sonntag*

BRIKZ

MARKTKÜCHE • INTIM Wo früher ein Jazz-Café war, bieten Arne Anker und sein Team heute eine saisonal inspirierte Küche. Es gibt ein konventionelles und ein veganes (oder vegetarisches) Menü inklusive Wasser sowie eine kleine A-la-carte-Auswahl. Auf Unverträglichkeiten geht man gerne ein - am besten im Vorfeld angeben. Interessant auch die alkoholfreie Getränkebegleitung mit selbst ange-setztem Kombucha, Kefir, Sirup, Tee etc. Das Ambiente ist geprägt durch markante freigelegte Ziegelsteinwände und dekorative Kunst. Der Service ist freundlich und gut organisiert - auch die Köche sind am Gast. Auf dem Gehsteig hat man nette Terrassenplätze.

🍴 – Preis: €€€€

Stadtplan: B2-70 – Grolmanstraße 53 ⊠ 10623 – **U** Ernst-Reuter-Platz – 𝒞 030 31803780 – restaurantbrikz.com – Geschlossen: Montag und Sonntag, mittags: Dienstag-Samstag

CRACKERS

INTERNATIONAL • HIP Eine Etage unter dem "Cookies Cream" geht es ebenso trendig zu. Nach dem Klingeln gelangt man durch die Küche in ein großes lebhaftes Restaurant mit hoher Decke und schummrigem Licht. Auf der Karte ambitionierte Fleisch- und Fischgerichte.

🍽 – Preis: €€€

Stadtplan: E2-58 – Friedrichstraße 158 ⊠ 10117 – **U** Französische Straße – 𝒞 030 680730488 – www.crackersberlin.com – Geschlossen mittags: Montag-Sonntag

DAE MON

FUSION • TRENDY Eine interessante Adresse ist dieses schicke und recht sty-lische Restaurant. Man nennt seinen Küchenstil "open minded cuisine": moderne Gerichte, die Techniken und Aromen der japanischen und koreanischen Küche auf vielfältige Weise verbinden - so finden sich z. B. Streetfood-Einflüsse. Das ange-botene Menü gibt es auch als kreative vegetarische Variante. Tipp: Alternativ zum Wein bietet man eine schön abgestimmte kalte asiatische Tee-Begleitung - ein echtes Vergnügen für alle, die es alkoholfrei mögen!

🍴 – Preis: €€€

Stadtplan: E1-59 – Monbijouplatz 11 ⊠ 10178 – **U** Weinmeisterstraße – 𝒞 030 26304811 – dae-mon.com – Geschlossen: Montag und Sonntag, mittags: Dienstag-Samstag

DIEKMANN

FRANZÖSISCH • BISTRO Lust auf sympathische Bistro-Atmosphäre? Im vorderen Bereich mit seinen dekorativen Weinregalen aus einem alten Kolonialwarenladen sitzt man leger an Hochtischen um eine freistehende Austernbar, hinten nimmt man in charmant-puristischem Ambiente an kleinen Tischen Platz. Am Abend serviert man ambitionierte französische und deutsche Gerichte à la carte oder als Degustationsmenü, am Mittag den günstigen Lunch mit einer etwas kleineren Auswahl - Wasser, Brot und Espresso inklusive. Das gute Austernangebot gibt es sowohl mittags als auch abends.

🍴 – Preis: €€€

Stadtplan: B2-28 – Meinekestraße 7 ⊠ 10719 – **U** Kurfürstendamm – 𝒞 030 8833321 – diekmann-restaurant.de – Geschlossen: Montag und Sonntag

FREA

Chefs: David Johannes Suchy und Lorenzo Mele

VEGAN • HIP "Full Taste. Zero Waste" - so lautet das Motto von Patron David Johannes Suchy und seiner Frau Jasmin. Auf Basis dieses Nachhaltigkeitsgedankens bietet man eine modern-kreative und rein vegane Küche. Aus den raffinierten und finessenreichen saisonalen Gerichten des engagierten Küchenteams können

BERLIN

Sie sich selbst ein Menü mit drei bis fünf Gängen zusammenstellen - auch eine Erweiterung ist möglich, wenn Sie mehr probieren möchten. Die Atmosphäre in dem Eckrestaurant ist trendig und angenehm lebhaft - wenn Sie am Tresen sitzen, können Sie über den Pass in die Küche schauen! Freundlich und sympathisch der Service. Nett sitzt man auch auf der Terrasse vor dem Haus.

🌿 *Engagement des Küchenchefs:* Mein FREA steht für ein pflanzenbasiertes „Zero Waste"-Restaurant, wir arbeiten ökologisch, saisonal, regional, bieten eine tierfreie, nachhaltige Küche, in der alles handgefertigt wird, daher entstehen kaum Abfälle und diese werden im Haus kompostiert und der Kompost geht zurück an die Produzenten.

🍸 🛋 – Preis: €€€

Stadtplan: E1-1 – *Torstraße 180* ✉ *10115* – **U** *Rosenthaler Platz* – ☎ *030 98396198* – *www.frea.de* – *Geschlossen mittags: Montag-Sonntag*

GRACE

INTERNATIONAL • CHIC "The place to be" in Berlin! Ein wirklich tolles stilvolles Restaurant voller Glamour - Hollywood-Stars geben sich hier die Klinke in die Hand. Serviert werden Gerichte mit asiatisch-kalifornischen und europäischen Aromen. Ein Muss: nach dem Essen auf einen Cocktail in die Rooftop-Bar-Lounge! Zu finden ist das Restaurant übrigens im geschmackvollen, wertig-stylish designten "Hotel Zoo" in toller Lage direkt am Kurfürstendamm.

♿ 🍸 🛋 – Preis: €€€€

Stadtplan: B2-27 – *Kurfürstendamm 25* ✉ *10719* – **U** *Kurfürstendamm* – ☎ *030 88437750* – *www.grace-berlin.com* – *Geschlossen: Montag und Sonntag, mittags: Dienstag-Samstag*

INDIA CLUB

INDISCH • ELEGANT Absolut authentische indische Küche gibt es auch in Berlin! Sie nennt sich "rustic cuisine" und stammt aus dem Norden Indiens - das sind z. B. leckere Curries oder original Tandoori-Gerichte. Viele Produkte bezieht man vom eigenen Bio-Bauernhof "Gut Vorder Bollhagen" an der Ostsee. Zu finden ist das Restaurant mit dem edlen Interieur aus dunklem Holz und typisch indischen Farben und Mustern unweit des Brandenburger Tors, auf der Rückseite des exklusiven "Hotel Adlon".

🍸 🛋 – Preis: €€€

Stadtplan: C2-54 – *Behrenstraße 72* ✉ *10117* – **U** *Brandenburger Tor* – ☎ *030 20628610* – *www.india-club-berlin.com* – *Geschlossen mittags: Montag-Sonntag*

JULIUS ®

KREATIV • BÜRGERLICH Dies ist gewissermaßen der "kleine Bruder" des Restaurants "ernst" von Dylan Watson-Brawn und Spencer Christenson. Minimalistisch-schlicht das Interieur, jung und ungezwungen die Atmosphäre. Aus der einsehbaren Küche hinter der Theke kommen kreative Gerichte, die es am Abend auf Vorreservierung auch als Degustationsmenü gibt. Frühstück und Brunch bietet man übrigens ebenfalls.

🛋 – Preis: €€

Stadtplan: C1-22 – *Gerichtstraße 31* ✉ *13347* – **U** *Wedding* – ☎ – *www. exploretock.com/juliusberlin* – *Geschlossen: Montag-Mittwoch*

KITCHEN LIBRARY

FRANZÖSISCH-MODERN • FREUNDLICH Wie gut ein kleines Team funktionieren kann, beweisen die Knörleins, die hier nur zu zweit am Werk sind. Daniela Knörlein kümmert sich herzlich um die Gäste und sorgt für persönliche Atmosphäre, Udo Knörlein verwirklicht am Herd seine kreativen Ideen. Das internationale "Kleine Dinger"-Menü können Sie mit vier bis sieben Gängen wählen. Die 7-Gänge-Variante gibt es optional auch zum Teilen für zwei Personen. Wunderbar bringt man in den Gerichten schöne Kontraste in Einklang. Eine Leidenschaft hat man übrigens für das Pickeln von Gemüse - gibt's auch im Glas zum Mitnehmen. Das Restaurant selbst hat mit seiner charmant-rustikalen Note und rund 700 Sammlerstücken zum Thema Kochen fast schon Bibliothek-Charakter - daher der Name!

🍴 – Preis: €€

Stadtplan: B2-39 – *Bleibtreustraße 55* ✉ *10623* – **U** *Uhlandstraße* – 𝒞 *030 3125449* – *www.kitchen-library.de* – *Geschlossen: Montag, Dienstag, Sonntag, mittags: Mittwoch-Samstag*

KURPFALZ WEINSTUBEN

REGIONAL • RUSTIKAL Eine typische Pfälzer Weinstube mitten in Berlin? Am Adenauerplatz beim Ku'damm liegt etwas versteckt in einem Hinterhof diese traditionelle Adresse. In gemütlich-rustikalen Stuben gibt es bürgerliche Küche samt regionalen Klassikern, dazu 50 offene Weine und 800 auf der Weinkarte. Mittags kleine Tageskarte.

🐿 ♿🍴 ↔ – Preis: €€

Stadtplan: A2-36 – *Wilmersdorfer Straße 93* ✉ *10629* – **U** *Adenauerplatz* – 𝒞 *030 8836664* – *kurpfalz-weinstuben.de* – *Geschlossen: Montag und Sonntag, mittags: Dienstag-Samstag*

LOVIS

MODERN • HISTORISCHES AMBIENTE Architektonisch sehr gelungen hat man hier ein ehemaliges Gefängnis in einen attraktiven Ort zum Speisen verwandelt. Hohe Decken und Backsteinwände, klare Formen und sanfte Beleuchtung schaffen eine besondere Atmosphäre. Sie sitzen im einstigen, nun überdachten und verglasten Schleusenhof - originell auch das "Aquarium". Die moderne gemüseorientierte Küche gibt es als Menü oder à la carte - konventionell, vegetarisch oder auf Wunsch auch vegan. Auf Unverträglichkeiten nimmt man ebenfalls Rücksicht. Dazu internationale Weine. Tipp: Aperitif in der netten Bar, zu der auch eine Terrasse gehört. Schön übernachten kann man im angrenzenden Hotel "Wilmina".

♿ – Preis: €€€

Stadtplan: A2-34 – *Kantstraße 79* ✉ *10627* – **U** *Uhlandstraße* – 𝒞 *030 201805160* – *lovisrestaurant.com* – *Geschlossen: Montag und Sonntag, mittags: Dienstag-Samstag*

MADAME NGO - UNE BRASSERIE HANOI

SÜDOSTASIATISCH • BRASSERIE Das Warten auf einen der begehrten Tisch lohnt sich! Das charmant-ungezwungene Lokal ist sehr beliebt für seine einfache, aber gute vietnamesische Küche, die auch noch preiswert ist. Verlockend der Duft aus den brodelnden Töpfen in der offenen Küche - da ist eine große Schüssel authentische "Pho" praktisch ein Muss!

Preis: €€

Stadtplan: B2-37 – *Kantstraße 30* ✉ *10623* – **U** *Uhlandstraße* – 𝒞 *01575 3604089* – *madame-ngo.de*

MINE

ITALIENISCH • BRASSERIE In St. Petersburg und in Moskau hat sie bereits Restaurants, nun bietet die Betreiberfamilie ganz in der Nähe des Ku'damms diese chic-legere Adresse - früher war hier übrigens die kleinster Bar Berlins untergebracht. Auf dem Gehsteig vor dem Restaurant lockt eine charmante Terrasse. Gekocht wird italienisch (Klassiker wie Vitello Tonnato oder Pasta inklusive) und mit international-saisonalen Einflüssen. Tipp: Das Menü "Greatest Hits" ab zwei Personen bietet eine schöne Auswahl. Dazu eine gut sortierte Weinkarte. Der Weinkeller ist auch für private Dinner oder Chef's Table Events buchbar.

🎦 🍴 – Preis: €€€

Stadtplan: B2-38 – *Meinekestraße 10* ✉ *10719* – **U** *Kurfürstendamm* – 𝒞 *030 88926363* – *www.minerestaurant.de* – *Geschlossen mittags: Montag-Sonntag*

BERLIN

OH PANAMA

MARKTKÜCHE • TRENDY Durch einen Hof gelangt man in das trendig-lebendige Restaurant auf zwei Etagen. Hier erwarten Sie sympathisch-lockerer Service und moderne deutsche Küche. Auf der Karte z. B. "Schweinsbraten, Roter Grünkohl, Saure Pfifferlinge". Schöne Innenhofterrasse, dazu die "Tiger Bar". Vis-à-vis: Varieté-Theater "Wintergarten".

🍽 ✿ – Preis: €€

Stadtplan: C2-6 – *Potsdamer Straße 91* ✉ *10785* – **U** *Kurfürstenstraße* – ✆ *030 983208435* – *oh-panama.com/en/welcome-3-2* – *Geschlossen: Montag und Sonntag, mittags: Dienstag-Samstag*

OUKAN

VEGAN • ZEITGEMÄSSES AMBIENTE Die Suche nach diesem versteckt in einer kleinen Gasse gelegenen Restaurant lohnt sich. Die Küche ist inspiriert von der "Shōjin Ryōri"-Tradition, der japanischen buddhistischen Tempelkost. Gekocht wird rein vegan. Es gibt ein kreatives Menü mit drei oder sieben Gängen, erweiterbar durch Signature Dishes. Geradezu ein Muss ist die interessante Teebegleitung! Passend dazu: fernöstlich-minimalistisches Design in klaren Formen und ruhigen dunklen Tönen.

🆎 – Preis: €€€

Stadtplan: E1-61 – *Ackerstraße 144* ✉ *10115* – **U** *Rosenthaler Platz* – ✆ *030 54774716* – *oukan.de* – *Geschlossen: Montag und Sonntag, mittags: Dienstag-Samstag*

POTS

DEUTSCH • CHIC Locker und stylish-chic ist es hier! Hingucker im Restaurant des Hotels "The Ritz-Carlton" sind die markante Deko und die große offene Küche. Hier werden deutsche Gerichte modern interpretiert, so z. B. "Klopse, Bayerische Garnele, Rieslingsauce" - auch zum Teilen geeignet. Oder lieber das Überraschungsmenü? Der Patron ist übrigens kein Geringerer als Dieter Müller.

🕃 🍷 🍽 🎴 – Preis: €€€

Stadtplan: C2-29 – *Potsdamer Platz 3* ✉ *10785* – **U** *Potsdamer Platz* – ✆ *030 337775402* – *www.potsrestaurant.com* – *Geschlossen mittags: Montag, Samstag, Sonntag*

REMI

MODERNE KÜCHE • HIP Mit diesem trendig-urbanen Restaurant im Suhrkamp-Verlagshaus haben die Betreiber des "Lode & Stijn" ein weiteres Restaurant in Berlin. Raumprägende Elemente sind das puristische Design, die bodentiefen Fensterflächen sowie die offene mittige Küche. Gekocht wird modern-international und mit saisonal-regionalem Bezug - ein schönes Beispiel ist da "Dry Aged Huhn von Schröders Hof mit gegrilltem Shiitake, Terrine aus der Keule und Pak-Choi".

🍷 🍽 – Preis: €€

Stadtplan: F1-60 – *Torstraße 48* ✉ *10119* – **U** *Rosa-Luxemburg-Platz* – ✆ *030 27593090* – *remi-berlin.de* – *Geschlossen: Montag und Sonntag, mittags: Samstag*

RESTAURANT 1687

MEDITERRAN • DESIGN In einer kleinen Seitenstraße zu "Unter den Linden" ist dieses Restaurant mit geschmackvoll-stylischem Ambiente zu finden. Gekocht wird auf klassischer Basis, überwiegend mediterran und mit internationalen Einflüssen. Umsorgt werden Sie freundlich und aufmerksam. Frühstücken können Sie hier übrigens ebenfalls. Im Sommer hat man auch eine schöne Terrasse.

🆎 🍽 – Preis: €€

Stadtplan: E2-56 – *Mittelstraße 30* ✉ *10117* – **U** *Friedrichstraße* – ✆ *030 20630611* – *1687.berlin* – *Geschlossen: Samstag und Sonntag, abends: Montag-Freitag*

BERLIN

RESTAURANT AM STEINPLATZ

MODERNE KÜCHE • CHIC Ein schickes Restaurant mit offener Küche und angeschlossener Bar im gleichnamigen schönen Boutique-Hotel im Herzen Charlottenburgs. Im Sommer sitzt es sich angenehm im Innenhof. Abends bietet man moderne Heimatküche, die Sie à la carte oder als Menü bestellen können. Mittags gibt es ein attraktives Lunchmenü mit Wahlmöglichkeit, das gut ankommt. Tipp: die Sektkarte!

🖼 – Preis: €€

Stadtplan: B2-75 – *Steinplatz 4* ✉ *10623* – **U** *Zoologischer Garten* – ☏ *030 305544440* – *www.restaurantsteinplatz.com* – *Geschlossen: Sonntag, mittags: Samstag, , abends: Montag*

TUPAC

LATEINAMERIKANISCH • NACHBARSCHAFTLICH Eine besondere Adresse, die man gerne als Stammlokal hat! In einer Wohngegend liegt das nach Revolutionsführer Tupac Amaru benannte Restaurant. Unter dem Namen "Cocina libre" wird die traditionelle Küche Lateinamerikas frei und kreativ zu interessanten Gerichten voller Geschmack und Aromen umgesetzt. Für Atmosphäre sorgen die offene Küche, rustikales Flair und authentische Deko, im Sommer mit schöner Terrasse. Tipp: ein Cocktail vorab.

🖼 – Preis: €€

Stadtplan: C3-47 – *Hagelberger Straße 9* ✉ *10965* – **U** *Mehringdamm* – ☏ *030 78891980* – *tupac-berlin.com* – *Geschlossen: Montag, Dienstag, Sonntag, mittags: Mittwoch-Samstag*

WILHELM ⓝ

FRANZÖSISCH • ELEGANT Interessant die Lage im architektonisch imposanten, a. d. 15. Jh. stammenden Humboldt Forum direkt beim Berliner Schloss auf der Museumsinsel. Geschmackvoll das Interieur, das gelungen modernes Design in den stilvollen historischen Rahmen integriert. Geboten wird eine deutsch-französische Küche beispielsweise in Form von "Steak Tatar à la Wilhelm", "Coq au Vin mit handgeschabten Spätzle", "Moules-Frites" oder auch "Königsberger Klopse vom Kalb". Nebenan gibt es noch das "Deli & Café Alexander" mit Sandwiches, Bowls, Pasta...

🖼 – Preis: €€€

Stadtplan: E2-8 – *Schloßplatz* ✉ *10178* – ☏ *030 3187324340* – *www. wilhelmalexander.de* – *Geschlossen: Montag und Sonntag, mittags: Dienstag-Samstag*

BERLIN

AUSSERHALB DES ZENTRUMS

In Berlin-Friedrichshain

🕷 JÄGER & LUSTIG

DEUTSCH • GEMÜTLICH Was für eine charmante Adresse! Richtig gemütlich hat man es hier und gut essen kann man ebenfalls. Geboten wird "Heimatküche", so nennt man es selbst: eine frische, schmackhafte Küche mit klassischen deutschen Gerichten, Wild und Gans als saisonale Spezialität der Hauses - Tipp: "Ganze Gans für vier Personen". Lassen Sie sich im Sommer nicht den Biergarten entgehen.

🖼 ➷ – Preis: €€

Stadtplan: D2-57 – *Grünberger Straße 1* ✉ *10243* – ☏ *030 29009912* – *jaegerundlustig.de*

In Berlin-Kreuzberg

❀❀ **HORVÁTH**

Chef: Sebastian Frank

KREATIV • ELEGANT Speziell und gleichermaßen reizvoll ist die Lage am Landwehrkanal im lebendigen Kreuzberg, umgeben von kleinen Lokalen und Geschäften. Vorgelagert die schöne Terrasse, gut abgeschirmt von der Straße. Drinnen ein attraktiver Mix aus Alt und Neu: alte Holztäfelung trifft auf chic-modernes Design, ein Hingucker ist das Wandgemälde von Jim Avignon, ebenso die verglaste Küche. Hier verbindet er Sebastian Frank seine österreichische Heimat mit Kreativität und Nachhaltigkeit. Tolle Zutaten - am besten aus der Region um Berlin und Brandenburg - setzt er klar und reduziert in Szene, gerne stellt er Gemüse in den Mittelpunkt, manchmal fast schon unspektakulär und vielleicht gerade deshalb so bemerkenswert. Immer wieder bringt er seine Lieblingsaromen Kümmel und Sellerie ins Spiel. Sein Signature Dish "Sellerie reif und jung" ist zum jeweils aktuellen Menü immer zubuchbar. Freundlich und kompetent der Service. Die interessante Weinkarte ist ganz auf die Osteuropa und Österreich fokussiert.

❀ *Engagement des Küchenchefs:* Wir reflektieren unsere Arbeit, wollen noch verantwortungsvoller, sozial gerechter und ressourcenschonender agieren. Wir wollen zum Umdenken anregen, als Mitbegründer des Vereins „Die Gemeinschaft" stehen für die Etablierung einer neuen kulinarischen Wertschätzung entlang der Wertschöpfungskette.

❀ ♿ 🍴 – Preis: €€€€

Stadtplan: D3-9 – *Paul-Lincke-Ufer 44a* ✉ *10999* – **U** *Kottbusser Tor* – ✆ *030 61289992* – *www.restaurant-horvath.de* – *Geschlossen: Montag, Dienstag, Sonntag, mittags: Mittwoch-Samstag*

❀❀ **TIM RAUE**

ASIATISCH • TRENDY Europäische Küche, asiatisch inspiriert – diesen modernen und erfrischenden Twist schafft Tim Raue auf einzigartige Weise. Der gebürtige Berliner hat einen ganz eigenen, in Deutschland sicher einmaligen Stil. Für seine kraftvollen Kompositionen hat er ein eingespieltes Team an seiner Seite. Geboten werden die Menüs "Kolibri x Berlin" (eine Hommage an Berlin) und "Koi", immer wählbar mit den Signature Dishes "Wasabi Kaisergranat" und "Ente 'Marie-Anne'". Daneben gibt es auch ein veganes Menü. Eine Location, die ihren Reiz im Anderssein hat. Dabei steht die hohe Niveau der Küche in keinerlei Widerspruch zur lebendig-urbanen Atmosphäre. Auch dank Gastgeberin Marie-Anne Wild und ihrem charmanten Serviceteam fühlt man sich in dem geradlinig-schicken Restaurant wohl. Weinliebhaber dürfen sich über eine schöne Auswahl an offenen Weinen freuen.

❀ ♿ 🅰 – Preis: €€€€

Stadtplan: C2-63 – *Rudi-Dutschke-Straße 26* ✉ *10969* – **U** *Kochstraße* – ✆ *030 25937930* – *tim-raue.com* – *Geschlossen: Montag und Sonntag, mittags: Dienstag-Samstag*

❀ **NOBELHART & SCHMUTZIG**

Chef: Micha Schäfer

KREATIV • HIP In dem unscheinbaren Haus in der Friedrichstraße verfolgt man eine ganz eigene Philosophie. Für Patron und Sommelier Billy Wagner und Küchenchef Micha Schäfer haben Wertschätzung und Herkunft der Produkte größte Bedeutung. So verwendet man beste saisonale Zutaten, natürlich aus der Region. Butter stellt man sogar selbst her. Auch nach Umstellung des Menüs von zehn reduzierten kleinen Gängen auf sechs etwas größere Gänge (z. B. „Radieschen, Liebstöckel, Frischkäse" oder „Lamm, Fichte, Kartoffel") bleibt man dem nachhaltigen Konzept treu. Gerne erklären Ihnen die Köche ihre durchdachten Gerichte, entweder am Tisch oder an der Theke direkt an der offenen Küche - die Plätze hier sind übrigens besonders gefragt! Zum Menü bietet man überaus interessante Weine, Biere und Destillate. Tipp: Dienstags bis donnerstags isst man preisgünstiger.

BERLIN

❀ *Engagement des Küchenchefs:* Unsere Küche ist abhängig von der Landwirtschaft, den Vorgaben der Natur und von den Lieferanten. Das ermöglicht uns, den Gästen das Berliner Umland auf dem Teller zu präsentieren. Wir sind allerdings auch als Gastronomen gefordert, uns mit den Produzenten und Kollegen ständig weiterzuentwickeln!

⬠⬠ ♿ ᴀᴄ – Preis: €€€€

Stadtplan: C2-64 – *Friedrichstraße 218* ✉ *10969* – **U** *Kochstraße* – 𝒸 *030 25940610* – *www.nobelhartundschmutzig.com* – *Geschlossen: Montag und Sonntag, mittags: Dienstag-Samstag*

❀ ## TULUS LOTREK

Chef: Maximilian Strohe

MODERNE KÜCHE • HIP Warum das Restaurant von Maximilian Strohe und Partnerin Ilona Scholl so gefragt ist? Zum einen hat man in dem hübschen Altbau in Kreuzberg mit hohen stuckverzierten Decken, Holzboden, Kunst und originellen Tapeten ein schönes Interieur geschaffen - nicht zu vergessen die charmante Terrasse in dem nachbarschaftlichen Viertel. Zum anderen sorgt der lockere und dabei sehr kompetente Service unter der Leitung der Chefin für eine sympathisch-ungezwungene Atmosphäre. In erster Linie lockt aber natürlich die Küche. Der Patron und sein Team kreieren ausgesprochen interessante Kombinationen aus exzellenten Produkten. Das Geheimnis ihrer Küche: kraftvolle Saucen und Fonds, die die verschiedenen Aromen wunderbar verbinden und den Gerichten das gewisse Etwas verleihen! Das Ganze gibt es in Form zweier 7-Gänge-Menüs: omnivor oder vegetarisch. Tipp: Rundgang durch den "Geschichtsspeicher Fichtebunker" ganz in der Nähe.

⬠⬠ 🏠 – Preis: €€€€

Stadtplan: D3-11 – *Fichtestraße 24* ✉ *10967* – **U** *Südstern* – 𝒸 *030 41956687* – *www.tuluslotrek.de* – *Geschlossen: Dienstag und Mittwoch, mittags: Montag, Donnerstag-Sonntag*

🙂 ## LONG MARCH CANTEEN

CHINESISCH • HIP Eine coole, lebendige Adresse. Aus der einsehbaren Küche kommen chinesisch-kantonesische Gerichte in Form von verschiedenen Dim Sum und Dumplings. Sie können à la carte speisen oder zwischen mehreren Menüs wählen, die zum Teilen gedacht sind. Dazu eine große Auswahl an Wein, Spirituosen, Cocktails und Longdrinks.

♿ 🏠 – Preis: €€

Stadtplan: D2-14 – *Wrangelstraße 20* ✉ *10997* – **U** *Schlesisches Tor* – 𝒸 *0175 8889221* – *www.longmarchcanteen.com* – *Geschlossen mittags: Montag-Sonntag*

CHICHA

PERUANISCH • VINTAGE Belebt, laut, rustikal, hier und da ein bisschen "shabby"... Bewusst hat man eine lockere, authentisch südamerikanische Atmosphäre geschaffen, die wunderbar zur sehr schmackhaften modern-peruanischen Küche passt. Gekocht wird ambitioniert und mit guten, frischen Produkten.

🏠 – Preis: €€

Stadtplan: D3-12 – *Friedelstraße 34* ✉ *12047* – **U** *Schönleinstraße* – 𝒸 *030 62731010* – *www.chicha-berlin.de* – *Geschlossen: Montag und Dienstag, mittags: Mittwoch-Sonntag*

ORANIA.BERLIN

MODERNE KÜCHE • CHIC Stylish, warm und relaxt kommt das Restaurant des schönen gleichnamigen Hotels daher, Lobby und Bar (interessant die Cocktail-Karte) sind direkt angeschlossen. Blickfang ist die große offene Küche - hier wird modern-kreativ gekocht. Der Service aufmerksam und versiert. Tipp: 4-Gänge-Enten-Menü "Xberg Duck" (ab 2 Pers.).

♿ ᴀᴄ – Preis: €€€

Stadtplan: D2-65 – *Oranienplatz 17* ✉ *10999* – **U** *Moritzplatz* – 𝒸 *030 69539680* – *orania.berlin* – *Geschlossen: Montag-Sonntag*

BERLIN

RUTZ - ZOLLHAUS

MODERNE KÜCHE • ENTSPANNT Die Lage direkt am Landwehrkanal ist schon etwas Besonderes - toll im Sommer die überdachte Terrasse. Drinnen ist das ehemalige Zollhaus geschmackvoll eingerichtet, locker die Atmosphäre. Geboten wird modern interpretierte deutsche Küche. Zur Wahl stehen ein Überraschungsmenü mit mehren Vorspeisen, Hauptgang und Dessert sowie Gerichte à la carte. Interessant: hochwertige "Wurstwaren" vorab oder nebenher. Die Weinbar des Gourmetrestaurants "Rutz" finden Sie nun übrigens hier im Haus.

🏠 ⇄ – Preis: €€

Stadtplan: C3-77 – *Carl-Herz-Ufer 30* ✉ *10961* – **U** *Prinzenstraße* – ✆ *030 233276670* – *rutz-zollhaus.de* – *Geschlossen: Montag und Sonntag, mittags: Dienstag-Samstag*

TANTE FICHTE

MODERNE KÜCHE • FREUNDLICH Über eine kleine Terrasse gelangt man ein paar Stufen hinunter in dieses sympathische und angenehm unkomplizierte Nachbarschafts-Restaurant - gelungen der Mix aus modern, rustikal und elegant. In der Küche verbindet man klassische Techniken mit regionalen Produkten und Einflüssen aus Kroatien (hier hat die Familie des Küchenchefs ihre Wurzeln). Das angebotene Menü gibt es auch vegetarisch. Interessant die Weinkarte mit rund 650 Positionen. Freundlich und aufmerksam der Service.

🦪 🏠 ⇄ – Preis: €€€

Stadtplan: D3-71 – *Fichtestraße 31* ✉ *10967* – **U** *Südstern* – ✆ *030 69001522* – *tantefichte.berlin* – *Geschlossen: Montag, Dienstag, Sonntag, mittags: Mittwoch-Samstag*

VOLT

MODERNE KÜCHE • DESIGN Zum interessanten Industrie-Chic in dem ehemaligen Umspannwerk am Landwehrkanal kommt eine moderne Küche, die es z. B. in Form von "Stör, Zwiebel, Spitzkohl" oder als "Schaufel, Schwarzwurzel, Haselnuss" gibt. Ein vegetarisches Menü wird ebenfalls angeboten.

♿ 🏠 ⇄ – Preis: €€€

Stadtplan: D3-15 – *Paul-Lincke-Ufer 21* ✉ *10999* – **U** *Schönleinstraße* – ✆ *030 338402320* – *www.restaurant-volt.de* – *Geschlossen: Montag und Sonntag, mittags: Dienstag-Samstag*

In Berlin-Lichtenberg

✿ ### SKYKITCHEN

MODERNE KÜCHE • TRENDY Die Fahrt nach Lichtenberg lohnt sich: Hier oben im 12. Stock des "Vienna House Andel's" hat man bei chic-urbaner Atmosphäre einen fantastischen Blick über Berlin, aber auch die stylischen Details im Vintage-Look sind ein Hingucker - haben Sie z. B. die alten Türen gesehen? Ausgezeichnet die modernen Menüs von Sascha Kurgan. Sie nennen sich "Voyage Culinaire" und "Vegetarian" und verbinden mediterrane, asiatische und regionale Akzente, z. B. beim Dim Sum aus tollem Nudelteig, gefüllt mit einem Ragout aus geschmortem Schweinekinn mit etwas Koriander, dazu ein dick gelierter Dashi-Fond und würziges Chorizo-Öl. Zusammen mit pochiertem Eigelb, Edamame und Frühlingslauch ein Gericht voller Kraft und Geschmack. Dazu auf Wunsch die passende Wein- oder alkoholfreie Begleitung. In Sachen Wein ist man osteuropäisch ausgerichtet - sehr gut die Beratung durch den top geschulten und angenehm lockeren Service. Übrigens: Noch ein bisschen höher lockt das "Loft14" zum Digestif!

🦪 🌿 ♿ 🅺 – Preis: €€€€

Stadtplan: D2-16 – *Landsberger Allee 106* ✉ *10369* – **U** *Landsberger Allee* – ✆ *030 4530532620* – *www.skykitchen.berlin* – *Geschlossen: Montag und Sonntag, mittags: Dienstag-Samstag*

In Berlin-Neukölln

❀❀ **CODA DESSERT DINING**

KREATIV • INTIM Lassen Sie sich vom unscheinbaren Äußeren dieser Neuköllner Adresse nicht täuschen, denn hier ist ein ganz spezielles Gastro-Konzept zu Hause. Lebhaft und leger ist die Atmosphäre in dem dunkel gehaltenen Restaurant. Man sitzt man am Bar-Tresen mit Blick in die Küche oder an den Tischen drum herum. Wenn Sie Glück haben, zeigt man Ihnen direkt in der Küche, wie das ein oder andere Produkt verarbeitet wird. Man kocht mit einem ganz eigenen Stil und der ist einzigartig: Das Team um René Frank setzt auf Techniken aus der Patisserie, mit denen man innovative Gerichte wie z. B. "Aubergine, Pekanuss, Apfelbalsamico, Lakritzsalz" oder "Süßkartoffel, Schmand, Apfel, Shiitake" zubereitet. Die Süße steht dabei keinesfalls im Vordergrund. Geboten wird eine Geschmacks-Experience in 15 Servings – bringen Sie etwas Zeit mit! Locker und sehr freundlich der Service. Neben den Pairing Drinks zum Menü gibt es optional noch einen Wine Flight. Schwerpunkt der schönen Weinkarte ist deutscher Riesling.

🆔 – Preis: €€€€

Stadtplan: D3-17 – *Friedelstraße 47* ✉ *12047* – **U** *Hermannplatz* – ☏ *030 91496396* – *www.coda-berlin.com* – *Geschlossen: Montag und Sonntag, mittags: Dienstag-Samstag*

❀ **HALLMANN & KLEE**

MODERNE KÜCHE • ENTSPANNT Sie finden das Restaurant am kleinen Böhmischen Platz, dessen lebhaftes Treiben die Terrasse auf dem Gehsteig im Sommer zu einem beliebten Ort macht. Auch das Interieur hat seinen Reiz: Markante gekalkte Ziegelsteinwände, schöner Dielenboden und moderne Design-Elemente schaffen ein fast schon puristisches, charmant-urbanes Ambiente. Dazu passt die moderne, geradlinige und oftmals reduzierte Küche aus überwiegend regionalen Produkten, klasse z. B. das Kartoffelpüree zum Löffeln mit Liebstöckel und Molkeschaum! Küchenchefinnen gibt es gleich zwei: Rosa Beutelspacher und Sarah Hallmann - Letztere ist zudem kulinarische Ideengeberin und als Patronin herzlich und professionell am Gast. Gemeinsam bilden beide ein sich wunderbar ergänzendes Duo.

🏠 – Preis: €€€

Stadtplan: D3-2 – *Böhmische Straße 13* ✉ *12055* – **U** *Neukölln* – ☏ *030 23938186* – *www.hallmann-klee.de* – *Geschlossen: Montag, Dienstag, Sonntag, mittags: Mittwoch-Samstag*

😊 **BARRA**

MODERNE KÜCHE • MINIMALISTISCH Passen Sie auf, dass Sie das Haus mit der unauffälligen Fassade nicht übersehen! Hier erwartet Sie ein durch und durch unkompliziertes trendiges Konzept, angefangen beim minimalistisch-urbanen Look über die lockere, sympathisch-nachbarschaftliche Atmosphäre bis hin zur angenehm reduzierten modernen Küche in Form von kleinen "Sharing"-Gerichten. Hier kommen hochwertige, möglichst regionale Produkte zum Einsatz. Tipp: Von den Plätzen am Counter hat man das Geschehen am Herd sehr gut im Blick.

🍽 – Preis: €€

Stadtplan: D3-18 – *Okerstraße 2* ✉ *12049* – **U** *Leinestraße* – ☏ *030 81860757* – *www.barraberlin.com* – *Geschlossen: Samstag und Sonntag, mittags: Montag-Freitag*

TISK

Chef: Jan Rzehak

DEUTSCH • FREUNDLICH Das "TISK" (altdeutsch für "Tisch") nennt sich selbst "Speisekneipe", und das trifft es ganz gut. In einer ruhigeren Seitenstraße in Neukölln findet sich dieses junge urbane Konzept, das deutsche Küche modernisiert und geschmacklich aufgepeppt präsentiert. Ein Großteil des verarbeiteten Gemüses stammt übrigens von der eigenen Farm in der Nähe von Brandenburg.

BERLIN

🌿 *Engagement des Küchenchefs:* Unsere eigene Tisk-Farm in Brandenburg lässt uns ein „Farm to table"-Konzept leben, welches perfekt in unsere Speisekneipe passt! Handgeerntete Gemüse und Kräuter veredeln unsere Gerichte bzw. werden auch als Fassbrausen und Limonaden angesetzt. „Zero Waste" gehört in unserer Küche zur Normalität!

🌤 – Preis: €€

Stadtplan: D3-19 – *Neckarstraße 12* ✉ *12053* – **U** *Rathaus Neukölln* – 📞 *030 398200000* – *www.tisk-speisekneipe.de* – *Geschlossen: Montag und Sonntag, mittags: Dienstag-Samstag*

In Berlin-Prenzlauer Berg

🌿 **BRICOLE**

FRANZÖSISCH-MODERN • NACHBARSCHAFTLICH Richtig schön nachbarschaftlich, geradezu vertraut geht es hier zu - da fühlt man sich gleich willkommen! Das liegt zum einen an der sympathischen Bistro-Atmosphäre, zum anderen am herzlichen und professionellen Patron und Sommelier Fabian Fischer, der dem Service eine angenehm persönliche Note gibt und mit Leidenschaft den passenden Wein empfiehlt - der Schwerpunkt liegt auf Deutschland und Frankreich. Verantwortlicher am Herd Steven Zeidler. Kreativ verbindet er eine klassisch basierte Küche mit asiatischen Aromen. Sehr gut machen sich in seinem Menü beispielsweise koreanisches Kimchi, chinesische XO-Sauce und japanisches Dashi. Auf Anfrage gibt es auch eine vegetarische Menü-Variante. Vor dem Restaurant hat man übrigens auch ein paar kleine Tische auf dem Gehsteig.

🍴 🌤 – Preis: €€€

Stadtplan: D1-7 – *Senefelderstraße 30* ✉ *10437* – **U** *Husemannstraße* – 📞 *030 84421362* – *www.bricole.de* – *Geschlossen: Samstag und Sonntag, mittags: Montag-Freitag*

😊 **LUCKY LEEK**

VEGAN • NACHBARSCHAFTLICH "Fine Natural Dining", so beschreibt man das Konzept hier selbst! Das sympathische Restaurant mit seinem charmanten Service bietet rein vegane Küche in Form eines Menüs mi drei bis fünf Gängen - auch A-la-carte-Wahl ist möglich. Es erwarten Sie interessante und schmackhafte Gerichte einer kreativen saisonalen Gemüseküche, die bei internationalen Gästen ebenso gut ankommen wie bei den Berlinern. Im Sommer speist man am besten auf der Terrasse vor dem Haus.

🌤 – Preis: €€

Stadtplan: D1-66 – *Kollwitzstraße 54* ✉ *10405* – **U** *Senefelderplatz* – 📞 *030 66408710* – *www.lucky-leek.com* – *Geschlossen: Montag und Dienstag, mittags: Mittwoch-Sonntag*

😊 **MAMI'S** Ⓝ

INTERNATIONAL • ENTSPANNT Die Geschwister Marcel und Miriam Hertrampf haben nach langjähriger Erfahrung in der gehobenen Gastronomie dieses ungezwungene kleine Restaurant eröffnet. Schon die Lage ist schön: Die Straße mit ihren hohen Bäumen und lebhafter Atmosphäre hat einen ganz eigenen Charme - da ist die Terrasse auf dem breiten Gehweg richtig einladend. Am Herd sorgt Patron Marcel für aromatische moderne Fusionsküche - Einflüsse von spanisch bis asiatisch, mit oder ohne Fleisch. Zudem gibt es ein Sharing-Menü mit acht oder zehn kleinen Gerichten. Charmant und professionell das Serviceteam um Gastgeberin Miriam. Die gelernte Sommelière berät Sie auch gerne in Sachen Wein - ca. 200 Positionen hat man auf der Karte.

🍴 🌤 – Preis: €€

Stadtplan: C1-5 – *Oderberger Straße 13* ✉ *10435* – **U** *Eberswalder Straße* – 📞 *0176 70293503* – *www.mamis-berlin.de* – *Geschlossen: Dienstag und Mittwoch, mittags: Montag, Donnerstag-Sonntag*

KINK BAR & RESTAURANT

KREATIV • HIP Auf dem Pfefferberg - einst Brauereigelände, heute Kulturstätte - finden Sie dieses trendig-urbane Restaurant. Gekocht wird modern-kreativ mit gewissem Twist und eigener Note. Und dazu vielleicht eine der interessanten Getränke-Kreationen der angeschlossenen Bar? Der angenehm lockere Service sorgt für eine unkomplizierte und persönliche Atmosphäre. Schön die Terrasse!
Preis: €€

Stadtplan: F1-48 - *Schönhauser Allee 176* ✉ *10119* - **U** *Prenzlauer Allee -* ✆ *030 41207344 - kink-berlin.de - Geschlossen mittags: Montag-Sonntag*

KOCHU KARU

KOREANISCH • MINIMALISTISCH So ungewöhnlich der Mix aus spanischer und koreanischer Küche auch sein mag, die Kombination von Aromen ist gelungen. Sie können à la carte wählen oder das Tasting Menü mit fünf oder sechs Gängen (ab zwei Personen), das es auch als vegane Variante gibt. Eine passende Getränkebegleitung wird ebenfalls angeboten. Ein wirklich charmantes puristisches kleines Restaurant, das Sie sicher mögen werden.
🍴 – Preis: €€

Stadtplan: C1-20 - *Eberswalder Straße 35* ✉ *10437* - **U** *Eberswalder Straße -* ✆ *030 80938191 - kochukaru.de - Geschlossen: Montag und Sonntag, mittags: Dienstag-Samstag*

OTTO

SAISONAL • BÜRGERLICH Sympathisch-lebendig geht es in diesem kleinen Restaurant mit offener Küche zu. Gekocht wird modern-reduziert und mit nordischem Einschlag, basierend auf Produkten aus der Umgebung. Die saisonal ausgerichteten Speisen eignen sich wunderbar zum Teilen. Vegetarisches findet sich ebenfalls auf der Karte. Vor dem Haus hat man eine kleine Terrasse - dank Pavillon können Sie hier sogar im Winter sitzen.
🍴 – Preis: €€

Stadtplan: C1-74 - *Oderberger Straße 56* ✉ *10435* - **U** *Eberswalder Straße -* ✆ *030 58705176 - otto-berlin.net - Geschlossen: Dienstag und Mittwoch, mittags: Montag, Donnerstag-Sonntag*

In Berlin-Schöneberg

✿ BONVIVANT

VEGETARISCH • FARBENFROH Ein Original in vielerlei Hinsicht. Das Menü bietet eine Auswahl an vegetarischen Gerichten, die delikat, präzise und wunderschön präsentiert sind. Eine vegane Menü-Variante gibt es ebenfalls. Wie der vollständige Name "Bonvivant Cocktail Bistro" schon andeutet, dürfen Sie auch eine tolle Begleitung aus ebenso originellen und durchdachten Getränken und Cocktails erwarten. In unkomplizierter, relaxter Atmosphäre erklärt Ihnen das engagierte junge Serviceteam ausführlich jeden Gang und das dazugehörige Getränk - ein gelungenes Konzept!
🍴 ✿ – Preis: €€€

Stadtplan: B3-32 - *Goltzstraße 32* ✉ *10781* - **U** *Nollendorfplatz* - ✆ *0176 61722602 - bonvivant.berlin - Geschlossen: Montag, mittags: Dienstag, , abends: Sonntag*

✿ FAELT

Chef: Björn Swanson

REGIONAL • FREUNDLICH Unkompliziert, professionell und durchdacht geht es in dem denkmalgeschützten Altbau von 1903 zu, und das gilt für Ambiente, Service und Küche gleichermaßen. Der Name des Restaurants ist übrigens das schwedische Wort für "Feld" und nimmt Bezug auf die nordischen Wurzeln von Chef Björn Swanson und den produktorientierten Kochstil, den er und sein Team hier pflegen. Man lässt sich von den Jahreszeiten inspirieren, pflanzliche Zutaten spielen in dem

BERLIN

modernen Menü die Hauptrolle. Die Küche befindet sich quasi im Raum - da kann man den Köchen zusehen. Sympathisch die lebhafte, freundliche Atmosphäre in dem kleinen Restaurant - wie gemacht für ein gemütliches Treffen.

Preis: €€€€

Stadtplan: B3-42 – *Vorbergstraße 10A* – ✉ *10823* – **U** *Eisenacher Straße* – ✆ *030 78959001* – *www.faelt.de* – *Geschlossen: Sonntag, mittags: Montag-Samstag*

BOB & THOMS

FRANZÖSISCH-MODERN • MINIMALISTISCH Bob & Thoms, das sind Oliver Körber ("Bob"), der sich im Service mit seiner authentischen Berliner Art charmant um die Gäste kümmert, und Felix Thoms, der mit reichlich Sternerfahrung am Herd steht. In einer recht ruhigen Nebenstraße, zwischen dem 1899 angelegten kleinen Viktoria-Luise-Platz und dem Kaufhaus KaDeWe, haben die beiden ihren sympathischen Zwei-Mann-Betrieb. Die ambitionierte modern-saisonale Küche gibt es als 5-Gänge-Menü nebst Optionen zum Erweitern oder Tauschen. Dazu ein attraktives, recht puristisches Interieur - interessante Momentaufnahmen aus Berlin und New York (fotografiert von Oliver Körbers Tochter) setzen dekorative Akzente. Pro Abend werden nur wenige Gäste empfangen, also reservieren Sie rechtzeitig! Und lassen Sie sich im Sommer nicht die schöne kleine Terrasse entgehen!

🌤 – Preis: €€€

Stadtplan: B3-76 – *Welserstraße 10* – ✉ *10777* – **U** *Viktoria-Luise-Platz* – ✆ *030 20929492* – *www.bobthoms.berlin* – *Geschlossen: Montag, Dienstag, Sonntag, mittags: Mittwoch-Samstag*

BRASSERIE COLETTE TIM RAUE

FRANZÖSISCH • BRASSERIE Tim Raue - wohlbekannt in der Gastroszene - hat hier eine sympathisch-unkomplizierte Brasserie geschaffen, die man eher in Paris vermuten würde. Das Atmosphäre ist modern, hat aber auch einen leicht nostalgischen Touch. Gekocht wird richtig gut. Die interessante Karte wechselt alle drei Monate. Hier findet man neben einer A-la-carte-Auswahl immer drei Menüs: eines mit Colette-Klassikern, ein Tim-Raue-Menü und ein veganes Menü.

♿ – Preis: €€

Stadtplan: B2-33 – *Passauer Straße 5* – ✉ *10789* – **U** *Wittenbergplatz* – ✆ *030 21992174* – *www.brasseriecolette.de*

In Berlin-Wedding

❀ ERNST

Chefs: Dylan Watson-Brawn und Spencer Christenson

KREATIV • MINIMALISTISCH Äußerlich eher unscheinbar, drinnen stylish und kreativ! An der langen Holztheke gibt es nur acht Plätze, und die sind gefragt, denn hier sitzt man direkt gegenüber der großen offenen Küche, hat stets Kontakt zum Team und erlebt mit, wie die Köche ein Menü mit zahlreichen tollen kleinen Gerichten zubereiten. Erwähnenswert ist auch der wunderbare Duft vom Holzkohlegrill! Das Inhaber- und Küchenchef-Duo Dylan Watson-Brawn und Spencer Christenson beeindruckt mit einem klaren und puren Stil, der sich stark an der japanischen Küche orientiert. Auf dem Teller wird das Produkt zelebriert, da darf man den reinen Geschmack erstklassiger Zutaten erwarten. Neben Internationalem bindet man hier auch bewusst die Region mit ein. Spaß macht auch die Weinbegleitung. Hinweis: Reservierung über Online-Tickets. Man bietet zwei Services pro Abend.

🎍 🅺 – Preis: €€€€

Stadtplan: C1-21 – *Gerichtstraße 54* – ✉ *13347* – **U** *Wedding* – ✆ – *www. ernstberlin.de* – *Geschlossen: Montag, Dienstag, Sonntag, mittags: Mittwoch-Samstag*

In Berlin-Wilmersdorf

 BIEBERBAU

Chef: Stephan Garkisch

MODERNE KÜCHE • GEMÜTLICH Wer neben richtig gutem Essen auch ein tolles Ambiente schätzt, ist hier genau richtig! In dem wunderschön restaurierten denkmalgeschützten Gastraum von 1894 erwartet Sie absolut sehenswertes Stuckateurhandwerk von Richard Bieber! In diesem einzigartigen Rahmen wird man vom freundlichen und kompetenten Serviceteam um Gastgeberin und Sommelière Anne Garkisch umsorgt, während Patron Stephan Garkisch am Molteni-Herd moderne Gerichte zubereitet. Wirklich gelungen, wie er in den Menüs (darunter ein vegetarisches) Kräuter und Gewürze in Szene setzt - vieles kommt aus dem eigenen Garten. Die Preise sind fair!

🌿 – Preis: €€€

Stadtplan: B3-4 – *Durlacher Straße 15* ⊠ *10715* – **U** *Bundesplatz* – ℰ *030 8532390* – *www.bieberbau-berlin.de* – *Geschlossen: Mittwoch, Samstag, Sonntag, mittags: Montag, Dienstag, Donnerstag, Freitag*

GOLDEN PHOENIX Ⓝ

CHINESISCH • CHIC Das Restaurant von Multigastronom The Duc Ngo ist im stylischen Hotel "Provocateur" untergebracht. Chic das Design, locker und persönlich die Atmosphäre. In der einsehbaren Küche wird chinesisch und mit französischen Einflüssen gekocht, von interessanten "Dim Sum" bis "Wolfsbarsch, Spinat, Beurre blanc". In der angeschlossenen Bar können Sie ebenfalls essen. Es gibt auch Tische im Freien: auf der Hotelterrasse oder vor dem Haus auf dem Gehsteig.

🌿 – Preis: €€€

Stadtplan: A3-13 – *Brandenburgische Straße 21* ⊠ *10707* – **U** *Konstanzer Straße* – ℰ *01516 4625945* – *www.goldenphoenix.berlin* – *Geschlossen: Montag, Samstag, Sonntag, mittags: Dienstag-Freitag*

BERLIN

BERNRIED

Bayern – Regionalatlas **6**–X4

ॐ **SCHWINGSHACKL ESSKULTUR** Ⓝ

KLASSISCHE KÜCHE • ELEGANT Nach erfolgreichen Jahren im ehemaligen Fährhaus im Bad Tölz sind Erich und Katharina Schwingshackl an den niederbayerischen Ursprungsort ihres "Schwingshackl ESSKULTUR" zurückgekehrt. Im schön und ruhig gelegenen "Naturhotel Rebling" inmitten einer idyllischen Landschaft bieten sie in elegantem Ambiente eine klassisch orientierte Küche, die man am Abend als Menü mit fünf bis sieben Gängen serviert. Gastgeberin und Sommelière Katharina Schwingshackl empfiehlt dazu den passenden Wein. Auch das regional ausgerichtete Zweitrestaurant "HEIMATKÜCHE" hat man mit nach Rebling genommen - hier können Sie auch zu Mittag essen.

⅋ 🅿 – Preis: €€€€

Rebling 3 ⊠ 94505 – ☎ 09905 555 – www.naturhotel-rebling.de

BESIGHEIM

Baden-Württemberg – Regionalatlas **5**–U2

MARKTWIRTSCHAFT BESIGHEIM

SAISONAL • ZEITGEMÄSSES AMBIENTE In dem sympathisch-legeren Restaurant wird regional-saisonal gekocht. Mittags ergänzt eine zusätzliche kleine Karte das Angebot. Gegenüber hat man noch die Brasserie & Vinothek "Marktkeller". Man bietet auch regelmäßig Themenabende an. Tipp: Machen Sie einen Bummel durch das romantische kleine Fachwerk-Städtchen!

🕍 – Preis: €€

Marktplatz 2 ⊠ 74354 – ☎ 07143 9099091 – www.marktwirtschaft-besigheim. de – Geschlossen: Mittwoch

BIBERACH IM KINZIGTAL

Baden-Württemberg – Regionalatlas **5**–T3

LANDGASTHAUS ZUM KREUZ

TRADITIONELLE KÜCHE • LÄNDLICH Der attraktive Mix aus regional und modern ist hier allgegenwärtig - vom gemütlichen Restaurant über die Küche bis zu den schönen wohnlichen Zimmern im Gästehaus "Speicher" nebenan. Auf den Tisch kommen Klassiker und Saisonales - interessant sind z. B. die "Mini-Versucherle". Die tolle Lage im Grünen genießt man im Sommer am liebsten auf der herrlichen Terrasse!

🕍 ⇔ 🅿 – Preis: €€

Untertal 7 ⊠ 77781 – ☎ 07835 426420 – www.kreuz-prinzbach.de/home.html – Geschlossen: Mittwoch und Donnerstag, mittags: Montag, Dienstag, Freitag, Samstag

BIELEFELD

Nordrhein-Westfalen – Regionalatlas **3**–L1

GUI

MEDITERRAN • FREUNDLICH Reservieren Sie hier lieber, denn das lebhafte Bistro mitten in Bielefeld hat viele Stammgäste! Gekocht wird mediterran inspiriert, aber auch mit regionalen Einflüssen. Zur netten Atmosphäre trägt auch die offene Küche bei. Im Sommer lockt die Terrasse in der Fußgängerzone. Übrigens: "GUI" steht in der internationalen Plansprache Esperanto für "Genießen".

Ⓐ 🍴 – Preis: €€

Gehrenberg 8 ✉ 33602 – ☎ 0521 5222119 – gui-restaurant.de – Geschlossen:
Montag und Sonntag

TOMATISSIMO

ITALIENISCH • FREUNDLICH Etwas außerhalb in einem kleinen Dorf findet
man diese beliebte Adresse. Freundlich die Atmosphäre, herrlich im Sommer die
Terrasse beim Dorfbrunnen, auf der man angenehm unter Kastanien sitzt. Gekocht
wird mit Herz und reichlich Geschmack, die Karte ist mediterran geprägt. Dazu Dry
Aged Beef vom Holzkohlegrill - aus dem eigenen Reifeschrank. Tipp: "Bernhards
Küchentisch" für kleinere Gruppen (auf Vorreservierung).

🍴 ⇄ 🅿 – Preis: €€€

Am Tie 15 ✉ 33619 – ☎ 0521 163333 – tomatissimo.de – Geschlossen: Montag
und Dienstag, mittags: Mittwoch-Samstag

BIETIGHEIM-BISSINGEN

Baden-Württemberg – Regionalatlas **7**–B2

❀ ## MAERZ - DAS RESTAURANT

Chef: Benjamin Maerz

FRANZÖSISCH-KREATIV • GEMÜTLICH So stimmig kann ein Mix aus regional
und modern sein! Und diese Mischung bieten die Brüder Benjamin und Christian
Maerz im Gourmetrestaurant ihres Hotels "Rose" gleich in zweifacher Hinsicht. Da
ist zum einen das Interieur, das mit seiner schönen warmen Holztäfelung und klaren
Formen gemütlich und zugleich trendig-chic daherkommt. Auch in der Küche findet
sich sowohl der Bezug zur Region als auch der moderne Aspekt, umgesetzt im
Menü "Heimweh/Fernweh". Dafür verwendet man erstklassige Produkte, die aus der
Region kommen ("Heimweh") und mit Gewürzen aus aller Welt ("Fernweh") verfei-
nert werden - gelungen kombiniert z. B. bei "Heimischer Stör à la Plancha, gebrannte
Sahne & Shio Dashi". Gerne lässt man sich von Christian Maerz in Sachen Wein oder
alkoholfreie Alternative beraten. Hübsche Lounge-Terrasse für Apero oder Digestif.

⇄ 🅿 – Preis: €€€€

Kronenbergstraße 14 ✉ 74321 – ☎ 07142 42004 – maerzundmaerz.de –
Geschlossen: Montag, Dienstag, Sonntag, mittags: Mittwoch-Samstag

BILSEN

Schleswig-Holstein – Regionalatlas **1**–C3

JAGDHAUS WALDFRIEDEN

INTERNATIONAL • ELEGANT Gemütliches Kaminzimmer, luftiger Wintergarten
oder die schöne Terrasse mit schattenspendenden Bäumen? Zu diesem charmanten Rahmen gesellt sich eine gute Küche. Gekocht wird regional geprägt, auf der
Karte findet sich z. B. sous vide gegarte Kalbsschulter. Tipp: das preislich faire
Mittagsmenü. Sie möchten übernachten? Man hat hübsche, sehr wohnliche und
individuelle Gästezimmer.

🛏 🍴 ⇄ 🅿 – Preis: €€

Kieler Straße 1 ✉ 25485 – ☎ 04106 61020 – www.waldfrieden.com –
Geschlossen: Montag und Dienstag

BINDLACH

Bayern – Regionalatlas **6**–Y1

🐸 ## LANDHAUS GRÄFENTHAL

SAISONAL • GASTHOF In dem idyllisch gelegenen Familienbetrieb hat mit Peter
Lauterbach bereits die 4. Generation die Leitung inne. Geboten wird eine zeitgemäß

umgesetzte regional-saisonal und mediterran beeinflusste Küche. Drinnen sorgen helles Holz, Kachelofen und nette Deko für Gemütlichkeit, draußen hat man eine schöne Gartenterrasse. Freundlich der Service.

🏡 ♿ 🅿 – Preis: €€

Obergräfenthal 7 ✉ 95463 – ℰ 09208 289 – www.landhaus-graefenthal.de – Geschlossen: Dienstag, mittags: Montag, Mittwoch-Freitag

BINGEN AM RHEIN

Rheinland-Pfalz – Regionalatlas **5**–T1

DAS BOOTSHAUS

MODERN • VINTAGE Das Restaurant des Lifestyle-Hotels "Papa Rhein" verbindet geschmackvollen maritimen Vintage-Look mit guter, frischer Küche. Abends gibt es ein Menü, mittags ein kleines A-la-carte-Angebot. Der Service engagiert und recht leger - man wird geduzt. Toll der Blick auf den Rhein und die umliegenden Weinberge - da lockt im Sommer die herrliche Terrasse!

≼ 🏡 🅿 – Preis: €€

Hafenstraße 47a ✉ 55411 – ℰ 06721 35010 – www.paparheinhotel.de – Geschlossen: Montag und Sonntag

BINZ – Mecklenburg-Vorpommern ➜ Siehe Rügen (Insel)

BINZEN

Baden-Württemberg – Regionalatlas **7**–B1

RESTAURANT MÜHLE

MODERN • GEMÜTLICH Hier hat man die Küchencrew aus der "Krone" in Weil am Rhein mit dem hiesigen Team am Herd vereint. Geboten wird ein zeitgemäßer Mix aus regional-saisonalen und mediterranen Einflüssen, basierend auf guten, frischen Produkten. Einladend das ländlich-elegante Ambiente, schön die Terrasse. Im Hotel erwarten Sie wohnlich-gemütliche Zimmer. Praktisch: nur ca. 15 Autominuten nach Basel, zum Flughafen und zur Messe.

🏡 ♿ 🅿 – Preis: €€

Mühlenstraße 26 ✉ 79589 – ℰ 07621 6072 – muehlebinzen.de/muehle-restaurant – Geschlossen: Montag und Sonntag

BIRKENAU

Hessen – Regionalatlas **5**–U1

STUBEN

Chef: Maik Rosenheinrich

MARKTKÜCHE • GEMÜTLICH Toll ist hier schon die Lage auf einem 45 ha großen Anwesen. Sie sitzen in gemütlichen Stuben mit rustikalem Charme und gewissem Chic, Hingucker ist der Kachelofen. Spezialität ist "Bison-Burger" mit Fleisch der eigenen Bisonzucht. Hinweis: Montags gibt es ausschließlich Burger, auch vegetarisch. Tipp: die herrliche Terrasse mit Blick ins Grüne! Im kleinen Hotel "Lammershof" mit Haupthaus von 1709 kann man in wohnlichen Zimmern übernachten.

🐝 *Engagement des Küchenchefs:* Ich kann aus dem Vollen schöpfen, was die herrlichen Produkte der eigenen Bisons und des eigenen Rotwilds angeht. Dazu wird Nachhaltigkeit hier vielfältig gelebt. Eigene Holzschnitzelanlage und Nassmüllanlage zur Biogasproduktion, viele der Möbel sind aus eigenem Altholz gefertigt.

♿ 🏡 ♿ 🅿 – Preis: €€

Absteinacher Straße 2 ✉ 69488 – ℰ 06201 845030 – www.lammershof.de – Geschlossen mittags: Montag

WILD X BERG

MODERNE KÜCHE • **ELEGANT** In dem wertig-schicken kleinen Gourmetstübchen in der 1. Etage des geschmackvollen Hotels "Lammershof" erwartet Sie eine ambitionierte und technisch äußerst exakte moderne Küche in Form eines Menüs in variabler Länge - auf Vorbestellung auch als Vegi-Variante. Ausgesucht die Produkte, darunter Fleisch der selbst gezüchteten Bisons. Ein paar Plätze bieten Blick in die Küche. Tipp: die Bison Bar im urigen Keller.

🛋 🅿 – Preis: €€€€

Absteinacher Straße 2 ✉ 69488 – ☎ 06201 845030 – www.lammershof.de – Geschlossen mittags: Montag-Freitag

BIRKENFELD
Baden-Württemberg – Regionalatlas **5**–S1

BENDERS 🔴

MODERNE KÜCHE • **CHIC** Gelungen hat man in dem hübschen Fachwerkhaus des traditionsreichen "Birkenfelder Hofs" ein chic-modernes Interieur geschaffen. Das passt ebenso zum Motto "Casual Dining" wie die entspannte Atmosphäre samt routiniertem, freundlichem Service sowie die ambitionierte moderne Küche, die französische, mediterrane und regionale Einflüsse zeigt sowie hier und da auch asiatische Akzente. Auf der Karte liest man z. B. "Brust vom Kikok Gockel, Madeira Jus, Kürbis Curry Creme & Pak Choi", aber auch Klassiker wie Rostbraten oder Burger (nur an bestimmten Tagen). Zum Übernachten stehen gepflegte Zimmer bereit.

Preis: €€€

Silcherstraße 1 ✉ 75217 – ☎ 07231 471944 – benders-restaurant.de – Geschlossen: Sonntag, mittags: Montag-Samstag

BIRKWEILER
Rheinland-Pfalz – Regionalatlas **7**–B1

❀ ST. LAURENTIUSHOF - SCHOCKES KÜCHE

MODERNE KÜCHE • **GEMÜTLICH** Seit Juli 2021 bringen Lara und Maximilian Schocke frischen Wind in den "Laurentiushof". Während Lara herzlich den Service leitet - schöne Weinempfehlungen inklusive -, sorgt Maximilian für eine anspruchsvolle Küche aus sehr guten Produkten. Zur Wahl stehen das Menü „plaisir" (konventionell oder vegetarisch), das Sie sich selbst zusammenstellen können, das regional-saisonale „Menü für jeden Tag" mit drei Gängen sowie - auf Vorbestellung - das Gourmetmenü „passion" ab sechs Gängen. Lust machen Gerichte wie „Bretonische Jakobsmuscheln und Imperial Kaviar, Essenz vom Ochsenschwanz 'Royal'" oder "Rippchen vom Schwäbisch-Hällischen Landschwein, Rauchaal, Birne und Lauch". Das hausgebackene Sauerteigbrot gibt es auch für daheim (Mi. und Fr. auf Vorbestellung oder nach Verfügbarkeit). Die Weine kommen vorwiegend aus der direkten Umgebung. Gepflegt übernachten kann man ebenfalls.

🛋 ♻ 🅿 – Preis: €€€€

Hauptstraße 21 ✉ 76831 – ☎ 06345 9199431 – www.st-laurentiushof-birkweiler. de – Geschlossen: Montag und Sonntag, mittags: Dienstag-Samstag

BISCHOFSWIESEN
Bayern – Regionalatlas **6**–Z4

❀ SOLO DU

MODERNE KÜCHE • **STUBE** Im vielfältigen Kulturhof verwandelt sich an vier Tagen in der Woche die zum traditionellen Kartenspiel "Schafkopf" eingerichtete Stube in ein Gourmetrestaurant mit vier Tischen. Hier bietet der aus Ungarn stammende Küchenchef Zsolt Fodor ein gelungen komponiertes Menü aus top

Produkten. Betreut werden Sie vom sehr kompetenten und charmanten Maître und Sommelier Martin Bielik, einem gebürtigen Slowaken, der Ihnen stimmige Weinreisen zum Menü zusammenstellt. Der Name "Solo Du" ist übrigens eine Wertung beim "Schafkopf".

&🅿 – Preis: €€€

Berchtesgadener Straße 111 ✉ *83483 –* ☎ *08652 958524 – www.kulturhof. bayern/solo-du – Geschlossen: Montag, Dienstag, Sonntag, mittags: Mittwoch-Samstag*

🅝 KULTURHOF STANGGASS - GASTHAUS 🅝

SAISONAL • CHIC In dem an der Straße zwischen Bischofswiesen und Berchtesgaden gelegenen "Kulturhof Stanggass" erwartet Sie als kulinarische Alternative zum "Solo Du" das direkt angeschlossene "Gasthaus". Helles Holz und klare Formen schaffen eine gemütlich-moderne Atmosphäre, durch die Fensterfront kann man in den Garten samt Kinderspielplatz schauen. Tipp: der "Stammtisch", eine lange handgefertigte Holztafel für 25 Gäste. Gekocht wird mit Bezug zur Region und zur Natur, die Produkte bezieht man aus der nächsten Umgebung. Zur guten Küche gesellt sich ein freundlicher Service.

🛏&🍴♻🅿 – Preis: €€

Berchtesgadener Straße 111 ✉ *83483 –* ☎ *08652 958524 – www.kulturhof. bayern/kulinarik/gasthaus*

BISSERSHEIM
Rheinland-Pfalz – Regionalatlas **7**–B1

KNIPSERS HALBSTÜCK - BRASSERIE 🅝

KLASSISCHE KÜCHE • GEMÜTLICH Die bekannte Winzerfamilie Knipser aus Laumersheim hat bereits 2014 das „Halbstück" als Weinstube eröffnet. Nun führt der Elsässer Christian Rubert - auch bekannt aus dem Restaurant "Karlbacher" in Großkarlbach - in der Küche Regie. Einflüsse aus seiner Heimat sind unverkennbar und passen hervorragend zu den Spitzengewächsen des Knipser-Weinguts. In gemütlicher Atmosphäre sorgt Laura Rubert für eine herzliche Gästebetreuung. Sehr schön der Innenhof. Tipp: Mi. bis Sa. bietet man ab 18 Uhr im Restaurant "XR" spezielle Fine-Dining-Menüs. Sie können auch geführte Weinproben (ab 10 Pers.) sowie Hochzeiten und Tagungen buchen. Eine Ferienwohnung hat man ebenfalls.

🍴♻🅿 – Preis: €€

Hollergasse 2 ✉ *67281 –* ☎ *06359 9459211 – halbstueck.de – Geschlossen: Dienstag*

BLANKENBACH
Bayern – Regionalatlas **3**–L4

BEHL'S RESTAURANT

REGIONAL • LÄNDLICH Ob in ihrem "Genusshotel" mit seinen freundlichen und wohnlichen Zimmern oder im Restaurant nebst schöner schattiger Innenhof-Terrasse, Familie Behl ist hier mit Engagement im Einsatz. In einladender Atmosphäre kommt gute Küche auf den Tisch, für die man gerne regionale Produkte verwendet, so z. B. Blankenbacher Bachsaibling oder Spessart-Weiderind. Zum Haus gehört übrigens auch eine eigene Destille, in der man regelmäßig Brennabende veranstaltet.

🍴♻🅿 – Preis: €€

Krombacher Straße 2 ✉ *63825 –* ☎ *06024 4766 – www.behl.de – Geschlossen: Montag-Mittwoch, mittags: Donnerstag-Samstag, , abends: Sonntag*

BLANKENHAIN

Thüringen – Regionalatlas **4**–N3

ॐ **MASTERS**

FRANZÖSISCH-MODERN • CHIC Das geschmackvolle kleine Restaurant des "Spa & GolfResort Weimarer Land" hat mit seinen 16 Plätzen einen angenehm intimen Charakter. Bequeme Polstersessel, eine schöne Deko und wohnliche Atmosphäre bieten den perfekten Rahmen für das Menü von Küchenchef Danny Schwabe und seinem ambitionierten Team. Die Gerichte präsentieren sich frankophil-kreativ. Gepflegt die Weinbegleitungen. Der Service ist freundlich-charmant und wird durch das Küchenteam unterstützt.

ॐ ⇐ ⛐ ⚙ 🖾 🅿 – Preis: €€€

Weimarer Straße 60 ⊠ 99444 – ℰ 036459 61640 – www.golfresort-weimarerland.de/spa-golf-hotel/geniessen/restaurant/restaurant-masters.html – Geschlossen: Dienstag und Mittwoch, mittags: Montag, Donnerstag-Sonntag

---

ॐ **THE FIRST**

SAISONAL • GEMÜTLICH In diesem Restaurant im attraktivem "Spa & GolfResort Weimarer Land" dürfen Sie sich auf italienisch basierte Gerichte mit klassischen Einflüssen freuen. Küchenchef Marcello Fabbri ist kein Unbekannter in der Region und bietet hier ein 5-Gänge-Menü mit sehr guten Produkten aus Italien - ein echter Genuss ist beispielsweise seine Pasta. Dazu freundlicher, versierter Service und gute Weinberatung durch den Sommelier. Schön ist auch das Ambiente samt teilweise einsehbarer Küche. Toll im Sommer die Terrasse!

🏠 🅿 – Preis: €€€

Weimarer Straße 60 ⊠ 99444 – ℰ 036459 61640000 – www.golfresort-weimarerland.de/spa-golf-hotel/geniessen/restaurant/restaurant-the-first.html – Geschlossen: Montag und Sonntag, mittags: Dienstag-Samstag

---

BLIESKASTEL

Saarland – Regionalatlas **5**–T2

ॐ **HÄMMERLE'S RESTAURANT**

FRANZÖSISCH-MODERN • ELEGANT Ein sympathischer langjähriger Familienbetrieb, in dem Cliff Hämmerle seiner klassische Linie treu bleibt und sie gekonnt mit kreativen Akzenten spickt. Bei den ausgezeichneten Produkten legt er den Fokus auf regionale Erzeugnisse und viel Gemüse. Das Konzept: ein "Chef's Table Menü" mit sieben Gängen, das es auch als vegetarische Variante gibt. Beginn ist um 19 Uhr. In geschmackvoll-modernem Ambiente sitzen bis zu 12 Gäste an vier Tischen und sind praktisch ins Geschehen eingebunden, denn die Köche bereiten die Speisen vor ihren Augen zu - das ist spannend und bietet interessante Eindrücke! Dazu erklärt der Chef die Gerichte. Für dieses Erlebnis sollten Sie etwas Zeit mitbringen. Mittags bietet man ein reduziertes Menü. Dazu werden Sie von der ganzen Familie eingespielt und engagiert umsorgt – da fühlt man sich als Gast wohl. Toll auch die passenden Weinempfehlungen zum Menü. Als Alternative gibt es noch das Zweitrestaurant "Landgenuss".

🅿 – Preis: €€€€

Bliestalstraße 110a ⊠ 66440 – ℰ 06842 52142 – haemmerles.de – Geschlossen: Samstag und Sonntag, abends: Montag-Mittwoch

---

😊 **LANDGENUSS**

REGIONAL • LÄNDLICH Hier sollten Sie rechtzeitig buchen, denn das Restaurant der Familie Hämmerle ist gefragt! Mit freundlichem Landhaus-Flair, charmantem Service und richtig guter Küche ist es eine schöne Alternative zum Gourmetrestaurant. Man achtet auf die Saison und bezieht viele Produkte aus der Region.

Hier und da finden sich auch mediterrane Akzente. Das Angebot reicht vom „Original Wiener Schnitzel" bis zu „Loup de Mer mit Rosmarin und Thymian". Im Sommer ist die Terrasse der Renner.

🔥 ♻ 🅿 – Preis: €€

Bliestalstraße 110a ✉ 66440 – 𝒞 06842 52142 – haemmerles.de – Geschlossen: Samstag und Sonntag, abends: Montag-Mittwoch

BOCHOLT
Nordrhein-Westfalen – Regionalatlas **3**–J2

🎧 MUSSUMER KRUG

MARKTKÜCHE • NACHBARSCHAFTLICH Sympathisch ist die Atmosphäre hier, ob rustikal im alten Backsteinhaus oder modern-leger im Anbau. Auf der Karte finden sich modern-internationale Gerichte wie z. B. "Ceviche von Gelbschwanzflossen-Makrele" und auch traditionelle Speisen wie "Geschmorte Rinderschulter". Es gibt auch ein 3-Gänge-Überraschungsmenü. Man orientiert sich an der Saison und verwendet gerne Produkte aus der Region. Dazu eine schöne Auswahl an deutschen Weinen und ein sehr freundlicher, aufmerksamer Service. Überdachte Terrasse.

🆔 🔥 ♻ 🅿 – Preis: €€

Mussumer Kirchweg 143 ✉ 46395 – 𝒞 02871 13678 – mussumerkrug.de – Geschlossen: Montag, Dienstag, Sonntag, mittags: Mittwoch-Samstag

BÖBLINGEN
Baden-Württemberg – Regionalatlas **7**–B2

REUSSENSTEIN
Chef: Timo Böckle

TRADITIONELLE KÜCHE • GEMÜTLICH Hier geht es 100% schwäbisch zu: Alle Produkte stammen aus dem Schwabenländle und die Karte ist nicht nur komplett regional ausgerichtet, sondern auch im Dialekt geschrieben, von "Flädlesubb" bis "Roschdbrooda". Die Glaswand zur Küche gewährt interessante Einblicke, dazu wirklich freundlicher Service. Im Gewölbe hat man eine Kochschule. Eine originelle Idee ist der durchgehend geöffnete "Spätzle-Drive-in"! Der langjährige Familienbetrieb bietet auch gemütlich-moderne Gästezimmer.

🌿 *Engagement des Küchenchefs:* Unsere Zutaten stammen zu 100 % von Erzeugern aus Württemberg, man könnte auch sagen, „schwäbisch first" ist unser Motto! Wir waren das erste „Slow-Food"-Mitglied im „Ländle", sparen Energie, schulen unsere Mitarbeiter, arbeiten mit grünem Strom und haben eine 700 Hektar große eigene Jagd!

🆔 ♻ 🅿 – Preis: €€

Kalkofenstraße 20 ✉ 71032 – 𝒞 07031 66000 – reussenstein.com – Geschlossen: Montag und Sonntag, mittags: Dienstag-Freitag

BONN
Nordrhein-Westfalen – Regionalatlas **3**–J3

🌸 HALBEDEL'S GASTHAUS

FRANZÖSISCH-MODERN • ELEGANT Ein nobles Viertel in Bad Godesberg, eine Gründerzeitvilla mit stilvoller gelb-weißer Fassade, wertig-elegantes Interieur samt Stuck, Parkettboden und modernen Akzenten - die perfekte Kulisse für die Küche von Rainer-Maria Halbedel. Gewissermaßen eine Legende der deutschen Gastro-Szene, begann er 1966 mit dem Kochen, 1984 bekam er in seinem damaligen Restaurant „Korkeiche" einen MICHELIN Stern, und den hält er seither. In seine klassisch-französische Küche bindet er moderne Elemente ein und schafft stimmige Kombinationen. Dafür verwendet er beste Produkte, darunter auch eigene

Eier und Gemüse aus dem eigenen großen Garten in der Eifel. Eine vegetarische Menü-Variante gibt es als "Menu Surprise". Sehr schön die handgeschriebene Weinkarte - die Beratung übernimmt der Patron auch gerne selbst.

🕸 🍴 – Preis: €€€€

Rheinallee 47 ✉ 53173 – ☎ 0228 354253 – www.halbedels-gasthaus.de –
Geschlossen: Montag, mittags: Dienstag-Sonntag

✿ YUNICO

JAPANISCH • ELEGANT "Einzigartig" - so die Bedeutung des Namens, der sich aus dem japanischen Wort "Yu" und dem italienischen Wort "unico" zusammensetzt. Damit nimmt man Bezug auf das hohe Niveau des Restaurants. Untergebracht in der obersten Etage des Lifestyle-Hotels "Kameha Grand", bietet es dank der raumhohen Fensterfront einen tollen Blick auf den Rhein - der ist von der Terrasse natürlich besonders schön. Dazu kommen wertig-schickes Design in Rot, Schwarz und Weiß sowie ein versiertes, gut eingespieltes Serviceteam. Küchenchef Christian Sturm-Willms kocht japanisch inspiriert, aber auch mit mediterranen Einflüssen und vor allem modern! Gerne lässt man sich mit dem Omakase-Menü überraschen. Alternativ gibt es das Ösentikku-Menü. Oder lieber Filet & Roastbeef vom Kobe-Rind?

🍴 & 🅰 🍴 – Preis: €€€€

Am Bonner Bogen 1 ✉ 53227 – ☎ 0228 43345500 – www.kamehabonn.de/
yunico – Geschlossen: Montag, Dienstag, Sonntag, mittags: Mittwoch-Samstag

KONRAD'S

MODERN • CHIC Besonderheit dieses Restaurants in der 17. Etage des Hotels "Marriott" ist der spektakuläre Blick über Bonn, den die raumhohe Fensterfront freigibt. Dazu chic-urbane Atmosphäre. Aus der offenen Küche kommen modern inspirierte Gerichte mit mediterranen Einflüssen. Tipp: Apero oder Digestif in der Bar direkt nebenan. Parken kann man in der Tiefgarage im Haus, der Lift führt direkt ins Restaurant.

🍴 & 🅰 ↔ 🅿 – Preis: €€€

Platz der Vereinten Nationen 4 ✉ 53113 – ☎ 0228 28050684 – www.konrads-
bonn.de – Geschlossen: Montag, mittags: Dienstag-Sonntag

OLIVETO

ITALIENISCH • ELEGANT In dem geschmackvoll-eleganten Restaurant im UG des "Ameron Hotel Königshof" sitzt man besonders schön an einem der Fenstertische oder auf der Rheinterrasse. Schmackhaft und frisch die italienisch-mediterran geprägte Küche, gepflegt die Weinauswahl, aufmerksam der Service. Gerne kommt man auch zum Business Lunch. Die wohnlich-zeitgemäßen Gästezimmer bieten teilweise Rheinblick.

🍴 & 🅰 🍴 ↔ – Preis: €€€

Adenauerallee 9 ✉ 53111 – ☎ 0228 2601541 – ameroncollection.com/de/
bonn-hotel-koenigshof

REDÜTTCHEN

MODERNE KÜCHE • GEMÜTLICH Das ehemalige Gärtnerhäuschen des Ball- und Konzerthauses "La Redoute" a. d. 18. Jh. ist ein Ort zum Wohlfühlen. Dazu tragen neben dem überaus charmanten Ambiente auch die ambitionierte moderne Küche von Matthias Pietsch sowie der fachlich ausgezeichnete, zuvorkommende und ausgesprochen herzliche Service unter Gastgeber Klaus Sasse bei - top die Weinberatung!

🕸 🍴 🅰 🍴 ↔ 🅿 – Preis: €€€

Kurfürstenallee 1 ✉ 53117 – ☎ 0228 68898840 – reduettchen.de – Geschlossen:
Montag und Sonntag, mittags: Dienstag-Samstag

STRANDHAUS

MARKTKÜCHE • FREUNDLICH Ein "Strandhaus" mitten in Bonn? Für maritimes Flair sorgt die charmante Einrichtung, und auch die angenehm-ungezwungene Atmosphäre passt ins sympathische Bild. Nicht zu vergessen die lauschige geschützte Terrasse. Gekocht wird auf klassischer Basis, mit saisonalem Bezug und modernen Akzenten.

🌼 – Preis: €€€

Georgstraße 28 ✉ 53111 – ☎ 0228 3694949 – www.strandhaus-bonn.de –
Geschlossen: Samstag und Sonntag, mittags: Montag-Freitag

BONNDORF IM SCHWARZWALD

Baden-Württemberg – Regionalatlas **5**–T4

🍃 SOMMERAU

Chef: Wolfram Hegar

REGIONAL • REGIONALES AMBIENTE Die Fahrt zu dem etwas außerhalb von Bonndorf gelegenen Haus der Familie Hegar lohnt sich! Richtig idyllisch ist es in dem ruhigen Tal, ringsum Wald und Wiesen - da lockt die Terrasse, aber auch drinnen kann man die Aussicht genießen. Gekocht wird regional-saisonal und mit sehr guten Produkten. Für Gäste des gleichnamigen Hotels gibt es gemütlich-moderne Zimmer und ein schönes Saunahaus mit Naturbadeteich.

🌿 *Engagement des Küchenchefs:* Wir verfolgen hier schon lange eine nachhaltige Philosophie! Wir stehen für herrliche Produkte aus eigener Jagd, Fisch aus dem nahen Forellenteich, Kräuter aus dem Garten. Tiere verwenden wir komplett. Alles, was bei uns nicht wächst, beziehen wir von Erzeugern, die den nachhaltigen Ansatz leben.

⬦ 🕭 🛏 ⇄ 🅿 – Preis: €€

Sommerau 1 ✉ 79848 – ☎ 07703 670 – sommerau.de – Geschlossen: Montag und Dienstag, mittags: Mittwoch

BOPPARD

Rheinland-Pfalz – Regionalatlas **3**–K4

LEMABRI 🄽

KÜCHEN AUS FERNEN LÄNDERN • CHIC Sarah Henke und Christian Eckhardt, beide zuletzt in Andernach tätig (sie im "YOSO", er im "PURS"), sorgen hier mit ihrem interessantes Konzept - Gerichte zum Teilen - für wahre Freude beim Essen! Sie bieten einen breiten Mix ihrer Lieblingsgerichte, von Sashimi über Rindertatar bis hin zu "Spicy Garnelen". Regionales findet sich ebenso auf der Karte wie asiatische und koreanische Einflüsse sowie italienische Pasta oder Pizza aus dem großen Morello-Forni-Steinofen in der Mitte des schicken modernen Restaurants.

🌼 ⇄ – Preis: €€

Alte Römerstraße 3a ✉ 56154 – ☎ 06742 7003000 – lemabri.com –
Geschlossen: Sonntag, mittags: Samstag, , abends: Montag

BRACKENHEIM

Baden-Württemberg – Regionalatlas **5**–U2

ADLER

TRADITIONELLE KÜCHE • LÄNDLICH Hier trifft schwäbische Tradition auf Weltoffenheit, Regionales auf Internationales. Gemütlich sitzt man in der historischen Gaststube oder im charmanten Innenhof und lässt sich vom herzlichen Service umsorgen. Aus der Küche kommen saisonal beeinflusste Gerichte. Zum Übernachten hat man schicke Gästezimmer. Dienstagabends hat das Restaurant für Hotelgäste geöffnet.

🍴 🅿 – Preis: €€

Hindenburgstraße 4 ✉ 74336 – ☏ 07135 98110 – adlerbotenheim.de –
Geschlossen: Dienstag

BRANDENBURG AN DER HAVEL

Brandenburg – Regionalatlas **4**–P1

INSPEKTORENHAUS

SAISONAL • GEMÜTLICH Im Herzen der Stadt, gegenüber des in Backsteingotik erbauten Rathauses befindet sich das "Inspektorenhaus" - von hier beobachtete man früher das Treiben auf dem Markt. Heute speisen Sie in gemütlichem Ambiente, alte Holzbalken und hübsche Deko versprühen Charme. Im Sommer lockt der Hofgarten. Geboten werden zwei saisonal geprägte Menüs, eines mit Fisch, eines mit Fleisch. Freundlich der Service.

🍴 – Preis: €€€

Altstädtischer Markt 9 ✉ 14770 – ☏ 03381 3282139 – www.inspektorenhaus.de –
Geschlossen: Montag, Dienstag, Sonntag, mittags: Mittwoch-Samstag

BRAUNSBEDRA

Sachsen-Anhalt – Regionalatlas **4**–P3

WARIAS AM MARKT

MARKTKÜCHE • FREUNDLICH Hier erwartet Sie regional und saisonal beeinflusste Küche aus guten Produkten - gerne wählt man die Tagesempfehlungen. Freundlich die Atmosphäre im Restaurant, draußen sitzt man schön auf der Terrasse. Praktisch: Zum Übernachten hat man sehr gepflegte, helle Gästezimmer.

🍴 ⇔ 🅿 – Preis: €

Markt 14 ✉ 06242 – ☏ 034633 9090 – daswarias.de – Geschlossen: Montag und
Sonntag, mittags: Dienstag-Donnerstag

BRAUNSCHWEIG

Niedersachsen – Regionalatlas **3**–M1

DAS ALTE HAUS

MODERNE KÜCHE • ZEITGEMÄSSES AMBIENTE In dem schönen gemütlich-modernen Restaurant wird ambitioniert, kreativ und mit internationalen Einflüssen gekocht. Die Gerichte auf der Karte können Sie als Menü in verschiedenen Längen wählen. Dazu eine gute, umfangreiche Auswahl an deutschen Weinen. Es gibt auch ein zum Essen passendes glasweises Wein-Menü. Hübsche Terrasse.

🎩 🍴 – Preis: €€€€

Alte Knochenhauerstraße 11 ✉ 38100 – ☏ 0531 6180100 – www.altehaus.de –
Geschlossen: Montag, Dienstag, Sonntag, mittags: Mittwoch-Samstag

ÜBERLAND

MODERN • CHIC In weniger als einer Minute bringt Sie der Lift hinauf in die 18. Etage des "BraWoParks" nahe dem Hauptbahnhof. Trendig-chic das Ambiente, klasse die Aussicht, modern die Küche. Probieren Sie z. B. schöne Cuts vom tollen hausgereiften Rindfleisch. Das Konzept stammt übrigens von TV-Koch und Gastro-Vollprofi Tim Mälzer. Hinweis: zwei Seatings pro Abend. Eine Etage höher: Rooftop-Bar und Terrasse.

♿ 🎩 🍴 ⇔ 🅿 – Preis: €€€

Willy-Brandt-Platz 18 ✉ 38102 – ☏ 0531 18053410 – www.ueberland-bs.de –
Geschlossen mittags: Montag-Sonntag

ZUCKER

MARKTKÜCHE • BRASSERIE Die hübsche moderne Brasserie (attraktiv das freiliegende Mauerwerk) befindet sich in einer ehemaligen Zuckerfabrik - der Name lässt es bereits vermuten. Geboten werden aromatische saisonal inspirierte Gerichte à la carte, ergänzt durch ein Menü. Der Service: angenehm unkompliziert, sehr freundlich und gut organisiert.

🛋 ⇆ – Preis: €€€

Frankfurter Straße 2 ⊠ 38122 – ℰ 0531 281980 – www.zucker-restaurant.de – Geschlossen: Sonntag

BREMEN

Bremen – Regionalatlas 1–C4

AL PAPPAGALLO

ITALIENISCH • FAMILIÄR In dem eleganten Restaurant mit tollem lichtem Wintergarten und wunderbarem Garten kann man sich wohlfühlen. Aus der Küche kommen klassisch italienische Gerichte, zubereitet aus sehr guten Produkten - besonderes Highlight ist die Pasta! Freundlich der Service.

🛋 – Preis: €€€

Außer der Schleifmühle 73 ⊠ 28203 – ℰ 0421 327963 – www.alpappagallo.de/wp – Geschlossen: Sonntag, mittags: Samstag

ALTO ⓝ

MODERN • CHIC Geschmackvoll kommt das Restaurant im "Atlantic Grand Hotel" daher: klare Formen, dunkles Holz, große moderne Lampen, Design-Polsterstühle in Rot und Braun... Schön auch der Wintergarten-Vorbau und im Sommer die Terrasse im "Hofgarten" (im Winter steht hier die "Almhütte"). Aus sehr guten Produkten entstehen gehobene klassisch-moderne Gerichte, dazu Klassiker wie Schnitzel oder Burger. Serviert wird übrigens auf eigens in Bremen gefertigtem Geschirr. Ideal die Lage in der Altstadt - Weser, Schnoor, Rathaus, Kunsthalle..., alles gleich um die Ecke oder bequem zu Fuß erreichbar.

🅰️ 🛋 – Preis: €€€

Bredenstraße 2 ⊠ 28195 – ℰ 0421 62062599 – www.atlantic-hotels.de/grand-hotel-bremen-innenstadt/restaurant-alto

BREMERHAVEN

Bremen – Regionalatlas 1–B3

FINE DINING BY PHILLIP PROBST

MODERNE KÜCHE • DESIGN Im Hotel "The Liberty" befindet sich dieses geschmackvoll-moderne Fine-Dining-Restaurant - durch die hohe Fensterfront kann man zum kleinen Hafen schauen. Schön auch die Terrasse. An vier Abenden in der Woche verarbeiten Küchenchef Phillip Probst und sein Team ausgezeichnete Produkte zu einem interessanten Menü mit vier bis acht Gängen. Die Gerichte werden modern umgesetzt, lassen ab er auch eine klassische Basis erkennen - hier seien die wunderbar intensiven Saucen erwähnt. Ein Highlight ist z. B. "Lauwarme Fjordforelle mit Blumenkohl, Kaviar und Nussbuttersud". Freundlich, aufmerksam und geschult der Service - man bemüht sich sehr um den Gast!

🅰️ – Preis: €€€

Columbusstraße 67 ⊠ 27568 – ℰ 0471 902240 – www.liberty-bremerhaven.com/gastro/mulberry-street – Geschlossen: Montag, Dienstag, Sonntag, mittags: Mittwoch-Samstag

PIER 6

INTERNATIONAL • CHIC In dem stylischen Restaurant in den Havenwelten isst man modern-international und wird freundlich umsorgt. Man verwendet Produkte aus der

Region und die Karte wird saisonal abgestimmt. Zusätzlich bietet man einen günstigen Mittagstisch. Besonders beliebt sind die Fensterplätze und die Terrasse - schön die Aussicht auf den Neuen Hafen. Das Lokal ist gut gebucht, reservieren Sie also lieber!

&. 🌿 **P** – Preis: €€

Barkhausenstraße 6 ⊠ 27568 – 𝒸 0471 48364080 – restaurant-pier6.de – Geschlossen: Montag und Sonntag

BRETTEN

Baden-Württemberg – Regionalatlas **5**–U2

MAXIME DE GUY GRAESSEL

KLASSISCHE KÜCHE • FREUNDLICH Ein schönes modernes Restaurant mit intimer Atmosphäre. In der Küche setzt der aus dem Elsass stammende Patron Guy Graessel auf elsässisch-badische Klassiker. Draußen kann man in der Fußgängerzone oder im charmanten Innenhof, dem "Gärtle", sitzen. Tipp: Das "Café Hesselbacher" im Eingangsbereich bietet am Wochenende eigene Kuchen, Torten und Pâtisserie im Thekenverkauf und auf Vorbestellung.

🌿 – Preis: €€

Melanchthonstraße 35 ⊠ 75015 – 𝒸 07252 7138 – guy-graessel.de – Geschlossen: Montag-Mittwoch, abends: Sonntag

BRETZFELD

Baden-Württemberg – Regionalatlas **5**–U2

LANDHAUS RÖSSLE

FRANZÖSISCH-KLASSISCH • TRENDY Hier darf man sich auf ambitionierte Küche freuen. Gekocht wird klassisch-französisch, mit regionalen und saisonalen Einflüssen - à la carte oder als Menü (auch vegetarisch). Dazu charmanter Service durch die Chefin. Das Ambiente ist modern-elegant, beliebt im Winter die Plätze am Kamin. Schön die begrünte Terrasse. Für Übernachtungsgäste hat man hübsche Zimmer.

🌿 **P** – Preis: €€

Mainhardter Straße 26 ⊠ 74626 – 𝒸 07945 911111 – www.roessle-brettach.de/start.html – Geschlossen: Montag und Dienstag, mittags: Donnerstag-Samstag

BRILON

Nordrhein-Westfalen – Regionalatlas **3**–L2

😊 ## ALMER SCHLOSSMÜHLE

SAISONAL • LÄNDLICH Eine richtig nette Adresse mit rustikalem Charme ist die sorgsam restaurierte ehemalige Mühle beim kleinen Almer Schloss. Hier wird schmackhaft gekocht, und zwar regional-saisonale Gerichte sowie Klassiker aus der österreichischen Heimat des Chefs. Bei gutem Wetter sitzt man auch schön auf der Terrasse. Übernachten kann man ebenfalls.

🌿 ✿ **P** – Preis: €€

Schlossstraße 13 ⊠ 59929 – 𝒸 02964 9451430 – www.almer-schlossmuehle. de – Geschlossen: Montag, Dienstag, Samstag, mittags: Mittwoch-Freitag

BÜHLERTAL

Baden-Württemberg – Regionalatlas **5**–T3

😊 ## BERGFRIEDEL

Chef: Andreas Schäuble

REGIONAL • FAMILIÄR Seit Jahren ein engagiert geführter Familienbetrieb! Man wird herzlich umsorgt und genießt neben richtig guter, frischer Küche auch die Aussicht über das Bühlertal. Das Speisenangebot reicht von badisch-regional über vegetarisch/vegan bis zum Feinschmecker-Menü. Dazu eine umfangreiche Weinkarte. Chic der Restaurantanbau in modern-regionalem Stil. Schön übernachten kann man ebenfalls - Tipp: die "Natur-Zimmer" und "Natur-Suiten" mit einem Mix aus modernem Stil und heimischen Materialien.

🍃 *Engagement des Küchenchefs:* Im Nordschwarzwald fest verwurzelt, biete ich meinen Gästen eine Naturparkküche mit Fleisch vom Metzger im Ort, Wild aus der Umgebung, regionalem Süßwasserfisch, Gemüse, Pilzen, Kräutern und Obst aus dem Bühlertal, frischer und saisonaler geht es nicht und mein Haus ist als Klimahotel zertifiziert!

🕸 ⩊🗄🗘🅿 – Preis: €€

Haabergstraße 23 ⊠ 77830 – ℰ 07223 72270 – www.bergfriedel.de –
Geschlossen: Montag und Dienstag

BÜNDE
Nordrhein-Westfalen – Regionalatlas **3**–L1

ZUM ADLER
MODERN • HIP Der Name "Zum Adler" nimmt Bezug auf die lange Tradition des a. d. 19.Jh. stammenden Gasthauses. Dass man hier dennoch mit der Zeit geht, beweist schon das attraktive geradlinig-moderne Interieur, nicht zu vergessen die Küche: Den Schwerpunkt legt man auf hochwertiges Fleisch, und das kommt z. B. von freilaufendem Wagyu-Rind. An Fischliebhaber und Veganer ist ebenfalls gedacht.

🗄 – Preis: €€€

Moltkestrasse 1 ⊠ 32257 – ℰ 05223 4926453 – www.adler-restaurant.de

BÜRGSTADT
Bayern – Regionalatlas **5**–U1

🏵 WEINHAUS STERN
REGIONAL • FAMILIÄR Zu Recht eine gefragte Adresse: gemütlich-rustikales Ambiente, ein hübscher Innenhof, freundlicher Service und nicht zuletzt gute saisonale Küche. Patron Klaus Markert setzt hier auf ehrliches Handwerk und Geschmack, dazu schöne Weine aus der Region. Tipp: eigene Edelbrände. Man bietet auch charmante Gästezimmer, und zum Frühstück gibt's hausgemachte Fruchtaufstriche.

🗄🗘🅿 – Preis: €€

Hauptstraße 23 ⊠ 63927 – ℰ 09371 40350 – www.hotel-weinhaus-stern.de –
Geschlossen mittags: Montag-Sonntag

BURGHAUSEN
Bayern – Regionalatlas **6**–Z3

🏵 RESTAURANT|271
Chef: Dominik Lobentanzer

MODERNE KÜCHE • MINIMALISTISCH In der Altstadt von Burghausen, unterhalb der weltlängsten Burg und nicht weit von der Salzach, liegt dieses Restaurant, das Sie durch einen historischen Bogengang erreichen. In wertigem, recht puristischem Ambiente erwartet Sie eine ambitionierte moderne Küche, die sich ganz auf ausgezeichnete Produkte fokussiert - als Menü oder à la carte. Dominik Lobentanzer (zuvor u. a. im "Ikarus" in Salzburg, im "einsunternull" in Berlin und bei Andreas Döllerer in Golling tätig) kocht mit klassischer Basis, setzt Aromen kraftvoll um und spielt gerne mit Kontrasten - sehr gelungen z. B. bei "Ochsenherz², Basilikum, Dashi". Dazu ein äußerst charmanter Service. Schön die geschützte Terrasse. Zum Übernachten hat man vier sehr geschmackvolle und individuelle Gästezimmer.

🗄 – Preis: €€

Mautnerstraße 271 ⊠ 84489 – ℰ 08677 9179949 – www.restaurant271.de –
Geschlossen: Montag und Sonntag, mittags: Dienstag-Freitag

BURGWEDEL

Niedersachsen – Regionalatlas **3**–M1

GASTHAUS LEGE

KLASSISCHE KÜCHE • LÄNDLICH Schön fügt sich dieses sehr gepflegte Gasthaus in das dörflich-beschauliche Bild des Ortsteils Thönse ein. Mit seiner wohnlich-behaglichen Atmosphäre und der ausgesprochen engagierten Führung durch Claudia und Hinrich Schulze ist das Restaurant eine echte Wohlfühladresse. Nicht zu vergessen die gute Küche in Form zweier Menüs: "Gaumenfreude" und "Gartenliebe" (vegetarisch), wählbar mit drei bis sieben Gängen. Die klassischen Gerichte nennen sich z. B. "Zucchiniblüte, Lachssoufflé, Zitronenthymian" und trumpfen mit tollen Produkten und akkuratem Handwerk. Die Chefin leitet herzlich, kompetent und routiniert den Service - auch auf die Getränkeempfehlungen kann man sich verlassen.

🌤 ⇔ 🅿 – Preis: €€€

Engenserstraße 2 ✉ 30938 – ☎ 05139 8233 – www.gasthaus-lege.de – Geschlossen: Montag-Mittwoch, mittags: Donnerstag-Samstag

CASTELL

Bayern – Regionalatlas **5**–V1

WEINSTALL 🅝

REGIONAL • GEMÜTLICH Im einstigen Pferdestall des Schlosses Castell hat man hinter der schönen Sandsteinfassade gelungen historische und moderne Einrichtungselemente kombiniert, viel Holz sorgt für eine rustikale Note. Gekocht wird mit regionalem und saisonalem Bezug, so kommen die Produkte von heimischen Erzeugern, Wild aus eigener Jagd. Auf der Karte z. B. "Ochsenbäckchen, Schwarzwurzel, Serviettenknödel". Direkt nebenan: VDP-Weingut "Fürstlich Castell'sche Domäne" mit Verkauf.

🌤 🅿 – Preis: €€

Schlossplatz 3 ✉ 97355 – ☎ 09325 60110 – castell.de/Restaurant – Geschlossen: Dienstag und Mittwoch, mittags: Donnerstag

CELLE

Niedersachsen – Regionalatlas **1**–D4

DAS ESSZIMMER

MODERNE KÜCHE • ZEITGEMÄSSES AMBIENTE Richtig einladend ist das schmucke kleine Haus am Zentrumsrand schon von außen. Das hübsche Bild setzt sich im Inneren fort. Hier sitzen Sie in attraktivem geradlinig-modernem Ambiente und lassen sich eine ebenfalls modern inspirierte Küche mit mediterranen Einflüssen servieren - à la carte oder als Menü, auch vegetarisch. Als Getränkebegleitung können Sie Wein oder eine alkoholfreie Alternative wählen. Umsorgt wird man freundlich und versiert.

🌤 – Preis: €€

Hostmannstraße 37 ✉ 29221 – ☎ 05141 9777536 – dasesszimmer-celle.de – Geschlossen: Montag und Dienstag, mittags: Mittwoch-Samstag

DER ALLERKRUG

REGIONAL • LÄNDLICH Bei den freundlichen Gastgebern Sven Hütten und Petra Tiecke-Hütten dürfen Sie sich auf sorgfältig und gekonnt zubereitete Gerichte freuen. Ländliche Küche findet sich hier ebenso wie internationale Einflüsse. Schön sitzt man auf der nach hinten gelegenen Terrasse.

🌤 ⇔ 🅿 – Preis: €€

Alte Dorfstraße 14 ✉ 29227 – ☎ 05141 84894 – www.allerkrug.de – Geschlossen: Montag-Mittwoch, mittags: Donnerstag und Freitag

KÖLLNER'S LANDHAUS

SAISONAL • LÄNDLICH Ein Anwesen wie aus dem Bilderbuch ist dieses charmante Fachwerkhaus von 1589 mit einem 11000 qm großen Garten drum herum - da könnte das Landhaus-Interieur nicht besser passen! Dazu serviert man gute regional-internationale Küche. Schön Übernachten kann man ebenfalls, und zwar in wohnlich-modernen Gästezimmern.

🖐�✧🅿 – Preis: €€

Im Dorfe 1 ✉ 29223 – 𝒸 05141 951950 – www.koellners-landhaus.de – Geschlossen: Montag und Dienstag, mittags: Mittwoch-Samstag, abends: Sonntag

SCHAPERS

MARKTKÜCHE • FAMILIÄR Eine familiär geführte Adresse, in der Sie freundlich und herzlich umsorgt werden. Kulinarisch darf man sich auf eine klassisch und regional geprägte Küche freuen, die ambitioniert umgesetzt wird. Neben dem A-la-carte-Angebot gibt es auch daraus zusammengestellte Menüs, darunter ein vegetarisches. Schön die Terrasse. Sie möchten über Nacht bleiben? Es stehen wohnlich-funktionale Zimmer bereit, verteilt auf zwei Häuser.

�🅿 – Preis: €€€

Heese 6 ✉ 29225 – 𝒸 05141 94880 – www.hotel-schaper.de/de – Geschlossen: Montag und Sonntag, mittags: Dienstag-Samstag

TAVERNA & TRATTORIA PALIO

ITALIENISCH • MEDITERRANES AMBIENTE Richtig nett sitzt man hier in legerer Trattoria-Atmosphäre, aus der offenen Küche kommen frische italienische Speisen - probieren Sie unbedingt eines der Pasta-Gerichte! Interessant auch die saisonalen Menüs. Sehr schöne Terrasse unter alter Kastanie.

🕸 🆔🌭🅿 – Preis: €€

Hannoversche Straße 55 ✉ 29221 – 𝒸 05141 2010 – www.althoffcollection.com/de/althoff-hotel-fuerstenhof-celle – Geschlossen mittags: Montag-Freitag

CHAM

Bayern – Regionalatlas **6**-Y2

😊 GASTHAUS ÖDENTURM

REGIONAL • LÄNDLICH Ein Bilderbuch-Gasthof: schön die Lage am Waldrand, sympathisch-familiär die Atmosphäre, reizvoll die Terrasse, und gekocht wird richtig gut, von regional bis mediterran. Ob Steak, Fisch oder Wild aus heimischer Jagd, die schmackhafte Auswahl bietet für jeden das Passende. Zum Übernachten hat man gemütlich-moderne Zimmer.

≤🌭✧🅿 – Preis: €

Am Ödenturm 11 ✉ 93413 – 𝒸 09971 89270 – www.oedenturm.de – Geschlossen: Montag und Sonntag, mittags: Dienstag und Donnerstag

CHEMNITZ

Sachsen – Regionalatlas **4**-Q3

😊 VILLA ESCHE

INTERNATIONAL • TRENDY Die ehemalige Remise der 1903 erbauten Villa Esche (hier das Henry-van-de-Velde-Museum) ist ein wirklich schöner Rahmen für das geschmackvolle helle Restaurant mit seinem aufmerksamen Service und der guten saisonal ausgerichteten Küche. Zur Wahl stehen ein Menü mit vier Gängen sowie Speisen à la carte. Mittags und abends unterscheidet sich die Karte etwas - die Lunchkarte bietet günstige Tagesgerichte. Angenehm die Terrasse zum Park.

🛏🍴♻🅿 – Preis: €€

Parkstraße 58 ✉ 09120 – 𝒞 0371 2361363 – www.restaurant-villaesche.de –
Geschlossen: Montag-Mittwoch, abends: Donnerstag-Sonntag

ALEXXANDERS

INTERNATIONAL • TRENDY Attraktiv das stylische Ambiente in diesem Restaurant in einem Wohnviertel, ebenso die Terrasse im Hof mit hübsch bepflanztem kleinem Garten. Gekocht wird international mit mediterran-saisonalen Einflüssen - es gibt auch Tagesempfehlungen. Und vorab einen Apero an der Bar? Ein Blick auf die Weinkarte lohnt sich ebenfalls. Das gleichnamige Hotel hat Zimmer in modernem Look.

🍴♻🅿 – Preis: €€

Ludwig-Kirsch-Straße 9 ✉ 09130 – 𝒞 0371 4311111 – www.alexxanders.de/de –
Geschlossen: Sonntag, mittags: Samstag

CHIEMING
Bayern – Regionalatlas **6**–Y4

ZUM GOLDENEN PFLUG

REGIONAL • LÄNDLICH In einem der ältesten Gasthäuser der Region schreibt man Tradition groß, ohne stehen zu bleiben. In unterschiedlichen charmanten Stuben gibt es z. B. "Rindertafelspitz aus dem Kupferpfandl, Apfelmeerrettich, Schnittlauchsauce, Rahmspinat, Röstkartoffeln". Und als Dessert vielleicht "Kaiserschmarrn, Zwetschgenkompott, Schlagsahne"? Neben Gerichten à la carte können Sie auch das "Signatur Menü" ab zwei Personen wählen.

🛏🍴♻🅿 – Preis: €€

Kirchberg 3 ✉ 83339 – 𝒞 08667 79172 – www.gut-ising.de

COTTBUS
Brandenburg – Regionalatlas **4**–R2

LOU IM CAVALIERHAUS ⓝ

MODERNE KÜCHE • ELEGANT Schon das Anwesen selbst ist einen Besuch wert: der 620 ha große, von Hermann Fürst von Pückler im 19. Jh. gestaltete Branitzer Park nebst Schloss. Genau hier, genauer gesagt im schmucken Kavaliersbau, bietet Patron und Küchenchef Tim Sillack im eleganten "Lou" (übrigens der Spitzname von Fürst Pückler) eine moderne Küche auf klassischer Basis, die saisonal und international beeinflusst ist - und die gibt es z. B. als "Rehrücken, Pfifferlinge, Lieblingsbrot, Waldbeeren". Dabei nimmt er Bezug auf Rezepte des Fürsten und spannt so den Bogen zwischen Geschichte und Gegenwart. Auch das "Pücklereis", gewissermaßen ein "Signature"-Dessert, hat seinen festen Platz auf der Karte. Drei geschmackvolle Zimmer zum Übernachten gibt es ebenfalls.

🛏🍴♻ – Preis: €€€€

Zum Kavalierhaus 9 ✉ 03042 – 𝒞 0355 49397030 – cavalierhaus-branitz.de –
Geschlossen: Montag-Donnerstag, mittags: Freitag-Sonntag

CUXHAVEN
Niedersachsen – Regionalatlas **1**–B2

❀ STERNECK

KREATIV • KLASSISCHES AMBIENTE Neben dem atemberaubenden Blick auf die Nordsee, den Weltschifffahrtsweg und das Weltnaturerbe Wattenmeer genießt man im Gourmetrestaurant des "Badhotel Sternhagen" die Küche von Marc Rennhack. Er kocht modern, ohne dabei die klassische Basis aus den Augen zu verlieren. Sehr gut die Produkte. Geschickt gibt er den Gerichten eine kreative Note und schafft interessante Geschmackskombinationen. Sein Menü können Sie mit drei bis sieben Gängen wählen. An elegant eingedeckten Tischen werden Sie herzlich und aufmerksam umsorgt. Der begehbare Weinkeller 3 m unter NN birgt eine große Auswahl ausgesuchter Weine.

⦉ & 🎬 **P** – Preis: €€€€

Cuxhavener Straße 86 ⊠ 27476 – ℰ 04721 4340 – www.badhotel-sternhagen.de – Geschlossen: Montag, Dienstag, Sonntag, mittags: Mittwoch-Freitag

DARMSTADT
Hessen – Regionalatlas **5**–U1

 OX

Chef: David Rink

MODERNE KÜCHE • MINIMALISTISCH Die Brüder David und Norman Rink haben in der Darmstädter Innenstadt ein angenehm ungezwungenes Fine-Dining-Restaurant etabliert und sind hier mit viel Engagement im Einsatz - beide kochen und servieren mit und erklären Ihnen gerne die Gerichte. So darf man beispielsweise bei "Hamachi, Melone, Sesam, Koriander" durchdachte Kombinationen und eigene Ideen erwarten, nicht zu vergessen die ausgezeichnete Produktqualität. Geboten werden die Menüs: "Pure Taste", "Oxalis" (vegetarisch) sowie "See & Küste". Das Ambiente ist trendig-puristisch, sehr nett sitzt man im Sommer auf der Innenhofterrasse.

🌣 – Preis: €€€€

Mauerstraße 6 ⊠ 64289 – ℰ 06151 9615333 – ox-restaurant.de – Geschlossen: Montag, Dienstag, Sonntag, mittags: Mittwoch und Donnerstag

DARSCHEID
Rheinland-Pfalz – Regionalatlas **3**–J4

🌣 **KUCHER'S GOURMET**

KLASSISCHE KÜCHE • ELEGANT Bereits seit 1988 betreibt Familie Kucher dieses Haus mit Leidenschaft und Engagement, immer wieder wird investiert und verbessert. Inzwischen bringen Sohn Florian Kucher und Tochter Stefanie Becker frischen Wind ins Gourmetrestaurant. In angenehmer und eleganter Atmosphäre bietet man "Florian's Klassik Menü" und das "Modern Art Menü". Der junge Chef kocht handwerklich richtig gut, ohne große Schnörkel und geschmacklich schön ausbalanciert. Unbedingt erwähnt werden muss die Weinkarte: Hier finden sich rund 1700 Positionen, zurückreichend bis 1868 - der Verdienst des passionierten Weinkenners und Seniorchefs Martin Kucher! Sie möchten übernachten? Zur Wahl stehen Zimmer im Stammhaus und im Neubau.

🕸 🌣 **P** – Preis: €€€€

Karl-Kaufmann-Straße 2 ⊠ 54552 – ℰ 06592 629 – www.kucherslandhotel.de – Geschlossen: Montag, Dienstag, Sonntag, mittags: Mittwoch-Samstag

KUCHER'S WEINWIRTSCHAFT

REGIONAL • FAMILIÄR Charmant die unterschiedlichen antiken Tische und Stühle, die hübsche Deko und die fast familiäre Atmosphäre. Seit jeher gibt es hier "Saure Nierle mit Bratkartoffeln" - ein Klassiker, der treue Anhänger hat! Für die regional-saisonale Küche wird generell nur Fleisch aus der Eifel verarbeitet.

🕸 🌣 **P** – Preis: €€

Karl-Kaufmann-Straße 2 ⊠ 54552 – ℰ 06592 629 – www.kucherslandhotel.de – Geschlossen: Montag und Sonntag

DEGGENDORF

Bayern – Regionalatlas **6**–Z2

☼ **[KOOK] 36**

KREATIV • FREUNDLICH Nach ihrem Umzug von Moos nach Deggendorf bieten Patron und Küchenchef Daniel Klein und Partnerin Josefine Noke ihr [KOOK]36-Konzept nun im 4. Stock des Gebäudes der ERL-Immobiliengruppe. Aus produkto-rientierten modern-kreativen Gerichten mit internationalen, meist asiatischen Einflüssen (darunter auch vegetarische Optionen) wählen Sie ein Menü mit fünf bis sieben Gängen. Das Ambiente ist chic und wertig, schön der Blick durch die raumhohe Fensterfront. Charmant und versiert der Service unter der Leitung der Gastgeberin.

🕽 🅿 – Preis: €€€€

Oberer Stadtplatz 18 ✉ 94469 – ✆ 0991 99599913 – kook36.de – Geschlossen: Montag und Dienstag, mittags: Mittwoch-Sonntag

☼ **EDL.EINS FINE DINING** ⓝ

MODERNE KÜCHE • CHIC Diese Location verdient Beachtung! Im 9. Stock des modernen Business-Hochhauses "Karl-Turm" befindet sich das "edl.eins", benannt nach der Adresse Edlmairstraße 1. Elegant-modern der Rahmen mit Design-Akzenten wie markanten Lampenschirmen an einer Decke im Industrial Style sowie bodentiefen Fenstern, die eine sensationelle Aussicht u. a. über die historische Altstadt freigeben. Die integrierte Bar (im Eingangsbereich) ist ideal für einen Aperitif-Cocktail. Geboten wird ein 5- bis 8-Gänge-Menü mit Wahlmöglichkeit. Die modernen, ausdrucksstarken und präzise zubereiteten Kombinationen nennen sich z. B. "Hirsch, Pilz, Vogelbeere, Waldmeister". Zum Menü gibt es neben der passenden Weinreise und einer gut selektierten Weinkarte auch eine spannende Cocktailbegleitung.

♿ 🅺 🅿 – Preis: €€€€

Edlmairstraße 1 ✉ 94469 – ✆ 0991 34477201 – www.edleins.de – Geschlossen: Montag, Dienstag, Sonntag, mittags: Mittwoch-Samstag

DEIDESHEIM

Rheinland-Pfalz – Regionalatlas **7**–B1

☼☼ **L.A. JORDAN**

KREATIV • DESIGN Hotel, Restaurants, Eventlocation - all das vereint das ehema-lige Bassermann-Jordan-Weingut. Historische Architektur und modernes Interieur gehen hier Hand in Hand, das gilt für das Hotel "Ketschauer Hof" wie auch für das in den ruhigen Innenhof samt herrlicher Terrasse eingebettete Gourmetrestaurant. Hier sorgt Daniel Schimkowitsch kreativ, angenehm reduziert und ohne Spielerei für ein wunderbares Menü mit ausgesprochen intensiven Aromen - gelungene japanische Einflüsse inklusive. Ausgezeichnete Produkte sind dabei das A und O. Großartig die Desserts, die mit top Niveau und geschmacklicher Eigenständigkeit beeindrucken. Interessant die Weinbegleitungen zum Menü. Dazu ein Service, wie man ihn sich wünscht: charmant, fachlich ausgezeichnet und stets präsent.

❀ 🛏 ♿ 🅺 🕽 🅿 – Preis: €€€€

Ketschauerhofstraße 1 ✉ 67146 – ✆ 06326 70000 – www.ketschauer-hof. com/restaurants/la-jordan – Geschlossen: Montag und Sonntag, mittags: Dienstag-Samstag

☼ **SCHWARZER HAHN**

FRANZÖSISCH-MODERN • ELEGANT Das Engagement der Familie Hahn ist hier im "Deidesheimer Hof" allgegenwärtig, da macht man auch gastronomisch keine Ausnahme. In dem schönen historischen Gebäude erwartet Sie ein gelunge-ner Kontrast aus sehenswertem altem Kreuzgewölbe, moderner Tischkultur und farbenfrohem Ambiente. Die mit ausgesuchten Produkten zubereiteten Gerichte

145

gibt es als Menü oder à la carte. Nicht fehlen darf der Klassiker "Saumagen". Verantwortlich für die tolle Küche sind Stefan Neugebauer und Felix Jarzina. Tipp: die Weine aus der Region im Offenausschank, die Ihnen der versierte und sympathische Service gerne erklärt.

🐾 Ⓜ 🏠 🅿 – Preis: €€€€

Am Marktplatz 1 ⊠ 67146 – 𝒞 06326 96870 – www.deidesheimerhof.de/de/ home – Geschlossen: Montag, Dienstag, Sonntag, mittags: Mittwoch-Samstag

LEOPOLD

INTERNATIONAL • MINIMALISTISCH Der aufwändig sanierte ehemalige Pferdestall des Weinguts von Winning (Teil des Bassermann-Jordan-Imperiums) ist ein schön modernes und überaus beliebtes Restaurant, in dem man gut isst. Auf der Karte finden sich internationale und Pfälzer Gerichte. Hübsch die Terrasse. Tipp: auch als tolle Event-Location buchbar. Namensgeber war übrigens Leopold von Winning, Gründer des Weinguts.

♿ Ⓜ 🏠 ♻ 🅿 – Preis: €€

Weinstraße 10 ⊠ 67146 – 𝒞 06326 9668888 – www.von-winning.de/de – Geschlossen: Mittwoch, abends: Sonntag

RESTAURANT 1718

INTERNATIONAL • TRENDY Ein schönes Ambiente erwartet Sie im Restaurant des Hotels "Ketschauer Hof". Im "White Room" und im "Black Room" treffen stilvolle Altbau-Elemente auf hochwertige Designereinrichtung. Im Sommer speist man angenehm im ruhigen Innenhof umgeben von viel Grün. Zur französisch-internationalen Küche gibt es eine tolle Auswahl an Pfälzer Weinen, aber auch Überregionales ist dabei.

🐾 🛏♿ Ⓜ 🏠 🅿 – Preis: €€

Ketschauerhofstraße 1 ⊠ 67146 – 𝒞 06326 70000 – www.ketschauer-hof.com/restaurants/rest... – Geschlossen: Montag-Mittwoch, mittags: Donnerstag-Samstag

RIVA

INTERNATIONAL • HIP Geradliniges Interieur in hellen Naturtönen, dazu angenehm legerer Service und international-mediterrane Küche. Neben Steaks, Pizza und Pasta liest man auf der Karte z. B. "Paillard vom Kalb, Spargelragout, junge Kartoffeln, Bärlauch".

🛏♿ Ⓜ 🏠 🅿 – Preis: €€€

Weinstraße 12 ⊠ 67146 – 𝒞 06326 700077 – www.kaisergarten-deidesheim.com – Geschlossen mittags: Sonntag

ST. URBAN

REGIONAL • RUSTIKAL In den behaglichen Restaurantstuben spürt man den traditionellen Charme eines Pfälzer Gasthofs. Serviert wird gute regional-saisonale Küche, vom Vesper bis zum Menü. Auf der Karte z. B. "Ravioli vom Hasenpfeffer mit Rosenkohl, glasierten Kastanien und Wacholderschaum" oder "gebratener Bachsaibling mit Vanille-Wirsing".

🏠 ♻ 🅿 – Preis: €€

Am Marktplatz 1 ⊠ 67146 – 𝒞 06326 96870 – www.deidesheimerhof.de/de/ home – Geschlossen: Montag

DEISENHOFEN

Bayern – Regionalatlas **6**-Y4

SCHUPPS 🆕

SAISONAL • FREUNDLICH Bei den Namensgebern Regina und Markus Schupp, beide gelernte Köche, findet man saisonale Gerichte, die sich an der französischen und deutschen Küche orientieren. Schmackhafte Beispiele dafür sind "Jakobsmuscheln gratiniert, grüner Spargel, Topinambur, Mandel" oder "Rehragout, Preiselbeeren, Rosenkohlblätter, Schmand". Wer ausgiebig genießen möchte, kann sich zu einem Fixpreis sein eigenes Menü mit drei bis fünf Gängen zusammenstellen. Mittags gibt es auch preiswerte Tagesgerichte für den schnellen Lunch. Wenn das Wetter passt, bietet das freundliche kleine Restaurant auch eine Terrasse. Tipp: kostenfreies Parken entlang der Straße möglich.

🍽 – Preis: €€

Bahnhofstraße 30 ✉ 82041 – ✆ 089 64912051 – www.schupp-s.de – Geschlossen: Samstag und Sonntag

DELBRÜCK
Nordrhein-Westfalen – Regionalatlas **3**–L2

ESSPERIMENT

MODERNE KÜCHE • HIP Hier wird eine ambitionierte weltoffene Küche geboten, die Einflüsse aus unterschiedlichen Ländern vereint. Geradlinig-modern das Ambiente, freundlich der Service. Im Sommer sitzt man schön auf der Terrasse. Sonntagmittags gibt es eine Bistrokarte.

🍽 ✿ – Preis: €€€

Schöninger Straße 74 ✉ 33129 – ✆ 05250 9956377 – www.restaurant-essperiment.de – Geschlossen: Montag-Mittwoch, mittags: Donnerstag-Samstag

KANTINERS

TRADITIONELLE KÜCHE • LÄNDLICH Geschmackvoll hat man das Restaurant "Kantiners" in dem traditionsreichen Familienbetrieb (4. Generation) gestaltet. Geboten wird eine saisonal und regional geprägte Küche. Dazu gibt es eine hübsche Terrasse vor und hinter dem Haus. Nett ist auch die gemütliche Barstube. Im Hotel "Waldkrug" kann man schön übernachten.

&. 🍽 ✿ 🅿 – Preis: €€

Graf-Sporck-Straße 34 ✉ 33129 – ✆ 05250 98880 – www.waldkrug.de – Geschlossen: Sonntag, mittags: Montag-Samstag

DENZLINGEN
Baden-Württemberg – Regionalatlas **7**–B1

REBSTOCK-STUBE

KLASSISCHE KÜCHE • GEMÜTLICH Bei Familie Frey wird ambitionierte klassische Küche geboten, vom Gourmetmenü bis zu bürgerlich geprägten Gerichten wie Kalbsfrikassee. Dazu wird man in dem Gasthaus mit dem traditionellen Charakter freundlich, aufmerksam und geschult umsorgt. Im Sommer sitzt man sehr nett auf der schönen Gartenterrasse.

🍽 🅿 – Preis: €€€

Hauptstraße 74 ✉ 79211 – ✆ 07666 900990 – www.rebstock-stube.de – Geschlossen: Samstag und Sonntag

DERMBACH
Thüringen – Regionalatlas **3**–M3

☸ BJÖRNSOX

Chef: Björn Leist

KREATIV • RUSTIKAL Björn Leist bietet hier ein 1-Menü-Konzept, das die Verbundenheit mit seiner Rhöner Heimat zum Ausdruck bringt. Aus erstklassigen regionalen Produkten entsteht ein kreatives Überraschungsmenü mit acht Gängen, das aufgeteilt ist in "LeistStyle", "Heimat", "Rhön" und "Tradition". So greift man unter

"Rhön" z. B. den Thüringer Kloß auf und serviert ihn als "Kloß mit Soß'" in einer Deluxe-Version mit Trüffel. Stolz ist man auf die eigene Weideochsen-Zucht - Liebhaber hochwertigen Fleischs dürfen sich freuen. Für diesen Genuss nimmt man sich gerne etwas Zeit! Die Weinkarte legt den Fokus auf deutsche Winzer. Serviert wird in einer historischen kleinen Stube, die mit Holztäfelung und Fachwerk, umlaufender Sitzbank und kleinen Nischen so richtig gemütlich ist. Daneben bietet der "SaxenHof" freundliche und moderne Gästezimmer. Als Restaurant-Alternative gibt es das "WohnZimmer".

🍀 *Engagement des Küchenchefs:* Uns ist das Thema Nachhaltigkeit sehr wichtig. Wir profitieren da stark von unserer Zucht „Rhöner WeideOxen", verarbeiten auch sonst regional geprägte Ware und sparen Ressourcen wo immer es geht, setzen auf Fernwärme, schulen die Mitarbeiter, bieten unseren Gästen Ladestationen für E-Autos.

♿ 🅿 – Preis: €€€€

Bahnhofstraße 2 ⊠ 36466 – ☏ 036964 869230 – www.rhoener-botschaft.de –
Geschlossen: Montag, Dienstag, Sonntag, mittags: Mittwoch-Samstag

DERNBACH (KREIS SÜDLICHE WEINSTRASSE)

Rheinland-Pfalz – Regionalatlas 7–B1

SCHNEIDER

KLASSISCHE KÜCHE • FREUNDLICH 1884 als Gaststube eröffnet und seit jeher in Familienhand. Am Herd steht Junior Stefan Püngeler, der bei seinen Gerichten auf gute saisonale Produkte setzt. Serviert werden mediterran und französisch-klassisch inspirierte Speisen sowie ein Feinschmecker-Menü. Auch ein paar Klassiker finden sich auf der Karte. Schwerpunkt der schönen Weinkarte ist die Region. Umsorgt werden Sie sehr freundlich. Tipp zum Übernachten: das kleine Hotel "Sonnenhof" im Nachbarort. Für Wanderer hat man am Waldrand noch das "Dernbacher Haus".

♿ 🍴 ♻ 🅿 – Preis: €€

Hauptstraße 88 ⊠ 76857 – ☏ 06345 8348 – www.schneider-dernbachtal.de –
Geschlossen: Dienstag und Mittwoch, mittags: Montag, Donnerstag-Samstag

DETMOLD

Nordrhein-Westfalen – Regionalatlas 3–L2

🍀 JAN DIEKJOBST RESTAURANT

SAISONAL • BRASSERIE Im "Detmolder Hof" a. d. 16. Jh. kann man nicht nur komfortabel in klassischem Stil wohnen, das Gourmetrestaurant von Jan Diekjobst ist inzwischen das eigentliche Herzstück des Hauses. Nach Stationen u. a. in "Victor's FINE DINING by Christian Bau" in Perl-Nennig und "The Table Kevin Fehling" in Hamburg zieht er hier mit klassisch basierter und modern aufgefrischter Küche zahlreiche Gäste an. Zu niveauvollen Speisen gesellen sich ein sehr freundlicher Service und geschmackvolles Ambiente samt hoher Decke, markantem Lüster, großem Spiegel und schönem Dielenboden sowie einsehbarer Küche - eine wirklich nette und lebendige Atmosphäre.

Preis: €€€

Lange Straße 19 ⊠ 32756 – ☏ 05231 980990 – www.jandiekjobst.de –
Geschlossen: Montag und Sonntag, mittags: Dienstag-Freitag

PORTE NEUF Ⓝ

FRANZÖSISCH • CHIC Ein guter Tipp unter den Detmolder Restaurants ist diese Adresse am Rande zur Altstadt. Küchenchef und Patron Daniel C. Fischer erwartet Sie in seinem kleinen, chic gestalteten Restaurant mit moderner Wohlfühl-Atmosphäre. Aus seiner Küche kommt überwiegend französisch inspirierte Klassik mit modernem Twist. Sie können à la carte oder in Menüform speisen.

🍴 – Preis: €€€

Woldemarstraße 9 ⊠ 32756 – ☏ 05231 3027553 – www.porteneuf.de –
Geschlossen: Montag und Sonntag, mittags: Dienstag-Samstag

DETTIGHOFEN

Baden-Württemberg – Regionalatlas **5**–U4

HOFGUT ALBFÜHREN

KLASSISCHE KÜCHE • **LANDHAUS** Schon die Lage des Hofguts mitten im Grünen ist wunderbar - ringsum Pferdekoppeln, Wald und Felder. Dazu isst man auch noch gut: In geschmackvollem Ambiente serviert man klassische Küche mit internationalen Einflüssen, gerne verwendet man regionale Produkte. Sie möchten übernachten? Man hat hübsche und wohnliche Gästezimmer.

🛏🍴♿🅿 – Preis: €€€

Albführen 5 ✉ 79802 – ☏ 07742 92960 – www.albfuehren.de – Geschlossen: Montag und Dienstag, abends: Sonntag

DIEBLICH

Rheinland-Pfalz – Regionalatlas **3**–K4

LANDHAUS HALFERSCHENKE

KLASSISCHE KÜCHE • **LANDHAUS** Überraschungsmenü, Gourmetmenü, Gerichte à la carte..., Sie haben die Wahl. Familie Schmah bietet in dem schönen Bruchsteinhaus von 1832 eine ambitionierte Küche, die auf gute Produkte setzt und sich an der Saison orientiert - von Nordsee-Scholle über Simmentaler Rind bis Austern und Steinbutt aus der Bretagne. Dazu darf man sich auf geschmackvolles Landhausambiente und aufmerksamen Service freuen. Im Sommer lockt eine hübsche Terrasse. Zum Übernachten stehen vier gepflegte Zimmer bereit.

🍴♿ – Preis: €€€

Hauptstraße 63 ✉ 56332 – ☏ 02607 7499154 – halferschenke-dieblich.de – Geschlossen: Dienstag und Mittwoch, mittags: Montag, Donnerstag-Samstag

DIERHAGEN

Mecklenburg-Vorpommern – Regionalatlas **2**–F2

❀ OSTSEELOUNGE

MODERNE KÜCHE • **ELEGANT** Wo soll man da anfangen zu schwärmen? Bei der herrlichen Lage hinter den Dünen am Meer nebst fantastischer Aussicht? Beim charmanten und professionellen Service? Bei der elegant-entspannten Atmosphäre? Im Mittelpunkt des Gourmetrestaurants in der 4. Etage des luxuriösen "Strandhotel Fischland" steht dennoch die Küche von André Beiersdorff und Matthias Stolze. Sie kochen modern, auf klassischer Basis und mit regionalen sowie hier und da auch internationalen Einflüssen. Trefflich die Weinempfehlungen zum Menü - oder lieber eine interessante hausgemachte alkoholfreie Alternative? Tipp: Aperitif auf der wunderbaren Terrasse!

🏖 ♿🍴🅿 – Preis: €€€€

Ernst-Moritz-Arndt-Straße 6 ✉ 18347 – ☏ 038226 520 – www.strandhotel-fischland.de/fis-start – Geschlossen: Montag, Dienstag, Sonntag, mittags: Mittwoch-Samstag

DIESSEN AM AMMERSEE

Bayern – Regionalatlas **6**–X4

☺ SEEHAUS

INTERNATIONAL • **GEMÜTLICH** Ein wirklich wunderschöner Ort, und das zu jeder Zeit. Im Sommer ist die Terrasse mit Blick auf den See perfekt für ein entspanntes Mittagessen oder den Nachmittagskuchen, am Abend sitzt man genauso gerne drinnen - da hat das charmante Restaurant mit seinem warmen rustikalen Holz schon etwas Romantisches. Dazu eine richtig gute modern-inter-nationale Küche. Tipp: hausgemachte Pannacotta als Dessert!

⋖ 🏠 🅿 – Preis: €€

Seeweg-Süd 12 ⊠ 86911 – 𝒞 08807 7300 – www.seehaus.de – Geschlossen: Montag und Dienstag, mittags: Mittwoch und Donnerstag

DIETRAMSZELL

Bayern – Regionalatlas **6**–Y4

🏠 MOARWIRT

Chef: Sebastian Miller

MARKTKÜCHE • GEMÜTLICH Richtig gut kocht man hier im "Bio-Landhotel Moarwirt", dafür verwendet man meist Bio-Produkte - man ist Mitglied bei Naturland und Slow Food. Sehr hübsch die modern-alpenländischen Stuben, im Sommer ist die Terrasse der Renner. Nett übernachten kann man ebenfalls. Hinweis: veränderte Ruhetage außerhalb der Saison.

🍃 *Engagement des Küchenchefs:* „Regionalität", "Saisonalität" und "Bio" sind für mich keine werbewirksamen Begrifflichkeiten, sondern meine ganz natürliche Lebensphilosophie. Unsere Rinder und Schweine werden beim nahen Bio-Bauern aufgezogen, Hühner und die Bienen für unseren Honig haben wir praktisch vor der Tür.

🏠 ⇄ 🅿 – Preis: €€

Sonnenlängstraße 26 ⊠ 83623 – 𝒞 08027 1008 – moarwirt.de – Geschlossen: Montag-Mittwoch

DINKELSBÜHL

Bayern – Regionalatlas **5**–V2

🏠 ALTDEUTSCHES RESTAURANT

REGIONAL • RUSTIKAL Seine Karte teilt Florian Kellerbauer in "Unsere Heimat" und "Unsere Leidenschaft", hier wie dort legt man Wert auf die Qualität der Produkte. Man achtet auf saisonalen Bezug und auch das Thema Nachhaltigkeit spielt eine Rolle. Dazu wird man freundlich-charmant umsorgt. Schön die Lage im historischen Zentrum. Zum Übernachten bietet das Hotel "Deutsches Haus", ein Patrizierhaus von 1440, wohnliche Zimmer.

🏠 ⇄ – Preis: €€

Weinmarkt 3 ⊠ 91550 – 𝒞 09851 6058 – www.deutsches-haus-dkb.de

DOBERAN, BAD

Mecklenburg-Vorpommern – Regionalatlas **2**–F2

🕸 FRIEDRICH FRANZ

MODERNE KÜCHE • LUXUS So richtig luxuriös und elegant ist das Gourmetrestaurant im Seitenflügel des exklusiven "Grand Hotel Heiligendamm" in herrlicher Ostseelage - auch "Weiße Stadt am Meer" genannt. Dass man hier auch kulinarischen Luxus erwarten darf, ist der Verdienst von Ronny Siewert. Der aus Nienburg (Saale) stammende Küchenchef und sein Team verwenden ausschließlich exklusive Produkte und bereiten daraus feinfühlige und detailliert ausgearbeitete Gerichte zu. Auch das Serviceteam überzeugt: Unter der Leitung von Norman Rex - charmant seine Berliner Art! - werden die Gäste aufmerksam und stilvoll umsorgt und auch in Sachen Wein sehr kompetent betreut. Von einigen Tischen können Sie die Ostsee sehen - das macht Lust auf einen Spaziergang vor oder nach dem Essen!

🕸 ♿ 📺 ⇄ 🅿 – Preis: €€€€

Prof.-Dr.-Vogel-Straße 6 ⊠ 18209 – 𝒞 038203 7400 – www.grandhotel-heiligendamm.de – Geschlossen: Montag, Dienstag, Sonntag, mittags: Mittwoch-Samstag

DONAUESCHINGEN

Baden-Württemberg – Regionalatlas **5**–U4

🏵🏵 ÖSCH NOIR

MODERNE KÜCHE • CHIC Schon auf dem Weg zu Ihrem Tisch wird Ihre Neugier geweckt: Sie kommen vorbei an der offenen Küche, Blick in die Töpfe inklusive - das macht Lust! In dem stylish-eleganten Gourmetrestaurant des großzügig angelegten, luxuriösen Hotels "Der Öschberghof" ist Manuel Ulrich für die Küche verantwortlich. Der junge Donaueschinger bringt absolut gekonnt genau das richtige Maß an Moderne in die klassisch-französisch basierte Küche. Alles ist durchdacht und überzeugt mit Präzision, Harmonie und geschmacklicher Tiefe. Die Menüs "Noir" und "Vert" (vegetarisch) locken beispielsweise mit "Kabeljau, Seeigel, Gurke, Yuzu, Koriander" oder "Paprika, Mandel, Garganelli". Für klasse Service sorgt das eingespielte und engagierte Team um Sommelier Michael Häni.

🐾 ♿ 🅺 🅿 – Preis: €€€€

Golfplatz 1 ✉ 78166 – ☎ 0771 840 – www.oeschberghof.com/restaurants-bars/ oesch-noir – Geschlossen: Montag und Dienstag, mittags: Mittwoch-Sonntag

🏵 DIE BURG

Chef: Jason Grom

MARKTKÜCHE • DESIGN Mitten in dem kleinen Ort haben die Brüder Grom ihr Restaurant - Jason am Herd, Niklas im Service. Letzterer trägt als Sommelier mit trefflichen Empfehlungen von der schönen Weinkarte zum versierten Service bei. Aus der Küche kommen die ambitionierten modernen Gerichte von Jason Grom. Zur Wahl stehen die Menüs "burg" und "gartenliebe" (vegetarische Variante) sowie einige Klassiker à la carte. In Sachen Ambiente darf man sich auf eine wertige Einrichtung in geradlinig-schickem Design freuen. In der "Weinba(a)r" können Sie am Abend Barfood und Burger bestellen. Für Übernachtungsgäste stehen im gleichnamigen Hotel modern-funktionelle Zimmer bereit.

🐾 🅺 🍴 🅿 – Preis: €€

Burgring 6 ✉ 78166 – ☎ 0771 17510050 – www.burg-aasen.de – Geschlossen: Montag und Dienstag, mittags: Mittwoch-Samstag

DORNUM

Niedersachsen – Regionalatlas **1**–A3

😊 FÄHRHAUS

REGIONAL • RUSTIKAL Hier sitzen Sie quasi direkt hinterm Deich! Nur wenige Gehminuten von der Baltrum-Fähre entfernt isst man ausgesprochen lokal, die Produkte kommen von hiesigen Landwirten und Fischern und die Speisen von Patron Gerold Janssen sind völlig unprätentiös und frei von Chichi, sie stecken voller Frische und Geschmack - das zeigen nicht nur "Cocktail vom Helgoländer Taschenkrebs" oder "Knusprig gebackene Schollenfilets" ganz deutlich. Gut zu wissen: Zum Übernachten oder Urlauben hat man gepflegte Zimmer.

🍴 ♿ 🅿 – Preis: €€

Dorfstraße 42 ✉ 26553 – ☎ 04933 303 – www.faehrhaus-nessmersiel.de – Geschlossen: Mittwoch, mittags: Montag, Dienstag, Donnerstag-Sonntag

DORSTEN

Nordrhein-Westfalen – Regionalatlas **3**–J2

🏵 GOLDENER ANKER

Chef: Björn Freitag

MODERNE KÜCHE • ELEGANT Als sympathischer TV-Koch ist er wohl jedem bekannt: Björn Freitag. 1997 hat er im Alter von 23 Jahren die alteingesessene Gaststätte übernommen, frischen Wind in die Küche gebracht und 2002 einen

MICHELIN Stern erkocht, was ihm und seiner Küchenbrigade seither Jahr für Jahr aufs Neue gelingt. Und schön ist es hier auch noch: wertig und chic-elegant ist das Ambiente, und das passt wunderbar zu den modern inspirierten klassischen Speisen. Hier werden die tollen Aromen ausgezeichneter Produkte ausgesprochen stimmig kombiniert. Charmant und geschult begleitet Sie das Serviceteam durch den Abend. Übrigens: Man hat auch eine Kochschule direkt im Haus.

🍽 ⇔ 🅿 – Preis: €€€€

Lippetor 4 ⊠ 46282 – ℰ 02362 22553 – bjoern-freitag.de – Geschlossen: Montag, Dienstag, Sonntag, mittags: Mittwoch-Samstag

✿ ROSIN

KREATIV • CHIC Wer kennt ihn nicht? TV-Koch Frank Rosin. Mit seinem Küchenchef und längjährigem Weggefährten Oliver Engelke bildet er in dem schicken Restaurant ein eingespieltes Team. Ihr Menü: klassisch und kreativ. Zur Wahl stehen drei bis fünf Gänge, auf Wunsch auch mehr (vegetarisches/veganes Menü bitte 24 h im Voraus schriftlich bestellen). Absolut erwähnenswert auch der Service: Entspannt und ebenso professionell begleitet Sie das Team um Maître Jochen Bauer und Sommelière Susanne Spies durch den Abend - Letztere empfiehlt auch gerne die eigenen Weine der "Rosin & Spies"-Edition.

⅍ 🅚 🅿 – Preis: €€€€

Hervester Straße 18 ⊠ 46286 – ℰ 02369 4322 – www.frankrosin.de – Geschlossen: Montag und Sonntag, mittags: Dienstag-Samstag

DORTMUND

Nordrhein-Westfalen – Regionalatlas **3**–K2

✿ GRAMMONS RESTAURANT

MODERN • CHIC Eine Adresse, die Freude macht! Inmitten eines gepflegten Wohnviertels hat Dirk Grammon in einem hübschen Haus mit Spitzgiebel dieses modern-elegante und lichtdurchflutete Restaurant. Aus der offenen Küche kommt ein Degustationsmenü, das man um "Das kleine Extra" erweitern kann. "Signature Fingerfood" vorweg: "Zweierlei von Parmesan und Olive". Die Speisen haben eine ganz klassische Basis, sind finessenreich und trumpfen mit vollmundigen Aromen. Die Weinkarte ist gut bestückt und fair kalkuliert. Man hat übrigens auch eine Weinbar mit Terrasse, in der man auch gerne kleine Gerichte essen kann.

Preis: €€€€

Wieckesweg 29 ⊠ 44309 – ℰ 0231 93144465 – grammons.de – Geschlossen: Montag, Dienstag, Sonntag, mittags: Mittwoch, Freitag, Samstag

✿ THE STAGE

Chef: Michael Dyllong

MODERNE KÜCHE • CHIC Eine coole Location! In weniger als 20 Sekunden geht's mit dem Lift hinauf in die 7. Etage des Dula-Centers. Chic-modern ist das Ambiente hier, klasse die Aussicht auf das Dortmunder Stadtgebiet und das Westfalen-Stadion, schön die Terrasse. Michael Dyllong und sein Team bieten ein aufwändig zubereitetes Menü mit vier oder sechs Gängen (erweiterbar um japanisches Wagyu-Beef als Upgrade). Alternativ gibt es eine vegane Menü-Variante. Umsorgt wird man überaus professionell, nicht zuletzt dank Restaurant-Manager und Sommelier Ciro De Luca, langjähriger Weggefährte von Michael Dyllong.

⅍ ≼ 🅚 🍽 – Preis: €€€€

Karlsbader Straße 1A ⊠ 44225 – ℰ 0231 7100111 – thestage-dortmund.com – Geschlossen: Montag und Sonntag, mittags: Dienstag-Samstag

LA CUISINE MARIO KALWEIT

FRANZÖSISCH-KLASSISCH • ELEGANT In dem schönen lichten hohen Raum im ehemaligen Tennisclubhaus (praktisch nahe der B1 gelegen) bietet man modern-klassische Küche - die Menüs nennen sich "Poisson", "Viande" und "Veggie". Dabei setzt man auf ausgesuchte saisonale Produkte, die man gerne aus der Region bezieht. Ein besonderes Faible hat der Chef für Tomaten: Unzählige alte Sorten hat er bereits selbst gezüchtet! Reizvoll die Terrasse hinterm Haus.

🛋 🅿 – Preis: €€€

Lübkestraße 21 ✉ 44141 – ☎ 0231 5316198 – mariokalweit.de – Geschlossen: Montag, Dienstag, Sonntag, mittags: Mittwoch-Samstag

VIDA

KREATIV • DESIGN Das kommt an: wertig-stylisches Ambiente, kreative internationale Küche und freundlicher Service, und dazu ein gutes Preis-Leistungs-Verhältnis. Zur Wahl stehen das Menü „Vida" - auch als vegetarische Variante – sowie Gerichte à la carte. Tipp: Zum Steak Tartare können Sie als "Upgrade" noch Kaviar bestellen! Etwas legerer sitzt man an den Hochtischen oder an der Bar bei ambitioniertem "Bar Food".

&. 🅼 🛋 🅿 – Preis: €€€

Hagener Straße 231 ✉ 44229 – ☎ 0231 95009940 – www.vida-dortmund.com – Geschlossen: Montag und Sonntag, mittags: Dienstag-Samstag

WIBBELINGS HOF

MODERNE KÜCHE • ZEITGEMÄSSES AMBIENTE Eine sympathische Adresse haben Sandra und Jörn Haumann aus dem familieneigenen Hofgut von 1899 gemacht. Während er sich um die Gäste kümmert, sorgt sie in der Küche für ein ambitioniertes Menü, das sich an der Saison orientiert, einige Produkte kommen aus eigenem Anbau. Serviert wird in einem schönen hohen Raum mit modernem Ambiente - Weinregal, Werkbank und große Bilder setzen dekorative Akzente. Auch für Veranstaltungen und Hochzeiten eine ideale Location. Tipp: der Hofladen (Mi. und Do. nachmittags geöffnet).

🛋 ♻ 🅿 – Preis: €€€

Wittichstraße 23 ✉ 44339 – ☎ 01522 2501188 – www.wibbelings-hof.de – Geschlossen: Montag, Dienstag, Sonntag, mittags: Mittwoch-Samstag

DREIS

Rheinland-Pfalz – Regionalatlas **5**-S1

✿✿✿ WALDHOTEL SONNORA

Chef: Clemens Rambichler

FRANZÖSISCH-KLASSISCH • LUXUS Mit Clemens Rambichler und seiner Frau Magdalena hat diese Legende der deutschen Gastronomie ein beispielhaftes Gastgeberpaar. In der Küche pflegt Clemens Rambichler die Klassiker des Hauses (hier sei die "Kleine Torte vom Rinderfilet-Tatar mit Imperial-Gold-Kaviar" erwähnt!) und modernisiert sie mit Fingerspitzengefühl, bindet aber auch neue, eigene Gerichte ein. Raffiniert, handwerklich perfekt und zudem noch wunderschön angerichtet sind beispielsweise zwei zarte gegrillte Langustinen von top Qualität, die fantastisch mit luftig-cremiger Buttersauce sowie der fruchtigen Note von aromatischem Mangopüree und einem Hauch von Buddhas Hand harmonieren. Interessant die zwei Weinbegleitungen zum Menü. Sie können aber auch à la carte speisen. Stets präsent, herzlich und überaus kompetent leitet Magdalena Rambichler den Service. Das Ambiente stilvoll-elegant und zurückhaltend modern. Ebenso niveauvoll die wohnlich-individuellen Gästezimmer.

🕸 🛏 🅿 – Preis: €€€€

Auf'm Eichelfeld 1 ✉ 54518 – ☎ 06578 98220 – www.hotel-sonnora.de – Geschlossen: Montag-Mittwoch, mittags: Donnerstag

DRESDEN

Sachsen
Regionalatlas **4**–Q3

Frauenkirche, Semperoper & Co. – Dresden hat nicht nur architektonische Wahrzeichen...

Schon beim Schlendern durch die wunderschöne Altstadt von „Elbflorenz" freut man sich auf ausgezeichnete Gastronomie: Die gibt es auf der anderen Seite der Elbe in Form zweier 1-Stern-Restaurants, dem **Elements** und dem **Genuss-Atelier**. Ein kulinarisches Erlebnis der anderen Art ist der Besuch der Neustädter Markthalle. Nicht weit von Semperoper, Zwinger und Residenzschloss, fast neben der Frauenkirche kann man im **Hotel Suitess** nicht nur stilvoll wohnen: Gin-Liebhaber zieht es in die Bar "Gin House". Entlang der Elbe geht's zur etwas außerhalb des Zentrums gelegenen **ElbUferei** mit ihrem mediterranen Konzept. Gut und preislich fair essen kann man auch im **DELI** und im **Daniel**. Ebenso lohnenswert ist auch die Fahrt zum Schloss Pillnitz direkt an der Elbe.

❀ **ELEMENTS**

Chef: Stephan Mießner

MODERNE KÜCHE • FREUNDLICH Industrie-Architektur, Loft-Flair, trendig-elegantes Design - ein schickes Restaurant haben Stephan Mießner und seine Frau Martina im geschichtsträchtigen "Zeitenströmung"-Gebäudeensemble. Er leitet die Küche, sie kümmert sich sympathisch und versiert um die Gäste. Und die sitzen in einem großzügigen Raum mit bodentiefen Rundbogenfenstern und schönem Dielenboden unter einer hohen offenen Decke auf bequemen braunen Ledersesseln im Vintage-Stil. Gekocht wird angenehm klar und reduziert, ausdrucksstark und finessenreich - à la carte oder als Chefmenü. Schön die Terrasse am Platz "Times Square". Ab mittags: das legere "DELI".

🐾 ♿ ⛱ 🅿 – Preis: €€€

außerhalb Stadtplan – *Königsbrücker Straße 96* ✉ *01099* – ✆ *0351 2721696* – *www.restaurant-elements.de* – *Geschlossen: Montag und Sonntag*

❀ **GENUSS-ATELIER**

Chef: Marcus Blonkowski

MODERNE KÜCHE • INTIM 14 Stufen geht es hinab in das freundlich-gemütliche Kellerrestaurant der Geschwister Marcus und Nicole Blonkowski, in dem Sandsteinmauern und Ziegelgewölbe ein besonderes Ambiente schaffen. In der schmucken alten Villa in der Neustadt serviert man in wunderbar ungezwungener Atmosphäre eine interessante modern-kreative Küche aus sehr guten Produkten - überaus erfreulich das Preis-Leistungs-Verhältnis! Sie können aus dem gut aufgestellten A-la-carte-Angebot wählen oder sich vom Küchenteam ein Überraschungsmenü

zusammenstellen lassen. Auf der Weinkarte nur ostdeutsche Winzer, darunter auch bewusst weniger bekannte. Gerne speist man auch auf der hübschen Terrasse.

ﾟ ﾟ – Preis: €€€

außerhalb Stadtplan – *Bautzner Straße 149* ✉ *01099 –* ☏ *0351 25028337 – www.genuss-atelier.net – Geschlossen: Montag, Samstag, Sonntag, mittags: Dienstag-Freitag*

DELI

INTERNATIONAL • TRENDY Hier sitzen Sie in angenehm unkomplizierter, lockerer Atmosphäre und genießen eine interessante international und saisonal ausgerichtete Küche, bei der man Wert auf ausgesuchte Produkte legt. Nett ist auch die Terrasse am Niagaraplatz mit Wasserfall. Und wer es besonders relaxt mag, "chillt" in einem der Strandkörbe. Gut zu wissen: Man bietet durchgehend warme Küche.

ﾟ ﾟ ﾟ – Preis: €€

außerhalb Stadtplan – *Königsbrücker Straße 96* ✉ *01099 –* ☏ *0351 2721696 – www.restaurant-elements.de – Geschlossen: Montag und Sonntag*

ELBUFEREI

MEDITERRAN • HIP Etwas außerhalb des Zentrums, am Elbradweg, erwartet Sie im Erdgeschoss des "ARCOTEL HafenCity" dieses freundliche Restaurant mit schöner Terrasse, Bar und Showküche. Angenehm locker und modern-maritim ist die Atmosphäre hier, mediterran das Speiseangebot (à la carte oder als Menü) nebst Snacks und Steaks. Lust macht die Karte z. B. mit "Seesaibling, Kartoffel, Fenchel, Senf & Sauerkraut".

ﾟ ﾟ ﾟ – Preis: €€

Stadtplan: A1-3 – *Leipziger Straße 29* ✉ *01097 –* ☏ *0351 44891110 – www. elbuferei.de/de*

CAROUSSEL NOUVELLE

FRANZÖSISCH-KLASSISCH • ELEGANT Im schönen Hotel "Bülow Palais" im Dresdner Barockviertel hat man Bistro und Wintergarten zum "Caroussel Nouvelle" vereint, stilvoll das Interieur von Stardesigner Carlo Rampazzi. Mittags und abends gibt es die Klassikerkarte, am Abend zusätzlich zwei Gourmetmenüs (eines davon vegetarisch) - auch A-la-carte-Wahl möglich. Die Gerichte orientieren sich an der Saison, sind klassisch-französisch und regional. Palais Bar und Cigar Lounge für Apero oder Digestif.

ﾟ ﾟ ﾟ ﾟ – Preis: €€€

Stadtplan: B1-1 – *Königstraße 14* ✉ *01097 –* ☏ *0351 8003140 – www.buelow-palais.de/restaurants-bar*

DANIEL

KLASSISCHE KÜCHE • FAMILIÄR In dem angenehm hellen, freundlichen und geradlinig gehaltenen Restaurant darf man sich auf eine recht klassisch ausgerichtete und saisonal beeinflusste Küche freuen. Aus den angebotenen Menüs können Sie auch à la carte wählen. Oder lieber ein Überraschungsmenü? Dazu wird man aufmerksam umsorgt. Gerne sitzt man im Sommer auch auf der hübschen Terrasse. Tipp: Beachten Sie auch den "Genusskalender" mit Themenabenden.

ﾟ ﾟ – Preis: €€

außerhalb Stadtplan – *Gluckstraße 3* ✉ *01309 –* ☏ *0351 81197575 – www.restaurant-daniel.de – Geschlossen: Montag und Sonntag, mittags: Dienstag-Samstag*

HEIDERAND

INTERNATIONAL • ENTSPANNT Nahe der namengebenden Dresdner Heide leitet Martin Walther in 4. Generation den elterlichen Betrieb, Mutter und Vater sind nach wie vor mit von der Partie. In dem stattlichen Haus von 1905 erwartet Sie eine moderne international ausgerichtete Küche. Geboten werden die Menüs "wasser & weide" und "acker & beet" (vegetarisch), die Sie beide mit drei oder fünf

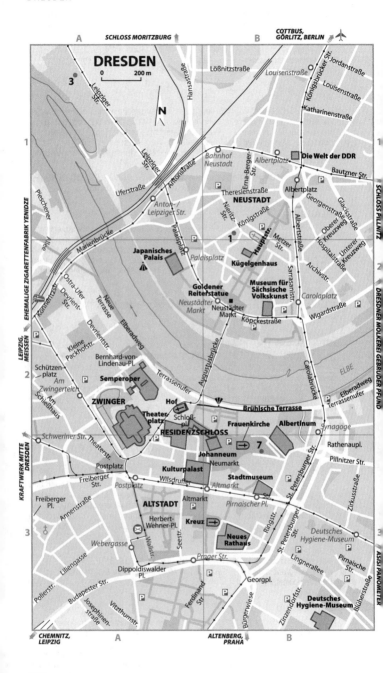

DRESDEN

0   200 m

N

SCHLOSS MORITZBURG

COTTBUS,
GÖRLITZ, BERLIN

SCHLOSS PILLNITZ

DRESDNER MOLKEREI GEBRÜDER PFUND

EHEMALIGE ZIGARETTENFABRIK YENIDZE

LEIPZIG,
MEISSEN

KRAFTWERK MITTE
DRESDEN

ASISI PANOMETER

CHEMNITZ,
LEIPZIG

ALTENBERG,
PRAHA

Lößnitzstraße
Louisenstraße
Königsbrücker Str.
Jordanstraße
Louisenstraße
Katharinenstraße

Leipziger Str.
3
Hansastraße
Bahnhof Neustadt
Albertplatz
Die Welt der DDR
Bautzner Str.

Leipziger Str.
Uferstraße
Antonstraße
Theresienstraße
Erna-Berger-Str.
Albertplatz
Georgenstraße
Glacisstraße

Anton-/
Leipziger Str.
NEUSTADT
Nieritz-Str.
Königstraße
Hauptstr.
Metzer Str.
Albertstraße
Oberer Kreuzweg
Hospitalstraße
Unterer Kreuzweg

Pieschener Allee
Marienbrücke
Palaisstraße
Japanisches Palais
Paladisplatz
Kügelhaus
Sarrasanistr.
Archivstr.

Ostra-Ufer
Devrient-Str.
Neue Terrasse
Elberadweg
Goldener Reiterstatue
Museum für Sächsische Volkskunst
Carolaplatz
Wigardstraße

Könneritzstr.
Kleine Packhofstr.
Neustädter Markt
Neustädter Markt
Köpckestraße
Carolabrücke
ELBE

Devrientstr.
Bernhard-von-Lindenau-Pl.
Terrassenufer
Augustusbrücke
Elberadweg
Terrassenufer

Schützen-platz
Am Zwingerteich
Semperoper
Hof
Brühlsche Terrasse

Am Schießhaus
ZWINGER
Theater-platz
Schloß-pl.
Frauenkirche
Albertinum
Synagoge

Schweriner Str.
Theaterstr.
RESIDENZSCHLOSS
7
Rathenaupl.
Pillnitzer Str.

Freiberger Str.
Postplatz
Johanneum
St. Petersburger Str.
Zirkusstraße

Freiberger Pl.
Annenstraße
Postplatz
Kulturpalast
Neumarkt
Wilsdruffe
Altmarkt
Stadtmuseum
Pirnaischer Pl.

ALTSTADT
Altmarkt
Ringstr.
Deutsches Hygiene-Museum

Webergasse
Herbert-Wehner-Pl.
Kreuz
Neues Rathaus
St. Petersburger Str.
Pirnaischer Str.

Pollerstr.
Liliengasse
Wallstr.
Seestr.
Prager Str.
Georgpl.
Lingnerallee
Blüherstraße

Dippoldiswalder Pl.
Budapester Str.
Josephinen-straße
Vitzthumstr.
Ferdinand Str.
Bürgerwiese
Zinzendorfstr.
Deutsches Hygiene-Museum

Gängen wählen können. Auf Wunsch gibt es dazu die passende Weinbegleitung. Tipp: Straßenbahnlinie 11 hält vor der Tür.

🛨 ⇦ 🅿 – Preis: €€€

außerhalb Stadtplan – *Ullersdorfer Platz 4* ✉ *01324* – ✆ *0351 2683166* – *www. heiderand.restaurant* – *Geschlossen: Montag-Sonntag*

SCHMIDT'S

MARKTKÜCHE • **BISTRO** In den Hellerauer Werkstätten für Handwerkskunst (1909 von Karl Schmidt gegründet) erwartet Sie neben moderner Bistro-Atmosphäre eine saisonal-regionale Küche mit kreativem Einschlag, für die man sorgfältig ausgewählte Produkte verwendet. Tipp: das Menü "Schmidt's Karte rauf und runter". Schön auch die Terrasse.

♿ 🛨 🅿 – Preis: €€

außerhalb Stadtplan – *Moritzburger Weg 67* ✉ *01109* – ✆ *0351 8044883* – *www.schmidts-dresden.de* – *Geschlossen: Montag und Sonntag, mittags: Samstag*

VEN

INTERNATIONAL • **TRENDY** Puristisch-urbaner Chic mit Loft-Flair, das hat schon was! Gekocht wird international mit regionalem und saisonalem Einfluss. Dazu wird man sehr freundlich umsorgt. Draußen lockt die geschützte Innenhofterrasse. Das "VEN" befindet sich übrigens im Hotel "INNSiDE by Meliã" - in der 6. Etage schaut man von der "Twist Bar" auf die Kuppel der Frauenkirche.

♿ 🎦 🛨 – Preis: €€

Stadtplan: B3-7 – *Rampische Straße 9* ✉ *01067* – ✆ *0351 795151021* – *www. ven-dresden.de* – *Geschlossen: Montag und Sonntag, mittags: Dienstag-Samstag*

DUDELDORF

Rheinland-Pfalz – Regionalatlas **5**–S1

TORSCHÄNKE

REGIONAL • **FREUNDLICH** Die "Torschänke" neben dem historischen Obertor ist eine wirklich sympathische Adresse. Die Atmosphäre ist gemütlich und angenehm unkompliziert, draußen sitzt es sich schön auf der netten begrünten Terrasse. Aus der Küche kommen Gerichte mit französischer und mediterraner Note, zubereitet aus sehr guten und frischen Produkten. Umsorgt werden Sie freundlich, aufmerksam und geschult.

🛨 🅿 – Preis: €€

Philippsheimer Straße 1 ✉ *54647* – ✆ *06565 2024* – *torschaenke-dudeldorf.de* – *Geschlossen: Montag und Sonntag, mittags: Dienstag-Samstag*

DÜRKHEIM, BAD

Rheinland-Pfalz – Regionalatlas **7**–B1

WEINSTUBE BACH-MAYER

REGIONAL • **WEINBAR** In der historischen Weinstube (das schöne Portal a. d. 18. Jh. erinnert an die Zeit als "Fürstliches Jagdhaus") bietet Inhaber und Küchenchef Carsten di Lorenzi regionale Küche mit saisonalen und internationalen Einflüssen. Dazu gemütlich-rustikales Ambiente samt blanken Holztischen und hübschem grünem Kachelofen. Draußen lockt die charmante begrünte Terrasse, die man zu Recht "Gartenlaube" nennt.

🛨 – Preis: €€

Gerberstraße 13 ✉ *67098* – ✆ *06322 92120* – *www.bach-mayer.de/startseite. html* – *Geschlossen: Dienstag und Mittwoch, mittags: Montag, Donnerstag, Freitag*

DÜSSELDORF

Nordrhein-Westfalen
Regionalatlas **3**–J3

Die Frage nach dem „richtigen" Bier hat schon so manch hitzige Diskussion ausgelöst...

Kulinarisch interessant ist die Landeshauptstadt Nordrhein-Westfalens nicht zuletzt dank seiner zahlreichen mit MICHELIN Stern ausgezeichneten Restaurants. Sterneküche am Counter serviert bekommen Sie im **Jae**, wo Jörg Wissmann seine Fusionsküche zum Besten gibt. Ebenso im trendigen **Zwanzig23 by Lukas Jakobi** - übrigens auch der erste Grüne Stern in der Stadt. Mit dem **Nagaya** und dem **Yoshi by Nagaya** hat Düsseldorf gleich zwei Restaurants mit japanischer Sterneküche. Nicht selten trifft Sterne-

Niveau auf legere Atmosphäre, so z. B. im französischen **Le Flair**. Ebenfalls besternt ist das schicke kleine **1876 Daniel Dal**. Einen Besuch wert sind auch das **Weinhaus Tante Anna** mit seinem historischen Charme und der tollen Weinauswahl oder die **20° RESTOBAR** mit spanisch-mediterranen Speisen. Im **Staudi's** trifft moderne Küche auf das Flair vergangener Tage. Sie bleiben über Nacht? Schöne Hotelempfehlungen sind z. B. das **Grandhotel Breidenbacher Hof** oder das stylische **25hours Hotel Das Tour**.

❀ **1876 DANIEL DAL-BEN**

Chef: Daniel Dal-Ben

KREATIV • ELEGANT In seinem chic-eleganten kleinen Restaurant am Zoopark verpasst Daniel Dal-Ben seiner klassisch basierten Küche die richtige Portion Kreativität. Dabei bindet der Patron neben italienischen und französischen Einflüssen auch mal japanische Akzente ein. Eine gelungene Kombination, die beispielsweise bei "Langustino aus Norwegen, Kohlrabi & Wasabi" für interessante Kontraste und gleichermaßen stimmige Balance sorgen. Top die Produktqualität. Geboten wird ein Menü mit fünf Gängen - nicht mehr wegzudenken die "Cicchetti 1876" vorweg. Bringen Sie etwas Zeit mit, man überrascht Sie auch mal mit zusätzlichen Gängen. Neben dem tollen Essen genießt man auch die angenehme fast intime Atmosphäre. Schön auch die etwas erhöhte und von der Straße abgegrenzte Terrasse. Umsorgt wird man aufmerksam und geschult.

🅰️🍴 – Preis: €€€€

Stadtplan: D1-6 – *Grunerstraße 42a* ✉ *40239* – ☎ *0211 1717361* – *www.1876.restaurant* – *Geschlossen: Montag, Dienstag, Sonntag, mittags: Mittwoch-Samstag*

⚜ AGATA'S

KREATIV • TRENDY Sie mögen es kreativ? Dann dürften Sie Gerichte wie "Spitzkohl, Stachelbeere, Lime Leaf" oder "Schweinebauch, Pfirsich, Gurke" ansprechen, in denen Ideenreichtum, saisonaler Bezug und internationale Einflüssen gelungen kombiniert werden, sehr gut die Produktqualität. Das 6- bis 9-Gänge-Menü (Erweiterung möglich) gibt es auch vegetarisch. Dazu eine umfangreiche internationale Weinkarte mit schöner Riesling-Auswahl, kompetent die Beratung. Dafür sorgt das versierte und charmante Serviceteam um Patronne Agata Reul. Die Köche kommen ebenfalls hin und wieder an den Tisch. Einladend auch die schicke und zugleich warme Atmosphäre. Modernes Design, erdige Töne, florale Deko..., das komplette Interieur ist geschmackvoll und überaus wertig!

🅰🅲 – Preis: €€€€

Stadtplan: C3-3 – *Kirchfeldstraße 59* ✉ *40217* – ☏ *0211 20030616* – *www.agatas.de* – *Geschlossen: Montag, Dienstag, Sonntag, mittags: Mittwoch-Samstag*

⚜ IM SCHIFFCHEN

Chef: Jean-Claude Bourgueil

KLASSISCHE KÜCHE • ELEGANT Wenn von Sterneküche in einem wunderschönen barocken Backsteinhaus am Kaiserswerther Markt die Rede ist, kann es sich nur um das "Schiffchen" von Jean-Claude Bourgueil handeln. Seit 1977 am Herd, kann man getrost vom Altmeister der Düsseldorfer Hochgastronomie sprechen. Bourgueil und sein bewährtes Team setzen auf kreative französische Küche. Hummer, Wild, Wagyu-Rind..., die Produkte sind von ausgesuchter Qualität. Dazu eine gute Weinauswahl, aufmerksamer und geschulter Service sowie schönes Ambiente - geschmackvoll-maritim das Restaurant im Erdgeschoss.

🕸 🍽 – Preis: €€€€

außerhalb Stadtplan – *Kaiserswerther Markt 9* ✉ *40489* – ☏ *0211 401050* – *im-schiffchen.de* – *Geschlossen: Montag und Sonntag, mittags: Dienstag-Samstag*

⚜ JAE

Chef: Jörg Wissmann

FUSION • INTIM Jörg Wissmann (zuvor u. a. im "Vendôme", im "Nagaya" und im "Agata's") bietet hier eine moderne Fusionsküche mit asiatischen Einflüssen, die seine halb-koreanischen Wurzeln widerspiegelt und auch klassisch-französische Elemente einbindet. Erwähnenswert sind da nicht zuletzt interessante Saucen wie z. B. Beurre blanc mit fermentierter Sojabohnenpaste "Doenjang". Sein Menü gibt es konventionell oder vegetarisch. Als Begleitung wählen Sie Wein oder eine alkoholfreie Alternative. Dazu sorgt ein gelungener Mix aus fernöstlich und skandinavisch für ein helles minimalistisches Interieur - interessante Einblicke hat man von den Thekenplätzen zur offenen Küche. Speise- und Weinkarte gibt es übrigens per QR-Code. Praktisch: das Parkhaus Creativ Center nur ein paar Gehminuten entfernt.

🅰🅲 – Preis: €€€€

Stadtplan: C3-4 – *Keplerstraße 13* ✉ *40215* – ☏ *0211 99919966* – *jae-restaurant. de* – *Geschlossen: Montag und Sonntag, mittags: Dienstag-Samstag*

⚜ LE FLAIR

Chef: Dany Cerf

FRANZÖSISCH • CHIC Dany Cerf heißt der Patron und Küchenchef in dem recht puristisch und mit elegantem Touch designten Restaurant nahe dem Maurice-Ravel-Park. Er stammt aus der französischsprachigen Schweiz und hat in renommierten Adressen wie dem "Baur au Lac" in Zürich oder bei Jean-Claude Bourgueil gekocht, bevor er 2014 gemeinsam mit Partnerin Nicole Bänder das "Le Flair" eröffnete. Hier beeindruckt er mit seinem „Menu du Moment", in dem er z. B. bei „Hamachi, Gillardeau Auster, Rettich, Apfel" seinen angenehm geradlinigen und durchdachten Stil umsetzt. Dabei merkt man sein Faible für die klassisch-französische Küche, dennoch finden sich auch moderne Einflüsse. Sie können vier oder fünf Gänge

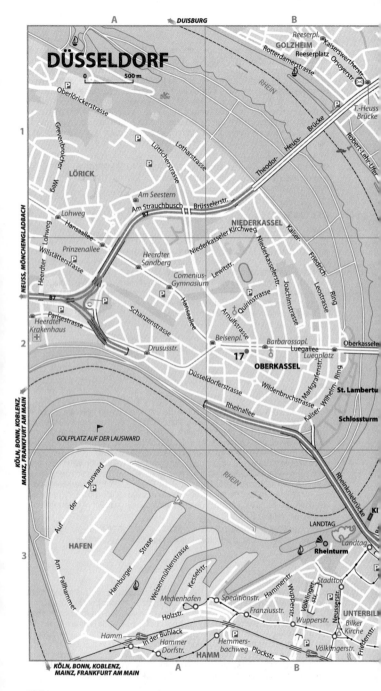

C D

ESSEN, BOCHUM, DORTMUND

WUPPERTAL, HILDEN, UNTERBACH

Heinrich-Johannstr.
Ehrhardttrasse
Haeselerstr.
Nordlicher Zübringer
Grashofstr.
Münsterstrasse
Merzigerstr.
Tannenstr.
Tannenstrasse
Heinrichstr.
Mörsenbroicher Weg
Frankenplatz
Ulmenstrasse
DERENDORF
Rossstrasse
Saarbrücker str.
Strassburger-str.
Heinrichstrasse
Golzheimerpl.
H.-Böcklerstr.
Rolandstrasse
Essenerstr.
Spichernpl.
Ratherstr.
Derendorf
Hansapl.
1
Kennedydamm
Schwerinstr.
Maistr.
Münster-str.
12
St.-Vinzenz-Krakenhaus
Grunerstr.
6
Sybelstrasse
DÜSSELTAL
Grunerstrasse
Emmericherstr.
Cecilienallee
Kleverstrasse
Kolpingplatz
8
Dreieck
Blücherstrasse
Eulerstrasse
Moltkestrasse
Amnastrasse
Lennéstr.
5
Marc-Chagall-strasse
Kühlwetterstr.
Annfeldstrasse
Weselerstr.
Brehmstrasse
Zoopark
Faunastrasse
Tiergarten str.
Graf-Recke-strasse
Freyastrasse
Lindemannstrasse
Victoriapl.
Fischerstr.
Venloerstr.
Stockkampstr.
Stockkampstr.
Zoo
Brehmpl.
Schillerpl.
Schumann-str.
Museum Kunstpalast
Noord-str.
Sternstrasse
Marien-hospital
Georgstrasse
Derendorfstr.
Tussman-str.
Rochus-markt
Jasminpl.
Rethelstrasse
FLINGERN NORD
Lindemannstr.
2
31
22
Hofgarten
Helmut-Hentrich-Platz
Kaiserstrasse
Rosenstrasse
Gartenstrasse
Schloss Jägerhof
BERTY-ALBRECHT-PARK
Uhlandstr.
Tonhalle/Ehrenhof
Adlerstrasse
32
K20 Kunstsammlung am Grabbeplatz
Hofgarten
Schloss Jägerhof-Goethemuseum
Jacobistr.
Wehrhahn
Wehrhahn
Ackerstr.
13
14
Dreischeibenhaus
Am
Pempelforterstr.
Birkenstr.
Flingern
26
27
11
Schadowstr.
Leopoldstr.
Gerresheimerstr.
Wetterstr.
Rathaus
Heinrich-Heine-Allee
25
Blumenstr.
18
Klosterstr.
Klosterstrasse
Worringerpl.
Pl. der Diakonie
Hetjens-Museum
Benratherstr.
21
Stein-str.
Oststrasse
FLINGERN SÜD
Erkratherstrasse
23
Stadtmuseum
28
Steinstr.
Berliner str.
Osstrasse
Charlottenstr.
Karlstrasse
Hauptbahnhof
Kölnstrasse
Kettwigerstr.
Südstrasse
Berliner Allee
19
Strese-mannpl.
Bertha-von-Suttner-Platz
Handelszentrum
Werdenerstrasse
20
Graf-Adolfstrasse
Graf-Adolf-Platz
Luisenstr.
Luisenstr.
Hüttenstr.
Scheurenstr.
Mintroppl.
OBERBILK
Oberbilker Markt
Fichtenstr.
Heerstrasse
Reichsstr.
Elisabethstr.
Friedrichstrasse
Herzogstr.
Corneliusstr.
Cornellusstrasse
Helmholtzstr.
Industriestr.
Ellerstrasse
Flugstr.
Ellerstrasse
FRIEDRICHSTADT
Kirchpl.
Fürstenwall
Kirchplatz
Siemensstrasse
Lessingpl.
Sonnenstr.
3
3
Friedrichstr./Bilk
Fürsten-wall
Morsestr.
Friedrichstadt
Gangelplatz
Kölnstr.
Kruppstr.

wählen, optional gibt es noch einen Käsegang. Darf es statt Wein vielleicht eine alkoholfreie Getränkebegleitung sein? Tipp für den Sommer: die schöne Terrasse.
🌅 – Preis: €€€€

Stadtplan: D2-5 – *Marc-Chagall-Straße 108* ✉ *40477* – ✆ *0211 51455688* – *restaurant-leflair.de – Geschlossen: Montag und Dienstag, mittags: Mittwoch-Sonntag*

✿ NAGAYA

JAPANISCH • FREUNDLICH Ohne Zweifel ist die Küche von Yoshizumi Nagaya etwas Besonderes. Durchdacht, klar und präzise fügt er japanische und westliche Elemente zusammen. Während seiner Ausbildung in Osaka lehrte Toshiro Kandagawa ihn das traditionelle japanische Küche, den innovativen Stil lernte er bei Takada Hasho in Gifu kennen. Daraus entwickelte er seine eigene Handschrift, die beides vereint. Exzellente Produkte sind in seinem Menü Ehrensache, vom Wagyu-Rind bis Sushi und Sashimi. Neben guten Weinen darf auch eine schöne Sake-Auswahl nicht fehlen. Dazu wird man in dem sehr modern und wertig eingerichteten Restaurant aufmerksam und professionell umsorgt.
🍸 🅰🅲 – Preis: €€€€

Stadtplan: C2-18 – *Klosterstraße 42* ✉ *40211* – ✆ *0211 8639636 – www.nagaya. de – Geschlossen: Montag und Sonntag, mittags: Mittwoch*

✿ PINK PEPPER

MODERNE KÜCHE • CHIC Nach erfolgreichen Jahren im Düsseldorfer "Fritz's Frau Franzi" haben Benjamin und Ramona Kriegel seit Februar 2022 im stilvollen "Steigenberger Parkhotel" ihre gastronomische Wirkungsstätte. Das "Pink Pepper" befindet sich in einem Wintergartenanbau zur Königsallee. Das von Yakob Asmellash designte Interieur mit glänzendem Gold, rosafarbenen Sesseln und dekorativen Details schafft einen mondän-eleganten Rahmen für "Genussvolles Storytelling" - so nennt Patron Benjamin Kriegel seine moderne Küche aus regionalen und internationalen Produkten von ausgesuchter Qualität. Ehefrau Ramona leitet den freundlichen und geschulten Service. Schöne Bar für Apero oder Digestif.
🅰🅲 🍷 🅿 – Preis: €€€€

Stadtplan: C2-11 – *Königsallee 1A* ✉ *40212* – ✆ *0211 1381611 – www.pink-pepper. com – Geschlossen: Montag, Dienstag, Sonntag, mittags: Mittwoch-Samstag*

✿ YOSHI BY NAGAYA

Chef: Yoshizumi Nagaya

JAPANISCH • MINIMALISTISCH Sterneküche von Yoshizumi Nagaya gibt es in Düsseldorf gleich zweimal! Unweit des Stammhauses, ebenfalls in "Little Tokyo", findet man seit Oktober 2016 das "Yoshi". Gekocht wird hier klassisch japanisch, hier und da auch dezente europäische Einflüsse. Das abendliche Omakase-Menü (übersetzt „Ich überlasse es Ihnen") beeindruckt mit absolut produktorientierter und überaus exakter Zubereitung. Dazu bietet man eine große Auswahl an Sake. Das Ambiente ist gewissermaßen ein Spiegelbild des klaren Küchenstils: Stilvoll-puristisch hat man das Restaurant gestaltet. Freitags und samstags hat man auch mittags geöffnet - da gibt es ein Lunch-Menü mit vier oder sechs Gängen. Übrigens: Viele der Gäste hier sind Japaner - das spricht für sich! Tipp für Autofahrer: Parkhaus Kreuzstraße 27.
🅰🅲 – Preis: €€€€

Stadtplan: C2-21 – *Kreuzstraße 17* ✉ *40213* – ✆ *0211 86043060 – yoshibynagaya.wixsite.com/nagayaduesseldorf – Geschlossen: Montag und Sonntag, mittags: Dienstag-Donnerstag*

✿ ZWANZIG23 BY LUKAS JAKOBI ⓝ

Chef: Lukas Jakobi

KREATIV • HIP Im Düsseldorfer Stadtteil Bilk hat Lukas Jakobi im Oktober 2023 ein interessantes trendig-modernes Gastro-Konzept zum Leben erweckt. "Vegan" und "Nicht vegan" nennen sich die beiden Menüs mit sechs oder neun aromareichen Gängen aus sehr guten Produkten. Dass man auch auf Nachhaltigkeit achtet, zeigt sich z. B. bei "Taste the Waste - Some sexy stuff", das mit seinem Vielerlei an Komponenten zur Abfallvermeidung beiträgt und "Reste" kulinarisch niveauvoll präsentiert. 80 % der Produkte kommen aus der Region. Dazu fermentiert man selbst, setzt Soyasaucen, Garum, Kombuchas an, bereitet Extrakte und Säfte selbst zu. Serviert wird an Counter-Plätzen direkt an der offenen Küche oder an normalen Tischen.

🐾 *Engagement des Küchenchefs:* Nachhaltiges Fine Dining, regional, saisonal, "zero waste" und Ressourcen sparen, das sind unsere obersten Prämissen! Wir wollen kein Green-Labeling, wir sind Überzeugungstäter! Unsere Produkte sind 80% regional, 15% aus Nachbarländern, der Rest wie z. B. Kaffee, Schokolade & Gewürze genau selektiert.

&. 🅰 – Preis: €€€€

außerhalb Stadtplan – *Brunnenstraße 35* ✉ *40223* – ✆ *0173 9220294* – *www.zwanzig23.com* – *Geschlossen: Montag, Dienstag, Sonntag, mittags: Mittwoch-Freitag*

😊 ESSBAR

INTERNATIONAL • **ENTSPANNT** Nur wenige Schritte vom Hofgarten entfernt liegt das äußerlich unscheinbare Restaurant von Küchenchef Daniel Baur und Olga Jorich. Sympathische Atmosphäre, aromatische Gerichte aus guten Produkten und ein faires Preis-Leistungs-Verhältnis - das kommt an! Auch in Sachen Wein wird man nicht enttäuscht. Nett die geschützte, nach hinten gelegene Terrasse.

🍽 – Preis: €€

Stadtplan: C2-22 – *Kaiserstraße 27* ✉ *40479* – ✆ *0211 91193905* – *hm-essbar. de* – *Geschlossen: Montag und Sonntag, mittags: Dienstag-Samstag*

😊 MÜNSTERMANNS KONTOR

INTERNATIONAL • **BRASSERIE** Mit Eier- und Butterhandel sowie Feinkost fing alles an, heute hat man hier ein beliebtes Bistro mit sympathisch-lebendiger urbaner Atmosphäre und offener Küche. Unter den schmackhaften Gerichten finden sich Klassiker wie Currywurst oder Wiener Schnitzel, aber auch Internationales. Dazu gute offene Weine und freundlicher Service. Geöffnet ist von 12 - 20 Uhr, letzte Bestellung 18.30 Uhr. Hinweis: mittags keine Reservierung möglich - kommen Sie also rechtzeitig, man ist sehr gut besucht!

Preis: €€

Stadtplan: C3-23 – *Hohe Straße 11* ✉ *40213* – ✆ *0211 1300416* – *www. muenstermann-kontor.de* – *Geschlossen: Montag und Sonntag, abends: Dienstag-Samstag*

20° RESTOBAR

MEDITERRAN • **BISTRO** Mitten im Zentrum liegt dieses modern-unkomplizierte Restaurant mit Terrasse, Bar und schönem Innenhof. In netter lebendiger Atmosphäre lässt man sich spanisch-mediterrane Küche schmecken - da finden sich neben Fisch-, Fleisch-, Reis- und Kartoffelgerichten natürlich auch Tapas, Croquetas & Co. Passend zum südländischen Konzept nimmt der Name Bezug auf die durchschnittliche Wassertemperatur um die Insel Mallorca.

🅰 🍽 ⇔ – Preis: €€

Stadtplan: C2-14 – *Mutter-Ey-Platz 3* ✉ *40213* – ✆ *0172 8902320* – *www.20grad.com* – *Geschlossen: Sonntag, mittags: Montag-Samstag*

BISTRO FATAL

FRANZÖSISCH • **BISTRO** Dieses angenehm unprätentiöse Bistro von Alexandre und Sarah Bourgeuil nicht zu kennen, wäre "fatal", denn hier heißt es "Savoir-vivre". Darf es zu Beginn ein Pastis als Apero zum hausgebackenen Baguette mit Butter sein? Gefolgt von "Rochen à la Grenobloise mit Kartoffelstampf und Mesclun Salat" und zum Abschluss "Crêpes Suzette"? Richtig gut isst man hier. Nett sitzt man auch auf der Terrasse vor dem Haus. Hinweis: Die Parkplatzsuche ist nicht ganz einfach.

🍽 – Preis: €€

Stadtplan: D2-13 – *Hermannstraße 29* ✉ *40233* – ✆ *0211 36183023* – *www.bistro-fatal.com* – *Geschlossen: Montag, Dienstag, Sonntag, mittags: Mittwoch-Samstag*

BRASSERIE STADTHAUS

FRANZÖSISCH-KLASSISCH • BRASSERIE Eine schöne Adresse im Herzen der Altstadt. Unter einer markanten hohen Kassettendecke oder im hübschen Innenhof serviert man Ihnen französische Küche. Appetit machen z. B. "Hummerschaumsuppe" oder "Entrecôte mit Sauce Béarnaise". Dazu Weine aus Frankreich.

🅰🅲 🍴 – Preis: €€

Stadtplan: C2-27 – *Mühlenstraße 31* ✉ *40213* – ☎ *0211 16092815* – *brasserie-stadthaus.de* – *Geschlossen: Montag und Sonntag, mittags: Dienstag*

FLEHER HOF

REGIONAL • TRADITIONELLES AMBIENTE In dem etwas außerhalb gelegenen Gasthof sitzt man in gemütlichen Stuben, in denen getäfelte Wände, alter Dielenboden und Holztische Charme versprühen. Dazu die gute Küche, die schmackhafte Klassiker mit modernem Touch bietet. Interessant das angebotene Menü. Dessert-Tipp: Baba au Rhum mit Jahrgangsrumtopf. Diese sympathische Adresse kommt an, also reservieren Sie rechtzeitig! Hinweis: Parken ist zwar nicht ganz einfach, ein Besuch lohnt sich aber auf jeden Fall.

🍴 ⇄ – Preis: €€

außerhalb Stadtplan – *Fleher Straße 254* ✉ *40213* – ☎ *0211 31195711* – *www.fleherhof.de* – *Geschlossen: Montag und Dienstag, mittags: Mittwoch-Samstag*

FRITZ'S FRAU FRANZI

KREATIV • CHIC Cool und trendy ist das Restaurant im stylischen Boutique-Hotel "The Fritz". Geschmackvoll und wertig das Ambiente, an der Bar im Eingangsbereich können Sie Ihren Apero einnehmen. "Gourmet in Action" nennt Tobias Rocholl sein weltoffenes und modern-kreatives Küchenkonzept. Statt Butter verwendet man hochwertige Öle, man kocht laktosefrei und verzichtet auf Industriezucker. Gerichte wie z. B. "Zander aus dem Ijsselmeer, Zitronenspitzkohl, Sauerkraut, Lauch-Vinaigrette" und leckere Desserts wie "Birne, Nougat, Caramel" wählen Sie à la carte oder als Menü, das Sie sich selbst zusammenstellen können. Vegetarisches und Veganes ist auch dabei. Tipp: Von einigen Tischen hat man einen guten Blick in die Küche.

🅰🅲 – Preis: €€€€

Stadtplan: C3-20 – *Adersstraße 8* ✉ *40215* – ☎ *0211 370750* – *www.fritzs-frau-franzi.de* – *Geschlossen: Montag, Dienstag, Sonntag, mittags: Mittwoch-Samstag*

KÖ59 MASTERMINDED BY BJÖRN FREITAG

DEUTSCH • BRASSERIE Björn Freitag, bekannt aus dem "Goldenen Anker" in Dorsten, hat direkt an der "Kö" sein neuestes gastronomisches Projekt. Die schicke Brasserie im "Hotel Kö59" hat sich neu interpretierte deutsche Klassiker auf die Fahnen geschrieben, so z. B. "Königsberger Klopse" oder "Senfbraten von der Weideochsenlende".

🅰🅲 – Preis: €€

Stadtplan: C3-28 – *Königsallee 59* ✉ *40215* – ☎ *0211 82851220* – *www.koe59.com*

L'ARTE IN CUCINA

ITALIENISCH • GEMÜTLICH Das findet man nicht allzu oft: In dem hübschen Ristorante gegenüber der Basilika St. Margareta wird die Küche der Toskana wirklich authentisch umgesetzt, mit Liebe und Fingerspitzengefühl! Richtig lecker sind z. B. Spezialitäten aus der toskanischen Heimat des Chefs wie "Gnudi" (eine Art Gnocchi) oder "Il Coniglio" (Kaninchen). Die Nudeln sind hausgemacht.

🍴 – Preis: €€€

außerhalb Stadtplan – *Gerricusplatz 6* ✉ *40625* – ☎ *0211 52039590* – *www.arteincucina.de* – *Geschlossen: Montag, Dienstag, Sonntag, mittags: Mittwoch-Samstag*

PARLIN

MARKTKÜCHE • BRASSERIE Mitten in der Altstadt ist dieses nette, angenehm unkomplizierte und lebendige Restaurant zu finden - ein echter Hingucker ist die tolle Stuckdecke! Der Name "Parlin" steht für "das Beste aus Paris und Berlin", und das spiegelt sich auf der Karte wider. Hier machen schmackhafte saisonale Gerichte und Klassiker wie Fischsuppe oder Wiener Schnitzel gleichermaßen Appetit.

🍴 – Preis: €€

Stadtplan: C2-32 – *Altestadt 12* ✉ *40213* – ✆ *0211 87744595* – *www.parlin-weinbar.de* – *Geschlossen: Montag und Dienstag, mittags: Mittwoch-Sonntag*

ROKU - JAPANESE DINING & WINE

JAPANISCH-ZEITGEMÄSS • HIP Dies ist das dritte Restaurant von Yoshizumi Nagaya in der Landeshauptstadt. Die Atmosphäre ist trendig-modern und entspannt, das Angebot reicht von Sushi und Sashimi über Tempura bis zu japanischen Fisch- und Fleischgerichten. Dazu eine schöne überwiegend deutsche Weinauswahl.

🍴 – Preis: €€€

Stadtplan: C1-8 – *Schwerinstraße 34* ✉ *40477* – ✆ *0211 15812444* – *www.restaurant-roku.de* – *Geschlossen: Montag und Sonntag, mittags: Dienstag-Samstag*

RUBENS

ÖSTERREICHISCH • ENTSPANNT Geradezu ein "alpenländischer Hotspot"! In dem hübschen Restaurant der sympathischen Gastgeber Cornelia und Ruben Baumgart - sie Österreicherin, er Deutsch-Österreicher - dürfen Klassiker wie Backhenderl, Alt-Wiener Tafelspitz oder Kaiserschmarrn nicht fehlen, aber auch moderne Gerichte finden sich auf der Karte. Dazu charmanter, geschulter Service und eine schöne Weinkarte, natürlich aus der Alpenrepublik. Das Kürbiskernöl kommt übrigens aus dem Heimatdorf der Chefin.

🍴 ⇔ – Preis: €€

Stadtplan: C2-31 – *Kaiserstraße 5* ✉ *40479* – ✆ *0211 15859800* – *www.rubens-restaurant.de* – *Geschlossen: Montag und Sonntag, mittags: Dienstag-Samstag*

SAITTAVINI

ITALIENISCH • FREUNDLICH Ein Klassiker unter den italienischen Restaurants in Düsseldorf, immer auf der Suche nach neuen Produkten und Weinen. Besonders zu empfehlen ist das Filet vom Piemonteser Rind! Schön sitzen Sie hier zwischen Weinregalen, Theke und Antipastibuffet, über Ihnen toller Stuck.

🏵 🍴 ⇔ – Preis: €€€

Stadtplan: B2-17 – *Luegallee 79* ✉ *40545* – ✆ *0211 57797918* – *saittavini.de* – *Geschlossen: Sonntag*

SCHORN 🆕

MODERN • INTIM Mit Franz-Josef Schorn als Gastgeber und Lukas Schild als Küchenchef sind in dem Restaurant im Stadtteil Bilk keine Unbekannten der Düsseldorfer Gastro-Szene am Werk. Ambitionierte und aromatische Gerichte wie z. B. "Braisiertes Bürgermeisterstück vom Eifeler Wagyu-Rind, Balsamicojus, Kartoffelpüree, Rosenkohl, Bittersalat" gibt es als Menü oder à la carte. Dazu eine schöne deutsch und französisch geprägte Weinkarte sowie freundlicher Service. Das Restaurant hat eine charmante, recht intime Atmosphäre - ein alter Ofen, ein Weinfass als Digestif-Tisch und moderne Bilder dienen als Deko.

🏵 🍴 ⇔ – Preis: €€€€

außerhalb Stadtplan – *Martinstraße 46a* ✉ *40223* – ✆ *0163 9071993* – *www.restaurant-schorn.com* – *Geschlossen: Dienstag, Mittwoch, Sonntag, mittags: Montag, Donnerstag-Samstag*

SETZKASTEN

MODERNE KÜCHE • CHIC Gourmetrestaurant im Supermarkt? Dieses Gastro-Konzept ist schon etwas Besonderes - zu erleben im UG des "Crown", einem der größten Lebensmittelmärkte Europas! Nicht nur die Location ist erwähnenswert: Zum schicken Ambiente samt teils einsehbarer Küche bietet das engagierte Team kreativ-moderne Gerichte, die auf ausgesuchten Produkten basieren und angenehm klar zubereitet sind. Abends gibt es ein Menü mit sechs Gängen, mittags mit vier. Die Weine der "Zurheide Feine Kost"-Weinabteilung können Sie gegen ein Korkgeld auch im Restaurant trinken. Tipp: Für besondere Einblicke in die Küche reservieren Sie am Chef's Table. Wer mit dem Auto kommt, nutzt am besten das Parkhaus im "Crown".
&. 🅰 🅿 – Preis: €€€€

Stadtplan: C3-19 – *Berliner Allee 52* ✉ *40212 –* ☎ *0211 2005716 – www. setzkasten-duesseldorf.de – Geschlossen: Donnerstag und Sonntag, mittags: Montag-Mittwoch*

STAUDI'S

MODERN • BISTRO Früher eine Metzgerei, heute ein hübsches kleines Restaurant mit Bistro-Flair. Dekorative Relikte von einst wie historischer Fliesenboden und Glasmalerei an der Decke machen sich gut zur charmanten Einrichtung. Dazu herzlicher Service und modern-saisonale Gerichte, die man Ihnen à la carte oder in Form eines 5-Gänge-Menüs anbietet. Eine vegetarische Menü-Variante gibt es ebenfalls. Anfang Nov. bis Anfang Dez. mittwochs nur Gänsemenü. "Fondue Chinoise" im Winter auf Vorbestellung einen Tag im Voraus. Tipp: "Stube" als Séparée für private Anlässe buchbar (Nov. - März).
🛎 – Preis: €€€

Stadtplan: C1-12 – *Münsterstraße 115* ✉ *40476 –* ☎ *0211 15875065 – www. staudisrestaurant.de – Geschlossen: Montag, Dienstag, Sonntag, mittags: Mittwoch-Samstag*

THE DUCHY

MODERN • BRASSERIE Elegant hat man es in der Brasserie in der 1. Etage des luxuriösen "Breidenbacher Hofs" - Blick auf die Heinrich-Heine-Allee. Die Küche ist ein breiter Mix von Sashimi über Ceviche bis Tartar und Ravioli, nicht zu vergessen die Steaks. Man achtet auf die Herkunft der Produkte, arbeitet mit regionalen Erzeugern zusammen und hat eigene Hühner und Kühe. Schöne Weinauswahl.
&. 🅰 ❖ – Preis: €€€

Stadtplan: C2-25 – *Königsallee 11* ✉ *40212 –* ☎ *0211 16090500 – www. theduchy-restaurant.com – Geschlossen: Montag und Sonntag*

WEINHAUS TANTE ANNA

REGIONAL • GEMÜTLICH In dem traditionsreichen Familienbetrieb - hier ist bereits die 7. Generation im Einsatz - speisen Sie in der beeindruckenden historischen Atmosphäre einer einstigen Kapelle a. d. 16. Jh. Man beachte auch die sehenswerte 1000 Jahre alte Granitsäule an der Theke! Serviert werden gehobene regionale Speisen, zu denen man gerne einen der vielen deutschen Weine empfiehlt.
🕸 – Preis: €€€

Stadtplan: C2-26 – *Andreasstraße 2* ✉ *40213 –* ☎ *0211 131163 – www.tanteanna. de/de – Geschlossen: Montag und Sonntag, mittags: Dienstag-Samstag*

DUGGENDORF

Bayern – Regionalatlas **6**–Y2

✿ DIE GOURMET STUBE IM GASTHAUS HUMMEL

Chef: Stefan Hummel

MARKTKÜCHE • CHIC Richtig chic ist es hier: Klare Linien, angenehme Naturmaterialien und helle, warme Töne schaffen im Gourmetrestaurant des

100 Jahre alten "Gasthauses Hummel" eine moderne und zugleich gemütliche Atmosphäre. Schon beim Betreten des Restaurants können Sie einen Blick in die Küche werfen, wo unter der Leitung von Patron Stefan Hummel ein saisonales Menü entsteht. Die ausgesuchten Produkte dafür bezieht man gerne aus der Region. Freuen darf man sich hier nicht nur auf Finesse und jede Menge Geschmack, sondern auch auf ein gutes Preis-Leistungs-Verhältnis. Das Engagement der Hummels spürt man auch am freundlichen, kompetenten Service unter der Leitung der herzlichen Chefin. Gepflegt übernachten kann man in dem schön auf dem Berg gelegenen familiären Gasthof ebenfalls.

🅿 – Preis: €€€

Heitzenhofener Straße 16 ⊠ 93182 – ☎ 09473 324 – gasthaushummel.de –
Geschlossen: Montag-Mittwoch, mittags: Donnerstag-Sonntag

DUISBURG

Nordrhein-Westfalen – Regionalatlas **3**–J2

❀ MOD BY SVEN NÖTHEL

Chef: Sven-Niklas Nöthel

MODERNE KÜCHE • **HIP** Eine richtig schöne Location! Umgeben von viel Grün hat Sven Nöthel sein schickes Restaurant, untergebracht in einem sorgsam sanierten ehemaligen Stall. Das klare moderne Design ist hier ebenso ein Hingucker wie die offene Küche - da erlebt man das Geschehen am Herd hautnah mit. Wer etwas ruhiger sitzen möchte, fragt nach einem Platz im "Wine Room". Auf die Teller (übrigens getöpfertes Geschirr aus Wesel) kommen die Menüs "Beete & Bauer" und (als vegetarische Variante) "Acker & Saat" oder Gerichte à la carte. Die modern-saisonale Küche basiert auf ausgesuchten Produkten, die man vorzugsweise aus der Region bezieht. Umsorgt wird man sehr freundlich und herzlich - auch die Köche servieren mit und erklären die Speisen. Eine hübsche Terrasse gibt es ebenfalls.

👤🍽♻🅿 – Preis: €€€€

Grafschafter Straße 197a ⊠ 47199 – ☎ 0176 23557864 – www.mod-dining.com –
Geschlossen: Montag und Sonntag, mittags: Dienstag-Samstag

KÜPPERSMÜHLE RESTAURANT

MODERNE KÜCHE • **TRENDY** Eine tolle Location: altes Industrieflair, Blick auf den Innenhafen, eine Terrasse am Wasser! In urbaner Atmosphäre gibt es ambitionierte klassisch-moderne Küche mit internationalen Einflüssen - auf der Karte z. B. "Fjordlachs & geflämmte Jakobsmuschel mit Schnittlauch-Beurre-blanc". Mittags einfacheres Angebot. Tipp: Besuch im Museum Küppersmühle gleich nebenan.

👤🍽♻🅿 – Preis: €€€

Philosophenweg 49 ⊠ 47051 – ☎ 0203 5188880 – kueppersmuehle-restaurant.
de – Geschlossen: Montag und Dienstag, abends: Sonntag

DURBACH

Baden-Württemberg – Regionalatlas **5**–T3

[MAKI:'DAN] IM RITTER

MODERN • **STUBE** Das Restaurant ist eine sehr geschmackvolle und gemütliche Gaststube im historischen Teil des Hotels "Ritter". Hier erlebt man am Abend eine moderne Küche. Darf es vielleicht das "Signature Menü" mit vier oder fünf Gängen sein? Auf Wunsch gibt es dazu eine Weinbegleitung. Alternativ bietet man das täglich wechselnde "Ritter Genuss Menü" mit vier Gängen. Oder wählen Sie lieber à la carte? Tipp: der „Brotkasten" mit herrlichem Sauerteigbrot!

🕸🍽♻🅿 – Preis: €€€

Tal 1 ⊠ 77770 – ☎ 0781 93230 – www.ritter-durbach.de – Geschlossen mittags:
Montag-Sonntag

REBSTOCK

REGIONAL • LÄNDLICH Im Restaurant des geschmackvoll-komfortablen gleichnamigen Wellnesshotels sitzt man in schönen Stuben mit ländlichem Charme, wird aufmerksam umsorgt und lässt sich regional-saisonale Gerichte wie Hechtklöße oder Rehragout servieren. Im Sommer schaut man von der traumhaften Terrasse auf Park und Schwarzwald - ein Renner ist die große Auswahl an hausgemachten Torten und Kuchen!

⇔&🏠♿🅿 – Preis: €€

Halbgütle 30 ✉ 77770 – ℰ 0781 4820 – www.rebstock-durbach.de –
Geschlossen: Montag

EFRINGEN-KIRCHEN
Baden-Württemberg – Regionalatlas **5**–T4

✿ **TRAUBE**

Chef: Brian Wawryk

MODERNE KÜCHE • CHIC Ein wunderschönes historisches Haus in dem kleinen Weindorf Blansingen. Das Betreiberpaar kommt aus der Spitzengastronomie ("Maaemo" in Oslo, "La Vie" in Osnabrück), man merkt sofort, hier sind Profis am Werk. Der Service durch die charmante Daniela Hasse ist ungezwungen, wortgewandt und höchst professionell - absoluter Wohlfühlfaktor! Respekt verdient auch Küchenchef Brian Wawryk - der gebürtige Kanadier kocht handwerklich äußerst exakt und harmonisch. Seine moderne Küche hat einen klaren nordischen Einschlag, setzt aber ebenso auf Regionalität - konservierte Produkte aus dem Vorjahr inklusive. Tipp: Versuchen Sie im Winter den kleinen Tisch in der "Kuschelecke" am Kachelofen zu bekommen! Im Sommer lockt die begrünte Terrasse. Übrigens: Die "Traube" ist auch zum Übernachten eine tolle Adresse.

🌱 *Engagement des Küchenchefs:* Unsere Speisekarte ist die Krönung der Tagesernte, ändert sich oft täglich durch Wetter, Jahreszeit und Terroir, das Markgräflerland bietet uns da mannigfaltige Möglichkeiten! Wir achten darauf, dass unsere Produkte maximal in 50 - 100 km entfernt entstehen und wir verarbeiten diese in Gänze.

🅿 – Preis: €€€€

Alemannenstraße 19 ✉ 79588 – ℰ 07628 9423780 – www.traube-blansingen.
de – Geschlossen: Montag und Dienstag, mittags: Mittwoch-Sonntag

EGGENSTEIN-LEOPOLDSHAFEN
Baden-Württemberg – Regionalatlas **5**–U2

✿ **DAS GARBO IM LÖWEN**

Chef: Marcel Kazda

MARKTKÜCHE • LÄNDLICH Im Restaurant des im Ortskern gelegenen Hotels "Zum Löwen" sitzt man in schönem Ambiente, das mit warmem Holz, Kachelofen, hübschen Stoffen und hochwertiger Tischkultur ländlichen Charme und Eleganz verbindet. Am Herd sorgt Marcel Kazda für ambitionierte Küche mit klassischer Basis und saisonalen Einflüssen, toll die Produktqualität. Die durchdachten, finessenreichen und geschmacksintensiven Gerichte gibt es in Form zweier Menüs mit drei bis sechs Gängen. Eines davon ist ein "Low Carb"-Menü - eine wirklich interessante zeitgemäße Variante, die ganz auf Weizen, Soja und Industriezucker verzichtet. Zusätzlich bietet man einige regionale Gerichte à la carte. Sehr gut die Weinempfehlungen zu den Menüs. Mit Philipp Spielmann leitet ein versierter Sommelier das ausgezeichnete Serviceteam.

🍴 🏠♿ – Preis: €€€

Hauptstraße 51 ✉ 76344 – ℰ 0721 780070 – www.garbo-loewen.de –
Geschlossen: Montag, Dienstag, Sonntag, mittags: Samstag

😊 ZUM GOLDENEN ANKER

REGIONAL • FREUNDLICH In dem Gasthof a. d. 18. Jh. wohnt man nicht nur gut (Tipp: die neueren Zimmer), er ist auch als Restaurant überaus gefragt. Sie sitzen hier in ansprechendem ländlich-modernem Ambiente und werden sehr freundlich umsorgt. Gekocht wird schmackhaft, frisch und saisonal. Die Hauptgänge gibt es auch als kleine Portion. Richtig schön hat man es im Sommer auch auf der ruhigen Terrasse hinter dem Haus!

🌣 ✿ 🅿 – Preis: €

Hauptstraße 16 ✉ 76344 – ☎ 0721 706029 – hotel-anker-eggenstein.de – Geschlossen: Samstag

EHNINGEN

Baden-Württemberg – Regionalatlas **7**–B2

✿ LANDHAUS FECKL

Chef: Franz Feckl

FRANZÖSISCH-KLASSISCH • FREUNDLICH Manuela und Franz Feckl sind wirklich beispielhafte Gastgeber. Seit 1985 leiten sie ihr Haus und man spürt ihr Engagement - nicht zuletzt in der Küche. Hier heißt es hochwertige Produkte, ausgezeichnetes Handwerk, viel Gefühl. Zur Wahl stehen "Franz Feckl's Klassiker" sowie verschiedene Menüs, darunter eine kohlenhydratreduzierte Variante und ein vegetarisches Menü. Beliebt auch das preiswerte Mittagsmenü. Fast schon ein Muss: die handgeschabten Spätzle! Weinfreunde schätzen die gute Auswahl mit der ein oder anderen Rarität. Dazu eleganter Landhausstil, der das Restaurant mit seinen schönen Sitznischen richtig wohnlich macht - von den Fensterplätzen kann man auf die Felder schauen. Im Service ist auch die freundliche Chefin mit von der Partie. Zum Übernachten hat man hübsche Gästezimmer.

🕸 ♿ ✿ 🅿 – Preis: €€€

Keltenweg 1 ✉ 71139 – ☎ 07034 23770 – www.landhausfeckl.de – Geschlossen: Montag, Dienstag, Sonntag

EIBELSTADT

Bayern – Regionalatlas **5**–V1

😊 GAMBERO ROSSO DA DOMENICO

ITALIENISCH • FREUNDLICH Hier wird Gastfreundschaft gelebt! Seit über 20 Jahren ist Domenico Cannizzaro schon in italienischer Mission in Franken unterwegs, seit 2012 hier am kleinen Yachthafen, wo er und seine Frau Teresa sympathisch und herzlich ihre Gäste umsorgen. Geboten werden die beiden 3- oder 4-Gänge-Menüs "Domenico" und "Teresuzza", deren Gerichte Sie auch tauschen können. Der Chef empfiehlt den passenden Wein. Schön sitzt man auf der Terrasse zum Main.

🌣 🅿 – Preis: €€

Mühle 2 ✉ 97246 – ☎ 09303 9843782 – gambero-rosso.eu/site – Geschlossen: Montag und Dienstag, mittags: Mittwoch-Sonntag

EISENACH

Thüringen – Regionalatlas **3**–M3

😊 WEINRESTAURANT TURMSCHÄNKE

MARKTKÜCHE • ROMANTISCH In dem Restaurant im Nicolaiturm schaffen schöne historische Details wie Gemälde und original Mobiliar von 1912 eine rustikal-elegante Atmosphäre. Der Service ist angenehm locker und natürlich. Geboten wird eine sehr sorgfältig zubereitete saisonale Küche - als Menü oder à la carte. Leckeres vom Grill gibt es ebenfalls. Dazu eine rund 140 Positionen umfassende

Weinkarte mit passenden Erklärungen. Der Fokus liegt auf der Region, aber auch Internationales findet sich hier. Tipp: Man bietet auch spezielle Weinabende an.

❀ ✿ **P** – Preis: €€

Karlsplatz 28 ⊠ 99817 – ☏ 03691 213533 – www.turmschaenke-eisenach.de –
Geschlossen: Montag und Sonntag, mittags: Dienstag-Samstag

ELLWANGEN
Baden-Württemberg – Regionalatlas **5**–V2

😋 **HIRSCH** ⓝ

Chef: Dennis Wiche

REGIONAL • REGIONALES AMBIENTE "Moderne Wirtshausküche" heißt es in dem bereits in 12. Generation familiengeführten Haus in einem ruhigen Vorort von Ellwangen. Chef am Herd ist Dennis Wiche, Sohn der Inhaberfamilie, der einige Stationen in der Sternegastronomie hinter sich hat. Die Karte bietet viele ansprechende Gerichte, von regionalen Klassikern wie „Zwiebelrostbraten mit Spätzle" bis hin zu moderneren Kreationen des Küchenchefs, so z. B. „Vitello Forello". Unbedingt probieren sollten Sie die hausgemachten Maultaschen! Man legt Wert auf ausgesuchte saisonale und regionale Produkte – immerhin hatte man bis vor einigen Jahren eine eigene Landwirtschaft. Im Sommer speist man schön auf der windgeschützten Terrasse. Gut übernachten können Sie direkt hier im gleichnamigen eigenen Hotel.

🌱 *Engagement des Küchenchefs:* Wir sind nun die 12. Generation, produzieren eigenen Strom, Bioabfall wird selbst kompostiert, Speiseabfälle werden einer nahen Biogasanlage zugeführt. Wir haben Kräuter, Streuobst, 90% der Produkte stammen aus Baden-Württemberg und wir küren regelmäßig „unseren" regionalen Produzenten des Monats.

🌳 **P** – Preis: €€

Maierstraße 2 ⊠ 73479 – ☏ 07961 91980 – www.hirsch-ellwangen.de/de/genusswelt/kueche.html – Geschlossen: Montag, mittags: Dienstag-Samstag, , abends: Sonntag

ELMSHORN
Schleswig-Holstein – Regionalatlas **1**–C3

SETTE FEINBISTRO

INTERNATIONAL • BISTRO Etwas versteckt liegt diese sympathische Adresse in der Fußgängerzone. Hinter dem Namen "Feinbistro" verbirgt sich eine Kombination aus Feinkostgeschäft und Restaurant. Hier serviert man morgens Frühstück, am Mittag gibt es eine kleine mediterran geprägte Speisekarte. Vergessen Sie nicht, aus dem Laden Feines wie Konfitüre, Käse, Wein etc. für zuhause mitzunehmen.

🌳 – Preis: €

Marktstraße 7 ⊠ 25335 – ☏ 04121 262939 – www.sette-feinbistro.de –
Geschlossen: Montag und Sonntag, abends: Dienstag-Samstag

ELTVILLE AM RHEIN
Hessen – Regionalatlas **3**–K4

✿ **JEAN**

Chef: Johannes Frankenbach

FRANZÖSISCH-KLASSISCH • FREUNDLICH Im Familienbetrieb der Frankenbachs gibt es neben dem Hotel und dem Café auch das "Jean" in der ehemaligen Weinstube. Nach Stationen in renommierten Adressen wie zum Beispiel dem „Ikarus" in Salzburg steht Johannes Frankenbach (die 3. Generation) hier seit 2012 am Herd. Schon der Name „Jean" (französische Kurzform von Johannes) lässt die Liebe zu Frankreich erkennen, und die steckt ebenso in der produktorientierten, mediterran beeinflussten Küche von Johannes Frankenbach wie sein Händchen für feine Aromen und Kontraste. Dazu eine schöne, fair kalkulierte Weinbegleitung samt sehr guter Beratung durch die herzliche Chefin. Attraktiv auch der Rahmen: halbhohe Holztäfelung, gepflegte Tischkultur, alte Fotos..., und draußen der hübsche Platanenhof.

🏠 ♻ 🅿 – Preis: €€€

Wilhelmstraße 13 ✉ *65343 –* 📞 *06123 9040 – www.hotel-frankenbach.de – Geschlossen: Montag-Mittwoch, mittags: Donnerstag-Samstag*

GUTSAUSSCHANK IM BAIKEN

SAISONAL • FREUNDLICH Wirklich traumhaft die Lage inmitten von Reben, mit Blick auf die Weinberge und Eltville - das allein ist schon einen Besuch wert! Am liebsten isst man da natürlich auf der Terrasse. Gekocht wird richtig gut, unkompliziert und schmackhaft. Man verwendet regionale Produkte und orientiert sich an der Saison. Dazu lockerer, freundlicher und engagierter Service. Tipp: Reservieren Sie unbedingt frühzeitig - man ist fast immer ausgebucht!

🍃 🏠 🅿 – Preis: €€

Wiesweg 86 ✉ *65343 –* 📞 *06123 900345 – www.baiken.de*

ADLER WIRTSCHAFT

SAISONAL • GEMÜTLICH Die "Adler Wirtschaft" der Familie Franz Keller ist seit 1993 eine Institution in der Region. Reizend das kleine Fachwerkhaus, gemütlich und unkompliziert die Atmosphäre - hier lebt man noch Wirtshauskultur. Das Konzept: Zu einem Fixpreis stellt man sich sein Menü selbst zusammen. Lust macht auch das Steak-Angebot. Gut zu wissen: Man verwendet Fleisch von Bunten Bentheimer Schweinen sowie von Charolais- und Limousin-Weiderindern, das vom eigenen Falkenhof im Taunus kommt. Hinweis: Rechnung nur tischweise, keine Kreditkartenzahlung.

🏠 – Preis: €€€

Hauptstraße 31 ✉ *65347 –* 📞 *06723 7982 – www.franzkeller.de – Geschlossen: Montag, Dienstag, Sonntag, mittags: Mittwoch-Freitag*

KRONENSCHLÖSSCHEN

MODERN • ELEGANT Schön sitzt man hier unter einer stilvollen bemalten Decke oder auf der hübschen Terrasse mit angrenzendem Garten. Geboten wird ein Menü, aus dem Sie auch à la carte wählen können. Dazu eine der bestsortierten Weinkarten in Deutschland! Alternativ gibt es das Bistro. Übernachten kann man im gleichnamigen Hotel in wohnlichen, wertig eingerichteten Zimmern.

🐾 🍴🏠 ♻ 🅿 – Preis: €€€€

Rheinallee ✉ *65347 –* 📞 *06723 640 – www.kronenschloesschen.de – Geschlossen: Montag-Mittwoch, Sonntag, mittags: Donnerstag-Samstag*

Y WINE & KITCHEN

INTERNATIONAL • DESIGN Klare Formen, flippige Farben, markantes Flamingo-Design an der Wand..., das denkmalgeschützte Haus in der Altstadt von Eltville überrascht mit einem stylischen Interieur. In sympathisch-lebhafter Atmosphäre serviert man modern-internationale Küche - passend zum farbenfrohen Ambiente bietet man ein "Tasting Colours Menü", in dem jeder Gang sein Farbmotto hat. Das "Y" im Namen nimmt übrigens Bezug auf die eigenen Weine von Inhaber und Sommelier Ahmet Yildirim.

🐾 🅰🅲 – Preis: €€€

Rheingauer Straße 22 ✉ *65343 –* 📞 *06123 7096563 – y-wineandkitchen. com – Geschlossen: Montag-Mittwoch, Sonntag, mittags: Donnerstag und Samstag*

ZUM KRUG

SAISONAL • GEMÜTLICH Bis ins Jahr 1720 geht die Geschichte dieser Adresse zurück, bereits in 3. Generation ist Familie Laufer hier im Einsatz. Hinter der hübschen historischen Fassade sitzen Sie in gemütlichen Gasträumen mit traditionellem Charme und lassen sich regionale und internationale Küche mit Bezug zur Saison schmecken. Auf der Karte liest man z. B. "Sauerbraten vom Bio-Weiderind mit Kartoffelklößen und Preiselbeeren". Umsorgt werden Sie freundlich und geschult. Gerne empfiehlt man zum Essen schöne Rheingau-Weine des eigenen Weinguts. Angenehm die Terrasse im Hof. Gepflegt übernachten können Sie ebenfalls - einige Zimmer sind besonders modern.

🦟 🛖 ↔ 🅿 – Preis: €€

Hauptstraße 34 ✉ *65347 – ☏ 06723 99680 – www.zum-krug-rheingau.de – Geschlossen: Montag und Dienstag, mittags: Mittwoch, abends: Sonntag*

ELZACH

Baden-Württemberg – Regionalatlas **5**–T3

😊 RÖSSLE

REGIONAL • FAMILIÄR In dem Familienbetrieb wird schmackhaft, frisch und mit ausgesuchten Produkten gekocht. Neben dem interessanten "Küchenchef-Menü" kommen auch die wechselnden Gerichte von der Tafel sowie die Klassiker-Karte gut an. Dazu aufmerksamer Service, freundliche Atmosphäre und eine nette Terrasse. Tipp: Zum Übernachten hat man Gästezimmer mit einem schönen Mix aus warmem Holz und klaren Linien.

🖐 🛖 ↔ – Preis: €€

Hauptstraße 19 ✉ *79215 – ☏ 07682 212 – www.roessleelzach.de – Geschlossen: Mittwoch*

😊 SCHÄCK'S ADLER

REGIONAL • ROMANTISCH Christoph und Sandra Schäck haben hier einen Gasthof wie aus dem Bilderbuch! Richtig gemütlich ist die Atmosphäre in den ganz in Holz gehaltenen Stuben, sehr freundlich der Service, ambitioniert und schmackhaft die Küche - man setzt auf Produkte aus der Region und orientiert sich an der Saison. Schön ist auch die "Strumbel-Bar". Sie möchten übernachten? Man hat auch sehr gepflegte Zimmer.

🛖 ↔ 🅿 – Preis: €€

Waldkircher Straße 2 ✉ *79215 – ☏ 07682 1291 – www.schaecks-adler.de – Geschlossen: Montag und Dienstag, mittags: Mittwoch und Donnerstag*

EMMERICH

Nordrhein-Westfalen – Regionalatlas **3**–J2

😊 ZU DEN DREI LINDEN - LINDENBLÜTE

INTERNATIONAL • ELEGANT Richtig gut isst man in dem engagiert geführten Familienbetrieb von Thomas und Tanja Siemes. Während der Patron für saisonal-internationale Speisen mit mediterranem und regionalem Touch sorgt, kümmert sich die Chefin charmant um die Gäste. Zur Wahl stehen ein Menü oder Gerichte à la carte - Appetit macht z. B. "Gebratenes Steinbuttfilet mit Spinat und Trüffelravioli". Dazu erwartet Sie eine freundliche und elegant-mediterrane Atmosphäre.

🆎 🛖 ↔ 🅿 – Preis: €€

Reeser Straße 545 ✉ *46446 – ☏ 02822 8800 – www.zu-den-3-linden.de – Geschlossen: Dienstag und Mittwoch, mittags: Montag, Donnerstag-Samstag*

EMSDETTEN

Nordrhein-Westfalen – Regionalatlas **3**–K1

😊 LINDENHOF

REGIONAL • GEMÜTLICH Wie das Hotel mit seinen individuellen, wohnlichen Zimmern erfreut sich auch das Restaurant der Hankhs großer Beliebtheit. Grund ist die gute saisonal geprägte Küche, die regional und mediterran beeinflusst ist. Sie können zwischen Gerichten à la carte und einem Menü wählen, auch vegetarisch. Freundlich und geschult der Service. Schön die kleine Terrasse vor und hinter dem Haus.

&. 🛋 ⇔ 🅿 – Preis: €€

Alte Emsstraße 7 ⊠ 48282 – ℰ 02572 9260 – www.lindenhof-emsdetten.de –
Geschlossen: Montag und Sonntag, mittags: Dienstag-Samstag

ENDINGEN AM KAISERSTUHL

Baden-Württemberg – Regionalatlas **7**–B1

🌸 MERKLES RESTAURANT

Chef: Thomas Merkle

MODERNE KÜCHE • GEMÜTLICH Gemeinsam mit seiner Frau führt Thomas Merkle die gepflegte Gastlichkeit des langjährigen Familienbetriebs fort. Seine Heimatverbundenheit zeigt der gebürtige Endinger gerne mit der Wahl regionaler Zutaten, lässt mit Aromen aus fernen Ländern aber auch seine Weltoffenheit einfließen. Klasse die Produktqualität. Donnerstags gibt es das Menü "Merkles First Date", freitags und samstags das Menü "Merkles Légère". Versiert der Service, schön die glasweisen Weinempfehlungen. Der Chef und sein Küchenteam sind übrigens auch selbst im Restaurant präsent, der Kontakt zum Gast ist ihnen wichtig! Angenehm ist auch der Rahmen: ein historisches Pfarrhaus mit attraktivem geradlinigem Interieur, schön die Terrasse. Tipp: Leckeres à la Merkle für daheim in Form von Hausgemachtem wie Saucen, Ölen, Salzen...

🛋 🅿 – Preis: €€€€

Hauptstraße 2 ⊠ 79346 – ℰ 07642 7900 – www.merkles-restaurant.de –
Geschlossen: Montag, Dienstag, Freitag-Sonntag, mittags: Mittwoch und Donnerstag

😊 DUTTERS STUBE

REGIONAL • FREUNDLICH Schon die 4. Generation der Dutters leitet den charmanten Gasthof a. d. 16. Jh. Gut kommt die saisonal-regionale Küche an. Im Stubenrestaurant speist man etwas anspruchsvoller (gerne wählt man das Menü), in der Dorfwirtschaft etwas bodenständiger - hier gibt es z. B. Vesper, Flammkuchen, Rumpsteak. Als Terrassen-Alternative gibt es die hübsche Sommerlaube! Übrigens: Chef Arthur Dutter ist Mitglied der "Deutschen Fußballköche".

🛋 – Preis: €€

Winterstraße 28 ⊠ 79346 – ℰ 07642 1786 – www.dutters-stube.de –
Geschlossen: Montag-Mittwoch, mittags: Donnerstag-Sonntag

DIE PFARRWIRTSCHAFT

REGIONAL • TRENDY Dies ist nicht einfach das Zweitrestaurant von Thomas Merkle, sondern ein eigener Hotspot. Man kocht schön unkompliziert, schmackhaft und auf Basis sehr guter Produkte. Tipp: Gerichte vom Schwarzwälder Rind. Dazu gesellen sich freundlicher und aufmerksamer Service sowie eine angenehm zwanglose und recht moderne Atmosphäre mit rustikalem Touch. Im Sommer zieht es die Gäste natürlich in den herrlichen Garten. Kurzum eine Adresse zum Wohlfühlen!

🛋 ⇔ 🅿 – Preis: €€

Hauptstraße 2 ⊠ 79346 – ℰ 07642 7900 – www.merkles-restaurant.de/
pfarrwirtschaft – Geschlossen: Montag und Sonntag, mittags: Dienstag-Samstag

ENKENBACH-ALSENBORN

Rheinland-Pfalz – Regionalatlas **7**–B1

KÖLBL

INTERNATIONAL • LÄNDLICH Viele Stammgäste mögen die regionale und internationale Küche bei den Kölbls. Sie können à la carte wählen oder das 4-Gänge-Menü. Auch eine vegetarische Menüvariante wird angeboten. Serviert wird in den gemütlichen Gaststuben oder auf der Hofterrasse. Sie möchten übernachten? Man hat auch funktionale Gästezimmer.

🖼 ⇄ – Preis: €€

Hauptstraße 3 ✉ *67677 –* ☏ *06303 3071 – www.hotel-restaurant-koelbl.de/index.php/de – Geschlossen: Montag und Dienstag, mittags: Mittwoch-Samstag*

ERFTSTADT

Nordrhein-Westfalen – Regionalatlas **3**–J3

HAUS BOSEN

KLASSISCHE KÜCHE • BÜRGERLICH In dem gemütlichen Fachwerkhaus, seit über 120 Jahren gastronomisch genutzt, bietet man Mediterranes, Regionales und Klassisches: "Calamares Mallorquinische Art", "Jahrgangssardinen mit Landbrot", "Königsberger Klopse", "geschmorte Schweinebäckchen"...

Preis: €€

Herriger Straße 2 ✉ *50374 –* ☏ *02235 691618 – www.hausbosen.de – Geschlossen: Montag und Dienstag*

ERFURT

Thüringen – Regionalatlas **4**–N3

⁂ CLARA - RESTAURANT IM KAISERSAAL

MODERNE KÜCHE • ELEGANT Christopher Weigel sorgt hier zusammen mit seinem Team für eine sehr aufwändige und technisch ausgefeilte Küche mit vielen Kontrasten, Ausdruck und Finesse. Mit ihren tollen Produkten und Aromen zeigen sich die kreativen Gerichte weltoffen, vergessen aber auch nicht die Region. Zum Menü empfiehlt Ihnen der freundliche und geschulte Service die passende Weinbegleitung. Attraktiv auch das Ambiente: Dekoratives Detail in dem eleganten Restaurant ist ein großes Portrait von Clara Schumann, die u. a. vom ehemaligen 100-DM-Schein bekannt ist und dem Restaurant seinen Namen gab. Eine Kochschule gibt es übrigens auch.

❀ & 🖼 🖼 – Preis: €€€€

Futterstraße 15 ✉ *99084 –* ☏ *0361 5688207 – www.restaurant-clara.de – Geschlossen: Montag, Dienstag, Sonntag, mittags: Mittwoch-Samstag*

DAS BALLENBERGER

MARKTKÜCHE • FREUNDLICH Ein freundliches, sympathisch-lockeres Restaurant mitten in der Altstadt nahe der historischen Krämerbrücke, vor dem Haus eine kleine Terrasse. Man bietet saisonal-internationale Gerichte, außerdem locken hausgebackene Kuchen, und ab 9 Uhr kann man schön frühstücken. Zum Übernachten gibt es fünf charmante Apartments.

🖼 – Preis: €€

Gotthardstraße 25 ✉ *99084 –* ☏ *0361 64456088 – www.das-ballenberger.de – Geschlossen: Sonntag*

ESTIMA BY CATALANA

SPANISCH-ZEITGEMÄSS • FREUNDLICH Mitten in der Altstadt, nicht weit vom Dom, finden Sie dieses geschmackvolle kleine Restaurant, in dessen offener Küche stark katalanisch inspiriert gekocht wird. Die Doppelspitze am Herd bilden Jürgen Birth, der hier nicht zuletzt sein Faible für die Patisserie umsetzt, und Xesc Sancho, der als gebürtiger Katalane prädestiniert ist, seine Wurzeln in das produktorientierte und landestypische Konzept einzubringen. So entsteht ein modernes 5-Gänge-Menü, das Sie auch pescetarisch oder vegetarisch wählen können. Dazu serviert man ausgewählte spanische Weine, die Patron Jan-Hendrik Feldner engagiert vorstellt - sehr persönlich und aufmerksam seine Gästebetreuung. Ca. 100 m entfernt betreibt man noch ein Tapas-Lokal.

Preis: €€€

Allerheiligenstraße 3 ✉ 99084 – ☎ 0361 5506335 – www.estima-erfurt.de – Geschlossen: Montag, Dienstag, Sonntag, mittags: Mittwoch-Samstag

IL CORTILE

ITALIENISCH • GEMÜTLICH Über die Johannesstraße erreichen Sie das in der Erfurter Altstadt in einem netten kleinen Innenhof gelegene Restaurant. Hier sitzt man in gemütlicher Atmosphäre und bekommt frische mediterran inspirierte Küche serviert. Sie können das Menü wählen oder à la carte. Die Gerichte orientieren sich an der Saison, alle drei Wochen gibt es eine neue Speisekarte.

🌱 – Preis: €€

Johannesstraße 150 ✉ 99084 – ☎ 0361 5664411 – www.ilcortile.de – Geschlossen: Montag, Dienstag, Sonntag, mittags: Mittwoch-Samstag

LA CANTINA BY CATALANA

SPANISCH • GEMÜTLICH Über einen kleinen Hof erreichen Sie das in einem alten Stadthaus im Zentrum untergebrachte Lokal von Jan-Hendrik Feldner, der auch das in direkter Nachbarschaft gelegene "ESTIMA by Catalana" betreibt. Als Kenner der spanischen Küche bietet der Chef in dem sympathisch-schlichten kleinen Restaurant ein unkompliziertes Tapas-Konzept: authentisch zubereitete, vor allem von der katalanischen Küche inspirierte Kleinigkeiten, von denen Sie am besten vier oder fünf wählen. Der Chef serviert mit und erklärt die Gerichte.

Preis: €€

Allerheiligenstraße 19 ✉ 99084 – ☎ 0361 5506335 – www.catalana.de – Geschlossen: Sonntag, mittags: Montag-Samstag

ERKELENZ

Nordrhein-Westfalen – Regionalatlas **3**–J3

✿ TROYKA

Chef: Alexander Wulf

MODERNE KÜCHE • TRENDY Es ist schon eine ganz besondere kulinarische Erfahrung, die das Küchenchef-Duo Alexander Wulf und Marcel Kokot Ihnen hier bietet: russische Gerichte, sehr modern und aromareich umgesetzt. Begleitet wird das Menü von einem tollen, fachlich versierten und legeren jungen Team um Sommelier Ronny Schreiber - als echter Weinkenner überrascht er mit interessanten, nicht immer alltäglichen Weinempfehlungen. Im Sommer wird das puristisch-schicke Restaurant um eine schöne Terrasse ergänzt. Sie können auch an der Theke zur offenen Küche speisen. Der russische Name "Troyka" bedeutet übrigens "Dreigespann" und nimmt Bezug auf das eingespielte Betreiber-Trio.

🍸 🏧 🌱 ♿ **P** – Preis: €€€€

Rurstraße 19 ✉ 41812 – ☎ 02431 9455355 – www.troyka.de/start – Geschlossen: Montag-Mittwoch, mittags: Donnerstag-Samstag

ERKRATH

Nordrhein-Westfalen – Regionalatlas **3**–J3

HOPMANNS OLIVE

MEDITERRAN • ZEITGEMÄSSES AMBIENTE Seit über 20 Jahren sind Ingo und Petra Hopmann die engagierten Gastgeber in diesem freundlichen, geradlinig-modern gehaltenen Restaurant - er am Herd, sie im Service. Geboten wird eine saisonal und mediterran inspirierte Küche auf klassischer Basis, die man im Sommer auch gerne auf der schönen Terrasse genießt. Tipp: Der angeschlossene historische Lokschuppen ist eine ideale Location für Veranstaltungen.

&⛱⇔**P** – Preis: €€€

Ziegeleiweg 1 ⊠ 40699 – ☏ 02104 803632 – hopmannsolive.de – Geschlossen: Dienstag und Mittwoch, mittags: Montag, Donnerstag-Samstag

ERLANGEN

Bayern – Regionalatlas **6**–X1

🐧 ### HOLZGARTEN Ⓝ

SAISONAL • BELIEBT In dem sympathischen belebten Lokal in der Holzgartenstraße - daher der Name - wird modern, saisonal und auch gerne mit internationalen Aromen gekocht. Oft sind die Gerichte (z. B. "Brasato, Petersilienwürzelpüree, Stengelkohl") auf wenige Komponenten reduziert und angenehm klar sowie sehr sorgfältig und geschmackvoll zubereitet. Die Karte ist bewusst klein gehalten und wechselt häufig. Dazu eine gut selektierte Weinkarte. Man sitzt hier in trendigem Ambiente mit offener Küche, einige Hochtische gibt es ebenfalls. Schön auch die Terrasse. Hinweis: Reservierungen sind für zwei Zeitfenster möglich.

⛱ – Preis: €€

Holzgartenstraße 3 ⊠ 90403 – ☏ 09131 9701444 – www.holzgarten.restaurant – Geschlossen: Montag und Sonntag, mittags: Dienstag-Freitag

ESSEN

Nordrhein-Westfalen – Regionalatlas **3**–J2

✿ ### HANNAPPEL

Chef: Knut Hannappel

MODERNE KÜCHE • ELEGANT Seit 1993 sind Knut und Ulrike Hannappel hier Ihre engagierten Gastgeber und sie gehen mit der Zeit. Das beweist zum einen das geschmackvolle geradlinige Design des Restaurants, zum anderen die moderne Küche. Mit top Produkten und ebensolchem Handwerk sorgt das Team um Knut Hannappel und Küchenchef Tobias Weyers für spannende innovative Gerichte, die technisch sehr anspruchsvoll, aber keineswegs überladen sind. "Casual Fine Dining" trifft es genau. Da passt auch das Serviceteam ins Bild, das Sie mit einer gewissen Lockerheit, aber stets aufmerksam und professionell umsorgt.

🅰🅲⇔ – Preis: €€€

Dahlhauser Straße 173 ⊠ 45279 – ☏ 0201 534506 – www.restaurant-hannappel. de – Geschlossen: Montag und Sonntag, mittags: Dienstag-Samstag

✿ ### KETTNER'S KAMOTA

Chef: Jürgen Kettner

ÖSTERREICHISCH • ZEITGEMÄSSES AMBIENTE "New Austrian" nennen Küchenchef Jürgen Kettner und Partnerin Wiebke Meier ihr modern-österreichisches Konzept, das sich sowohl im trendig-gemütlichen Ambiente als auch auf dem Teller widerspiegelt. Mit tollen Produkten und Originalität gibt der Chef, gebürtiger Steirer, seine eigene Interpretation der österreichischen Küche zum Besten, asiatische Einflüsse inklusive - übrigens ideal zum Teilen. Auf der kleinen Weinkarte viele offene und Bio-Weine. Tipp: Greisslerei mit steirischer Feinkost.

Preis: €€€

Hufergasse 23 ✉ *45239 –* ✆ *0201 72044700 – kettnerskamota.de –*
Geschlossen: Montag, Dienstag, Sonntag, mittags: Mittwoch-Samstag

⍟ SCHOTE

Chef: Nelson Müller

MODERNE KÜCHE • CHIC In der Essener Innenstadt, in einem modernen
Gebäudekomplex am Rüttenscheider Stern, hat der sympathische Gastronom
und TV-Koch Nelson Müller sein Gourmetrestaurant. In der großen offenen
Küche entsteht ein Menü mit fünf bis sieben Gängen (dazu Amuse-Bouches
und Petits Fours), mit dem Sie der Patron mit auf eine kulinarische Reise nimmt.
Ausgezeichnete Produkte werden technisch sehr präzise zu ausdrucksstarken
Gerichten zubereitet. Auf Voranmeldung zwei Tage im Voraus gibt es auch die
vegetarische Menü-Variante "No Meat No Fish". Dazu empfiehlt man gerne die
passende Weinbegleitung. Das Ambiente ist modern und zugleich gemütlich, der
Service sehr freundlich, aufmerksam und kompetent. Ebenfalls hier im Haus: die
Brasserie "Müllers auf der Rü".

Preis: €€€€

Rüttenscheider Straße 62 ✉ *45130 –* ✆ *0201 780107 – www.restaurant-schote.*
de – Geschlossen: Montag und Sonntag, mittags: Dienstag-Samstag

LUCENTE

ITALIENISCH • FREUNDLICH Sie suchen in Rüttenscheid gute italienische
Küche? Dann sind Sie in diesem Ristorante genau richtig. Auf der Karte finden
sich Klassiker wie Vitello Tonnato oder hausgemachte Ravioli. Interessant auch
das Tagesangebot auf der Tafel sowie mündliche Empfehlungen. Die Atmosphäre:
jung, frisch, sympathisch - italienische Lebensfreude liegt hier förmlich in der Luft!
🛋 – Preis: €€

Rüttenscheider Str. 212 ✉ *45131 –* ✆ *0201 424660 – www.ristorante-lucente.de –*
Geschlossen: Montag und Sonntag

MÜLLERS AUF DER RÜ ⓝ

SAISONAL • BISTRO Eine beliebte Adresse und sympathische Alternative
zum Gourmetrestaurant „Schote" ist Nelson Müllers zweites Restaurant am
Rüttenscheider Stern. Eine in die Einkaufspassage integrierte Brasserie mit
Markthallenflair. An Hochtischen sitzend lässt man sich schmackhafte Gerichte
von Currywurst bis Steinbutt servieren, zubereitet in der mittigen offenen Küche.
Sie können zum Speisen auch in der "Schote" Platz nehmen. Freundlich die
Gästebetreuung. Tipp: öffentliches Parkhaus um die Ecke.
🛋 – Preis: €€

Rüttenscheider Straße 62 ✉ *45130 –* ✆ *0201 79937701 – www.nelson-mueller.*
de/pages/mullers-auf-der-ru – Geschlossen: Sonntag

PIERBURG - ERIKA BERGHEIM

MARKTKÜCHE • TRENDY In der bereits seit 1901 gastronomisch genutzten
"Pierburg" im ländlichen Umland von Essen sorgt Erika Bergheim (mit langjähriger
Erfahrung in der gastronomischen Top-Liga) für international und saisonal inspi-
rierte Gerichte. Das Angebot gibt es als "Pierburg Karte" und als Menü "Selection
E.B." - die Gerichte aus dem Menü können Sie auch à la carte bestellen. Dazu eine
umfangreiche, gut sortierte Weinkarte. Freundlich umsorgt sitzt man in ges-
chmackvoll-modernem Ambiente, von einigen Tischen ist die Küche einsehbar.
Schöne Terrasse.
🅰🛋🅿 – Preis: €€€

Schmachtenbergstraße 184 ✉ *45219 –* ✆ *02054 5907 – pierburg-essen.com –*
Geschlossen: Montag und Dienstag

RESTAURANT 1831

FRANZÖSISCH-ZEITGEMÄSS • GEMÜTLICH Schon der Weg zu dem tollen Wasserschloss ist ein Erlebnis: Durch ein Waldgebiet erreichen Sie das markante Anwesen, eine Brücke über den Wassergraben führt in den herrlichen Innenhof. Im Restaurant verbindet sich der historische Charakter mit modernem Komfort. Schön die Aussicht durch die große Fensterfront, ganz zu schweigen von der Terrasse! Gekocht wird klassisch und mit gelungenen modernen Akzenten.

🍴🆑🈁⇄🅿 – Preis: €€€

August-Thyssen-Straße 51 ✉ 45219 – ☏ 02054 12040 – www.hugenpoet.de/kulinarik/restaurant-1831 – Geschlossen: Montag, Dienstag, Sonntag, mittags: Mittwoch-Samstag

ESSLINGEN AM NECKAR

Baden-Württemberg – Regionalatlas **7**–B2

POSTHÖRNLE

INTERNATIONAL • FREUNDLICH Das kleine Restaurant befindet sich am Ende der Fußgängerzone in einem der ältesten Wirtshäuser der Stadt. Das Ambiente geradlinig-leger, der Service freundlich. Aus der Küche kommen frische saisonale Gerichte, auch ein vegetarisches Menü wird angeboten. Tipp für Autofahrer: Das Parkhaus Pliensauturm ist nur wenige Schritte entfernt.

🈁 – Preis: €€

Pliensaustraße 56 ✉ 73728 – ☏ 0711 50629131 – posthoernle.de – Geschlossen: Montag und Dienstag, mittags: Mittwoch-Sonntag

ETTLINGEN

Baden-Württemberg – Regionalatlas **5**–U2

❀ ERBPRINZ

KLASSISCHE KÜCHE • ELEGANT Der „Erbprinz" ist ohne Zweifel eine Institution im Raum Karlsruhe - nicht nur für die zahlreichen Tagungsgäste, die hier gerne logieren. Das Haus ist eine kulinarische Adresse, die Wert legt auf stilvolles Ambiente und hervorragende Küche. Für die ist Ralph Knebel verantwortlich. Der gebürtige Regensburger und sein Team kochen klassisch und mit internationalen Einflüssen. Für die aromareichen Gerichten kommen ausgesuchte Produkte zum Einsatz, die sich an der Jahreszeit orientieren. Mit von der Partie ist übrigens auch Ralph Knebels Frau Jasmina, die als Chef-Patissière für feine Desserts sorgt. Besonders hübsch ist im Sommer die blumengeschmückte Terrasse, auf der man an warmen Tagen entspannt sein Essen genießen kann.

🆑🈁🅿 – Preis: €€€€

Rheinstraße 1 ✉ 76275 – ☏ 07243 3220 – www.erbprinz.de/de – Geschlossen abends: Montag-Sonntag

DIE RATSSTUBEN

INTERNATIONAL • CHIC Schön ist hier zum einen die Lage mitten in der hübschen Altstadt am Flüsschen Alb, zum anderen das chic-moderne Interieur. Geboten wird eine international-saisonal geprägte Küche - die Gerichte können Sie als Menü oder à la carte wählen. Der Service ist freundlich und geschult. Angenehm sitzt es sich im Sommer auch auf der zum Platz hin gelegenen Terrasse.

♿🈁⇄ – Preis: €€

Kirchenplatz 1 ✉ 76275 – ☏ 07243 2199399 – die-ratsstuben.de – Geschlossen: Dienstag, mittags: Montag, Mittwoch-Samstag

HARTMAIER'S VILLA

INTERNATIONAL • ELEGANT In einer schönen Villa von 1816 befindet sich das moderne Restaurant. Das Ambiente mal elegant, mal legerer, schöne Terrassen vor und hinter dem Haus. Auf der Karte liest man z. B. "Rumpsteak mit handgeschabten Spätzle" und auch Internationales wie "Spicy Riesengarnelen mit asiatischen Nudeln". Lunch zu gutem Preis-Leistungs-Verhältnis.

🕸 🍴 ⇄ 🅿 – Preis: €€€

Pforzheimer Straße 67 ✉ *76275* – ✆ *07243 761720* – *www.hartmaiers.de* – *Geschlossen: Dienstag*

WEINSTUBE SIBYLLA

REGIONAL • WEINBAR Eine gute Adresse für unkomplizierte Küche und Klassiker. Das Angebot reicht von Wiener Schnitzel über Rinderroulade bis zu "Gourmet-Tradition" wie "Pot au feu von Hummer". Oder ziehen Sie eines der vegetarischen Gerichte vor? Schöner alter Holzfußboden, getäfelte Wände und hübsche Deko versprühen Charme.

🎦 🍴 🅿 – Preis: €€

Rheinstraße 1 ✉ *76275* – ✆ *07243 3220* – *www.erbprinz.de/de*

EUSKIRCHEN
Nordrhein-Westfalen – Regionalatlas 3–J4

✿ BEMBERGS HÄUSCHEN

MODERNE KÜCHE • KLASSISCHES AMBIENTE Steht Ihnen der Sinn nach etwas herrschaftlichem Flair? Das vermittelt die schöne jahrhundertealte Schlossanlage der Familie von Bemberg. Der angegliederte Gutshof a. d. 18. Jh. beherbergt ein ausgesprochen hübsches modern-elegantes Restaurant, das mit geradlinigem und zugleich stilvollem Interieur dem Charakter des historischen Wirtschaftsgebäudes gut zu Gesicht steht. Patron Oliver Röder und sein Küchenchef Filip Czmok sorgen für stimmige, aromareiche und ausdrucksstarke Gerichte aus exquisiten Produkten, serviert als Menü mit vier, sechs oder acht Gängen. Dass man sich rundum wohlfühlt, liegt nicht zuletzt auch am überaus aufmerksamen, charmanten und kompetenten Service unter der Leitung von Katharina Röder, ihres Zeichens Sommelière. Sie möchten diesen geschmackvollen Rahmen noch ein bisschen länger genießen? Im "Nachtquartier", ehemals Kuhstall, gibt es fünf individuelle und richtig wohnliche Zimmer!

⇄ 🅿 – Preis: €€€€

Burg Flamersheim ✉ *53881* – ✆ *02255 945752* – *burgflamersheim.de* – *Geschlossen: Montag, Dienstag, Sonntag, mittags: Mittwoch-Samstag*

EIFLERS ZEITEN

REGIONAL • RUSTIKAL Gemütlich kommt die sympathisch-rustikale Alternative zu "Bembergs Häuschen" daher. Lust machen hier Klassiker der regionalen Küche wie z. B. "Roastbeef vom Eifelrind mit Bratkartoffeln", aber auch international beeinflusste Speisen wie "Kabeljau unter dem Zitronencrunch mit Chinakohl." Es gibt auch wechselnde Tagesgerichte. Ein Hingucker sind die beiden Flaschenkronleuchter! Schön auch der Blick durch die Fensterfront auf den Teich.

🥡 ♿ 🍴 ⇄ 🅿 – Preis: €€

Burg Flamersheim ✉ *53881* – ✆ *02255 945752* – *burgflamersheim.de* – *Geschlossen: Montag und Dienstag, mittags: Mittwoch und Donnerstag*

FALKENSEE
Brandenburg – Regionalatlas 4–Q1

SAWITO

MARKTKÜCHE • ZEITGEMÄSSES AMBIENTE In dem sympathischen, zeitlosgeradlinig gehaltenen Restaurant sorgt Küchenchef Marco Wahl mit saisonal geprägten Gerichten für Qualität, Geschmack und Ausdruck auf dem Teller - da zeigen sich die guten Adressen, die der gebürtige Pfälzer hinter sich hat. Zur Wahl stehen ein 4- bis 5-Gänge-Menü sowie Gerichte à la carte. Di. bis Do. (außer an

Feiertagen) bietet man auch ein Überraschungsmenü mit drei bis vier Gängen. Dass man sich hier gut aufgehoben fühlt, ist auch dem sehr freundlichen Service unter der Leitung von Patrik Schwabe zu verdanken.

&國命**P** – Preis: €€€

Spandauer Straße 14 ⊠ 14612 – ℰ 03322 1218566 – www.restaurant-sawito. com – Geschlossen: Montag, Dienstag, Sonntag, mittags: Mittwoch-Samstag

FEHMARN (INSEL)

Schleswig-Holstein – Regionalatlas **2**–G3

In Neujellingsdorf

MARGARETENHOF

REGIONAL • GEMÜTLICH Richtig idyllisch liegt das einstige Bauernhaus! Drinnen liebevoll dekorierte Räume, draußen eine herrliche Gartenterrasse. Dazu engagierte Gastgeber und gute Küche von regional bis asiatisch, Sushi inklusive. Ende Okt. - März freitagabends nur "Wine & Dine"-Menü auf Reservierung. Tipp: sonn- und feiertags "Afternoon Tea" (14 - 16.30 Uhr).

命命**P** – Preis: €€

Neujellingsdorf 7 ⊠ 23769 – ℰ 04371 87670 – www.restaurant-margaretenhof. com – Geschlossen: Montag und Dienstag, mittags: Mittwoch-Samstag

FELDBERGER SEENLANDSCHAFT

Mecklenburg-Vorpommern – Regionalatlas **2**–G3

⣓ ALTE SCHULE - KLASSENZIMMER

Chef: Daniel Schmidthaler

MODERNE KÜCHE • FREUNDLICH Da geht man doch richtig gerne zur Schule! Wo früher gepaukt wurde, bietet Daniel Schmidthaler an einem geradezu idyllischen Ort ein interessantes modernes Überraschungsmenü mit fünf oder sieben Gängen, das im "Klassenzimmer" serviert wird. Das Menü wechselt täglich dank immer wieder neuer Zutaten, die frisch direkt aus der Region kommen. Aus tollen Gemüsen und Kräutern, Nüssen und Früchten sowie Fisch oder Fleisch entstehen komplexe Gerichte, aromareich und mit harmonischer Säure. Auch die österreichische Heimat des Chefs kommt immer wieder durch - fantastisch die Marillenbuchteln zum Kaffee! Geradlinig-stilvoll das Ambiente mit hübschen Details wie altem Kachelofen, Parkettboden und hohen Sprossenfenstern. Man hat übrigens auch freundliche Zimmer zum Übernachten. Im "Schulgarten", einem schönen Wintergarten, verköstigt man die Hotelgäste.

⣓ *Engagement des Küchenchefs:* Wir nutzen unsere Abgeschiedenheit und profitieren direkt von Wäldern und Wiesen, wir sammeln selbst, unser Vertrauens-Fischer „Olli" bringt den frischsten Fang umliegender Seen und der Jäger den schönsten und besten Schuss aus direkter Umgebung, regionaler und saisonaler kann man kaum arbeiten!

命命**P** – Preis: €€€€

Zur Alten Schule 5 ⊠ 17258 – ℰ 039831 22023 – www.hotelalteschule.de – Geschlossen: Montag und Dienstag, mittags: Mittwoch-Sonntag

FELDKIRCHEN-WESTERHAM

Bayern – Regionalatlas **6**–Y4

⣐ ASCHBACHER HOF

MARKTKÜCHE • LÄNDLICH Der schmucke Landgasthof von Familie Lechner bietet nicht nur eine wunderschöne Aussicht auf die Region sowie geschmackvolle, wohnliche Zimmer, sondern auch eine richtig gute, frische Küche. Es gibt regional-saisonale Gerichte samt Wild oder auch Klassiker wie Zwiebelrostbraten. Tipp:

Speisen Sie auf der tollen Terrasse - den grandiosen Blick von hier sollten Sie sich nicht entgehen lassen!

⪦ 😊 ⇔ 🅿 – Preis: €€

Aschbach 3 ✉ *83620 – 𝒞 08063 80660 – www.aschbacher-hof.de*

FELLBACH

Baden-Württemberg – Regionalatlas **7**–B2

❀ **OETTINGER'S RESTAURANT**

Chef: Michael Oettinger

FRANZÖSISCH-MODERN • LÄNDLICH Michael Oettinger, der den Familienbetrieb mit über 150-jähriger Tradition gemeinsam mit seinem Bruder Martin leitet, hat das Zepter am Herd an Kay Lurz übergeben, der bereits seit Frühjahr 2023 hier im Haus an seiner Seite tätig war. Freuen dürfen Sie sich auf das modern inspirierte 4- bis 8-Gänge-Menü „Signatur Kay Lurz", in das der Küchenchef seinen eigenen Stil einbringt, aber auch Oettinger-Klassiker finden sich nach wie vor auf der Karte. Die Qualität der Produkte steht dabei weiterhin im Mittelpunkt. Umgeben von wohnlichem Landhaus-Ambiente werden Sie freundlich, aufmerksam und kompetent umsorgt. Sie möchten übernachten? Mit dem Hotel "Hirsch" bietet man auch schöne Gästezimmer.

🅰🅲 – Preis: €€€€

Fellbacher Straße 2 ✉ *70736 – 𝒞 0711 9513452 – www.hirsch-fellbach.de –*
Geschlossen: Montag, Dienstag, Sonntag, mittags: Mittwoch-Samstag

FEUCHTWANGEN

Bayern – Regionalatlas **5**–V2

GREIFEN-POST

MARKTKÜCHE • GASTHOF Die drei Stuben sprühen förmlich vor historischem Flair und Gemütlichkeit. Man kocht schmackhaft und mit Bezug zur Saison, wobei man gerne Produkte aus der Region verwendet. Geboten wird ein Menü, aus dem Sie auch à la carte wählen können, sowie eine Auswahl an etwas rustikaleren Klassikern. Sie bleiben über Nacht? Für Hotelgäste stehen schöne Renaissance-, Romantik-, Biedermeier- oder Landhauszimmer zur Verfügung.

😊 ⇔ – Preis: €€

Marktplatz 8 ✉ *91555 – 𝒞 09852 6800 – hotel-greifen.de/de/hotel –*
Geschlossen mittags: Montag-Samstag, abends: Sonntag

FINNING

Bayern – Regionalatlas **6**–X3

😊 **STAUDENWIRT**

REGIONAL • GASTHOF Das gewachsene Gasthaus mit gepflegtem kleinem Hotel ist ein Familienbetrieb in 3. Generation. Man hat unterschiedliche Räume, von ländlich bis charmant-zeitgemäß, dazu eine schöne Terrasse. Die Küche ist ein guter Mix aus regional-bürgerlichen, modern-saisonalen und international beeinflussten Gerichten. Wer es vegetarisch mag, wird auf der Karte ebenfalls fündig. Preislich ist alles fair kalkuliert!

🧑‍🦽 😊 ⇔ 🅿 – Preis: €€

Staudenweg 6 ✉ *86923 – 𝒞 08806 92000 – www.staudenwirt.de –*
Geschlossen: Dienstag und Mittwoch, abends: Sonntag

FLENSBURG

Schleswig-Holstein – Regionalatlas **1**–C1

❀ **DAS GRACE**

Chef: Quirin Brundobler

MODERNE KÜCHE • CHIC Ein ehemaliges Marinegebäude direkt am Yachthafen beherbergt heute das mondäne Hotel "The James". Hier finden Sie auch das Restaurant "Das Grace". Das Ambiente ist wertig, chic und elegant. Beeindruckend die sieben Meter hohe Decke und die in Seide gehüllten Kronleuchter - das schafft eine besondere Atmosphäre. Nicht zu vergessen der Blick auf den Yachthafen von einigen Plätzen. Aufmerksam und professionell der Service. Die modern-saisonale Küche von Quirin Brundobler gibt es in Form zweier Menüs: "Farm" und "Förde". Die aromenreichen und dabei angenehm unkomplizierten Gerichte daraus (z. B. "Fischsülze, Holsten Kaviar, Sauce Rouille, Räucheraal") können Sie nach Belieben mischen. Viele Produkte kommen von der eigenen "James Farm" oder von heimischen Feldern, Wiesen und Gewässern. Alternativ gibt es noch die Restaurants "James Farmhouse" mit Frontcooking sowie das japanische "Minato". Außerdem: die Bar "The Lion" und "Tea Time & More" in "James Livingroom" am Kamin.

❀ *Engagement des Küchenchefs:* Auch in unserem Gourmetrestaurant spielt Nachhaltigkeit eine zentrale Rolle, die Produktauswahl hier ist sehr regional und ebenfalls stark von unserem eigenen Hofgut in Hörup geprägt. Eigenes Brot, herrliche Käse und eigene Eier spielen eine ebenso zentrale Rolle wie Meeresprodukte aus Dänemark.

P – Preis: €€€€

Fördepromenade 30 ✉ 24944 – ☎ 0461 1672360 – www.dasjames.com – Geschlossen: Montag-Mittwoch, mittags: Donnerstag-Sonntag

JAMES FARMHOUSE Ⓝ

Chef: Quirin Brundobler

REGIONAL • INDUSTRIELL Schmackhafte und frische Küche gibt es hier, und die ist stark geprägt von der hauseigenen Farm - man hat z. B. eigene Husumer Protestschweine, Hühner und Deutsch-Angus-Rinder. Das Ambiente ist ein Mix aus "Industrial Chic" und charmantem Retro-Touch. Dazu sehr freundlicher Service. Mittags kleinere Karte. Tipp: "Afternoon Tea" mit Scones, Törtchen & Co. (Reservierung am Vortag).

❀ *Engagement des Küchenchefs:* Nachhaltige Landwirtschaft war von Anfang an das Ziel unseres Unternehmens, hier im Farmhaus verarbeiten wir dann die Protestschweine, Duroc-Schweine und Wollschweine sowie Hühner und Rinder aus der eigenen Zucht, sparen Energie wo immer möglich und produzieren sie per Biogasanlage selbst.

❦ **P** – Preis: €€

Fördepromenade 30 ✉ 24944 – ☎ 0461 1672360 – www.dasjames.com

FÖHR (INSEL)

Schleswig-Holstein – Regionalatlas **6**–X1

In Wyk

❀ **ALT WYK**

Chef: René Dittrich

KLASSISCHE KÜCHE • ELEGANT Ausgezeichnet essen, und das in echter Wohlfühl-Atmosphäre? Beides ist Ihnen in dem gepflegten Backsteinhaus in der Fußgängerzone gewiss. Ein bisschen Wohnzimmer-Flair vermitteln die ausgesprochen geschmackvollen gemütlich-eleganten Stuben mit ihrem friesischen Charme. Für die niveauvolle Küche ist René Dittrich verantwortlich. Er kocht klassisch, seine Gerichte überzeugen mit handwerklichem Können und schönen Aromen.

Richtig gut umsorgt wird man hier auch noch. Das liegt nicht zuletzt an der herzlichen Gastgeberin Daniela Dittrich, die das geschulte, aufmerksame und gut eingespielte Serviceteam leitet. Möchten Sie die reizvolle Lage nahe dem Meer gerne etwas länger genießen? Dann buchen eine der beiden wirklich hübschen Ferienwohnungen.

✿ – Preis: €€€€

Große Straße 4 ✉ 25938 – ☏ 04681 3212 – www.alt-wyk.de – Geschlossen: Montag und Sonntag, mittags: Dienstag-Samstag

FORCHHEIM

Bayern – Regionalatlas **6**–X1

🕸 **ZÖLLNER'S WEINSTUBE**

KLASSISCHE KÜCHE • LÄNDLICH Außen wie innen gleichermaßen charmant ist das auf einem herrlichen Gartengrundstück gelegene Fachwerk-/Sandstein-Haus, das a. d. 18. Jh. stammt. Unter einem markanten Kreuzgewölbe serviert man regional, aber auch mediterran inspirierte Gerichte, für die man sehr gute Produkte verwendet. Schön die Auswahl an Frankenweinen. Im Sommer ist die Terrasse eine Muss!

🏵 ✿ 🅿 – Preis: €€

Sigritzau 1 ✉ 91301 – ☏ 09191 13886 – www.zoellners-weinstube.de – Geschlossen: Montag und Dienstag, mittags: Mittwoch-Sonntag

FORSTINNING

Bayern – Regionalatlas **6**–Y3

🕸 **ZUM VAAS**

TRADITIONELLE KÜCHE • GASTHOF Wo es lebendig, herzlich und familiär zugeht, kehrt man gerne ein! In dem Gasthaus mit über 150 Jahren Tradition erwartet Sie ein gepflegtes und wertiges Ambiente, freundlicher und versierter Service und nicht zuletzt eine schmackhafte Küche aus sehr guten Produkten von ausgewählten Erzeugern. Neben der Tageskarte, die auch mediterrane Einschläge zeigt, gibt es die "Vaas Klassiker" wie z. B. "Schweinebraten vom Schwäbisch Hällischen". Dazu eine tolle Weinkarte mit bemerkenswerter Jahrgangstiefe verschiedener Winzer - überwiegend Deutschland und Frankreich, aber auch Österreich und andere Länder der Alten Welt. Im gleichnamigen Hotel kann man gepflegt übernachten.

🕏 ♿ 🏵 ✿ 🅿 – Preis: €€

Münchener Straße 88 ✉ 85661 – ☏ 08121 43091 – zum-vaas.de – Geschlossen: Montag und Dienstag, mittags: Sonntag

FRAMMERSBACH

Bayern – Regionalatlas **3**–L4

🕸 **SCHWARZKOPF**

REGIONAL • GASTHOF Frisch und schmackhaft ist die regionale Küche bei Stefan Pumm und seiner charmanten Frau Anja. Ein beliebter Klassiker: "Chateaubriand mit Sauce Béarnaise" für zwei Personen. Gediegen der holzgetäfelte Gastraum, hübsch die Terrasse. Gepflegt übernachten können Sie hier auch - fragen Sie nach den renovierten Zimmern.

🏵 – Preis: €€

Lohrer Straße 80 ✉ 97833 – ☏ 09355 307 – www.schwarzkopf-spessart.de – Geschlossen: Montag-Mittwoch, Sonntag, mittags: Donnerstag-Samstag

FRANKENBERG

Hessen – Regionalatlas **3**–L3

⊛ PHILIPP SOLDAN

KREATIV • **TRENDY** Ein echter Hingucker sind die drei liebenswert restaurierten historischen Häuser mitten in der charmanten Altstadt. Hier bietet das geschmackvolle Hotel "Sonne" seine vielfältige Gastronomie samt "Philipp Soldan". Chic, modern und angenehm leger ist das Restaurant im Souterrain des jahrhundertealten "Stadtweinhauses" - wer nicht durchs Hotel kommt, erreicht das Restaurant vom Untermarkt. In der einsehbaren Küche entsteht unter der Leitung von Erik Arnecke ein kreatives 5-Gänge-Menü, in dem beispielsweise "Nordsee-Scholle mit irischer Felsenauster, Speckemulsion, Bachkressecreme" voller stimmig kombinierter Aromen steckt. Tipp: Upgrades z. B. in Form von japanischem Wagyu-Beef oder einer internationalen Käseauswahl. Dazu schöne Weine. Tipp für "Gourmet-Einsteiger": das 3-Gänge-Menü sonntagmittags. Übrigens: Der Name stammt vom Bildhauer Philipp Soldan, dessen geschnitzte Holzfiguren das Rathaus zieren.

🏃 Ⓚ ⇦ 🅿 – Preis: €€€€

Marktplatz 2 ✉ *35066 – 𝒫 06451 7500 – sonne-frankenberg.de – Geschlossen: Montag-Mittwoch, mittags: Donnerstag-Samstag, , abends: Sonntag*

SONNESTUBEN

REGIONAL • **FREUNDLICH** Sie mögen es regional-saisonal? Die Küche überzeugt mit Geschmack und gutem Handwerk. Lust auf "Hirschrücken unter der Maronen-Parmesan-Kruste" oder auch "Filet vom Wolfsbarsch mit Meeresfrüchte-Risotto"? Serviert wird in hübschen gemütlichen Stuben mit Blick auf die historischen Fachwerkfassaden der Altstadt, ebenso angenehm sitzt man auf der Terrasse zum Marktplatz. Mittagessen gibt es ebenfalls. Tipp: Auch ein kleiner Spaziergang durch das Städtchen lohnt sich. Schön übernachten können Sie im Hotel "Die Sonne Frankenberg".

🏃 Ⓚ ☂ ⇦ 🅿 – Preis: €€

Marktplatz 2 ✉ *35066 – 𝒫 06451 7500 – sonne-frankenberg.de*

FRANKFURT AM MAIN

Hessen
Regionalatlas **3**-L4

Die typischen sieben Kräuter sind nicht verhandelbar!

Kulinarische Highlights der Stadt sind das zweifach besternte **Gustav**, übrigens auch mit dem Grünen Stern für Nachhaltigkeit ausgezeichnet, sowie das ebenfalls mit zwei Sternen gewürdigte **Lafleur** - Gemüseküche steht steht hier hoch im Kurs; ebenso bemerkenswert die Weinbegleitung zum Menü - top Weine glasweise. Sterneküche bei herrlichem Panoramablick gibt es im **MAIN TOWER Restaurant & Lounge** über den Dächern von Mainhatten. Eine sympathische Adresse ist das **Weinsinn** zwischen Bahnhof und Bankenviertel - das in der offenen Küche zubereitete Menü wird begleitet von guten Weinen. Das etwas versteckt liegende **Zenzakan** ist ein stylisches Restaurant für Liebhaber der asiatischen Küche. Wer die japanische Kochkunst schätzt, sollte sich das **Masa Japanese Cuisine** ist nicht entgehen lassen - nicht zuletzt das Sushi ist hervorragend. Verbinden Sie Ihren Restaurantbesuch am besten mit einem Bummel durch die schöne Altstadt samt "Römer" und der nahen Kleinmarkthalle mit mit all ihren Lebensmittelständen. Ein Muss ist auch eines der Äppelwoi-Lokale im lebendigen Viertel Sachsenhausen.

✿✿ GUSTAV

Chef: Jochim Busch

KREATIV • MINIMALISTISCH Ein Restaurant zum Wohlfühlen - das haben Gastgeberin Milica Trajkovska Scheiber und Küchenchef Jochim Busch hier in den letzten Jahren geschaffen. In dem äußerlich eher unscheinbaren Haus im Westend erwartet Sie eine Küche mit Charakter! Modern ist sie, und sie hat vor allem eins: eine eigene Handschrift. Jochim Busch kocht mit Mut zur Reduktion, schön das Zusammenspiel von Kontrasten und Texturen. Ein bewusster Umgang mit Ressourcen ist ihm sehr wichtig, daher sind ausgesuchte regionale Produkte der Saison das A und O - "Taunusreh über Nadelhölzern gegrillt, Spitzkohl, Petersilie und Bärlauchfrüchte" ist da ein schönes Beispiel. Ebenso hochwertig ist das stylische, chic-moderne Interieur. Angenehm unkompliziert die Atmosphäre, der Service überaus freundlich, zuvorkommend und fachlich ausgezeichnet. Tipp: Von einigen Tischen hat man einen guten Blick auf den Küchenpass!

✿ *Engagement des Küchenchefs:* Meiner Meinung nach gibt es auch in der globalisierten Welt noch Raum für Entdeckungen, gleich vor den Toren der Stadt. Aber meine Expeditionen führen mich auch in die Rhön, den Odenwald oder die Wetterau, wichtig sind mir kurze Wege, unabdingbar Saisonalität, Frische und Ehrlichkeit der Erzeuger.

🍽 – Preis: €€€€

Stadtplan: B1-3 – *Reuterweg 57* ✉ *60323 –* ✆ *069 74745252 – www.restaurant-gustav.de – Geschlossen: Montag und Sonntag, mittags: Dienstag-Samstag*

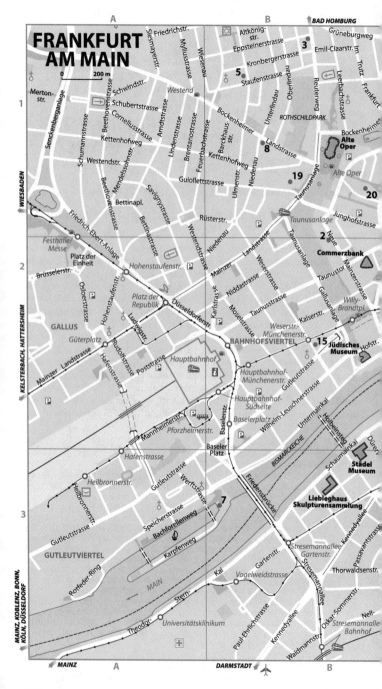

FRANKFURT AM MAIN

0   200 m

BAD HOMBURG

Friedrichstr.
Siesmayerstr.
Myliusstrasse
Wiesenau
Altkönig-str.
Eppsteinerstrasse
Kronbergerstrasse
Grüneburgweg
Emil-Claarstr.
3

Merton-str.
Senckenberganlage
Schwindstr.
Schubertstrasse
Beethovenstrasse
Cornelusstrasse
Kettenhofweg
Westendstr.
Schumannstrasse
Mendelssohnstr.
Beethovenstrasse
Westend
Arndtstrasse
Lindenstrasse
Brentanostrasse
Feuerbachstrasse
Barckhaus-str.
Bockenheimer
Staufenstrasse
5
Unterlindau
Oberlindau
ROTHSCHILDPARK
Reuterweg
Leerbachstrasse
Trutz
Frankfurt
Bockenheimer
Alte Oper

Landstrasse
8
Kettenhofweg
Niedenau

Guiollettstrasse
Ulmenstr.
Savignystrasse
Bettinapl.
Bettinastrasse
Rüsterstr.
19
Taunusanlage
Alte Oper
20

Festhalle/
Messe
Friedrich-Ebert-Anlage
Brüsselerstr.
Platz der
Einheit
Hohenstaufenstr.
Westendstrasse
Niedenau
Mainzer
Landstrasse
Niddastrasse
Taunusanlage
Junghofstrasse
Taunusanlage
Weserstrasse
Taunusstrasse
2 Neue
Commerzbank
Taunustor
Taunusstrasse
Gallusanlage
Mainzerstrasse
Willy-Brandtpl.

GALLUS
Osloerstrasse
Hohenstaufenstr.
Platz der
Republik
Ludwigstr.
Düsseldorferstr.
Karlstrasse
Moselstrasse
Kaiserstr.
Weserstr.-Münchenerstr.
BAHNHOFSVIERTEL
15 Jüdisches
Museum
Hofstr.

Güterplatz
Rudolfstrasse
Hafenstrasse
Poststrasse
Hauptbahnhof
Mainzer Landstrasse
Hauptbahnhof-Münchenerstr.
Gutleutstrasse
Gutleutstrasse

Mannheimerstr.
Baselerstr.
Hauptbahnhof-Südseite
Baselerplatz
Wilhelm-Leuschnerstrasse
Untermainkai
Holbeinstr.
Schaumainkai
Dürer.
Pforzheimerstr.
Baseler
Platz
BISMARCKEICHE
**Städel
Museum**

Hafenstrasse
Gutleutstrasse
Werftstrasse
Friedensbrücke
**Liebieghaus
Skulpturensammlung**

Heilbronnerstr.
Heilbronnerstr.
Speicherstrasse
Bachforellenweg
7
Karpfenweg
Kennedyallee
Passavantstrasse
Thorwaldsenstr.

GUTLEUTVIERTEL
Rotfeder-Ring
MAIN
Stern-
Kai
Vogelweidstrasse
Gartenstr.
Stresemannallee
Gartenstr.
Oskar-Sommerstr.
Nell-
Stresemannalle
Bahnhof

Theodor-
Universitätsklinikum
Paul-Ehrlichstrasse
Kennedyallee
Stresemannallee
Oskar-Sommerstr.
Waldmannstr.

MAINZ
DARMSTADT

WIESBADEN
KELSTERBACH, HATTERSHEIM
**MAINZ, KOBLENZ, BONN,
KÖLN, DÜSSELDORF**

A   B

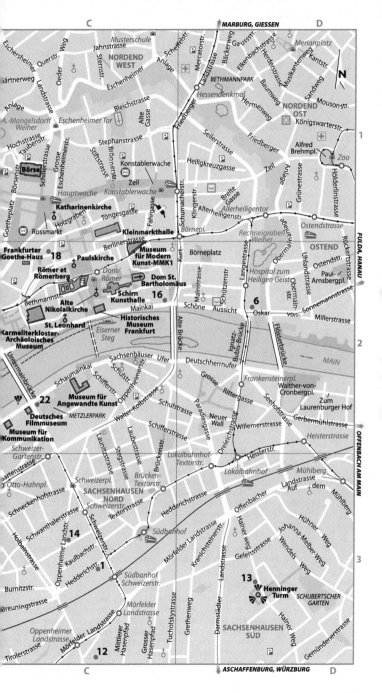

❀❀ LAFLEUR

FRANZÖSISCH-MODERN • ELEGANT Außerordentliches Engagement und stetige Weiterentwicklung, dafür steht Andreas Krolik. Modern, aber dennoch auf klassischer Basis verbindet er z. B. bei "Gebratenes original japanisches Wagyu mit Pankokruste, Shisojus, Lauch aus dem Ofen, in Öl confierter Wetterauer Kartoffel, Tardivo di Treviso und Steinpilzragout" exzellente Produkte zu einem intensiven und absolut stimmigen Geschmacksbild. Man serviert zwei Menüs: "Grands Produits" - hier werden Fleisch und Fisch in top Qualität klassisch zubereitet - sowie "Ethical Vegan Cuisine", das die Leidenschaft des Küchenchefs für Gemüseküche widerspiegelt. Dazu werden Sie vom souveränen, sehr freundlichen und erstklassig geschulten Serviceteam um Restaurantleiter Boris Häbel und Sommelière Alexandra Himmel umsorgt. Hochwertig die Weinbegleitung zum Menü. Der Glasanbau des „Gesellschaftshauses Palmengarten" bildet den stilvoll-modernen Rahmen.

🏵 ঽ 🅰🅒 ↔ 🅿 – Preis: €€€€

außerhalb Stadtplan – *Palmengartenstraße 11* ✉ *60325* – ☏ *069 90029100* – *www.restaurant-lafleur.de* – *Geschlossen: Montag, Dienstag, Sonntag, mittags: Mittwoch-Samstag*

❀ BIDLABU

Chef: André Rickert

MARKTKÜCHE • BISTRO Das sympathische Bistro in etwas versteckter, aber sehr zentraler Lage im Herzen Frankfurts ist eine lebendige Adresse mit richtig guter Küche. André Rickert (bekannt aus dem "Weinsinn") bildet zusammen mit Küchenchef Patrick Löhl die Doppelspitze am Herd. Sie kochen herrlich unkompliziert und handwerklich anspruchsvoll. Auch an Vegetarier ist gedacht. Dazu werden Sie von einem ebenso lockeren wie kompetenten Serviceteam betreut samt passenden Weinempfehlungen zum Menü. Tipp: Reservieren Sie frühzeitig, das Lokal ist gut gebucht!

🏠 – Preis: €€€

Stadtplan: B1-20 – *Kleine Bockenheimer Straße 14* ✉ *60313* – ☏ *069 95648784* – *bidlabu.de* – *Geschlossen mittags: Montag-Mittwoch, Sonntag*

❀ CARMELO GRECO

Chef: Carmelo Greco

ITALIENISCH • ELEGANT Sie lieben italienische Küche und Lebensart? In Sizilien geboren und im Piemont aufgewachsen, fühlt sich Patron Carmelo Greco auch kulinarisch mit seiner Heimat verbunden. Zusammen mit Benedetto Russo bildet er die Doppelspitze am Herd. Da darf man sich in dem etwas versteckt liegenden Restaurant bei klassischer italienischer Küche und professionellem, charmantem Service auf "La dolce vita" freuen! Aus sehr guten Produkten entstehen zwei Menüs (eines davon vegetarisch), aus denen man auch à la carte wählen kann. Tipp: "Parmesan Flan", ein Klassiker des Hauses. Interessant auch das Mittagsmenü. Attraktiv das modern-elegante Interieur, draußen lockt im Sommer die schöne Terrasse.

🅰🅒 🏠 – Preis: €€€

Stadtplan: C3-12 – *Ziegelhüttenweg 1* ✉ *60598* – ☏ *069 60608967* – *www.carmelo-greco.de* – *Geschlossen: Sonntag, mittags: Samstag*

❀ ERNO'S BISTRO

FRANZÖSISCH-KLASSISCH • BISTRO Savoir-vivre in Frankfurt! Seit vielen Jahren schätzt man die modern und saisonal beeinflusste französische Küche von Valéry Mathis. Serviert werden die aromareich und handwerklich toll zubereiteten Gerichte in charmanter Bistro-Atmosphäre, zu der das authentische Interieur mit Holztäfelung und dekorativen Accessoires ebenso beiträgt wie das sympathische, unkomplizierte und gleichermaßen kompetente Team um Patron Eric Huber. In Sachen Wein wird man ebenfalls versiert beraten, Frankreich steht im Fokus. Wirklich nett ist auch die kleine Terrasse. Ein Restaurant, das Freude macht - da verwundern die vielen Gäste nicht!

❀ 🔥 – Preis: €€€€

Stadtplan: B1-5 – *Liebigstraße 15* ✉ *60323* – ☏ *069 721997 - ernosbistro.de –*
Geschlossen: Samstag und Sonntag

☸ MAIN TOWER RESTAURANT & LOUNGE

ASIATISCHE EINFLÜSSE • HIP Eine tolle Location mitten in Frankfurt. Mit dem
Lift fahren Sie in den 53. Stock und erleben eine Aussicht, die man nicht oft findet -
geradezu spektakulär der Blick über die Dächer von "Mainhatten" von den Tischen
direkt am Fenster! Die Küche überzeugt ebenso. Geboten wird ein modernes Menü
mit fünf bis sieben ausdrucksstarken Gängen. Die deutlichen asiatischen, überwiegend japanischen Einflüsse zeigen sich z. B. bei "Ikejime Hamachi, Gamba Blanca,
Wasabi, 20 Jahre gereifter Mirin". Erstklassig die Produktqualität. Gerne genießt
man davor einen Apero in der Lounge (ab 21 Uhr ist ein Besuch hier auch ohne
Abendessen möglich). Das Ticket für den Lift ist mit Reservierung kostenlos, dann
hat man auch Zugang zur Aussichtsplattform.

≼ 🅰 – Preis: €€€€

Stadtplan: B2-2 – *Neue Mainzer Straße 52* ✉ *60311* – ☏ *069 36504777 –*
www.maintower-restaurant.de – Geschlossen: Montag und Sonntag, mittags:
Dienstag-Samstag

☸ MASA JAPANESE CUISINE

Chef: Masaru Oae

JAPANISCH • MINIMALISTISCH Eine tolle Adresse für japanische Küche ver-
birgt sich in dem unscheinbaren Stadthaus im Frankfurter Ostend. Hier bietet
Masaru Oae, der zuletzt in den beiden Düsseldorfer "Nagaya"-Restaurants seine
Fertigkeiten und sein Wissen um die japanische Kochkunst erweiterte, zwei
Omakase-Menüs mit sieben oder neun Gängen - eines mit Fisch/Fleisch, eines
vegetarisch. Top die Produktqualität. Das Angebot aus ausgezeichnetem Sushi und
Gerichten wie "Jakobsmuschel, Grünkohl, Dashi-Buttersauce" ist ein gelungener
Mix aus japanischer Klassik und Moderne, der auch europäische Einflüsse erkennen
lässt. Auch die Optik kommt nicht zu kurz, das zeigt z. B. die aufwändig dekorierte
Vorspeisen-Variation. In unprätentiöser fernöstlich-puristischer Atmosphäre sitzt
man an der Food-Theke (hier können Sie dem Chef bei der Zubereitung der Speisen
zusehen) oder an kleinen Tischen. Tipp: Sake-Begleitung zum Menü.

🅰 – Preis: €€€€

außerhalb Stadtplan – *Hanauer Landstraße 131* ✉ *60314* – ☏ *069*
60666247 - masa-frankfurt.de – Geschlossen: Montag und Sonntag, mittags:
Dienstag-Samstag

☸ RESTAURANT VILLA MERTON

Chef: André Grossfeld

KLASSISCHE KÜCHE • TRENDY Sein Können hat André Großfeld schon in seinem
Restaurant "Grossfeld" in Friedberg bewiesen und er zeigt dies auch in der eleganten "Villa Merton". Stimmig kombinieren der Patron und sein Küchenchef Philippe
Giar Klassik und Moderne und bringen dabei auch ihre kreative Ader zum Einsatz.
Die Produktqualität steht außer Frage. Mit Stuckdecke, Parkettboden und stilvollen Details bietet die denkmalgeschützte Villa im noblen Diplomatenviertel
einen repräsentativen Rahmen. Hinter dem Haus die wirklich hübsche Terrasse. Der
Service freundlich und geschult, stets präsent und dennoch unaufdringlich. Tipp:
montagabends "Gourmet-Special". Di. - Sa. ist der Chefs Table buchbar.

🔥 ✿ – Preis: €€€€

außerhalb Stadtplan – *Am Leonhardsbrunn 12* ✉ *60487* – ☏ *069 703033 –*
restaurant-villa-merton.de – Geschlossen: Sonntag, mittags: Samstag

---

☸ SEVEN SWANS

Chef: Ricky Saward

VEGAN • DESIGN Speziell die Location, ganz eigen die Küchen-Philosophie! Zu
finden im schmalsten, aber immerhin sieben Etagen hohen Gebäude der Stadt!

Stylish und klar das Design, toll der Blick zum Main durch ein großes Fenster, das die komplette Breite und Höhe des Raumes einnimmt. Auf dem Teller rein Veganes aus Bio-Produkten. "Permakultur" heißt das Konzept, und dafür kommen ausschließlich regionale Zutaten zum Einsatz, die ökologisch und im Einklang mit der Natur erzeugt werden. Passend zu dieser Ideologie stammen viele Produkte vom eigenen Bauernhof in der Nähe! Küchenchef Ricky Saward hat ein Händchen für interessante kreative Kombinationen, die auf den ersten Blick eher ungewöhnlich erscheinen, aber fantastisch harmonieren! Den Service übernehmen die Köche selbst. Gut zu wissen: Es ist nicht leicht, hier einen Tisch zu bekommen, also reservieren Sie lange im Voraus!

🍃 *Engagement des Küchenchefs:* Meine Küche ist nicht vegan "geboren", sondern hat sich dahin entwickelt, vor allem durch die tollen Zutaten vom eigenen Feld! Selbst gesammelte wilde Produkte gibt es ganzjährig. Regionalität, Saisonalität, "farm to table" und "root to leaf" sind ebenso selbstverständlich wie Ressourcenschonung.

🅰🅲 – Preis: €€€€

Stadtplan: C2-16 – *Mainkai 4* ✉ *60311* – ☏ *069 21996226* – *www.sevenswans. de* – *Geschlossen: Montag, Dienstag, Sonntag, mittags: Mittwoch-Samstag*

🕸 **WEINSINN**

MODERNE KÜCHE • CHIC Man muss klingeln, um in das Restaurant im lebendigen Bahnhofsviertel zu gelangen, übrigens Partnerbetrieb des "Gustav". Richtig chic ist es hier: ein großer heller hoher Raum in puristisch-urbanem Design, dekorative Kunstgegenstände setzen ansprechende Akzente. Von fast überall kann man den Köchen in der offenen Küche zusehen. Hier entsteht ein Menü mit vier oder sechs modern-kreativen Gängen aus exzellenten Zutaten. Voller Kraft und Aroma steckt z. B. die sehr gut gebeizte, festfleischige "Ike Jime"-Lachsforelle, die mit frischem Buttermilch-Fond, mariniertem Rettich und leicht geräuchertem Forellen-Kaviar serviert wird. Verantwortlich sind Jochim Busch, Küchenchef des "Gustav", und Souschef Daniel Pletsch. Dazu ein freundlicher, geschulter und gut organisierter Service - die Köche servieren mit und erklären die Gerichte. Toll die Weinberatung - auf Wunsch gibt es eine interessante Weinbegleitung zum Menü. Tipp: Apero oder Digestif im charmanten Schanigarten hinter dem Haus.

🐚 – Preis: €€€€

Stadtplan: B2-15 – *Weserstraße 4* ✉ *60329* – ☏ *069 56998080* – *www. weinsinn.de* – *Geschlossen: Montag und Sonntag, mittags: Dienstag-Samstag*

BISTRO VILLA MERTON

REGIONAL • ELEGANT Mit dem Bistro hat die Villa Merton eine schöne Alternative zum Gourmetrestaurant. Ein Ort gepflegter Kulinarik, der Ihnen in attraktivem Ambiente mit eleganter Note eine schmackhafte regional und international geprägte Küche mit saisonalen Einflüssen bietet. Mittags gibt es unter der Woche auch ein Lunchmenü.

🏡 🍸 – Preis: €€

außerhalb Stadtplan – *Am Leonhardsbrunn 12* ✉ *60487* – ☏ *069 703033* – *restaurant-villa-merton.de* – *Geschlossen: Sonntag, mittags: Samstag*

CARTE BLANCHE

MARKTKÜCHE • NACHBARSCHAFTLICH Eine feste Speisekarte gibt es hier nicht, stattdessen bietet man ein Überraschungsmenü, der Name "Carte blanche" ("weiße Karte") lässt es bereits vermuten. Auf Wunsch serviert man Ihnen zu den einzelnen Gängen die korrespondierenden Weinen. Gekocht wird modern-saisonal und möglichst mit Produkten aus der Region. Man legt Wert auf Handarbeit, auch das Brot macht man selbst. Schön der Rahmen: ein schmuckes historisches Eckhaus, in dem man unter einer hohen Stuckdecke sitzt.

🏡 – Preis: €€€

außerhalb Stadtplan – *Egenolffstraße 39* ✉ *60316* – ☏ *069 27245883* – *www.carteblanche-ffm.de* – *Geschlossen: Montag und Dienstag, mittags: Mittwoch-Sonntag*

FRANKFURTER BOTSCHAFT

INTERNATIONAL • HIP Eine wirklich coole Location - die Lage direkt am Westhafen macht die Terrasse zu einem echten Highlight! Aber auch drinnen sitzt man schön: Das Ambiente ist chic und dank Rundum-Verglasung schaut man von hier ebenfalls aufs Wasser. Die Küche ist international ausgerichtet. Man bietet übrigens auch Parkservice an - fragen Sie am besten bei der Reservierung danach.

🏠 – Preis: €€

Stadtplan: B3-7 – *Westhafenplatz 6* ✉ *60327* – ☎ *069 15342522* – *www. frankfurterbotschaft.de* – *Geschlossen: Montag und Sonntag, mittags: Dienstag-Samstag*

FRANZISKA

TRADITIONELLE KÜCHE • CHIC 40 Sekunden sind es mit dem Lift hinauf in den Henninger Turm. Bei grandiosem Blick auf die Frankfurter Skyline heißt es hier "Progressive German Vintage Cuisine". Geboten werden die modernen Gerichte in Menüform. Wer an der Theke sitzt, kann in die Küche schauen. Der Name "Franziska" stammt übrigens von der Großtante des Mook-Group-Gründers. Cocktails in der "Barrel Bar". Terrasse eine Etage tiefer. Hinweis: nur online buchbar.

⇐ 🕭 🅰️🅲 – Preis: €€€

Stadtplan: D3-13 – *Hainer Weg 72* ✉ *60599* – ☎ *069 66377640* – *www.mook-group.de/franziska* – *Geschlossen mittags: Montag-Sonntag*

GOLDMUND

FRANZÖSISCH-KLASSISCH • KLASSISCHES AMBIENTE Überaus stilvoll und hochwertig ist das Ambiente in dem Restaurant im Literaturhaus direkt am Mainufer. Hingucker sind sowohl die große Barbereich als auch die markanten Portraits internationaler Künstler. Die Küche ist klassisch ausgerichtet. Sehr schön auch das angrenzende Kaminzimmer. Tipp: gute Parkmöglichkeiten hinter dem Restaurant.

🏠 🅿️ – Preis: €€

Stadtplan: D2-6 – *Schöne Aussicht 2* ✉ *60311* – ☎ *069 21085985* – *www.goldmund.de* – *Geschlossen: Montag und Sonntag, mittags: Dienstag-Samstag*

L'ECUME

FRANZÖSISCH-MODERN • BISTRO "L'Ecume" bedeutet "Schaum" und nimmt Bezug auf die Leichtigkeit der Küche hier sowie auf den berühmten französischen Schaumwein aus der Champagne, der Heimat des Küchenchefs Alexandre Sadowczyk. Man sitzt in freundlich-legerer Atmosphäre und lässt sich moderne französische Gerichte mit regionalen Akzenten servieren. Die Länge des angebotenen Menüs ist variabel.

🅰️🅲 – Preis: €€€

außerhalb Stadtplan – *Friedberger Landstraße 62* ✉ *60316* – ☎ *069 90437307* – *restaurant-lecume.de* – *Geschlossen: Montag, Dienstag, Donnerstag-Sonntag, mittags: Mittwoch*

LOHNINGER

ÖSTERREICHISCH • CHIC Geschmackvoll hat man in diesem Restaurant am Frankfurter Mainufer klassisches Altbau-Flair samt schönen hohen Stuckdecken und Fischgrätparkett mit moderner Geradlinigkeit verbunden. In der Küche treffen die österreichischen Wurzeln der Familie Lohninger auf internationale Einflüsse, "Die Heimat" trifft auf "Die Welt". Die Gerichte überzeugen mit Produktqualität, Finesse und intensiven Aromen, auf Chichi verzichtet die Küchenmannschaft um Patron Mario Lohninger bewusst, vielmehr steht der Geschmack ganz im Mittelpunkt. Gut kommen auch österreichische Klassiker wie Wiener Schnitzel an. Umsorgt werden Sie sehr freundlich und aufmerksam, das Serviceteam ist alles andere als steif, sondern angenehm locker.

🅰️🅲 🏠 ⇔ – Preis: €€€

Stadtplan: C2-22 – *Schweizer Straße 1* ✉ *60594* – ☎ *069 247557860* – *lohninger.de* – *Geschlossen: Montag und Sonntag*

MEDICI

INTERNATIONAL • FREUNDLICH Schon seit 2004 stehen die Brüder Simiakos in ihrem Restaurant in einer kleinen Seitenstraße mitten im Zentrum am Herd und bieten internationale Küche mit mediterranen Einflüssen. Sie mögen es etwas einfacher? Es gibt auch Flammkuchen. Sehr beliebt: das günstige Lunch-Menü. Nett sitzt man auf der Terrasse vor dem Haus.

🅰 🍴 – Preis: €€

Stadtplan: C2-18 – *Weißadlergasse 2* ✉ *60311* – ☏ *069 21990794* – *www.restaurantmedici.de* – *Geschlossen: Samstag und Sonntag*

MON AMIE MAXI

FRANZÖSISCH • BRASSERIE Chic, fast schon opulent kommt die Brasserie in der schönen Villa von 1925 daher - toll die lebendige Atmosphäre, sehr freundlich, aufmerksam und geschult der Service. Mittig die "Raw Bar", dazu die einsehbare Küche. Das französische Angebot reicht von Austern und Hummercocktail über Innereien bis zum hochwertigen Steak vom Grill. Gute, exklusive Weinauswahl.

🅰 🍴 ♿ 🍽 – Preis: €€€

Stadtplan: B1-8 – *Bockenheimer Landstraße 31* ✉ *60325* – ☏ *069 71402121* – *www.mook-group.de* – *Geschlossen mittags: Samstag*

SORRISO

MODERN • CHIC In einem gepflegten Eckhaus in Sachsenhausen finden Sie dieses geschmackvoll gestaltete Restaurant, das eine modern und mediterran inspirierte Küche aus sehr guten Produkten bietet. Es gibt zwei Menüs, von denen eines rein vegan ist. Dazu schöne Weinempfehlungen durch den Patron. Im Sommer hat man eine nette Terrasse.

🍴 – Preis: €€€

Stadtplan: C3-14 – *Oppenheimer Landstr. 49* ✉ *60596* – ☏ *069 66408861* – *www.restaurantsorriso.de* – *Geschlossen: Montag und Sonntag, mittags: Dienstag-Samstag*

THE SAKAI

JAPANISCH-ZEITGEMÄSS • EXOTISCHES AMBIENTE Mit Hiroshi Sakai steht hier ein echter Sushi-Meister am Herd! Das Restaurant im Souterrain ist im authentisch japanischen Stil gehalten: geradlinig und minimalistisch. Von den Plätzen an der Theke kann man bei der Zubereitung der Speisen zusehen. Geboten wird ein "Omakase"-Menü - auch als vegane Variante. Umsorgt wird man sehr freundlich und geschult. Gut die Sake-Auswahl.

🅰 – Preis: €€€€

Stadtplan: C3-1 – *Hedderichstraße 69* ✉ *60596* – ☏ *069 89990330* – *www.the-sakai.com* – *Geschlossen: Montag und Sonntag, mittags: Dienstag-Samstag*

ZENZAKAN

ASIATISCH • HIP Elegant und stylish geht es in dem etwas versteckt gelegenen, über einen Hinterhof erreichbaren Restaurant zu. Dunkle Töne und gedimmtes Licht, fernöstliche Deko (ein Eyecatcher z. B. die Terrakotta-Krieger), die Atmosphäre lebhaft, für akustische Untermalung sorgen moderne Beats. Auf der pan-asiatischen Karte findet sich eine breite Auswahl von Sushi und Sashimi über klassische Currys bis zu Robata-Grill-Gerichten - geradezu ein Klassiker: "Braised Beef Short Ribs".

♿ 🅰 🍴 ♿ – Preis: €€€

Stadtplan: B1-19 – *Taunusanlage 15* ✉ *60325* – ☏ *069 97086908* – *www.mook-group.de/zenzakan* – *Geschlossen: Sonntag, mittags: Montag-Samstag*

FRANKWEILER

Rheinland-Pfalz – Regionalatlas **7**–B1

😊 **WEINSTUBE BRAND**

REGIONAL • GEMÜTLICH Frisch, saisonal und richtig gut isst man in hier, dazu wird man herzlich umsorgt. Alles ist angenehm unkompliziert - wie man es in einer Weinstube erwartet. Wein und Wild sowie die meisten Zutaten kommen aus der Region. Ob Sie sich für den Klassiker Rumpsteak entscheiden, für ein Gericht von der Tageskarte oder etwas Vegatarisches, lassen Sie Platz für das flüssige Schokoladenküchlein - ein Gedicht! Charmant die Terrasse im Hof. Kurzum: Diese Adresse macht einfach Spaß!

🌤 – Preis: €€

Weinstraße 19 ✉ 76833 – ☎ 06345 959490 – weinstube-brand.de –
Geschlossen: Montag und Sonntag, mittags: Dienstag

FRASDORF

Bayern – Regionalatlas **6**–Y4

❀ **GOURMET RESTAURANT IM KARNER**

KREATIV • GEMÜTLICH Richtig schön vereint der typische Chiemgauer Landgasthof Tradition und Moderne. Geschmackvoll und gemütlich ist der Mix aus warmem altem Holz und wertigen, chic-modernen Einrichtungselementen. Küchenchef Manuel Wimmer und sein Team bieten ein durchdachtes saisonales Menü mit Produkten aus der nächsten Umgebung. Die Gerichte zeigen ein rundes Geschmacksbild und stimmige Kontraste und sind zudem noch sehr ansprechend angerichtet. Toll auch die Desserts! Und dazu die passende Weinbegleitung? Als Alternative gibt es das Zweitrestaurant "Westerndorfer Stube" und zum Übernachten hat der "Landgasthof Karner" hübsche Zimmer.

P – Preis: €€€€

Nußbaumstraße 6 ✉ 83112 – ☎ 08052 17970 – www.landgasthof-karner.com –
Geschlossen: Montag-Mittwoch, Sonntag, mittags: Donnerstag und Freitag

---

❀ **MICHAELS LEITENBERG**

Chef: Michael Schlaipfer

MODERNE KÜCHE • FREUNDLICH Wer würde in dem kleinen Ortsteil von Frasdorf ein solches Restaurant erwarten? Ein Besuch in dem etwas versteckt liegenden Haus lohnt sich definitiv, denn der junge Chef hat Talent und Ambitionen. In einem Menü mit fünf, sechs oder acht Gängen erwarten Sie modern-kreative Gerichte, die in der französischen und mediterranen Küche ihre Heimat haben. Intensive, kraftvolle und zugleich finessenreiche Kombinationen. Ausgesucht die Produktqualität. Dazu gibt es eine gute Weinauswahl. Zum Menü bietet man die passende Weinreise oder eine alko-holfreie Begleitung aus Limonaden, Aufgüssen und Auszügen. Abgerundet wird das Ganze durch freundlichen, geschulten Service und hübsches modernes Ambiente.

🌤 ♻ **P** – Preis: €€€€

Weiherweg 3 ✉ 83112 – ☎ 08052 2224 – www.michaels-leitenberg.de –
Geschlossen: Mittwoch und Donnerstag, mittags: Montag, Dienstag, Freitag,
Samstag

😊 **WESTERNDORFER STUBE**

REGIONAL • RUSTIKAL Diese gemütliche Stube des "Landgasthofs Karner" ist eine schöne Alternative zum Gourmetrestaurant. Rustikaler Charme und dezente moderne Elemente ergeben ein stimmiges Bild. Hier wird der Bezug zur Region gelebt: Ob "Schnitzel mit Bratkartoffeln", "geschmorte Lammkeule" oder "Knödeltrio", man legt Wert auf heimische und saisonale Produkte.

🌤 **P** – Preis: €€

Nußbaumstraße 6 ✉ 83112 – ☎ 08052 17970 – www.landgasthof-karner.com –
Geschlossen: Montag und Sonntag, mittags: Dienstag-Donnerstag

STUBN IN DER FRASDORFER HÜTTE ⓝ

ALPIN • MONTAN Exklusiv die Lage auf dem Berg! Zu diesem traumhaften, von Wald und Wiesen umgebenen Fleckchen kommt man nur per gebuchtem Shuttle oder zu Fuß (50 Min. ab Parkplatz Lederstube). In der ehemaligen Wanderhütte bietet man in heimeliger Atmosphäre moderne Alpenkulinarik. In der von den vorderen Plätzen einsehbaren Küche werden die tollen Produkte gerne über offenem Feuer gegrillt. So werden z. B. topfrischer Chiemsee-Zander mit kräftigen Röstaromen sowie geschmacksintensives Topinamburpüree und knackiger Stangenkohl angenehm klar kombiniert. Aus dem recht klein gehaltenen Angebot können Sie à la carte wählen oder sich ein Überraschungsmenü zusammenstellen lassen. Mittags gibt es auf Vorbestellung auch das Abendmenü. Sehr gut selektiert die Weinkarte, versiert der Service. Herrlich im Sommer die Terrasse! Zum Übernachten hat man einfache Gästezimmer.

🛏🛖🕽 – Preis: €€€

Zellboden ✉ *83112 –* 𝄢 *– www.stubn.co – Geschlossen: Montag-Mittwoch, mittags: Donnerstag und Freitag*

FREIAMT
Baden-Württemberg – Regionalatlas **5**–T3

🖤 **ZUR KRONE**

REGIONAL • GASTHOF In dem gemütlichen Landhaus isst man gut und wohnt richtig nett. Seit über 200 Jahren und inzwischen in 9. Generation wird es engagiert und mit Sinn für Tradition geführt. Gekocht wird mit saisonalem Bezug. Zu den Spezialitäten des Chefs zählen die gefüllten Wachteln und Leckeres aus der Region wie Gitzi, Spargel, Wild etc.

🛖🕽🅿 – Preis: €€

Mussbach 6 ✉ *79348 –* 𝄢 *07645 227 – www.krone-freiamt.de – Geschlossen: Dienstag-Donnerstag, mittags: Montag und Freitag*

FREIBURG IM BREISGAU

Baden-Württemberg
Regionalatlas **7**–B1

Verpassen Sie nicht den Münstermarkt...

Die Breisgau-Metropole hat mit dem Restaurant **Jacobi** im Hotel **Schwarzwälder Hof** im Herzen der Altstadt einen interessanten Neuzugang bekommen: Hier kocht man auf Sternniveau und setzt dabei seine nachhaltige Philosophie um. Weiterhin in der Sternenliga spielen u. a. das **Colombi Restaurant**, die Wolfshöhle und die **Eichhalde** im gehobenen Ortsteil Herdern. Als Übernachtungsadresse bietet sich das idyllisch außerhalb gelegene **Schloss Reinach**, zu dessen vielfältiger Gastronomie das im Guide empfohlene Restaurant **Regional** zählt, bei dem der Name Programm ist.

✿ COLOMBI RESTAURANT ZIRBELSTUBE

FRANZÖSISCH-KLASSISCH • GEMÜTLICH Einer der großen Klassiker der Südbadener Gastronomie liegt im international renommierten Grandhotel "Colombi" und hat mit Henrik Weiser und Sven Usinger eine Doppelspitze mit Sterne-Erfahrung am Herd. Französische Klassik wird hier mit Gefühl und Finesse umgesetzt, basierend auf ausgezeichneten Produkten. Dazu die elegante und zugleich warme Atmosphäre der "Zirbelstube" mit ihrer schönen namengebenden Holzvertäfelung. Gemütlich sitzt man auch in der "Falkenstube" mit traditionellem Charme. Hervorragend die Weinkarte!

&. 🅰🅲 – Preis: €€€€

Rotteckring 16 ✉ *79098* – ☏ *0761 21060* – *www.colombi.de* – *Geschlossen: Montag und Sonntag, mittags: Dienstag-Samstag*

✿ EICHHALDE

Chef: Federico Campolattano

ITALIENISCH • FAMILIÄR Ein echtes Muss für Liebhaber der italienischen Küche! Federico Campolattano, ehemals Souschef im Restaurant „Reale" in Casadonna, bietet sehr geschmackvolle Speisen, die ausgesprochen produktorientiert und angenehm puristisch sind. Zur Wahl stehen ein Menü und Gerichte à la carte. Am Mittag ist das Angebot kleiner und preiswerter. Die Weinkarte ist überwiegend italienisch geprägt. Das Restaurant in dem historischen Haus in einer gepflegten Wohngegend von Freiburg ist geradlinig und eher schlicht gehalten, aber dennoch gemütlich. Nett auch die kleine Terrasse.

🅰🅲 🏛 ⇄ – Preis: €€€

Stadtstraße 91 ✉ *79104* – ☏ *0761 58992920* – *www.eichhalde-freiburg.de* – *Geschlossen: Mittwoch und Donnerstag, mittags: Samstag*

✿ JACOBI

Chef: Christoph Kaiser

INNOVATIV • HISTORISCHES AMBIENTE Was man in diesem Restaurant in der Freiburger Altstadt (untergebracht im Hotel "Schwarzwälder Hof") in entspannter Atmosphäre aufgetischt bekommt, ist nicht "von der Stange". In dem angebotenen 7-Gänge-Menü (erweiterbar um zwei Gänge) verzichtet man auf Luxus-Produkte, vielmehr stehen vermeintlich einfachere, aber hochwertige und strikt regional bezogene Produkte im Fokus, die den Nachhaltigkeitsgedanken klar erkennen lassen. Daraus entstehen überaus interessante innovative Kombinationen wie z. B. in Salzteig gegarter und fermentierter Kohlrabi auf feinem Kohlrabi-Tatar mit Lohrbeer-Apfelsud, angenehm säuerlicher Holunder-Kapern-Vinaigrette und süßlichem Aprikosenragout. Die Köche selbst servieren und erklären die Gerichte und informieren über die lokalen Produzenten der ausgesuchten Zutaten.

✿ *Engagement des Küchenchefs:* Beim Arbeiten geschieht bei uns alles im Miteinander, uns verbindet die Liebe zu unserem Beruf und zur Region Südbaden mit seinen vielen bäuerlichen Betrieben und anderen Erzeuger:innen, mit denen wir eng zusammenarbeiten. Außer Gewürzen, Kaffee und Schokoladen kommt bei uns alles aus der Umgebung.

Preis: €€€€

Herrenstraße 43 ⊠ 79098 – ☏ 0761 38030 – jacobi-freiburg.de – Geschlossen: Montag, Dienstag, Sonntag, mittags: Mittwoch-Freitag

✿ WOLFSHÖHLE

KLASSISCHE KÜCHE • FREUNDLICH Martin Fauster ist in der Gastro-Szene kein Unbekannter. Bereits im Münchner "Königshof" hat er viele Jahre sein Können unter Beweis gestellt. Auch in Freiburg bleibt er seiner Linie treu. In dem gepflegten historischen Haus in der Fußgängerzone (angenehm sitzt man hier im Sommer auf der Terrasse) bietet er eine klassisch orientierte Küche, die auf sehr guten Produkten basiert. Nicht zuletzt die ausdrucksstarken Saucen, Jus und Fonds machen Freude! Ansprechend auch die Weinkarte. Praktisch für Autofahrer ist das Parkhaus Schlossberggarage gegenüber.

🍽 ⇔ – Preis: €€€€

Konviktstraße 8 ⊠ 79098 – ☏ 0761 30303 – www.wolfshoehle-freiburg.de – Geschlossen: Montag und Sonntag, mittags: Dienstag-Donnerstag

BASHO-AN

JAPANISCH • MINIMALISTISCH Das Restaurant nahe der Fußgängerzone ist bekannt für seine authentisch-japanische Küche und entsprechend gut besucht – da sollten Sie rechtzeitig reservieren! Das Ambiente ist typisch puristisch, einige Plätze auch an der Sushi-Theke. Tipp: das günstige Mittagsmenü. Abends ist die Karte umfangreicher. Mittags und am Abend bietet man auch eine vegetarische Menü-Option. Auf der Weinkarte findet sich natürlich auch Sake.

Preis: €€

Merianstraße 10 ⊠ 79098 – ☏ 0761 2853405 – www.bashoan.com – Geschlossen: Montag und Sonntag

DREXLERS

KLASSISCHE KÜCHE • HIP Seit 2007 ist das schicke, recht edle Bistro nahe dem Colombipark gewissermaßen eine Institution in Freiburg. In lebendiger Atmosphäre bietet man eine saisonal beeinflusste Küche in Form eines 6-Gänge-Menü, das Sie auch mit vier oder fünf Gängen wählen können. Toll die Weinauswahl - der eigenen Weinhandlung sei Dank!

🍸 – Preis: €€€

Rosastraße 9 ⊠ 79098 – ☏ 0761 5957203 – drexlers-restaurant.de – Geschlossen: Dienstag, Mittwoch, Sonntag, mittags: Montag, Donnerstag-Samstag

HIRSCHEN

MARKTKÜCHE • GEMÜTLICH Badische Gemütlichkeit erwartet Sie in der Stube des charmanten historischen Gasthauses, das von Familie Baumgartner engagiert geführt wird und in der Region schon eine Institution ist. Die Küche ist regional und saisonal geprägt, der Service sehr freundlich. Im gleichnamigen Hotel hat man hübsche Zimmer.

🅰️ 🍴 🅿️ – Preis: €€€

Breisgauer Straße 47 ✉ 79110 – ☎ 0761 8977690 – www.hirschen-freiburg.de – Geschlossen: Mittwoch, mittags: Donnerstag

KURO MORI

ASIATISCHE EINFLÜSSE • CHIC "Kuro Mori" ist japanisch und bedeutet "Schwarzer Wald", entsprechend das Motto in dem stylish-coolen Restaurant in schöner Lage in der Freiburger Altstadt: "Black Forest meets Asia" heißt es hier. Aus der offenen Küche kommen moderne Gerichte aus sehr guten Produkten. Das A-la-carte-Angebot wird mittags durch ein kleines Lunch-Menü ergänzt, am Abend durch ein gehobeneres Menü. Als Specials gibt es Di. bis Do. am Abend das "Dinner for two" und das "Twenü" für Gourmets unter 30 Jahre. Tipp: Inhaber Steffen Disch (bekannt aus dem "Gasthaus zum Raben" in Horben) bietet auch Kochkurse an.

🅰️ 🍴 – Preis: €€

Grünwälderstraße 2 ✉ 79098 – ☎ 0761 38848226 – www.kuro-mori.de – Geschlossen: Montag und Sonntag

LÖWENGRUBE

INTERNATIONAL • ZEITGEMÄSSES AMBIENTE Frischer Wind weht in der ehemaligen Weinstube im Herzen der Altstadt. Gelungen hat man in dem histo-rischen Gebäude den traditionellen Charakter mit modernen Elementen gemischt. Geboten wird eine international inspirierte Küche aus regionalen Produkten. Sehr nett sitzt man auf der geschützten Terrasse.

🍴 – Preis: €€€

Konviktstraße 12 ✉ 79098 – ☎ 0761 76991188 – www.restaurant-loewengrube. de – Geschlossen: Sonntag

REGIONAL

REGIONAL • TRENDY Ins ehemalige "Herrehus" des "Schlosses Reinach" ist nach Renovierung und Verjüngung das "Regional" eingezogen. Der Name ist Programm: Für die schmackhaften und ausdrucksstarken Gerichte verarbeitet man fast nur badische und Schwarzwälder Produkte, überwiegend in Bioqualität. Herrlich sitzt man bei schönem Wetter auf der Innenhofterrasse!

🍴 ♿ 🅿️ – Preis: €€

St.-Erentrudis-Straße 12 ✉ 79112 – ☎ 07664 4070 – www.schlossreinach.de – Geschlossen: Donnerstag und Freitag, mittags: Montag-Mittwoch, Samstag

FREIENSTEINAU

Hessen – Regionalatlas 3-L4

🌱 LANDGASTHOF ZUR POST

Chefs: Sebastian Heil und Katharina Koros

REGIONAL • RUSTIKAL Seit 1870, bereits in 6. Generation, befindet sich das Haus in Familienbesitz. Geboten wird eine regional verankerte, geschmackvolle und aromatische Küche, für die man gute Produkte aus der Region verwendet. Man kocht unkompliziert, oft traditionell geprägt und dennoch mit modernem Touch. Gemütlich-ländlich das Ambiente, im Sommer lockt die Terrasse mit schönem Blick über Nieder-Moos. Man hat auch fünf Gästezimmer und eine Ferienwohnung.

🌿 *Engagement des Küchenchefs:* Wir sind stark in unserer Region ver-wurzelt, beziehen Fleisch, Fisch und Gemüse oft in Bio-Qualität aus einem 50 km

Radius, verarbeiten ganze Lämmer und Wildtiere, kochen und heizen mit Holz aus dem eigenen Wald, haben einen eigenen Obst- und Kräutergarten und sind aktiv bei "Hessen à la carte".

🍃 ⇄ – Preis: €

Zum See 10 ✉ 36399 – ☏ 06644 295 – gasthofzurpost-nieder-moos.de –
Geschlossen: Montag und Dienstag, mittags: Mittwoch und Donnerstag

FREILASSING
Bayern – Regionalatlas **6**–Z4

MOOSLEITNER

Chef: Daniel Schnugg

REGIONAL • GASTHOF Seit Jahrhunderten pflegt man hier die Wirtshaustradition. Die sehr hübschen gemütlichen Stuben mit ihrem ländlichen Charme sind ebenso einladend wie die frische bayerisch-saisonal geprägte Küche, für die man vorzugsweise Produkte aus der Region verwendet. Auch zum Übernachten eine schöne Adresse: Man hat gepflegte Zimmer sowie einen kleinen Sauna- und Fitnessbereich.

🌿 *Engagement des Küchenchefs:* In meiner Küche werden regionale Produkte klar favorisiert, Honig von Nachbar Otto's Bienen, eigene Marmeladen, Säfte & Bier aus der Umgebung, auch Ressourcenschonung steht mit eigenem Blockheizkraftwerk, Stromtankstellen, Abwärmenutzung und kostenlosen Leihrädern im Fokus. Wald- & Moorführungen.

🛏 🍃 ⇄ 🅿 – Preis: €€

Wasserburger Straße 52 ✉ 83395 – ☏ 08654 63060 – www.moosleitner.com –
Geschlossen: Samstag und Sonntag, mittags: Montag-Freitag

FREINSHEIM
Rheinland-Pfalz – Regionalatlas **7**–B1

🫕 WEINREICH

REGIONAL • WEINBAR Eine Weinstube der modernen Art in einem beschaulichen Örtchen. Schön hat man dem historischen Rahmen einen frischen Touch verliehen, hübsche Deko inklusive: Neben zahlreichen Weinflaschen ziert der Verlauf der Weinstraße mit ihren bekannten Weinorten die Decke. Draußen die charmante Innenhof-Terrasse. Das engagierte Team um Jeanette und Henning Weinheimer bietet sehr freundlichen, geschulten Service und eine gute regional-saisonale Küche - als Menü oder à la carte. Tipp: Fragen Sie nach den Steakwochen. Auf Vorbestellung gibt es auch "Unseren Sonntagsbraten". Außerdem: selbst gebackenes Brot zum Mitnehmen. Richtig nett übernachten kann man auch.

🍃 – Preis: €€

Hauptstraße 25 ✉ 67251 – ☏ 06353 9598640 – www.weinstube-weinreich.de –
Geschlossen: Montag und Sonntag, mittags: Dienstag, Mittwoch, Freitag

ATABLE IM AMTSHAUS

MARKTKÜCHE • ELEGANT Schön liegt das "Amtshaus" in der sehenswerten Altstadt von Freinsheim, umgeben von der Stadtmauer. Über den Innenhof samt idyllischer Terrasse gelangen Sie in das chic-elegante Restaurant mit seinem von Säulen getragenen weißen Kreuzgewölbe. Küchenchef Swen Bultmann bietet saisonal inspirierte klassisch-französische Gerichte aus sehr guten Produkten. Dazu eine schöne umfangreiche Weinauswahl. Geschmackvolle Gästezimmer hat man ebenfalls - wie im Restaurant fügt sich auch hier moderner Stil toll in den historischen Rahmen ein.

🕸 🍃 ⇄ – Preis: €€€

Hauptstraße 29 ✉ 67251 – ☏ 06353 5019355 – www.amtshaus-freinsheim.de –
Geschlossen: Montag und Sonntag, mittags: Dienstag

FREISING

Bayern – Regionalatlas **6**–Y3

GASTHAUS LANDBRECHT

MARKTKÜCHE • RUSTIKAL So stellt man sich einen bayerisch-ländlichen Gasthof vor: In dem Familienbetrieb herrscht eine ungezwungene Atmosphäre, gekocht wird mit regionalen Produkten. Im Winter wärmt der Kachelofen, im Sommer sitzt es sich angenehm im Biergarten!

&. 🎍 🅿 – Preis: €€

Freisinger Straße 1 ⊠ 85354 – ℰ 08167 8926 – www.gasthaus-landbrecht.de/ startseite.html – Geschlossen: Montag und Dienstag, mittags: Mittwoch-Freitag

FREITAL

Sachsen – Regionalatlas **4**–Q3

BRASSERIE EHRLICH

MARKTKÜCHE • BRASSERIE Die Bezeichnung "Brasserie" trifft es genau. In dem persönlich geführten kleinen Restaurant von Stephan Fröhlich und seiner Frau Nadine - er Küchenmeister, sie Sommelière - sitzen Sie in gemütlicher Atmosphäre, werden freundlich umsorgt und lassen sich gute saisonale Küche in Form zweier Menüs schmecken - das kommt an, da sollte man rechtzeitig reservieren. Im Sommer hat man eine hübsche Terrasse. Tipp: Man bietet auch eigene Feinkost-Produkte für daheim. Übernachten können Sie ebenfalls.

🎍 ⇔ – Preis: €€€

Wiesenweg 1 ⊠ 01705 – ℰ 0351 30934232 – www.brasserie-ehrlich.de – Geschlossen: Montag-Mittwoch, mittags: Donnerstag-Samstag, , abends: Sonntag

FREUDENSTADT

Baden-Württemberg – Regionalatlas **5**–U3

STÜBLE

REGIONAL • LÄNDLICH Das "Stüble" ist das geschmackvoll-rustikale A-la-carte-Restaurant des schicken Wellnesshotels "Lauterbad"! In der ganz in Holz gehaltenen Stube hat man es schön gemütlich, während man sich vom freundlichen Service mit frischen traditionellen, aber auch moderneren Gerichten umsorgen lässt. Eine Spezialität ist der Hängespieß.

&. 🎍 🅿 – Preis: €€

Amselweg 5 ⊠ 72250 – ℰ 07441 860170 – www.lauterbad-wellneshotel.de – Geschlossen mittags: Montag-Samstag

FREYUNG

Bayern – Regionalatlas **6**–Z2

LANDGASTHAUS SCHUSTER

KLASSISCHE KÜCHE • FREUNDLICH Durch und durch charmant geht es im Landgasthaus der Familie Schuster zu! Das liegt in erster Linie an der herzlichen Chefin und der geschmackvollen Einrichtung. Und dann ist da noch die angenehm reduzierte klassische Küche des Patrons, die es z. B. als "Steinköhler mit Scallops-Schuppen in Speckrauchsoße" gibt. Schöne Weinauswahl mit guten "Offenen".

🅿 – Preis: €€

Ort 19 ⊠ 94078 – ℰ 08551 7184 – www.landgasthaus-schuster.de – Geschlossen: Montag-Mittwoch, abends: Sonntag

ZUM WENDL Ⓝ

BAYRISCH • FREUNDLICH Bis ins Jahr 1889 reicht die Tradition dieses Hauses zurück. Heute erwartet Sie hier eine bayerisch ausgerichtete Küche, die sich sowohl in traditionellem als auch in modernem Gewand präsentiert. Schöne Beispiele sind da "Roulade vom Bayerwald-Hirsch gefüllt mit Geräuchertem, Preiselbeeren & Essiggemüse, Pastinaken-Kartoffelpüree & Blaukrautrolle" oder "Gebratener Saibling aus Breitenberg mit wildem Brokkoli, pikantem Curry-Karottenpüree, Anis-Brandteigkrusteln & Limettenschaum". Oder lieber die „Signature Dishes" Wiener Schnitzel, Cordon Bleu und Zwiebelrostbraten? Empfehlenswert auch die beiden Menüs in drei oder vier Gängen. Das Restaurant befindet sich im gleichnamigen Genusshotel mit kleinem Wellnessbereich - hier kann man gut übernachten, nicht zuletzt angesichts der schönen Weinkarte bietet sich das an. Man hat gut 180 Positionen mit Fokus auf deutschen Weinen, insbesondere Riesling.

🕸 🅿 – Preis: €€

Stadtplatz 2 ⊠ 94078 – ℰ 08551 57960 – www.zumwendl.de/kulinarik/restaurant.html

FRICKINGEN

Baden-Württemberg – Regionalatlas **5**–U4

🏵 LÖWEN

KREATIV • GEMÜTLICH Mit Roman Pfaff bringt die 4. Generation frischen Wind in das charmante traditionelle Restaurant, das auch eine schöne Gartenterrasse bietet. Die guten Produkte kommen fast ausschließlich aus der (Bodensee-) Region - über ihre Herkunft informiert man auf der Speisekarte. Auch internationale Aromen bindet man gerne ein und kreiert neben dem ein oder anderen Klassiker pfiffige moderne Gerichte wie z. B. "Gebratenes Lippertsreuter Lachsforellenfilet, Paprika-Estragon-Topping, Baba Ganoush, orientalische Kartoffelecken". Das sorgt regelmäßig für ein volles Haus, reservieren Sie also lieber!

🍽 ⇔ 🅿 – Preis: €€

Hauptstraße 41 ⊠ 88699 – ℰ 07554 8631 – loewen-altheim.de – Geschlossen: Montag und Sonntag, mittags: Dienstag-Samstag

FRIEDBERG

Bayern – Regionalatlas **6**–X3

🏵 GASTHAUS GOLDENER STERN

Chef: Stefan Fuß

REGIONAL • GEMÜTLICH "Mittags: Traditionelles Gasthaus - abends: Casual Fine Dining", so das Motto des in 3. Generation mit Engagement geführten Familienbetriebs. Schön die gemütlich-modernen Räume, ebenfalls modern inspiriert ist die schmackhafte regional-saisonale Küche, bei der man Wert legt auf Nachhaltigkeit. Dazu freundlicher und geschulter Service. Interessant: das "Eichen Loft" als Evenlocation. Zudem hat man noch die schicke Vinothek, die Sie von Okt. bis April für Feiern buchen können (bis zu 12 Pers.). Angenehm auch der Biergarten - hier etwas kleinere Karte.

🏵 *Engagement des Küchenchefs:* Meine Küche steht für Qualität und die garantiert mein regionales Netzwerk von Erzeugern! Vieles an Kräutern, Gemüsen und Obst ziehen wir selbst, Fleisch kommt von befreundeten Bauern aus der Region und aus der eigenen Jagd der Familie. Dazu eigene Kompostierung und Hackschnitzelheizung.

🍽 ⇔ 🅿 – Preis: €€

Dorfstraße 1 ⊠ 86316 – ℰ 08208 407 – www.gasthaus-goldenerstern.de – Geschlossen: Montag, Dienstag, Sonntag

FRIEDBERG (HESSEN)

Hessen – Regionalatlas **3**–L4

BASTIAN'S RESTAURANT

KLASSISCHE KÜCHE • GEMÜTLICH Das Landgasthaus mit dem geschmackvollen hellen Interieur und der schönen teilweise überdachten Terrasse setzt auf kulinarische Klassik mit saisonalen Einflüssen. Geboten werden zwei Menüs mit drei bis sieben Gängen, eines davon ist vegetarisch. Dazu werden Sie sehr freundlich und charmant umsorgt.

🏡 – Preis: €€

Erbsengasse 16 ✉ *61169 –* ☏ *06031 6726551 – bastians-restaurant.de – Geschlossen: Montag, Dienstag, Sonntag, mittags: Mittwoch-Samstag*

FRIEDLAND

Niedersachsen – Regionalatlas **3**–M2

GENIESSER STUBE - DANIEL RAUB

KLASSISCHE KÜCHE • LÄNDLICH Daniel Raub ist bereits die 3. Generation in dem engagiert geführten Familienbetrieb. In der "Genießer Stube" im "Landhaus Biewald" sorgt er für eine klassisch-französisch basierte Küche mit saisonalem Bezug, die auf großen Schnickschnack verzichtet und das Produkt in den Mittelpunkt stellt. Mittags gibt es das "Tassenmenü", am Abend das "Genießer Menü". Oder wählen Sie lieber à la carte? Ein Blick auf die Weinkarte lohnt sich ebenfalls. Im Winter serviert man in der gemütlichen Stube mit alter Holzbalkendecke, im Sommer im Wintergarten oder auf der Terrasse. Umsorgt werden Sie professionell und charmant. Zweitrestaurant "Zur Tränke" im modernen Hotelneubau.

🐝 🏡 🅿 – Preis: €€€€

Weghausstraße 20 ✉ *37133 –* ☏ *05504 93500 – www.landhaus-biewald.de/ geniesser-stube – Geschlossen: Montag und Sonntag*

SCHILLINGSHOF

MARKTKÜCHE • ELEGANT Seit 1648 gibt es den "Schillingshof" bereits. Mit Engagement kümmert man sich in dem Familienbetrieb um die Gäste. Hinter der gepflegten Fachwerkfassade erwarten Sie ein elegantes Ambiente, aufmerksamer und herzlicher Service und nicht zuletzt eine klassisch geprägte Küche. Man kocht aufs Wesentliche reduziert und achtet auf gute Produkte. Dazu eine schöne Weinauswahl. Für Übernachtungsgäste hat man attraktive Zimmer.

🏡 ♻ 🅿 – Preis: €€€

Lappstraße 14 ✉ *37133 –* ☏ *05504 228 – www.schillingshof.de – Geschlossen: Montag, Dienstag, Sonntag, mittags: Mittwoch-Freitag*

FRIEDRICHSTADT

Schleswig-Holstein – Regionalatlas **1**–C2

URSPRUNG

MODERN • CHIC Sie finden dieses chic gestaltete Restaurant im familiengeführten Hotel "Aquarium", das mitten in der schönen Innenstadt liegt. Mit Jan Boddenberg führt inzwischen die 3. Generation Regie. Als Küchenchef bietet er Ihnen ein modernes Menü und klassisch-regionale Gerichte, wobei er Wert legt auf gute Produkte und saisonalen Bezug. Dazu werden Sie freundlich umsorgt.

🅿 – Preis: €€

Am Mittelburgwall 4 ✉ *25840 –* ☏ *04881 93050 – hotel-aquarium.de/ ursprung – Geschlossen: Montag*

FRIESENHEIM

Baden-Württemberg – Regionalatlas **5**–T3

MÜHLENHOF

REGIONAL • GASTHOF Das Restaurant des gleichnamigen Landhotels bietet badisch-bürgerliche Küche mit internationalem Touch - auch Klassiker à la Zwiebelrostbraten finden sich hier. In Sachen Wein ist man ebenfalls stark regional ausgerichtet. Dazu werden Sie freundlich und aufmerksam umsorgt. Das Ambiente verbindet ländlichen Stil mit einer modernen Note, sehr nett ist der überdachte Terrassenbereich.

🏠 ⇄ 🅿 – Preis: €€

Oberweierer Hauptstraße 33 ⊠ *77948 –* 𝒞 *07821 6320 – www.landhotel-muehlenhof.de – Geschlossen: Dienstag*

FRIESOYTHE

Niedersachsen – Regionalatlas **1**–B4

REGIONAL FRIESOYTHE 🆕

Chef: Timo Plenter

DEUTSCH • NACHBARSCHAFTLICH "Regional" ist hier nicht nur der Name, es ist die gelebte Philosophie! Seit September 2022 leiten Timo Plenter und Ina Stuke das traditionsreiche Restaurant im Zentrum des Ortes und haben sich ganz der Nachhaltigkeit verschrieben. Der Patron kocht geschmackvoll und ehrlich, dabei setzt er auf regionale Produkte und Bezug zur Saison, ebenso auf lokale Lieferanten. Zur Wahl stehen ein Menü mit drei bis fünf Gängen (auch vegetarisch) sowie das 7-Gänge-Menü "Signature Dish". Das Ambiente ist ein Mix aus neuzeitlich und rustikal, herzlich und aufmerksam der Service. Im Sommer hat man ein paar Tische vor dem Haus.

🌿 *Engagement des Küchenchefs:* Unser Name verrät: Die Region spielt für uns die tragende Rolle! Was unsere Grenze von 150 km Entfernung nicht einhält, ist immer BIO! Neben der Regionalität ist für uns gelebte Nachhaltigkeit ebenso wichtig, z. B. fairer Umgang mit unseren Mitarbeitenden sowie deren Sensibilisierung für das Thema.

🏠 – Preis: €€

Gerichtsstraße 14 ⊠ *26169 –* 𝒞 *04491 2989487 – regional-friesoythe.de – Geschlossen: Montag-Mittwoch, mittags: Donnerstag-Sonntag*

FÜRSTENFELDBRUCK

Bayern – Regionalatlas **6**–X3

FÜRSTENFELDER

Chef: Andreas Wagner

MODERN • FREUNDLICH Eine schöne Location ist diese Klosteranlage. Drinnen sitzt man unter dem tollen böhmischen Kappengewölbe des ehemaligen Klosterstalls in modernem Ambiente, mittig die offene Showküche. Draußen im Hof des Zisterzienserklosters hat man eine schöne Terrasse, etwas abgegrenzt der Biergarten. Auf der abwechslungsreichen Karte finden sich modern inspirierte Speisen, für die man nachhaltig erzeugte (Bio)-Produkte aus der Region verwendet. Geboten werden u. a. Gerichte aus dem Josper-Grill und auch an vegetarische und vegane Optionen ist gedacht. Mittags Lunchbuffet.

🌿 *Engagement des Küchenchefs:* Ich möchte genau wissen, wie meine Bio-Produkte entstehen, das betrifft sowohl die Haltung, Fütterung und Schlachtung tierischer Produkte wie auch Feldfrüchte, die ich aus ökologischer Landwirtschaft verarbeite. Genauso wichtig ist mir fairer Handel und die Lebensqualität meiner Mitarbeiter!

♿ 🏠 ⇄ 🅿 – Preis: €€

Fürstenfeld 15 ⊠ *82256 –* 𝒞 *08141 88875410 – www.fuerstenfelder.com – Geschlossen abends: Montag und Sonntag*

FÜRTH

Bayern – Regionalatlas **6**–X1

KUPFERPFANNE

KLASSISCHE KÜCHE • RUSTIKAL Schon seit 1978 wird das zentral gegenüber dem Rathaus gelegene Restaurant von Erwin Weidenhiller geführt und ist gewissermaßen ein Klassiker der Fürther Gastronomie. In gemütlich-elegantem Ambiente serviert man klassische Küche mit saisonalen Einflüssen, gut die Produktqualität. Tipp: fair kalkuliertes Mittagsmenü - dieses bietet man auf Vorbestellung auch an bestimmten Abenden.

⇧ – Preis: €€€

Königstraße 85 ⊠ 90762 – ℰ 0911 771277 – www.ew-kupferpfanne.de – Geschlossen: Sonntag

FULDA

Hessen – Regionalatlas **3**–M4

⅏ CHRISTIAN & FRIENDS, TASTEKITCHEN

Chef: Christian Steska

MODERNE KÜCHE • ENTSPANNT Eines vorweg: Reservieren Sie, die Plätze hier sind gefragt! Das verwundert nicht angesichts des tollen Menüs, das Christian Steska in dem schmucken Stadthaus in attraktiver Altstadtlage bietet. Das Restaurant besteht aus dem "Christian & Friends" und der angeschlossenen Weinbar "Bordeaux & Friends" mit ihrem markanten Weinregal - hervorragend die Auswahl mit vielen Spitzenweinen zu fairen Preisen. Aus der offenen Küche kommen moderne Gerichte mit klassischer Basis und schöner Tiefe. Gerne verwendet man regionale Zutaten einschließlich Kaviar - in Fulda gibt es zwei nachhaltig arbeitende Störzuchten samt Kaviar-Produktion. Die Atmosphäre ist angenehm, nicht zuletzt dank des herzlichen Service.

⅏ – Preis: €€€€

Nonnengasse 5 ⊠ 36037 – ℰ 0162 4139588 – christianandfriends.de – Geschlossen: Montag, Dienstag, Sonntag, mittags: Mittwoch-Samstag

GOLDENER KARPFEN

INTERNATIONAL • FREUNDLICH In dem historischen Haus bietet man saisonal-internationale Küche mit klassisch-regionalen Wurzeln, zubereitet aus frischen, ausgesuchten Produkten. Tipp: der Klassiker "Beeftatar". Dazu eine umfangreiche internationale Weinkarte mit der ein oder anderen Rarität. Das Atmosphäre ist elegant und zugleich gemütlich, im Sommer sitzt man draußen schön. Zum Übernachten gibt es wohnliche Zimmer von stilvoll-gediegen bis chic-modern.

♿ 🅚 🏡 ⇧ 🅿 – Preis: €€€

Simpliziusbrunnen 1 ⊠ 36037 – ℰ 0661 86800 – www.hotel-goldener-karpfen. de – Geschlossen: Sonntag

GAGGENAU

Baden-Württemberg – Regionalatlas **5**–T2

VINOPHIL

MODERN • FREUNDLICH Der Name lässt es bereits vermuten: Hier spielt Wein eine große Rolle. So gibt es in dem Restaurant mit der schicken und zugleich ungezwungenen Atmosphäre auch eine Vinothek. Da darf man sich auf gute Weinempfehlungen freuen, und die gibt es zu leckeren modernen Gerichten mit regionalem Bezug. Interessante Cocktails bekommen Sie ebenfalls. Dass man sich hier wohlfühlt, liegt nicht zuletzt auch am sehr angenehmen und kompetenten Service.

🏡 – Preis: €€

Max-Roth-Straße 16 ⊠ 76571 – ℰ 07225 9884880 – www.vinophil-murgtal.de – Geschlossen: Montag und Sonntag

GARBSEN

Niedersachsen – Regionalatlas **3**–M1

LANDHAUS AM SEE

MARKTKÜCHE • **ELEGANT** Die Lage im Grünen am See ist schon etwas Besonderes, vor allem wenn man auf der Terrasse zum herrlichen Garten mit Seeblick speist. Drinnen hat man es bei geschmackvoller, freundlicher Landhaus-Atmosphäre ebenfalls schön. In der Küche legt man Wert auf saisonalen und regionalen Bezug. Stolz ist man übrigens auch auf das eigene Kochbuch. Für Übernachtungsgäste gibt es hübsche individuelle Zimmer.

✿ 🏠 ⚅ 🏡 🌀 🅿 – Preis: €€€

Seeweg 27 ✉ 30827 – ☎ 05131 46860 – www.landhausamsee.de – Geschlossen: Sonntag, mittags: Montag-Samstag

GARMISCH-PARTENKIRCHEN

Bayern – Regionalatlas **6**–X4

HUSAR

KLASSISCHE KÜCHE • **GEMÜTLICH** In dem über 400 Jahre alten Gasthaus mit der bemalten Fassade sitzt man in charmanten Stuben und wird aufmerksam mit klassischer Küche umsorgt. Dafür verwendet man überwiegend regionale Produkte der Saison. Die Familientradition der Mergets begann übrigens bereits 1986 und wird - nach einigen Jahren Unterbrechung - seit 2004 fortgeführt.

🐾 🏡 🌀 🅿 – Preis: €€€

Fürstenstraße 25 ✉ 82467 – ☎ 08821 9677922 – www.restauranthusar.de – Geschlossen: Montag und Sonntag, mittags: Dienstag-Samstag

JOSEPH NAUS STUB'N

REGIONAL • **GEMÜTLICH** Das nach dem Erstbesteiger der Zugspitze benannte Restaurant ist nicht einfach nur ein nettes Stüberl, in dem man sehr freundlich umsorgt wird, man isst hier auch wirklich gut, und das zu einem fairen Preis. Tipp: Sie können sich aus drei verschiedenen Karten Ihr eigenes Menü zusammenstellen. Zum Übernachten bietet das Hotel "Zugspitze" gepflegte Gästezimmer.

🏡 – Preis: €€

Klammstraße 19 ✉ 82467 – ☎ 08821 9010 – www.hotel-zugspitze.de – Geschlossen mittags: Montag-Sonntag

GEISENHEIM

Hessen – Regionalatlas **5**–T1

MÜLLERS AUF DER BURG

KLASSISCHE KÜCHE • **CHIC** Mit seiner schicken Brasserie im verglasten Pavillon auf Burg Schwarzenstein hat Nelson Müller seine Gastro-Philosophie in den Rheingau gebracht. Bei herrlichem Ausblick - wunderbar auch von der Terrasse! - gibt es frische klassisch-mediterrane Küche mit einem Hauch Bodenständigkeit, das Angebot reicht vom "Bretonischen Steinbutt" bis zur "Kalbs-Currywurst".

✿ 🏠 🎴 🏡 🌀 🅿 – Preis: €€€

Rosengasse 32 ✉ 65366 – ☎ 06722 99500 – www.burg-schwarzenstein.de – Geschlossen: Montag und Dienstag

GENGENBACH

Baden-Württemberg – Regionalatlas **5**–T3

DIE REICHSSTADT

KLASSISCHE KÜCHE • FREUNDLICH Im Restaurant des schicken gleichnamigen Hotels mit historischem Rahmen sitzen Sie in geschmackvollen Räumen, die wertig und mit modernem Touch eingerichtet sind. Dazu werden Sie freundlich und geschult umsorgt, und zwar mit feinen badischen Klassikern sowie modernisierten französischen Gerichten, aber auch verschiedene Menüs werden angeboten, darunter ein vegetarisches. Im Sommer ist der Garten ein Traum!

🛋 ✿ – Preis: €€€

Engelgasse 33 ✉ 77723 – ℰ 07803 96630 – www.die-reichsstadt.de – Geschlossen: Montag, mittags: Dienstag-Sonntag

PONYHOF STAMMHAUS BY TOBIAS WUSSLER

MODERN • LÄNDLICH Ein Restaurant, das man sich in der Nachbarschaft wünscht. Die Karte bietet Modernes, aber auch Klassiker und Steaks vom Holzkohlegrill. Zur schmackhaften Küche mit reichlich "Soulfood"-Gerichten kommen in dem langjährigen Familienbetrieb ein freundlicher Service und ein schlichtes Ambiente mit modernen Akzenten, in dem man sich wohlfühlt. Zudem hat man eine richtig schöne Terrasse.

🛋 ✿ 🅿 – Preis: €€

Mattenhofweg 6 ✉ 77723 – ℰ 07803 1469 – www.ponyhof.co – Geschlossen: Montag und Dienstag, mittags: Mittwoch-Freitag

GERMERSHEIM

Rheinland-Pfalz – Regionalatlas **5**–U2

PAN VINOTHEK

INTERNATIONAL • GEMÜTLICH In dem hübschen Backsteinhaus von 1847, einst Essigfabrik und Brennerei, verbinden die engagierten Betreiber Regina und Dennis Schneider gelungen Vinothek und Restaurant. Letzteres bietet in modernem Ambiente mit elegantem Touch eine saisonal beeinflusste Küche, die Sie als Menü (auch vegetarisch) oder à la carte wählen können. Super charmant und professionell die Chefin im Service, wirklich eine tolle Gastgeberin! Tipp: Lassen Sie sich im Sommer nicht den wunderbaren, hübsch bepflanzten Innenhof entgehen. Günstigeres "Kleines Menü" am Mittag.

🛋 – Preis: €€€

Klosterstraße 2 ✉ 76726 – ℰ 07274 9192095 – www.pandievinothek.de – Geschlossen: Montag und Sonntag

GERNSBACH

Baden-Württemberg – Regionalatlas **5**–T2

❀ WERNERS RESTAURANT

FRANZÖSISCH-KLASSISCH • ELEGANT Sie wollten sich schon immer mal in einem Schloss kulinarisch verwöhnen lassen? Dann sind Sie auf Schloss Eberstein goldrichtig. Umgeben von Weinreben, auf einer Bergkuppe hoch über dem Murgtal - einfach wunderbar die Aussicht! - leitet Familie Werner auf diesem tollen historischen Anwesen ein schönes Hotel samt Gastronomie. Letztere hat sich mit dem eleganten Gourmetrestaurant einen Namen gemacht. Patron Bernd Werner und sein engagiertes Team um Küchenchef Paul Nash setzen in ihrem Menü auf klassische Küche mit gelungener Balance. Zur guten Weinauswahl gehören auch Eigenbauweine, versiert die Beratung.

🏵 ≤ 🛋 ✿ 🅿 – Preis: €€€€

Schloss Eberstein 1 ✉ 76593 – ℰ 07224 995950 – www.hotel-schloss-eberstein. de – Geschlossen: Montag-Donnerstag, mittags: Freitag und Samstag

GERSFELD

Hessen – Regionalatlas **3**–M4

☺ KAUFMANN'S

SAISONAL • **HISTORISCHES AMBIENTE** In der sorgsam renovierten ehemaligen Schlossbrauerei heißt es heute gute, frische Küche. In einem schönen Ambiente aus freigelegtem Mauerwerk, Gewölbe und modernem Einrichtungsstil serviert man schmackhafte Gerichte mit regionalem Bezug, aber auch internationalen Einflüssen. Probieren Sie z. B. Rhöner Bachforelle, Steaks oder Saisonales wie Rehrücken aus heimischer Jagd. Sie können à la carte oder in Menüform speisen.

P – Preis: €€

Schloßplatz 11 ✉ 36129 – ☎ 06654 9178055 – kaufmanns-am-schlosspark.de – Geschlossen: Montag-Mittwoch, mittags: Donnerstag und Freitag

GIESSEN

Hessen – Regionalatlas **3**–L4

HEYLIGENSTAEDT

INTERNATIONAL • **TRENDY** Hohe Decken, Stahlträger, große Sprossenfenster, hier und da freigelegte Backsteinwände... Den Industrie-Charme der einstigen Fabrik hat man bewusst bewahrt, dazu chic-modernes Design, freundlicher Service und schmackhafte international-saisonale Küche. Mittags kleinere Karte. Angeschlossen: Boutiquehotel mit trendigen Zimmern und Saunabereich auf dem Dach!

 ₺ 🅰 🍴 ♻ **P** – Preis: €€€

Aulweg 41 ✉ 35392 – ☎ 0641 4609650 – restaurant-heyligenstaedt.de – Geschlossen: Montag und Sonntag, mittags: Dienstag, Mittwoch, Samstag

GLONN

Bayern – Regionalatlas **6**–Y4

WIRTSHAUS ZUM HERRMANNSDORFER SCHWEINSBRÄU

Chef: Olimpia Cario

MARKTKÜCHE • **LÄNDLICH** "Gerichte, die sich in keine Schublade stecken lassen", so das Motto von Küchenchefin Olimpia Cario. In ihrem Überraschungsmenü lässt sie ihrer Kreativität freien Lauf und sorgt so mitunter für ungewöhnliche Kombinationen wie z. B. Huhn, Forelle, Ei, Gurke, Mais und Johannisbeeren. Dabei orientiert sie sich an der Saison und verarbeitet hochwertige Produkte, gerne vom eigenen Hofgut. Ein Hingucker auch das Restaurant selbst: ein großer hoher Raum mit modern-rustikalem Scheunen-Ambiente samt Balkenkonstruktion bis unters Dach.

🌿 *Engagement des Küchenchefs:* In meiner Küche dreht es sich um den Geschmack, daher gibt es bei uns nur Bio-Qualität aus naturnaher Lebensmittelerzeugung, das ist mein Verständnis von Gastfreundschaft. Wir kennen die Lieferanten und machen uns ein Bild vor Ort, um zu wissen, was bei uns serviert wird. Gemüse ernten wir vom Feld.

 ₺ 🍴 **P** – Preis: €€€

Herrmannsdorf 7 ✉ 85625 – ☎ 08093 909445 – www.wirtshaus-zum-schweinsbraeu.de – Geschlossen: Montag und Dienstag

GLOTTERTAL

Baden-Württemberg – Regionalatlas **7**–B1

GASTHAUS ADLER

REGIONAL • **GASTHOF** In schwarzwaldtypisch gemütlichen Stuben darf man sich auf herzlichen Service und badische Küche mit französisch-internationalen

Einflüssen freuen. Im Winter sind z. B. Wild- und Gänsegerichte gefragt. Gerne sitzen die Gäste im Sommer im "Adler Gärtle". Zum Übernachten hat man wohnliche, teils auch einfache Zimmer.

🏠 ⇔ 🅿 – Preis: €€

Talstraße 11 ✉ 79286 – ☏ 07684 90870 – www.adler-glottertal.de –
Geschlossen: Montag und Dienstag, mittags: Mittwoch-Samstag

HIRSCHEN

KLASSISCHE KÜCHE • FREUNDLICH Das Restaurant und das gleichnamige Hotel zählen zu den Klassikern hier im Tal! In ländlich-eleganten Stuben werden Sie von einem freundlichen Team umsorgt. Gekocht wird teils mit badischer, teils mit eher französischer Note. Neben heimischem Wild schmeckt z. B. auch "Wolfsbarsch, Pfifferlingsrisotto, Safransauce".

🏠 ⇔ 🅿 – Preis: €€

Rathausweg 2 ✉ 79286 – ☏ 07684 810 – www.hirschen-glottertal.de –
Geschlossen: Montag

WIRTSHAUS ZUR SONNE

REGIONAL • FAMILIÄR Ein beliebter familiengeführter Gasthof, in dem ehrliches Handwerk seit Jahrhunderten Tradition ist. Gekocht wird regional und mit saisonalem Bezug. Drinnen sitzt man in einer wunderschönen holzgetäfelten Stube, draußen lockt die hübsche Gartenterrasse. Freitagmittags gibt es statt der normalen Karte ein kleines Menü.

🦽 🏠 🅿 – Preis: €€

Talstraße 103 ✉ 79286 – ☏ 07684 242 – www.sonne-glottertal.de –
Geschlossen: Mittwoch und Donnerstag, mittags: Montag und Dienstag

ZUM GOLDENEN ENGEL

REGIONAL • RUSTIKAL Absolut originalgetreu hat man das Traditionsgasthaus a. d. 16. Jh. direkt neben der Kirche nachgebaut. Dass man sich in den liebevoll dekorierten Stuben wohlfühlt, liegt nicht nur an der Atmosphäre und am kompetent-charmanten Service, sondern natürlich auch an der guten Küche. So manches Produkt kommt aus der Region. Wohnliche Gästezimmer hat man ebenfalls.

🏠 ⇔ 🅿 – Preis: €€

Friedhofweg 2 ✉ 79286 – ☏ 07684 250 – www.goldener-engel-glottertal.de –
Geschlossen: Mittwoch

GLÜCKSBURG

Schleswig-Holstein – Regionalatlas 1-C1

✿✿ MEIEREI DIRK LUTHER

KLASSISCHE KÜCHE • ELEGANT Sie sitzen hier in elegantem Ambiente an schönen Holztischen und schauen durch bodentiefe Fenster - von einigen Plätzen hat man einen besonders guten Blick auf die Flensburger Förde. Doch neben der Aussicht begeistert vor allem die Küche von Dirk Luther. Fantastisch verbindet der gebürtige Hamburger klassische und moderne Elemente - auch der ein oder andere fast schon geniale Moment findet sich auf dem Teller. Zu erwähnen sei auch die außergewöhnliche Produktqualität - nicht zuletzt bei Fisch und Krustentieren! Angenehm entspannt der Service: professionell und herzlich, aufmerksam und diskret. Wer angesichts der tollen Lage an der Ostsee länger bleiben möchte, findet im "Vitalhotel Alter Meierhof" stilvolle, wertige Zimmer und einen geschmackvollen Spa.

🐾 ⬿ 🦽 🆔 🅿 – Preis: €€€€

Uferstraße 1 ✉ 24960 – ☏ 04631 6199411 – www.alter-meierhof.de –
Geschlossen: Montag, Dienstag, Sonntag, mittags: Mittwoch-Samstag

BRASSERIE

INTERNATIONAL • LÄNDLICH Eine schöne Alternative zur Gourmetküche der "Meierei". In freundlicher Atmosphäre gibt es mittags Sandwiches und Salate, am Abend ein regional und international geprägtes Angebot. Tipp: Lassen Sie sich nicht die wirklich wunderbare Terrasse mit Blick auf die Flensburger Förde entgehen!

⟨ ⬡ ⬥ 🏠 🅿 – Preis: €€

Uferstraße 1 ✉ 24960 – ☏ 04631 6199410 – www.alter-meierhof.de

GMUND AM TEGERNSEE

Bayern – Regionalatlas **6**–Y4

🕸 OSTINER STUB'N

INTERNATIONAL • GASTHOF Das regionstypische Gasthaus beherbergt gleich zwei Restaurantkonzepte: Von Do. bis So. können Sie ab 18 Uhr im "Fine Dining" speisen, das "Hirsch & Jägerstüberl" hat Mo. ab 18 Uhr sowie Do. bis So. von 12 - 14.30 Uhr und von 18 - 21.30 Uhr geöffnet. Man legt man Wert auf Produkte aus der Region und orientiert sich bei den Speisen an den Jahreszeiten. Dazu wird man aufmerksam umsorgt. Im Sommer ist die schöne Terrasse zum Garten gefragt.

🏠 ⬡ 🅿 – Preis: €€

Schlierseer Straße 60 ✉ 83703 – ☏ 08022 7059810 – ostiner-stubn.de – Geschlossen: Montag und Dienstag, mittags: Mittwoch-Freitag

JENNERWEIN

REGIONAL • GEMÜTLICH Eine wirklich nette Adresse mit charmant-rustikaler Gasthaus-Atmosphäre - richtig gemütlich ist es hier. Die frische und saisonal-bayerische Küche gibt es z. B. als "geschmortes Böfflamott" oder "Kälberne Fleischpflanzerl". Oder lieber Fisch nach Tageseinkauf?

🏠 ⬡ 🅿 – Preis: €€

Münchner Straße 127 ✉ 83703 – ☏ 08022 706050 – www.jennerwein-gasthaus. de – Geschlossen: Dienstag und Mittwoch, mittags: Montag und Donnerstag

GÖTTINGEN

Niedersachsen – Regionalatlas **3**–M2

INTUU

JAPANISCH-ZEITGEMÄSS • HIP Im Hotel "Freigeist" finden Sie dieses angenehm moderne und lebendige Restaurant. Sie können auch direkt an der Theke sitzen und in die offene Küche schauen. Hier bereitet man einen breiten Mix aus japanischer und südamerikanischer Küche zu. Das Angebot reicht von Sushi und Sashimi über Tempura und Yakitori bis hin zu Gegrilltem aus dem Josper-Ofen. Die Gerichte laden zum Teilen ein.

🏠 – Preis: €€

Berliner Straße 30 ✉ 37073 – ☏ 0551 999530 – www.freigeist-goettingen.de/ restaurant-goettingen – Geschlossen: Sonntag, mittags: Montag-Samstag

GOTTENHEIM

Baden-Württemberg – Regionalatlas **7**–B1

ZUR KRONE

REGIONAL • GEMÜTLICH Seit 1854 pflegt Familie Isele hier Gastgebertum. Die Stuben in dem Traditionshaus haben nicht nur eine nette Atmosphäre, es gibt auch noch sorgfältig zubereitete klassisch-saisonale Küche auf Basis sehr vieler regionaler Produkte. Probieren sollte man auf jeden Fall die hausgemachten Terrinen und die Desserts - immer eine Sünde wert! Auch die Weinkarte ist ganz regional gehalten. Zudem bietet man geschmackvolle, wohnliche Zimmer, in denen man sich auch mehr als eine Nacht wohlfühlt!

🛋️ ♿ 🅿️ – Preis: €€

Hauptstraße 57 ✉ 79288 – ☎ 07665 6712 – www.krone-gottenheim.de –
Geschlossen: Montag und Sonntag, mittags: Dienstag-Samstag

GRASSAU

Bayern – Regionalatlas **6**–Y4

✿✿✿ ES:SENZ

KREATIV • MONTAN Im Restaurant des Hotels "Das Achental" beeindruckt Edip Sigl mit ganz eigener Stilistik: modern und ausgefeilt. Herrliche Aromendichte und intensive Kontraste, die aber nie die Balance stören, ziehen sich durch das gesamte Menü. So verleiht man der fantastischen Mieral-Taube mit einem Röst-"Finish" perfekte Grillaromen und serviert sie mit einer stimmigen Zwiebel-Rote-Beete-Mischung in einer rösch gebackenen Tarte sowie mit Scheiben von geschmacksintensivem Perigord-Trüffel. Die Menüs "Chiemgau pur" oder "Chiemgau goes around the world" gibt es mit sechs oder acht Gängen. Wie die Namen vermuten lassen, widmet sich das erste Menü ganz dem Chiemgau, das zweite kombiniert lokale und internationale Zutaten. Ob Balfego Thunfisch, Bachforelle oder Lamm, die Qualität der Produkte ist herausragend! Ebenso top der zuvorkommende Service samt fundierter Weinberatung. Tipp: Wenn Sie in dem schicken Restaurant an der bodentiefen Fensterfront sitzen, genießen Sie den Blick in den Garten.

🏵️ 🅼 ♿ 🅿️ – Preis: €€€€

Mietenkamer Straße 65 ✉ 83224 – ☎ 08641 401609 – www.das-achental.com –
Geschlossen: Montag, Dienstag, Sonntag, mittags: Mittwoch-Samstag

GRENZACH-WYHLEN

Baden-Württemberg – Regionalatlas **5**–T4

✿ ECKERT

KREATIV • DESIGN So chic wie das gleichnamige Designhotel ist auch das Gourmetrestaurant. Ob Wintergarten oder Loungebereich, das Interieur ist stilvoll-modern, reduziert und zugleich gemütlich. In der Küche zeigt der junge Patron Nicolai Peter Wiedmer, dass er sich auf klassisches Handwerk ebenso versteht wie auf kreative Elemente, gerne lässt er auch asiatische Aromen einfließen. Am Abend gibt es das Menü "Lieblings Momente" - konventionell und vegan. Beide Varianten serviert man mittags als kleineres "Tasting Menü", zusätzlich Business Lunch. Schön die Weinkarte mit rund 450 Positionen, passend die Empfehlungen zum Menü. Im Sommer mit hübscher Terrasse.

🏵️ 🛋️ ♿ 🅿️ – Preis: €€€

Basler Straße 20 ✉ 79639 – ☎ 07624 91720 – www.eckert-grenzach.de/e/
de.html – Geschlossen: Montag und Dienstag, mittags: Samstag

🕸️ RÜHRBERGER HOF

KLASSISCHE KÜCHE • TRENDY Seit 1902 gibt es das historische Anwesen als "Rührberger Hof". Dass es einmal landwirtschaftlich genutzt wurde, sieht man dem Haus heute nicht mehr an. Das schöne moderne Ambiente ist ein attraktiver Rahmen für die richtig gute klassisch basierte und regional-saisonal beeinflusste Küche. Mittags kommt das fair kalkulierte Tagesmenü gut an. Und wer übernachten möchte, findet hier gepflegte Gästezimmer in zeitgemäßem Design.

♿ 🛋️ ♿ 🅿️ – Preis: €€

Inzlinger Straße 1 ✉ 79639 – ☎ 07624 91610 – www.ruehrbergerhof.com –
Geschlossen: Montag und Dienstag

GROSSBUNDENBACH

Rheinland-Pfalz – Regionalatlas **5**–T2

☺ ### WURZELWERK

MARKTKÜCHE • GEMÜTLICH Zwei Häuser, 1875 als landwirtschaftliches Anwesen gebaut, beherbergen heute ein Gästehaus (am Wochenende mit Cafébetrieb) sowie ein Restaurant, in dem Patron Benjamin Bendzko frische Marktküche bietet. Für die geschmackvollen und angenehm unkomplizierten Gerichten werden ausgezeichnete und fast nur regionale Produkte verarbeitet. Ländlicher Charme und hübsche Deko machen es hier schön gemütlich. Im Sommer ist die Gartenterrasse der Renner!

🌇 ⇄ 🅿 – Preis: €€

Bergstraße 7 ✉ *66501 –* ☏ *06337 9952970 – www.gaestehaus-alte-baeckerei.de – Geschlossen: Dienstag und Mittwoch, mittags: Montag, Donnerstag-Sonntag*

GROSS-GERAU

Hessen – Regionalatlas **5**–U1

PIZARRO FINE DINING

PERUANISCH • ENTSPANNT Geschmackvoll und casual ist es hier - hübsche Details wie eine alte Kommode und eine klassische Stehlampe verleihen dem kleinen Restaurant fast ein bisschen Wohnzimmer-Feeling. Küchenchef Julio Pizarro kocht kreativ, wobei er gekonnt seine peruanischen Wurzeln sowie viele Jahre internationale Gastronomie-Erfahrung einbindet. Diesen interessanten Mix gibt es in Form eines Menüs, das den Fokus auf Fisch und Meeresprodukte legt. Schön die Terrasse mit Blick auf das historische Fachwerk-Rathaus.

🎴 🌇 – Preis: €€€€

Frankfurter Straße 13 ✉ *64521 –* ☏ *0177 7447204 – restaurant-pizarro.de – Geschlossen: Montag, Dienstag, Sonntag, mittags: Mittwoch-Samstag*

GROSSHEUBACH

Bayern – Regionalatlas **5**–U1

☺ ### ZUR KRONE

MARKTKÜCHE • GASTHOF Schon seit 1969, inzwischen in 2. Generation, wird das Gasthaus von Familie Restel geführt. Ihr Engagement merkt man nicht zuletzt an der schmackhaften saisonal beeinflussten Küche. Dazu gibt es eine gut sortierte Weinkarte mit Bezug zur Region. Schön sitzt man auch auf der begrünten Terrasse. Gepflegt übernachten kann man ebenfalls.

🌇 ⇄ 🅿 – Preis: €€

Miltenberger Straße 1 ✉ *63920 –* ☏ *09371 2663 – gasthauskrone.de – Geschlossen: Montag und Dienstag*

GROSS-UMSTADT

Hessen – Regionalatlas **5**–U1

FARMERHAUS

AFRIKANISCH • EXOTISCHES AMBIENTE Hier heißt es "African Flair"! Das gilt für die südafrikanische Küche ebenso wie für die authentische Deko in dem gemütlichen Restaurant. Die erhöhte Lage am Waldrand zwischen Weinreben und Obstbäumen macht die Terrasse zum Highlight - an warmen Sommerabenden kommt da bei schöner Aussicht und tollen Sonnenuntergängen durchaus Afrika-Feeling auf! Zum Übernachten: Hotel "Farmerhaus Lodge" im Zentrum.

⪻🅟 – Preis: €€€
Am Farmerhaus 1 ✉ *64823 –* ☎ *06078 911191 – www.farmerhaus.de –*
Geschlossen: Montag, Dienstag, Sonntag, mittags: Mittwoch-Samstag

GRÜNWALD
Bayern – Regionalatlas **6**–X3

ALTER WIRT
Chef: Michael Kaiser
REGIONAL • LÄNDLICH Sympathisch-leger ist es in dem modern-rustikal gehaltenen
Restaurant. Man legt Wert auf Bioprodukte und bietet eine saisonal und regional aus-
gerichtete Küche mit zusätzlicher Tageskarte. Zum Übernachten hat man gepflegte,
mit Naturmaterialien nach ökologischen Gesichtspunkten ausgestattete Zimmer.
🌱 *Engagement des Küchenchefs:* Familie Portenlänger ermöglicht
mir die Verarbeitung bester Bio-Produkte vom Brot bis zum Fleisch aus der
Region. Aber „Bio" und „Nachhaltigkeit" werden auch gelebt, Solarstrom, keine
Einwegprodukte, regelmäß persönlicher Austausch mit den Erzeugern, selbst die
Hotelzimmer sind „baubiologisch".
🛜🅟 – Preis: €€
Marktplatz 1 ✉ *82031 –* ☎ *089 6419340 – www.alterwirt.de – Geschlossen:*
Montag

CHANG
ASIATISCH • ZEITGEMÄSSES AMBIENTE Die Fahrt nach Grünwald lohnt sich:
Hier bietet man eine breite Palette an asiatischen Speisen. Neben Sushi-Variationen
sind Currys und Wok-Gerichte die Highlights. Im Fokus steht die Qualität der
Produkte. Drinnen geradliniges Ambiente samt einsehbarer Küche, draußen die
schöne überdachte Terrasse. Tipp: Wenige Meter entfernt parken Sie kostenfrei in
der Garage am Marktplatz.
🛜 – Preis: €€€
Marktplatz 9 ✉ *82031 –* ☎ *089 64958801 – chang-restaurant.de – Geschlossen:*
Dienstag

GULDENTAL
Rheinland-Pfalz – Regionalatlas **5**–T1

DER KAISERHOF 🆕
SAISONAL • CHIC Der bereits in 4. Generation familiengeführte Kaiserhof über-
rascht hinter seiner traditionellen Gasthausfassade mit schickem frischem Interieur.
Über die offene Küche betritt man den geschmackvoll designten Gastraum. Hier
können die Gäste den Köchen auch beim Kochen über die Schulter schauen.
Es gibt ein saisonal ausgerichtetes Menü mit sieben Gängen. Das Küchenteam
serviert mit und erklärt die Speisen. Im Sommer hat man im kleinen Innenhof eine
Terrasse. Gepflegt übernachten können Sie ebenfalls.
🛜🅟 – Preis: €€
Hauptstraße 2 ✉ *55452 –* ☎ *06707 94440 – www.k-guldental.de – Geschlossen:*
Dienstag und Mittwoch, mittags: Montag, Donnerstag-Sonntag

GUMMERSBACH
Nordrhein-Westfalen – Regionalatlas **3**–K3

❀ MÜHLENHELLE
FRANZÖSISCH-MODERN • ELEGANT Was für ein tolles Anwesen! Mit dieser
herrlichen Villa haben sich Michael und Brigitta Quendler einen absolut repräsentativen Ort ausgesucht, um ihre Gäste zu verwöhnen. Eleganter Stil, warme Töne,

schöner Holzfußboden, große Sprossenfenster..., wirklich einladend! Dazu kommen der aufmerksame und kompetente Service sowie die Küche von Michael Quendler. Er kocht auf klassischer Basis, aber dennoch modern und angenehm unkompliziert - gelungen bringt er die verschiedenen Aromen der ausgezeichneten Produkte auf dem Teller zusammen. Es gibt zwei Menüs (eines davon vegetarisch/vegan), deren Gerichte Sie auch mischen oder à la carte bestellen können. Sehr gut die Auswahl an Flaschenweinen - oder Sie verlassen sich auf die Empfehlungen der charmanten Chefin! Zum Übernachten hat man wohnliche Gästezimmer.

🕸 ⌖ 🅰 🈺 🅿 – Preis: €€€€

Hohler Straße 1 ✉ 51645 – ℰ 02261 290000 – www.muehlenhelle.de –
Geschlossen: Montag-Mittwoch, mittags: Donnerstag-Samstag

🅰 MÜHLENHELLE - BISTRO

MARKTKÜCHE • BISTRO Das hübsche Bistro mit der angenehm luftigen Atmosphäre ist eine richtig nette Alternative zum Gourmetrestaurant. Auch hier isst man gut, in der einsehbaren Küche entstehen schmackhafte saisonale Speisen mit Wild, Spargel, Matjes etc. Eine schöne Weinauswahl bietet man ebenfalls. Dazu herzlicher Service mit persönlicher Note.

🕸 ⌖ 🅰 🈺 🅿 – Preis: €€

Hohler Straße 1 ✉ 51645 – ℰ 02261 290000 – www.muehlenhelle.de

GUNDELFINGEN

Baden-Württemberg – Regionalatlas **7**–B1

BAHNHÖFLE

FRANZÖSISCH-KLASSISCH • LÄNDLICH In dem kleinen Häuschen am Gundelfinger Bahnhof sitzt man in legerer Atmosphäre (dekorativ die Bilder einer jungen polnischen Künstlerin), sehr schön die Terrasse vor dem Haus! Thierry Falconnier ist einer der großen Klassiker im Raum Freiburg, entsprechend seiner Herkunft kocht er französisch - angenehm reduziert und schmackhaft. Tipp: die Enten- oder Fischgerichte.

🈺 ⌖ – Preis: €€

Bahnhofstraße 16 ✉ 79194 – ℰ 0761 5899949 – bahnhoefle-gundelfingen.
eatbu.com/?lang=en – Geschlossen: Dienstag und Mittwoch, mittags: Montag,
Donnerstag-Samstag

HAAN

Nordrhein-Westfalen – Regionalatlas **3**–J3

ESSENSART

INTERNATIONAL • FREUNDLICH Trotz der etwas versteckten Lage hat man sich hier mit saisonaler Küche einen Namen gemacht. Das Angebot reicht vom vegetarischen Menü bis zu internationalen Gerichten. Die Gastgeber sind herzlich-engagiert, das Ambiente freundlich, draußen die nette überdachte Terrasse.

🈺 🅿 – Preis: €€

Bachstraße 141 ✉ 42781 – ℰ 0212 9377921 – www.essensart-haan.de –
Geschlossen: Montag und Dienstag, mittags: Mittwoch-Samstag, abends:
Sonntag

HÄUSERN

Baden-Württemberg – Regionalatlas **7**–B1

KAMINO

MEDITERRAN • GEMÜTLICH Aus dem einstigen "Chämi-Hüsli" der Familie Zumkeller ist das gemütliche "Kamino" entstanden. Hier gibt es frische mediterrane Küche mit Tapas und Gerichten wie "gebratener Pulpo & Garnelen, Mojosauce, marokkanischer Couscous". Auch Klassischeres findet sich auf der Karte. Zum Übernachten gibt es zwei hübsche, wohnliche Gästezimmer.

🍴 ⇆ 🅿 – Preis: €€€

Sankt-Fridolin-Straße 1 ⊠ 79837 – 📞 07672 4819970 – restaurant-kamino.de – Geschlossen: Dienstag und Mittwoch, mittags: Montag und Donnerstag

HAIGER
Hessen – Regionalatlas **3**–K3

VILLA BUSCH
INTERNATIONAL • **ELEGANT** Die schöne aufwändig renovierte Villa in erhöhter Lage bietet im Sommer nicht nur eine sehr hübsche Terrasse, auch das Interieur des Restaurants ist geschmackvoll mit seinen Stuckdecken, Dielenboden und modernen Designerstühlen. Aus der Küche des Patrons kommen Gerichte mit mediterranen und asiatischen Einflüssen, darunter viele Fischgerichte. Dazu wird man mit Herz und Charme betreut.

🍴 – Preis: €€

Westerwaldstraße 4 ⊠ 35708 – 📞 02773 9189031 – www.villabusch.com – Geschlossen: Montag und Dienstag, mittags: Samstag

HALLE (SAALE)
Sachsen-Anhalt – Regionalatlas **4**–P2

🕸 SPEISEBERG
MODERNE KÜCHE • **MINIMALISTISCH** Man muss schon ein bisschen Zeit mitbringen, doch ein Besuch in dem Restaurant in Halles bekannter traditionsreicher "Bergschenke" lohnt sich! Geboten wird ausschließlich ein Menü, in dem ausgezeichnete Produkte im Mittelpunkt stehen. Das Menü beginnt für alle Gäste um 19.15 Uhr (max. 12 Personen pro Abend). Diese sitzen in dem schön oberhalb der Saale gelegenen Restaurant in modernem, fast schon puristischem Ambiente. Umsorgt wird man geschult und freundlich-leger, die Gerichte werden ausführlich vorgestellt. Toll im Sommer die Terrasse für den Apero. Sa. und So. kleiner Mittagstisch sowie Kaffee und Kuchen. Hinauf zur "Bergschenke" geht es zu Fuß über eine Treppe oder über die Zufahrt hinter dem Haus.

🅿 – Preis: €€€

Kröllwitzer Straße 45 ⊠ 06120 – 📞 01525 6029306 – www.speiseberg.com – Geschlossen: Montag, Dienstag, Sonntag, mittags: Mittwoch-Samstag

HALTERN AM SEE
Nordrhein-Westfalen – Regionalatlas **3**–J2

🕸 RATSSTUBEN
Chef: Daniel Georgiev
MODERNE KÜCHE • **ELEGANT** Das kleine "Ratshotel" mitten in der Altstadt, nur ein Katzensprung vom Marktplatz mit der markanten Kirche St. Sixtus, hat nicht nur hübsche wohnliche Zimmer, es ist auch gastronomisch interessant. Patron und Küchenchef Daniel Georgiev bereitet ein modernes Menü mit ausgesuchten Produkten und internationalen Einflüssen zu. Di. - Do. gibt es zusätzlich das Menü „La Surprise". Die schöne Weinkarte umfasst über 300 Positionen – gut die Champagner-Auswahl. Die charmante Gastgeberin Petra Georgieva und ihr Team umsorgen Sie freundlich, aufmerksam und geschult. Dazu chic-elegantes Interieur, Eyecatcher ist der begehbare Weinklimaschrank. Als bürgerliche Alternative bietet die "Gute Stube" u. a. Steaks.

🅰🅲 – Preis: €€€€

Mühlenstraße 3 ⊠ 45721 – 📞 02364 3465 – hotel-haltern.de – Geschlossen: Montag und Sonntag, mittags: Dienstag-Samstag

HAMBURG

Hamburg – Regionalatlas **10**-15

Zurück unter den Sternen begrüßen wir die Restaurants **Atlantic** und **Petit Amour**. Erstmals besternt ist auch **THE LISBETH** in Hamburgs ältester Straße. Auch das Restaurant **GRILL** im **Hotel Vier Jahreszeiten** an der Hamburger Binnenalster läutet frisch renoviert eine neue Äre ein. Im selben Haus finden Sie natürlich auch nach wie vor das zweifach besterne luxuriöse **Haerlin**. Als trendige Adressen seien das belebte east auf Sankt Pauli oder das nicht ganz zentral gelegene gelegene **HYGGE Brasserie & Bar** mit seinem gemütlichen Ambiente zu nennen. Ebenfalls etwas außerhalb befindet sich **Stocks Restaurant** - ideal für richtig gute Fischgerichte unter Reetdach. Wer es gerne unkompliziert und einfach hat und japanische Nudeln mag, geht auf eine Schale Ramen ins **Momo Ramen**.

UNSERE RESTAURANTAUSWAHL

HAMBURG

STERNE-RESTAURANTS

✿✿✿

Eine einzigartige Küche – eine Reise wert!

✿✿

Eine Spitzenküche - einen Umweg wert!

✿

Eine Küche voller Finesse - seinen Stopp wert!

BIB GOURMAND 🏠

THERE IS ETERNITY
IN EVERY BLANCPAIN

The spirit to preserve.

Fifty Fathoms
Collection

"Creation"
Wildlife Photographer
of the Year 2021
Grand Title winner
© Laurent Ballesta

BLANCPAIN
MANUFACTURE DE HAUTE HORLOGERIE

CHAMPAGNE
PERRIER-JOUËT

Fill your world with wonder

ENJOY RESPONSIBLY

foodandwinephotography/Getty Images Plus

RESTAURANTS AM SONNTAG GEÖFFNET

UNSERE RESTAURANTAUSWAHL

ALLE RESTAURANTS VON A BIS Z

HAMBURG

from_my_point_of_view/Getty Images Plus

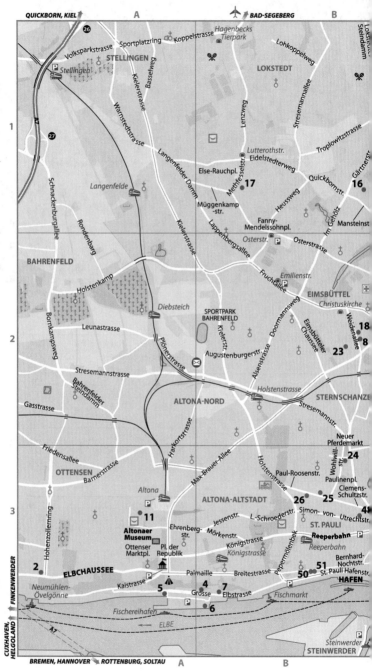

QUICKBORN, KIEL

BAD-SEGEBERG

A

B

Lokstedt
Steindamm

Volksparkstrasse
Sportplatzring
Koppelstrasse
Hagenbecks
Tierpark
Lohkoppelweg

STELLINGEN
LOKSTEDT

Stellingen

Kielerstrasse
Basselweg

Stresemannallee

Troplowitzstrasse

Warnstedtstrasse
Langenfelder Damm
Lenzweg
Lutterothstr.
Eidelstedterweg
Gärtnerstr

Schnackenburgallee
Langenfelde
Else-Rauchpl.
Metfnesselstr.
17
Quickbornstr.
16

Rondenberg
Müggenkamp-str.
Heussweg
Im Gehölz
Mansteinstr.

Kielerstrasse
Lappenbergsallee
Fanny-Mendelssohnpl.

BAHRENFELD
Holstenkamp
Osterstr.
Osterstrasse

Bornkampsweg
Leunastrasse
Diebsteich
SPORTPARK
BAHRENFELD
Kielstr.
Emilienstr.
Fruchtallee
EIMSBÜTTEL
Christuskirche

Pionerstrasse
Augustenburgerstr.
Alsenstrasse
Doormannsweg
Eimsbütteler Chaussee
Weidenallee
18
8
23

Stresemannstrasse
Bahrenfelder Steindamm
Holstenstrasse
Holstenstrasse
STERNSCHANZE
Stresemannstr.

Gasstrasse
Friedensallee
ALTONA-NORD
Neuer Pferdemarkt
24

OTTENSEN
Barnerstrasse
Harkortstrasse
Max-Brauer-Allee
Holstenstrasse
Paul-Roosenstr.
Wohlwillstr.
Paulinenpl.
Clemens-Schultzstr.

Altona
11
ALTONA-ALTSTADT
26
25
Simon- von- Utrechtstr.
48

Hohenzollernring
Altonaer Museum
Ottenser Marktpl.
Pl. der Republik
Ehrenberg-str.
Mörkenstr.
Jessenstr.
L.-Schroederstr.
ST. PAULI
Reeperbahn
Reeperbahn
51

2
ELBCHAUSSEE
Kaistrasse
Königstrasse
Königstrasse
Palmaille
Breitestrasse
Bernhard-Nochtstr.
St. Pauli Hafenstr.
HAFEN
50

Neumühlen-Övelgönne
5
4
7
Grosse
Elbstrasse
6
Fischmarkt

Fischereihafen
ELBE
Steinwerder

A7
STEINWERDER

CUXHAVEN, HELGOLAND
FINKENWERDER

BREMEN, HANNOVER
ROTTENBURG, SOLTAU
A
B

220

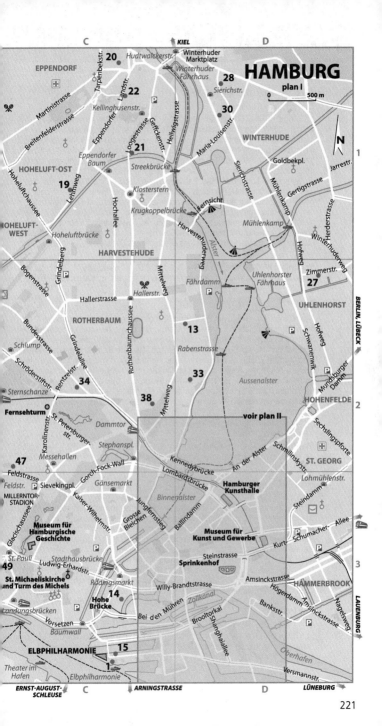

❀❀❀ THE TABLE KEVIN FEHLING

Chef: Kevin Fehling

KREATIV • DESIGN In seinem Menü "Das Tor zur Welt" bedient sich Kevin Fehling verschiedener Komponenten und Aromen, sei es asiatisch, orientalisch oder südamerikanisch, und verbindet sie auch gerne im Crossover-Stil mit der klassisch-französisch basierten Küche. Das verleiht z. B. "Aal nach japanischer Art, 'Unagi' & geräuchert, ungestopfte Gänseleber, Nori, Wasabi & Shiso" gelungene Kontraste. Es muss aber nicht immer in die weite Ferne gehen, so überzeugt z. B. "Crépinette von der Wachtel & konfierte Keule, Ratatouille-Kuchen, Sardine & Gremolata" ebenso durch Produktqualität, Präzision und geschmackliche Tiefe. Nicht nur bei diesen beiden Gerichten kommen die ausgezeichneten Hauptprodukte als „Mehrteiler" auf den Tisch und werden so durch ihre verschiedenen Interpretationen toll in Szene gesetzt. An dem namengebenden langen geschwungenen Tresen erlebt man in stylischer lockerer Atmosphäre das Geschehen in die offene Küche – alles läuft absolut reibungslos, wie ein bestens eingespieltes Orchester!

⌂ – Preis: €€€€

Stadtplan: F3-10 – Shanghaiallee 15 ✉ 20457 – ☏ 040 22867422 – thetable-hamburg.de – Geschlossen: Montag und Sonntag, mittags: Dienstag-Samstag

❀❀ BIANC

MEDITERRAN • DESIGN Hier bringt ein gebürtiger Italiener südliche Aromen nach Hamburg. Matteo Ferrantino, der zuvor im portugiesischen Albufeira zusammen mit Dieter Koschina die Küche des 2-Sterne-Restaurants der "Vila Joya" leitete, gibt mit den Menüs "Emotion" und "Garten" (vegetarisch) eine modern-kreative mediterrane Küche zum Besten. Jedes Menü beginnt mit einer Vielzahl gleichzeitig servierter Amuses Bouches und endet mit einer Reihe ebenso feiner Petits Fours. Dazwischen z. B. "Loup de Mer, Steinpilze, Spinat" oder "Sot-l`y-laisse, Carbonara Ravioli, Schwarzer Sommertrüffel". Mit viel Geschmack und technischer Finesse bereitet er top Produkte zu schafft dabei ausgesprochen interessante Kombinationen. Dazu hat Architektin Julia Erdmann ein schickes Ambiente mit Piazza-Flair geschaffen - Blick in die Küche inklusive.

⌂ Ⓚ – Preis: €€€€

Stadtplan: E3-32 – Am Sandtorkai 50 ✉ 20457 – ☏ 040 18119797 – www.bianc.de/en – Geschlossen: Montag, Dienstag, Sonntag, mittags: Mittwoch-Samstag

❀❀ HAERLIN

FRANZÖSISCH-KREATIV • LUXUS Wer in Hamburg die Verbindung aus Historie, noblem Chic und exzellenter Küche sucht, kommt an diesem eleganten Gourmetrestaurant im legendären "Fairmont Hotel Vier Jahreszeiten" mit schönem Blick auf die Binnenalster nicht vorbei. Seit vielen Jahren ist Küchenchef Christoph Rüffer hier mit seinen saisonalen und auf erstklassigen Produkten basierenden Menüs der Garant für Kontinuität und ständige Evolution - gewissermaßen eine Institution unter den gehobenen Küchen der Hansestadt. Gerichte wie z. B. "Gewürz-Ente von 'Odefey & Töchter', Holunderbeerenjus, Blutwurst-Muffin & Blaukraut" glänzen mit Präzision und herrlich intensivem Geschmack. In stilvoll-luxuriösem Ambiente wird man von einer versierten klassischen Servicebrigade umsorgt, ausgezeichnet die Weinkarte. Empfehlenswert auch die Weinbegleitung zum Menü.

⌂ ≼ & Ⓚ ✿ – Preis: €€€€

Stadtplan: E1-31 – Neuer Jungfernstieg 9 ✉ 20354 – ☏ 040 34943310 – restaurant-haerlin.de/de – Geschlossen: Montag und Sonntag, mittags: Dienstag-Samstag

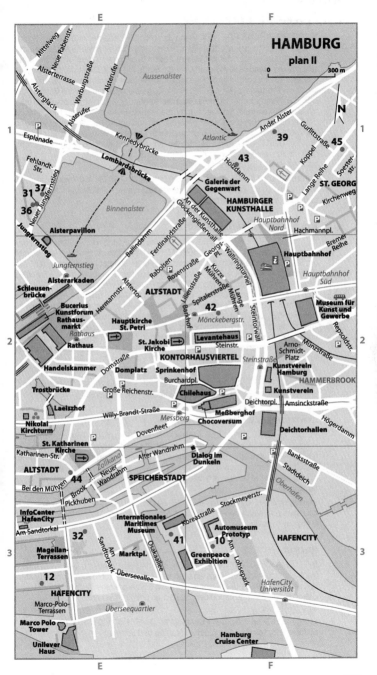

HAMBURG

plan II

0   300 m

N

E   F

Mittelweg
Neue Rabenstr.
Alsterterrasse
Warburgstraße
Alsterglacis
Alsterufer

Aussenalster

Ander Alster
Gurlittstraße

Esplanade

Atlantic

39

45

Koppel

Soester-
str.

Fehlandt-
Str.

Kennedybrücke

43

Holzdamm

Lange Reihe
ST. GEORG

Kirchenweg

Lombardsbrücke

37
31
36

Neuer Jungfernstieg

Binnenalster

Galerie der
Gegenwart

**HAMBURGER
KUNSTHALLE**

An der Kunsthalle
Glockengießerwall

Hauptbahnhof
Nord

Hachmannpl.

Bremer
Reihe

Jungfernstieg

Alsterpavillon

Ballindamm

Ferdinandstraße

Hauptbahnhof

Hauptbahnhof
Süd

Jungfernstieg

Alsterarkaden

Alstertor

Hermannstr.

Raboïsen
Rosenstraße

Georgspl.
Georgs
Kurze
Mühren

Wallringtunnel

**Schleusen-
brücke**

**Bucerius
Kunstforum**

**Rathaus-
markt**

Rathaus

Barkhof
Lilienstraße

Spitalerstraße

Lange
Mühren

Steintorwall

**Museum für
Kunst und
Gewerbe**

Repsoldstr.

42

Mönckebergstr.

ALTSTADT

**Hauptkirche
St. Petri**

**St. Jakobi
Kirche**

Levantehaus

Steinstr.

KONTORHAUSVIERTEL

Steinstraße

Arno-
Schmidt-
Platz

Münzstraße

**Kunstverein
Hamburg**

HAMMERBROOK

Handelskammer

Domstraße

Domplatz

Sprinkenhof

Burchardpl.

Kunstverein

Trostbrücke

Große Reichenstr.

Chilehaus

Deichtorpl.

Amsinckstraße

Högerdamm

Laeiszhof

Willy-Brandt-Straße

Messberg

**Meßberghof
Chocoversum**

Deichtorhallen

**Nikolai
Kirchturm**

Dovenfleet

**St. Katharinen
Kirche**

Bankssstraße

Stadtdeich

Oberhafen

Katharinen-Str.

ALTSTADT

Zollkanal

Alter Wandrahm

**Dialog im
Dunkeln**

Bei den Mühren

44

Neuer
Wandrahm

SPEICHERSTADT

Stockmeyerstr.

Brook

Pickhuben

**InfoCenter
HafenCity**

Am Sandtorkai

32

Am Sandtorpark

**Internationales
Maritimes
Museum**

41

Koreastraße

Osakaallee

**Automuseum
Prototyp**

10

Am Lohsepark

HAFENCITY

**Magellan-
Terrassen**

Marktpl.

**Greenpeace
Exhibition**

Überseeallee

12

HAFENCITY

Überseequartier

HafenCity
Universität

Marco-Polo-
Terrassen

**Marco Polo
Tower**

**Unilever
Haus**

**Hamburg
Cruise Center**

E   F

❀❀ LAKESIDE

MODERNE KÜCHE • DESIGN Wenn Sie in der 7. Etage des imposanten Hotels "The Fontenay" aus dem Lift steigen, finden Sie sich in einem luftigen, lichtdurchfluteten Raum wieder, der mit klarem Design in elegantem Weiß sowie mit einer schlichtweg grandiosen Aussicht über die Stadt und die Außenalster besticht. Die moderne Küche von Julian Stowasser kommt komplex, aber nie überladen daher, klasse die Produkte, exakt das Handwerk. Es gibt ein Menü mit sieben Gängen, die sich z. B. "Bretonischer Hummer, Ananas, Koriander, Zitronengrasbouillon" oder "Challans Entenbrust, Schwarzwurzel, Mandarine, Ingwer" nennen. Top geschult der Service unter Michel Buder: professionell und ungezwungen, eingespielt und gut koordiniert - tolle Weinempfehlung durch Sommelière Stefanie Hehn inklusive. Wer vor dem Essen einen Apero in der schicken Bar in der 6. Etage einnimmt, gelangt über eine geschwungene Treppe hinauf ins Restaurant.

🕸 ⟨ 🎴 ↺ 🅿 – Preis: €€€€

Stadtplan: D2-33 – Fontenay 10 ✉ 20354 – 𝒸 040 60566050 – www. thefontenay.com/restaurants-bar/lakeside-restaurant – Geschlossen: Montag und Sonntag, mittags: Dienstag-Samstag

❀ ATLANTIC RESTAURANT 🆕

FRANZÖSISCH-ZEITGEMÄSS • ELEGANT Nach längerer Schließung ist das „Atlantic Restaurant" des luxuriösen „Hotel Atlantic" direkt an der Alster wieder am Start. Hier bietet Küchenchef Alexander Mayer (zuletzt im „Wintergarten" des „Brenners Park-Hotel & Spa" in Baden-Baden) sein Menü "Identité" – oder als vegetarisches Pendant das Menü "Flora". In Gerichten wie z. B. "Wildfang-Zander, Tom Kha-Beurre Blanc, Gai-Lan, grüne Mango, Melisse" verbindet er seine Liebe zur französischen Klassik (geprägt durch seine Zeit bei Jean-Claude Bourgueil im Düsseldorfer „Schiffchen") mit modernem Stil und asiatischen Einflüssen. Nicht zuletzt sein Mut zum Würzen bringt Kraft und Aroma. Geradezu ein Muss sind auch Atlantic-Klassiker wie die legendäre Hummersuppe. Top die Produktqualität. Dazu ein routiniertes, charmantes und versiertes Serviceteam sowie elegantes Ambiente.

Preis: €€€€

Stadtplan: F1-43 – An der Alster 72 ✉ 20099 – 𝒸 040 2888860 – brhhh.com/ atlantic-hamburg/taste – Geschlossen mittags: Montag-Sonntag

BOOTSHAUS BAR & GRILL

FLEISCH • ZEITGEMÄSSES AMBIENTE Das "Bootshaus" liegt mitten in der HafenCity. Gemütlich sitzt man im "Boot" mit Blick in die offene Küche - oder möchten Sie lieber vom luftig-lichten Barbereich auf den Grasbrookhafen schauen? Im Mittelpunkt steht Fleisch vom Josper-Grill: "New York Strip", "Rib Eye"... - genau richtig zubereitet! Dazu eine große Auswahl an Beilagen und gute Saucen.

🎴 🍽 – Preis: €€

Stadtplan: E3-12 – Am Kaiserkai 19 ✉ 20457 – 𝒸 040 33473744 – www. bootshaus-hafencity.de – Geschlossen: Montag und Sonntag, mittags: Dienstag-Samstag

BROOK

INTERNATIONAL • BISTRO Eine beliebte Adresse! Abends ist die hübsch angestrahlte Speicherstadt vis-à-vis ein schöner Anblick, da sitzt man im Sommer natürlich gerne draußen - dafür gibt es vor dem Eckhaus einige Tische an der Straße. Gekocht wird mit internationalen, deutschen und klassischen Einflüssen.

🍽 – Preis: €€

Stadtplan: E3-44 – Bei den Mühren 91 ✉ 20457 – 𝒸 040 37503128 – www. restaurant-brook.de – Geschlossen: Montag und Sonntag

BUTCHER'S AMERICAN STEAKHOUSE

FLEISCH • FAMILIÄR Steak-Liebhaber aufgepasst! Hier setzt man auf exklusives US Prime Beef, und das steht in Form von unterschiedlichen Cuts auf dem Teller absolut im Mittelpunkt! Und das Drumherum passt bestens zur Küche: Typische Steakhouse-Atmosphäre nach amerikanischem Vorbild sorgt für ein stimmiges Bild. Tipp: Besonders gemütlich hat man es im Winter am Kamin.

⇩ – Preis: €€€

Stadtplan: D2-13 – *Milchstraße 19* ✉ *20148* – ☏ *040 446082* – *www.butchers-steakhouse.de* – *Geschlossen: Sonntag, mittags: Montag-Samstag*

CARLS BRASSERIE AN DER ELBPHILHARMONIE

DEUTSCH • BRASSERIE Mit Blick auf die Elbe und die Elbphilharmonie genießt man hier in lebendig-legerer und zugleich eleganter Brasserie-Atmosphäre gehobene norddeutsche Küche wie z. B. Fischeintopf oder Seezunge im Ganzen. Die Lage ist einmalig, da sind natürlich die Fensterplätze gefragt. Und im Sommer ist die Terrasse praktisch ein Muss. Im Bistro nebenan serviert man Bowls und Tartines. Auch eine Weinbar gehört zum Haus.

⇐ ᕦ 🖼 🍴 ⇩ – Preis: €€

Stadtplan: C3-1 – *Am Kaiserkai 69* ✉ *20457* – ☏ *040 300322400* – *carls-brasserie.de*

COX

INTERNATIONAL • BISTRO Mit ihrer sympathisch-legeren Atmosphäre ist diese Adresse ein Bistro im besten Sinne! Das Lokal zieht ein bunt gemischtes Publikum an, das von einem freundlichen und aufmerksamen Serviceteam umsorgt wird. Beliebt ist auch das günstige Mittagsangebot.

Preis: €€

Stadtplan: F1-45 – *Lange Reihe 68* ✉ *20099* – ☏ *040 249422* – *www.restaurant-cox.de/cox_home_de.html* – *Geschlossen: Montag und Sonntag, mittags: Samstag*

GRILL

FRANZÖSISCH-KLASSISCH • ELEGANT Seit September 2023 erstrahlt der "GRILL" in neuem Glanz. In dem Restaurant im "Hotel Vier Jahreszeiten" an der Hamburger Binnenalster schaffen kaukasischer Nussbaum, warme Farben wie Olivgrün und Taubenblau zusammen mit einem Kaminfeuer eine elegante, wohnliche Atmosphäre und unterstreichen den Einklang von Tradition und Moderne. Auf der Karte finden sich Seafood-Spezialitäten wie Austern und Lobster sowie Klassiker wie Steak Tatar und Special Cuts aus dem „Southbend" Infrarot-Steak-Grill.

⇐ ᕦ 🖼 – Preis: €€€€

Stadtplan: E1-36 – *Neuer Jungfernstieg 9* ✉ *20354* – ☏ *040 34940* – *hvj.de/de/grill.html*

HENRIKS

INTERNATIONAL • DESIGN Dieses stylische Restaurant ist beliebt. Drinnen sitzt man in schickem Ambiente, draußen auf der schönen Terrasse unter den Bäumen. Das Angebot ist ein Mix aus asiatischer, mediterraner und regionaler Küche samt Grillgerichten, Hummer und Kaviar. Dazu eine gute Weinauswahl.

ᕦ 🖼 🍴 – Preis: €€€

Stadtplan: C2-38 – *Tesdorpfstraße 8* ✉ *20148* – ☏ *040 288084280* – *www.henriks.cc*

HAMBURG

HERITAGE

INTERNATIONAL • TRENDY Das Restaurant bietet nicht nur einen fantastischen Ausblick auf die Alster, auch die Küche lockt. Es gibt Internationales wie "Nordsee-Steinbutt mit Belugalinsen und Limonen-Hollandaise" oder erstklassige gereifte Steaks mit besonderem Aroma - dem 800°-US-Southbend-Broiler sei Dank!

&. Ⓐ – Preis: €€€€

Stadtplan: F1-39 – *An der Alster 52* ✉ *20099* – ℰ *040 21001090* – *www. heritage-restaurants.com/hamburg* – *Geschlossen mittags: Montag-Sonntag*

KINFELTS KITCHEN & WINE

MARKTKÜCHE • CHIC In unmittelbarer Nähe zur Elbphilharmonie betreibt der aus dem "Trüffelschwein" bekannte Kirill Kinfelt dieses Restaurant. Chic-modern ist die Einrichtung hier, ambitioniert und zugleich bodenständig die regional-saisonal ausgerichtete Küche. Die schöne Weinauswahl zeigt fundiertes Sommelierwissen. Für Ihre Reservierung stehen am Abend zwei Zeitfenster zur Verfügung.

⅋ 🏠 – Preis: €€€

Stadtplan: C3-15 – *Am Kaiserkai 56* ✉ *20457* – ℰ *040 30068369* – *www. kinfelts.de* – *Geschlossen: Dienstag, mittags: Montag, Mittwoch-Samstag*

NIKKEI NINE

JAPANISCH • CHIC In diesem kulinarischen Hotspot in der Elbmetropole soll-ten Sie unbedingt reservieren! Stylish-elegant ist die Atmosphäre in dem in dun-klem Holz, Creme- und Goldtönen gehaltenen Restaurant, das sich im luxuriösen "Fairmont Hotel Vier Jahreszeiten" befindet. Geboten wird eine japanisch-inter-nationale Fusionsküche. Der Service sehr freundlich und präsent. Tipp: Man hat auch eine coole Bar!

Preis: €€€

Stadtplan: E1-37 – *Neuer Jungfernstieg 9* ✉ *20354* – ℰ *040 34943399* – *nikkei-nine.de/de* – *Geschlossen mittags: Montag-Sonntag*

STRAUCHS FALCO

INTERNATIONAL • TRENDY Neben dem "Maritimen Museum" finden Sie dieses stylish-schicke Restaurant. Hier in den Elbarkaden mitten in der HafenCity sitzt man natürlich auch gerne auf der Terrasse. Aus Küche kommt ein breites internationales Angebot mit Grillgerichten, Mediterranem wie z. B. Fisch- und Krustentiersuppe, deutschen Klassikern wie Labskaus und Wiener Schnitzel oder auch Pasta. Dazu "Bar & Deli".

🏠 – Preis: €€€

Stadtplan: E3-41 – *Koreastraße 2* ✉ *20457* – ℰ *040 226161511* – *falco-hamburg.de*

TSCHEBULL

ÖSTERREICHISCH • MONTAN In der 1. Etage der exklusiven Einkaufspassage ist der Bezug zu Österreich allgegenwärtig: als Deko in Form von Kuhglocken und Edelweiß-Motiv an der Decke sowie Bergpanorama-Wandbild, auf dem Teller in Form von Klassikern wie Alt Wiener Tafelspitz oder Kaiserschmarrn. Oder vielleicht die "Schmankerlvariation" zum Teilen? Legerer: Im "Beisl" serviert man an halbho-hen Tischen "Austrian Tapas". Schöne Auswahl an offenen Weinen.

⇔ – Preis: €€€

Stadtplan: F2-42 – *Mönckebergstraße 7* ✉ *20095* – ℰ *040 32964796* – *www. tschebull.de/de* – *Geschlossen: Montag und Sonntag*

AUSSERHALB DES ZENTRUMS

In Hamburg-Altona

✿ LANDHAUS SCHERRER

Chef: Heinz Otto Wehmann

KLASSISCHE KÜCHE • **ELEGANT** Heinz O. Wehmann gehört zum "Landhaus Scherrer" (übrigens mit frischem neuem Äußeren!) wie der "Michel" zu Hamburg! Schon seit 1980 ist er Küchenchef in dem 1976 von Armin und Emmi Scherrer eröffneten Restaurant (bereits seit 1978 mit einem, zeitweise sogar mit zwei MICHELIN Sternen ausgezeichnet!). Seit Jahren eine Selbstverständlichkeit: herausragende regionale, oftmals biozertifizierte Produkte! So klassisch wie das Ambiente - Hingucker ist nach wie vor das große erotische Gemälde! - sind auch die Speisen, so z. B. "Gratinierte Seezunge, Sellerie, Belper Knolle". Dazu beeindruckt der gewachsene Weinkeller mit über 10.000 Flaschen! Der Service aufmerksam und professionell, aber keineswegs steif. Alternative zur Gourmetküche: gute regionale Gerichte in "Wehmann's Bistro".

✿ Engagement des Küchenchefs: Seit 40 Jahren steht für mich Regionalität neben Qualität an oberster Stelle und dass wir bereits seit mehr als 10 Jahren biozertifiziert sind, macht mich stolz! Aber nicht nur meine Sterneküche profitiert davon, sondern auch die Umwelt, viele langjährige Mitarbeiter und natürlich die Ökonomie!

ᗷ ⓜ ⌂ ✧ ⓟ – Preis: €€€€

Stadtplan: A3-2 – *Elbchaussee 130* ✉ *22763* – ✆ *040 883070030* – *www. landhausscherrer.de* – *Geschlossen: Sonntag, mittags: Montag-Samstag*

✿ PETIT AMOUR ⓝ

Chef: Eike Iken

MODERN • **CHIC** Das "Petit Amour" ist mit neuem Team wieder am Start. Eike Iken, zuvor Souschef im "Votum", hat sich hier gemeinsam mit Partnerin und Restaurantleiterin Monique Lingg den Traum von der Selbstständigkeit erfüllt. Während der Patron und Küchenchef gelungen moderne, klassisch-französische und nordische Einflüsse kombiniert (toll z. B. "Handgetauchte Jakobsmuschel, Mandel, Kaviar, Alge"), werden Sie freundlich und fachlich versiert umsorgt. Auch die Köche kommen an den Tisch und erklären die Gerichte. Serviert wird ein 6-Gänge-Menü, zum Erweitern bietet man drei Zusatzgänge an. Ausgesucht die Weinbegleitung. In dem kleinen Restaurant mit seinen 12 Tischen herrscht eine sympathische, fast schon intime Atmosphäre, in der man sich wohlfühlt. Tipp: auf jeden Fall reservieren!

⌂ – Preis: €€€€

Stadtplan: A3-11 – *Spritzenplatz 11* ✉ *22765* – ✆ *040 30746556* – *petitamour-hh.com* – *Geschlossen: Montag und Dienstag, mittags: Mittwoch-Sonntag*

AM KAI

FISCH UND MEERESFRÜCHTE • **HIP** Trendig, hip und relaxed geht es in dem sympathischen Restaurant direkt am Wasser zu, toll der Blick auf den Containerhafen - vor allem im Sommer von der Terrasse! Aus der Küche kommt modernes Seafood - einige Gerichte sind übrigens auch zum Teilen geeignet. Vegetarisches und Veganes gibt es ebenfalls. Neben der A-la-carte-Auswahl bietet man ein Degustationsmenü mit sechs oder sieben Gängen.

⪡ ⌂ ⓟ – Preis: €€€

Stadtplan: B3-7 – *Große Elbstraße 145 b* ✉ *22767* – ✆ *040 38037730* – *amkai. hamburg* – *Geschlossen: Montag und Sonntag, mittags: Dienstag-Samstag*

FISCHEREIHAFEN RESTAURANT

FISCH UND MEERESFRÜCHTE • KLASSISCHES AMBIENTE Es ist und bleibt eine Institution - gewissermaßen das Hamburger "Wohnzimmer" für Fischliebhaber, ob Alt oder Jung! In elegantem hanseatisch-traditionellem Ambiente samt Hafenblick kommen topfrische Qualitätsprodukte vom Fischmarkt auf den Tisch, von "Nordsee-Steinbutt in Senfsauce" bis "Hummerragout mit Cognac".

⊰ 🏠 ⇔ 🅿 – Preis: €€€

Stadtplan: A3-5 – *Große Elbstraße 143* ✉ *22767* – ☎ *040 381816* – *www. fischereihafenrestaurant.de*

HENSSLER HENSSLER

ASIATISCHE EINFLÜSSE • MINIMALISTISCH Zwischen Holzhafen und Altonaer Fischmarkt, umgeben von zahllosen Fisch- und Meeresfrüchtehändlern, hat der bekannte TV-Koch Steffen Henssler sein puristisch gehaltenes Restaurant. Aus der Küche kommen vor allem modern interpretierte Sushi- und Sashimi-Zubereitungen, aber auch leckere warme Fisch- und Fleischgerichte. Reservierung ist hier mittags wie abends ratsam!

🅰 🏠 – Preis: €€€

Stadtplan: B3-4 – *Große Elbstraße 160* ✉ *22767* – ☎ *040 38699000* – *hensslerhenssler.de* – *Geschlossen: Montag und Sonntag*

RIVE

FISCH UND MEERESFRÜCHTE • BRASSERIE Die Betreiber des "Tschebull" leiten auch dieses herrlich direkt am Hafen gelegene Restaurant. Im Mittelpunkt stehen hier Fisch und Meeresfrüchte, von Büsumer Krabben über Kotelett vom Seeteufel bis Hummer vom Grill. Mit dem Wiener Schnitzel findet sich aber auch ein Fleisch-Klassiker auf der Karte. Im Sommer ist die wunderbare Terrasse praktisch ein Muss! Durchgehend warme Küche.

⊰ 🏠 – Preis: €€

Stadtplan: B3-6 – *Van-der-Smissen-Straße 1* ✉ *22767* – ☎ *040 3805919* – *www.rive.de* – *Geschlossen: Montag, mittags: Samstag*

In Hamburg-Duvenstedt

LENZ

REGIONAL • FREUNDLICH Hier bietet man in freundlicher und moderner Atmosphäre regionale Küche aus guten Produkten, von Labskaus über geschmorte Kalbsbäckchen bis zur roten Grütze. Mittags gibt es zudem ein einfacheres günstigeres Lunch-Angebot. Dazu eine ansprechende Weinkarte und aufmerksamer Service. Der lichte Wintergarten lässt sich übrigens im Sommer öffnen!

🅰 🏠 🅿 – Preis: €€

außerhalb Stadtplan – *Poppenbütteler Chaussee 3* ✉ *22397* – ☎ *040 60558887* – *restaurant-lenz.de* – *Geschlossen: Dienstag und Mittwoch*

In Hamburg-Eimsbüttel

❀ JELLYFISH

Chef: Stefan Fäth

FISCH UND MEERESFRÜCHTE • TRENDY Wer Fisch- und Meeresfrüchte-Küche mag, ist im "Jellyfish" genau richtig. Diese wird in Form eines Menüs mit vier, sechs oder acht Gängen angeboten. Hier findet man auch eine hervorragende "Ausnahme" in Form eines Fleisch- oder Geflügelgerichts. Ausgesuchte Produkte werden z. B. bei "Kanadischer Hummer 'Som Tam', Ananas, Erdnuss, Rettich" durchdacht und modern-kreativ zubereitet, toll das Handwerk. Und der Rahmen zum guten Essen? Das im Schanzenviertel gelegene Restaurant ist angenehm puristisch gehalten, die volle Aufmerksamkeit gilt der finessenreichen und interessanten Küche. Ein weiterer

Wohlfühlfaktor ist der pfiffige, aufmerksame und fachkundige junge Service, der auch die passenden Weine empfiehlt. Sa. + So. mittags kleine Bistrokarte.

🕸 – Preis: €€€€

Stadtplan: B2-8 – *Weidenallee 12* ✉ *20357* – ✆ *040 4105414* – *www. jellyfish-restaurant.de* – *Geschlossen: Dienstag und Mittwoch, mittags: Montag, Donnerstag, Freitag*

HEIMATJUWEL

KREATIV • MINIMALISTISCH Marcel Görke, in Hamburg kein Unbekannter, hat hier ein geradlinig-rustikales und angenehm legeres kleines Restaurant. Geboten wir eine kreativ-saisonale Küche aus regionalen Produkten, die in Form eines vegetarischen Menüs mit vier oder sechs Gängen serviert wird - als Hauptgang gibt es auch eine Alternative, mal Fisch, mal Fleisch. Sie können auch auf der kleinen Terrasse auf dem Gehweg sitzen.

🌣 – Preis: €€€

Stadtplan: B1-17 – *Stellinger Weg 47* ✉ *20255* – ✆ *040 42106989* – *www. heimatjuwel.de* – *Geschlossen: Montag und Sonntag, mittags: Dienstag-Samstag*

MOMO RAMEN

RAMEN • BÜRGERLICH Lust auf japanische Ramen? Dann sind Sie hier genau richtig! In dem hip-legeren Lokal serviert man frische hausgemachte Nudeln. Bei den aromatischen Gerichten legt man Wert auf regionale Produkte und verzichtet auf Zusatzstoffe. Mittags ist das Angebot reduziert. Witziges Detail: Die Toiletten sind mit japanischen Zeitungen tapeziert.

Preis: €€

Stadtplan: B2-23 – *Margaretenstraße 58* ✉ *20357* – ✆ *040 57226024* – *www. momo-ramen.de*

WITWENBALL

MODERNE KÜCHE • BISTRO Ein chic-modernes "Bistro deluxe" in einem ehemaligen Tanzlokal: hellgrüne Stühle und azurblaue Bänke, glänzende Marmortische, eine markante weiße Marmortheke, dazu dekorative Weinregale... Die themenbezogene Karte wechselt alle paar Wochen. Zu den richtig leckeren Gerichten gibt es über 300 Weine - hier legt man Wert auf ökologischen Anbau. Tipp: die Desserts!

🕸 🌣 – Preis: €€

Stadtplan: B2-18 – *Weidenallee 20* ✉ *20357* – ✆ *040 53630085* – *www. witwenball.com* – *Geschlossen: Dienstag, mittags: Montag, Mittwoch-Sonntag*

ZIPANG

JAPANISCH • MINIMALISTISCH "Zipang" bedeutet "Reich der aufgehenden Sonne", entsprechend fernöstlich ist hier das Konzept vom modern-puristischen Ambiente bis zur Küche. Neben typisch Japanischem wie Sushi, Sashimi und Tempura erwarten Sie aber auch westliche Einflüsse. Gut die Auswahl an hochwertigen Sake! Freundlich der Service. Einfacheres Lunch-Angebot.

Preis: €€€

Stadtplan: B1-16 – *Eppendorfer Weg 171* ✉ *20253* – ✆ *040 43280032* – *www. zipang.de* – *Geschlossen: Montag und Sonntag*

In Hamburg-Eppendorf

PIMENT

Chef: Wahabi Nouri

KREATIV • NACHBARSCHAFTLICH Was den Charme dieses Restaurants ausmacht? Neben schönem Ambiente in warmen Tönen und freundlichem, kompetentem Service sei hier in erster Linie die Küche von Wahabi Nouri zu nennen. Man spürt seine ganze Leidenschaft für Kochen! Die persönliche Note verdankt seine

HAMBURG

229

Küche dem Respekt vor seinen familiären Wurzeln. Nouri stammt aus Casablanca, so lässt er feine nordafrikanische Akzente einfließen, wie beispielsweise bei der "Berber-Gemüse-Tarte" oder der "Tajine vom Sot-l'y-laisse". Seine beiden Menüs basieren auf den besten saisonalen Produkten, mit denen er in technisch überaus geschickt gearbeiteten Kompositionen zahlreiche Nuancen stimmiger Gewürze und Aromen auf den Teller zaubert.

🍴 – Preis: €€€€

Stadtplan: C1-19 – *Lehmweg 29* ✉ *20251* – ☎ *040 42937788* – *restaurant-piment.de* – *Geschlossen: Mittwoch und Sonntag, mittags: Montag, Dienstag, Donnerstag-Samstag*

BRECHTMANNS BISTRO

ASIATISCHE EINFLÜSSE • **MINIMALISTISCH** Ausgesprochen beliebt in Hamburg ist das modern-puristische und sympathisch-legere Bistro der Brechtmanns. Gekocht wird asiatisch inspiriert, aber auch Regionales findet sich auf der Karte. Tipp: Probieren Sie mal die verschiedenen Varianten der Oldenburger Ente - auch im Sommer ein Genuss. Schön lässt es sich in der warmen Jahreszeit auch im Freien sitzen.

🍴 – Preis: €€

Stadtplan: C1-20 – *Erikastraße 43* ✉ *20251* – ☎ *040 41305888* – *www. brechtmann-bistro.de* – *Geschlossen: Montag-Sonntag*

CORNELIA POLETTO

ITALIENISCH • **FREUNDLICH** Ein wirklich nettes Restaurant in top Lage! Schön das wertige, modern-elegante Interieur, frisch die mediterran geprägte Küche, in der sich immer wieder deutliche italienische Einflüsse finden. Am Mittag bietet man ein interessantes 3-Gänge-Menü, am Abend ein großes Menü, dazu schmackhafte Gerichte à la carte. Probieren Sie mal die Antipasti! Freundlich und versiert der Service. Tipp: Im Sommer hat man auch ein paar Tische auf dem Gehsteig vor dem Haus. Zwischen Restaurant und Kochschule gibt es noch das "Paola's": ein Mix aus Bar und Deli - ideal für Aperitif oder Cocktails.

🍴 – Preis: €€€

Stadtplan: C1-22 – *Eppendorfer Landstraße 80* ✉ *20249* – ☎ *040 4802159* – *cornelia-poletto.de* – *Geschlossen: Montag und Sonntag*

STÜFFEL

MARKTKÜCHE • **CHIC** So attraktiv wie die Lage direkt am Isekai ist auch die saisonale Küche mit mediterranem und regionalem Einfluss. Aus guten Produkten entsteht z. B. "Steinbeißerfilet mit Tomaten-Brot-Salat & Basilikum". Dazu eine gut sortierte Weinkarte - der Chef berät Sie auch gerne selbst. Serviert wird in stylish-modernem Bistro-Ambiente oder auf der Terrasse am Kai.

🍴 – Preis: €€

Stadtplan: C1-21 – *Isekai 1* ✉ *20249* – ☎ *040 60902050* – *restaurantstueffel. de* – *Geschlossen: Montag und Dienstag, mittags: Mittwoch-Sonntag*

In Hamburg-Flottbeck

HYGGE BRASSERIE & BAR

REGIONAL • **BRASSERIE** Eine angesagte Adresse! "Hygge" (dänisch) steht für Geborgenheit, Vertrautheit, Gemeinschaft... Passend dazu geht es in dem hübschen Fachwerkhaus richtig sympathisch zu - das Interieur ist chic und stylish, die Atmosphäre angenehm lebendig, Herzstück ist der mittige Kamin. Serviert werden gute saisonal-regionale Gerichte, für die man viele Produkte von der eigenen Farm verwendet. Zur Wahl stehen das HYGGE-Menü und das Überraschungsmenü sowie Gerichte à la carte samt schönen Vegi-Optionen. Auch die trendige Bar-Lounge kommt an.

🛖🍴🅿 – Preis: €€

außerhalb Stadtplan – *Baron-Voght-Straße 179* ✉ *22607 –* 📞 *040 82274160 –*
www.hygge-hamburg.de – Geschlossen mittags: Montag-Sonntag

㉘ ZUR FLOTTBEKER SCHMIEDE

PORTUGIESISCH • **BISTRO** Lust auf ein bisschen Portugal in Hamburg? In der
denkmalgeschützten alten Schmiede trifft traditionell-deutsches Ambiente (samt
authentischer Deko und offener Feuerstelle von einst) auf südländisch-familiäre
Atmosphäre und portugiesisch-mediterrane Küche in Form von leckeren Tapas.
🍴🅿 – Preis: €€

außerhalb Stadtplan – *Baron-Voght-Straße 79* ✉ *20038 –* 📞 *040 20918236 –*
zurflottbekerschmiede.de – Geschlossen: Montag, mittags: Dienstag-Sonntag

In Hamburg-Lemsahl-Mellingstedt

㉘ STOCKS RESTAURANT

INTERNATIONAL • **DESIGN** Ein charmantes Fachwerkhaus, unter dessen
Reetdach man schön gemütlich sitzt, dunkle Töne schaffen eine chic-elegante
Note. Freundlich umsorgt lässt man sich leckere Fischgerichte schmecken. Oder
haben Sie Lust auf Sushi? Fleischliebhaber werden auf der Karte ebenfalls fündig.
Mittags gibt es ein zusätzliches Angebot. Tipp: Sie können hinter dem Haus parken.
🍴♿🅿 – Preis: €€

außerhalb Stadtplan – *An der Alsterschleife 3* ✉ *22399 –* 📞 *040 6113620 –*
www.stocks.de – Geschlossen: Montag

In Hamburg-Nienstedten

JACOBS RESTAURANT

KLASSISCHE KÜCHE • **CHIC** Das Restaurant im wunderbar gelegenen Hotel
"Louis C. Jacob" bietet Ihnen in stilvollem Ambiente eine moderne Küche mit klassischen Einschlägen. Die Gerichte können Sie à la carte wählen oder als Menü.
Klassiker wie "Steak Frites" oder "Baba au rhum" gibt es ebenfalls. Dazu eine gut
sortierte Weinkarte. Highlight im Sommer ist ganz klar die Lindenterrasse mit Blick
auf die Elbe.
≼🅺🍴♿ – Preis: €€€€

außerhalb Stadtplan – *Elbchaussee 401* ✉ *22609 –* 📞 *040 82255406 – www.*
hotel-jacob.de – Geschlossen: Montag und Sonntag, mittags: Dienstag-Samstag

In Hamburg-Rothenburgsort

❀❀ 100/200 KITCHEN

Chef: Thomas Alfons Imbusch

KREATIV • **CHIC** Was für ein Erlebnis! Im 3. Stock des unscheinbaren
Fabrikgebäudes steht in einem loftähnlichen Raum im "Industrial Chic" die offene
Küche ganz im Mittelpunkt. Am tollen Molteni-Herd entsteht bei 100 bzw. 200 Grad
(daher der Name) ein kreatives Überraschungsmenü, das ganz den Jahreszeiten
angepasst ist. Mit Leidenschaft und eigenem Stil bringt Thomas Imbusch z. B. durch
Fermentation und Räuchern die saisonalen Aromen zur Geltung und verleiht den
Gerichten Ehrlichkeit und Natürlichkeit. Man setzt auf Nachhaltigkeit und kleine
Produzenten, die man persönlich kennt. Respekt vor den Lebensmitteln heißt es
hier, alles wird verarbeitet! Dazu Bio-Weine oder Alkoholfreies. Das angebotene
"Carte Blanche Tasting Menü" gibt es am "Stundentisch" als kleinere Version. Auf
der Empore bietet man ein A-la-carte-Konzept (auch ohne Reservierung). Hinweis:
Reservierung über Ticketsystem.

❀ *Engagement des Küchenchefs:* Als Koch, Unternehmer, aber auch als
Mensch aus Leidenschaft arbeite ich mit meinem Team mit allem Respekt vor
dem Klima, der Natur, den Gezeiten, der Saison und der Heimat. Wir wollen für

HAMBURG

den Gast und uns selbst Genuss ohne Reue und da ist das „Nose to tail"-Handeln für uns mehr als ein Konzept!

⇐ & 🅰🅲 🅿 – Preis: €€€€

außerhalb Stadtplan – *Brandshofer Deich 68 ⊠ 20539 – ℰ 040 30925191 – 100200.kitchen – Geschlossen: Montag und Sonntag, mittags: Dienstag-Donnerstag*

In Hamburg-Rotherbaum

OECHSLE

KLASSISCHE KÜCHE • FREUNDLICH In dem sympathischen Eckrestaurant erwarten Sie eine angenehme zeitgemäße Atmosphäre und schmackhafte Küche aus guten, frischen Produkten. Die kleine Speisekarte ist mediterran-klassisch inspiriert. Das Restaurant ist zugleich auch eine Weinbar – da darf man sich auf eine gut aufgestellte Weinkarte freuen. Der versierte und charmante Service sorgt für eine persönliche Note. Im Sommer sitzt man auch gerne vor dem Haus an den Tischen zur Straße.

🖼 – Preis: €€€

Stadtplan: C2-34 – *Bundesstraße 15 ⊠ 20146 – ℰ 040 4107585 – oechsle-restaurant.de – Geschlossen: Montag und Dienstag, mittags: Mittwoch-Samstag*

In Hamburg-St. Pauli

✿ HAEBEL

Chefs: Fabio Haebel und Kevin Bürmann

MODERNE KÜCHE • ZEITGEMÄSSES AMBIENTE In diesem kleinen Restaurant im lebhaften St. Pauli sitzen Sie in charmanter und zugleich stilvoller Bistro-Atmosphäre und schauen in die zum Gastraum hin offene Küche. Geboten wird ein interessantes "Carte Blanche"-Konzept in Form zweier Menüs: "Fauna" und "Flora" (vegetarisch). Man verzichtet auf Show und Chichi, alles hat Hand und Fuß. Gekocht wird modern, angenehm reduziert und aufs Wesentliche fokussiert, aber durchaus auch mal mutig mit prägnanten Aromen. Umsorgt werden Sie sehr freundlich, man duzt seine Gäste - die Köche servieren die Speisen selbst. Und zum Abschluss vielleicht ein frisch gebrühter Kaffee?

✿ *Engagement des Küchenchefs:* Als Südbadener bin ich der Kulinarik verbunden, doch ein Herzensthema ist die Nachhaltigkeit. So verarbeite ich oft eigene Gemüse, Wild aus nachhaltiger Jagd, leinengeangelten Fisch, setze aus Abschnitten Getränke an, mein Motto lautet „das Beste zur Saison" und lasse auch gerne mal Unnötiges weg!

Preis: €€€€

Stadtplan: B3-26 – *Paul-Roosen-Straße 31 ⊠ 22767 – ℰ 01578 6864585 – www.haebel.hamburg – Geschlossen: Montag und Sonntag, mittags: Dienstag-Samstag*

✿ THE LISBETH 🆕

REGIONAL • HIP Küchenchef André Stolle ist kein Unbekannter in Hamburg, so kochte er zuvor u. a. im "Se7en Oceans". Mit dem "THE LISBETH" hat er sich in einer der historischsten Straßen der Stadt selbstständig gemacht. Vom hanseatischen Flair draußen kommt man in das trendige kleine Restaurant, in dem es angenehm locker und persönlich zugeht. In einem 4- bis 6-Gänge-Menü wird Hamburger und norddeutsche Küche niveauvoll-modern interpretiert, neugierig macht da z. B. "Dont call it Labskaus - Gelbe & Rote Bete mit Rindfleisch, Eigelb & Gabel-Rollmops". Wer es etwas solider mag, wählt ergänzende A-la-Carte-Gerichte wie "Tatar Fries" oder "Trüffel-Pasta".

Preis: €€€

Stadtplan: C3-14 – *Deichstraße 32 ⊠ 20459 – ℰ 040 36096767 – www.cantinepapalisbeth.de – Geschlossen: Sonntag, mittags: Montag-Samstag*

⊛ NIL

INTERNATIONAL • NACHBARSCHAFTLICH Eine Adresse, die Spaß macht! Das Restaurant im Szeneviertel "Schanze" hat eine charmante Atmosphäre, man wird freundlich-leger umsorgt und gut essen kann man ebenfalls. Gekocht wird richtig schmackhaft, mit internationalen und saisonalen Einflüssen. Tipp: das 5-Gänge-Menü. Toll die fair kalkulierte kleine Weinkarte.

🌤 – Preis: €€

Stadtplan: B3-24 – *Neuer Pferdemarkt 5* ✉ *20359* – ☏ *040 4397823* – *restaurant-nil.de* – *Geschlossen: Dienstag, mittags: Montag, Mittwoch-Sonntag*

⊛ SALT & SILVER LEVANTE

MITTLERER OSTEN • GEMÜTLICH Mit diesem sympathischen urbanen Restaurant hat das "Salt & Silver" in St. Pauli neben der lateinamerikanischen auch eine levantinische Variante. Hier speist man nach dem Vorbild der Levante-Küche im Mezze-Style: größere und kleinere orientalisch inspirierte Gerichte kommen zusammen auf den Tisch und sind wie gemacht zum Teilen.

🌤 – Preis: €€

Stadtplan: B3-51 – *Hafenstraße 140* ✉ *20359* – ☏ *0173 4274366* – *saltandsilver. de* – *Geschlossen mittags: Montag-Sonntag*

CLOUDS - HEAVEN'S BAR & KITCHEN

INTERNATIONAL • DESIGN In gerade mal 50 Sekunden sind Sie mit dem Lift in der 23. Etage, der Blick ist schlichtweg grandios! In urbanem Ambiente speist man modern - fragen Sie auch nach den Fleisch-Cuts. An Vegetarier ist ebenfalls gedacht. Dazu eine gute Bar mit Snackkarte ab 17 Uhr. Im 24. Stock hat im Sommer bei gutem Wetter das "Heaven's Nest" geöffnet - hier gibt es ebenfalls Drinks und Snacks.

❖ ✿ – Preis: €€€

Stadtplan: C3-49 – *Reeperbahn 1* ✉ *20359* – ☏ *040 30993280* – *www.clouds-hamburg.de* – *Geschlossen mittags: Montag-Freitag*

EAST

FUSION • DESIGN Ein echter Hingucker ist das Restaurant in dem stylischen gleichnamigen Hotel, dafür sorgen die tolle Industrie-Architektur der ehemaligen Eisengießerei und das geradlinig-schicke Interieur. Zentrales Element in der einstigen Werkshalle ist der Sushi-Tresen. Auf der Karte finden sich moderne internationale Gerichte. Tipp für Fleischliebhaber: feine Steaks vom Southbend-Grill.

♿ 🌤 – Preis: €€€

Stadtplan: B3-48 – *Simon-von-Utrecht-Straße 31* ✉ *20359* – ☏ *040 309930* – *www.east-hamburg.de* – *Geschlossen mittags: Montag-Sonntag*

PHILIPPS

INTERNATIONAL • HIP Eine wirklich sympathische Adresse im Schanzenviertel. Über ein paar Stufen nach unten gelangt man in ein lebhaftes modernes Lokal. Der Service ist freundlich und sehr engagiert. Geboten wird eine frische internationale Küche. Tipp: Reservieren Sie - das kleine Restaurant ist überaus beliebt!

🌤 – Preis: €€

Stadtplan: C2-47 – *Turnerstraße 9* ✉ *20357* – ☏ *040 63735108* – *www. philipps-restaurant.de* – *Geschlossen: Montag und Sonntag, mittags: Dienstag-Samstag*

HAMBURG

SALT & SILVER - LATEINAMERIKA

LATEINAMERIKANISCH • HIP Ein Stück Lateinamerika in St. Pauli? Mit Blick auf die Elbe genießt man hier ein Menü (mit Fisch und Fleisch oder als Vegi-Variante), das inspiriert ist von den Reisen der beiden Betreiber. Vor allem Mexiko und Peru spiegeln sich in der Würzigkeit und dem Schärfe-Säure-Spiel wider, dazu fernöstliche Akzente. Dabei kombiniert man die Aromen ferner Länder mit heimischen Zutaten, Nachhaltigkeitsgedanke inklusive. Zur angenehm lebendigen Atmosphäre trägt auch das charmante Serviceteam bei, das sich leger und freundlich, sehr souverän und geschult um Sie kümmert.

🍴 – Preis: €€€

Stadtplan: B3-50 – *Hafenstraße 136* ✉ *20359* – ✆ *0173 4274366* – *saltandsilver.de* – *Geschlossen mittags: Montag-Sonntag*

XO SEAFOODBAR ⓝ

FISCH UND MEERESFRÜCHTE • TRENDY Mitten im Kiez hat Fabio Haebel neben seinem "haebel" - gleich schräg gegenüber - auch dieses trendig-lockere Restaurant. Auf zwei Ebenen sitzt man in angenehm lebendiger Atmosphäre. Im oberen Bereich gibt es auch ein paar Tresenplätze zur offenen Küche. Gekocht wird modern, spezialisiert auf Seafood und Vegetarisches. Auf der Karte gibt es Tagesgerichte und Klassiker wie z. B. „Dose Ölsardinen, Neue Kartoffel, Quark, Dill". Oder lieber "Chef's Choice"? Hier entscheidet die Küche und serviert einen Querschnitt der Karte zum Teilen. Es gibt auch eine kleine Bar für Cocktails und Drinks sowie eine nette Terrasse im lebhaften Treiben.

🍴 – Preis: €€€

Stadtplan: B3-25 – *Paul-Roosen-Straße 22* ✉ *20038* – ✆ *01517 2423046* – *www.thisisxo.de* – *Geschlossen: Montag und Dienstag, mittags: Mittwoch-Freitag*

In Hamburg-Uhlenhorst

WOLFS JUNGE

Chef: Sebastian Junge

MARKTKÜCHE • FREUNDLICH Hier setzt man auf Regionalität. Der Chef lebt für Nachhaltigkeit, man verwendet, was die Saison bietet, verarbeitet nur ganze Tiere und baut selbst Gemüse an. Man spürt förmlich die Leidenschaft für das Produkt. Während das Angebot mittags etwas einfacher ist, serviert man am Abend ein ambitioniertes 5-Gänge-Menü - hier können Sie zwischen "regular" und "vegetar" wählen.

🐛 *Engagement des Küchenchefs:* Die Begriffe „Regionalität" & „Saisonalität" werden aus meiner Sicht zu inflationär genutzt, bei mir ist das Programm. Eigene Bio-Produkte kommen vom Gut Wulfsdorf, dazu „Urban-Gardening" ums Restaurant. Wir unterstützen und initiieren zudem nachhaltige Weidewirtschaftsprojekte.

🍴 – Preis: €€€

Stadtplan: D2-27 – *Zimmerstraße 30* ✉ *22085* – ✆ *040 20965157* – *www.wolfs-junge.de* – *Geschlossen: Montag, Dienstag, Sonntag*

In Hamburg-Volksdorf

DORFKRUG

MARKTKÜCHE • RUSTIKAL Richtig charmant ist das historische Haus am Museumsdorf mit seinen alten Bauernwerkzeugen, Holzbalken und offenem Kamin. Auf der Karte finden sich Klassiker wie "Zwiebelrostbraten mit Spätzle", aber auch Asiatisches wie "Lachs-Sashimi".

🍴 ⇔ 🅿 – Preis: €€€

außerhalb Stadtplan – *Im alten Dorfe 44* ✉ *22359* – ✆ *040 6039294* – *www.dorfkrug-volksdorf.com* – *Geschlossen: Montag und Dienstag, mittags: Mittwoch-Samstag*

HAMBURG

In Hamburg-Winterhude

 ZEIK

Chef: Maurizio Oster

MODERNE KÜCHE • HIP Maurizio Oster heißt der Inhaber und Küchenchef dieses geradlinig-modernen, fast schon puristisch gehaltenen kleinen Restaurants. Seine norddeutsche Herkunft spiegelt sich auch in seiner Küche wider. Die Region steht im Mittelpunkt. Ausgesuchte saisonale Produkte werden kreativ zubereitet. Gerne spielt der Chef hier mit verschiedenen Techniken und schafft interessante geschmackliche Kontraste. Das Ergebnis ist ein durchdachtes, stimmig aufgebautes Menü, das es auch als vegetarische Variante gibt. Ein echtes Faible hat man übrigens fürs Fermentieren, Einwecken und Herstellen von Essig. Neben Wein gibt es auch eine alkoholfreie Menü-Begleitung - hier bietet man nur selbst produzierte Getränke. Umsorgt wird man sehr freundlich und geschult - auch die Köche servieren mit und erklären die Gerichte.

Engagement des Küchenchefs: Eine gute und moderne Küche sollte auch immer für Nachhaltigkeit stehen. Wir kochen nachhaltig-regional, aber weltoffen und nicht dogmatisch, dennoch auch stark vegetarisch geprägt. Wir fermentieren, pickeln und legen ein - und das alles ohne die sogenannten "Luxusprodukte".

🕸 🀦 – Preis: €€€€

Stadtplan: D1-30 – *Sierichstraße 112* ✉ *22299* – ☏ *040 46653531* – *zeik.de* – *Geschlossen: Montag und Sonntag, mittags: Dienstag-Samstag*

PORTOMARIN

SPANISCH • GEMÜTLICH Seit Jahren setzt man hier auf ambitionierte spanische Küche. Dafür kommen sehr gute, frische Produkte zum Einsatz, von Jakobsmuscheln über Lardo Ibérico de Bellota bis Rinderfilet von LAFINA Natural Beef. Die Atmosphäre ist gemütlich und charmant, der Service herzlich. Dazu bietet man ein ausgesuchtes Sortiment an spanischen Weinen und Spirituosen - Sommelier und Inhaber Jesús A. Díaz Sindin berät Sie mit fundiertem Wissen.

🕸 🀦 – Preis: €€

Stadtplan: D1-28 – *Dorotheenstraße 180* ✉ *22299* – ☏ *040 46961547* – *www. portomarin.de* – *Geschlossen: Montag-Sonntag*

HAMBURG

HAMM

Nordrhein-Westfalen – Regionalatlas **3**–K2

WIELAND-STUBEN

FRANZÖSISCH-KLASSISCH • ELEGANT Pure Klassik - dafür stehen die "Wieland-Stuben" seit 1965! In den geschmackvoll-eleganten Räumen sitzt man ebenso schön wie auf der herrlichen Gartenterrasse. In die "cuisine française classique" von Lukas Erfurth und seinem Team kommen nur ausgesuchte Produkte. Dazu sehr guter Service unter der Leitung seiner Frau und Sommelière Ronja.

🌤 ⇔ 🅿 – Preis: €€€

Wielandstraße 84 ✉ 59077 – ☎ 02381 401217 – www.wieland-stuben.de – Geschlossen: Montag und Dienstag, mittags: Mittwoch-Samstag

HANN. MÜNDEN

Niedersachsen – Regionalatlas **3**–M2

FLUX - BIORESTAURANT WERRATAL

Chef: Marius Mirchel

REGIONAL • LÄNDLICH Ungekünstelt, natürlich, einfach und ehrlich, so das Motto hier. Die schmackhafte Küche setzt auf Bio-Produkte der Saison, die man vorzugsweise aus der Region bezieht. Die Speisekarte ist vegan/vegetarisch ausgerichtet, Fleisch und Fisch können Sie optional dazu bestellen. Gluten- und laktosefrei ist auch kein Problem. Im Sommer lockt der idyllische Garten. Zum Übernachten bietet das dazugehörende "Biohotel Werratal" wohnliche Gästezimmer.

🌱 *Engagement des Küchenchefs:* Ich biete vegane Küche mit Fleisch und Fisch als Beilage. Dafür verwende ich nur Zutaten aus biologisch-kontrolliertem Anbau, aus Bioland- und Demeterbetrieben, vorzugsweise aus der Region. Dazu eigene Streuobstwiese und Kräutergarten. Wir sind ein klimaneutrales Haus mit eigenem Blockheizkraftwerk.

♿ 🌤 ⇔ 🅿 – Preis: €€

Buschweg 40 ✉ 34346 – ☎ 05541 9980 – www.flux-biohotel.de – Geschlossen: Montag und Sonntag, mittags: Dienstag-Samstag

HANNOVER

Niedersachsen – Regionalatlas **3**–M1

✿✿ JANTE

Chef: Tony Hohlfeld

KREATIV • GEMÜTLICH Effekthascherei und Chichi werden Sie in der Küche von Tony Hohlfeld und seinem talentierten Team nicht finden, stattdessen ausgesprochen hohes technisches Niveau und durchdachte eigene Ideen. Gerichte wie "Saibling, Ampfer, Saurer Spargel" oder "Reh, Rote Beete, Reneklode" sind aufwändig, ohne verspielt zu sein, sehr komplex, aber dennoch angenehm leicht, kontrastreich und zugleich wunderbar ausbalanciert. Geboten wird ein fixes Menü mit "Upgrade"-Option. Bei der Reservierung können Sie auch ein vegetarisches/veganes Menü bestellen. So ungezwungen wie die Küche ist auch die Atmosphäre in dem halbrunden Bau mit raumhoher Fensterfront. Dazu trägt das skandinavisch-geradlinige Interieur ebenso bei wie der von Gastgeberin und Sommelière Mona Schrader sympathisch-locker und professionell geleitete Service - ein charmantes Team, das geradezu sprüht vor Herzlichkeit und fachlicher Kompetenz.

🌤 – Preis: €€€€

Marienstraße 116 ✉ 30171 – ☎ 0511 54555606 – www.jante-restaurant.de – Geschlossen: Montag, Dienstag, Sonntag, mittags: Mittwoch-Freitag

❀❀ VOTUM

KREATIV • CHIC Benjamin Gallein, kein Unbekannter in der Region, überzeugt mit kreativer Küche - ausdrucksstark, mutig und technisch auf überaus hohem Niveau. Untergebracht ist das Restaurant im modernen Anbau des am Platz der Göttinger Sieben und dem Leinewehr gelegenen historischen Leineschlosses samt Niedersächsischem Landtag. Der Name "Votum" steht nicht zuletzt für die Wahl des Menüs: Die Gäste entscheiden über Speisefolge und "Upgrades" sowie über Weinbegleitung oder eine alkoholfreie Alternative. Zu Gerichten wie "Blumenkohl, Petersilie, Ei, Brösel" oder "Mularde von Odefey & Töchter, fermentierte Pflaume, Trompetenpilz, Heu" bietet das verglaste "Votum" einen schicken Rahmen, schön die Terrasse zum Fluss. Umsorgt wird man aufmerksam und geschult, auch die Köche servieren mit. Zum Haus gehört auch das "Royal Casino".

⅋ ♿🅿🌿 – Preis: €€€€

Hannah-Arendt-Platz 1 ✉ 30159 - ✆ 0511 30302412 - vo-tum.de - Geschlossen: Montag, Dienstag, Sonntag, mittags: Mittwoch-Samstag

❀ HANDWERK

MODERNE KÜCHE • CHIC Wertiges, trendig-reduziertes Design, ausgezeichnete modern-kreative Speisen und dazu ein unkomplizierter und gleichermaßen kompetenter Service - so sieht hier "Casual.Fine.Dining" aus. In der einsehbaren Küche spielt das namengebende Handwerk eine große Rolle. Und das wird von Küchenchef Thomas Wohlfeld gelungen mit eigenen Ideen, nordischen Elementen und einer dezenten fernöstlichen Note hier und da umgesetzt. Angenehm klar und sehr produktorientiert kommen z. B. „Heilbutt, Spargel, Lauch" oder „Ente von Odefey & Töchter, Rotkohl, Orange" daher, wählbar als Menü mit fünf oder sechs Gängen, auf Wunsch auch mit zusätzlichem Extragang. Harmonisch die Weinbegleitung – ebenso zu empfehlen sind die hausgemachten alkoholfreien Kreationen. Draußen im Vorgarten hat man eine hübsche Terrasse.

🌿 – Preis: €€€

Altenbekener Damm 17 ✉ 30173 - ✆ 0511 26267588 - www.handwerk-hannover.com - Geschlossen: Montag und Dienstag, mittags: Mittwoch-Sonntag

⊛ SCHORSE IM LEINESCHLOSS

INTERNATIONAL • FREUNDLICH Das angenehm unkomplizierte "Schorse" ist neben dem "Votum" das zweite Restaurant im kubusartigen Anbau des Leineschlosses. Die Küche ist schmackhaft, basiert auf ausgesuchten Produkten und ist französisch ausgerichtet, so z. B. "Adlerfisch gebraten, mit Champagnerkraut, Trauben und Kräuter-Kartoffelpüree". Mittags gibt es ein einfacheres schnelles Lunchmenü. Schön sitzt man auf der Terrasse am Leinewehr oder am Platz der Göttinger Sieben.

♿🅿🌿 – Preis: €€

Hannah-Ahrendt-Platz 1 ✉ 30159 - ✆ 0511 30302411 - www.schorse-im-leineschloss.de - Geschlossen: Sonntag, abends: Montag

MARIE

FRANZÖSISCH • ENTSPANNT In der Oststadt, umgeben von historischer Bausubstanz, liegt das "Marie". Zu modern-legerer und zugleich warmer Atmosphäre gesellt sich französische Küche mit kreativen und fernöstlichen Einflüssen. Patron und Küchenchef Sven Holthaus bietet ein Menü - auch vegetarisch - mit bis zu fünf Gängen. Und als Ergänzung vielleicht Austern? Dazu eine feine kleine deutsch-französische Weinkarte - auch glasweise Weinbegleitung möglich. Aufmerksam der Service. Im Sommer nette Terrasse vor dem Haus. Tipp: Reservieren Sie.

🌿 – Preis: €€€

Wedekindplatz 1 ✉ 30161 - ✆ 0511 65399074 - www.restaurantmarie.de - Geschlossen: Montag und Sonntag, mittags: Dienstag-Samstag

THE WILD DUCK ⓝ

MODERNE KÜCHE • HIP Eine junge, frische Adresse, die gut ankommt - und das hat seinen Grund. Einladend ist hier zum einen das wertige und geschmackvoll-trendige Interieur, zum anderen das Angebot an modernen und angenehm redu-zierten Gerichten (z. B. "Gurke & Kirsche" oder "Ente & Pastinake"), aus denen man sich selbst ein Abendmenü mit drei bis fünf Gängen zusammenstellen kann. Auch vegetarische und vegane Optionen finden sich hier. Der freundliche Service bietet dazu die passende Weinbegleitung.

Preis: €€€

Podbielskistraße 167 ⊠ *30177 -* ✆ *0511 84868464 - www.thewildduck.de -*
Geschlossen: Montag-Mittwoch, mittags: Donnerstag-Sonntag

HARDERT

Rheinland-Pfalz – Regionalatlas **3**–K4

🌱 RESTAURANT CORONA IM HOTEL ZUR POST

MEDITERRAN • GASTHOF Hier isst man richtig gerne! In dem klassisch gehalte-nen Restaurant sorgen Sergio und Kerstin Corona als eingespieltes Team für char-manten Service und mediterran inspirierte Küche. Die Gerichte - beispielsweise "Brust vom Freilandhuhn mit Risotto à la carbonara" - sind schmackhaft und der Preis stimmt ebenfalls! Neben den Menüs "Méditerranée" und "Corona", aus denen man auch à la carte wählen kann, gibt es am Mittag zusätzlich ein fair kalkuliertes 3-Gänge-Menü.

&🏠⇔🅿 – Preis: €€

Mittelstraße 13 ⊠ *56579 -* ✆ *02634 2727 - www.restaurantcorona.de -*
Geschlossen: Montag und Dienstag

HARSEWINKEL

Nordrhein-Westfalen – Regionalatlas **3**–K2

🌱 POPPENBORG'S STÜBCHEN

TRADITIONELLE KÜCHE • GASTHOF Kennen Sie auch das zweite Restaurant des Poppenborg'schen Traditionsbetriebs? Das Stübchen ist eine sympathische, etwas legerere Alternative, die schmackhafte Küche bietet. Tipp: Speisen Sie bei schönem Wetter auf der hübschen Terrasse im Grünen!

🏠⇔🅿 – Preis: €€

Brockhäger Straße 9 ⊠ *33428 -* ✆ *05247 2241 - www.hotel-poppenborg.de -*
Geschlossen: Mittwoch, mittags: Montag, Dienstag, Donnerstag-Samstag

HASLACH IM KINZIGTAL

Baden-Württemberg – Regionalatlas **5**–T3

IN VINO VERITAS

MARKTKÜCHE • FREUNDLICH Inga und Ralf Müller haben sich mit diesem freundlichen Restaurant einen Namen gemacht. Das liegt nicht zuletzt an der international-regionalen Küche, die auf guten, oft heimischen Produkten basiert. Der Service aufmerksam und charmant. Etwas einfacher speist man im Sommer in der reizenden Innenhof-Weinlaube. Zum Übernachten hat man chic-moderne Zimmer und Appartements.

🏠 – Preis: €€

Steinacher Straße 9 ⊠ *77716 -* ✆ *07832 9944695 - in-vino-haslach.de -*
Geschlossen: Montag und Sonntag, mittags: Samstag

HATTINGEN

Nordrhein-Westfalen – Regionalatlas **3**–K2

DIERGARDTS KÜHLER GRUND

KLASSISCHE KÜCHE • **GEMÜTLICH** Familientradition seit 1904. Mit Philipp Diergardt hat die 4. Generation die Leitung inne. Mit Leidenschaft sorgt er für saisonal-traditionelle Küche mit vielen Produkten aus der Heimat. Neben dem fair kalkulierten "Heimat-Menü" gibt es auch Klassiker wie Bouillabaisse oder Wiener Schnitzel. Dazu geschmackvolles Landhausambiente und eine schöne Terrasse sowie aufmerksamer Service.

AC 🛖 ⇔ 🅿 – Preis: €€€

Am Büchsenschütz 15 ⊠ *45527 –* 🖉 *02324 96030 – www.diergardt.com –*
Geschlossen: Montag und Dienstag, mittags: Mittwoch-Freitag

FACHWERK

REGIONAL • **HIP** Im Herzen der Altstadt haben Semi Hassine und seine Frau Patrizia ihr Restaurant, in dem freigelegtes Fachwerk für eine charmant-rustikale Note sorgt. Schön auch die Terrasse mit Blick auf die alten Fachwerkfassaden ringsum. Gekocht wird westfälisch-regional und mit asiatischen und dezent orientalischen Einflüssen. Warme Küche ab 16 Uhr, samstags ab 12 Uhr durchgehend.

🛖 – Preis: €€

Untermarkt 10 ⊠ *45525 –* 🖉 *02324 6852770 – fachwerk-hattingen.de –*
Geschlossen: Montag und Sonntag

HAUSEN OB VERENA

Baden-Württemberg – Regionalatlas **5**–U3

HOFGUT HOHENKARPFEN 🆕

INTERNATIONAL • **ENTSPANNT** Herrlich die Lage mitten im ältesten Naturschutzgebiets von Baden-Württemberg, wirklich klasse der Blick - da sollten Sie auf der Terrasse speisen! Hier in der einstigen Meierei des über 300 Jahre alten Hofguts wird man sehr aufmerksam und freundlich mit schmackhafter Küche umsorgt. Gekocht wird modern inspiriert, mit klassischen und regionalen Einflüssen sowie internationalen, teils asiatischen Akzenten. Aus der ehemaligen Scheune des denkmalgeschützten Anwesens ist ein Hotel mit schönen geradlinig-wohnlichen Zimmern entstanden. Tipp: Besuchen Sie das Kunstmuseum.

🍸 🛖 ⇔ 🅿 – Preis: €€€

Hohenkarpfen 1 ⊠ *78595 –* 🖉 *07424 9450 – www.hohenkarpfen.de –*
Geschlossen mittags: Samstag

HAUZENBERG

Bayern – Regionalatlas **6**–Z3

🕄 ANETSEDER

REGIONAL • **MINIMALISTISCH** Hier wird Wirtshauskultur gelebt und dabei geht man mit der Zeit. Trendig-modern das Ambiente, freundlich der Service. Gekocht wird frisch und richtig gut, à la carte und als Menü. Dabei legt man Wert auf saisonale Produkte, vorzugsweise aus der Region. Man hat eigene Hühner und einen Kräutergarten. Schön sitzt man auch im charmant-rustikalen Innenhof oder auf der Balkonterrasse.

🕭 🛖 ⇔ 🅿 – Preis: €€

Lindenstraße 15 ⊠ *94051 –* 🖉 *08586 1314 – www.anetseder-wirtshauskultur.de –*
Geschlossen: Montag und Dienstag, mittags: Mittwoch-Samstag

⊛ LANDGASTHAUS GIDIBAUER-HOF

REGIONAL • RUSTIKAL Richtig gut isst man hier, und das zu wirklich fairen Preisen. Für die regional-saisonale Küche verwendet man frische Produkte, teilweise aus der eigenen Landwirtschaft - man hat z. B. einen Bauerngarten und eine kleine Angus-Rinder-Herde. Freundlich und gemütlich-rustikal das Ambiente, charmant der begrünte Innenhof mit Terrasse. Gepflegt übernachten kann man auf dem schön im Grünen gelegenen Anwesen ebenfalls.

🛖 ⇔ 🅿 – Preis: €

Grub 7 ✉ 94051 – ℰ 08586 96440 – www.gidibauer.de – Geschlossen: Montag, mittags: Dienstag-Freitag

HAYINGEN

Baden-Württemberg – Regionalatlas **5**–U3

❀ RESTAURANT 1950

Chef: Simon Tress

REGIONAL • ZEITGEMÄSSES AMBIENTE Wo einst ein Schweinestall untergebracht war, erwartet Sie heute ein tolles Restaurant: Unter einer hohen Decke (originell die herabhängenden Kräuterkästen) sitzen Sie in schönem modernem Ambiente samt offener Küche. Hier entsteht ein vegetarisches Menü, auf Wunsch erweiterbar um eine Fleisch-Komponente. Kleine Kärtchen zu den Gerichten (z. B. "Bete & Petersilie" oder "Pastinake & Kürbis") informieren über die Zutaten, und die kommen alle aus einem Radius von 25 km (Ausnahme: das Salz) - eine Küche mit eigener Idee, nicht von der Stange und ein Paradebeispiel für Nachhaltigkeit! Es gibt nur fünf Tische, an denen Sie von einem sehr freundlichen Team umsorgt werden, man ist per Du. Auch Chef Simon Tress serviert mit - er bezeichnet sein Restaurant als sein "Wohnzimmer", das passt zur angenehm persönlichen Atmosphäre. Zum Übernachten hat man hübsche Gästezimmer.

❀ *Engagement des Küchenchefs:* Im Gourmet-Restaurant unseres Demeter- & Biolandbetriebs arbeite ich ebenso streng nach ökologisch-biologischen Vorgaben, wie es meine gesamte Familie im komplett durchzertifizierten Unternehmen tut und womit bereits mein Großvater 1950 begann! Nachhaltigkeit gepaart mit Qualität ist meine Passion!

🅿 – Preis: €€€€

Aichelauer Straße 6 ✉ 72534 – ℰ 07383 94980 – www.tressbrueder.de/ bio-fine-dining-restaurant-1950 – Geschlossen: Montag-Mittwoch, mittags: Donnerstag-Sonntag

⊛ ROSE

Chefs: Simon Tress und Carsten Volkert

BIO • ZEITGEMÄSSES AMBIENTE Bei Familie Tress dreht sich alles um das Thema Bio, vegetarische und vegane Küche steht im Mittelpunkt. Die Gerichte sind komplex, durchdacht und überzeugen mit Tiefe, Geschmack und Aroma - in Erinnerung bleibt da z. B. das Tatar von Erbse und Ackerbohnen. Fleisch können Sie als Beilage dazu bestellen - hier legt man Wert auf die Verarbeitung des ganzen Tieres. Zur regionalen Küche gibt es ausschließlich Demeter-Weine. Tipp: Zum Übernachten bietet sich das Gästehaus gegenüber an.

❀ *Engagement des Küchenchefs:* Es macht mich stolz, das weiterzuführen, was mein Opa bereits 1950 begann. Ökologischer Landbau passt zu uns, steht im Einklang mit der Natur der Region. Wir garantieren 100% nachhaltigen Genuss und ordnen ökonomische Entscheidungen unseren Prinzipien unter. Vegetarische Küche steht im Fokus.

🅿 – Preis: €€

Aichelauer Straße 6 ✉ 72534 – ℰ 07383 94980 – www.tressbrueder.de/rose-restaurant – Geschlossen: Montag und Dienstag, mittags: Mittwoch-Freitag

HEIDELBERG

Baden-Württemberg
Regionalatlas **5–U1**

Die Tradition des Heidelberger Studentenlebens findet sich sogar in der Confiserie...

Eine echte Institution in der Stadt und perfekt für Liebhaber großer Tradition das Hotel **Der Europäische Hof Heidelberg** - seine Historie findet sich auch im Restaurant **Die Kurfürstenstube** mit klassischer Küche wieder. Nicht minder interessant ist die moderne Küche des charmanten 1-Stern-Restaurants **Oben**, das schön in der Natur oberhalb von Heidelberg liegt und für sein nachhaltiges Konzept weiterhin mit dem Grünen Stern gewürdigt wird. Ebenfalls ganz im Sinne nachhaltiger Gastronomie geht es in der **Traube** im Stadtteil Rohrbach zu: Das hübsche historische Gasthaus mit modern inspirierter regional-saisonaler Küche wurde neu mit dem Grünen Stern ausgezeichnet. Tipp für Ihren Altstadt-Bummel: Besuchen Sie den letzten Studentenkarzer Heidelbergs ein, ein ehemaliges Studentengefängnis, das mittlerweile als Museum dient. Nicht weit von hier fährt die Bergbahn zum Schloss Heidelberg, was zweifelsfrei einen Ausflug wert ist.

❀ **OBEN**

Chef: Robert Rädel

KREATIV • GEMÜTLICH Geradezu eine kulinarische Insel im Wald ist der historische "Kohlhof", der idyllisch zwischen Wiesen und Obstbäumen oberhalb von Heidelberg liegt. Der gepflasterte Innenhof mit ländlichem Flair lädt zum Aperitif ein, danach geht's in den charmanten Gastraum mit liebevollen Details und angenehm intimer Atmosphäre. In der einsehbaren Küche entsteht ein durchdachtes modernes 13-Gänge-Menü. Küchenchef Robert Rädel kocht kreativ und legt Wert auf regionale und saisonale Produkte. Vieles kommt aus der nächsten Umgebung, darunter auch der Wein. Die Köche servieren mit und erklären die Speisen. Es gibt nur deutsche Weine - wählen Sie selbst im Weinkeller! Hinweis: Man ist sehr gut gebucht - für Nachrückerplätze folgen Sie dem Link auf der Homepage des "Oben". Zum Übernachten: "Obendrüber" im Atelier.

❀ *Engagement des Küchenchefs:* Wir liegen im Grünen, sammeln und kompostieren! Wir verzichten auf jegliche geflogene Zutat, verarbeiten keinen Salzwasserfisch, nutzen die Region von den Rhein, den Odenwald, fermentieren, legen ein, selektieren die Produkte stark und unterstützen ein Mineralwasserprojekt aus Süddeutschland.

🏠🅿 – Preis: €€€€

außerhalb Stadtplan – *Am Kohlhof 5* ✉ *69117* – ✆ *0172 9171744 – restaurant-oben.de – Geschlossen: Montag, Dienstag, Sonntag, mittags: Mittwoch-Samstag*

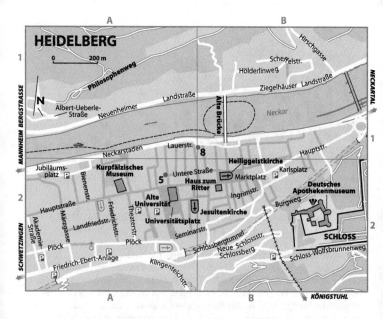

959 HEIDELBERG RESTAURANT

MODERN • CHIC Das Revival des Stadtgarten-Pavillons von 1936! Trendig-chic das Ambiente, eine Portion Glamour inklusive! Die produktorientierte modern-klassische Küche serviert man durchgehend von mittags bis abends, dazu eine kleine Pizza-Auswahl. Am Abend gibt es zusätzlich ein Menü mit Gerichten aus dem A-la-carte-Angebot. Schön die Terrasse zur kleinen Parkanlage. Bar-Klassik in "Pino's Bar" samt Außenlounge.

⅋ 🏠 ✿ – Preis: €€€

außerhalb Stadtplan – *Friedrich-Ebert-Anlage 2* ✉ *69117* – *☏ 06221 6742959* – *959heidelberg.com* – *Geschlossen: Montag und Sonntag*

CHAMBAO

INTERNATIONAL • MEDITERRANES AMBIENTE In dem sympathischen Restaurant steht "Sharing" im Mittelpunkt. Aus guten Produkten entstehen kreative Gerichte, die Sie sich selbst zum Menü zusammenstellen können. Von einigen Bereichen hat man Einblick in die verglaste Küche. Der Service ist freundlich und geschult, den Weinempfehlungen können Sie getrost folgen. Schräg gegenüber: Bar & Bistro "Chambino". Tipp: schöne lebendige Terrasse mit Blick auf die Alte Brücke!

🏠 ✿ – Preis: €€

Stadtplan: B1-8 – *Dreikönigstraße 1* ✉ *69117* – *☏ 06221 7258271* – *chambao-heidelberg.de* – *Geschlossen: Montag und Sonntag, mittags: Dienstag-Samstag*

DIE KURFÜRSTENSTUBE

FRANZÖSISCH-KLASSISCH • ELEGANT Ein Klassiker der Stadt! Im Restaurant des stilvollen Grandhotels "Der Europäische Hof Heidelberg" bewahren die mächtige Kassettendecke und Wandvertäfelungen mit schönen Intarsienarbeiten ein Stück Geschichte. Geboten wird eine ambitionierte klassische Küche mit modernen Einflüssen, die auf frischen, guten Produkten basiert. In der warmen Jahreszeit hat das Sommerrestaurant geöffnet.

❀ ✥ 🅰 – Preis: €€€
außerhalb Stadtplan – *Friedrich-Ebert-Anlage 1* ✉ *69117* – ☎ *06221 5150* –
www.europaeischerhof.com

GRENZHOF

SAISONAL • LÄNDLICH Im "Grenzhof" bietet das Team um Küchenchef Sebastian Andrée eine moderne Küche, die sich stark an der Saison orientiert. Bei gutem Wetter ist der Kastanienhof ein absolut idyllischer Ort, an weniger schönen Tagen und im Winter sitzt man gemütlich in der ländlich dekorierten Gutsstube. Mittags nur Lunchbuffet und kleine Mittagskarte. Zum Übernachten gibt es hübsche wohnliche Landhaus- und Themenzimmer.

🛋 ↻ 🅿 – Preis: €€€
außerhalb Stadtplan – *Grenzhof 9* ✉ *69123* – ☎ *06202 9430* – *www.grenzhof. de* – *Geschlossen: Sonntag, mittags: Samstag*

TRAUBE

Chef: Ole Hake
REGIONAL • GEMÜTLICH Mitten im alten Stadtteil Rohrbach finden Sie dieses engagiert geführte Restaurant. Gemütlich sitzt man in dem hübschen historischen Gasthaus in einem von Tradition und Moderne geprägten Ambiente. Bei seinen ambitionierten Gerichten legt Patron und Küchenchef Ole Hake wert auf ausgesuchte regionale Produkte (erwähnt sei hier z. B. das tolle Wildfleisch), der Nachhaltigkeitsgedanke ist klar erkennbar. Das saisonale 7-Gänge-Menü gibt es omnivor oder vegan. Dazu eine gepflegte Weinauswahl mit Schwerpunkt Deutschland - diese bekommen Sie auch in der Weinbar zu Snacks oder kleinen Gerichten. Tipp: öffentlicher Parkplatz der nahen Thorax-Klinik.

✿ Engagement des Küchenchefs: Genuss & Nachhaltigkeit sind unser Ziel! Daher verarbeiten wir nur gejagtes Fleisch aus max. 100 km Umkreis „nose to tail" und bereiten nur Süßwasserfisch aus dem Rhein und dem Odenwald zu. Wir bieten regionale Weine, sorgen uns um die Work-Life-Balance unserer Mitarbeiter und sparen Energie!

Preis: €€€€
außerhalb Stadtplan – *Rathausstraße 75* ✉ *69126* – ☎ *06221 6737222* – *www. traube-heidelberg.de* – *Geschlossen: Dienstag und Mittwoch, mittags: Montag, Donnerstag-Sonntag*

WEISSER BOCK

INTERNATIONAL • GEMÜTLICH Für Gemütlichkeit sorgen in dem traditionsreichen Haus hübsche Details wie Holztäfelung und historische Fotos. Aus der Küche kommen internationale und regionale Gerichte wie "gegrilltes Steinbuttfilet, Kräuterschaum, Schwarzwurzel, Kürbis-Gnocchi". Zum Übernachten bietet das gleichnamige Hotel geschmackvoll-wohnliche Zimmer.

❀ 🛋 ↻ – Preis: €€
Stadtplan: A2-5 – *Große Mantelgasse 24* ✉ *69117* – ☎ *06221 90000* –
weisserbock.de – *Geschlossen: Montag und Sonntag, mittags: Dienstag-Samstag*

HEILBRONN

Baden-Württemberg – Regionalatlas **5**–U2

BACHMAIER

MARKTKÜCHE • TRENDY Seit vielen Jahren betreiben Ulrike und Otto Bachmaier ihr Restaurant. Schön das moderne Ambiente - durch bodentiefe Fenster beobachtet man das Geschehen am Neckar, ebenso von der Terrasse. Dazu der freundlich-kompetente Service durch die Chefin und die saisonale Küche des Patrons. Es gibt verschiedene Menüs, nach Absprache auch vegetarisch. Gut die Weinbegleitung. Tipp: Reservieren Sie frühzeitig.

🌳 – Preis: €€€

Untere Neckarstraße 40 ✉ *74072 – ☏ 07131 6420560 – restaurant-bachmaier. de – Geschlossen: Montag und Sonntag, mittags: Dienstag-Samstag*

MAGNIFICO DA UMBERTO

ITALIENISCH • FREUNDLICH Umberto Scuccia ist kein Unbekannter in Heilbronn. In dem attraktiven, geradlinig und wertig eingerichteten Restaurant im 12. Stock des WTZ-Turmes bietet man italienische Küche, die angenehm reduziert ist und das Produkt in den Mittelpunkt stellt. Dazu gibt's einen tollen Blick auf die Stadt!

🕸 ⇔🌳🅿 – Preis: €€€

Im Zukunftspark 10 ✉ *74076 – ☏ 07131 74564140 – wtz-magnifico.de – Geschlossen: Sonntag, mittags: Montag-Samstag*

HEILIGENBERG

Baden-Württemberg – Regionalatlas **5**–U4

BAYERISCHER HOF

REGIONAL • BÜRGERLICH In diesem gepflegten Gasthaus der Familie Leykauf erwarten Sie lockere Atmosphäre und die schmackhafte, frische Küche des Patrons, dazu der freundliche und aufmerksame Service unter der Leitung der Chefin - Gastfreundschaft, wie man sie gerne hat! Die Weinkarte ist überwiegend regional geprägt. Wer übernachten möchte, findet hier auch recht preisgünstige Zimmer von schlicht bis neuzeitlich.

🌳 ⇔ 🅿 – Preis: €

Röhrenbacherstraße 1 ✉ *88633 – ☏ 07554 217 – www.bayerischerhof-heiligenberg.de/de – Geschlossen: Dienstag und Mittwoch*

HEINSBERG

Nordrhein-Westfalen – Regionalatlas **3**–J3

ALTES BRAUHAUS

KLASSISCHE KÜCHE • TRADITIONELLES AMBIENTE Eine schöne Adresse ist dieses a. d. J. 1779 stammende Haus. Drinnen sitzt man in sehenswerten elegant-traditionellen Stuben mit Holztäfelung und Schnitzereien. Auf der Karte finden sich Klassiker wie z. B. Wiener Schnitzel oder Fischgerichte, die je nach saisonalem Angebot wechseln. Zudem gibt es weitere Speisen auf der Tageskarte. Gefragt ist auch die kleine Innenhofterrasse!

🌳 ⇔ – Preis: €€

Wurmstraße 4 ✉ *52525 – ☏ 02452 61035 – www.altesbrauhaus-heinsberg. de – Geschlossen: Montag und Dienstag, mittags: Mittwoch-Samstag, abends: Sonntag*

HEITERSHEIM

Baden-Württemberg – Regionalatlas **7**–B1

ⓐ LANDHOTEL KRONE

MARKTKÜCHE • LÄNDLICH Gelungen mischen sich hier Tradition und Zeitgeist. In gemütlichen Stuben mit einem schönen Mix aus altem Mauerwerk, Holz, Stahl und Glas serviert man regional-saisonale Küche mit internationalen Einflüssen. Für Veranstaltungen hat man den mittelalterlichen Gewölbekeller. Der engagiert geführte Familienbetrieb bietet zudem hübsche, individuelle Gästezimmer sowie Wellness.

🍴 ⇦ 🅿 – Preis: €€

Hauptstraße 12 ✉ 79423 – ☏ 07634 51070 – www.landhotel-krone.de/de – Geschlossen: Dienstag, mittags: Mittwoch

HENNEF (SIEG)

Nordrhein-Westfalen – Regionalatlas **3**–K3

SÄNGERHEIM - DAS RESTAURANT

MARKTKÜCHE • FREUNDLICH Das sympathische Restaurant in netter nachbarschaftlich-dörflicher Umgebung bietet eine aromareiche saisonale Küche zu einem guten Preis-Leistungs-Verhältnis. Gerne verwendet man regionale Produkte. Herzlich der Service. Hinter dem Haus die schöne Terrasse.

🍴 ⇦ 🅿 – Preis: €€

Teichstraße 9 ✉ 53773 – ☏ 02242 3480 – das-saengerheim.de – Geschlossen: Montag-Donnerstag, mittags: Freitag und Samstag

HERFORD

Nordrhein-Westfalen – Regionalatlas **3**–L1

ⓐ AM OSTERFEUER

REGIONAL • GEMÜTLICH Hans-Jörg Dunker und sein Team stehen schon lange für Qualität und für westfälische Küche mit gewissem internationalem Twist. Schön das Ambiente: Geschickt hat man dem Restaurant eine freundliche moderne Note verliehen, ohne die Tradition des Hauses zu vergessen. Eine der Spezialitäten des Chefs ist die wunderbare "Fisch & Krustentier Suppe mit Aioli, Brot und Parmesan". Im Sommer lockt eine hübsche Terrasse.

🍴 ⇦ 🅿 – Preis: €€

Hellerweg 35 ✉ 32052 – ☏ 05221 70210 – am-osterfeuer.de – Geschlossen: Montag und Dienstag, mittags: Mittwoch-Samstag

DIE ALTE SCHULE

INTERNATIONAL • WEINBAR Torben Tönsing, Spross einer in Herford bekannten Gastronomen-Familie, hat das Restaurant 2017 von seinen Eltern übernommen und setzt hier auf eine zeitgemäße und regional-international ausgerichtete Küche. Im dem Fachwerkhauses a. d. 17. Jh. herrscht eine charmante Atmosphäre - serviert wird auf verschiedenen Ebenen, im Sommer ist die Terrasse ein lauschiges Fleckchen. Schön die Weinauswahl - man hat einen eigenen Weinhandel angeschlossen.

🍴 ⇦ – Preis: €€€

Holland 39 ✉ 32052 – ☏ 05221 51558 – www.diealteschule.com – Geschlossen: Montag und Sonntag, mittags: Dienstag-Samstag

HERINGSDORF – Mecklenburg-Vorpommern → Siehe Usedom (Insel)

HERLESHAUSEN

Hessen – Regionalatlas **3**–M3

✿ LA VALLÉE VERTE

MODERNE KÜCHE • KLASSISCHES AMBIENTE Wunderbar ist das aus einem Rittergut entstandene herrschaftliche Anwesen samt Schloss von 1901, das so malerisch in herrlicher Wald- und Wiesenlandschaft liegt. In dem kleinen Restaurant setzen Küchendirektor und Gastgeber Peter Niemann sowie das Team um Küchenchef Luca Allevato auf hervorragende Produkte, die man gerne aus der nahen Umgebung bezieht, darunter Wild aus eigener Jagd. Bei Fisch und Meeresfrüchten bindet man gelungen die Bretagne und Skandinavien ein. Das sieben oder neun Gänge umfassende Menü kommt aufwändig und detailreich daher, das beginnt schon bei den zahlreichen Aperos vorab, ebenso bei Gerichten wie z. B. „Rehrücken, Pastinake, Johannisbeere". Der Service sehr aufmerksam, kompetent und stets präsent, versierte Weinberatung inklusive. Schön übernachten können Sie im Hotel "Schloss Hohenhaus".

🕸 **P** – Preis: €€€€

Hohenhaus 1 ✉ 37293 – ☏ 05654 9870 – hohenhaus.de – Geschlossen: Montag, Dienstag, Sonntag, mittags: Mittwoch-Samstag

HOHENHAUS GRILL

Chef: Lars Pfister

REGIONAL • RUSTIKAL Das zweite Restaurant des idyllisch gelegenen Hotels "Hohenhaus", einem herrlichen historischen Anwesen, kommt mit klassisch-rustikaler Note und warmer Atmosphäre daher - schön der Kachelofen a. d. 18. Jh. Die Küche orientiert sich an der Saison und basiert auf ausgesuchten Produkten, die man überwiegend aus der Region bezieht. Gerne sitzt man auf der Terrasse, von der man ins Grüne schaut.

🕸 *Engagement des Küchenchefs:* Im „Hessischen Märchenland" habe ich mein persönliches El Dorado gefunden und kann aus dem Vollen schöpfen, Bergschafe, Wild, Kartoffeln, Obst, Honig, Getreide, Schlachthaus, da wird „Farm to table" Wirklichkeit! Mitarbeiter liegen uns am Herzen, wie man an der betriebseigenen Kinderbetreuung sieht!

🏡 ✧ **P** – Preis: €€

Hohenhaus 1 ✉ 37293 – ☏ 05654 9870 – hohenhaus.de – Geschlossen: Montag, mittags: Dienstag-Samstag, , abends: Sonntag

HERNE

Nordrhein-Westfalen – Regionalatlas **3**–K2

GUTE STUBE IM PARKHOTEL

MODERNE KÜCHE • ELEGANT In einem hübschen Palais-Gebäude beim Stadtgarten findet man das modern-elegante Restaurant mit Wintergarten und Dachterrasse. Geboten werden ambitionierte moderne Gerichte und Menüs mit Bezug zur Saison, auch vegetarisch. Gerne verwendet man regionale Produkte. Freundlich der Service. Eine einfachere Alternative am Abend ist das "Stübchen" mit Klassikern, dazu der Biergarten. Zum Übernachten stehen im "Parkhotel" wohnliche Zimmer bereit.

♿ 🏡 ✧ **P** – Preis: €€€

Schäferstraße 109 ✉ 44623 – ☏ 02323 9550 – www.parkhotel-herne.de – Geschlossen: Montag und Dienstag, mittags: Mittwoch-Sonntag

HEROLDSBERG

Bayern – Regionalatlas **6**–X1

⑱ FREIHARDT

INTERNATIONAL • ZEITGEMÄSSES AMBIENTE Hier macht es Freude, zu essen! Gekocht wird international und saisonal, Highlight sind die Cuts vom bayerischen Rind. Freundlich die Atmosphäre im Restaurant mit Wintergarten, auf der Terrasse an der belebten Straße heißt es "sehen und gesehen werden". Gleich nebenan die eigene Metzgerei. Schon seit vielen Jahren setzt man auf die sog. Human-Schlachtung.

🌴 – Preis: €€

Hauptstraße 81 ✉ 90562 – ☎ 0911 5180805 – www.freihardt.com – Geschlossen: Montag und Dienstag, mittags: Mittwoch-Freitag

HERRENALB, BAD

Baden-Württemberg – Regionalatlas **5**–U2

⑱ LAMM

REGIONAL • LÄNDLICH Richtig gemütlich ist es hier und gut essen kann man ebenfalls. Karl Schwemmle und sein Team sorgen für saisonale und schwäbisch-badische Küche. Man legt Wert auf Produkte aus der Region, Fleisch kommt teilweise von den eigenen Hochlandrindern. Dazu schöne Weine, nicht zu vergessen das spezielle Whisky-Angebot. Im Sommer ist die Terrasse gefragt. Gepflegt übernachten kann man übrigens auch.

🐾 🌴 ⇔ 🅿 – Preis: €€

Mönchstraße 31 ✉ 76332 – ☎ 07083 92440 – lamm-rotensol.de/de – Geschlossen: Montag und Dienstag

HERRSCHING AM AMMERSEE

Bayern – Regionalatlas **6**–X4

CHALET AM KIENTAL

KREATIV • GASTHOF Als reizvoller Mix aus Alt und Neu kommt das schöne moderne Restaurant in dem historischen Bauernhaus daher - das schafft eine gemütliche Atmosphäre. Hübsch auch die Terrasse. Gekocht wird kreativ inspiriert und mit regionalem Bezug, aber auch mit internationalen Einflüssen. Sie möchten über Nacht bleiben? Die Gästezimmer sind mit Geschmack und Liebe zum Detail individuell eingerichtet.

♿ 🌴 ⇔ 🅿 – Preis: €€

Andechsstraße 4 ✉ 82211 – ☎ 08152 982570 – www.chaletamkiental.de – Geschlossen: Mittwoch, mittags: Montag, Dienstag, Donnerstag-Sonntag

HERSFELD, BAD

Hessen – Regionalatlas **3**–M3

❀ L'ÉTABLE

KLASSISCHE KÜCHE • ELEGANT Dass man hier in einem ehemaligen Kuhstall (frz.: "l'étable") speist, lässt nur noch der Name des Restaurants vermuten. Das schmucke historische Haus mitten in der beschaulichen Altstadt war früher eine Postkutschenstation. Wo einst Stallungen untergebracht waren, sitzt man heute freundlich und aufmerksam umsorgt in zurückhaltend elegantem Ambiente. Unter der Leitung von Küchenchef Constantin Kaiser werden ausgezeichnete Produkte mit Finesse und handwerklichem Geschick zubereitet. Das Ergebnis nennt sich beispielsweise "Ente, Wirsing, Preiselbeere, Kerbelwurzel", wählbar in Form eines 3- bis 6-Gänge-Menüs oder à la carte. Dazu gibt es eine gepflegte Weinauswahl.

Sie möchten übernachten? Das Hotel "Zum Stern" bietet dafür individuell geschnittene, wohnliche Zimmer. Parken können Sie im Hof.

🅰🅲 🅿 – Preis: €€€

Linggplatz 11 ✉ 36251 – ☎ 06621 1890 – www.zumsternhersfeld.de –
Geschlossen: Montag-Mittwoch, mittags: Donnerstag-Samstag

STERN'S RESTAURANT

REGIONAL • GEMÜTLICH Dies ist die "gute Stube" des historischen Hotels "Zum Stern", ländlich-charmant das Ambiente mit Holztäfelung und schönem weißem Kachelofen. Gekocht wird regional, aber auch mit internationalem Einfluss. Zur Wahl stehen zwei Menüs (eines davon vegetarisch) sowie Gerichte à la carte, darunter z. B. Steaks vom Grill. Das Mittagsangebot ist etwas reduziert.

♿🍴🅿 – Preis: €€

Linggplatz 11 ✉ 36251 – ☎ 06621 1890 – www.zumsternhersfeld.de

HERXHEIM

Rheinland-Pfalz – Regionalatlas **7**–B1

PFÄLZER STUBE

REGIONAL • GEMÜTLICH Die "Pfälzer Stube" gehört zum schönen Hotel "Krone", wie das Hotel zu Herxheim-Hayna! Mitten im Ort liegt dieser traditionelle Familienbetrieb. Die Stube hat Charme, gemütlich sitzt man hier an gut eingedeckten Tischen, im Sommer zieht es die Gäste auf die begrünte Terrasse. Gekocht wird regional, saisonal und mit internationalen Einflüssen. Sie können die Gerichte à la carte wählen oder sich ein Menü zusammenstellen.

🍴♻ 🅿 – Preis: €€

Hauptstraße 62 ✉ 76863 – ☎ 07276 5080 – www.hotelkrone.de – Geschlossen
mittags: Montag-Sonntag

HESSDORF

Bayern – Regionalatlas **6**–X1

🌐 ### WIRTSCHAFT VON JOHANN GERNER

REGIONAL • GEMÜTLICH Der Weg hier hinaus aufs Land lohnt sich, denn Detlef Gerner und seine Frau Tanja leben in den gemütlichen Stuben Gastlichkeit "par excellence". Auf der von Hand geschriebenen Karte finden Sie schmackhafte Gerichte, die auf saisonalen und meist regionalen Produkten basieren - das Brot wird übrigens im Haus gebacken. Im Sommer sitzt man schön auf der Terrasse vor dem Haus. Übernachten kann man im hübschen "Häusla" (für 2-7 Personen).

🍴♻ 🅿 – Preis: €€

Dannberg 3 ✉ 91093 – ☎ 09135 8182 – www.wvjg.de – Geschlossen: Montag
und Dienstag, mittags: Mittwoch-Sonntag

HILDEN

Nordrhein-Westfalen – Regionalatlas **3**–J3

INTENSIÜ

FRANZÖSISCH-KREATIV • TRENDY Im Restaurant des seit Jahrzehnten familiengeführten Hotels "Monopol" ist der Name Programm: "intensiü" nimmt Bezug auf die intensiven Aromen der kreativen Küche. Das angebotene Menü gibt es auch vegan. Als 3. Generation hat Inhaber und Gastgeber Kristjan Bratec modernes Design und lockere Atmosphäre ins Haus gebracht. Das Graffiti an der Wand zeigt übrigens seinen Großvater im Freestyle-Look und demonstriert den Wandel.

Ⓐ ⇔ – Preis: €€€

Poststraße 42 ✉ 40721 – ℰ 02103 54745 – www.monopol-intensiu.de –
Geschlossen: Montag, Dienstag, Sonntag, mittags: Mittwoch-Samstag

PUNGSHAUS

MARKTKÜCHE • **GEMÜTLICH** Richtig gemütlich hat man es in dem netten Fachwerkhäuschen und gut essen kann man hier ebenfalls. Gekocht wird
mit saisonalen Einflüssen. Auf der Karte liest man z. B. "Lammhüfte unter der
Curry-Ingwer-Kruste".

🕱 🅿 – Preis: €€

Grünstraße 22 ✉ 40723 – ℰ 02103 61372 – www.pungshaus.de – Geschlossen:
Montag und Dienstag, mittags: Mittwoch-Samstag

HILDESHEIM
Niedersachsen – Regionalatlas **3**–M1

DREI 11 Ⓝ

MODERNE KÜCHE • **HIP** "Casual Fine Dining" heißt es hier, und die chic-trendige
Einrichtung trägt zum legeren Wohlbefinden schon mal bei. Ebenso modern präsentiert sich die richtig gute Küche, die sich bevorzugt an der Saison und der Region
orientiert. Sie können à la carte oder in Menüform speisen. Ein Überraschungsmenü
wird ebenfalls angeboten. Einladend auch die Bar-Theke oder Hochtische für einen
Drink. Bei gutem Wetter kann man auf der Terrasse vor dem Haus sitzen.

Preis: €€€

Andreasstraße 1 ✉ 31134 – ℰ 05121 9990614 – dreielf.com – Geschlossen:
Montag und Sonntag, mittags: Dienstag-Samstag

HINTERZARTEN
Baden-Württemberg – Regionalatlas **7**–B1

ADLER STUBEN

TRADITIONELL EUROPÄISCH • **MONTAN** Im traditionsreichen "Parkhotel Adler"
(Familienbetrieb seit über 500 Jahren) finden Sie dieses Restaurant, genauer gesagt im
historischen Schwarzwaldhaus mit Ursprung im Jahre 1639. Richtig schön sitzt man hier
in fünf verschiedenen Bereichen, von der charmanten "Stube" mit alter Holztäfelung
und niedriger Decke bis zum schicken "Bergkristall", dazu die Terrasse. Die Küche bietet Badisches und Internationales, vegetarische Gerichte gibt es ebenfalls. Dazu viele
Weine aus der Region. Übernachten kann man in wohnlich-eleganten Zimmern.

🕮 🕱 ⇔ 🅿 – Preis: €€

Adlerplatz 3 ✉ 79856 – ℰ 07652 1270 – www.parkhoteladler.de/de –
Geschlossen mittags: Montag-Sonntag

ALEMANNENHOF

MARKTKÜCHE • **RUSTIKAL** Möchten Sie in hübschen rustikalen Stuben speisen oder lieber auf der herrlichen See-Terrasse? Die Abendkarte macht z. B.
mit "Süppchen von der Petersilienwurzel, Piment d'Espelette" oder "Barbarie-
Entenbrust, fermentierter Pfeffer" Appetit. Mittags ist die Karte kleiner. Zum
Übernachten: Zimmer mit einem schönen Mix aus Moderne und Tradition.

⪡ 🕮 🕱 🅿 – Preis: €€

Bruderhalde 21 ✉ 79856 – ℰ 07652 91180 – www.hotel-alemannenhof.de

HOCHHEIM AM MAIN

Hessen – Regionalatlas **5**–U1

LES DEUX DIENSTBACH ⓝ

FRANZÖSISCH-ZEITGEMÄSS • **ZEITGEMÄSSES AMBIENTE** "Les Deux Dienstbach", das sind beiden Geschwister, die dieses Restaurant im bekannten Weingut Künstler gegründet haben und deren französische Wurzeln die Küche prägen. Jennifer Dienstbach ist als Gastgeberin für den sehr freundlichen und versierten Service verantwortlich, ihre Schwester unterstützt aus der Heimat Normandie das Küchenteam mit kulinarischen Ideen. Geboten wird ein auf ausgesuchten Produkten basierendes Menü mit drei bis sechs Gängen. Dazu gibt es Weine aus Frankreich und vom Weingut Künstler. Schön auch der Rahmen: Mit chic-modernen Einrichtungsdetails und gedeckten Farben hat man in dem historischen Gebäude ein geschmackvolles Interieur geschaffen.

🍽️ 🅿️ – Preis: €€€

Geheimrat-Hummel-Platz 1A ✉️ *65239 –* ☎️ *06146 5259228 – www.les-deux-dienstbach.de – Geschlossen: Montag, Dienstag, Sonntag, mittags: Mittwoch-Samstag*

HÖCHST IM ODENWALD

Hessen – Regionalatlas **5**–U1

🐸 GASTSTUBE

REGIONAL • **BÜRGERLICH** Mit der Gaststube hat Familie Wölfelschneider in ihrer "Krone" ein gemütliches, angenehm unkompliziertes Restaurant für alle, die gerne regional-bürgerlich essen. Neben der schmackhaften Küche kommt bei den Gästen auch der freundliche Service gut an, der zur sympathischen Atmosphäre beiträgt. Im Sommer ist die Terrasse ein Traum!

🐛 🍽️ ⇔ 🅿️ – Preis: €€

Rondellstraße 20 ✉️ *64739 –* ☎️ *06163 931000 – www.krone-hetschbach.de – Geschlossen: Montag und Donnerstag*

KRONE

KLASSISCHE KÜCHE • **ELEGANT** Dass sich die Gäste hier wohlfühlen, hat gleich mehrere Gründe. Da wäre zum einen die modern, klassisch und saisonal beeinflusste Küche, für die man gerne heimische Produkte verwendet, zum anderen der freundliche und aufmerksame Service durch die Chefin und ihr Team, gute Weinberatung inklusive. Einladend ist auch das geradlinig-elegante Ambiente, nicht zu vergessen der wunderschöne Garten, der im Sommer mit schattigen Plätzen lockt. Sie möchten übernachten? Gepflegte Gästezimmer bietet man ebenfalls.

🐛 🍽️ ⇔ 🅿️ – Preis: €€€

Rondellstraße 20 ✉️ *64739 –* ☎️ *06163 931000 – www.krone-hetschbach.de – Geschlossen: Montag und Donnerstag, mittags: Dienstag, Mittwoch, Freitag, abends: Sonntag*

HÖCHSTÄDT AN DER DONAU

Bayern – Regionalatlas **6**–X3

🐸 ZUR GLOCKE

MARKTKÜCHE • **CHIC** Mit Herzblut ist Familie Stoiber in dem trendig-modernen Restaurant bei der Sache. Das merkt man nicht zuletzt an der guten Küche, bei der man auf Produktqualität und saisonalen Bezug achtet. Geboten werden zwei Menüs, eines davon vegetarisch - man kann aber auch à la carte von der kleinen Tageskarte speisen. Für warme Sommertage ist die Terrasse im Vorgarten ideal. Zum Übernachten hat man neuzeitliche Zimmer von "Classic" bis "Design".

🌳 ⇄ 🅿 – Preis: €€
Friedrich-von-Teck-Straße 12 ✉ 89420 – 𝒞 09074 957885 – glocke.one –
Geschlossen: Montag und Sonntag, mittags: Dienstag-Freitag

HÖRNUM – Schleswig-Holstein ➜ Siehe Sylt (Insel)

HÖVELHOF
Nordrhein-Westfalen – Regionalatlas **3**–L2

🏮 ### GASTHOF BRINK

FRANZÖSISCH-KLASSISCH • FAMILIÄR Eine Adresse mit Charme! Der klassische Stil, den man hier pflegt, dürfte bei so manchem Kindheitserinnerungen wecken. In dem seit 1880 familiengeführten Haus serviert man in angenehmem Ambiente mit eleganter Note eine klassisch-französische Küche, die unkompliziert und sehr schmackhaft ist. Hausgemachte Pasteten und Terrinen sind ebenso gefragt wie "Kalbsrückensteak mit Sauce Béarnaise" oder "Seezunge Müllerin".
⇄ 🅿 – Preis: €€
Allee 38 ✉ 33161 – 𝒞 05257 3223 – Geschlossen: Montag-Mittwoch, mittags:
Donnerstag-Sonntag

GASTHAUS SPIEKER

REGIONAL • GASTHOF In geschmackvollen, wirklich liebenswert dekorierten Räumen lässt man sich regionale Küche mit mediterranem Touch schmecken, so z. B. "Spiekers leckere Tapas" oder "Lammragout auf Bulgur, grüner Spargel, Crème fraîche". Und wer dazu ein bisschen mehr Wein trinken möchte, kann auch gepflegt übernachten.
& 🌳 ⇄ 🅿 – Preis: €€
Detmolder Straße 86 ✉ 33161 – 𝒞 05257 2222 – www.gasthaus-spieker.de –
Geschlossen: Montag und Dienstag, mittags: Mittwoch-Samstag

HOFHEIM AM TAUNUS
Hessen – Regionalatlas **3**–L4

DIE SCHEUER

REGIONAL • GEMÜTLICH Richtig charmant ist die einstige "Hammelsche Scheune" a. d. 17. Jh., das mögen auch die zahlreichen Stammgäste! Unweit des Marktplatzes finden Sie diesen engagiert geführten Familienbetrieb - ein schönes Fachwerkhaus, vor dem im Sommer eine nette Terrasse lockt. Drinnen sitzt man in gemütlicher Atmosphäre und lässt sich Leckeres wie z. B. Wild aus eigener Jagd schmecken. Man achtet auf regionale Zutaten und kennt die Produzenten.
🌳 – Preis: €€
Burgstraße 12 ✉ 65719 – 𝒞 06192 27774 – www.die-scheuer.de – Geschlossen:
Montag, Dienstag, Sonntag

HOHEN DEMZIN
Mecklenburg-Vorpommern – Regionalatlas **2**–F3

WAPPEN-SAAL

KLASSISCHE KÜCHE • ELEGANT Einen ganz besonderen Rahmen zum Dinieren bietet dieses beeindruckende Schlossanwesen - laufen Sie eine kleine Runde auf dem Goetheweg, bevor Sie hier im "Schlosshotel" auf Burg Schlitz im herrschaftlichen "Wappen-Saal" Platz nehmen. Umgeben von historischem Flair genießen Sie unter einer eindrucksvollen hohen Decke eine ambitionierte klassische Küche in Form eines Menüs mit vier bis sechs Gängen. Der charmante und versierte

Service reicht dazu eine gut aufgestellte Weinkarte - vertrauen Sie ruhig auf die Empfehlungen des Sommeliers.

❀ 🅿 – Preis: €€€€

Burg Schlitz 2 ✉ 17166 – ℰ 03996 12700 – www.burg-schlitz.de – Geschlossen: Montag, Dienstag, Sonntag, mittags: Mittwoch-Samstag

HOHENKAMMER
Bayern – Regionalatlas **6**–X3

❀ CAMERS SCHLOSSRESTAURANT

ASIATISCHE EINFLÜSSE • ELEGANT Ganz schön herrschaftlich! Wie es dem eleganten Schloss gebührt, muss man zuerst den Wassergraben überqueren, bevor man durch den Innenhof (hier die wahrscheinlich schönste Terrasse im Freistaat!) in einen angenehm geradlinig gehaltenen Raum mit schmuckem weißem Gewölbe kommt. Florian Vogel (zuvor u. a. im "Kastell" in Wernberg-Köblitz und im "Dallmayr" in München) gibt hier eine moderne Küche zum Besten, in der sich klassische, mediterrane und asiatische Einflüsse finden. Das Konzept könnte man als "Weltreise mit bayerischen Wurzeln" bezeichnen. Die Produkte sind top, viele kommen vom nahen Gut Eichethof. Umsorgt wird man fachlich gut geschult, mit Charme und Niveau, interessante Weinempfehlungen inklusive. Übrigens: Im angeschlossenen Hotel finden Sie attraktive Zimmer in klarem Design.

🍴 🅿 – Preis: €€€€

Schlossstraße 25 ✉ 85411 – ℰ 08137 934443 – www.camers.de – Geschlossen: Montag, Dienstag, Sonntag, mittags: Mittwoch-Samstag

HOMBURG
Saarland – Regionalatlas **5**–T2

SCHLOSSBERG

INTERNATIONAL • ZEITGEMÄSSES AMBIENTE Klasse ist hier schon die Lage auf dem Schlossberg: Gleich neben der Vauban-Festung thront das Businesshotel, in dem sich das Restaurant befindet, über der Stadt und bietet eine einmalige Aussicht! Diese genießt man am besten auf der Terrasse. Aber auch drinnen hat man es schön dank geradlinig-modernem Ambiente und Blick durch die große Fensterfront. Die saisonal geprägte Küche gibt es als Menü oder à la carte.

⧼ 🅰 🍴 ⟲ 🅿 – Preis: €€

Schloßberg-Höhen-Straße ✉ 66424 – ℰ 06841 6660 – schlossberghotelhomburg.de – Geschlossen: Dienstag, mittags: Montag, Mittwoch-Freitag

HOPPEGARTEN
Brandenburg – Regionalatlas **4**–Q1

CLINTON'S

MARKTKÜCHE • ZEITGEMÄSSES AMBIENTE Nicht weit von der Berliner Stadtgrenze finden Sie dieses Restaurant in der 1. Etage der Europazentrale des Fashion-Unternehmens Clinton. Die Atmosphäre ist modern, ebenso die saisonal beeinflusste Küche. Sie können zwischen einem Menü oder Gerichten à la carte wählen. Auch Liebhaber von "Dry Aged"-Steaks dürfen sich freuen. Aufmerksam und geschult der Service. Von einigen Plätzen kann man in das Modegeschäft schauen.

♿ ⟲ 🅿 – Preis: €€

Neuer Hönower Weg 7 ✉ 15366 – ℰ 03342 3066102 – www.clintons.de – Geschlossen: Montag und Sonntag, mittags: Dienstag-Samstag

Seit vier Generationen steht der Name Lavazza für außergewöhnlichen
italienischen Caffè. Genießen Sie Lavazza Caffè in den besten Restaurants
und Cafés oder auch zuhause.

Lavazza – der berühmteste Caffè Italiens.

TORINO, ITALIA, 1895

HORBEN

Baden-Württemberg – Regionalatlas **7**–B1

LUISE ®

MODERN • ENTSPANNT Hier sticht einem gleich die ellipsenförmige Architektur des Hotels "Luisenhöhe" ins Auge, die sich gut in die schöne Landschaft einfügt. Auch drinnen hat man einen attraktiven Mix aus modernem Stil und wertigen Naturmaterialien geschaffen, die die Region aufgreifen - in den Zimmern wie auch im Restaurant. Letzteres hat eine angenehm legere Atmosphäre, durch die große Fensterfront schaut man über die Terrasse zum Schwarzwald samt "Schauinsland". Aus der offenen Küche kommt ein vegetarisches Menü mit vier Gängen - Zwischen- und Hauptgang können Sie um Fisch oder Fleisch erweitern. Die tolle Weinkarte bietet eine gute deutsche, aber auch internationale Auswahl. Beeindruckend ist übrigens auch der Übergang vom Parkhaus zum Hotel - hier staunt man über ein geradezu futuristisches Design.

⅌ ≼ – Preis: €€€

Luisenhöhestraße 6 ✉ *79289* – ✆ *0761 137330* – *www.luisenhoehe-hotel.de* –
Geschlossen: Montag und Sonntag, mittags: Dienstag-Samstag

HORN-BAD MEINBERG

Nordrhein-Westfalen – Regionalatlas **3**–L2

🕲 DIE WINDMÜHLE

REGIONAL • LÄNDLICH In der einstigen Getreidemühle heißt es heute gut essen! Im Haus der Familie Lemke sitzen Sie gemütlich in der Mühlenstube, im Kaminzimmer oder auf der schönen Terrasse und lassen sich schmackhafte Gerichte mit saisonalem und regionalem Bezug servieren. Dazu werden Sie aufmerksam und freundlich umsorgt. Mit Hingabe empfiehlt man Ihnen ausgesuchte deutsche Weine.

⅌ 🌫 🅿 – Preis: €€

Windmühlenweg 10 ✉ *32805* – ✆ *05234 919602* – *diewindmuehle.de* –
Geschlossen: Montag und Dienstag, mittags: Mittwoch und Donnerstag

HOYERSWERDA

Sachsen – Regionalatlas **4**–R2

WESTPHALENHOF

INTERNATIONAL • FREUNDLICH Etwas versteckt liegt das stilvoll-gediegene Restaurant in einem Wohngebiet. Hier sorgen die Brüder Westphal - der eine Küchenchef, der andere Sommelier - für schmackhafte Gerichte und gute Weinberatung. Die saisonal-internationale Küche gibt es z. B. als "Heilbuttfilet in Nussbutter konfiert, Kartoffelschuppen, Blumenkohlcreme, getrocknete Tomaten, sardische Pasta". Das begehbare Weindepot bietet dazu 120 verschiedene Weine. Samstags und sonntags hat man auch am Mittag geöffnet.

⅌ 🌫 – Preis: €€€

Dorfaue 43 ✉ *02977* – ✆ *03571 913944* – *www.westphalenhof.de* – *Geschlossen: Montag und Dienstag, mittags: Mittwoch-Freitag*

HÜFINGEN

Baden-Württemberg – Regionalatlas **5**–U4

LANDGASTHOF HIRSCHEN

REGIONAL • FAMILIÄR Das Engagement von Chefin Verena Martin und ihrem Team spürt und schmeckt man. Die Gäste sitzen in charmanter Atmosphäre, werden herzlich umsorgt und genießen gute Küche, für die man gerne Produkte aus der Region verwendet und sich von der Jahreszeit inspirieren lässt. Man kocht mit

Liebe und Hingabe - das Motto lautet "Ä weng eppis Feins". Tipp: "Unser badisches Menü" oder auch "Unser großes Menü ab 2 Personen".

🍴 ♻ 🅿 – Preis: €€

Wutachstraße 19 ✉ 78183 – ☎ 07707 99050 – www.hirschen-mundelfingen.de – Geschlossen: Montag-Donnerstag, mittags: Freitag, , abends: Sonntag

IDSTEIN

Hessen – Regionalatlas **3**–K4

EULENSTEIN Ⓝ

SAISONAL • **ZEITGEMÄSSES AMBIENTE** Hier wird sorgfältig, schmackhaft und frisch gekocht, mit ausgesuchten Produkten und Bezug zur Saison - da merkt man die guten Adressen, in denen Inhaber und Küchenchef Steve Eulenstein gearbeitet hat. Er bietet Ihnen zwei Menüs sowie Klassiker wie z. B. Rumpsteak. Sie sitzen in attraktivem geradlinig gehaltenem Ambiente und werden freundlich und geschult umsorgt. Günstig ist auch die Lage in einem Wohngebiet, nur wenige Fahrminuten von der BAB 3.

🍴 – Preis: €€

Friedrich-Ebert-Straße 9 ✉ 65510 – ☎ 06126 9535286 – www.restaurant-eulenstein.de – Geschlossen: Montag und Dienstag, mittags: Mittwoch-Samstag

HENRICH HÖER'S SPEISEZIMMER

KLASSISCHE KÜCHE • **ROMANTISCH** Eine Adresse zum Wohlfühlen ist das rund 400 Jahre alte Fachwerkhaus, das neben dem Hotel "Höerhof" auch dieses charmante Restaurant beherbergt. Die Kombination aus historischem Rahmen und modernen Akzenten schafft hier Atmosphäre, ebenso der herzliche Service durch die Chefin. Dazu kommt im Sommer die schöne Terrasse im lauschigen Innenhof! Die gute Küche reicht von regionalen Schlemmergerichten bis zum Gourmetmenü (Mi. - Sa.).

🍴 ♻ 🅿 – Preis: €€€

Obergasse 26 ✉ 65510 – ☎ 06126 50026 – www.hoerhof.de/start – Geschlossen: Sonntag

IHRINGEN AM KAISERSTUHL

Baden-Württemberg – Regionalatlas **7**–B1

😊 WINZERSTUBE - VINUM

REGIONAL • **FREUNDLICH** Freundlich-modern ist das Restaurant in dem geschmackvoll eingerichteten gleichnamigen Hotel. Im Sommer sitzt man schön auf der mediterran gestalteten Terrasse. Aus der Küche kommen schmackhafte badische Gerichte, die handwerklich exakt zubereitet sind und auf ausgesuchten Produkten basieren. In Sachen Wein ist man ebenfalls regional ausgerichtet. Zusätzlich gibt es noch die rustikalere Weinstube.

🍴 ♻ 🅿 – Preis: €€

Wasenweilerstraße 36 ✉ 79241 – ☎ 07668 970910 – www.winzerstube-ihringen.de/de – Geschlossen: Montag, Donnerstag, Sonntag, mittags: Dienstag, Mittwoch, Freitag, Samstag

ILBESHEIM BEI LANDAU IN DER PFALZ

Rheinland-Pfalz – Regionalatlas **7**–B1

HUBERTUSHOF

MODERNE KÜCHE • **GEMÜTLICH** Die sympathischen Gastgeber Sandra Bernhard und Jochen Sitter haben in dem denkmalgeschützten Gemäuer ein wirklich charmantes Restaurant. Sandstein, Fachwerk und Kamin machen es drinnen richtig gemütlich, draußen lockt ein traumhafter Innenhof. Gekocht wird modern und mit regional-saisonalen Einflüssen, dazu bietet die Weinkarte eine schöne Auswahl an Gewächsen aus der nächsten Umgebung.

🍴 – Preis: €€€

Arzheimer Straße 5 ✉ 76831 – 𝒸 06341 930239 – www.restaurant-hubertushof-ilbesheim.de – Geschlossen: Montag und Sonntag, mittags: Dienstag-Samstag

ILLERTISSEN

Bayern – Regionalatlas **5**–V3

😊 **VIER JAHRESZEITEN RESTAURANT IMHOF**

MARKTKÜCHE • GASTHOF Bei Andreas Imhof isst man richtig gut. Die Küche ist regional geprägt, bei der Wahl der Produkte achtet man auf saisonalen Bezug. Beliebt sind z. B. Gerichte vom Allgäuer Färsenrind. Drinnen ist das Gasthaus hell, freundlich und geradlinig-modern, draußen im Biergarten sitzt man unter einer schönen großen Linde. Tipp: Man bietet täglich ein günstiges Mittagsgericht.

& 🍴 ⇄ 🅿 – Preis: €€

Dietenheimer Straße 63 ✉ 89257 – 𝒸 07303 9059600 – www.vier-jahreszeiten-illertissen.de – Geschlossen: Mittwoch, mittags: Samstag

ILLSCHWANG

Bayern – Regionalatlas **6**–Y1

🟢 **CHEVAL BLANC**

KLASSISCHE KÜCHE • CHIC In 7. Generation führen Katharina und Christian Fleischmann diesen Familienbetrieb. Man ist eng verbunden mit der Region und ihren Produzenten. Fleisch und Wurstwaren kommen aus der eigenen Metzgerei, Wild, Lamm oder Tauben von bekannten Erzeugern. Geboten wird eine interessante klassische Küche mit moderner Note. Die Gerichte sind sehr durchdacht und nie überladen, jedes Gericht wird in Form von drei Varianten serviert - als Menü oder à la carte wählbar. Dazu bietet die kleine Gourmet-Stube des traditionsreichen "Weißen Roßes" ein schickes Ambiente. Charmant-aufmerksam der Service samt herzlicher Chefin. Für Übernachtungsgäste hat man geschmackvoll designte Zimmer und einen schönen Wellnessbereich.

🛏 🅰🅒 🅿 – Preis: €€€€

Am Kirchberg 1 ✉ 92278 – 𝒸 09666 188050 – www.weisses-ross.de – Geschlossen: Montag, Dienstag, Sonntag, mittags: Mittwoch-Samstag

😊 **WEISSES ROSS**

REGIONAL • GASTHOF Was im zweiten Restaurant der Familie Nägerl auf den Tisch kommt, ist regional und saisonal, frisch und aromatisch - das Fleisch stammt übrigens aus der eigenen Metzgerei! In Sachen Ambiente darf man sich auf Gemütlichkeit und ländlichen Charme freuen.

🍴 ⇄ 🅿 – Preis: €€

Am Kirchberg 1 ✉ 92278 – 𝒸 09666 188050 – www.weisses-ross.de – Geschlossen: Montag, mittags: Dienstag-Donnerstag

IMMENSTAAD AM BODENSEE

Baden-Württemberg – Regionalatlas **5**–U4

😊 **HEINZLER AM SEE**

REGIONAL • GASTHOF Mögen Sie es eher bürgerlich oder lieber etwas exotischer? Bei den Brüdern Heinzler gibt es beides, von der Rinderroulade bis zum asiatischen Glasnudelsalat mit gebackenen Gambas. Serviert wird in der Jagdstube, im Panorama-Restaurant oder auf der tollen Terrasse fast direkt am Wasser! Wer übernachten möchte, ist hier ebenfalls gut aufgehoben: Im Hotel stehen geschmackvolle und zeitgemäße Zimmer bereit.

≤ & 🍴 ⇄ 🅿 – Preis: €€

Strandbadstraße 3 ✉ 88090 – 𝒸 07545 93190 – www.heinzleramsee.de/de/home

⊛ SEEHOF

REGIONAL • GEMÜTLICH Herrlich ist hier schon die Seelage beim Yachthafen. Neben der gefragten Terrasse gibt es die "Badische Weinstube" und das Panoramarestaurant "Alois". Gekocht wird schmackhaft, handwerklich klassisch und mit regionalem Bezug - probieren Sie z. B. die "Alemannischen Klassiker". Schön übernachten können Sie übrigens ebenfalls - Tipp: Panoramazimmer und "Bootshäuser".

⇐ ⇔ ♿ ⌂ ⇔ 🅿 – Preis: €€

Bachstraße 15 ✉ 88090 – ✆ 07545 9360 – www.seehof-hotel.de – Geschlossen: Montag und Sonntag, mittags: Dienstag-Samstag

INZLINGEN

Baden-Württemberg – Regionalatlas **5**–T4

⊛ KRONE

MARKTKÜCHE • CHIC Ein richtig schönes Gasthaus mit guter Küche, nicht weit von der Schweizer Grenze. In geschmackvoll-modernem Ambiente gibt es ein ansprechendes A-la-carte Angebot und zwei Menüs (eines davon vegetarisch) sowie mittags zusätzlich ein Lunchmenü (außer sonn- und feiertags). Hübsch die begrünte Terrasse. Sie möchten übernachten? Die "Krone" hat chic und wertig eingerichtete Gästezimmer.

🆎 ⌂ ⇔ 🅿 – Preis: €€

Riehenstraße 92 ✉ 79594 – ✆ 07621 2226 – wio-group.de/krone – Geschlossen mittags: Donnerstag und Freitag

INZLINGER WASSERSCHLOSS

KLASSISCHE KÜCHE • HISTORISCHES AMBIENTE Das Wasserschloss nahe der Schweizer Grenze mit über 500-jähriger Historie und stilvollem Interieur ist seit Jahren ein Synonym für klassisch-französische Küche aus sehr guten Produkten. Sie können à la carte speisen oder in Menüform - eine vegetarische oder vegane Variante wird ebenfalls angeboten. Dazu empfiehlt man schöne Weine. Tipp: Zum Übernachten gibt es tolle Zimmer im 150 m entfernten Gästehaus.

⌂ ⇔ 🅿 – Preis: €€€

Riehenstraße 5 ✉ 79594 – ✆ 07621 47057 – www.inzlinger-wasserschloss.de – Geschlossen: Montag und Dienstag

IPHOFEN

Bayern – Regionalatlas **5**–V1

ZEHNTKELLER

REGIONAL • GEMÜTLICH In dem traditionsreichen Haus mitten im Ort bekommt man eine gute regional und saisonal ausgerichtete Küche. Auf der Karte macht z. B. "Geschmortes Rinderbäckchen an Spätburgundersoße" Appetit. Zur Wahl stehen ein Menü mit vier Gängen sowie Gerichte à la carte. Dazu eigene Bio-Weine. Sehr freundlich und geschult der Service, gemütlich die Stuben, schön die Terrasse unter Glyzinien. Im gleichnamigen Hotel hat man stilvoll-klassische Gästezimmer.

⇔ ⌂ ⇔ 🅿 – Preis: €€

Bahnhofstraße 12 ✉ 97346 – ✆ 09323 8440 – zehntkeller.de – Geschlossen: Montag

ZUR IPHÖFER KAMMER

MARKTKÜCHE • LÄNDLICH Mit persönlicher Note leiten die engagierten Gastgeber das hübsche historische Gasthaus direkt am Marktplatz des netten Weinortes. Gekocht wird ausdrucksstark und ambitioniert, so z. B. "Rotbarsch, Polenta, Mangold" oder "Rehragout, Steinpilzgnocchi, Pfifferlinge". Dazu gibt es sehr schöne Weine vom Weingut Wirsching.

🏠 – Preis: €€

Marktplatz 24 ✉ *97346 –* 📞 *09323 8772677 – www.kammer-iphofen.com –*
Geschlossen: Montag-Mittwoch, mittags: Donnerstag-Samstag, , abends: Sonntag

ISNY IM ALLGÄU

Baden-Württemberg – Regionalatlas **5**–V4

ALLGÄUER STUBEN

REGIONAL • **GEMÜTLICH** Zur guten Küche gesellt sich im Hause Rimmele auch noch eine überaus angenehme familiäre Atmosphäre. Die Betreiber sind hier mit Herzlichkeit und Engagement bei der Sache, nicht zuletzt Küchenchefin Susanne Rimmele. Sie kocht mit Bezug zur Region und auch mediterran. Umsorgt werden Sie charmant und stets mit einem Lächeln. Tipp: Man hat eine herrliche Terrasse. Auch Kochkurse werden angeboten: Pasta, Spargel, Wild... Im Hotel "Hohe Linde" können Sie gepflegt übernachten.

🏠 ♻ 🅿 – Preis: €€

Lindauer Straße 75 ✉ *88316 –* 📞 *07562 97597 – www.hotel-hohe-linde.de –*
Geschlossen: Sonntag, mittags: Montag-Samstag

JENA

Thüringen – Regionalatlas **4**–P3

LANDGRAFEN

REGIONAL • **FREUNDLICH** Einen fantastischen Blick über die Stadt bietet dieses Restaurant, das zu Recht als "Balkon Jenas" bezeichnet wird. Gekocht wird international mit regional-saisonalen Einflüssen. Schön auch der Biergarten vor dem Haus. Drei individuelle Gästezimmer zum Übernachten: Landhaus-, Art-déco- oder Hochzeitszimmer.

≤🏠🅿 – Preis: €€

Landgrafenstieg 25 ✉ *07743 –* 📞 *03641 507071 – www.landgrafen.com –*
Geschlossen: Montag-Donnerstag, mittags: Freitag, , abends: Sonntag

SCALA - DAS TURM RESTAURANT

INTERNATIONAL • **CHIC** Traumhaft die Aussicht auf die Stadt und die Umgebung hier oben im markanten "JenTower" in 128 m Höhe! Gekocht wird modern-international, abends als Sharing-Menü (auch vegetarisch), mittags als günstigerer Lunch. Tipp: Parkhaus "Neue Mitte"- über die Fahrstühle geht's hinauf ins Restaurant (ausgeschildert). Hotel in den Stockwerken unterhalb des Restaurants.

≤👒🎦♻ – Preis: €€€

Leutragraben 1 ✉ *07743 –* 📞 *03641 356666 – www.scala-jena.de – Geschlossen abends: Sonntag*

JOHANNESBERG

Bayern – Regionalatlas **3**–L4

HELBIGS GASTHAUS

MARKTKÜCHE • **FREUNDLICH** Angenehm sitzt man in dem engagiert geführten Gasthaus neben der Kirche, freundlich das Ambiente, schön die Terrasse, dazu aufmerksamer und geschulter Service. Geboten werden Gerichte à la carte sowie das "Gasthausmenü", ein vegetarisches Menü und das abendliche "Genussmenü". Man beachte auch die Kunstsammlung im Haus! Eine Kochschule hat man ebenfalls.

🏖 👒🅿 – Preis: €€€

Hauptstraße 2 ✉ *63867 –* 📞 *06021 4548300 – auberge-de-temple.de –*
Geschlossen mittags: Montag-Samstag

JUGENHEIM IN RHEINHESSEN

Rheinland-Pfalz – Regionalatlas **5**–T1

😊 WEEDENHOF

MARKTKÜCHE • WEINBAR Schön gemütlich hat man es in dem mit Holz und Bruchstein hübsch gestalteten Restaurant. Dazu gibt es schmackhafte mediterran-regionale Küche aus sehr guten Produkten. Zur Wahl stehen ein A-la-carte-Angebot und saisonale Menüs, darunter auch eine vegetarische Variante. Übernachten können Sie übrigens auch richtig nett und gepflegt.

🌤 🅿 – Preis: €€

Mainzer Straße 6 ✉ 55270 – ☎ 06130 941337 – www.weedenhof.de –
Geschlossen: Montag und Dienstag, mittags: Mittwoch-Samstag

JUIST

Niedersachsen – Regionalatlas **1**–A3

DANZER'S

INTERNATIONAL • FREUNDLICH Schon das zeitgemäße Ambiente in geradlinigem und zugleich wohnlichem Stil ist ansprechend - ganz zu schweigen von der Terrasse mit Deichblick! Dazu gibt es international-regionale Küche wie "Wolfsbarschfilet in Speckbutter mit Wirsinggemüse aus dem Wok und Gnocchi". Kleinere Mittagskarte.

🌤 ✿ – Preis: €€

Wilhelmstraße 36 ✉ 26571 – ☎ 04935 8040 – www.hotel-achterdiek.de/de

KAISHEIM

Bayern – Regionalatlas **6**–X2

WEINGÄRTNERHAUS

INTERNATIONAL • MINIMALISTISCH Neben gutem Essen ist hier auch der Rahmen einladend: Das Restaurant befindet sich im hübschen Weingärtnerhaus von 1542 (benannt nach den unterhalb gelegenen Weinbergen) direkt auf dem historischen Anwesen des Schlosses Leitheim. In schönem gemütlichem Ambiente serviert man eine saisonal geprägte Küche. Sonntags und montags gibt es ein reduziertes Angebot in Form des Azubi-Menüs. Tipp: Man hat auch diverse südafrikanische Weine. Zum Übernachten bietet das Hotel "Schloss Leitheim" wohnliche Zimmer.

♿ 🌤 ✿ 🅿 – Preis: €€

Schlossstraße 1 ✉ 86687 – ☎ 09097 485980 – schloss-leitheim.de –
Geschlossen: Montag-Sonntag

KALLSTADT

Rheinland-Pfalz – Regionalatlas **7**–B1

VINOTHEK IM WEINGUT AM NIL

INTERNATIONAL • CHIC Gelungen vereint man auf dem schönen Anwesen Restaurant und Vinothek. Wertig und chic der Mix aus rustikal und modern in dem historischen Gemäuer, dazu ein Traum von Innenhof - hier speist man im Sommer natürlich am liebsten! Die Küche ist international beeinflusst, sehr gut die Weinauswahl vom eigenen Weingut. Tipp: Zum Übernachten hat man geschmackvoll eingerichtete Gästezimmer.

🌤 ✿ 🅿 – Preis: €€

Neugasse 21 ✉ 67169 – ☎ 06322 957910080 – seieinlilaloewe.de – Geschlossen:
Montag-Mittwoch, mittags: Donnerstag-Samstag

KANDEL

Rheinland-Pfalz – Regionalatlas **5**–T2

ZUM RIESEN

INTERNATIONAL • FREUNDLICH Mit Engagement leitet Familie Wenz ihren Betrieb, so legt man auch in der Küche Wert auf Qualität. Aus guten Produkten entstehen modern inspirierte Gerichte, auch ist ein veganes Menü ist zu haben. Und dazu vielleicht ein regionaler Wein? Im Sommer ist die Terrasse im Hof ein lauschiges Plätzchen. Zum Übernachten hat man schöne individuelle Zimmer.

🏠 ⇄ 🅿 – Preis: €€

Rheinstraße 54 ✉ *76870 –* ☎ *07275 3437 – www.hotelzumriesen.de –*
Geschlossen: Montag, Dienstag, Sonntag, mittags: Mittwoch-Samstag

KAPPELRODECK

Baden-Württemberg – Regionalatlas **5**–T3

🅰 ## ZUM REBSTOCK

REGIONAL • GASTHOF Eine Adresse, die Spaß macht! In dem historischen Fachwerkhaus (seit 1750 in Familienhand) sitzt man in reizenden holzgetäfelten Stuben bei charmantem Service und richtig guter badischer Küche. Tipp: Vorspeise und Dessert als kleine "Versucherle"! Sehr schön die rund 500 Etiketten zählende Weinkarte. Für daheim: selbstgebranntes Kirsch- und Zwetschgenwasser. Gepflegte Gästezimmer.

🏠 ⇄ 🅿 – Preis: €€

Kutzendorf 1 ✉ *77876 –* ☎ *07842 9480 – rebstock-waldulm.de – Geschlossen:*
Montag und Dienstag, mittags: Mittwoch-Freitag

KARBEN

Hessen – Regionalatlas **3**–L4

NEIDHARTS KÜCHE

REGIONAL • FREUNDLICH Etwas versteckt in einem Gewerbegebiet liegt das Restaurant der Neidharts. Möchten Sie etwas legerer im Bistrobereich sitzen oder lieber eleganter im klassisch eingedeckten Restaurant mit Wintergarten? Schön auch die Terrasse hinterm Haus. Gekocht wird saisonal-regional, dazu werden Sie charmant umsorgt.

🏠 – Preis: €€

Robert-Bosch-Straße 48 ✉ *61184 –* ☎ *06039 934443 – www.neidharts-kueche.*
de – Geschlossen: Montag und Dienstag, mittags: Mittwoch-Samstag

KARLSRUHE

Baden-Württemberg – Regionalatlas **5**–U2

🏵🏵 ## SEIN

MODERNE KÜCHE • INTIM Die kreative Küche von Thorsten Bender macht einen Besuch in dem kleinen Restaurant in einer recht ruhigen Wohnstraße absolut lohnenswert. In seinen sieben Gängen, darunter z. B. "Island-Kabeljau, rote Spitzpaprika, Sellerie, Dashi-Beurre-blanc", zeigt das angebotene Menü die eigene Stilistik des Chefs. Die Gerichte überzeugen mit Kraft, klarem Aufbau und geschmacklicher Ausgewogenheit samt wohldosierten asiatischen Aromen. Top die Produktqualität! Auf Voranmeldung gibt es auch eine vegetarische Alternative. Das Ambiente dazu ist wertig und chic-modern. Umsorgt werden Sie freundlich und versiert vom Team um Franziska Dufner - auch die Köche servieren mit. Mittags bietet man ein 4-Gänge-Menü.

🅰🅲 – Preis: €€€€

Scheffelstraße 57 ✉ *76135 –* ☎ *0721 40244776 – www.restaurant-sein.de –*
Geschlossen: Montag und Dienstag, mittags: Mittwoch, Samstag, Sonntag

⛄ TAWA YAMA FINE

MODERNE KÜCHE • CHIC "FINE" heißt das schicke Gourmetrestaurant der "TAWA YAMA"-Gastronomie, das sich mit einer modernen Küche mit eigener Idee einen Namen gemacht hat. Ebenso modern und hochwertig das Ambiente. Das Serviceteam umsorgt Sie freundlich und angenehm diskret, der Sommelier hilft bei der Weinauswahl. "TAWA YAMA" kommt übrigens aus dem Japanischen und bedeutet "Turm Berg" - damit nimmt man Bezug auf den gleichnamigen Karlsruher Berg, den Sie von der herrlichen Terrasse aus im Blick haben. Neben dem "FINE" gibt es noch das trendige "EASY" mit einfacherer Karte, verbunden durch einen kleinen Gang mit Blick in die Küche. Praktisch: kostenfreies eigenes Parkhaus.

🎴 🏠 ⇧ 🅿 – Preis: €€€€

Amalienbadstraße 41b ⊠ 76227 – ☎ 0721 9098950 – tawayama.de –
Geschlossen: Montag und Sonntag, mittags: Samstag

⛄ BISTRO MARGARETE

REGIONAL • HIP Neben dem "sein" betreibt Thorsten Bender nun auch noch ein zweites Restaurant. Die Atmosphäre ist stylish und lebendig, draußen lockt im Sommer eine fast schon romantische Innenhofterrasse. Gekocht wird schmackhaft und regional - auf der Karte finden sich Klassiker und moderne Gerichte. Dazu eine fair kalkulierte Weinkarte. Umsorgt wird man angenehm freundlich und leger. Tipp: attraktives Mittagsmenü.

🏠 – Preis: €€

SCheflstraße 55 ⊠ 76133 – ☎ 0721 40244773 – www.bistro-margarete.de –
Geschlossen: Montag und Dienstag, mittags: Samstag und Sonntag

EIGENART

INTERNATIONAL • FREUNDLICH Sie finden dieses Restaurant in einem gepflegten Stadthaus in zentraler Lage nahe dem Marktplatz. Dass man hier so manchen Stammgast hat, verwundert nicht, denn Sie sitzen in angenehmer Atmosphäre und werden freundlich umsorgt. In der Küche orientiert man sich an der Saison. Zur Wahl stehen ein Menü und Gerichte à la carte. Nach Absprache können Sie auch mittags und am Wochenende reservieren.

🏠 – Preis: €€€

Hebelstraße 17 ⊠ 76133 – ☎ 0721 5703443 – eigenart-karlsruhe.de –
Geschlossen: Montag, Dienstag, Sonntag

ERASMUS

Chef: Marcello Gallotti

ITALIENISCH • GEMÜTLICH In dem denkmalgeschützten Gebäude von 1928 sorgen Andrea und Marcello Gallotti für charmanten Service samt trefflichen Empfehlungen von der gut sortierten Weinkarte sowie für ambitionierte italienisch-mediterrane Küche. Eine kleine Austernkarte gibt es ebenfalls. Herrlich die Terrasse zum Garten! Angeschlossen ein Feinkostladen. Man legt Wert auf Nachhaltigkeit und ist biozertifiziert.

⛄ *Engagement des Küchenchefs:* Mein Restaurant ist biozertifiziert, daher verarbeite ich vom Bio-Ei bis zu MSC-zertifiziertem Fisch nur beste Ware, die Prinzipien „Nose to tail" und „Root to leaf" setze ich um, wo immer es geht, so möchte ich meinen Gästen gelebte Genussvielfalt ohne Reue, aber auch ohne Radikalität ermöglichen.

🐝 ♿ 🏠 – Preis: €€€

Nürnberger Straße 1 ⊠ 76199 – ☎ 0721 40242391 – erasmus-karlsruhe.de –
Geschlossen: Montag und Sonntag, mittags: Dienstag, Mittwoch, Samstag

IL TEATRO[2]

ITALIENISCH • KLASSISCHES AMBIENTE In dem langjährigen Familienbetrieb beim namengebenden Staatstheater serviert man Ihnen eine frische und geschmackvolle italienische Küche mit Einflüssen aus Frankreich und Deutschland. Die "Spaghetti Carbonara", der "Steinbutt an Champagnersoße" oder auch die "Exotische Schokolade" sind gute Beispiele dafür. Im Sommer locken die Terrassenplätze auf dem breiten Gehsteig.

🏠 – Preis: €€€

Ettlingerstraße 2c ✉ 76137 – ☎ 0721 356566 – www.ilteatro.de – Geschlossen: Dienstag und Mittwoch

IVY

MODERN • CHIC In dem Restaurant im EG des sehr zentral gelegenen "133 Boutique Hotel Karlsruhe" erwarten Sie stylish-schicker Bistrostil und moderntrendige Küche, die als Sharing-Menü ab zwei Personen oder à la carte angeboten wird. Verschiedene Steak-Cuts mit Beilage und Soße nach Wahl gibt es ebenfalls - wählen Sie Ihr eigenes Messer! Spaß machen auch die Sharing-Snacks vorab. Und zum Abschluss noch einen Cocktail an der angeschlossenen Bar?

Preis: €€€

Karlstraße 34 ✉ 76133 – ☎ 0721 47004539 – ivy.restaurant – Geschlossen: Dienstag und Sonntag, mittags: Montag, Mittwoch-Samstag

NAGELS KRANZ

REGIONAL • GEMÜTLICH In diesem sympathischen Restaurant legt man Wert auf Produktqualität, und die schmeckt man z. B. bei "Filet vom Loup de Mer mit gebratenem weißen Spargel, Morcheln à la Crème und Gnocchi". Die Atmosphäre stimmt ebenfalls, sowohl drinnen im gemütlichen Lokal als auch draußen auf der lauschigen Terrasse im Hof.

🏠 ⇄ – Preis: €€

Neureuter Hauptstraße 210 ✉ 76149 – ☎ 0721 705742 – www.nagels-kranz.de – Geschlossen: Montag und Sonntag, mittags: Dienstag, Freitag, Samstag

OBERLÄNDER WEINSTUBE

KLASSISCHE KÜCHE • GEMÜTLICH Hier kann man sich nur wohlfühlen! Das Stadthaus von 1826 sprüht nur so vor Charme: Drinnen verbreiten die traditionellen holzgetäfelten Stuben Gemütlichkeit, draußen sitzt man herrlich im reizenden Innenhof mit Feigen- und Kastanienbaum. Und dazu kümmert man sich auch noch wirklich überaus freundlich um Sie. Gekocht wird klassisch-regional und mit mediterranem Einfluss. Mittags wählen Sie von einer kleineren Karte.

🏠 – Preis: €€

Akademiestraße 7 ✉ 76133 – ☎ 0721 25066 – www.oberlaender-weinstube.de – Geschlossen: Montag und Sonntag

RESTAURANT 1463

KLASSISCHE KÜCHE • GEMÜTLICH Das Fachwerkhaus a. d. J. 1463 war früher eine kleine Weinstube, heute geht es hier in gemütlich-rustikalem Ambiente gehobener zu. Auf der klassisch geprägten Karte liest man z. B. "Wolfsbarsch mit Artischocken-Gemüseragout". Richtig lauschig ist der Innenhof! Zum Übernachten gibt es sechs schöne wohnliche Apartments.

🏠 ⇄ – Preis: €€

Friedrichstraße 10 ✉ 76229 – ☎ 0721 66050650 – 1463.de – Geschlossen: Montag und Dienstag, mittags: Mittwoch-Freitag, abends: Sonntag

STILBRUCH ⓝ

MODERN • CHIC In diesem schicken Restaurant erwartet Sie ein Überraschungsmenü mit vier bis sieben Gängen, in denen viele regionale, aber auch internationale Produkte zum Einsatz kommen. Die Gerichte nennen sich z. B. "Skrei, Spinatcreme, wilder Brokkoli, Kräuterseitlinge, Walnüsse, Parmesan-Beurre-Blanc". Auch eine vegane Menü-Variante ist zu haben. Dazu werden Sie freundlich und zuvorkommend umsorgt, gut die Weinempfehlungen. Im Sommer ist die Terrasse ein lauschiges Plätzchen.

🕎 – Preis: €€€

SCheflstraße 58 ✉ 76135 – ☎ 0721 47038779 – www.restaurantstilbruch.com – Geschlossen: Dienstag und Mittwoch, mittags: Montag, Donnerstag-Sonntag

KASSEL
Hessen – Regionalatlas **3**–L3

MONDI
Chef: Pelle Kossmann

MODERNE KÜCHE • FREUNDLICH Engagiert bringen Patron Pelle Kossmann und sein junges Team hier ihre eigenen Ideen auf den Teller. Geboten wird ein 14-tägig wechselndes Menü, für das man ausgesuchte saisonale Produkte von regionalen Erzeugern verwendet, Tiere und Gemüse werden z. T. exklusiv für das Restaurant aufgezogen bzw. angebaut. Zudem setzt man auf "Nose to tail". Dazu schlicht-modernes Ambiente mit teilweise einsehbarer Küche sowie freundlichlegerer Service. Wasser-Flatrate.

🕸 *Engagement des Küchenchefs:* Mein Motto ist "Gute Küche muss transparent, regional und nachhaltig sein" und genau das versuchen wir hier täglich umzusetzen. Deshalb verarbeiten wir nur Produkte Nose-to-tail und Farm-to-plate von vertrauten Produzenten, servieren ein Menü, auch vegetarisch, um schnell auf die Saison zu reagieren.

🕎 🔄 – Preis: €€€

Wilhelmshöher Allee 34 ✉ 34117 – ☎ 0561 83079318 – www.mondi-restaurant. de/de – Geschlossen: Montag und Sonntag, mittags: Dienstag-Samstag

KEHL
Baden-Württemberg – Regionalatlas **5**–T3

HIRSCH
REGIONAL • LÄNDLICH Hier heißt es klassisch-badische Küche mit Niveau, bei der viele regionale Produkte zum Einsatz kommen. Machen Ihnen vielleicht geschmorte Kalbsbäckchen oder eine schmackhafte Fischvariation in Beurre Blanc Appetit? Reichlich Holz und dekorative Accessoires sorgen für ein gemütliches Ambiente, im Sommer hat man eine schöne begrünte Terrasse. Sehr freundlich der Service. Dank seiner Nähe zu Straßburg, dem Schwarzwald und dem Europapark ist der "Hirsch" auch als Hotel interessant - Sie können zwischen gepflegten Zimmern und Apartments im Boardinghouse wählen.

🕎 🔄 🅿 – Preis: €€

Gerbereistraße 20 ✉ 77694 – ☎ 07851 99160 – www.hirsch-kork.de – Geschlossen: Sonntag, mittags: Montag und Samstag, abends: Dienstag-Freitag

KEITUM – Schleswig-Holstein ➜ Siehe Sylt (Insel)

KELSTERBACH
Hessen – Regionalatlas **3**–L4

AMBIENTE ITALIANO IN DER ALTEN OBERFÖRSTEREI
ITALIENISCH • ELEGANT In der schmucken Villa von 1902 sitzt man in einem eleganten Wintergarten mit Blick auf Kirche und Main, dazu die wettergeschützte Terrasse. Geboten wird italienische Küche aus guten Produkten, dazu eine Weinkarte mit Schwerpunkt Italien. Tipp: Business Lunch mit schöner Auswahl. Parken kann man direkt vor dem Haus.

🕮 🛋 🅿 – Preis: €€

Staufenstraße 16 ✉ 65451 – ☏ 06107 9896840 – ambienteitaliano.de –
Geschlossen: Sonntag, mittags: Samstag

TRATTORIA ALTE OBERFÖRSTEREI

ITALIENISCH • FREUNDLICH Sie essen gern traditionell-italienisch? In der gemütlichen Trattoria bietet man Ihnen auf guten Produkten basierende Gerichte - fragen Sie nach dem Fisch des Tages. Glutenfreie Speisen bekommt man übrigens ebenfalls. Umsorgt wird man ausgesprochen freundlich und aufmerksam.

🕮 🛋 🅿 – Preis: €€

Staufenstraße 16 ✉ 65451 – ☏ 06107 9896840 – ambienteitaliano.de –
Geschlossen: Sonntag, mittags: Samstag

KENZINGEN

Baden-Württemberg – Regionalatlas **5**–T3

🕸 SCHEIDELS RESTAURANT ZUM KRANZ

KLASSISCHE KÜCHE • TRADITIONELLES AMBIENTE Die lange Familientradition (7. Generation) verpflichtet und so geht es hier engagiert und zugleich traditionell-bodenständig zu. Historisch-charmant die Gaststube, herzlich der Service. Auf den Tisch kommen schmackhafte schnörkellose Gerichte mit regionalem und saisonalem Bezug. Es gibt auch ein vegetarisches Menü. Zudem bietet man Spezialitätenwochen.

🕮 🛋 🅿 – Preis: €€

Offenburger Straße 18 ✉ 79341 – ☏ 07644 6855 – www.scheidels-kranz.de –
Geschlossen: Montag und Dienstag, mittags: Samstag

KERNEN IM REMSTAL

Baden-Württemberg – Regionalatlas **7**–B2

🕸 MALATHOUNIS

Chef: Joannis Malathounis

MEDITERRAN • STUBE Griechische Küche mit Stern? "Modern greek cuisine" liest man an der Haustür, und die findet man in dem geschmackvoll-charmanten Restaurant der Eheleute Malathounis dann auch vor. Filigran und aromareich, mit mediterraner Leichtigkeit und französischen Einflüssen kommen die Gerichte daher. Wohldosiert bringt Patron Joannis Malathounis seine griechischen Wurzeln mit ein, und das wirkt nie überladen oder forciert. Nicht fehlen darf da das hochwertige Olivenöl! Spannend, wie man hier die Küche Griechenlands interpretiert. Man bietet zwei Menüs, eines davon vegetarisch, sowie eine kleine A-la-carte-Auswahl. Umsorgt wird man in den gemütlichen Gasträumen überaus herzlich, und zwar von Chefin Anna Malathounis persönlich. Sie empfiehlt Ihnen auch gerne einen der schönen Weine aus Griechenland.

🕮 🛋 ✛ 🅿 – Preis: €€€

Gartenstraße 5 ✉ 71394 – ☏ 07151 45252 – www.malathounis.de – Geschlossen:
Montag und Sonntag, mittags: Dienstag-Samstag

ZUM OCHSEN

INTERNATIONAL • GASTHOF Viele Stammgäste mögen dieses über 300 Jahre alte Gasthaus, das die Tradition wahrt und dennoch mit der Zeit geht. Gekocht wird schwäbisch, saisonal und mit internationalen Einflüssen. Man legt Wert auf regionale Produkte, darunter Fleisch- und Wurstwaren aus der eigenen Metzgerei.

🛋 ✛ – Preis: €€

Kirchstraße 15 ✉ 71394 – ☏ 07151 94360 – ochsen-kernen.de – Geschlossen:
Montag und Dienstag, mittags: Mittwoch-Freitag

KERPEN

Nordrhein-Westfalen – Regionalatlas **3**–J3

SCHLOSS LOERSFELD

FRANZÖSISCH-KLASSISCH • **ELEGANT** Das jahrhundertealte Schloss mit seiner weitläufigen Parkanlage ist schon ein herrliches Anwesen. Hinter dicken alten Mauern erwarten Sie stilvolle Räume und Salons mit antiken Details. Möchten Sie in diesem herrschaftlichen Rahmen nicht auch mal speisen? Geboten wird eine klassisch basierte Küche, wählbar à la carte oder als Menü mit drei bis sechs Gängen. Zum Auftakt serviert man auch gerne Kaviar oder Austern. Dazu werden Sie freundlich und aufmerksam umsorgt. Schön übernachten können Sie übrigens auch, und zwar in drei hübschen Appartements in einem Nebenhaus.

⇘ 🕭 ⇔ 🅿 – Preis: €€€€

Schloss Loersfeld 1 ✉ *50171 –* ☏ *02273 57755 – www.schlossloersfeld.de – Geschlossen: Montag, Dienstag, Sonntag*

KIEDRICH

Hessen – Regionalatlas **3**–K4

✿ WEINSCHÄNKE SCHLOSS GROENESTEYN

Chef: Dirk Schröer

MODERNE KÜCHE • **GEMÜTLICH** Etwas versteckt liegt das historische Fachwerkhaus im beschaulichen Kiedrich. In der ehemaligen Gutsschänke hat man es schön gemütlich, dafür sorgt viel warmes Holz. An blanken alten Holztischen wird man bei wertiger Tischkultur freundlich und aufmerksam umsorgt. Patron und Küchenchef Dirk Schröer bietet eine aromareich balancierte Küche, die klassische Elemente mit Regionalem verbindet wie z. B. bei "Steinbutt, Pfifferling, Erbse, Thymian". Zu seinen angenehm klar strukturierten Gerichten empfiehlt das Team um Gastgeberin Amila Begic so manch guten Wein aus der Region. Ein Traum ist im Sommer die Terrasse: Hier genießt man die Aussicht auf die Weinberge und Burg Scharfenstein. Eigene Parkplätze.

🕭 ⇔ 🅿 – Preis: €€€€

Oberstraße 36 ✉ *65399 –* ☏ *06123 1533 – www.groenesteyn.net – Geschlossen: Dienstag und Mittwoch, mittags: Montag, Donnerstag-Samstag*

KIEL

Schleswig-Holstein – Regionalatlas **1**–D2

AHLMANNS ⓝ

KREATIV • **CHIC** Im Gourmetrestaurant des ruhig in einer Villengegend gelegenen Hotels "Kieler Kaufmann" hat inzwischen Lasse Knickrehm die Küchenleitung inne. Gemeinsam mit seinem Team sorgt er für kreative Gerichte, die auch einen gewissen bodenständigen Touch zeigen - interessant ist da z. B. "Steinbutt, Mark, Sauerkraut, Traube". Passend zu den modernen Ideen des 4- bis 8-Gänge-Menüs gibt es alternativ zum Wein auch alkoholfreie Getränkebegleitungen mit Pfiff. Serviert wird im historischen Rahmen einer ehemaligen Bankiersvilla, den man geschmackvoll mit modernen klaren Formen und warmen Tönen kombiniert hat. Tipp für warme Sommerabende: die wirklich schöne Terrasse zum Park. Als legere Alternative gibt es noch den "Kaufmannsladen".

♿ 🕭 🅿 – Preis: €€€€

Niemannsweg 102 ✉ *24105 –* ☏ *0431 88110 – www.kieler-kaufmann.de – Geschlossen: Montag, Dienstag, Sonntag, mittags: Mittwoch-Samstag*

FLYGGE

REGIONAL • **FREUNDLICH** Eine interessante Location! Das Restaurant von Patron und Küchenchef Mathias Apelt und Partnerin Britta Künzl befindet sich im

Kanu-Club und kommt mit cooler, recht puristischer Atmosphäre samt urbanem Bootshaus-Touch daher, herrlicher Förde-Blick inklusive - da lockt natürlich die Terrasse. Aus der offenen Küche kommt nordisch inspiriertes und regional basiertes "Soulfood" z. B. als "Bouillabaisse von Ostseefischen & Sauce Rouille", die anders schmeckt als das südfranzösische Original, aber nicht weniger lecker ist!

🍽 – Preis: €€

Düsternbrooker Weg 46 ✉ 24103 – ☎ 0431 566002 – www.flygge-kiel.de –
Geschlossen: Montag und Sonntag, mittags: Dienstag-Samstag

KOS FINE DINING 🆕

MODERN • FREUNDLICH Das Restaurant liegt etwas abseits der Touristenpfade, doch der Weg hierher lohnt sich. Es erwarten Sie ein trendig-schickes Design, aufmerksamer Service und nicht zuletzt eine geschmackvolle, auf guten Produkten basierende Küche, die gewisse Feinheiten zeigt, ohne unkompliziert zu sein. Jeden Abend gibt es zwei Menüs mit sechs Gängen - das eine vegetarisch, das andere omnivor. Tipp für alle, die es etwas kleiner mögen: Mi. und Do. bietet man auch ein Überraschungsmenü mit nur vier Gängen.

♿🍽 – Preis: €€€€

Hamburger Chaussee 183 ✉ 24113 – ☎ 0431 6409205 – www.kos-kiel.de –
Geschlossen: Montag und Dienstag, mittags: Mittwoch-Sonntag

KIRCHDORF (KREIS MÜHLDORF AM INN)
Bayern – Regionalatlas 6–Y3

⭐ CHRISTIAN'S RESTAURANT - GASTHOF GRAINER
Chef: Christian F. Grainer

KLASSISCHE KÜCHE • GEMÜTLICH Seit dem 16. Jh. betreibt Familie Grainer den stattlichen historischen Gasthof, inzwischen ist mit Christian F. Grainer und seiner Frau Christiane ein echtes "Dreamteam" am Ruder! Er ist verantwortlich für die exquisite klassisch-französische Küche, die sich aber auch Ausflüge in die Moderne erlaubt, sie ist Gastgeberin mit Leib und Seele! Serviert wird ein Überraschungsmenü, das schön aufs Wesentliche reduziert ist, im Fokus top Produkte. Die persönliche Atmosphäre in dem gemütlich-eleganten Restaurant ist der herzlichen Chefin zu verdanken, ihrem vollen Charme und ihrer fachlichen Kompetenz. Als Sommelière hat sie auch treffliche Weinempfehlungen parat - über 1000 Positionen (darunter Raritäten und Großflaschen) lagern im alten Gewölbe-Weinkeller.

🐾 🍽 ⇔ 🅿 – Preis: €€€

Dorfstraße 1 ✉ 83527 – ☎ 08072 8510 – christians-restaurant.de – Geschlossen:
Montag-Mittwoch, mittags: Donnerstag-Samstag

KIRCHDORF AN DER ILLER
Baden-Württemberg – Regionalatlas 5–V3

🏵 LANDGASTHOF LÖWEN

KLASSISCHE KÜCHE • LÄNDLICH Alexander Ruhland leitet das Haus mittlerweile in 4. Generation und sorgt in dem traditionsreichen Landgasthof für richtig gute Küche. Er verbindet klassische und moderne Einflüsse, wobei regionaler und saisonaler Bezug eine große Rolle spielen. Tipp: Man bietet auch zeitgemäß-wohnliche Gästezimmer.

♿🍽⇔🅿 – Preis: €€

Kirchdorfer Straße 8 ✉ 88457 – ☎ 08395 667 – www.loewen-oberopfingen.de –
Geschlossen: Montag-Mittwoch, mittags: Donnerstag-Samstag

KIRCHHEIM AN DER WEINSTRASSE

Rheinland-Pfalz – Regionalatlas **7**–B1

 SCHWARZ GOURMET

Chef: Manfred Schwarz

FRANZÖSISCH • INTIM Seit 2017 findet man in dem hübschen roten Sandsteingebäude die beiden Restaurants der Familie Schwarz. Hier im "Gourmet" bietet der Chef - kein Unbekannter in der Fine-Dining-Szene - ein Menü mit bis zu sechs Gängen und kombiniert dabei internationale Zutaten gerne mit Erzeugnissen aus der hiesigen Region. Die Produkte sind von ausgesuchter Qualität und stehen ganz im Fokus. Manfred Schwarz hat übrigens schon so manchen Prominenten bewirtet, davon zeugen einige Fotos in dem schicken Restaurant. Seine Frau Angelika kümmert sich herzlich um die Gäste.

🌳 ⇔ – Preis: €€€€

Weinstraße Süd 1 ✉ 67281 – 𝒞 06359 9241702 – schwarz-restaurant.de – Geschlossen: Dienstag-Donnerstag, mittags: Montag, Freitag, Samstag

KIRCHHEIM UNTER TECK

Baden-Württemberg – Regionalatlas **7**–B2

SAMS 🆕

SAISONAL • ZEITGEMÄSSES AMBIENTE In verkehrsberuhigter Lage in der Stadtmitte betreiben Adrian Semp und Marc Schnnierer das "SAMS" - der Name setzt sich aus den Initialen der beiden zusammen. In der beim Eingang einsehbaren Küche entsteht ein interessantes Angebot: Es gibt ein ambitioniertes Saisonmenü, aber auch Klassiker wie z. B. Rindertatar oder "Perlen des Meeres" wie Hummer, Austern und Kaviar. Dazu sorgen geradliniges Interieur, gedeckte Farben sowie dekorative Details wie Fachwerk und Bilder für gemütlich-moderne Atmosphäre. Freundlich der Service, gut die Weinberatung.

Preis: €€€

Dettinger Straße 45 ✉ 73230 – 𝒞 07021 9560694 – www.sams-kirchheim.de – Geschlossen: Montag, Samstag, Sonntag, mittags: Dienstag-Freitag

KIRCHLAUTER

Bayern – Regionalatlas **4**–N4

 GUTSHOF ANDRES

Chef: Bernd Andres

SAISONAL • FAMILIÄR Ein denkmalgeschützter Gutshof mit Familientradition seit 1839, eingerahmt von altem Baumbestand und mit kleinem Weiher vor der Tür - hier der reizvolle Biergarten. Die engagierten Gastgeber sorgen für freundlichen Service sowie frische regionale Küche mit Bezug zur Saison. Nicht zuletzt bei der Produktwahl ist der Nachhaltigkeitsgedanke erkennbar, so manches stellt man selbst her. Hausgemachte Aufstriche, Saucen, Brände etc. kann man auch kaufen. Schön und ruhig übernachten können Sie ebenfalls: Man hat zwei Appartements im einstigen Brauhaus und chic-moderne Doppelzimmer in der ehemaligen Remise. Dazu das "Gutsverwalter Haus" als komfortables Ferienhaus. Praktisch: Es gibt zwei Ladestationen für Elektro-Autos.

🌿 *Engagement des Küchenchefs:* Wir verfolgen seit Jahren ein durchgängiges Konzept der Nachhaltigkeit, arbeiten mit heimischen Handwerkern, betreiben viel Eigenanbau samt Kompostierung und Müllreduzierung, Stromgewinnung durch Photovoltaik, Hackschnitzelheizung mit Holz aus eigenen Wäldern, dazu Produkte aus direkter Umgebung.

🌳 ⇔ **P** – Preis: €€

Pettstadt 1 ✉ 96166 – 𝒞 09536 221 – gutshof-andres.de – Geschlossen: Montag und Dienstag, mittags: Mittwoch-Freitag, abends: Sonntag

KIRCHZARTEN

Baden-Württemberg – Regionalatlas **7**–B1

SCHLEGELHOF

KLASSISCHE KÜCHE • LÄNDLICH Das volle Engagement der Schlegels merkt man hier am schönen ländlich-modernen Ambiente, am herzlichen, präsenten Service und an der guten Küche mit regionalen und internationalen Einflüssen. Zum Wohlfühlen auch die tolle Terrasse und der duftende Obst- und Kräutergarten, ebenso die Gästezimmer mit ihrem geschmackvollen Mix aus klaren Formen und warmem Holz.

🕸 🍽 🅿 – Preis: €€€

Höfener Straße 92 ✉ 79199 – ☎ 07661 5051 – schlegelhof.de – Geschlossen mittags: Montag-Samstag

KIRKEL

Saarland – Regionalatlas **5**–T2

RESSMANN'S RESIDENCE

MODERNE KÜCHE • FREUNDLICH Das moderne Ambiente mit klaren Formen und hellen warmen Tönen kommt bei den Gästen gut an, ebenso die ambitionierte international-saisonal beeinflusste Küche sowie die schönen Weine. Tipp: Mittags können Sie sich selbst ein günstiges 3-Gänge-Menü zusammenstellen - A-la-carte-Wahl ist ebenfalls möglich. Angenehm an heißen Sommertagen: Einer der Räume ist klimatisiert. Oder sitzen Sie lieber draußen? Die nette Gartenterrasse liegt ruhig hinterm Haus. Gepflegt übernachten kann man übrigens auch.

🍽 ♿ 🅿 – Preis: €€€

Kaiserstraße 87 ✉ 66459 – ☎ 06849 90000 – www.ressmanns-residence.de – Geschlossen: Dienstag und Mittwoch, abends: Sonntag

KISSINGEN, BAD

Bayern – Regionalatlas **3**–M4

✿ LAUDENSACKS GOURMET RESTAURANT

KLASSISCHE KÜCHE • ELEGANT Geschmackvoll-elegant wie alles in "Laudensacks Parkhotel & Retreat" kommt auch das Gourmetrestaurant daher. Seit 1994 wird die Küche mit Stern gewürdigt. Verantwortlich dafür ist bereits seit vielen Jahren Frederik Desch. Sein Kochstil: ein gelungener Mix aus Klassik und Moderne. Dafür verwendet er sehr gute, überwiegend regionale Produkte wie z. B. Rhöner Lachsforelle oder heimisches Reh, deren Eigengeschmack er schön in den Vordergrund stellt. Dazu fränkische und regionale Weine sowie internationale Positionen. Tipp: Kommen Sie mal im Sommer - feines Essen und herzlichen Service samt guter Weinberatung gibt's dann auf der herrlichen Terrasse zum Park! Interessant: Man bietet auch verschiedene Genuss-Events.

🕸 🛌 🍽 🅿 – Preis: €€€€

Kurhausstraße 28 ✉ 97688 – ☎ 0971 72240 – www.laudensacks.de – Geschlossen: Montag, Dienstag, Sonntag, mittags: Mittwoch-Samstag

KLEIN KUBBELKOW – Mecklenburg-Vorpommern ➜ Siehe Rügen (Insel)

KLEINES WIESENTAL

Baden-Württemberg – Regionalatlas **7**–B1

☺ SENNHÜTTE

Chefs: Maximilian Grether und Jürgen Grether

REGIONAL • FREUNDLICH Familiäre Gastlichkeit ist hier Trumpf! Seit 1918 ist Familie Grether mit Herzblut im Einsatz. Das merkt man nicht zuletzt an der guten

Küche, für die man meist regionale Produkte verwendet. Gerichte von bürgerlich bis leicht gehoben serviert man in verschiedenen Stuben oder auf der netten begrünten Terrasse. Vesper und Kuchen gibt's durchgehend. Eigene Brennerei, Räucherei, Sennerei. Zum Übernachten hat man hübsche wohnliche Zimmer.

🐾 *Engagement des Küchenchefs:* Unserer Familie sind Qualität, Eigenproduktion und Nachhaltigkeit sehr wichtig, daher haben wir in unser Haus energetisch investiert, produzieren unseren eigenen Käse und Schinken, wir backen unser Brot selbst, brennen unseren eigenen Schnaps und wir sind in der Region stark verankert.

🏡 ♻ 🅿 – Preis: €€

Schwand 14 ✉ 79692 – 𝒞 07629 91020 – www.sennhuette.com – Geschlossen: Montag und Dienstag

KLINGENMÜNSTER

Rheinland-Pfalz – Regionalatlas **7**–B1

GASTHAUS ZUM ADLER ⓝ

SAISONAL • ZEITGEMÄSSES AMBIENTE Im Zentrum des zu Füßen der Burg Landeck gelegenen Ortes direkt an der Weinstraße bringen zwei Schwestern in 5. Generation neuen Schwung in das traditionsreiche Gasthaus. Während Christine Baumann am Herd die Pfälzer Heimat hier und da mit lateinamerikanischen Akzenten spickt, kümmert sich Franziska Baumann freundlich um die Gäste. Zur saisonal geprägten Küche serviert man regionale Weine. Ansprechend auch das modern-reduzierte Design, das gelungen freigelegten alten Sandstein und Holzbalken an der Decke einbindet.

🏡 ♻ – Preis: €€

Weinstraße 47 ✉ 76889 – 𝒞 06349 6473 – www.zum-adler.net – Geschlossen: Montag, Dienstag, Sonntag, mittags: Mittwoch-Samstag

KOBERN-GONDORF

Rheinland-Pfalz – Regionalatlas **3**–K4

ALTE MÜHLE THOMAS HÖRETH

REGIONAL • ROMANTISCH Das hat Charme: Die Stuben sind liebevoll dekoriert, dazu ein Innenhof, der idyllischer kaum sein könnte, und ein eigenes Weingut! Die regionale Küche bietet Klassiker sowie saisonale Gerichte. Sie möchten länger bleiben? Man hat individuelle und sehr wohnliche Gästezimmer, die schön ruhig liegen! Sie können sich hier übrigens auch standesamtlich trauen lassen.

🏡 ♻ 🅿 – Preis: €€

Mühlental 17 ✉ 56330 – 𝒞 02607 6474 – altemuehlehoereth.de – Geschlossen mittags: Montag-Samstag

KOBLENZ

Rheinland-Pfalz – Regionalatlas **3**–K4

🏵 SCHILLER'S MANUFAKTUR

Chef: Mike Schiller

KLASSISCHE KÜCHE • ELEGANT Hohes kulinarisches Niveau ist Ihnen im Hotel "Stein" nach wie vor gewiss, dafür sorgt Patron und Küchenchef Mike Schiller mit seinem interessanten 4- bis 6-Gänge-Menü, in dem er mediterrane und asiatische Einflüsse gekonnt kombiniert. Wunderbar sind nicht zuletzt die geschmacklich kraftvollen Fonds und Saucen, klasse z. B. die Gemüse-Essenz. Ebenfalls erwähnenswert ist die ausgezeichnete Produktqualität. Auf Vorbestellung (24 h im Voraus) gibt es eine vegetarische Menü-Variante sowie das Überraschungsmenü. Im Restaurant leitet die freundliche Chefin Melanie Stein-Schiller den Service. Schön sitzt man im lichten Wintergarten oder auf der charmanten Terrasse im Garten. Tipp: Hausgemachtes für daheim.

🏠 ⇔ 🅿 – Preis: €€€€

Mayenerstraße 126 ✉ 56070 – ℰ 0261 963530 – www.hotel-stein.de –
Geschlossen: Samstag und Sonntag, mittags: Montag-Mittwoch

🏵 VERBENE

Chef: David Johannes Weigang

MODERNE KÜCHE • TRENDY Eine wirklich interessante kulinarische Adresse
ist dieses schmucke kleine Restaurant im Herzen der Altstadt mit seiner modern-
saisonalen Küche. Die Zutaten dafür bezieht man gerne aus der Region, auch von
eigenen Produzenten, so lässt man Gemüse eigens von einem Bauern anbauen.
Geboten wird ein Menü mit vier bis acht Gängen, auch als vegetarische Variante.
Dazu freundlicher Service. Sehr schön: Im charmanten "Brunnenhof" sitzt man
ruhig abseits des städtischen Trubels.

🏠 – Preis: €€€€

Brunnenhof Königspfalz ✉ 56068 – ℰ 0261 10046221 – www.restaurant-
verbene.de – Geschlossen: Montag, Dienstag, Sonntag, mittags:
Mittwoch-Samstag

LANDGANG

FRANZÖSISCH • CHIC Das moderne Restaurant in der 1. Etage des Hotels
"Fährhaus" zieht schon allein durch seine herrliche Lage Gäste an - besonders
gerne sitzt man auf der Terrasse mit Blick auf die Mosel, während man sich die französisch-mediterran geprägte Küche mit saisonal-regionalen Einflüssen schmecken
lässt. Dazu eine sehr gut sortierte Weinkarte.

≪ ♿ 🅺 🏠 ⇔ 🅿 – Preis: €€€

An der Fähre 3 ✉ 56072 – ℰ 0261 20171900 – faehr.haus

KÖLN

Nordrhein-Westfalen
Regionalatlas **3**–J3

Fragen Sie den „Köbes", er weiß, was es mit dem „Halve Hahn" auf sich hat...

Wieder in der Kölner Gastro-Szene vetreten ist das **Le Moissonnier**, nun mit interessantem **Bistro-Konzept** und immer noch mit viel Charme! Nach wie vor einen Besuch wert ist das besternte **Sahila - The Restaurant**, in dem Julia Komp Sie kulinarisch auf Reisen schickt. Richtig Laune macht das **NeoBiota** - hier isst man unkompliziert und auf Sternniveau. Mit 2-Sterne-Küche lockt das **Ox & Klee** direkt in einem der Kranhäuser am Rhein. Nicht entgehen lassen sollten Sie sich auch ein Kölsch in einem der Brauhäuser. Sie suchen ein Hotel? Da ist natürlich der Klassiker am Dom, das **Excelsior Hotel Ernst** mit seinem asiatisch geprägten Sternerestaurant **taku**, aber auch der klassischeren und ambitionierten **Hansestube**. Dazu kommen u. a. das **25hours Hotel The Circle**, das Wasserturm Hotel Cologne oder auch das Designhotel **The Qvest**.

✿✿ OX & KLEE

Chef: Daniel Gottschlich

MODERNE KÜCHE • CHIC Unter dem Namen "Experience Taste" setzt Küchenchef Daniel Gottschlich in seinen Menüs vom Appetizer bis zu den Chocolates die sechs Geschmacksrichtungen "süß", "sauer", "bitter", "salzig", "fett" und "umami" kreativ um, und zwar stark vegetabil geprägt. Es gibt zwei Menüs aus top Produkten: "Ox" mit Fisch und Fleisch, "Klee" rein vegetarisch, jeweils wählbar in 8 oder 12 "Akten". Ideenreich und sehr geschmacksintensiv greift er beispielsweise mit "Brezel" oder "Halve Hahn" die regionale Küche auf. Cool die Location: mittleres Kranhaus 1, Industrie-Architektur und Hafenblick inklusive, dazu tolles Design.

AC – Preis: €€€€

Stadtplan: G3-12 – *Im Zollhafen 18* ✉ *50678* – ☎ *0221 16956603* – *oxundklee. de* – *Geschlossen: Montag, Dienstag, Sonntag, mittags: Mittwoch-Samstag*

✿ ASTREIN

Chef: Eric Werner

MODERNE KÜCHE • CHIC Nach Stationen im Kölner "Himmel un Äd" und der "Résidence" in Essen bereichert Eric Werner seit August 2019 mit seinem eigenen kleinen Restaurant die Gastro-Szene der Domstadt. In der halboffenen Küche wird modern-kreativ gekocht. Harmonisch bringt man in den Menüs "Schunkele" und "Bützchen" (vegetarisch) kräftige Aromen und schöne Würze auf den Teller. Wer kein Menü essen möchte, kann die einzelnen Gänge auch à la carte wählen. Auch die Atmosphäre stimmt: Locker und entspannt ist es hier, der Service kompetent, freundlich, unprätentiös. Mit Engagement berät man Sie in Sachen Wein - man hat eine sehr gut sortierte Weinkarte. Passend die glasweise Begleitung zu den Gerichten. Auch eine alkoholfreie Alternative wird angeboten.

🕸 🆔 – Preis: €€€€

Stadtplan: B2-1 – *Krefelder Straße 37* ✉ *50670* – ℰ *0221 95623990* – *www.astrein-restaurant.de* – *Geschlossen: Montag und Sonntag, mittags: Dienstag-Samstag*

⚜ **LA CUISINE RADEMACHER**

Chef: Marlon Rademacher

FRANZÖSISCH-MODERN • TRENDY Die Gegend ist zwar nicht die attraktivste und das Zentrum von Köln ist auch nicht gerade um die Ecke, dennoch ist ein Besuch absolut lohnenswert. In einem äußerlich eher unauffälligen Eckhaus leitet das engagierte Team um Marlon Rademacher dieses sympathische Restaurant in trendig-schickem Bistrostil. Der Inhaber und Küchenchef bietet hier ein finessenreiches modernes Menü aus hervorragenden Produkten - auch als vegetarische Variante (auf Vorbestellung bei der Reservierung auch vegan möglich). Ebenso niveauvoll ist auch das fair kalkulierte Lunchmenü an drei Tagen in der Woche.

Preis: €€€€

Stadtplan: D1-5 – *Dellbrücker Hauptstraße 176* ✉ *51069* – ℰ *0221 96898898* – *la-cuisine-koeln.de* – *Geschlossen: Montag und Dienstag, mittags: Samstag und Sonntag, abends: Mittwoch und Donnerstag*

⚜ **LA SOCIÉTÉ**

MODERNE KÜCHE • NACHBARSCHAFTLICH Service, Ambiente, Küche..., in dem kleinen Gourmetrestaurant im Studentenviertel "Kwartier Latäng" stimmt alles! Neu ist hier neben dem geschmackvoll-modernen Look auch der Küchenchef. Seit August 2021 bringt Leon Hofmockel frische eigene Ideen auf den Teller. Geschickt arbeitet er feine Kontraste heraus, spielt mit Säure und Texturen und schafft eine schöne Balance. Das Ergebnis sind intelligent strukturierte Gerichte voller geschmacklicher Überraschungen. Dazu kommt noch ein top Service: In sympathisch lebhafter Atmosphäre kümmert sich ein engagiertes Team herzlich und zuvorkommend um jeden Gast - alle sind mit Freude bei der Sache, das macht einfach gute Laune!

🕸 🆔 – Preis: €€€€

Stadtplan: E3-14 – *Kyffhäuser Straße 53* ✉ *50674* – ℰ *0221 232464* – *www.restaurant-lasociete.de* – *Geschlossen: Dienstag und Mittwoch, mittags: Montag, Donnerstag-Sonntag*

⚜ **LE MOISSONNIER BISTRO** Ⓝ

FRANZÖSISCH • BISTRO Das "neue" Le Moissonnier hat alles, was ein Lieblingslokal braucht: Gute Küche und jede Menge Charme! Sie sitzen in lebhafter Atmosphäre an eng stehenden Tischen, schön das Ambiente mit hübschen Jugendstilelementen. Die Gastgeber Liliane und Vincent Moissonnier und ihr Team umsorgen Sie ausgesprochen herzlich. Küchenchef Eric Menchon bietet zahlreiche kleine und auch größere Gerichte einschließlich toller französischer Bistro-Klassiker wie „Pâté en Croûte", „Unsere Fischsuppe", Austern, Muscheln... Und dazu einen guten Wein? Einen „Plat du jour" gibt es ebenfalls – unbedingt reservieren! Alleine kann man auch gut an einem der Thekenplätze speisen und dem Geschehen hinter dem Tresen zusehen.

🆔 – Preis: €€€

Stadtplan: F1-13 – *Krefelder Straße 25* ✉ *50670* – ℰ *0221 729479* – *lemoissonnier.de* – *Geschlossen: Montag und Sonntag, abends: Dienstag-Samstag*

⚜ **MAIBECK**

Chef: Jan C. Maier

MODERNE KÜCHE • FREUNDLICH Was das Restaurant von Jan Cornelius Maier und Tobias Becker (kurz "maiBeck") so beliebt macht? Hier sei vor allem die moderne Küche zu nennen, die z. B. als "Sanft geschmorte Schulter vom deutschen Salzwiesenlamm, Winterspinat aus Rommerskirchen, Petersilienwurzel,

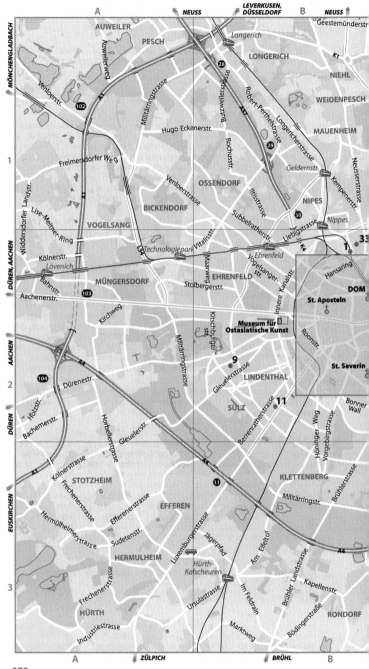

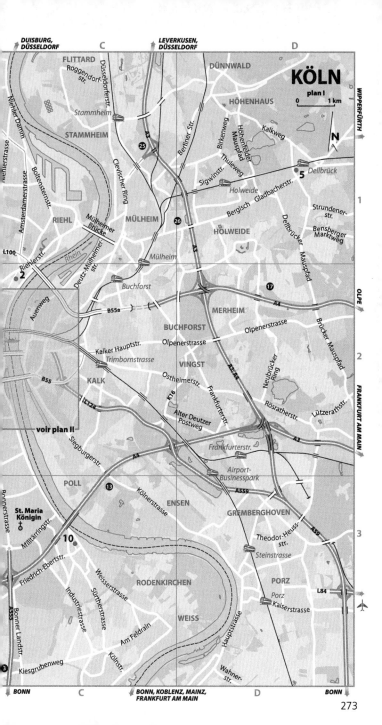

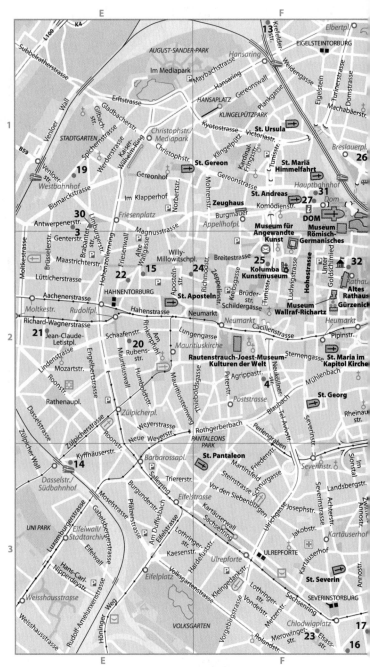

E   F

13
Krefelder Str.
Elbertpl.
EIGELSTEINTORBURG

L100
K4
Subbelratherstrasse
Venloer Wall
AUGUST-SANDER-PARK
Hansaring
Weidengasse
Eigelstein
Turiner Strasse
Machabäerstr.

Im Mediapark
Maybachstrasse
Hansaring
Gereonswall
Plankgasse

Erftstrasse
HANSAPLATZ
Kyotostrasse
KLINGELPÜTZPARK

1
STADTGARTEN
Gladbacherstr.
Gillbach str.
Spichernstrasse
Werderstr.
Kaiser-Wilhelm-Ring
Christophstr./
Mediapark
Christophstr.
Klingelpützpark
Kardinal-Frings-str.
St. Ursula
Victoriastr.
Breslauerpl.
26

B59
Venloerstr.
19
St. Gereon
Gereonhof
Gereonstrasse
St. Mariä Himmelfahrt
Hauptbahnhof
31

Westbahnhof
Bismarckstrasse
Im Klapperhof
Norbertstr.
Mohrenstr.
St. Andreas
Komödienstr.
27
Dom

30
Antwerpenerstr.
Limburgerstr.
Brabanterstr.
Genterstr.
Friesenwall
Magnusstrasse
Zeughaus
Burgmauer
Appellhofpl.
DOM
Museum Römisch-Germanisches

Brüsselerstr.
3
Maastrichterstr.
Hohenzollernring
Alte Wallgasse
Willy-Millowitschpl.
Breitestrasse
Museum für Angewandte Kunst
32

Moltkestrasse
Lütticherstrasse
22
15
Apostelnstr.
Richmodstr.
24
25
Kolumba Kunstmuseum
Krebsgasse
Ludwigstr.
Hohestrasse
Unter Goldschmied
Rathaus
Altes Rathaus

Aachenerstrasse
HAHNENTORBURG
St. Apostelnstr.
Brüder-str.
Schildergasse
Museum Wallraf-Richartz
Gürzenich

2
Moltkestr.
Rudolfpl.
Hahenstrasse
Neumarkt
Neumarkt
Cäcilienstrasse
Heumarkt

Richard-Wagnerstrasse
21
Jean-Claude-Letistpl.
Schaafenstr.
Am Rinkenpfuhl
Lungengasse
Mauritiuskirche
Sternengasse
Pipinstr.
St. Maria im Kapitol Kirche

Lindenstrasse
Mozartstr.
Engelbertstrasse
20
Rubensstr.
Mauritiuswall
Humboldtstr.
Mauritiussteinweg
Thieboldsgasse
Rautenstrauch-Joest-Museum Kulturen der Welt
Agrippastr.
Peterstr.
4
Neukölner str.
Blaubach
Tel-Aviv-str.
Mühlenbach
St. Georg

Roonstr.
Rathenaupl.
Zülpicherpl.
Weyerstrasse
Poststrasse
Perlengraben
Severinstr.
Rheinaustr.

Dasselstrasse
Zülpicher Wall
Zülpicherstrasse
Roonstr.
Neue Weyerstr.
Rothgerberbach
PANTALEONS PARK
Blaubach

14
Kyffhäuserstr.
Barbarossapl.
Sallierring
St. Pantaleon
Martinsfeld
Friedenstr.
Schnurgasse
Severinstr.
Severinstr.

Dasselstr./
Südbahnhof
Trierstr.
Steinstrasse
Vor den Siebenburgen
Ulrichgasse
Josephstr.
Landsbergstr.
Achterstr.
Zwiner-Annostr.

UNI PARK
Luxemburgerstrasse
Gabelsbergerstrasse
Burgunderstr.
Pfälzerstr.
Eifelstrasse
Kartäuserwall
Sachsenring
Jakobstr.
Kartäuserhof

3
Eifelwall/
Stadtarchiv
Am Duffesbach
Eifelstrasse
Lothringer-str.
Kaesenstr.
Hardefuststr.
Ulrepforte
ULREPFORTE
Kartäuserhof

Hans-Carl-Nipperdeystr.
Eifelwall
Volksgartenstrasse
Kleingedankstr.
Ulrepforte
Lothringer-str.
Sachsenring
St. Severin
Annostr.

Weisshausstrasse
Eifelplatz
Vogelsburgstrasse
Vondelstr.
SEVERINSTORBURG

Weisshausstrasse
Rudolf-Amelunxenstrasse
Höninger Weg
VOLKSGARTEN
Metzerstr.
Merowingerstr.
23
Rolandstr.
Chlodwigplatz
Elsass-str.
17

16

E   F

274

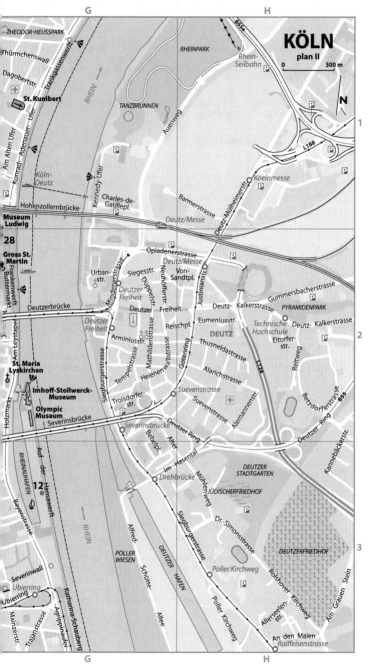

KÖLN
plan II

0   300 m

N

THEODOR-HEUSSPARK

Thürmchenswall

Dagobertstr.

St. Kunibert

Am Alten Ufer

Konrad-Adenauer-Ufer

RHEIN

Trankgassenwerft

THEODOR-HEUSSPARK

RHEINPARK

Rhein-Seilbahn

L 188

TANZBRUNNEN

Auenweg

Köln-Deutz

Kennedy-Ufer

Charles-de-Gaullepl.

Barmerstrasse

Koelnmesse

Deutz-Mülheimerstr.

Hohenzollernbrücke

Deutz/Messe

Museum Ludwig

28

Gross St. Martin

Frankenwerft

Buttermarkt

Opladenerstrasse

Deutz/Messe

Von-Sandtpl.

Justinianstr.

Urban-str.

Siegesstr.

Neuhöfferstr.

Mindenerstrasse

Duppelstr.

Deutzer Freiheit

Deutzer Freiheit

Deutz-Kalkerstrasse

Gummersbacherstrasse

PYRAMIDENPARK

Deutzbrücke

Deutzer Freiheit

Arminiusstr.

Reischpl.

Eumeniusstr.

DEUTZ

Technische Hochschule

Deutz-Kalkerstrasse

Eitorfer-str.

Siegburgerstrasse

Mathildenstrasse

Gotenring

Thusneldastrasse

Reitweg

Tempelstrasse

Helenenwallstrasse

Alarichstrasse

Am Leystapel

St. Maria Lyskirchen

Troisdorfer-str.

Suevenstrasse

Suevenstrasse

Alemannenstr.

Bettdorferstrasse

Holzmarkt

Imhoff-Stollwerck-Museum

Olympic Museum

Severinsbrücke

Severinsbrücke

Deutzer Ring

Deutzer Ring

Kannebäckerstr.

Auf der Hanswerft

RHEINAUHAFEN

12

Bebelpl.

Alter

Im Hasental

Drehbrücke

Mühlenweg

DEUTZER STADTGARTEN

JÜDISCHERFRIEDHOF

Bayenstrasse

RHEIN

Severinwall

POLLER WIESEN

Alfred-

Schütte-

DEUTZER HAFEN

Siegburgerstrasse

Dr.-Simonsstrasse

DEUTZERFRIEDHOF

Ubierring

Ubierring

Mainzerstr.

Trajanstr.

Agrippinaufer

Katharina-Schauberg

Allee

Poller Kirchweg

Poller Kirchweg

Rolshover Kirchweg

Allerseelen-str.

Am Grauen Stein

An den Maien

Raiffeisenstrasse

G

H

1

2

3

Mirabelle" überaus geschmacksintensiv und niveauvoll daherkommt, dabei aber unkompliziert und verständlich. Was könnte dazu besser passen als eine unprätentiöse Atmosphäre? Diese ist nicht zuletzt den ausgesprochen sympathischen Gastgebern und ihrem eingespielten Team zu verdanken. Bei aller Produktqualität, auf die man hier großen Wert legt, sind die Preise richtig fair! Das gilt auch für die Weinkarte, besonders für die Flaschenweine. Und dann ist da noch die Lage zwischen Dom und Rhein - da heißt es auf der Terrasse "sehen und gesehen werden". Tipp: Altstadtbummel vor oder nach dem Essen.

🛬 – Preis: €€

Stadtplan: G2-28 – *Am Frankenturm 5* ✉ *50667* – ✆ *0221 96267300* – *www.feinkost-maibeck.de* – *Geschlossen: Montag und Sonntag*

😃 **MAXIMILIAN LORENZ**

MODERNE KÜCHE • CHIC Hier hat man sich ganz der deutschen Küche verschrieben. In dem Restaurant nahe Hauptbahnhof, Dom und Rhein ist das Team um Maximilian Lorenz kreativ am Werk. Das Menü (auch als vegetarische Variante) ist ein Mix aus Moderne und Tradition. Gekonnt und facettenreich setzt man diese Kombination z. B. bei „Wolfsbarsch aus dem Saarland, Miesmuschel, Seespargel, Kondensmilch" um. Top Produktqualität, Handwerk und Geschmack überzeugen dabei gleichermaßen. Eine schöne Begleitung ist die große Weinkarte mit sehr guter Champagner- und Sektauswahl. Und das Restaurant selbst? Wertig, chic, geradlinig. Interessant für Weinliebhaber ist übrigens auch das locker-moderne Weinlokal "heinzhermann" nebenan. Und wenn's mal schnell gehen soll: Straßenküche mit einfachen Gerichten "to go".

🦞 – Preis: €€€€

Stadtplan: F1-26 – *Johannisstraße 64* ✉ *50668* – ✆ *0221 37999192* – *www.maximilianlorenz.de* – *Geschlossen: Montag und Sonntag, mittags: Dienstag-Samstag*

😃 **NEOBIOTA**

Chefs: Sonja Baumann und Erik Scheffler

MODERNE KÜCHE • HIP Das Gastgeber- und Küchenchef-Duo Sonja Baumann und Erik Scheffler bietet hier Gourmetküche in einem modernen und gänzlich unprätentiösen Restaurant mit offener Küche, dessen unkomplizierte Atmosphäre richtig gut ankommt. Die Gerichte sorgen für ein nicht alltägliches Geschmackserlebnis und die Produkte stammen meist aus der nächsten Umgebung, manches wird selbst gesammelt. Im saisonalen „Biota"-Abendmenü - omnivor oder pflanzlich - finden sich unter den vier, sechs oder acht Gängen beispielsweise „Zander mit Mirabelle & Alge" oder „Spitzkohl & Aubergine". Von 10 – 15 Uhr gibt es unter dem Namen „Neo" ein gutes Frühstück.

🅰🅲 – Preis: €€€€

Stadtplan: E2-15 – *Ehrenstraße 43c* ✉ *50672* – ✆ *0221 27088908* – *www.restaurant-neobiota.de* – *Geschlossen: Montag und Sonntag*

😃 **POTTKIND**

Chef: Enrico Sablotny

KREATIV • MINIMALISTISCH Enrico Sablotny und Lukas Winkelmann, die beiden Betreiber dieses kleinen Restaurants, sind Kinder des Ruhrpotts - daher der Name! Die Küche hier ist überaus interessant: modern, geschmackvoll und recht vegetabil geprägt, dennoch braucht man auf Fisch und Fleisch nicht zu verzichten. Erstklassig die Produkte. Da lässt man sich gerne vom "Carte Blanche"-Menü überraschen. Toll auch der Service: Sehr aufmerksam, kompetent und mit Charme schafft man eine angenehm unprätentiöse Atmosphäre. Besonders beliebt sind die Theken-Plätze an der offenen Küche. Im Sommer lockt auch die Terrasse inmitten der lebendigen Kölner Südstadt.

🛬 – Preis: €€€€

Stadtplan: F3-16 – *Darmstädter Straße 9* ✉ *50678* – ✆ *0221 42318030* – *www.restaurant-pottkind.de* – *Geschlossen: Montag und Sonntag, mittags: Dienstag-Samstag*

SAHILA - THE RESTAURANT

Chef: Julia Komp

INTERNATIONAL • GEMÜTLICH Julia Komp, bekannt auch aus dem "Schloss Loersfeld", hat sich hier mit dem "Sahila" selbstständig gemacht. Inspiriert von ihren Reisen rund um den Globus, möchte die engagierte Köchin aus dem Bergischen Land die Gäste mit einem international inspirierten Menü an ihren kulinarischen Erfahrungen teilhaben lassen. Geschickt bindet sie Gewürze und Produkte unterschiedlicher Länder in ihre aufwändigen, handwerklich ausgezeichneten Speisen ein. Dazu erwarten Sie in dem kleinen Restaurant ein stilvolles, mit orientalischen Deko-Elementen gespicktes Ambiente sowie ein kompetenter und aufmerksamer Service.

🍴 – Preis: €€€€

Stadtplan: F2-4 – *Kämmergasse 18* ✉ *50676* – 📞 *0221 247238* – *sahila-restaurant.de* – *Geschlossen: Montag und Sonntag, mittags: Dienstag-Freitag*

TAKU

ASIATISCH • MINIMALISTISCH Würden Sie in einem klassischen Grandhotel wie dem "Excelsior Ernst" von 1863 ein Restaurant in puristisch-asiatischer Geradlinigkeit vermuten? Bei aller Klassik hat das Traditionshaus direkt beim Dom auch eine stilvoll-moderne Seite, und da passt das "taku" perfekt ins Bild! Zum klaren eleganten Design gesellen sich die durchdachten modernen Gerichte von Mirko Gaul. Mit einer gelungenen Balance aus Schärfe, Säure und Süße schafft er eine aromareiche Fusion von ostasiatischer Küche und westlich-internationalen Einflüssen. Hier und da findet sich unter den ausgesuchten Produkten auch Regionales. Geboten wird das Menü "Degustation" in fünf oder sieben Gängen. Schön die glasweise Weinempfehlung.

🆊 – Preis: €€€€

Stadtplan: F1-27 – *Trankgasse 1* ✉ *50667* – 📞 *0221 2701* – *www.taku.de* – *Geschlossen: Montag und Sonntag, mittags: Dienstag-Samstag*

ZUR TANT

Chef: Thomas Lösche

KLASSISCHE KÜCHE • FREUNDLICH In dem gepflegten Fachwerkhaus in idyllischer Lage am Rheinufer zelebriert Küchenchef Thomas Lösche eine Küche, die mit handwerklichem Können hochwertige Produkte in den Mittelpunkt stellt. So hebt man z. B. die tolle Qualität und die charakteristischen Aromen des aus dem Schwarzwald stammenden Berkshire-Schweins hervor, was durch eine begleitende süß-saure Note gelungen unterstrichen wird. Eine Küche mit wenig Schnickschnack, dafür mit einer Authentizität, für die dieses Haus steht. Die Weinkarte bietet eine schöne Auswahl an österreichischen Weinen. Dazu eine Terrasse mit grandiosem Blick auf den Rhein - am besten bei Sonnenuntergang!

≼ 🍴 🅿 – Preis: €€€

außerhalb Stadtplan – *Rheinbergstraße 49* ✉ *51143* – 📞 *02203 81883* – *www.zurtant.de* – *Geschlossen: Dienstag-Donnerstag*

CAPRICORN [I] ARIES BRASSERIE

FRANZÖSISCH-KLASSISCH • BISTRO In einem Viertel mit eigenem Flair finden Sie diese sympathisch-ungezwungene Adresse, die so manchen Stammgast hat. Eine Brasserie, wie man sie sich wünscht: gemütlich und lebendig! Und genauso unkompliziert ist auch die schmackhafte Küche, von hausgemachtem Rehschinken über Klassiker wie "Steak frites" bis hin zu vegetarischen Gerichten. Tipp: das günstige Überraschungsmenü. Freundlich und geschult der Service. Terrasse auf dem Gehsteig.

🍴 ⇔ – Preis: €€

Stadtplan: F3-17 – *Alteburgerstraße 31* ✉ *50678* – 📞 *0221 3975710* – *www.capricorniaries.com* – *Geschlossen: Montag und Sonntag, mittags: Dienstag-Samstag*

CARUSO PASTABAR

ITALIENISCH • ENTSPANNT Die gebürtigen Neapolitaner Anna und Marcello Caruso setzen hier zusammen mit Emanuele Barbaro ein cooles Konzept um: lecker, locker und lebendig. In schicker Atmosphäre wird man von einem entspannten, aufmerksamen Team unter Leitung der charmanten Chefin umsorgt. Serviert wird ein preislich fair kalkuliertes 3-Gänge-Menü, das Sie sich selbst zusammenstellen können - als Hauptgang gibt's schmackhafte hausgemachte Pasta!

🍽 – Preis: €€

Stadtplan: B2-33 – *Kasparstraße 19* ✉ *50670* – ☏ *0221 9386311* – www.caruso-pastabar.de – Geschlossen: Sonntag, mittags: Montag-Samstag

GASTHAUS SCHERZ

ÖSTERREICHISCH • NACHBARSCHAFTLICH Als gebürtiger Vorarlberger setzt Michael Scherz - kein Unbekannter in der Kölner Gastro-Szene - auf österreichische Küche samt Klassikern wie Tafelspitz, Wiener Schnitzel oder Kaiserschmarrn. Dazu bietet man schöne Weine aus Österreich und einen angenehmen Service, der Sie flott, freundlich-leger und geschult umsorgt. Sehr nett sitzt man auch auf der Terrasse hinterm Haus. Praktisch: Das Restaurant ist von der Stadtmitte gut mit der Straßenbahn erreichbar.

🅰🅲 🍽 ⇔ – Preis: €€

Stadtplan: B2-11 – *Luxemburger Straße 256* ✉ *50937* – ☏ *0221 16929440* – www.scherzrestaurant.de – Geschlossen: Montag, mittags: Dienstag-Samstag

HENNE.WEINBAR

INTERNATIONAL • BRASSERIE Im Herzen der Altstadt hat Hendrik ("Henne") Olfen sein sympathisch-lebhaftes Lokal mit angenehm lockerer und entspannter Bistro-Atmosphäre - und das ist richtig gefragt! Ebenso gut kommt die schmackhafte Küche an, die es hier zu einem tollen Preis-Leistungs-Verhältnis gibt! Mittags bietet man eine kleinere Karte, am Abend laden modern-saisonale Gerichte im Tapas-Stil zum Teilen ein. Und dazu ein schöner Wein? Nett sitzt man auch auf der kleinen Terrasse im Innenhof.

🍽 – Preis: €

Stadtplan: E2-22 – *Pfeilstraße 31* ✉ *50672* – ☏ *0221 34662647* – www.henne-weinbar.de – Geschlossen: Sonntag

ACHT

INTERNATIONAL • TRENDY Eine trendig-urbane Adresse in den Spichern Höfen am Rande des Belgischen Viertels. Man sitzt an blanken Holztischen in angenehm unprätentiöser Atmosphäre, charmant und aufmerksam der Service. In der offenen Küche entstehen schmackhaft und unkompliziert zubereitete Gerichte, basierend auf regionalen und internationalen Produkten. Im Sommer zieht es die Gäste in den schönen Innenhof.

🍽 – Preis: €€

Stadtplan: E1-19 – *Spichernstraße 10* ✉ *50672* – ☏ *0221 16818408* – www.restaurant-acht.de – Geschlossen: Sonntag, mittags: Montag-Samstag

ALFREDO

ITALIENISCH • FREUNDLICH Wer in Köln authentische italienische Küche ohne große Schnörkel sucht, kommt an Roberto Carturan nicht vorbei. Sein Vater Alfredo hat 1973 den Grundstein für gehobene italienische Kulinarik gelegt, und die pflegt man hier in zweiter Generation mit einem geradlinigen und reduzierten Kochstil. Für eine freundliche, ungezwungene und zugleich elegante Atmosphäre sorgt nicht zuletzt der Chef selbst: Gerne ist er am Gast und erklärt seine Gerichte. Neben dem Kochen hat Roberto Carturan übrigens ein weiteres Talent: Er ist ausgebildeter Sänger - freitagabends gibt's die „musikalisch-kulinarische Soirée": 5-Gänge-Menü mit Gesang als Finale! Praktisch: Parken können Sie in den "Opern-Passagen" hinter dem Restaurant. Hier liegt übrigens auch das sehenswerte "4711"-Stammhaus samt Glockenspiel.

AC - Preis: €€€
Stadtplan: F2-25 – *Tunisstraße 3* ✉ *50667* – ✆ *0221 2577380* – *www.*
ristorante-alfredo.com – *Geschlossen: Samstag und Sonntag*

APPARE

JAPANISCH • MINIMALISTISCH Gekonnt verbindet man hier traditionelle japanische Washoku-Küche mit modernen Einflüssen und kombiniert fernöstliche Gewürze und Kochmethoden mit europäischen Lebensmitteln. Mittags gibt es zahlreiche Lunch-Menüs, abends ein 5-Gänge-Menü, dessen Vorspeise und Hauptgang Sie frei von der Karte wählen. "Appare" ist im Japanischen übrigens ein Ausruf der Begeisterung.
Preis: €€
Stadtplan: E2-20 – *Balduinstraße 10* ✉ *50676* – ✆ *0221 27069058* – *www.*
appare.de – *Geschlossen: Mittwoch und Sonntag*

CHRISTOPH PAULS RESTAURANT

MARKTKÜCHE • ZEITGEMÄSSES AMBIENTE Christoph Paul, kein Unbekannter in der rheinischen Gastro-Szene, leitet hier zusammen mit Ehefrau Juliane dieses modern-trendige Restaurant - markant das sakrale Motiv an der Wand, das an die ehemalige Kapelle erinnert. Geboten wird ein saisonal ausgerichtetes 3- oder 4-Gänge-Menü mit Wahlmöglichkeit. Schön die Terrasse unter alten Bäumen. Auf Wunsch reserviert man Ihnen einen Parkplatz.
🌿 P - Preis: €€
Stadtplan: E2-21 – *Brüsseler Straße 26* ✉ *50674* – ✆ *0221 34663545* – *www.*
christoph-paul.koeln – *Geschlossen: Montag, Dienstag, Sonntag, mittags:*
Mittwoch-Samstag

GRUBER'S RESTAURANT

ÖSTERREICHISCH • FREUNDLICH Das charmante Restaurant im Agnesviertel ist seit Jahren eine österreichische Gastro-Institution in Köln! Ambitionierte und modernisierte österreichische Küche sowie tolle Weine aus der Alpenrepublik mischen sich hier mit lebendig-urbaner Atmosphäre. Bei allen Versuchungen der Speisekarte, am Wiener Schnitzel kommt man fast nicht vorbei!
🍸 🌿 ⇄ - Preis: €€
Stadtplan: C2-2 – *Clever Straße 32* ✉ *50668* – ✆ *0221 7202670* – *www.*
grubersrestaurant.de – *Geschlossen: Sonntag, mittags: Samstag*

HANSE STUBE

KLASSISCHE KÜCHE • KLASSISCHES AMBIENTE Im noblen "Excelsior Hotel Ernst" direkt gegenüber dem Dom ist die gediegene und sehr elegante, mit dunklem Holz vertäfelte "Hanse Stube" ein absoluter Klassiker und gewissermaßen das "Wohnzimmer" der Kölner Gesellschaft. Geboten wird eine ambitionierte klassische Küche mit modernen Einflüssen, in Menüform oder à la carte. Mittags gibt es ein zusätzliches kleines Menü. Dazu eine ausgezeichnete Weinkarte und freundlicher, geschulter Service. Wunderschön die Terrasse.
🍸 ♿ AC 🌿 ⇄ - Preis: €€€
Stadtplan: F1-31 – *Trankgasse 1* ✉ *50667* – ✆ *0221 2701* – *www.*
excelsiorhotelernst.com

ITO

JAPANISCH • HIP Ein trendiges japanisches Restaurant im Belgischen Viertel, in dem Kengo Nishimi mit top Produkten und klarer Struktur die traditionelle Küche Japans mit modern-europäischen Einflüssen verbindet. Im vorderen Restaurantbereich kann man dem Chef an der Sushi-Theke bei der Arbeit zusehen. Am Abend A-la-carte-Angebot und Omakase-Menü, mittags günstigerer Lunch.
🌿 - Preis: €€
Stadtplan: E1-3 – *Antwerpener Straße 15* ✉ *50672* – ✆ *0221 3557327* – *ito-*
restaurant.de – *Geschlossen: Montag und Sonntag, mittags: Dienstag und Samstag*

LIMBOURG

FRANZÖSISCH-ZEITGEMÄSS • ENTSPANNT Eine echte Bereicherung für das Belgische Viertel von Köln. Die Atmosphäre ist angenehm leger und ebenso geschmackvoll, ob Sie im EG oder in der "BelEtage" sitzen. Patron und Küchenchef Alen Radic präsentiert Ihnen hier seine weltoffene Küche, die französisch geprägt ist und auf frischen, guten Produkten basiert. Besonders einladend ist im Sommer auch die geschützte Innenhofterrasse.

🏠 ✿ – Preis: €€€

Stadtplan: E1-30 – *Limburger Straße 35* ✉ *50668* – ✆ *0221 2508880* – *limbourg.restaurant – Geschlossen: Sonntag, mittags: Freitag und Samstag*

LUIS DIAS - DAS RESTAURANT

MEDITERRAN • ELEGANT Seit März 2020 ist Luis Dias zurück in Rodenkirchen. Er kocht unverändert mediterran, ambitioniert und schmackhaft, sehr gute Produkte sind für ihn dabei selbstverständlich. In netter, recht eleganter Atmosphäre serviert man z. B. "36h-Duroc-Bauch, Erbsenpüree, Trüffel" oder auch "Steinbutt und Artischockensalat". Tipp für Autofahrer: Parkhaus am Maternusplatz.

🏠 – Preis: €€

Stadtplan: C3-10 – *Wilhelmstr. 35a* ✉ *50996* – ✆ *0221 9352323* – *www.luis-dias.com – Geschlossen: Montag, mittags: Samstag*

PHAEDRA

MEDITERRAN • TRENDY Lust auf mediterrane Küche mit griechischen Einflüssen? Es gibt z. B. "Gebratenen Heilbutt mit Schnittlauch-Beurre-Blanc und Forellenkaviar" oder auch hausgemachte "Mezze" zum Teilen oder als Vorspeise. Man verwendet gute Produkte wie Fleisch von Franz Keller oder Wildfang-Garnelen. Schön der trendige Bistro-Look, angenehm locker die Atmosphäre. Man sitzt an normalen Tischen oder an Hochtischen - letztere bieten teilweise Blick in die offene Küche. Tipp: öffentliches Parkhaus gegenüber.

Preis: €€

Stadtplan: F3-23 – *Elsaßstraße 30* ✉ *50677* – ✆ *0221 16826625* – *www.phaedra-restaurant.de – Geschlossen: Montag, Dienstag, Sonntag, mittags: Mittwoch-Freitag*

PICCOLO

KLASSISCHE KÜCHE • FREUNDLICH Den Dom sieht man hier in Porz-Langel zwar nicht, dafür sitzt man praktisch in erster Reihe am Rhein! Geboten wird klassische Küche mit saisonalen und mediterranen Einflüssen, zubereitet aus guten Produkten, die man vorwiegend aus der Region bezieht. Sie können à la carte wählen oder sich ein 3-Gänge-Menü zu einem festen Preis zusammenstellen. Der freundliche Service berät Sie auch gut in Sachen Wein – man hat eine schöne Auswahl mit Schwerpunkt Österreich und Deutschland.

≤ 🏠 🅿 – Preis: €€

außerhalb Stadtplan – *Rheinbergstraße 49* ✉ *51143* – ✆ *02203 81883* – *www.zurtant.de – Geschlossen: Dienstag-Donnerstag*

POISSON

FISCH UND MEERESFRÜCHTE • BISTRO Wer Fisch und Meeresfrüchte liebt, ist hier bestens aufgehoben! Großen Wert legt man auf die ausgezeichnete Qualität der Produkte, die ganz im Fokus stehen. Interessante Einblicke in deren Zubereitung bietet die offene Küche. Übrigens: Nicht nur der Fisch, auch die Desserts können sich sehen lassen! Mittags kommt man gerne zum preiswerten Lunch-Menü. Praktisch: Parkhaus gleich nebenan.

🆎 🏠 – Preis: €€€

Stadtplan: E2-24 – *Wolfsstraße 6* ✉ *50667* – ✆ *0221 27736883* – *www.poisson-restaurant.de – Geschlossen: Montag und Sonntag*

PULS

MODERN • ENTSPANNT Im schicken Boutique-Hotel "Legend" hat Daniel Gottschlich (bekannt aus dem "Ox & Klee") mit diesem Gastro-Hotspot ein weiteres Restaurantkonzept in der Domstadt. Lebendig und modern-urban geht es hier zu. Man speist an der Bar, an Hochtischen oder "normalen" Tischen oder im Sommer auf der schönen Terrasse. Das Küchenteam um Johannes Langenstück bietet Bar-Food sowie Gerichte zum Teilen oder als Einzelportion. Oder darf es vielleicht das Überraschungsmenü "Chefs Choice" sein? Gute Weinauswahl und interessante Cocktails samt "Signatures".

🍽 – Preis: €€

Stadtplan: F2-32 – *Bürgerstraße 2* ✉ *50667* – ☎ *0221 22288700* – *www. legendhotel.de/kulinarik-pvls/restaurant-bar* – *Geschlossen: Montag und Sonntag, mittags: Dienstag-Samstag*

ZEN JAPANESE RESTAURANT ⓝ

JAPANISCH • MINIMALISTISCH Ein echter Hotspot für japanische Küche ist dieses fernöstlich-puristisch gehaltene Restaurant mitten in einem Wohngebiet. Die Atmosphäre ist angenehm lebhaft, der freundliche und versierte Service vermittelt japanischen Esprit. Man sieht und schmeckt, dass hier ein eingespieltes Team am Werk ist. Geboten wird eine schöne Auswahl von Gyoza über Tempura, Grill- und Pfannengerichte, Udon-Zubereitungen sowie Sushi und Sashimi bis hin zum großen Omakase-Menü.

Preis: €€

Stadtplan: B2-9 – *Bachemer Straße 233* ✉ *50935* – ☎ *0221 39909984* – *www. restaurant-zen.de* – *Geschlossen mittags: Montag-Sonntag*

KÖNGEN

Baden-Württemberg – Regionalatlas **7**–B2

SCHWANEN

REGIONAL • ZEITGEMÄSSES AMBIENTE Ein Familienunternehmen in 3. Generation. Chic-modern das Ambiente, frisch und schmackhaft die Küche, gerne verwendet man regionale Produkte. Alternativ gibt es noch das Bistro "Karl Benz Stube" mit kleinem schwäbisch-traditionellem Angebot. Auch für besondere Anlässe gibt es die passenden Räume. Zum Übernachten hat man zeitgemäß-funktionale Gästezimmer. Tipp: "Kultur & Genuss"-Veranstaltungen.

&🍽⇔🅿 – Preis: €

Schwanenstraße 1 ✉ *73257* – ☎ *07024 97250* – *schwanen-koengen.de* – *Geschlossen: Montag und Sonntag*

TAFELHAUS

REGIONAL • FREUNDLICH Geschmackvoll-modern zeigt sich das engagiert geführte Restaurant des Businesshotels "Neckartal". Gekocht wird regional-saisonal und mit internationalen Einflüssen, gut die Produktqualität. Wo man im Sommer eine nette Terrasse hat, dient im Winter die "Tafelhütte" als Veranstaltungslocation. Nach Absprache auch Reservierung zum Lunch sowie an Sonn- und Montagen möglich.

&🕰🍽⇔🅿 – Preis: €€

Bahnhofstraße 19 ✉ *73257* – ☎ *07024 97220* – *www.hotel-neckartal.com* – *Geschlossen: Montag und Sonntag, mittags: Dienstag und Samstag*

KÖNIGSBRONN

Baden-Württemberg – Regionalatlas **5**–V2

❀ **URSPRUNG**

Chef: Andreas Widmann

KREATIV • CHIC Gastronomisch fahren Andreas und Anna Widmann (übrigens schon die 8. Generation) zweigleisig - und dies ist die Gourmet-Variante. Im ältesten Teil des "Widmann's Löwen", hier befand sich einst die Dorfmetzgerei, hat man ein kleines Restaurant eingerichtet. In der Küche trifft schwäbische Heimat auf gehobene Kulinarik. Die ausgezeichneten Zutaten bezieht man von Produzenten aus der Umgebung und bereitet sie kreativ, aromareich und mit eigener Idee zu. Es gibt ein Menü mit fünf oder sieben Gängen. Im Service sorgt die sympathische Gastgeberin als ausgebildete Sommelière für die richtige Weinbegleitung. Übernachten können Sie ebenfalls, zudem gibt es einen Shop mit Gerichten und Feinkost zum Mitnehmen.

❀ *Engagement des Küchenchefs:* Ich bin auf der Schwäbischen Alb verwurzelt, lebe, handle und arbeite „landbewusst"! Im Gourmetrestaurant spielt Nachhaltigkeit eine große Rolle, auch hier verarbeite ich regionale Produkte, oft Demeter-Ware ausgesuchter Erzeuger, auch Eigenanbau und die Schulung meiner Mitarbeiter sind mir wichtig!

& ✿ 🅿 – Preis: €€€€

Struthstraße 17 ✉ *89551 –* ☎ *07328 96270 – www.widmanns-albleben.de –*
Geschlossen: Montag-Mittwoch, mittags: Donnerstag-Sonntag

🅐 **GASTHAUS WIDMANN'S LÖWEN**

TRADITIONELLE KÜCHE • LÄNDLICH Bei den Widmanns serviert man in gemütlicher Atmosphäre regionale Klassiker und saisonale Gerichte aus guten, frischen Produkten, wobei man großen Wert auf den Bezug zur Region legt. Probieren Sie doch mal "Widmann's Spare Ribs" - oder darf es ein Überraschungsmenü mit drei oder vier Gängen sein? Und lassen Sie sich im Sommer nicht den herrlichen Biergarten entgehen - hier hier sitzt man wirklich angenehm! Auch Kochkurse und verschiedene Events werden angeboten.

🍽 🏠 🅿 – Preis: €€

Struthstraße 17 ✉ *89551 –* ☎ *07328 96270 – www.widmanns-albleben.de –*
Geschlossen: Montag-Mittwoch, mittags: Donnerstag-Sonntag

KÖNIGSFELD IM SCHWARZWALD

Baden-Württemberg – Regionalatlas **5**–U3

🅐 **CAFÉ RAPP**

KLASSISCHE KÜCHE • FREUNDLICH Ein Abstecher in das nette kleine Dorf lohnt sich! Ursprünglich als Bäckerei und Café geführt, ist der Familienbetrieb heute auch ein Restaurant, in dem Qualität, Geschmack und Preis stimmen. Man kocht mit saisonalem Bezug. Zur Wahl stehen Menüs und Gerichte à la carte. Nachmittags ein Muss: die leckeren frischen Kuchen! Hübsche Gästezimmer.

🏠 ✿ 🅿 – Preis: €€

Dörfle 22 ✉ *78126 –* ☎ *07725 91510 – cafe-rapp.de – Geschlossen: Montag und Dienstag*

KÖNIGSTEIN IM TAUNUS

Hessen – Regionalatlas **3**–L4

VILLA ROTHSCHILD GRILL & HEALTH ⓝ

KLASSISCHE KÜCHE • ZEITGEMÄSSES AMBIENTE Die in einem Park gelegene schmucke Bankiers-Villa von 1894 beherbergt neben einem stilvollen Boutique-Hotel auch dieses schicke modern-elegante Restaurant. Hier führt Patrick Bittner am Herd Regie, der sich zuvor im Frankfurter "Français" als langjähriger Küchenchef einen Namen machte. Gekocht wird auf klassischer Basis und mit internationalen Einflüssen. Ansprechende Gerichte wie z. B. "Bretonischer Wolfsbarsch, eingelegter Kräuterseitling, Algensalat, Sud von Dashi & Bonito" oder "Irisches Prime Hereford Rind „Prime Centercut", confierte Aubergine, Essigzwiebel, Chimichurri" werden à la carte angeboten.

🚲 ♿ 🅿 – Preis: €€€€

Im Rothschildpark 1 ✉ *61462* – 📞 *06174 29080* – *www.brhhh.com/ villa-rothschild*

KÖTZING, BAD

Bayern – Regionalatlas **6**–Z2

❀ **LEOS BY STEPHAN BRANDL**

KREATIV • GEMÜTLICH Rustikales Holz in Kombination mit wertig-geradlinigem Design und origineller Deko... Das "Leos" im schön oberhalb des Ortes gelegenen Wellnesshotel "Bayerwaldhof" ist eine modern interpretierte kleine „Stube" mit gerademal vier Tischen. Zum schicken Look und der angenehm ungezwungenen Atmosphäre gesellen sich ein lockerer und dennoch fachlich sehr kompetenter Service und die durchdachten, klar strukturierten Gerichte von Küchenchef Stephan Brandl. Dass der gebürtige Oberpfälzer kochen kann, beweist er mit einem Menü, dessen wahlweise 5 oder 8 Gänge allesamt aus herausragenden Produkten bestehen. Stimmig auch die Auswahl an offenen Weinen dazu. Übrigens: Wer als Hotelgast hier speist, bekommt das Menü deutlich günstiger!

♿ 🎞 🅿 – Preis: €€€€

Liebenstein 25 ✉ *93444* – 📞 *09941 94800* – *www.bayerwaldhof.de* – *Geschlossen: Montag, Dienstag, Sonntag, mittags: Mittwoch-Samstag*

KONSTANZ

Baden-Württemberg – Regionalatlas **5**–U4

❀❀ **OPHELIA**

FRANZÖSISCH-KREATIV • ELEGANT Hinsetzen und wohlfühlen - das trifft es ganz genau, nicht nur wenn Sie auf der wunderbaren Terrasse sitzen und den Blick auf den Bodensee genießen. Das Gourmetrestaurant des Hotel "Riva" besticht durch seine Lage direkt an der Uferpromenade, vor allem aber durch die präzise Küche von Dirk Hoberg. In der schönen Jugendstilvilla von 1909 serviert man in stilvollem modern-elegantem Ambiente ein Degustationsmenü, dessen Gänge raffiniert daherkommen, französisch inspirierte Saucen inklusive - herrlich z. B. die Sauce Château Chalon! Sehr gut die international ausgerichtete Weinkarte. Der Chef serviert übrigens auch hin und wieder mit. Tipp: Reservieren Sie den "Küchentisch" direkt am Pass zur offenen Küche.

← 🎞 🍸 ♿ 🅿 – Preis: €€€€

Seestraße 25 ✉ *78464* – 📞 *07531 363090* – *www.restaurant-ophelia.de* – *Geschlossen: Dienstag und Mittwoch, mittags: Montag, Donnerstag-Sonntag*

BRASSERIE COLETTE TIM RAUE

FRANZÖSISCH • BRASSERIE Eine französische Brasserie im Stil des Sternekochs Tim Raue. Wie auch in den "Colette"-Brasserien in Berlin und München gibt es eine kleine A-la-carte-Auswahl sowie drei Menüs: eines mit Klassikern aus dem Colette, eines mit von Tim Raue persönlich zusammengestellten Gerichten und ein veganes Menü. Highlight ist hier im 1. Stock die Terrasse zur Fußgängerzone - die Plätze sind allerdings begrenzt, also reservieren Sie lieber!

🍸 – Preis: €€

Brotlaube 2A ✉ *78462* – 📞 *07531 1285100* – *www.brasseriecolette.de* – *Geschlossen: Montag und Dienstag, mittags: Mittwoch-Sonntag*

PAPAGENO ZUR SCHWEIZER GRENZE

KLASSISCHE KÜCHE • GASTHOF Sie finden dieses Restaurant nur einen Steinwurf vom kleinen Grenzübergang Tägerwilen entfernt. Patrick Stier (zuvor schon im "Papageno" am alten Standort) bietet hier eine klassisch ausgerichtete Küche mit mediterranem Einfluss, zu schmecken beispielsweise bei "Rosa gebratener Rehrücken an Wacholderrahm mit Rahmspitzkohl, handgeschabten Spätzle, Selleriemousseline und Birnen-Nussragout". Serviert wird in einer gemütlichen Gaststube, in der eine Holztäfelung für traditionellen Charme sorgt. Nett ist auch die weinberankte Terrasse mit Lauben-Flair.

🍽 🅿 – Preis: €€

Gottlieber Straße 64 ✉ 78462 – ☎ 07531 368660 – www.restaurant-papageno. net – Geschlossen: Montag und Dienstag, mittags: Mittwoch und Donnerstag

RIVA

INTERNATIONAL • FREUNDLICH Hier lockt schon die fantastische Lage am See - da sind die Plätze auf der tollen Terrasse mit Blick aufs Wasser natürlich besonders gefragt! Aber auch drinnen in dem hellen, eleganten Restaurant des gleichnamigen Hotels sitzt man richtig schön - die bodentiefen Fenster zum See lassen sich öffnen. Gekocht wird mit klassischen und internationalen Einflüssen, hier und da mit asiatischem Touch und gerne auf Basis regionaler Produkte. Schicke Bar und chillige Außen-Lounge.

⩤ & 🅰 🍽 ⇦ 🅿 – Preis: €€

Seestraße 25 ✉ 78464 – ☎ 07531 363090 – www.hotel-riva.de/de

KORB

Baden-Württemberg – Regionalatlas **7**–B2

🍴 **REBBLICK**

SAISONAL • TRENDY Bewusst hat man dem Restaurant in der örtlichen Remstalhalle einen gewissen 70er-Jahre-Touch bewahrt und gelungen mit chic-modernen Einrichtungsdetails kombiniert, dazu eine schöne große Fensterfront. Jochen Gromann bietet eine geschmackvolle saisonale Küche mit regionalen und internationalen Einflüssen (auch Schwäbischer Zwiebelrostbraten fehlt nicht), seine Frau Nadine leitet den freundlichen und geschulten Service, passend die Weinempfehlungen. Nette Terrasse, je nach Platz mit Rebblick.

🍽 ⇦ 🅿 – Preis: €€

Brucknerstraße 14 ✉ 71404 – ☎ 07151 2740100 – www.rebblick-korb.de – Geschlossen: Montag-Mittwoch, mittags: Donnerstag und Samstag, abends: Sonntag

KORSCHENBROICH

Nordrhein-Westfalen – Regionalatlas **3**–J3

GASTHAUS STAPPEN

REGIONAL • GASTHOF Gemütlich-modern ist das Ambiente in diesem engagiert geführten Haus, dafür sorgen klare Formen, warme Töne und dekorative Details. Schön sitzt man auch auf der begrünten Terrasse. Gekocht wird regional und mit internationalen Einflüssen. Fragen Sie auch nach den Weinproben in der Vinothek. Tipp: Sie können auch übernachten, es erwarten Sie chic-moderne Gästezimmer. Hinweis: nur Kartenzahlung.

🍽 ⇦ 🅿 – Preis: €€

Steinhausen 39 ✉ 41352 – ☎ 02166 88226 – www.gasthaus-stappen.de – Geschlossen: Montag, mittags: Dienstag-Samstag

KOSEL

Schleswig-Holstein – Regionalatlas **1**–C1

KOSELER HOF 🅽

FRANZÖSISCH-ZEITGEMÄSS • **GEMÜTLICH** Im hübschen "Koseler Hof" erwartet Sie eine authentische norddeutsche Küche, in der Produkte aus der Region mit modernem Twist aromenreich zubereitet werden. Geboten wird ein Degustationsmenü, aber auch A-la-carte-Wahl ist möglich. Im Sommer können Sie hinter dem Haus im einladenden grünen Garten sitzen. Neben dem Restaurant hat man übrigens noch eine Boutique mit selbst hergestellten Produkten (z. B. Honig, eingelegtes Gemüse...). Für Gäste, die die Region besuchen, ist die Schlei eine Wanderung wert.

🏠 🔄 – Preis: €€

Alte Landstraße 2 ✉ *24354* – ☎ *04354 1320* – *www.koseler-hof.com* – *Geschlossen: Montag und Dienstag, mittags: Mittwoch-Sonntag*

KRAIBURG AM INN

Bayern – Regionalatlas **6**–Y3

HARDTHAUS

INTERNATIONAL • **ROMANTISCH** In dem denkmalgeschützten Haus umgibt Sie das charmante Ambiente eines ehemaligen Kolonialwarenladens. Ebenso einladend der gemütliche Gewölbe-Weinkeller und die schöne Terrasse am Marktplatz. Gekocht wird international und kreativ. Im Haus gegenüber hat man moderne, hochwertige Zimmer.

🏠 – Preis: €€

Marktplatz 31 ✉ *84559* – ☎ *08638 73067* – *hardthaus.de* – *Geschlossen: Montag und Sonntag, mittags: Dienstag-Samstag*

KRAKOW AM SEE

Mecklenburg-Vorpommern – Regionalatlas **2**–F3

🕸 ICH WEISS EIN HAUS AM SEE

FRANZÖSISCH-KLASSISCH • **FAMILIÄR** Irgendwo im Nirgendwo zwischen Berlin und Rostock... An diesem idyllischen Fleckchen Erde - die Adresse "Paradiesweg" trifft es auf den Punkt - finden Sie ein kleines Hotel an einem einsamen See. Doch nicht nur gemütlich übernachten kann man hier, kulinarisch kommt man ebenfalls auf seine Kosten. Raik Zeigner, seit 2005 Chef am Herd, überzeugt mit klassischer Küche, die in diesem Haus seit jeher fest etabliert ist. In seinem allabendlich wechselnden 4-Gänge-Menü kommen z. B. beim gedämpften Saibling oder auch beim Rehrücken mit Pfifferlingen ausgesuchte Produkte zum Einsatz. Die Gastgeber Petra und Adi König sorgen in dem eleganten Restaurant mit Landhausflair herzlich und mit spürbarem Engagement für Wohlfühl-Atmosphäre. Der Patron - gewissermaßen ein wandelndes Weinlexikon - empfiehlt zielsicher die passenden Weine zum Menü. Auch die nächste Generation ist in dem tollen Familienbetrieb bereits mit von der Partie.

🐾 ⇐ 🖐 🅿 – Preis: €€€€

Paradiesweg 3 ✉ *18292* – ☎ *038457 23273* – *www.hausamsee.de* – *Geschlossen: Montag und Sonntag, mittags: Dienstag-Samstag*

KREFELD

Nordrhein-Westfalen – Regionalatlas **3**–J3

KRASSERIE IM VERVE⁵ 🅽

INTERNATIONAL • **BRASSERIE** Mit dieser modernen Brasserie und idealen Veranstaltungsmöglichkeiten hat man in den Räumlichkeiten einer ehemaligen

Textilfabrik ein attraktives Konzept umgesetzt. Sichtbeton und freiliegende Lüftungsrohre sorgen für einen Industrial Touch und schaffen zusammen mit klarem Design und dekorativer Kunst ein trendiges Bild. Die bodentiefe Fensterfront lässt sich in der warmen Jahreszeit öffnen - davor die kleine Terrasse. Die frische, schmackhafte Küche mit regionalen und internationalen Einflüssen gibt es à la carte oder als Menü "Herzstück". Toll ist im Sommer die Rooftop-Bar (Do.-Sa.).

👌 🅰 🍴 ⇄ 🅿 – Preis: €€€

Zur Feuerwache 5 ✉ 47805 – ☏ 02151 9360800 – verve5.de/krasserie.html –
Geschlossen: Montag und Sonntag, mittags: Dienstag-Samstag

KREUTH
Bayern – Regionalatlas **6**–Y4

MIZU SUSHI-BAR

JAPANISCH • DESIGN In diesem fernöstlich-reduziert designten Restaurant des nicht weit vom Tegernsee gelegenen "Spa & Resort Bachmair Weissach" gibt es einen Mix aus klassischer und moderner japanischer Küche. Traditionelles Sashimi und Nigiri oder Tempura-Gerichte finden sich hier ebenso wie Speisen im Nikkei-Style, die südamerikanische und japanische Elemente verbinden.

👌 🍴 🅿 – Preis: €€

Wiesseer Straße 1 ✉ 83700 – ☏ 08022 278523 – bachmair-weissach.com –
Geschlossen: Montag und Sonntag, mittags: Dienstag-Samstag

KREUZNACH, BAD
Rheinland-Pfalz – Regionalatlas **5**–T1

😊 ## IM KITTCHEN

SAISONAL • WEINBAR Das kleine Restaurant liegt mitten in der Altstadt in einer kleinen Gasse nahe dem Eiermarkt. Rustikal ist es hier und man sitzt recht eng - das trägt ebenso zur charmanten Atmosphäre bei wie die herzliche Chefin im Service. Die schmackhaften Speisen wählt man von der Tafel. Die Gerichte von dort gibt es auch in kleineren Portionen als Überraschungsmenü. Dazu gibt es eine durchaus beachtliche Weinkarte mit rund 230 Positionen.

🍷 – Preis: €€

Alte Poststraße 2 ✉ 55545 – ☏ 0671 9200811 – imkittchen.de – Geschlossen:
Montag, Dienstag, Freitag-Sonntag, mittags: Mittwoch und Donnerstag

IM GÜTCHEN

MEDITERRAN • TRENDY Das Restaurant befindet sich in einem charmanten Barock-Anwesen im historischen Schlosspark. In einem modern-eleganten, luftighohen Raum serviert man eine auf ausgesuchten Produkten basierende Küche, die heimische, mediterrane, internationale und vegetarische Gerichte bietet. Sie können à la carte oder in Menüform speisen. Während der Patron die Küche leitet, kümmert sich seine Frau herzlich um die Gäste.

🍴 🅿 – Preis: €€€

Hüffelsheimer Straße 1 ✉ 55545 – ☏ 0671 42626 – www.im-guetchen.com –
Geschlossen: Dienstag und Mittwoch, mittags: Montag, Donnerstag-Samstag

KRONBERG IM TAUNUS
Hessen – Regionalatlas **3**–L4

GRÜNE GANS

SAISONAL • FREUNDLICH Seit 2007 ist die ehemalige Schlosserei in einem Gebäude von 1825 eine kulinarische Konstante inmitten der Altstadt. Hier erwartet Sie zum einen ein gemütlich-modernes Ambiente, zum anderen eine französisch-international geprägte und saisonal beeinflusste Küche. Auch Liebhaber von Flammkuchen dürfen sich freuen. Tipp für schöne Sommertage: die lauschige Terrasse im Hof.

🍴 – Preis: €€

Pferdstraße 20 ✉ 61476 – ☎ 06173 783666 – www.gruene-gans.com – Geschlossen: Montag, Dienstag, Sonntag, mittags: Mittwoch-Samstag

KROZINGEN, BAD
Baden-Württemberg – Regionalatlas **7**–B1

🕸 STORCHEN
Chefs: Fritz und Jochen Helfesrieder
KLASSISCHE KÜCHE • GASTHOF Ein wirklich tolles Gasthaus, in dem zwei Generationen mit Engagement im Einsatz sind. Mit "Der große Storch", "Der Gemüse Storch" und "Einfach Storchen" sorgen Vater und Sohn dafür, dass jeder Gast das Passende findet. Bei der Wahl der Zutaten für ihre klassisch basierte Küche legen Jochen Helfesrieder und sein Vater Fritz Wert auf Saisonalität - ausgesucht die regionalen, aber auch internationalen Produkte. So manches kommt aus dem eigenen Bauerngarten, aber auch sehr guter Fisch aus Frankreich findet sich auf der Karte. Ort des Genusses ist ein schmucker badischer Gasthof von 1764 mit geschmackvollen Stuben - mal ländlich-elegant mit altem Kachelofen und Holztäfelung, mal etwas moderner. Dazu eine hübsche Gartenterrasse mit Teich. Zum Übernachten hat man schöne wohnliche Gästezimmer.

🍴 ♻ 🅿 – Preis: €€€

Felix und Nabor Straße 2 ✉ 79189 – ☎ 07633 5329 – storchen-schmidhofen. de – Geschlossen: Montag und Sonntag, mittags: Freitag

KRÜN
Bayern – Regionalatlas **6**–X4

🕸🕸 IKIGAI
MODERNE KÜCHE • CHIC Was das einzigartige Hideaway "Schloss Elmau" im Hotel- und Spa-Bereich an Luxus bietet, findet in diesem Restaurant sein kulinarisches Pendant. Christoph Rainer - er machte bereits mit 2-Sterne-Küche in der "Villa Rothschild" und im Frankfurter "Tiger-Gourmetrestaurant" von sich reden - sorgt hier mit seinem kreativen franko-japanischen Stil für spannende Geschmacksbilder. Top die internationalen Produkte. Herausragend die Weinauswahl, ebenso die Beratung. Der Service glänzt durch Aufmerksamkeit, Charme und Kompetenz. Das wertige Interieur aus klarem Design und warmem Holz macht das niveauvolle Bild komplett. Kurzum: ein Ort, der Klasse und Wohlfühl-Atmosphäre vereint!

🕸 🅿 – Preis: €€€€

Elmau 2 ✉ 82493 – ☎ 08823 180 – www.schloss-elmau.de – Geschlossen: Montag, Dienstag, Sonntag, mittags: Mittwoch-Samstag

KÜNZELSAU
Baden-Württemberg – Regionalatlas **5**–V2

😊 ANNE-SOPHIE
INTERNATIONAL • FREUNDLICH Ein Tipp vorweg: Nehmen Sie am besten im luftig-lichten Wintergarten Platz, hier hat man einen schönen Blick in den Garten! Geboten werden schmackhafte saisonal-internationale Gerichte und Klassiker wie geschmälzte Maultaschen oder Zwiebelrostbraten. Mittags (außer am Wochenende und an Feiertagen) reduzierte Karte und preiswerte Tagesessen.

♿ 🅰 🍴 🅿 – Preis: €€

Am Schlossplatz 9 ✉ 74653 – ☎ 07940 93462041 – hotel-anne-sophie.de

HANDICAP.

MODERNE KÜCHE • ELEGANT Hier ist der Name Programm: In dem geschmackvollen Restaurant werden Menschen mit Handicap integriert, und das mit Erfolg, wie das gute Team beweist! Stilvoll der Rahmen aus Geradlinigkeit und Kunst, an der Decke ein Himmelsgemälde von Markus Schmidgall. An schönen Sommertagen sitzt man sehr angenehm auf der Terrasse.

& 🅰 🛋 🅿 – Preis: €€€

Hauptstraße 22 ⊠ 74653 – ℰ 07940 93460 – hotel-anne-sophie.de – Geschlossen: Montag und Dienstag, mittags: Mittwoch-Samstag, abends: Sonntag

KÜRTEN
Nordrhein-Westfalen – Regionalatlas **3**–K3

ZUR MÜHLE

INTERNATIONAL • GEMÜTLICH Hermann und Kerstin Berger sorgen in dem traditionsreichen Haus (bereits seit 1895 als Familienbetrieb geführt) für schmackhafte international inspirierte Küche, für die man sehr gute, teilweise regionale Produkte verwendet. Zur Wahl stehen ein Menü und Gerichte à la carte. Serviert wird in gemütlich-wertigem Ambiente mit moderner Note. Hinweis: Montagabends bietet man nur ein Überraschungsmenü.

🛋 🅿 – Preis: €€

Wipperfürther Straße 391 ⊠ 51515 – ℰ 02268 6629 – www.restaurant-zur-muehle.com – Geschlossen: Dienstag und Mittwoch, mittags: Montag, Donnerstag-Samstag

KUSEL
Rheinland-Pfalz – Regionalatlas **5**–T1

DANIELS ⓝ

MODERNE KÜCHE • ENTSPANNT Im alten Zentrum von Kusel, direkt am Marktplatz, liegt das sanierte Stadthaus recht charmant, vor der Tür ein paar Bäume und ein Brunnen - hier sitzt man im Sommer schön auf der Terrasse. Das Ambiente kommt modern, leger und freundlich daher, Holzbalken an der Decke und freigelegtes altes Sandsteinmauerwerk nehmen Bezug zur Geschichte des Hauses. Ulrike und Daniel Bößhar sorgen hier für aufmerksamen Service und ambitionierte Küche in Form eines modern inspirierten Menüs mit drei bis sieben Gängen.

🛋 – Preis: €€€

Marktplatz 6 ⊠ 66869 – ℰ 06381 4252998 – www.danielsammarkt.de – Geschlossen: Dienstag und Mittwoch, mittags: Montag, Donnerstag-Samstag

LAASPHE, BAD
Nordrhein-Westfalen – Regionalatlas **3**–L3

RÔTISSERIE JAGDHOF STUBEN

TRADITIONELLE KÜCHE • GEMÜTLICH An Gemütlichkeit und liebevoll-rustikaler Atmosphäre ist die "Rôtisserie" des luxuriösen Hotels "Jagdhof Glashütte" kaum zu überbieten, dafür sorgen viel Holz, loderndes Feuer im Kamin, eine dekorative alte Küche.... Dazu kommen der freundliche Patron Edmund Dornhöfer sowie das aufmerksame Serviceteam. Am Herd ist Petar Popovic verantwortlich für reichlich Klassiker. Schöne Empfehlungen sind beispielsweise "Petar's Bouillabaisse" oder auch "Kalbskotelett vom Holzkohlegrill mit frischen Pfifferlingen".

🛏 🛋 🅿 – Preis: €€

Glashütter Straße 20 ⊠ 57334 – ℰ 02754 3990 – www.jagdhof-glashuette.de – Geschlossen: Montag und Dienstag, mittags: Mittwoch-Samstag

LADENBURG

Baden-Württemberg – Regionalatlas **5**-U1

BACKMULDE

FRANZÖSISCH-MODERN • GEMÜTLICH So ein Lokal wünscht man sich in der Nachbarschaft: tolles Essen, ausgesuchte Weine nebst versierter Beratung und dazu die gemütliche Atmosphäre eines charmanten jahrhundertealten Fachwerkhauses, das schön in der Altstadt liegt! Zusätzlich zur saisonalen Speisekarte bietet man auch Tagesempfehlungen von der Tafel. Tipp: Schauen Sie sich auch im Weinladen gegenüber um.

爺 斎 – Preis: €€€

Hauptstraße 61 ⊠ 68526 – ☎ 06203 404080 – www.back-mul.de –
Geschlossen: Montag-Mittwoch, mittags: Donnerstag-Samstag

LAHR

Baden-Württemberg – Regionalatlas **5**-T3

✿ ADLER

Chef: Daniel Fehrenbacher

FRANZÖSISCH-MODERN • CHIC Familie Fehrenbacher führt ihr Gasthaus seit vier Generationen mit viel Charme und sicherer Hand und schreibt damit eine Erfolgsgeschichte, denn seit 1990 wird das gemütliche Lokal ununterbrochen mit einem MICHELIN Stern ausgezeichnet! Für die vorzügliche modern-französische Küche ist Sohn Daniel Fehrenbacher verantwortlich, der das Ruder in der Sterneküche von seinem Vater Otto übernommen hat. Man legt Wert auf Bezug zur Region und zur Jahreszeit, was nicht zuletzt die Wildgerichte erkennen lassen. Geschickt bindet man interessante Kontraste in die Speisen ein. Die gelungene Kombination von Moderne und Klassik gilt übrigens auch fürs Ambiente: ein Mix aus geradlinig-schickem Stil und Schwarzwald-Charme. Für Kenner edler Tropfen gibt es im „Adler" schöne Weinempfehlungen durch den Service.

爺 斎 ⇔ 🅿 – Preis: €€€

Reichenbacher Hauptstraße 18 ⊠ 77933 – ☎ 07821 906390 – adler-lahr.de –
Geschlossen: Montag, Dienstag, Sonntag, mittags: Mittwoch-Samstag

GASTHAUS

REGIONAL • GASTHOF Wie das Gourmetrestaurant vereint auch das "Gasthaus" Moderne und Tradition, von der Einrichtung bis zur Speisekarte. Hier geht es etwas legerer zu, gekocht wird aber ebenfalls richtig gut - das merkt man nicht zuletzt am Geschmack der Saucen! Ihr Menü können Sie sich selbst zusammenstellen - auch vegetarisch. Freundlicher Service.

斎 ⇔ 🅿 – Preis: €€

Reichenbacher Hauptstraße 18 ⊠ 77933 – ☎ 07821 906390 – adler-lahr.de –
Geschlossen: Montag, Dienstag, Sonntag, mittags: Mittwoch-Samstag

GRÜNER BAUM

REGIONAL • GASTHOF Besonders schön sitzt man auf der Terrasse hinter dem über 300 Jahre alten Gasthof unter einer großen Kastanie, aber auch drinnen hat man es bei den engagierten Gastgebern gemütlich. Serviert werden saisonal geprägte Gerichte wie z. B. "Kalbsrücken mit Gemüse und Kartoffelnocken".

斎 ⇔ 🅿 – Preis: €€

Burgheimer Straße 105 ⊠ 77933 – ☎ 07821 22282 – www.xn--fegersgrnerbaum-
lahr-wec.de – Geschlossen: Montag und Sonntag

LANDSBERG AM LECH

Bayern – Regionalatlas **6**–X3

❀ LECH-LINE ⓝ

MODERNE KÜCHE • HIP In dem ehemaligen Bahnhofsgebäude heißt es am Abend "Fine Dining" in ansprechender trendig-ungezwungener Atmosphäre. Christian Sauer bietet hier eine moderne internationale Küche. Er kocht ohne Effekthascherei, sehr akkurat und nie verspielt. Aus tollen Produkten entstehen stimmige, aromareiche Gerichte, die komplex sind, aber dennoch leicht rüberkommen. Unter dem Namen "Gourmet Bistro" gibt es Gerichte à la carte wie z. B. "Ceviche 'Fish by Birnbaum', Limette, Avocado, Chili, Gurke, Koriander", Fr. und Sa. zusätzlich ein monatlich wechselndes 5-Gänge-Menü. Tipp: Cocktails an der Bar.

🅿 – Preis: €€€€

Bahnhofsplatz 1 ✉ 86899 – ☏ 08191 9370952 – www.lech-line.de – Geschlossen: Montag, Dienstag, Sonntag, mittags: Mittwoch-Samstag

LANGENARGEN

Baden-Württemberg – Regionalatlas **5**–V4

❀❀ SEO KÜCHENHANDWERK

MODERNE KÜCHE • CHIC Das hat schon eine gewisse Exklusivität: Das Restaurant im "Seevital Hotel" hat nur wenige Tische und ein überaus hochwertiges, schickes Interieur, dazu die Lage nur einen Steinwurf vom Wasser entfernt - herrlich die Terrasse mit wunderbarem See- und Bergblick! Nicht minder erwähnenswert ist die Küche von Roland Pieber und Souschefin Kathrin Stöcklöcker. Sie kochen sehr ambitioniert, kreativ und modern, mit eigener Idee. Erstklassig die Produkte, intensiv die Aromen. Das Küchenteam serviert übrigens mit und erklärt die Gerichte des 8-Gänge-Überraschungsmenüs. Freundlich und kompetent wird man auch in Sachen Wein beraten.

🕸 🔠 🍴 – Preis: €€€€

Marktplatz 1 ✉ 88085 – ☏ 07543 93380 – www.seevital.de – Geschlossen: Montag, Dienstag, Sonntag, mittags: Mittwoch-Samstag

---

SCHUPPEN 13

ITALIENISCH • GEMÜTLICH Das Restaurant ist eine feste Gastro-Größe direkt am Yachthafen - herrlich ist da natürlich die Terrasse! Aber auch das Lokal selbst mit seiner liebenswerten stilvoll-maritimen Einrichtung ist einen Besuch wert, nicht zu vergessen die frische, ambitionierte italienische Küche aus guten, oft regionalen Produkten. Probieren Sie z. B. Fischgerichte oder auch Pasta!

🍴 🅿 – Preis: €€

Argenweg 60 ✉ 88085 – ☏ 07543 1577 – www.schuppen13.de – Geschlossen: Montag und Dienstag

LANGENAU

Baden-Württemberg – Regionalatlas **5**–V3

❀ GASTHOF ZUM BAD

Chef: Hans Häge

KLASSISCHE KÜCHE • ZEITGEMÄSSES AMBIENTE Es war eine gute Entscheidung, den elterlichen Betrieb zu übernehmen! Seit 2007 führt Juniorchef Hans Häge am Herd Regie und bietet eine klassisch-saisonale Küche mit modernen Einflüssen. Ausgesucht die Produktqualität. Am Abend stehen verschiedene Menüs zur Wahl, mittags kommt das fair kalkulierte 3- oder 4-Gänge-Menü gut an. Auch Klassiker wie Maultaschensuppe oder Zwiebelrostbraten finden sich auf der Karte. Entspannt an modernen blanken Holztischen sitzen und richtig gut essen, das macht einfach Spaß! Nach hinten raus schaut man auf den Löffelbrunnen - die

Quelle befindet sich direkt unter dem Haus. Der Name "Gasthof zum Bad" stammt von der Badeanstalt, die sich hier einst befand. Gepflegt übernachten kann man übrigens auch.

&. 🏠 ⇔ 🅿 – Preis: €€

Burghof 11 ⊠ 89129 – ℰ 07345 96000 – gasthof-zum-bad.de – Geschlossen: Montag und Dienstag, mittags: Mittwoch, abends: Sonntag

LANGENHAGEN
Niedersachsen – Regionalatlas **3**–M1

RESTAURANT MAX'ES

MARKTKÜCHE • FREUNDLICH Schickes Bistro-Ambiente, freundlicher Service und gute Küche erwarten Sie im Restaurant des seit 1957 als Familienbetrieb geführten "Hotel Wegner". Gekocht wird modern und mit Bezug zur Saison. Auf der Karte z. B. "Rindertatar, Schwarzer Knoblauch, Sardellen, Kapernäpfel" oder "Kabeljau, 2erlei rote Beete, Schwarzwurzeln". Mittags gibt es einen Auszug aus der Abendkarte. Tipp: die ruhig gelegene begrünte Terrasse! Frühstück bietet man übrigens auch.

🏠 🅿 – Preis: €€€

Walsroder Straße 39 ⊠ 30851 – ℰ 0511 726910 – www.restaurant-maxes.de – Geschlossen abends: Sonntag

LANGENZENN
Bayern – Regionalatlas **6**–X1

⁂ KEIDENZELLER HOF

MODERNE KÜCHE • LÄNDLICH Wirklich schön, wie man dem ehemaligen Bauernhof in dem kleinen Örtchen etwas von seinem ursprünglichen Charakter bewahrt und mit moderner Note kombiniert hat. Geschmackvoll, elegant und stylish mischen sich Holz und Stein mit wertig-schickem Interieur. Küchenchef Martin Grimmer bietet ein saisonales und kreatives Menü, auf Vorbestellung auch vegetarisch. Er kocht mit eigener Idee und schafft subtile Kombinationen - sehr gelungen schon die Kleinigkeiten vorab. Engagiert erklärt er die Gerichte, die seine Frau charmant serviert. Samstagmittags kommt man zum "Gourmet Lunch", sonntags zum Braten. Ideal für Feste: die Scheune.

🏠 ⇔ – Preis: €€€€

Fürther Straße 11 ⊠ 90579 – ℰ 09101 901226 – www.keidenzeller-hof.de – Geschlossen: Montag-Mittwoch, Sonntag, mittags: Donnerstag und Freitag

LANGERWEHE
Nordrhein-Westfalen – Regionalatlas **3**–J3

WETTSTEINS RESTAURANT

REGIONAL • LÄNDLICH Das schöne Anwesen liegt etwas abseits - da sitzt es sich an warmen Tagen angenehm auf der Terrasse. Seit vielen Jahren gibt es das Restaurant bereits. Neben herzlichen Gastgebern und freundlichem Service erwartet Sie eine regional geprägte Küche, die Sie als Menü oder à la carte wählen können. Zum Angebot gehören auch Grillgerichte wie z. B. Rumpsteak sowie Klassiker wie Schnitzel oder Rostbraten.

🏠 ⇔ 🅿 – Preis: €

Schlossstraße 66 ⊠ 52379 – ℰ 02423 2298 – www.wettsteins-restaurant.de – Geschlossen: Montag und Dienstag, mittags: Mittwoch und Donnerstag, abends: Sonntag

LAUF AN DER PEGNITZ

Bayern – Regionalatlas **6**–X1

WALDGASTHOF AM LETTEN

REGIONAL • LÄNDLICH Hier sitzen Sie in verschiedenen Stuben mit gemütlichen Nischen und charmant-rustikaler Note und lassen sich bei freundlichem Service frische regional-saisonale Küche mit internationalen Einflüssen schmecken. Schön sitzt man auf der Terrasse vor oder hinter dem Haus mit Blick ins Grüne. Auch zum Übernachten ist der am Waldrand und dennoch verkehrsgünstig gelegene Familienbetrieb ideal.

🛏🍽♿🅿 – Preis: €€

Letten 13 – ✉ 91207 – ☎ 09123 9530 – www.waldgasthof-am-letten.de – Geschlossen: Sonntag

LAUFFEN AM NECKAR

Baden-Württemberg – Regionalatlas **5**–U2

ELEFANTEN

REGIONAL • BÜRGERLICH Im Herzen der netten Stadt hat Familie Glässing ihr freundliches Gasthaus - bereits die 4. Generation ist hier mit Engagement im Einsatz. Gekocht wird klassisch-regional und mit saisonalen Einflüssen, gerne verwendet man für die schmackhaften Speisen auch Produkte aus der Region. Dazu empfiehlt man u. a. Weine von regionalen Winzern.

🍽♿🅿 – Preis: €€

Bahnhofstraße 12 – ✉ 74348 – ☎ 07133 95080 – www.hotel-elefanten.de – Geschlossen: Freitag, mittags: Montag-Donnerstag, Samstag, Sonntag

LAUINGEN

Bayern – Regionalatlas **5**–V3

GENUSSWERKSTATT LODNER

SAISONAL • ENTSPANNT Sie finden dieses schicke Restaurant im Hotel "Lodner", einem gut 500 Jahre alten Gebäude. Unter einem schönen Kreuzgewölbe bietet man am Abend schmackhafte und ambitionierte Küche in Menüform oder à la carte. Mittags ist das Angebot einfacher. Produkte aus der eigenen Gewürzmanufaktur werden gut eingebunden. Dazu freundlicher und geschulter Service. Tipp: Spezialitäten zum Mitnehmen im angeschlossenen Feinkostladen.

🍽 – Preis: €€€

Imhofstraße 7 – ✉ 89415 – ☎ 09072 95890 – hotel-lodner.de – Geschlossen: Montag und Sonntag, mittags: Dienstag

LAUTENBACH (ORTENAUKREIS)

Baden-Württemberg – Regionalatlas **5**–T3

SONNE

INTERNATIONAL • LÄNDLICH Das komfortable Wellnesshotel "Sonnenhof" bietet Ihnen hier ein heimeliges Restaurant mit gastronomischem Anspruch. Zum wohnlich-wertigen Ambiente gesellt sich eine badische Küche mit Elsässer Einflüssen. Haben Sie auch das Bodenfenster gesehen? Unter Ihnen lagern schöne Weine, umfangreich die Auswahl. An den Ruhetagen der "Sonne" hat man das "Sonnenstüble" als etwas schlichtere Alternative.

🍽♿🅿 – Preis: €

Hauptstraße 51 – ✉ 77794 – ☎ 07802 704090 – www.sonnenhof-lautenbach.de

LAUTERBACH

Hessen – Regionalatlas **3**–L4

SCHUBERTS

MARKTKÜCHE • **BRASSERIE** Das Restaurant in der Innenstadt direkt an der Lauter kommt gut an mit seiner legeren Brasserie-Atmosphäre und der schmackhaften regional-saisonalen Küche mit mediterranen Einflüssen. Mittags ist auch das Tagesgericht "Schuberts Schneller Teller" beliebt. Zudem hat man noch die gemütliche, charmant-rustikale Weinstube "Entennest" - hier gibt es am Abend ebenfalls die "schuberts"-Karte. Sie möchten übernachten? Im gleichnamigen Hotel stehen schöne individuelle Gästezimmer bereit.

🅰 🍽 ⇔ 🅿 – Preis: €€

Kanalstraße 12 ✉ *36341* – ☏ *06641 96070* – *www.hotel-schubert.de* – *Geschlossen: Montag und Sonntag*

LEBACH

Saarland – Regionalatlas **5**–S1

LOCANDA GRAPPOLO D'ORO

MEDITERRAN • **FREUNDLICH** Hier ist man gerne Gast: Der Familienbetrieb wird seit Jahren engagiert geführt, das Ambiente ist hell und freundlich, im Service die herzliche Chefin, gekocht wird mediterran inspiriert, frisch und schmackhaft. Pasta, Gnocchi, Brot..., alles ist hausgemacht. Da verwundert es nicht, dass die sympathischen Gastgeber viele Stammgäste aus der Region haben.

🍽 🅿 – Preis: €€

Mottener Straße 94 ✉ *66822* – ☏ *06881 3339* – *Geschlossen: Montag und Dienstag, mittags: Samstag, abends: Sonntag*

LEER

Niedersachsen – Regionalatlas **1**–A3

ZUR WAAGE M.E.B. 🅽

REGIONAL • **RUSTIKAL** Schön liegt das Traditionshaus in der Innenstadt, direkt am Fluss Leda - da lockt im Sommer die sehr nette Terrasse mit Blick zum Museumshafen! Drinnen erwartet Sie typisches Gasthaus-Flair mit maritim-rustikalem Touch. Mario E. Brüggemann (er machte hier im Haus übrigens schon seine Kochlehre) bietet Ihnen eine stark nachhaltig geprägte, richtig gute Küche zu fairen Preisen. Aus regionalen Produkten entsteht beispielsweise "Matjestatar, Zwetschge, Tomate" - schmackhaft, frisch und angenehm unkompliziert! Mittags ist das Angebot ein bisschen einfacher, man bekommt aber auch Gerichte von der Abendkarte.

🍽 – Preis: €€

Neue Straße 1 ✉ *26789* – ☏ *0491 6224* – *www.restaurant-zur-waage.de* – *Geschlossen: Montag und Dienstag*

LEIPZIG

Sachsen
Regionalatlas 4–P3

Der Name ist Ihnen sicher bekannt, aber wiessen Sie auch, was im „Leipziger Allerlei" so alles drin steckt?

Neben dem besternten **Kuultivo** mit seinem trendig-rustikalen Bistrostil und seiner modern-kreativen Küche, dem ganz französisch inspirierten **C'est la vie** und dem sympathischen **Frieda** in Gohlis, das neben seinem roten MICHELIN Stern auch den Grünen Stern bestätigt hat, sei auch das **Planerts** in der Leipziger Innenstadt erwähnt. Hier geht es bei asiatisch beeinflusster Küche schön urban zu. Und dann ist da noch das Restaurant **Stadtpfeiffer** im Gewandhaus, das nach wie vor mit Sternniveau lockt. Tipp: Planen Sie bei Ihrem Stadtbesuch auf einen Stopp bei der Nikolaikirche ein. Angenehm übernachten können Sie z. B. im **Vienna Townhouse Bach Leipzig.**

⚙ FRIEDA

Chefs: Lisa Angermann und Andreas Reinke

KREATIV • CHIC Sympathisch, erfrischend, unprätentiös - da macht es richtig Spaß, zu essen. Neben angenehm unkomplizierter Bistro-Atmosphäre und schickem Design kommt vor allem die Küche der beiden Betreiber an. Lisa Angermann und Andreas Reinke bieten hier produktorientierte moderne Gerichte in Form des regelmäßig wechselnden Menüs "Frieda En Vogue" - auf Vorbestellung bei der Reservierung gibt es auch die vegetarische Variante "Frieda Naturell". Passend zur ökologischen Ausrichtung des Restaurants steht bei der Wahl der sehr guten Zutaten der regional-saisonale Aspekt klar im Fokus. Freundlich und geschult der Service samt charmanter Chefin. Eine nette Terrasse nebst Orangerie hat man ebenfalls.

🍽 – Preis: €€€€

außerhalb Stadtplan – *Menckestraße 48* ✉ *04155* – ☏ *0341 56108648* – *www.frieda-restaurant.de* – *Geschlossen: Montag und Sonntag, mittags: Dienstag-Samstag*

⚙ KUULTIVO

MODERNE KÜCHE • BISTRO Ein richtig nettes kleines Lokal in trendig-rustikalem Bistrostil, locker und ungezwungen die Atmosphäre. Neben auffälligen Lampen und so manch anderem Detail sticht vor allem die offene Küche ins Auge. Hier entstehen ambitionierte moderne Gerichte, die angenehm auf das Wesentliche reduziert sind. Dabei legt man Wert auf regionale Produkte. Sie können aus einem kleinen A-la-carte-Angebot wählen oder das preislich fair kalkulierte 4-Gänge-Menü bestellen.

🍽 – Preis: €€

außerhalb Stadtplan – *Könneritzstraße 24* ✉ *04229* – ☏ *0341 24884161* – *www. kuultivo.com* – *Geschlossen: Montag und Sonntag, mittags: Dienstag-Samstag*

✿ STADTPFEIFFER

KREATIV • ELEGANT Nicht nur mit Konzerten lockt das Neue Gewandhaus, auch die Küche des "Stadtfeiffer" ist gefragt. Seit 2001 bereichern Petra und Detlef Schlegel mit Herzblut und Engagement die Gastronomie-Szene von Leipzig. Dabei gehen sie mit der Zeit. In zwei Menüs (eines vegetarisch) interpretiert man klassisch-französische Küche auf moderne Art. So kommt beispielsweise „Hirsch, Senf, Traube" angenehm klar mit eigener Handschrift und ohne große Spielereien daher. Dabei setzt man auf erstklassige Produkte, gerne regional und saisonal sowie aus dem eigenen Kräutergarten. Das Serviceteam um Gastgeberin Petra Schlegel ist diskret, freundlich und geschult - auch die Köche servieren mit und erklären die Gerichte. Zeitlos-elegant das Ambiente. Der Name geht auf die "Leipziger Stadtpfeifer" a. d. 18. Jh. zurück, den Vorläufern des Gewandhausorchesters.

AC – Preis: €€€€

Stadtplan: B2-6 – *Augustusplatz 8* ✉ *04109* – ℰ *0341 2178920* – *www. stadtpfeiffer.de* – *Geschlossen: Montag, Dienstag, Sonntag, mittags: Mittwoch-Samstag*

C'EST LA VIE

FRANZÖSISCH • ELEGANT Hier hat man sich ganz der französischen Lebensart verschrieben. Während Sie gemütlich in stilvoll-modernem Ambiente sitzen und durch raumhohe Fenster nach draußen schauen, sorgt das engagierte Team in der offenen Küche für modern interpretierte und sehr ambitionierte Gerichte wie beispielsweise „Crevette - Garnele, Zucchini, Bergamotte" oder „Bœuf - Zweierlei vom Rind, Pfifferlinge, Kartoffel". Angeboten werden sie in Form zweier Menüs, eines davon vegetarisch. Dazu ausschließlich französische Weine - und die werden mit Hilfe einer Landkarte charmant und gekonnt am Tisch vorgestellt. Im Shop sind die Weine übrigens ebenfalls erhältlich. Tipp: Parkhaus direkt nebenan.

✿ – Preis: €€€

Stadtplan: A2-7 – *Zentralstraße 7* ✉ *04109* – ℰ *0341 97501210* – *www.cest-la-vie.restaurant* – *Geschlossen: Montag und Sonntag, mittags: Dienstag-Samstag*

MICHAELIS

INTERNATIONAL • ZEITGEMÄSSES AMBIENTE Schmackhaft und frisch isst man in dem geradlinig-modern gehaltenen Restaurant in einem restaurierten Gebäude aus der Gründerzeit, das auch das gleichnamige komfortable Hotel beherbergt. Die Karte ist saisonal ausgerichtet - es gibt verschiedene Menüs (eines davon vegetarisch) und eine gepflegte A-la-carte-Auswahl. Dazu sehr freundlicher und geschulter Service. Im Sommer lockt die Terrasse hinter dem Haus. Praktisch: gute Anbindung zum Zentrum mit der Straßenbahn (Linie 11).

&. 🏠 – Preis: €€€

außerhalb Stadtplan – *Paul-Gruner-Straße 44* ✉ *04107* – ℰ *0341 26780* – *www.michaelis-leipzig.de* – *Geschlossen: Sonntag, mittags: Montag-Samstag*

MÜNSTERS

MARKTKÜCHE • GEMÜTLICH Eine sehr gefragte Adresse! Für gemütliche Bistro-Atmosphäre mit rustikalem Touch sorgen hier blanke Tische, Dielenboden und teilweise freiliegende Backsteinwände sowie nette Deko zum Thema Wein, dazu legerer, freundlicher und aufmerksamer Service. Geboten wird eine schmackhafte, frische Saisonküche. Toll der Biergarten!

🏠 🅿 – Preis: €€

außerhalb Stadtplan – *Platnerstraße 13* ✉ *04159* – ℰ *0341 5906309* – *münsters.com* – *Geschlossen: Sonntag, mittags: Montag-Samstag*

PLANERTS

INTERNATIONAL • MINIMALISTISCH "Casual fine dining" nahe Nikolaikirche und Oper. Hohe Decken, frei liegende Lüftungsschächte, urbaner Stil und offene Küche vermitteln trendigen "Industrial Style". Gekocht wird mit asiatischen Einflüssen. Die angebotenen Gerichte können Sie sich zum Menü zusammenstellen oder à la

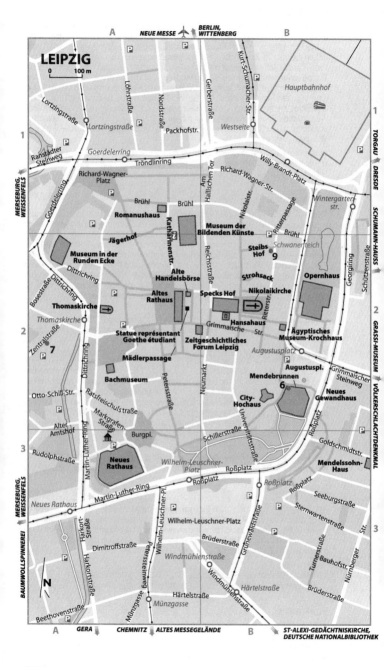

LEIPZIG

0   100 m

NEUE MESSE

BERLIN, WITTENBERG

A   B

Hauptbahnhof

TORGAU
DRESDE

Lortzingstraße

Löhrstraße

Nordstraße

Packhofstr.

Gerberstraße

Kurt-Schumacher-Str.

Westseite

Ranstädter Steinweg

Goerdelerring

Tröndlinring

Willy-Brandt-Platz

MERSEBURG, WEISSENFELS

Goerdelerring

Richard-Wagner-Platz

Brühl

Brühl

Richard-Wagner-Str.

Nikolaistr.

Rittenpassage

Wintergarten-str.

SCHUMANN-HAUS

Romanushaus

Katharinenstr.

Museum der Bildenden Künste

Brühl

Schwanenteich

Schützenstraße

Jägerhof

Museum in der Runden Ecke

Dittrichring

Reichsstraße

Steibs Hof   9

Strohsack

Opernhaus

Georgiring

Bosestraße

Dittrichring

Alte Handelsbörse

Specks Hof

Nikolaikirche

GRASSI-MUSEUM

Thomaskirche

Altes Rathaus

Hansahaus

Ägyptisches Museum-Krochhaus

Thomaskirche

Zentralstraße

7

Statue représentant Goethe étudiant

Grimmaische

Str.

Augustusplatz

VÖLKERSCHLACHTDENKMAL

Dittrichring

Zeitgeschichtliches Forum Leipzig

Mädlerpassage

Augustuspl.

Grimmaischer Steinweg

Bachmuseum

Peterstraße

Neumarkt

Mendebrunnen

6

Neues Gewandhaus

Otto-Schill-Str.

Ratsfreischulstraße

City-Hochaus

Roßplatz

Goldschmidtstr.

Alter Amtshof

Markgrafen-Straße

Burgpl.

Schillerstraße

Universitätsstraße

Rudolphstraße

Martin-Luther-Ring

Neues Rathaus

Wilhelm-Leuschner-Platz

Roßplatz

Mendelssohn-Haus

MERSEBURG, WEISSENFELS

Neues Rathaus

Martin-Luther-Ring

Wilhelm-Leuschner-Pl.

Roßplatz

Roßplatz

Seeburgstraße

Sternwartenstraße

BAUMWOLLSPINNEREI

Harkortstraße

Dimitroffstraße

Petersteinweg

Wilhelm-Leuschner-Platz

Grunewaldstraße

Brüderstraße

Windmühlenstraße

Turnerstraße

Bauhofstr.

Nürnberger

Str.

N

Beethovenstraße

Münzgasse

Münzgasse

Härtelstraße

Windmühlenstraße

Härtelstraße

Brüderstraße

A   GERA   CHEMNITZ   ALTES MESSEGELÄNDE   B

ST-ALEXI-GEDÄCHTNISKIRCHE, DEUTSCHE NATIONALBIBLIOTHEK

carte wählen. Dazu freundlicher Service und gute Weinberatung. Donnerstag bis Samstag Lunch-Angebot als Tagesgericht oder als 3-Gänge-Menü.

🍴 – Preis: €€€

Stadtplan: B2-9 – *Ritterstraße 23* ✉ *04109* – ☏ *0341 99999975* – *planerts. com* – *Geschlossen: Montag und Sonntag, mittags: Dienstag und Mittwoch*

SCHAARSCHMIDT'S

MARKTKÜCHE • GEMÜTLICH Ein engagiert geführtes Restaurant, das viele Stammgäste hat. In dem Eckhaus mit der hübsch bewachsenen Fassade sitzt man richtig gemütlich und lässt sich sächsische Spezialitäten schmecken - ein Klassiker sind die Rinderrouladen! Dazu werden Sie sehr freundlich umsorgt. Man stellt Ihnen die Angebotstafel vor und erklärt die Gerichte. Nett die mit Bäumchen begrünte kleine Terrasse.

🍴 – Preis: €€

außerhalb Stadtplan – *Coppistraße 32* ✉ *04157* – ☏ *0341 9120517* – *schaarschmidts.de* – *Geschlossen: Sonntag, mittags: Montag-Samstag*

LEIWEN
Rheinland-Pfalz – Regionalatlas **5**-S1

VIERZEHN 85

MODERN • ENTSPANNT Der ehemalige Zehnthof a. d. J. 1485 - auch heute noch mit schöner Fachwerkfassade - bietet neben wohnlich-modernen Gästezimmern ein sehr nettes, geschmackvolles und legeres Restaurant über zwei Etagen mit kleineren und größeren Räumen sowie charmanten Nischen. Aus der Küche kommen richtig gute zeitgemäße Gerichte aus vielen regionalen und immer saisonalen Produkten. Weine vom eigenen Wingert. Im Sommer lockt die Terrasse.

🍴 ⇔ 🅿 – Preis: €€€

Euchariusstraße 10 ✉ *54340* – ☏ *06507 9393901* – *vierzehn85.de* – *Geschlossen: Dienstag und Mittwoch, mittags: Montag, Donnerstag-Sonntag*

LENGERICH
Nordrhein-Westfalen – Regionalatlas **3**-K1

HINTERDING

FRANZÖSISCH-KLASSISCH • ELEGANT Schon viele Jahre ist die stattliche ehemalige Ärztevilla für gute Gastronomie in stilvollem Rahmen bekannt. Sie sitzen in hohen wohnlich-eleganten Räumen oder auf der schönen Terrasse, charmant der Service unter der Leitung der Chefin. Klassisch die Küche des Patrons, ausgesucht die Produkte.

🍴 ⇔ 🅿 – Preis: €€

Bahnhofstraße 72 ✉ *49525* – ☏ *05481 94240* – *hinterding-lengerich.de* – *Geschlossen: Montag und Dienstag, mittags: Mittwoch-Samstag*

LENGGRIES
Bayern – Regionalatlas **6**-X4

SCHWEIZER WIRT

REGIONAL • GEMÜTLICH Seit Jahren eine beständige Adresse für schmackhafte Küche. Gekocht wird frisch, regional und ohne Schnickschnack. Man verwendet gute Produkte und konzentriert sich auf das Wesentliche. Dazu charmante Atmosphäre und freundlicher Service. Das schön gelegene traditionsreiche Gasthaus hat auch eine tolle Terrasse. Parken können Sie direkt vor dem Haus.

🍴 ⇔ 🅿 – Preis: €

Schlegldorf 83 ✉ *83661* – ☏ *08042 8902* – *schweizer-wirt.de* – *Geschlossen: Montag und Dienstag*

LICHTENBERG

Bayern – Regionalatlas **4**–P4

⊛ HARMONIE

Chef: Iris Mayer

REGIONAL • FREUNDLICH Das charmante Haus von 1823 hat seinen traditionellen Charakter bewahrt - schönes altes Holz macht es richtig gemütlich! Freundlich umsorgt speist man hier regional-saisonale Gerichte. Probieren sollten Sie auch die Spezialität des Hauses: Schiefertrüffelsuppe. Beim Eingang kann man übrigens einen Blick in die Küche erhaschen.

✿ *Engagement des Küchenchefs:* Ich züchte Ziegen und Hühner selbst, in meiner Küche verarbeiten wir ganze regionale Bio-Weiderinder und Strohschweine, das Biogemüse wird nur 3 km weiter angebaut und ich betreibe teils auch Eigenanbau. Ständiger persönlicher Kontakt zu den Erzeugern. Energie wird wo auch immer möglich eingespart.

🌤 ✿ – Preis: €

Schloßberg 2 ⊠ 95192 – ☎ 09288 246 – www.harmonie-lichtenberg.de – Geschlossen: Montag und Dienstag, mittags: Mittwoch-Samstag, abends: Sonntag

LIEBENZELL, BAD

Baden-Württemberg – Regionalatlas **7**–B2

HIRSCH GENUSSHANDWERK

Chef: Andreas Sondej

MARKTKÜCHE • GASTHOF In diesem netten Gasthaus in dem kleinen Dörfchen kocht man klassisch und modern inspiriert, orientiert sich sehr an der Saison und verwendet ausgesuchte Produkte, gerne aus der Region oder auch aus Eigenanbau. Zur sympathischen Atmosphäre trägt auch der freundliche und engagierte Service bei. Schön die Terrasse.

✿ *Engagement des Küchenchefs:* Mit eigener Landwirtschaft bin ich schon aufgewachsen, heute verarbeite ich bevorzugt Kartoffeln, Gemüse, Kräuter von Opa Knapp, Fleisch und Fisch aus der Region, und nach dem Essen servieren wir gern selbst gebrannten Schnaps. Unser Haus wird nachhaltig mit Energie und Wärme versorgt.

🕭 🌤 ✿ 🅿 – Preis: €€

Monbachstraße 47 ⊠ 75378 – ☎ 07052 2367 – www.hirsch-genusshandwerk. de – Geschlossen: Dienstag-Donnerstag, mittags: Montag, Freitag, Sonntag

LIESER

Rheinland-Pfalz – Regionalatlas **5**–S1

PURICELLI

MODERN • KLASSISCHES AMBIENTE Passend zum historischen Rahmen des aufwändig sanierten "Schloss Lieser" a. d. 19. Jh. (toll die markante Fassade!) kommt das "Puricelli" mit hoher Kreuzgewölbe-Decke, schönem alten Parkett, Kristalllüstern und stilvollem Mobiliar daher. Durch die Fensterfront schaut man in den Garten und zur Mosel. Geboten wird eine zeitgemäß interpretierte klassische Küche. Weine auch vom eigenen Weingut. Hübsche Gästezimmer.

🆎 ✿ – Preis: €€€

Moselstraße 33 ⊠ 54470 – ☎ 06531 986990 – www.schlosslieser.de/de/ restaurant-puricelli – Geschlossen mittags: Montag-Sonntag

LIMBACH-OBERFROHNA

Sachsen – Regionalatlas **4**–Q3

RATSSTUBE

MODERNE KÜCHE • FREUNDLICH Mitten im Ort, im Seitenflügel des Rathauses haben Antje und Ronny Pester ihr schönes Restaurant. In geschmackvoll-wohnlicher Atmosphäre wird hier eine ambitionierte modern-saisonale Küche in Menüform geboten - auch vegetarisch. Umsorgt wird man aufmerksam und freundlich - gerne empfiehlt Ihnen die Chefin den passenden Wein. Auf der Rückseite des Hauses hat man eine hübsche Terrasse.

🌿 – Preis: €€

Rathausplatz 1 ✉ 09212 – ☏ 03722 92480 – ratsstube-restaurant.de –
Geschlossen: Montag, Dienstag, Sonntag, mittags: Mittwoch-Samstag

LIMBURG AN DER LAHN

Hessen – Regionalatlas **3**–K4

✿ 360°

Chef: Alexander Hohlwein

MODERNE KÜCHE • MINIMALISTISCH "360°"... Wer denkt da nicht an eine tolle Aussicht? Highlight in dem geradlinig-modernen Restaurant in der 3. Etage ist die Dachterrasse! Aber auch drinnen genießt man dank großer Fenster den Stadtblick. Etwas fürs Auge bietet auch die einsehbare Küche, in der Alexander Hohlwein und sein Team am Abend das kreative Menü "Weltreise" zubereiten. Eine Idee davon bekommt man z. B. bei „Reh, Five Spices, Erdnuss, Ananas". Seine Partnerin Rebekka Weickert leitet als herzliche Gastgeberin den Service und berät Sie kompetent in Sachen Wein. Mittags gibt es ein einfacheres Lunch-Menü. Man hat übrigens ein Bienenvolk auf der Terrasse, das für eigenen Honig sorgt. Tipp: Parken Sie in der Tiefgarage des Einkaufszentrums "WERKStadt".

◱ 🖭 🌿 – Preis: €€€€

Bahnhofsplatz 1a ✉ 65549 – ☏ 06431 2113360 – www.restaurant360grad.de –
Geschlossen: Montag, Dienstag, Sonntag

MARGAUX

MARKTKÜCHE • ENTSPANNT Mitten in der Altstadt liegt das kernsanierte historische Haus a. d. 14. Jh., in dem sich Fabian Sollbach mit seinem geschmackvoll-modernen Restaurant selbständig gemacht hat. Er lässt eine modern inspirierte französische Küche servieren, bei der die ausgesuchten Produkte im Mittelpunkt stehen. Auf der Karte finden sich ambitionierte Gerichte wie beispielsweise "Rindercarpaccio, Zwiebel, Trüffel, Ochsenschwanzpraline". Das Lunchangebot ist etwas reduzierter und einfacher. Einige Tische befinden sich auf einer kleinen Empore. Im Sommer hat man schöne Terrassenplätze am Kornmarkt.

🌿 – Preis: €€€

Kornmarkt 7 ✉ 65549 – ☏ 06431 5975677 – www.margaux-restaurant.de –
Geschlossen: Montag und Sonntag

LINDAU IM BODENSEE

Bayern – Regionalatlas **5**–V4

✿ KARRISMA

Chef: Julian Karr

KREATIV • FREUNDLICH Gemütlich-modern ist die Atmosphäre in dem kleinen Restaurant des Hotels "Adara" - ein Hingucker sind die zahlreichen dekorativen Spiegel an der Wand. Herzlich und persönlich die Führung. Chef Julian Karr kocht nicht nur, er ist auch mit im Service. Seine Küche ist kreativ und saisonal, ausgezeichnet die Produktqualität. Ein schönes Beispiel ist da "Kross gebratener Bodenseezander, Blattspinat, Topinambur als Schaum und Gemüse". Tipp: der eigene Wein zum wechselnden Menü. Schön ist auch die Terrasse hier in der Altstadt. Tipp: Parken Sie im "P4" - nach einem kurzen Spaziergang erreichen Sie das Lokal.

🛱 – Preis: €€€€

Alter Schulplatz 1 ✉ 88131 – 𝒞 08382 9435041 – adara-lindau.de/restaurant

✿ VILLINO

MODERNE KÜCHE • KLASSISCHES AMBIENTE Fast schon mediterran ist dieses schmucke Anwesen inmitten von Obstplantagen, vom stilvollen, luftig-hohen Raum mit Orangerie-Flair bis zum reizenden Innenhof mit Brunnen. Hier ist eine Familie mit vollem Elan bei der Sache: Gastgeberin Sonja Fischer, Tochter Alisa sowie Bruder Rainer Hörmann, seines Zeichens Sommelier. Da ist Ihnen herzlicher, professioneller Service samt trefflichen Weinempfehlungen gewiss - die Chefin ist auch immer selbst am Gast. Die Küche von Toni Neumann zeigt deutliche mediterrane, vor allem italienische Einflüsse, die sich mit asiatischen Inspirationen verbinden. Man bietet drei Menüs: eines eher klassisch, eines kreativer und ein vegetarisches. Tipp: Übernachten Sie im gleichnamigen Hotel.

🐋 🛏🛱🅿 – Preis: €€€€

Mittenbuch 6 ✉ 88131 – 𝒞 08382 93450 – www.villino.de – Geschlossen: Montag und Sonntag, mittags: Dienstag-Samstag

VALENTIN

MODERN • GEMÜTLICH In einer kleinen Seitengasse der Insel-Altstadt finden Sie dieses Restaurant in einem schönen Kellergewölbe. In attraktivem modernem Ambiente serviert man Ihnen eine saisonal beeinflusste Küche aus sehr guten Produkten, die es in Form eines 4- oder 7-Gänge-Menüs oder einer kleinen A-la-carte-Auswahl gibt. Mittags ist das Angebot etwas reduziert. Umsorgt wird man von einem freundlichen Team. Ein angenehmes Plätzchen ist auch die lauschige Terrasse im Hof. Zudem hat man noch eine Weinbar.

🛱 – Preis: €€€

In der Grub 28A ✉ 88131 – 𝒞 08382 5043740 – valentin-lindau.de – Geschlossen: Montag und Sonntag

LINSENGERICHT
Hessen – Regionalatlas **3**–L4

DER LÖWE

REGIONAL • GASTHOF Seit Jahren wird das gepflegte Haus der Sauters für seine schmackhafte Küche geschätzt. Gefragt ist beispielsweise Wild aus der Region, aber auch international angehauchte Gerichte kommen gut an. Dazu wird man in gediegener Atmosphäre freundlich und aufmerksam umsorgt.

🛱 ⇔ 🅿 – Preis: €€

Dorfstraße 20 ✉ 63589 – 𝒞 06051 71343 – www.derloewe.com – Geschlossen: Montag und Dienstag, mittags: Mittwoch-Freitag

LIST – Schleswig-Holstein ➜ Siehe Sylt (Insel)

LÖRRACH
Baden-Württemberg – Regionalatlas **7**–B1

☺ WIRTSHAUS MÄTTLE

MARKTKÜCHE • DESIGN Geschmackvoll-modern kommt das Gasthaus von 1848 daher. Hier genießt man eine frische Marktküche mit mediterranen und regionalen Akzenten, zubereitet aus guten Produkten. Neben Gerichten à la carte (ein Klassiker ist z. B. "Forelle - im Ganzen gebraten") bietet man auch ein Überraschungsmenü. Schön die Terrasse. Im UG gibt es noch das "THEODOR": ein Mix aus Restaurant und Bar, auch für Veranstaltungen ideal.

 ♿ 🍴 ⇔ – Preis: €€

*Freiburger Straße 314 ✉ 79539 – ☎ 07624 91720 – wio-group.de/maettle –
Geschlossen: Sonntag*

VILLA FEER

INTERNATIONAL • ELEGANT Seit 2012 leitet Inhaberin Kathrin Bucher die
schmucke alte Villa nahe der Lörracher Messe. Sie sitzen hier in wohnlichen,
lichtdurchfluteten Gasträumen oder im Sommer auf der herrlichen Terrasse. Man
bietet nur noch Mittagsservice: Bis 15 Uhr dürfen Sie sich auf ein Menü sowie eine
kleine Karte mit Lieblingsgerichten der letzten zehn Jahre freuen. Danach gibt es
bis 17 Uhr Desserts und Eis/Sorbets.

🍴 🍴 ⇔ 🅿 – Preis: €€

*Beim Haagensteg 1 ✉ 79541 – ☎ 07621 5791077 – www.villa-feer.com –
Geschlossen: Montag-Mittwoch, abends: Donnerstag-Sonntag*

LOHMAR

Nordrhein-Westfalen – Regionalatlas **3**-K3

GASTHAUS SCHEIDERHÖHE

MODERNE KÜCHE • GASTHOF Das schöne bergische Fachwerk-Gasthaus ist
ein Paradebeispiel für tolle "Bistronomie", wie man Sie heute liebt! Stephanie und
Daniel Lengsfeld wissen, was ihre Gäste mögen: sich bei herzlichem, geschultem
Service und freundlicher, gemütlicher Atmosphäre mit modernen Gerichten aus
guten, häufig regionalen Zutaten umsorgen lassen. Für den Sommer hat man eine
angenehme Terrasse.

♿ 🍴 ⇔ 🅿 – Preis: €€€

*Scheiderhöher Straße 49 ✉ 53797 – ☎ 02246 18892 – www.
gasthaus-scheiderhoehe.de – Geschlossen: Montag-Mittwoch, mittags:
Donnerstag-Samstag*

LOHR AM MAIN

Bayern – Regionalatlas **5**–V1

SPESSARTTOR

TRADITIONELLE KÜCHE • GASTHOF Der alteingesessene Familienbetrieb ist
ein seriös geführtes Haus, in dem man in gemütlichen Stuben sitzt und regional
isst. Auf der Karte macht Leckeres wie der "Hirschbraten mit Blaukraut und Knödel"
Appetit. Im Gasthof sowie im 300 m entfernten Gästehaus kann man auch sehr
gut übernachten.

🍴 ⇔ 🅿 – Preis: €

*Wombacher Straße 140 ✉ 97816 – ☎ 09352 87330 – www.hotel-spessarttor.de –
Geschlossen: Montag und Dienstag, mittags: Mittwoch-Samstag, abends: Sonntag*

LOTTSTETTEN

Baden-Württemberg – Regionalatlas **5**–U4

GASTHOF ZUM KRANZ

SAISONAL • GASTHOF Bereits seit 1769 pflegt man hier die gastronomische
Tradition! Der Familienbetrieb im beschaulichen kleinen Örtchen Nack nahe der
Schweizer Grenze verbindet modern-eleganten Stil und charmante historische
Details. Schön auch die Terrasse und Loungebereich. Gekocht wird mit internatio-
nalen Einflüssen und deutlichem regional-saisonalem Bezug. Zum Übernachten
hat man vier einfache, aber gepflegte Zimmer (ohne TV).

♿ 🍴 ⇔ 🅿 – Preis: €€

*Dorfstraße 23 ✉ 79807 – ☎ 07745 7302 – www.gasthof-zum-kranz.de –
Geschlossen: Dienstag und Mittwoch*

LUDWIGSBURG

Baden-Württemberg – Regionalatlas **7**–B2

DANZA

MODERNE KÜCHE • CHIC In der 1. Etage des Kultur- und Kongresszentrums "Forum am Schlosspark" erwartet Sie ein interessantes Konzept aus Restaurant und Weinbar. Gekocht wird modern-saisonal und international, aber auch mit klassischen Einflüssen - als Menü oder à la carte. Dazu gute Weine, freundlicher, aufmerksamer Service und schickes, luftig-lichtes Ambiente. Schön die Terrasse mit Blick auf die Kastanienallee. Tipp: Parken auf der Bärenwiese gegenüber.

&⚅ 🏡 – Preis: €€

Stuttgarter Straße 33 ✉ 71638 – ☏ 07141 977970 – www.danza-restaurant.de

GUTSSCHENKE

INTERNATIONAL • FREUNDLICH Wirklich schön, wie man das geschmackvoll-moderne Interieur der "Gutsschenke" in den historischen Rahmen der Domäne Monrepos eingebunden hat - hübsch die Terrasse. Geboten wird eine klassisch basierte international-regionale Küche mit Bezug zur Saison. Zur Wahl stehen zwei Menüs (eins davon vegetarisch) sowie Gerichte à la carte.

🍴 🏡 ⇔ 🅿 – Preis: €€

Monrepos 22 ✉ 71634 – ☏ 07141 3020 – www.schlosshotel-monrepos.de/de – Geschlossen: Montag und Sonntag

LÜBECK

Schleswig-Holstein – Regionalatlas **1**–D2

✿ WULLENWEVER

Chef: Roy Petermann

KLASSISCHE KÜCHE • ELEGANT So wunderschön und charmant das im Herzen von Lübeck gelegene Patrizierhaus a. d. J. 1585 von außen ist, so stilvoll und elegant ist das Interieur, dekorative Kunst inklusive. Roy Petermann bietet hier eine klassische Küche mit mediterranen Akzenten, in der erstklassige Produkte im Fokus stehen. Es gibt ein alle drei Wochen wechselndes Menü mit drei oder fünf Gängen (übrigens schön in Kalligrafie geschrieben) sowie - tischweise vorbestellt - ein 7-Gänge-Überraschungsmenü. An Vegetarier ist ebenfalls gedacht. Gut die Weinauswahl mit Schwerpunkt Deutschland und Europa, aber auch Weinen aus der Neuen Welt. Der Service ist professionell und so elegant wie das Restaurant selbst - dafür ist die sympathische Gastgeberin Manuela Petermann verantwortlich. Herrlich der Innenhof mit hübsch begrünter Terrasse!

🕸 🏡 ⇔ – Preis: €€€€

Beckergrube 71 ✉ 23552 – ☏ 0451 704333 – www.wullenwever.de – Geschlossen: Montag, Dienstag, Sonntag, mittags: Mittwoch-Samstag

FANGFRISCH

REGIONAL • INDUSTRIELL Ein sympathisch-legeres Konzept am Rande der Innenstadt, nur fünf Minuten vom Holstentor. Trendiges Ambiente im Industrial Style, sehr freundlicher und lockerer junger Service und nicht zuletzt eine schmackhafte moderne Küche. Hier legt man Wert auf regionale Produkte - so kommt z. B. der Wels aus einer Bio-Zucht in Brandenburg. Man bietet durchgehend warme Küche, aber auch Stullen und Fischbrötchen auf die Hand.

Preis: €€

An der Untertrave 51 ✉ 23552 – ☏ 0451 39686609 – fangfrisch-luebeck.de

JOHANNA BERGER

INTERNATIONAL • ELEGANT Etwas versteckt liegt das Haus aus der Gründerzeit mitten im Zentrum. Charmant das Interieur mit Dielenboden, Lüstern und elegantem Touch, draußen die hübsche Terrasse. Geboten wird eine mediterran beeinflusste

Frischeküche, die es als Überraschungsmenü oder à la carte gibt. Schöne Auswahl an deutschen und internationalen Weinen, auch im offenen Ausschank.

🏠 – Preis: €€

Doktor-Julius-Leber-Straße 69 ✉ 23552 – ☏ 0451 58696890 – www.restaurant-johanna-berger.de – Geschlossen: Montag und Sonntag, mittags: Dienstag-Samstag

MEILENSTEIN

MODERN • CHIC Eine attraktive Adresse ist das geschichtsträchtige Gesellschaftshaus. In dem schicken Restaurant mit Bar und schöner Terrasse gibt es ein modern inspiriertes Menü, das Sie sich selbst zusammenstellen können. Dazu eine gute Weinauswahl. Freundlich und geschult der Service. Interessant auch die Cocktails. Sie suchen eine stilvolle Location für Ihre Feier? Verschiedene Säle bieten den passenden Rahmen.

⇔ – Preis: €€€

Königstraße 5 ✉ 23552 – ☏ 0451 92994168 – meilenstein-luebeck.de – Geschlossen: Montag und Sonntag, mittags: Dienstag-Samstag

LÜNEBURG

Niedersachsen – Regionalatlas 1-D3

😊 RÖHMS DELI

MARKTKÜCHE • BISTRO Ein angenehm unkompliziertes Konzept, das gut ankommt. In freundlich-moderner Atmosphäre serviert man regional und international beeinflusste Küche - das A-la-carte-Angebot wird ergänzt durch Tagesgerichte von der Tafel. Sie mögen Süßes? Ein Highlight ist die Theke mit feiner hausgemachter Patisserie! Aufmerksam der Service. Nett sitzt man auch auf der Terrasse.

🆎 🏠 – Preis: €

Heiligengeiststraße 30 ✉ 21335 – ☏ 04131 24160 – www.roehmsdeli.de – Geschlossen: Montag und Sonntag

LÜTJENBURG

Schleswig-Holstein – Regionalatlas 1-D2

PUR

MARKTKÜCHE • BISTRO In dem netten geradlinig gehaltenen kleinen Bistro in Zentrumsnähe kocht man saisonal und überwiegend mit Produkten aus der Region, darunter einiges in Bio-Qualität. Tipp: Im Sommer sitzt man schön auf der Terrasse im Garten hinter dem Haus. Man hat übrigens auch eine Manufaktur - hier gibt's u. a. selbstgemachte Vinaigrettes, Saucen, Fruchtaufstriche oder Gerichte im Glas.

🏠 – Preis: €

Neuwerkstraße 9 ✉ 24321 – ☏ 04381 404147 – www.einfachpurgeniessen.de – Geschlossen: Montag, Dienstag, Sonntag

LUNDEN

Schleswig-Holstein – Regionalatlas 1-C2

LINDENHOF 1887

REGIONAL • FAMILIÄR Ein norddeutscher Familienbetrieb wie aus dem Bilderbuch! Empfangen wird man in dem hübschen Gasthof von 1887 mit einem lebendigen und typischen "Moin", dazu eine gute, aufmerksame Betreuung in modernem und durchaus schickem Ambiente. Patron Tjark-Peter Maaß kocht schmackhaft und regional geprägt. Lecker und topfrisch ist da z. B. "Gebratene Nordseescholle, Bratkartoffeln, Gurkensalat, Tönning Krabben" - einer der Klassiker. Zum Übernachten hat man übrigens einige schöne wohnliche Gästezimmer.

♿ 🏠 ⇔ 🅿 – Preis: €€

Friedrichstraße 39 ✉ 25774 – ☏ 04882 407 – www.lindenhof1887.de – Geschlossen: Dienstag, mittags: Montag, Mittwoch-Freitag

MAGDEBURG

Sachsen-Anhalt – Regionalatlas **4**–P1

HIGH KITCHEN

KREATIV • CHIC In der 8. Etage eines Bürohauses mitten in der City von Magdeburg finden Sie diesen kulinarischen Hotspot. Im Sommer ist die Terrasse ein Traum, herrlich der Blick über die Stadt und auf den über 500-jährigen gotischen Dom! Die Küche zeigt sich sehr kreativ und wird in Menüform serviert - diverse Kleinigkeiten drumherum inklusive. Dazu bietet der freundliche und angenehme legere Service auch eine schön abgestimmte Weinbegleitung an.

⇐🏠 – Preis: €€€€

Otto-Von-Guericke-Straße 86a ⊠ 39104 – ✆ 0391 5639395 – highkitchen.de – Geschlossen: Montag, Dienstag, Sonntag, mittags: Mittwoch-Samstag

LANDHAUS HADRYS

REGIONAL • FREUNDLICH Seit 2003 steht Sebastian Hadrys für gute Küche. Gekocht wird saisonal und mit internationalem Touch. Es gibt ein Menü mit drei bis sieben Gängen, das Sie sich selbst zusammenstellen können. Preislich ist man sehr fair. Dazu bietet man eine schöne Weinkarte. Serviert wird in angenehm hellem, modern-legerem Ambiente, draußen lockt die große Terrasse. Umsorgt werden Sie freundlich und versiert. Tipp: Kochkurse kann man hier ebenfalls machen.

🏠 ⇔ 🅿 – Preis: €€

An der Halberstädter Chaussee 1 ⊠ 39116 – ✆ 0391 6626680 – www.landhaus-hadrys.de – Geschlossen: Montag, Dienstag, Sonntag, mittags: Mittwoch-Freitag

MAIKAMMER

Rheinland-Pfalz – Regionalatlas **7**–B1

DORF-CHRONIK

MARKTKÜCHE • GEMÜTLICH Mitten im Ort steht das schöne Winzerhaus von 1747. Sandstein und Fachwerk sorgen für gemütliches Ambiente, dekorative Bilder setzen moderne Akzente. Charmant die Terrasse im Hof. Geboten wird eine schmackhafte saisonal ausgerichtete Küche mit kreativem Touch. Es gibt verschiedene Menüs, darunter ein vegetarisches. Dazu freundlicher Service durch Gastgeberin Marion Schwaab und ihr Team. Man hat auch eine Vinothek und Weine vom eigenen Weingut.

🏠 – Preis: €€

Marktstraße 7 ⊠ 67487 – ✆ 06321 58240 – www.restaurant-dorfchronik.de – Geschlossen: Mittwoch und Donnerstag, mittags: Montag, Dienstag, Freitag, Samstag

MAINTAL

Hessen – Regionalatlas **3**–L4

FLEUR DE SEL

FRANZÖSISCH-KLASSISCH • LÄNDLICH Französisch-mediterranes Flair erwartet man nicht unbedingt in diesem Wohngebiet in Maintal-Dörnigheim. Doch genau das bieten sowohl das Ambiente als auch die saisonal beeinflusste Küche von Patrick Theumer. Besonders attraktiv sind die drei Menüs, eines davon vegetarisch. Dazu freundlicher Service. Nett die schön begrünte Terrasse.

🏠 🅿 – Preis: €€

Florscheidstraße 19 ⊠ 63477 – ✆ 06181 9683385 – restaurant-fleurdesel.de – Geschlossen: Montag und Sonntag, mittags: Dienstag-Freitag

MAINZ

Rheinland-Pfalz – Regionalatlas **5**–T1

✿ FAVORITE RESTAURANT

FRANZÖSISCH-MODERN • **ELEGANT** Nicht nur wohnen lässt es sich im "Favorite Parkhotel" niveauvoll, auch gastronomisch ist das im Mainzer Stadtpark gelegene Haus der engagierten Familie Barth eine gerne besuchte Adresse. Beim Küchenchef für ihr Gourmetrestaurant haben die Betreiber eine gute Wahl getroffen: Tobias Schmitt, ehemals Souschef im Frankfurter "Lafleur". Er kocht modern und mit tollen Produkten. Die Kombinationen sind nicht überladen und ergeben immer Sinn. Geboten werden die Menüs "Roots" ("Die Wurzeln des Kochens") und "Blossom" ("Leichte, moderne & zeitgemäße Küche") sowie eine vegetarische Alternative. Und das Restaurant selbst? Wertig-elegant ist das Ambiente hier. Fragen Sie am besten nach einem Platz am Fenster - oder speisen Sie auf der schönen Terrasse mit Blick auf Rhein und Taunus.

⇔ ‎⅘ 🖾 🍽 **🅿** – Preis: €€€€

Karl-Weiser-Straße 1 ✉ *55131* – ☎ *06131 8015133* – *favorite-mainz.de* – *Geschlossen: Montag, Dienstag, Sonntag*

✿ STEINS TRAUBE

Chef: Philipp Stein

MARKTKÜCHE • **FREUNDLICH** Was Anfang des 20. Jh. mit einer Dorfschänke begann, hat sich dank des Engagements der Familie Stein im Laufe der Jahrzehnte zu einem modernen Restaurant mit anspruchsvoller Küche gemausert. Mit Philipp Stein ist inzwischen die 6. Generation als Patron und Küchenchef am Ruder. Dass er kochen kann, steht völlig außer Frage. So finden sich auf dem Teller weder Show noch Spielerei. Was auf den ersten Blick einfach erscheinen mag, ist in Geschmack und Harmonie sehr komplex, aber stets zugänglich. Man kocht mit zurückhaltender Eleganz und der nötigen Portion Mut an den richtigen Stellen. Bei der Platzwahl fällt die Entscheidung nicht ganz leicht, denn das freundliche, geradlinig-schicke Ambiente drinnen ist ebenso einladend wie der schöne Innenhof. Angenehm: die herzliche Juniorchefin Alina Stein im Service.

🐾 🍽 ⇔ **🅿** – Preis: €€€

Poststraße 4 ✉ *55126* – ☎ *06131 40249* – *steins-traube.de* – *Geschlossen: Montag, mittags: Dienstag und Mittwoch*

☺ GEBERTS WEINSTUBEN

KLASSISCHE KÜCHE • **WEINBAR** Frische, Geschmack, Aroma - dafür steht die Küche von Frank Gebert. Für seine klassischen Gerichte verwendet er gerne auch Produkte aus der Region und legt Wert auf Bezug zur Saison, so z. B. beim "Heimischen Rehragout mit sautierten Pilzen". Tipp: Probieren Sie das preislich fair kalkulierte 3-Gänge-Menü. Das in einer Seitenstraße unweit des Rheins gelegene Restaurant ist mit elegantem Touch eingerichtet, draußen sitzt man schön im Hof auf der weinberankten Terrasse.

🍽 – Preis: €€

Frauenlobstraße 94 ✉ *55118* – ☎ *06131 611619* – *www.geberts-weinstuben.de* – *Geschlossen: Montag und Dienstag*

SUSHI LOUNGE 🆕

SUSHI • Der neueste gastronomische Hotspot des "FAVORITE parkhotel" ist ein Restaurant im Restaurant! Die "sushi lounge" befindet sich in der Weinbar des Hauses. Im kleinen Sushi-Bereich serviert man nur Sushi und Sashimi, zubereitet aus hervorragenden Produkten, für die auch das "FAVORITE restaurant" bekannt ist. Besonders zu empfehlen sind z. B. die exzellenten Nigiri mit zartem Otoro, herrlich frischer Jakobsmuschel oder intensivem Unagi!

⅘ 🖾 **🅿** – Preis: €€€

Karl-Weiser-Straße 1 ✉ *55131* – ☎ *06131 8015477* – *favorite-mainz.de/sushi-lounge* – *Geschlossen: Sonntag*

MAISACH

Bayern – Regionalatlas **6**–X3

GASTHOF WIDMANN

INTERNATIONAL • GEMÜTLICH Man schmeckt, dass hier mit Freude gekocht wird. Es gibt Saisonales und Internationales und man nimmt auch Bezug zur Region. Geboten wird ein Menü mit sechs Gängen. Dazu sitzen die Gäste in zwei gemütlichen Stuben und lassen sich von einem freundlichen Service umsorgen.

P – Preis: €€

Bergstraße 4 ✉ *82216* – ✆ *08135 485*

MALENTE-GREMSMÜHLEN, BAD

Schleswig-Holstein – Regionalatlas **1**–D2

MELKHUS

REGIONAL • REGIONALES AMBIENTE Im ehemaligen Kuhstall des toll sanierten historischen Guts "Immenhof" finden Sie diese charmante Alternative zum Restaurant "Rodesand". Gekocht wird traditionell-regional und saisonal mit sehr guten, frischen Produkten. Zu den Klassikern gehören z. B. Holsteiner Sauerfleisch oder gebackener Ferkelschinken. Auch Vegetarisches ist dabei. Dazu herzlicher Service und gemütlich-rustikale Atmosphäre - ein schönes Detail ist die offene Feuerstelle. Und lassen Sie sich im Sommer nicht die Terrasse mit Blick auf den Kellersee entgehen! Nachmittags bietet man Kaffee und Kuchen. Tipp: Im Hofladen gibt's hausgemachte Marmelade, Souvenirs etc.

≤ & 🛋 **P** – Preis: €€

Rothensande 1 ✉ *23714* – ✆ *04523 8828441* – *www.gut-immenhof.de* – *Geschlossen: Montag-Sonntag*

RODESAND

FRANZÖSISCH-MODERN • ELEGANT Wer kennt nicht die "Immenhof"-Filme? Sie machten das herrlich am Kellersee gelegene Gut bekannt. Im schmucken weißen Herrenhaus serviert man heute in stilvoll-elegantem Ambiente eine ambitionierte modern-klassische Küche. Die Gerichte können Sie als Menü oder à la carte wählen. Schön ist auch die Terrasse mit Blick ins Grüne. Ebenfalls auf dem Gut: Hotel, Reitanlage, Hofladen.

🛏 & 🛋 ✿ **P** – Preis: €€€€

Rothensande 1 ✉ *23714* – ✆ *04523 8828441* – *www.gut-immenhof.de* – *Geschlossen: Montag und Sonntag, mittags: Dienstag-Samstag*

MANDELBACHTAL

Saarland – Regionalatlas **5**–S2

GRÄFINTHALER HOF

REGIONAL • LÄNDLICH Ein sehr gepflegtes Anwesen ist die schön gelegene einstige Klosteranlage a. d. 13. Jh. Drinnen hat man recht elegante Räume, draußen eine charmante Terrasse unter Bäumen. Man kocht mit guten regionalen Produkten wie Saibling aus Ballweiler, Ziegenkäse aus Erfweiler, Bliesgaulamm... Es gibt auch ein vegetarisches Menü.

🛋 ✿ **P** – Preis: €€

Gräfinthal ✉ *66399* – ✆ *06804 91100* – *www.graefinthaler-hof.de* – *Geschlossen: Montag, abends: Sonntag*

MANNHEIM

Baden-Württemberg – Regionalatlas **5**–U1

✿✿ OPUS V

MODERNE KÜCHE • CHIC Shopping und kulinarischer Genuss unter einem Dach? Das gibt's hoch oben im Modehaus „engelhorn Mode im Quadrat". Unter der Leitung von Dominik Paul wird modern-kreativ gekocht. Die Gerichte des 6-Gänge-Menüs begeistern mal mit lauten, kraftvollen Tönen, mal mit leisen, subtilen, sehr eleganten Noten. Das Ganze stets angenehm reduziert und wunderbar ausgewogen, basierend auf ausgezeichneten Produkten. Auch die durchdachte Weinbegleitung - z. B. zu "Lachs, Liebstöckel, Meerrettich" oder "Reh, Aubergine, Senfkörner" - überzeugt mit einigen Überraschungen. Am Mittag (samstags) ist das Menü um einen Gang verkürzt. Attraktiv das geradlinig-moderne Ambiente mit nordischer Note, dazu die einsehbare Küche. Highlight ist natürlich die Dachterrasse mit Blick über die Stadt! Hinweis: Das Restaurant hat auch einen separaten Eingang.

🐾 ⇴ ⭑ 🎬 🚗 ⇄ – Preis: €€€€

O5, 9-12 ✉ *68161 –* ℰ *0621 1671199 – www.restaurant-opus-v.de – Geschlossen: Montag-Sonntag*

✿ DOBLER'S

KLASSISCHE KÜCHE • ELEGANT In über 30 Jahren haben Gabriele und Norbert Dobler das Restaurant zu einer wahrhaften Institution in der Quadratestadt gemacht, der zahlreiche Stammgäste die Treue halten. Auch nach Übergabe der Leitung an Küchenchef Eric Schumacher (bereits seit 2013 im Haus) sind sie hier noch mit Engagement im Einsatz. So ist Gabriele Dobler in dem geradlinig-eleganten Restaurant charmant und professionell am Gast. Aus der Küche kommen klassisch zubereitete Gerichte, die aber keineswegs altbacken sind. Handwerk und Produktqualität überzeugen gleichermaßen, Effekthascherei braucht es da nicht. Mittags und abends können Sie à la carte oder das "Menü zur Jahreszeit" wählen. Zudem gibt es am Mittag einen 3-Gänge-Lunch zu einem richtig tollen Preis-Leistungs-Verhältnis! Mögen Sie Wein? Man hat eine attraktive Auswahl aus der Region.

🎬 🚗 ⇄ – Preis: €€€

Seckenheimer Straße 20 ✉ *68159 –* ℰ *0621 14397 – doblers-restaurant.de/ web – Geschlossen: Montag und Sonntag*

LE COMPTOIR 17

FRANZÖSISCH • BISTRO Der Namenszusatz "Bistrot Parisien" passt! Wer sympathisch-unkomplizierte Bistro-Atmosphäre und klassisch-französisch geprägte Küche mag, ist hier genau richtig! Man legt Wert auf sehr gute Produkte, die beispielsweise in Klassikern wie Blutwurst, Rindertatar, Muscheln oder Fischsuppe zum Einsatz kommen. Neben der regulären Speisekarte gibt es zusätzliche Angebote auf der Tafel.

🚗 – Preis: €€

Lameystraße 17 ✉ *68165 –* ℰ *0621 73617000 – comptoir17.com – Geschlossen: Montag und Sonntag, mittags: Samstag*

MARBURG

Hessen – Regionalatlas **3**–L3

✿ MARBURGER ESSZIMMER

Chef: Denis Feix

FRANZÖSISCH-MODERN • CHIC "Green Fine Dining" nennt sich das neue Konzept, das Denis Feix ins "MARBURGER Esszimmer" gebracht hat. Der einstige Küchenchef des "Il Giardino" in Bad Griesbach und der Stuttgarter "Zirbelstube" präsentiert sehr vegetabil geprägte Gerichte mit Gemüse vom eigenen Hofgut Dagobertshausen. Aber auch auf tolle Fisch- und Fleischprodukte muss man nicht verzichten. Dazu eine stilvolle Atmosphäre mit Charme, zu der nicht zuletzt Kathrin Feix mit ihrem omnipräsenten und äußerst aufmerksamen Serviceteam beiträgt. Tipp: Übernachten Sie im Hotel "VILA VITA Rosenpark" nur wenige Gehminuten entfernt.

❀ *Engagement des Küchenchefs:* Die Möglichkeiten, die unser Hofgut Dagobertshausen bieten, sind vielfältig, sie erleichtern unsere Idee vom stark vegetabil geprägten Menü. Alle Fisch- und Fleischprodukte kommen von Kleinerzeugern und nachhaltigen Fischern, fragwürdige, unethische tierische Produkte sind für uns ein Tabu!

  ♿ 🅿 🌣 – Preis: €€€€

Anneliese Pohl Allee 1 ✉ 35037 – ☎ 06421 8890471 – www.marburger-esszimmer.de – Geschlossen: Montag-Mittwoch, mittags: Donnerstag-Samstag, , abends: Sonntag

MARKT INDERSDORF
Bayern – Regionalatlas **6**–X3

❀ **MIND** ⓝ

Chef: Sabrina Fenzl

MODERNE KÜCHE • ENTSPANNT Hier versteht man es, bewährte Geschmacksbilder mit eigenem Twist zu interpretieren, ohne das es verkünstelt, forciert oder verspielt wirkt. Gerichte wie "Rote Beete, Sauerrahm, Gurke" oder "Leber, Kartoffel, Boskop" schmecken stimmig, mit Wucht und Eleganz genau an den richtigen Stellen. "MINDs Choice" und "MINDs Fein & Ohne" (vegi) nennen sich die beiden Menüs, erweiterbar um einen Käsegang. Im vorderen Bereich des Restaurants kann man Chefin Sabrina Fenzl direkt an der Käseinsel über die Schulter schauen, im hinteren Teil sitzt man in entspannter und chilliger Atmosphäre, untermalt durch elektronische Musik. Professionell und angenehm flott der Service - auch die Chefin ist mit von der Partie und erklärt die Speisen.

Preis: €€€€

Dachauer Straße 11 ✉ 85229 – ☎ 08136 4699022 – www.mind-dining.de – Geschlossen: Montag-Mittwoch, Sonntag, mittags: Donnerstag und Samstag

MARKTBERGEL
Bayern – Regionalatlas **5**–V1

⊛ **ROTES ROSS**

REGIONAL • GASTHOF Wer frische saisonal-regionale Küche mag, ist bei Familie Bogner genau richtig. In ihrem Restaurant sitzt man in gemütlichem Ambiente und wird unter der Leitung der Chefin freundlich und geschult umsorgt. In Sachen Wein setzt man ebenfalls auf die Region. Im Sommer zieht es die Gäste auf die begrünte Terrasse im Hof. Übernachten kann man hier auch, dafür stehen gepflegte, wohnliche Zimmer zur Verfügung.

  ♿ 🌣 – Preis: €€

Würzburger Straße 3 ✉ 91613 – ☎ 09843 936600 – www.rotes-ross-marktbergel.de – Geschlossen: Montag, mittags: Dienstag-Samstag, , abends: Sonntag

MARKTBREIT
Bayern – Regionalatlas **5**–V1

⊛ **ALTER ESEL**

MARKTKÜCHE • FAMILIÄR Das herzliche und engagierte Betreiberpaar bietet hier saisonale Küche mit regionalen und mediterranen Einflüssen. Das angebotene Menü gibt es auch als vegetarische Variante. Serviert wird in der gemütlichen, liebevoll dekorierten Gaststube oder an einem der wenigen Tische im Freien mit Blick auf die historischen Häuser des charmanten kleinen Städtchens. Man ist übrigens Mitglied bei "Slow Food" und achtet auf Nachhaltigkeit.

  🌣 – Preis: €€

Marktstraße 10 ✉ 97340 – ☎ 09332 5949477 – www.alteresel-marktbreit.de – Geschlossen: Montag-Sonntag

🐧 **MICHELS STERN**

REGIONAL • TRADITIONELLES AMBIENTE Seit jeher steckt Familie Michel jede Menge Engagement in ihr Gasthaus, inzwischen ist die 4. Generation am Ruder. Zwei Brüder sorgen für Ihr Wohl: Wolfgang Michel kocht von bürgerlich bis fein - schmackhafte Gerichte, die auf guten Produkten basieren. Stefan empfiehlt dazu mit Leidenschaft den passenden Frankenwein. Zum Übernachten stehen gepflegte Gästezimmer bereit.

🦞 🛋 ⇔ – Preis: €€

Bahnhofstraße 9 ✉ *97340 –* ☎ *09332 1316 – www.michelsstern.de –*
Geschlossen: Mittwoch und Donnerstag, mittags: Montag und Dienstag

MARKTHEIDENFELD
Bayern – Regionalatlas **5**–V1

WEINHAUS ANKER

FRANZÖSISCH • GEMÜTLICH Ein Haus mit Tradition, das engagiert geführt wird. In schönen Stuben mit historischem Charme wählt man von einer umfangreichen Karte, die regional ausgerichtet ist, aber auch französisch geprägte Gerichte bietet. Dazu wird man freundlich umsorgt. Im Winter Do. - Sa. abends kleine fränkische Karte im rustikalen Gewölbe "Schöpple". Gepflegt übernachten kann man ebenfalls.

🦽 🛋 ⇔ 🅿 – Preis: €

Obertorstraße 13 ✉ *97828 –* ☎ *09391 6004801 – www.hotel-anker.de –*
Geschlossen mittags: Montag

MASELHEIM
Baden-Württemberg – Regionalatlas **5**–V3

LAMM

REGIONAL • LÄNDLICH Einladend ist hier schon die sehr gepflegte Fassade. Drinnen wird man überaus freundlich empfangen, nimmt in charmantem Ambiente Platz und isst auch noch ausgesprochen gut! Der Chef kocht klassisch, reduziert und mit ausgesuchten Produkten, bei denen man sich an der Saison orientiert. Zur Wahl stehen Gerichte à la carte und ein Menü, das es auch als vegetarische Variante gibt.

🛋 ⇔ 🅿 – Preis: €€

Baltringer Straße 14 ✉ *88437 –* ☎ *07356 937078 – sulminger-lamm.de –*
Geschlossen: Montag, Dienstag, Sonntag, mittags: Mittwoch-Samstag

MASSWEILER
Rheinland-Pfalz – Regionalatlas **5**–T2

☸ **BORST**

Chef: Harry Borst

FRANZÖSISCH-KLASSISCH • FAMILIÄR Seit vielen Jahren stehen Monika und Harry Borst mit ihrem Haus im Ortskern für Qualität und Niveau, inzwischen ist Junior Maximilian mit von der Partie. In der Küche bleibt er der klassischen Linie treu, kocht angenehm reduziert, aber auch raffiniert abgestimmt und auf Basis hochwertiger Produkte. Geboten wird ein Menü mit drei, fünf oder sieben Gängen nebst zwei Vorspeisen zum Variieren oder Erweitern. Dazu u. a. schöne Weine aus der Region. Serviert wird in geschmackvollem Ambiente mit modern-eleganter Note oder auf der Terrasse. Freundlich und aufmerksam der Service. Gepflegt übernachten kann man ebenfalls.

🛋 ⇔ 🅿 – Preis: €€€

Luitpoldstraße 4 ✉ *66506 –* ☎ *06334 1431 – www.restaurant-borst.de –*
Geschlossen: Montag und Dienstag, mittags: Mittwoch

MEERBUSCH

Nordrhein-Westfalen – Regionalatlas **3**–J3

❀ **ANTHONY'S KITCHEN**

Chef: Anthony Sarpong

INNOVATIV • TRENDY Einen tollen Mix aus Restaurant und Kochschule hat Gastgeber Anthony Sarpong hier. Der gebürtige Ghanaer kann sich auf ein engagiertes Team verlassen, und das sorgt für innovative internationale Küche mit saisonalen Einflüssen. Geboten werden die beiden Menüs "The Expedition" und "Green Journey" (vegetarisch) - durchdachte Kreationen mit interessant kombinierten Aromen ausgesuchter Produkte. Die Gerichte treffen ebenso den Zeitgeist wie das wertig-schicke Design und die locker-legere Atmosphäre - teilweise servieren die Köche mit. Das Restaurant ist übrigens biozertifiziert und man legt viel Wert auf Nachhaltigkeit.

❀ *Engagement des Küchenchefs:* Als Mitglied des wissenschaftlichen Beirats und kulinarischer Botschafter der Gesellschaft für Prävention sorge ich mich ebenso um die Gesundheit meiner Gäste wie auch um ihren Genuss! Natürliche Ressourcen, Saisonalität und die Wahrung des natürlichen Gleichgewichts stehen dabei im Vordergrund.

🆎 �། – Preis: €€€€

Moerser Straße 81 ⊠ 40667 – ✆ 02132 9851425 – www.anthonys.kitchen – Geschlossen: Montag-Mittwoch, mittags: Donnerstag-Sonntag

LANDHAUS MÖNCHENWERTH

KLASSISCHE KÜCHE • ELEGANT In dem einladenden Landhaus direkt am Rhein (toll die Terrasse!) bietet man mediterran und modern beeinflusste Küche - da macht z. B. "Maibock mit karamellisiertem Rhabarber und Marsala-Jus" Appetit. Sehr charmant der Service.

≤ 🌙 ✿ 🅿 – Preis: €€€

Niederlöricker Straße 56 ⊠ 40667 – ✆ 02132 757650 – www.moenchenwerth. de – Geschlossen: Montag, mittags: Dienstag-Samstag

MEERFELD

Rheinland-Pfalz – Regionalatlas **3**–J4

☺ **POSTSTUBEN**

INTERNATIONAL • GEMÜTLICH Was diese Adresse so beliebt macht? Neben charmantem und aufmerksamem Service erwartet Sie hier die regional beeinflusste Küche von Patron Sven Molitor. Neben ausgesuchten Produkten lassen seine Gerichte Talent und gutes Handwerk erkennen. Sie sind bodenständig, zeigen aber hier und da auch eine gewisse Finesse. Zum Übernachten hat der traditionsreiche Familienbetrieb im Hotel "Die Post" gepflegte Gästezimmer - ideal, um die schöne Umgebung des im Vulkankrater Meerfelder Maar gelegenen Ortes zu erkunden.

🌙 🅿 – Preis: €€

Meerbachstraße 24 ⊠ 54531 – ✆ 06572 931900 – www.die-post-meerfeld.de – Geschlossen: Montag und Dienstag, mittags: Mittwoch-Samstag

MEERSBURG

Baden-Württemberg – Regionalatlas **5**–U4

❀ **CASALA - DAS RESTAURANT**

MODERNE KÜCHE • ELEGANT Im schönen Hotel "Residenz am See" hat man zwei Restaurants zu einem vereint. Mit ungebrochenem Engagement sorgen Küchenchef Markus Philippi und sein Team hier für moderne und saisonale Gerichte aus sehr guten Produkten, die Sie sich selbst zu einem Menü mit zwei bis fünf Gängen zusammenstellen können. Angenehm reduziert, auf den Punkt gebracht und mit unkomplizierter Finesse zeigt sich beispielsweise "Kalbsbries, Erbsen, Pfifferlinge", elegant und mit Gefühl zubereitet z. B. "Steinbutt, Blumenkohl, Kokos, Limette". Der Rahmen dazu: wertiges, geschmackvolles Interieur, draußen die wunderbare Terrasse mit Blick auf den Bodensee. Freundlich der Service.

🕸 ⋖ (🛏 🎄 ✿ 🅿 – Preis: €€€

Uferpromenade 11 ✉ *88709 – 🕾 07532 80040 – hotel-residenz-meersburg. com – Geschlossen: Dienstag und Mittwoch*

MEISENHEIM
Rheinland-Pfalz – Regionalatlas **5**–T1

MEISENHEIMER HOF

Chef: Markus Pape

MARKTKÜCHE • GEMÜTLICH In hübschen kleinen Stuben genießt man die ambitionierte klassische und regionale Küche des engagierten Gastgebers und Küchenchefs Markus Pape. Dazu empfiehlt man gerne Weine vom eigenen Weingut in der Nähe. Das Gebäudeensemble des "Meisenheimer Hofs" ist ein attraktiver Mix aus Historie und Moderne - im Restaurant wie auch in den Themenzimmern des Hotels. Im Sommer sitzt man nett auf der Terrasse zwischen den Häusern. Man hat auch eine Kochschule.

🕸 ♿ 🎄 ✿ 🅿 – Preis: €€€

Obergasse 33 ✉ *55590 – 🕾 06753 1237780 – www.meisenheimer-hof.de/ startseite – Geschlossen: Montag, mittags: Dienstag-Samstag*

MEPPEN
Niedersachsen – Regionalatlas **1**–A4

VON EUCH

INTERNATIONAL • ELEGANT Das in der Innenstadt gelegene gleichnamige Hotel bietet nicht nur zeitgemäße Gästezimmer, man hat sich auch als Restaurant einen Namen gemacht! In eleganter Atmosphäre - oder im Sommer auf der netten Terrasse - erfreut Sie Patron und Küchenchef Johannes Schute mit seiner schmackhaften Küche zu fairen Preisen. Wie gelungen man hier gehobene und bürgerliche Akzente kombiniert und mit ausdrucksstarken Aromen zu verfeinern weiß, zeigt z. B. "Himmel & Erde" vom Klosterschwein mit Kartoffel, Apfel, Zwiebel und einer herrlich kraftvollen Jus!

♿ Ⓜ 🎄 ✿ – Preis: €€

Kuhstraße 21 ✉ *49716 – 🕾 05931 4950100 – www.voneuch.de – Geschlossen: Montag und Sonntag, mittags: Dienstag-Samstag*

MESCHEDE
Nordrhein-Westfalen – Regionalatlas **3**–K2

LANDHOTEL DONNER

REGIONAL • LÄNDLICH Im Restaurant des schön gelegenen "Landhotel Donner" sitzt man in gemütlichen Stuben, in denen warmes Holz und hübsche Stoffe eine charmant-traditionelle Atmosphäre schaffen. Gekocht wird klassisch-regional und mit saisonalen Einflüssen. Dazu freundlicher Service. Die Gästezimmer in dem gut geführten Familienbetrieb sind sehr gepflegt und wohnlich.

♿ 🎄 ✿ 🅿 – Preis: €€

Zur Alten Schmiede 4 ✉ *59872 – 🕾 0291 952700 – landhotel-donner.de – Geschlossen: Mittwoch und Sonntag, mittags: Montag, Dienstag, Donnerstag, Freitag*

VON KORFF

INTERNATIONAL • MINIMALISTISCH Ein Patrizierhaus von 1902 nebst architektonisch gelungener Erweiterung beherbergt das Restaurant samt Weinhandel sowie das gleichnamige Hotel. Ansprechend das geradlinige Ambiente. Interessant auch der Weinkeller, in dem auf Reservierung auch Verkostungen möglich sind. Tipp: "von Korff's Vorratsschrank" bietet Gerichte und Feinkost für daheim.

♞ M = + **P** – Preis: €

Le-Puy-Straße 19 ✉ *59872 – ☎ 0291 99140 – www.hotelvonkorff.de – Geschlossen: Sonntag*

METTLACH
Saarland – Regionalatlas 5–S1

BUCHNAS LANDHOTEL SAARSCHLEIFE - BUCHNAS LANDKÜCHE Ⓝ

KLASSISCHE KÜCHE • GEMÜTLICH Das Restaurantkonzept im schmucken "Buchnas Landhotel Saarschleife - Landküche im Kaminzimmer" teilt sich in die "Dorfküche" mit dem Motto "bodenständig & lecker" sowie die "Landküche" mit ambitioniertem saisonalem Angebot samt "Genießer-Menü". Dazu gemütliches Ambiente, eine gepflegte Weinkarte und aufmerksamer, freundlicher Service. Tipp: Sie können auch "Christians Küchentisch" buchen - hier sitzen Sie direkt in der Küche und bekommen die Gerichte von den Köchen serviert. Für Übernachtungsgäste: wohnliche Zimmer und Wellness.

&#x1F6CС; M = + **P** – Preis: €€€

Cloefstraße 44 ✉ *66693 – ☎ 06865 1790 – www.hotel-saarschleife.de – Geschlossen mittags: Dienstag und Mittwoch*

METZINGEN
Baden-Württemberg – Regionalatlas 7–B2

ZUR SCHWANE

MARKTKÜCHE • LANDHAUS Hier wird das Thema Alb groß geschrieben. Beim saisonal wechselnden Speiseangebot legt man Wert auf gute Produkte, die man überwiegend aus dem direkten Umland bezieht. Sie sitzen in gemütlich-moderner Atmosphäre, Hingucker ist ein großes Panoramabild der Schwäbischen Alb - das passt zur Philosophie des Restaurants. Tipp: Die Lage mitten in der "Outlet-City" macht auch eine Übernachtung interessant - dafür hat man im Hotel schicke Gästezimmer.

M = + **P** – Preis: €€

Bei der Martinskirche 10 ✉ *72555 – ☎ 07123 9460 – www.schwanen-metzingen. de – Geschlossen: Sonntag*

MIESBACH
Bayern – Regionalatlas 6–Y4

MANUELIS

MARKTKÜCHE • NACHBARSCHAFTLICH Richtig charmant ist das recht zentral gelegene Restaurant mit seiner gemütlichen Atmosphäre und dem herzlichen Service. Man setzt auf regionale und saisonale Produkte und legt Wert auf Respekt vor den Lebensmitteln. Das angebotene Menü gibt es in unterschiedlichen Längen - auf Vorbestellung auch vegetarisch. Dazu ausschließlich deutsche Weine. Tipp: Zu bestimmten Terminen kann man auch Themenmenüs buchen.

= – Preis: €€

Kolpingstraße 2 ✉ *83714 – ☎ 08025 9229693 – manuelis.de – Geschlossen: Montag, Dienstag, Sonntag, mittags: Mittwoch-Samstag*

MITTELBIBERACH

Baden-Württemberg – Regionalatlas **5**–V3

ESSZIMMER

REGIONAL • FREUNDLICH Einladend ist dieses etwas außerhalb in einem Sportcenter gelegene Restaurant, dafür sorgen das geradlinig-moderne Interieur in warmen Tönen, der freundliche, geschulte Service und die regional-saisonale Küche, bei der man Wert legt auf Nachhaltigkeit. Der Fokus liegt auf "Sharing": Man bietet viele kleine Gerichte im Tapas-Style, die in der Mitte des Tisches stehen und zum Teilen gedacht sind. So können Sie sich Vegetarisches, Fleisch und Fisch selbst zusammenstellen. Entsprechend kommen aus der Patisserie Tapas in Süß.

🅿 – Preis: €€€

Ziegeleistraße 37 ✉ 88441 – ☎ 07351 5749890 – www.restaurantesszimmer.de –
Geschlossen: Sonntag, mittags: Montag-Samstag

MITTENWALD

Bayern – Regionalatlas **6**–X4

🏵 DAS MARKTRESTAURANT

REGIONAL • MINIMALISTISCH Sehr zur Freude seiner Gäste hat es den ursprünglich von Niederrhein stammenden Andreas Hillejan vor Jahren nach Oberbayern verschlagen. Hier bietet er in dem wunderschönen, am Fuße des Karwendelgebirges gelegenen Örtchen Mittenwald seine eigene verfeinerte Wirtshausküche, und die kommt richtig gut an. In legerer, unkomplizierter Atmosphäre gibt es das Menü "Wirtshaus mal anders" sowie ansprechende Gerichte à la carte. Tipp: Machen Sie vor oder nach dem Essen einen Spaziergang durch das schmucke historische Zentrum des Geigenbau- und Luftkurortes mit seinen bunt bemalten Häusern - Sie haben es nicht weit, das Restaurant liegt ganz in der Nähe der Fußgängerzone.

🍽 ⇄ – Preis: €€€

Dekan-Karl-Platz 21 ✉ 82481 – ☎ 08823 9269595 – www.das-marktrestaurant.
de – Geschlossen: Montag und Sonntag, mittags: Dienstag-Donnerstag

MITTERSKIRCHEN

Bayern – Regionalatlas **6**–Z3

FREILINGER WIRT

MARKTKÜCHE • FREUNDLICH Seit 1870 gibt es das traditionelle bayerische Wirtshaus, das heute mit einem schönen Mix aus geradlinig-modernem Stil und warmem Holz daherkommt. Patron und Küchenchef Michael Freilinger, übrigens Metzgermeister, legt bei seinen saisonalen Gerichten Wert auf Produkte aus der Region. In den eigenen Gärten baut man selbst Gemüse, Kräuter und Blüten an. Beliebt die große Terrasse.

🍽 ⇄ 🅿 – Preis: €

Hofmarkstraße 5 ✉ 84335 – ☎ 08725 200 – freilinger-wirt.de – Geschlossen:
Montag und Dienstag, mittags: Mittwoch-Freitag

MÖNCHENGLADBACH

Nordrhein-Westfalen – Regionalatlas **3**–J3

LINDENHOF-KASTEEL

MODERNE KÜCHE • GASTHOF Seit vielen Jahren kümmern sich Volker und Susanne Kasteel mit Engagement um ihre Gäste. Gemütlich sitzt man hier in gediegenem Ambiente (die Deckenbalken stammen aus dem ursprünglichen Haus von 1682) und lassen sich eine produktorientierte und saisonal inspirierte Küche mit klassischen und modernen Einflüssen servieren. Übernachten können Sie hier ebenfalls - im gleichnamigen Hotel hat man gepflegte Gästezimmer.

🅿 – Preis: €€€

Vorster Straße 535 ✉ *41169 –* ☏ *02161 559340 – www.lindenhof-mg.de –*
Geschlossen: Montag und Sonntag, mittags: Dienstag-Samstag

MOERS
Nordrhein-Westfalen – Regionalatlas 3–J2

KURLBAUM

KLASSISCHE KÜCHE • ELEGANT Mit Engagement betreibt Michael Kurlbaum seit 35 Jahren sein Restaurant. Auf zwei Etagen erwartet Sie zeitlos-elegantes Ambiente - im Sommer gibt es zudem ein paar Tische vor der Tür in der Fußgängerzone. Man hat hier zahlreiche Stammgäste, und die mögen die klassisch geprägte Küche. Gerne kommt man auch zur Mittagszeit - da gibt es im Bistrobereich im EG ein wöchentlich wechselndes, preislich fair kalkuliertes 2-Gänge-Bistro-Menü inkl. Flasche Wasser, Dessert als dritter Gang möglich. Auf Vorbestellung können Sie auch mittags von der Abendkarte wählen. Praktisch: Kastell-Parkplatz in der Haagstraße ganz in der Nähe.

Preis: €€

Burgstraße 7 ✉ *47441 –* ☏ *02841 27200 – www.restaurant-kurlbaum.de –*
Geschlossen: Montag und Dienstag, mittags: Samstag und Sonntag

MOLFSEE
Schleswig-Holstein – Regionalatlas 1–D2

BÄRENKRUG

REGIONAL • LÄNDLICH Von der "Friesenstube" bis zum lauschigen Hofgarten mit alten Kastanienbäumen und viel Grün, im Haus der Familie Sierks darf man sich auf gute Küche mit regionalem und saisonalem Bezug freuen. Sie können Tagesempfehlungen, Klassiker oder Menüs wählen. Tipp: Probieren Sie auch die hausgemachten Pralinen! Im gleichnamigen Hotel des langjährigen Familienbetriebs gibt es auch hübsche, wohnliche Zimmer.

🅰🍴♿🅿 – Preis: €€

Hamburger Chaussee 10 ✉ *24113 –* ☏ *04347 71200 – baerenkrug.de –*
Geschlossen: Montag und Dienstag, mittags: Mittwoch-Sonntag

MÜHLHAUSEN
Thüringen – Regionalatlas 3–M3

DIE BÜRGERMEISTEREI 1728

MODERN • CHIC Hier speist man an einem Ort mit Geschichte! Das aufwändig sanierte Gebäude direkt am Markt ist die ehemalige Bürgermeister-Residenz von 1728. Der schicke Mix aus modernem Stil und historischen Details schafft Atmosphäre. Das abendliche Speiseangebot ist ambitioniert, geschmackvoll und frisch, Lust macht z. B. "Beuf Bourgignon, Dörrfeigen-Crumble und Kartoffelpastinakenstampf". Die Auswahl an Gerichten ist recht reduziert und geht mit der Saison - es gibt auch Menü-Empfehlungen, eine davon vegetarisch. Im Sommer sollten Sie sich nicht die lauschige Terrasse entgehen lassen!

🍴♿ – Preis: €€

Untermarkt 13 ✉ *99974 –* ☏ *01520 9121728 – die-buergermeisterei.de –*
Geschlossen: Montag und Dienstag, mittags: Mittwoch, abends: Sonntag

MÜLHEIM-KÄRLICH

Rheinland-Pfalz – Regionalatlas **3**-K4

ZUR LINDE

MARKTKÜCHE • GEMÜTLICH Bereits in 5. Generation wird dieses Haus als Familienbetrieb geführt. Mit Engagement sorgen Sandra und Marco Linden hier für charmante Atmosphäre und gute Küche - sie leitet zuvorkommend und kompetent den Service, er ist für die schmackhaften regional und saisonal geprägten Gerichte verantwortlich, die stets modern inspiriert sind - wählbar als Menü oder à la carte.

🅰🏠⇔ – Preis: €€

Bachstraße 12 ✉ 56218 – ℰ 02630 4130 – www.zurlinde.info – Geschlossen: Montag und Dienstag, mittags: Samstag

MÜLLHEIM

Baden-Württemberg – Regionalatlas **7**-B1

GASTHOF OCHSEN

REGIONAL • GASTHOF Schon seit seiner Gründung im Jahre 1763 ist dieser sympathische, engagiert geführte Gasthof in Familienbesitz. Richtig einladend ist es hier: drinnen reizende Stuben, draußen eine hübsche Terrasse und ein Innenhof. Die Küche ist badisch und saisonal ausgerichtet, Klassiker wie "Kalbsrückensteak nach Art des Hauses" oder Innereien inklusive. Schön übernachten kann man ebenfalls.

🏠⇔🅿 – Preis: €

Bürgelnstraße 32 ✉ 79379 – ℰ 07631 3503 – www.ochsen-feldberg.de – Geschlossen: Mittwoch und Donnerstag

HEBELSTUBE ⓝ

MARKTKÜCHE • LÄNDLICH Seit Jahrzehnten ist diese Adresse bekannt und beliebt. Das Restaurant in dem alteingesessenen, mit zeitgemäßen Zimmern ausgestatteten Hotel "Alte Post" bietet modernisierte klassisch und regional bezogene Gerichte wie z. B. "Ceviche von der Lachsforelle" oder "Dry Aged Rücken vom Landschwein", zubereitet vom neuen Küchenchef-Duo Nicolas Volk und Christoph Dees und ihrem Team. Die Weinauswahl legt den Fokus auf die Region. Dazu eine freundliche und charmante Atmosphäre sowie ein sehr aufmerksamer und präsenter Service. Im Sommer hat man eine wirklich schöne Terrasse.

🏠🅿 – Preis: €€

Posthalterweg ✉ 79379 – ℰ 07631 17870 – alte-post.net – Geschlossen mittags: Sonntag

TABERNA

MARKTKÜCHE • HIP Im Herzen von Müllheim leiten die sympathischen Birks' (sie gebürtige Südafrikanerin, er Engländer) dieses charmante Restaurant. Aus wechselnden saisonal beeinflussten Gerichten können Sie sich Ihr Menü selbst zusammenstellen. Mittags bietet man ein 2- oder 3-Gänge-Menü zu einem sehr fairen Preis. Freundlich und versiert der Service. Wirklich schön ist die Terrasse am bzw. direkt über dem Klemmbach!

🏠 – Preis: €€

Marktplatz 7 ✉ 79379 – ℰ 07631 174884 – www.taberna-restaurant.de – Geschlossen: Montag, Dienstag, Sonntag, mittags: Samstag

MÜNCHEN

Bayern – Regionalatlas **65**-L20

Gewissermaßen die Neueröffnung des Jahres ist das **KOMU** - vom Start weg auf 2-Sterne-Niveau! Weiterhin 2-Sterne-Küche - und das unter neuer, weiblicher Küchenletung - bietet das **Alois - Dallmayr Fine Dining**. Auch im **mural farmhouse** gibt es eine neue Besetzung am Herd, und die hält das hohe kulinarische Niveau samt der nachhaltigen Ausrichtung. Dazu darf man sich auf so manch vielversprechende Neu- oder Wiedereröffnung freuen, darunter **Portun Restaurant, Bogenhauser Hof, Schwarzreiter, IL Sommelier**... Nicht zu vergessen Altbewährtes wie das **falke23**, ein rustikales Wirtshaus, in dem es sowohl traditionelle Klassiker als auch ein ambitioniertes Menü gibt, oder das **Chang** in Grünwald sowie das **Chang Bistro** in Solln mit guter Sushi-Auswahl, aber auch tollen Wok-Gerichten. Neben vielen Sehenswürdigkeiten bietet sich in München auch einfach mal ein Spaziergang im Englischen Garten an - mit anschließender Einkehr in einem der berühmten Biergärten, z. B. am Seehaus oder am Chinesischen Turm.

UNSERE RESTAURANTAUSWAHL

STERNE-RESTAURANTS

BIB GOURMAND 🙂

Anastasia Dobrusina/Getty Images Plus

RESTAURANTS AM SONNTAG GEÖFFNET

319

UNSERE RESTAURANTAUSWAHL

ALLE RESTAURANTS VON A BIS Z

 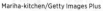
Mariha-kitchen/Getty Images Plus

ClarkandCompany/Getty Images Plus

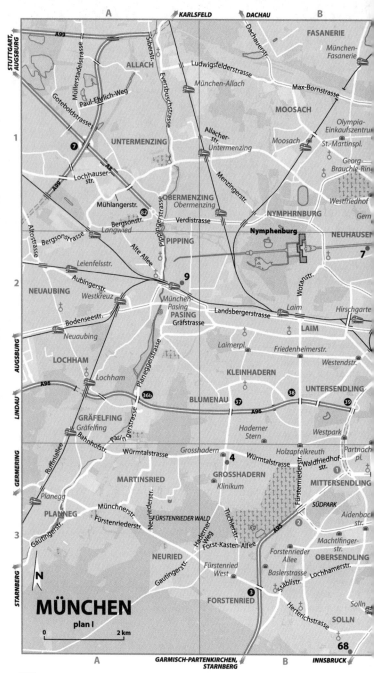

MÜNCHEN

plan I

0   2 km

N

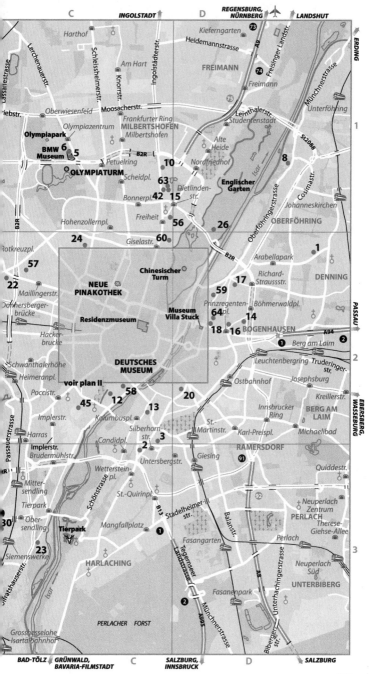

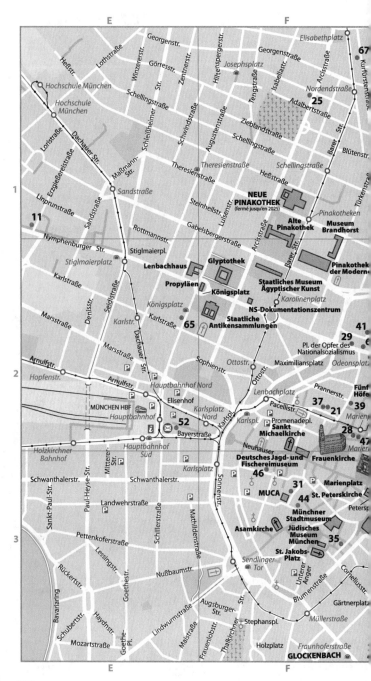

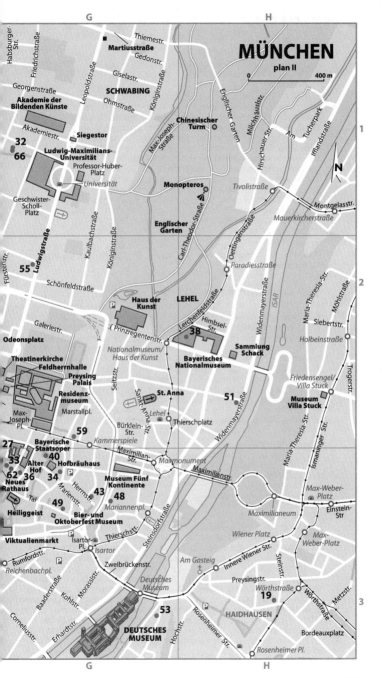

MÜNCHEN

plan II

0   400 m

N

SCHWABING

Thiemestr.
Gedonstr.
Martiusstraße
Giselastr.
Leopoldstraße
Königinstraße
Ohmstraße
Habsburger-Str.
Friedrichstraße
Georgenstraße

Akademie der Bildenden Künste
Akademiestr.
Siegestor
32
66
Ludwig-Maximilians-Universität
Professor-Huber-Platz
Universität
Geschwister-Scholl-Platz
Kaulbachstraße
Königinstraße

Englischer Garten

Chinesischer Turm

Monopteros

Tivolistraße
Montgelasstr.
Mauerkircherstraße

Milchäulstr.
Hirschauer Str.
Am
Tucherpark
Pfandstraße

Englischer Garten
Carl-Theodor-Straße

LEHEL

Oettingenstraße
Paradiesstraße
Widenmayerstraße
ISAR

Maria-Theresia-Str.
Möhlstraße
Siebertstr.
Holbeinstraße
Trogerstr.

55
Ludwigstraße
Fürstenstr.
Schönfeldstraße

Haus der Kunst
Prinzregentenstr.
Galeriestr.
Lerchenfeldstraße
Himbsel-Str.
38

Sammlung Schack

Bayerisches Nationalmuseum

Odeonsplatz
Theatinerkirche
Feldherrnhalle
Preysing Palais
Residenz-museum
Marstallpl.
Max-Joseph-Pl.
Nationalmuseum/Haus der Kunst
Seitzstr.
Sankt-Anna-Str.
St. Anna
Lehel
Thierschplatz
51
Bürklein-Str.
59
Kammerspiele

Friedensengel/Villa Stuck
Museum Villa Stuck

Widenmayerstraße
Maria-Theresia-Str.
Ismaninger Str.

27
Bayerische Staatsoper
40
33
Alter Hof
Hofbräuhaus
62
36
34
Neues Rathaus
Marienstr.
Herrnstr.
43
48
Museum Fünf Kontinente
49
Tal
Heiliggeist
Bier- und Oktoberfest Museum
Marienpl.
Viktualienmarkt
Isartor-Pl.
Isartor
Maximilian-Str.
Maxmonument
Maximilianstr.
Maximilianeum

Max-Weber-Platz
Einstein-Str.
Max-Weber-Platz

Rumfordstr.
Reichenbachpl.
Baaderstr.
Kohlstr.
Morassistr.
Zweibrückenstr.
Thierschstr.
Steinsdorfstraße
Deutsches Museum
Am Gasteig
Innere Wiener Str.
Wiener Platz
Preysingstr.
Wörthstraße
Steinstr.
19
Wörthstraße
Metzstr.

Cornelius-str.
Erhardtstr.
53
Hochstr.
Rosenheimer Str.
HAIDHAUSEN
Bordeauxplatz

DEUTSCHES MUSEUM

Rosenheimer Pl.

G   H

✿✿✿ JAN

Chef: Jan Hartwig

KREATIV · CHIC Jan Hartwig ist geradezu ein Garant für absolutes Spitzenniveau. In seinem eigenen Restaurant kreiert er ein fixes Menü mit sieben Gängen, erweiterbar durch Signature Dishes. Alles ist präzise und durchdacht bis ins Detail, eigene Identität inklusive - klasse Kombinationen, die auch mal unerwartet sind. Geschmacklich wie optisch ein "Wow"-Gang ist z. B. die erstklassige Felsenrotbarbe, überzogen mit einer Joghurtcreme mit Knoblauch und Plankton im Form von schwarzen und grünen Streifen. Als perfekte Ergänzung ein sehr eleganter Krustentierschaum. Das angebotene Menü gibt es mittags wie abends, am Mittag auch als verkürzte Variante. Klar, chic und wertig das Design, je nach Platz kann man durch die offene Tür oder den offenen Pass in die Küche schauen - man nennt sie "Labor der Liebe". Stimmig die Atmosphäre, engagiert und professionell das Serviceteam um Maître Kilian Skalet. Schöne Weinkarte samt Spezialitäten wie Magnums, Doppel-Magnums und besondere Jahrgänge.

⇔ – Preis: €€€€

Stadtplan: E2-65 – *Luisenstraße 27* ⊠ *80333* – ☎ *089 23708658* – *jan-hartwig.com* – *Geschlossen: Montag, Samstag, Sonntag, mittags: Dienstag und Donnerstag*

✿✿ ALOIS - DALLMAYR FINE DINING

KREATIV · ELEGANT Der Name Dallmayr steht schon immer für guten Geschmack und herrliche Produkte, und das wird Ihnen auch im „Alois" zuteil. Durch die Bar gelangen Sie über eine Treppe in die 1. Etage des traditionsreichen Delikatessenhauses. In chic-elegantem Ambiente genießen Sie die klassische Küche, jedoch sehr zeitgemäß umgesetzte Küche von Rosina Ostler. Das Menü besteht aus zahlreichen durchdachten und logisch aufgebauten Gerichten. Geschickt das Säurespiel z. B. beim Sorbet von Sanddorn und Karotte mit einer Note von Orange und Ingwer. Gelungen auch der Einsatz unterschiedlicher Temperaturen. Dabei verliert man nie das Produkt aus den Augen. Am Mittag gibt es eine reduzierte Menü-Variante. In Sachen Wein werden Sie von Julien Morlat exzellent betreut. Die Weinkarte lässt gerade in Sachen "Alte Welt" kaum Wünsche offen! Die Köche unterstützen das charmante Serviceteam und erklären die Gerichte, das bringt eine erfrischende Lockerheit!

🏵 🅰🅲 – Preis: €€€€

Stadtplan: G3-27 – *Dienerstraße 14* ⊠ *80331* – ☎ *089 2135100* – *www.dallmayr. com/de/delikatessenhaus/restaurant* – *Geschlossen: Montag, Dienstag, Sonntag, mittags: Mittwoch*

✿✿ ATELIER

FRANZÖSISCH-KREATIV · ELEGANT Unverändert bemerkenswert ist dieses Restaurant im Hotel "Bayerischer Hof". Es erinnert sehr an ein Künstler-Atelier, schickes Grau dominiert, alles ist sehr geschmackvoll bis ins Detail. Zum dezent-luxuriösen Design von Axel Vervoordt gesellt sich ein überaus angenehmer Service: jung, beschwingt und alles andere als steif. Man bemüht sich sehr um den Gast, ist immer präsent! Die Küche vom Chef Anton Gschwendtner und seinem Team ist ein moderner Mix aus asiatischen Aromen sowie mediterranen und regionalen Produkten von herausragender Qualität. Bemerkenswert z. B. der feine japanische Hamachi mit hauchdünnem Miso-Ponzulack oder auch der punktgenau rosa gebratene, saftig-zarte Rehrücken vom Gutshof Polting mit aromatischen Pfifferlingen und buttrigem Selleriepüree, ausdrucksstarker Kerbel-Beurre-Blanc und einer herrlichen, mit Chartreuse zubereiteten Rehjus. Sehr schön und großzügig die Weinkarte - die offen angebotenen Weine harmonieren wunderbar mit den Menüs.

🛏️ ♿ 🅰️ – Preis: €€€€

Stadtplan: F2-21 – *Promenadeplatz 2* ✉️ *80331* – ☎️ *089 21200* – *www. bayerischerhof.de/de* – *Geschlossen: Montag und Sonntag, mittags: Dienstag-Samstag*

❀❀ **KOMU** Ⓝ

Chef: Christoph Kunz

KLASSISCHE KÜCHE • CHIC Mitten im Zentrum, nur wenige Gehminuten vom Marienplatz bietet Ihnen Patron und Küchenchef Christoph Kunz (er machte sich schon im Münchner "Alois" einen Namen) eine wunderbar geschmacksintensive Küche ganz ohne Chichi - mittags als 4-Gänge-Menü, am Abend als Menü mit acht Gängen. Moderner Kochstil und reichlich Ausdruck zeigen sich z. B. beim fantastischen Steak vom Bonito-Thunfisch - nur kurz geflämmt, was den butterzarten Fisch toll zur Geltung bringt -, serviert mit einer eleganten, mit Wermut und Küstenkräutern abgerundeten Muschelsauce, à part als frische Ergänzung ein Salat aus klein gehobeltem und fein mariniertem Fenchel. Das schöne Interieur ist geprägt von hellem Holz, frischen Tönen und klaren Formen, dazu ein kleiner Chef's Table mit Blick in die Küche. Auch der professionelle und charmante Service trägt zur angenehmen Atmosphäre bei.

🅰️ – Preis: €€€€

Stadtplan: F3-44 – *Hackenstraße 4* ✉️ *80331* – ☎️ *0173 1560415* – *komu-restaurant.de* – *Geschlossen: Montag, Dienstag, Sonntag, mittags: Mittwoch*

❀❀ **TOHRU IN DER SCHREIBEREI**

Chef: Tohru Nakamura

MODERNE KÜCHE • ELEGANT Ein Ort voller Geschichte: In dem ältesten Bürgerhaus Münchens wurde ab 1552 die Geschichte der Stadt niedergeschrieben, heute wird hier eine ganz andere Geschichte geschrieben. Mit Tohru Nakamura bringt ein Münchner deutsch-japanischer Abstammung auf spannende Art Einflüsse beider Kulturen in die geschichtsträchtigen Räume. So schafft z. B. "NANBANZUKE - Rotbarbe, Grüner Spargel & Balfegó Thunfisch" eine tolle Verschmelzung der Aromen - interessant: Die Zubereitung der Rotbarbe auf "Brathering-Art" sorgt für eine gewisse "bürgerliche" Note. Serviert wird das 11-Gänge-Menü in dem über eine recht steile Treppe zu erreichenden Obergeschoss. Das Ambiente: geschmackvoll, hochwertig und mit Sinn fürs Detail gestaltet. Der Service: stets präsent, aufmerksam und informativ. Sehr gut erklärt man Ihnen die Ideen des Chefs. Besonderes Extra: Zu Beginn heißt man Sie mit der Besichtigung der Küche willkommen!

Preis: €€€€

Stadtplan: G3-62 – *Burgstraße 5* ✉️ *80331* – ☎️ *089 21529172* – *schreiberei-muc. de* – *Geschlossen: Montag und Sonntag, mittags: Dienstag-Samstag*

❀ **LES DEUX**

FRANZÖSISCH-MODERN • CHIC Sie finden das schicke Restaurant von Katrin und Fabrice Kieffer in der 1. Etage eines modernen Gebäudes im Herzen der Altstadt. Sie sitzen hier in einem dreieckigen Raum mit bodentiefen Fenstern, die den Blick auf das geschäftige Treiben der City freigeben. Unter der Leitung von Nathalie Leblond entstehen klassisch basierte Speisen, die es als Menü oder à la carte gibt. Reichlich Finesse, Leichtigkeit und Intensität zeigte z. B. "Saibling von der Fischzucht Birnbaum, Wasabi, Gelbe Bete, Ayran". Nicht nur das Essen macht Freude, auch das Serviceteam um Restaurantleiter und Sommelier Vincent Leblond. Hier spürt man echten Enthusiasmus, fachkundige Weinempfehlungen inklusive. Die von einem wahren Weinexperten zusammengestellte Karte mit über 500 Positionen begeistert Connaisseurs!

🛏️ 🅰️ – Preis: €€€€

Stadtplan: F2-28 – *Maffeistraße 3a* ✉️ *80333* – ☎️ *089 710407373* – *lesdeux-muc.de* – *Geschlossen: Sonntag*

MÜNCHEN

✿ MURAL

Chef: Joshua Leise

KREATIV • MINIMALISTISCH Was die Küche hier so besonders macht? Junger Esprit und echtes Talent! Untergebracht ist das Restaurant im MUCA, dem "Museum of Urban and Contemporary Art", daran angelehnt das Design des "mural". Das engagierte Küchenteam gibt hier ein modernes Menü zum Besten, kreativ und voller intensiver Aromen - auch als 100% veganes Menü. Die Produkte stammen fast ausschließlich aus Bayern - ein Hochgenuss z. B. die Forelle in absoluter Spitzenqualität! Dazu sympathischer und freundschaftlicher Service, auch die Köche sind mit von der Partie. Angenehm unkompliziert die Weinberatung - interessant sind u. a. die Empfehlungen aus dem schönen Angebot an Naturweinen.

✿ *Engagement des Küchenchefs:* Über 50 Lieferanten aus dem Münchner Umland, mit denen wir eng zusammenarbeiten, sind unsere Basis. Dazu kommt unser eigener Garten mit Gemüsen und Kräutern, darunter viele alte und vergessene Sorten. Zudem sind wir bemüht, junge Talente auszubilden und zu fördern, aber sie auch mit einzubinden!

🕭 🛖 – Preis: €€€€

Stadtplan: F3-31 – *Hotterstraße 12* ✉ *80331* – ✆ *089 23023186* – *muralrestaurant.de* – *Geschlossen: Montag, mittags: Dienstag, , abends: Sonntag*

✿ SPARKLING BISTRO

Chef: Jürgen Wolfsgruber

MODERNE KÜCHE • BISTRO Der Namenszusatz "Bistro" trifft es eigentlich nicht so ganz (dieser stammt aus früheren Zeiten), denn das etwas versteckt in der Schwabinger Amalienpassage gelegene Restaurant versprüht eine angenehm dezente Eleganz und das Niveau der Küche steht dem schönen, wertigen Ambiente in nichts nach. Patron Jürgen Wolfsgruber und sein Team bieten eine herrlich entspannte, durchdachte und reduzierte Küche. So ist z. B. "Mondseeland Maibock, Kohlrabiöl, Stachelbeere, Reherl" keinesfalls verspielt, vielmehr stehen Ausdruck und Geschmacksintensität im Fokus. Hier spiegelt sich auch das Faible des Chefs für Produkte aus seiner österreichischen Heimat wider. Eine Leidenschaft hat er übrigens auch für Wein. Das wird schnell deutlich, wenn er - sein zuvorkommendes und versiertes Serviceteam unterstützend - auch selbst interessante Empfehlungen ausspricht.

🛖 – Preis: €€€€

Stadtplan: G1-32 – *Amalienstraße 89/ Türkenstraße 86* ✉ *80799* – ✆ *089 46138267* – *www.restaurantsparklingbistro.com* – *Geschlossen: Montag, Dienstag, Sonntag, mittags: Mittwoch und Donnerstag*

⊛ GASTHAUS WALTZ Ⓝ

ALPIN • RUSTIKAL Ein angesagtes und belebtes Gasthaus in Münchens Glockenbackviertel, geführt von einem engagierten jungen Team. Das Geheimnis dahinter? Moderne Alpenküche, die mal kreativ, mal traditionell, aber immer pfiffig präsentiert wird. Grundlage sind beste regionale Produkte. Gerichte wie "Tafelspitz-Sülze, Kren, Wurzelgemüse & Kernölvinaigrette" oder "Saibling, Linsen, Apfel, Forellenkaviar & Beurre Blanc" kann man à la carte wählen oder sich als Menü mit vier oder fünf Gängen zusammenstellen. Unerwartet umfangreich und qualitativ gut selektiert ist auch die Weinkarte, die hier ebenfalls einen hohen Stellenwert hat. Hinweis: schwierige Parksituation.

🕭 – Preis: €€

Stadtplan: C2-58 – *Ickstattstr. 13* ✉ *80469* – ✆ *089 90429847* – *www.waltz-gasthaus.de* – *Geschlossen: Dienstag und Mittwoch, mittags: Montag, Donnerstag, Freitag*

AIMY

THAILÄNDISCH • FREUNDLICH Wer thailändische Küche mag, ist in diesem Restaurant gut aufgehoben. In ansprechendem Ambiente serviert man Ihnen schmackhafte Gerichte, die aus guten Produkten zubereitet werden. Typische

Thai-Aromen sind Ihnen hier gewiss. Tipp: Auch ein Blick auf die Cocktailkarte lohnt sich. Nett ist auch die Bar im hinteren Bereich des Restaurants. Im Sommer locken die Plätze im Innenhof.

🍴 – Preis: €€

Stadtplan: F2-29 – *Brienner Straße 10* ✉ *80333* – ☎ *089 45212755* – *aimy-restaurant.de* – *Geschlossen mittags: Samstag und Sonntag*

ATLANTIK

FISCH UND MEERESFRÜCHTE • **KLASSISCHES AMBIENTE** Im Dreimühlenviertel steht das charmante alte Backsteinhaus. Umgeben von Schlachthaus und Großmetzgereien wurde hier früher Fisch verkauft, bevor sich daraus dieses mit individueller Note ansprechend gestaltete Restaurant entwickelte. Seafood steht im Mittelpunkt, ist aber kein Muss. So dürfen sich Fleischliebhaber z. B. auf ein Rinderfilet freuen. Besonders zu empfehlen sind die ganzen Fische für mehrere Personen, z. B. Steinbutt, große Saiblinge oder auch große Atlantik Hummer. Und lassen Sie unbedingt etwas Platz fürs Dessert - der Schokoladenkuchen ist verlockend! Dazu bietet man eine gewachsene und umfassende Weinauswahl.

🆎 🍴 ✿ – Preis: €€€€

Stadtplan: C2-45 – *Zenettistraße 12* ✉ *80337* – ☎ *089 74790610* – *www.atlantik-muenchen.de* – *Geschlossen: Montag und Sonntag, mittags: Dienstag-Samstag*

BAR MURAL

MODERN • **HIP** Diese Bar ist eine angesagte Adresse! Laut, lebendig und trendig-leger ist es hier, das hat schon Charme! Auf der kleinen Speisekarte finden sich verschiedene Aufschnitt-Teller sowie sehr schmackhafte und durchdachte Gerichte, die man auch als Menü anbietet - eine vegetarische Variante gibt es ebenfalls. Auch "Sharing" ist eine Option. Dazu ein geschultes und lockeres Serviceteam, das Sie auch in Sachen Getränke gut berät. Die Weinkarte ist fair kalkuliert und bietet eine schöne Auswahl an offenen Weinen.

🆎 🍴 – Preis: €€

Stadtplan: G1-55 – *Theresienstraße 1* ✉ *80333* – ☎ *089 27373380* – *www.barmural.com* – *Geschlossen: Sonntag, mittags: Montag-Samstag*

BLAUER BOCK

KLASSISCHE KÜCHE • **CHIC** Wirklich mitten im Herzen der Isar-Metropole, einen Steinwurf von Viktualienmarkt und Stadtmuseum entfernt, finden Sie das Restaurant im gleichnamigen, gepflegten Hotel - seit Jahren eine Konstante in Sachen niveauvolle Gastronomie! Man sitzt hier in geschmackvollem, geradlinig-zeitgemäßem Ambiente - dekorativ die markanten Bilder an den Wänden. Gekocht wird klassisch mit modernen Einflüssen, schöne Empfehlungen sind z. B. geschmorte Kalbsschulter oder Seezunge für zwei Personen. Draußen sind die Plätzen zur Fußgängerzone gefragt.

♿ 🍴 – Preis: €€€

Stadtplan: F3-35 – *Sebastiansplatz 9* ✉ *80331* – ☎ *089 45222333* – *www.restaurant-blauerbock.de* – *Geschlossen: Montag und Sonntag*

BRASSERIE COLETTE TIM RAUE

FRANZÖSISCH • **BRASSERIE** Mit diesem Konzept trifft Tim Raue den Nerv der Zeit: Man fühlt sich wie in einer französischen Brasserie, die Atmosphäre ist stilvoll-gemütlich und angenehm ungezwungen, gekocht wird schmackhaft und mit guten Produkten. Die Karte wechselt alle drei Monate. Hier findet man neben einer A-la-carte-Auswahl immer drei Menüs: eines mit Colette-Klassikern, ein Tim-Raue-Menü und ein veganes Menü.

♿ 🍴 – Preis : €€

Stadtplan: C2-12 – *Klenzestraße 72* ✉ *80469* – ☎ *089 23002555* – *www.brasseriecolette.de* – *Geschlossen mittags: Montag-Sonntag*

MÜNCHEN

BRASSERIE LES DEUX

INTERNATIONAL • BRASSERIE Das moderne Bistro ist sozusagen der "kleine Bruder" des Fine-Dining-Restaurants "Les Deux" und liegt im EG des Hauses. Auf der Karte finden sich sowohl internationale Speisen als auch Klassiker wie Austern oder Gerichte mit Kaviar, dazu saisonale Empfehlungen. Die Weinauswahl wird durch einige Cocktails ergänzt.

🕸 🎋 – Preis: €€

Stadtplan: F2-47 – *Maffeistraße 3a* ✉ *80333* – ☎ *089 710407373* – *lesdeux-muc.de* – *Geschlossen: Sonntag*

CHANG BISTRO

ASIATISCH • HIP Als Pendant zum Haupthaus "Chang" in Grünwald finden sich auf der Karte dieses trendig-schicken Bistros überwiegend thailändische Gerichte und Einflüsse aus Japan oder China. Auch hier setzt man auf hochwertige Produkte. Thai-Curries sind ebenso zu empfehlen wie Sushi. Zusätzliches Lunch-Angebot. Schön die Terrasse, auch als verglaste Variante im Wintergarten-Stil.

🎋 – Preis: €€€

Stadtplan: B3-68 – *Wolfratshauser Straße 268* ✉ *81479* – ☎ *089 72779953* – *www.chang-restaurant.de* – *Geschlossen: Sonntag, mittags: Samstag*

GALLERIA

ITALIENISCH • GEMÜTLICH Eine sehr sympathische Adresse ganz in der Nähe des Marienplatzes. In dem freundlich-modernen kleinen Restaurant (ein Hingucker sind die farbenfrohen Bilder) gibt es richtig gute italienische Küche, darunter auch Klassiker wie Vitello Tonnato oder hausgemachte Pasta. Dazu aufmerksamer Service.

🅰🅲 – Preis: €€€

Stadtplan: G3-36 – *Sparkassenstraße 11* ✉ *80331* – ☎ *089 297995* – *ristorante-galleria.de*

GARDEN-RESTAURANT

MODERN • FREUNDLICH Ausgesprochen chic ist das Restaurant des luxuriösen Grandhotels "Bayerischer Hof". Die hohe Wintergartenkonstruktion mit ihrem Industrial-Style und der lichten Atmosphäre hat ein bisschen was von einem Künstleratelier. Aus der Küche kommen neben Klassikern auch moderne, leichte Gerichte.

♿ 🅰🅲 🎋 – Preis: €€€

Stadtplan: F2-37 – *Promenadeplatz 2* ✉ *80333* – ☎ *089 21200* – *www.bayerischerhof.de/de* – *Geschlossen: Samstag und Sonntag*

JIN

ASIATISCH • MINIMALISTISCH Besonders ist hier sowohl das wertige geradlinig-fernöstliche Interieur als auch die aromenreiche panasiatische Küche, die chinesisch geprägt ist, aber auch japanische und europäische Einflüsse zeigt. Tipp: Neben der A-la-carte-Auswahl gibt es die Menüs "Jins Aromen" und "Jins Degustation" - hier bekommen Sie den besten Eindruck vom Können des Chefs.

🎋 ⇄ – Preis: €€

Stadtplan: G3-48 – *Kanalstraße 14* ✉ *80538* – ☎ *089 21949970* – *www.restaurant-jin.de* – *Geschlossen: Montag, mittags: Dienstag-Freitag*

KOI

JAPANISCH-ZEITGEMÄSS • FREUNDLICH Sie mögen es modern-japanisch? Auf zwei Etagen sitzt man hier in trendiger, lebhafter Atmosphäre und wählt aus einem umfangreichen Angebot an Sushi, aber auch Fleischgerichten sowie Snacks. Auch ein offener Holzkohlegrill kommt zum Einsatz.

&. 🅰 🍴 – Preis: €€€

Stadtplan: F2-61 – *Wittelsbacherplatz 1* ✉ *80333* – 𝒞 *089 89081926* – *www. koi-restaurant.de* – *Geschlossen: Sonntag, mittags: Samstag*

LE STOLLBERG

KLASSISCHE KÜCHE • FREUNDLICH Das sympathische kleine Restaurant wird von Patronne und Küchenchefin Anette Huber nicht nur sehr persönlich geführt, sie kocht auch gut und frisch, saisonal inspiriert und mit französisch-mediterranem Einschlag. Freundlich und gut eingespielt der Service, kompetent die Weinempfehlung. Tipp: Mittags gibt es ein attraktives Angebot zu einem tollen Preis-Leistungs-Verhältnis! Gegenüber: Kleinigkeiten im Tagesbistro "Le Petit Stollberg".

🅰 🍴 – Preis: €€

Stadtplan: G3-43 – *Stollbergstraße 2* ✉ *80539* – 𝒞 *089 24243450* – *lestollberg.de* – *Geschlossen: Montag, Dienstag, Sonntag*

LITTLE LONDON

GRILLGERICHTE • FREUNDLICH Lebendig geht es in dem Steakhouse unweit des Isartors zu, vorne die große klassische Bar mit toller Whiskey- und Gin-Auswahl. Freuen Sie sich auf hochwertiges Fleisch - gefragt ist da z. B. Black Angus Prime Beef vom Grill. Tipp: Nehmen Sie doch mal an einem "Beef Tasting" teil. Mit verschiedenen Lounges bietet man auch für private Feste den passenden Rahmen.

🍴 ⇔ – Preis: €€€

Stadtplan: G3-49 – *Tal 31* ✉ *80331* – 𝒞 *089 122239470* – *little-london.de* – *Geschlossen: Montag und Sonntag, mittags: Dienstag-Samstag*

MATSUHISA MUNICH

JAPANISCH-ZEITGEMÄSS • TRENDY Hochwertig wie alles im luxuriösen "Mandarin Oriental" ist auch das geradlinig-elegante Restaurant von Nobuyuki Matsuhisa, der weltweit Restaurants betreibt. Gekocht wird japanisch-peruanisch. Neben Sushi und Sashimi gibt es spannende Gerichte wie "Peruvian Rib-Eye Anticucho" oder auch den Klassiker schlechthin, "Black Cod". Alles ist zum Teilen gedacht, so kann man mehr probieren!

🅰 ⇔ – Preis: €€€

Stadtplan: G3-34 – *Neuturmstraße 1* ✉ *80331* – 𝒞 *089 290981875* – *www. mandarinoriental.de/munich/altstadt/fine-dining* – *Geschlossen mittags: Montag-Sonntag*

MUSEUM

SAISONAL • CHIC Eine angesagte Adresse im Bayerischen Nationalmuseum. Am liebsten sitzt man im Freien auf der gemütlichen Terrasse, ansonsten unter Kreuzgewölbe und hohen Decken in chic-modernem Brasserie-Ambiente. Mittags kleinere, einfachere Karte, am Abend etwas ambitioniertere saisonal-mediterrane Küche. Weinkarte mit Spezialitäten, aber auch Weinen für zwischendurch.

🐾 &. 🍴 🅿 – Preis: €€

Stadtplan: H2-38 – *Prinzregentenstraße 3* ✉ *80538* – 𝒞 *089 45224430* – *www. museum-muenchen.de* – *Geschlossen: Montag, abends: Dienstag und Sonntag*

NYMPHENBURGER HOF

INTERNATIONAL • KLASSISCHES AMBIENTE Diese schöne Traditionsadresse ist ein sehr klassisches Restaurant, das gilt für Ambiente und Küche gleichermaßen. Letztere zeigt regionale, österreichische, mediterrane und französische Einflüsse. Der langjährige Chef ist gebürtiger Steirer, da ist es kein Zufall, dass sich auf der Weinkarte vor allem Weine aus Österreich finden. Nett sitzt man auf der lauschigen Terrasse.

🍴 – Preis: €€€

Stadtplan: E1-11 – *Nymphenburger Straße 24* ✉ *80335* – 𝒞 *089 1233830* – *www. nymphenburgerhof.de* – *Geschlossen: Montag und Sonntag, mittags: Samstag*

MÜNCHEN

PAGEOU

MEDITERRAN • GEMÜTLICH Das schicke Restaurant des bekannten TV-Kochs Ali Güngörmüs ist nach seinem Heimatort in der türkischen Provinz Tunceli benannt und liegt im CityQuartier "Fünf Höfe". Hier serviert sein Team eine mediterran-orientalische Küche mit klassisch französischen Einflüssen, die als 4-gängiges vegetarisches "Levante Menü" und als "Chef Menü" mit fünf oder sechs Gängen angeboten wird. Toll ist z. B. "Meze" als vielfältige Vorspeise. Auf der reichhaltigen Weinkarte finden sich auch interessante türkische Weine. Wirklich angenehm ist an Sommertagen die schöne geschützte Terrasse.

🌤 – Preis: €€€

Stadtplan: F2-39 – Kardinal-Faulhaber-Straße 10 ✉ 80333 – ☎ 089 24231310 – www.pageou.de/de – Geschlossen: Montag und Sonntag, mittags: Dienstag-Samstag

PFISTERMÜHLE

REGIONAL • REGIONALES AMBIENTE In der einstigen herzoglichen Mühle von 1573 speist man in stilvoll-bayerischem Ambiente - schön das Kreuzgewölbe. Tipp für den eiligen Mittagsgast: Mo. - Fr. günstiges "Pfistermühlen Brettl"- Menü mit vier kleinen Gängen - auch vegetarisch. Toll auch die Lage nur einen Steinwurf vom berühmten Platzl.

🌤 – Preis: €€

Stadtplan: G3-40 – Pfisterstraße 4 ✉ 80331 – ☎ 089 23703865 – www.pfistermuehle.de – Geschlossen: Montag und Sonntag

ROCCA RIVIERA

MEDITERRAN • TRENDY Stylish-elegant kommt das Restaurant unweit des Odeonsplatzes daher, Blickfang die Bar im Retro-Style. Man bietet mediterrane Küche, die ideal ist zum Teilen. Tolles Fleisch und Fisch vom Holzkohlegrill, dazu typische italienische Gerichte, aber auch nordafrikanische und französische Einflüsse. Im Sommer serviert man vor dem Haus auf dem Wittelsbacherplatz.

♿ 🅿 🌤 ⇄ – Preis: €€

Stadtplan: F2-41 – Wittelsbacherplatz 2 ✉ 80333 – ☎ 089 28724421 – www.roccariviera.com – Geschlossen: Sonntag, mittags: Samstag

SANSARO

JAPANISCH • MINIMALISTISCH Einladend sind hier sowohl das japanisch-minimalistische Interieur des Restaurants als auch die tolle begrünte Innenhofterrasse. In der Küche legt man den Fokus auf Sushi und Sashimi, ergänzt durch ein paar weitere Gerichte. Eine schöne Idee sind die kurzen Erklärungen auf der Speisekarte. Toll auch die Auswahl an Sake und japanischen Whiskys.

🌤 – Preis: €€

Stadtplan: G1-66 – Amalienpassage 89 ✉ 80799 – ☎ 089 28808442 – www.sushiya.de – Geschlossen: Montag und Dienstag, mittags: Mittwoch-Sonntag

SCHREIBEREI 🆕

INTERNATIONAL • HISTORISCHES AMBIENTE Im Herzen der Stadt, nur einen Steinwurf vom Marienplatz entfernt, finden Sie dieses Restaurant im EG der denkmalgeschützten Schreiberei von München - hier wurde seit 1552 die Stadtgeschichte niedergeschrieben. Man sitzt in schönem Ambiente mit einem gewissen Brasserie-Touch, bei gutem Wetter ist die ruhige, geschützte Innenhofterrasse wirklich einladend. Gekocht wird schmackhaft und mit ausgesuchten Produkten, auf der Karte liest man z. B. "Kalbsbacken, Trüffelpolenta".

🌤 – Preis: €€

Stadtplan: G3-33 – Dienerstraße 20 ✉ 80331 – ☎ 089 21529172 – schreiberei-muc.de – Geschlossen: Montag und Sonntag

SCHWARZREITER RESTAURANT ⓝ

MODERNE KÜCHE • ELEGANT Eine exklusive Location! In der berühmten Maximilianstraße, genauer gesagt im legendären Münchner Luxus-Hotels „Vier Jahreszeiten" befindet sich - mit eigenem Zugang - dieses Gourmetrestaurant. Die Atmosphäre ist elegant, ohne steif zu sein, vielmehr bringt hochwertig-moderner Chic eine angenehm urbane Stimmung. In dieses niveauvolle Bild passt der offene und überaus geschulte Service, der stets präsent und zuvorkommend, aber keinesfalls aufdringlich ist. Nicht zu vergessen die weltoffene Küche von Franz-Josef Unterlechner, der sehr gute Produkte aus der Region, aber auch darüber hinaus verarbeitet. Wie gelungen er eigene Ideen umsetzt, hat uns beispielsweise "Balfego Thunfisch - Backe, Aubergine, Salzzitrone, Chorizo" gezeigt. Eine schöne ganztägige Alternative ist übrigens die nette Tagesbar - sie wird vom selben Team bekocht!

🄰🄲 – Preis: €€€€

Stadtplan: G2-59 – *Maximilianstraße 17* ✉ *80539* – ☏ *089 21252125* – *www. schwarzreiter-muenchen.de*

TRICHARDS

FRANZÖSISCH-KLASSISCH • CHIC Im Quartier Lehel finden Sie dieses chic-modern gestaltete Restaurant, das gleichzeitig eine Weinbar ist! Der Patron stammt aus Frankreich, entsprechende Einflüsse zeigt auch die Küche. Zu den saisonal ausgerichteten Speisen bietet man eine gut sortierte Weinkarte. Ideal für alle, die gerne im Freien sitzen: Terrasse und Schanigarten sind überdacht und somit wettergeschützt!

🍴 – Preis: €€

Stadtplan: H2-51 – *Reitmorstraße 21* ✉ *80538* – ☏ *089 54843526* – *www. trichards.de* – *Geschlossen: Montag und Sonntag, mittags: Dienstag-Samstag*

VINOTHEK BY GEISEL

INTERNATIONAL • RUSTIKAL Gemütlich-rustikal und locker-leger ist die Atmosphäre in der Vinothek des komfortablen Hotels "EXCELSIOR by Geisel" mitten in München nicht weit vom Stachus. Ein Hingucker ist die hohe Kreuzgewölbedecke, ebenso die zahlreichen dekorativen Weinflaschen. Der Restaurantname kommt nicht von ungefähr: Zu schmackhaften mediterran-regional inspirierten Gerichten wie z. B. "Goldforelle von der Fischerei Birnbaum, Petersilienrisotto, Beurre Blanc" bietet man eine sehr schöne Weinkarte mit Schwerpunkt Deutschland, Frankreich und Österreich. Tipp: Mittags gibt es auch ein fair kalkuliertes Menü inkl. Kaffee und Wasser. Kochkurse und Küchenpartys werden ebenfalls angeboten.

🕸 🄰🄲 🍴 – Preis: €€

Stadtplan: E2-52 – *Schützenstraße 11* ✉ *80335* – ☏ *089 551377140* – *www. excelsior-hotel.de/vinothek* – *Geschlossen: Sonntag*

WEINHAUS NEUNER

TRADITIONELLE KÜCHE • TRADITIONELLES AMBIENTE Ein wirklich hübsches Bild, wie Kreuzgewölbe, Fischgrätparkett und Holztäfelung hier den traditionellen Charme des historischen Hauses bewahren. Dazu serviert man Ihnen Speisen, die zu einem gehobenen Münchner Wirtshaus passen. Tipp: "Weinhaus Neuner Spezial: Getrüffeltes Hühnerfrikassee unter der Blätterteighaube". Schöne Weinkarte samt guter Champagnerauswahl.

🕸 🄰🄲 🍴 ♿ – Preis: €€

Stadtplan: F3-46 – *Herzogspitalstraße 8* ✉ *80331* – ☏ *089 2603954* – *weinhaus-neuner.de* – *Geschlossen: Sonntag*

In München-Au-Haidhausen

❁ **SHOWROOM**

Chef: Dominik Käppeler

KREATIV • FREUNDLICH "Showroom" trifft es genau. In dem etwas versteckt, aber dennoch recht zentral gelegenen Restaurant spielt man ein wenig mit dem Namen. Die Atmosphäre ist angenehm unkompliziert, modern und unprätentiös und lässt der Küche den Vortritt. Das Team um die beiden Küchenchefs Dominik Käppeler und Tobias Bacher bietet den Gästen eine aufwändige, sehr detailreiche und exakte Küche voller Kontraste und Aromen und sorgen z. B. mit "Zander, Miso, Kaffee, Sellerie, Dattel" dafür, dass es auf den Tellern nie langweilig wird. Serviert wird ein 14-tägig wechselndes Überraschungsmenü mit sechs bis acht Gängen, das auf top Produkten basiert. Dazu urbanes Ambiente und aufmerksamer, lockerer und fachlich versierter Service, interessante Weinempfehlungen inklusive.

🌳 – Preis: €€€€

Stadtplan: H3-53 – *Lilienstraße 6* ✉ *81169* – ☎ *089 44429082 – www. showroom-restaurant.de – Geschlossen: Samstag und Sonntag, mittags: Montag-Freitag*

🐸 **FALKE23**

REGIONAL • RUSTIKAL Richtig nett hat man es hier in gepflegtem typisch rustikalem Wirtshaus-Ambiente. An großen Holztischen sitzt man in lebendiger, stimmungsvoller und angenehm ungezwungener Atmosphäre, locker der Service. Das Speisenangebot ist zweigeteilt: ein modern-kreatives Menü sowie eine Schmankerlkarte mit altbekannten Klassikern wie z. B. Kalbsrahmgulasch oder Käsespätzle - ein schöner Mix, der für jeden das Passende bietet. Interessant auch die regelmäßigen Event- und Themenabende.

Preis: €€

Stadtplan: C2-13 – *Falkenstraße 23* ✉ *81541* – ☎ *089 24643126 – www.falke23. de – Geschlossen mittags: Montag-Sonntag*

ATELIER GOURMET

FRANZÖSISCH-KLASSISCH • BISTRO Klein, eng, lebhaft, gut besucht - einfach eine nette Adresse! Das kulinarische Pendant zur sympathisch-nachbarschaftlichen Atmosphäre ist eine gute zeitgemäß-französische Küche, die mit der Saison geht. Geboten wird ein Menü, das Sie mit einer variablen Anzahl an Gängen von der Tafel wählen. Dazu freundlicher Service. Bei schönem Wetter gibt es ein paar Tische auf dem Gehsteig.

🌳 – Preis: €€€

Stadtplan: D2-20 – *Rablstraße 37* ✉ *81667* – ☎ *089 487220 – ateliergourmet. de – Geschlossen: Samstag und Sonntag, mittags: Montag-Freitag*

VINAIOLO

ITALIENISCH • GEMÜTLICH Auch mehr als 25 Jahre nach der Eröffnung bringt das Vinaiolo ein schönes Stück "La Dolce Vita" nach Haidhausen. Hier wird man von einem eingespielten Team "tipicamente italiano" betreut, charmant und aufmerksam. Die italienische Küche legt sich nicht auf eine Region fest, ist aber stets authentisch, was man an der leckeren "Sardischen Fregola mit Lammragout" ebenso sieht wie am "Nebrodi-Schweinekotelett". Sehr schön die italienische Weinauswahl dazu. Komplett wird das gemütlich-authentische Bild durch Einrichtungsstücke eines a. d. J. 1904 stammenden Krämerladens aus Triest!

Preis: €€

Stadtplan: H3-19 – *Steinstraße 42* ✉ *81667* – ☎ *089 48950356 – www.vinaiolo. de – Geschlossen: Sonntag, mittags: Samstag*

In München-Bogenhausen

 ACQUARELLO

Chef: Mario Gamba

ITALIENISCH • FREUNDLICH Was könnte besser zum südländischen Flair dieses freundlich-eleganten Restaurants passen als italienisch-mediterrane und französische Küche? Patron und Küchenchef Mario Gamba, ursprünglich gelernter Übersetzer, ist Autodidakt in Sachen Kochen, doch als Gastronomen-Sohn liegt ihm die Leidenschaft für diesen Beruf gewissermaßen im Blut. Im Mittelpunkt seiner "Cucina del Sole" steht die Produktqualität, da konzentriert sich der gebürtige Italiener bei seinen Gerichten ganz auf das Wesentliche. Dazu natürlich schöne Weine aus Italien. Während Sie auf stilvollen Polsterstühlen an wertig eingedeckten Tischen sitzen, werden Sie aufmerksam und geschult umsorgt. Mit von der Partie ist hier übrigens auch Massimo Gamba, der Sohn des Patrons.

🅰️ 🏠 – Preis: €€€€

Stadtplan: D2-14 – *Mühlbaurstraße 36* ✉ *81677* – ☏ *089 4704848* – *www. acquarello.com* – *Geschlossen: Montag, mittags: Samstag und Sonntag*

BOGENHAUSER HOF 🆕

MODERN • TRENDY Das schmucke 1825 erbaute Haus im schönen Stadtteil Bogenhausen hat eine lange gastronomische Tradition. Mit viel Sinn fürs Detail hat man hier geschmackvolle, schicke Räume und eine wunderbare Terrasse geschaffen. In angenehm unkomplizierter Atmosphäre serviert man die klassisch basierte Küche von Hannes Reckziegel, z. B. als "Maultaschen mit Kalbfleisch und Bries". Am Abend bietet man ein interessantes 4-Gänge-Menü sowie Gerichte à la carte, mittags eine etwas kleinere Karte samt Lunch-Menü.

🏠 ⇄ – Preis: €€€

Stadtplan: D2-59 – *Ismaninger Straße 85* ✉ *81675* – ☏ *089 985586* – *bogenhauserhof.de* – *Geschlossen: Sonntag*

HIPPOCAMPUS

ITALIENISCH • ELEGANT Das "Hippocampus" im noblen Bogenhausen ist nicht irgendein Italiener. Es ein Ristorante mit Atmosphäre, in dem man das persönliche Engagement der Betreiber spürt! Überaus aufmerksam der Service mit typisch italienischem Charme, dazu hausgemachte klassisch-italienische Cucina, die Sie à la carte oder als Überraschungsmenü wählen können. Gut die Weinkarte mit rund 160 Positionen aus Italien. Schön auch das Ambiente mit stilvollen Details wie halbhohen Nussbaumholz-Wandertäfelungen, Marmorboden und Jugendstillampen. Ebenso einladend die Terrasse.

🏠 – Preis: €€€

Stadtplan: D2-16 – *Mühlbaurstraße 5* ✉ *81677* – ☏ *089 475855* – *www. hippocampus-restaurant.de* – *Geschlossen: Montag und Dienstag*

HUBER

MODERN • TRENDY In einer attraktiven Wohngegend von Bogenhausen bieten Sandra und Michael Huber ihren Gäste in geradlinigem, klarem Ambiente eine geschmackvolle und ambitionierte zeitgemäße Küche, die angenehm unkompliziert daherkommt. Zur Wahl stehen ein konventionelles und ein vegetarisches Menü mit vier bis sechs Gängen, die sich z. B. "Spinat, Bio-Ei, Perigord Trüffel" oder "Skrei, Bohnen, 'Nduja" nennen. Die Weinkarte hält das ein oder andere "Schätzchen" bereit und ist in allen Preislagen interessant und gut bestückt.

🏠 ⇄ – Preis: €€€

Stadtplan: D2-17 – *Newtonstraße 13* ✉ *81679* – ☏ *089 985152* – *www.huber-restaurant.de* – *Geschlossen: Montag und Sonntag, mittags: Dienstag-Samstag*

MÜNCHEN

KÄFER-SCHÄNKE

SAISONAL • GEMÜTLICH Der Name "Käfer" gehört einfach zur Münchner Gastroszene! Der Feinkostladen unter einem Dach mit dem gemütlichen Restaurant garantiert sehr gute Zutaten, aus denen man u. a. beliebte Klassiker zubereitet. Für besondere Anlässe: zahlreiche ganz individuelle Stuben.

⛺ 🏠 ↻ – Preis: €€€

Stadtplan: D2-18 – *Prinzregentenstraße 73* ✉ *81675* – ✆ *089 4168247* – *www.feinkost-kaefer.de/schaenke* – *Geschlossen: Sonntag*

In München-Englschalking

MARTINELLI

ITALIENISCH • FREUNDLICH In dem sympathischen Ristorante von Elena und Luca - sie managt charmant den Service, er in steht am Herd - erwartet Sie eine modern interpretierte italienische Küche, die auf saisonalen Zutaten basiert. Auf der kleinen, aber schön zusammengestellten Weinkarte finden sich unter den Raritäten einige der besten italienischen Weine.

🏠 – Preis: €€€

Stadtplan: D2-1 – *Wilhelm-Dieß-Weg 2* ✉ *81927* – ✆ *089 931416* – *www.ristorantemartinelli.de* – *Geschlossen: Sonntag, mittags: Dienstag, Donnerstag, Samstag*

In München-Flughafen-Oberding

❀ ### MOUNTAIN HUB GOURMET

MODERNE KÜCHE • CHIC Das Gourmetrestaurant des direkt am Flughafen gelegenen Hotels "Hilton Munich Airport" ist schon ein Hingucker: Es ist halbrund angelegt und chic-modern im Design. An großzügig gestellten und wertig eingedeckten Tischen werden Sie aufmerksam, freundlich und geschult umsorgt, und zwar mit der modern inspirierten Küche von Marcel Tauschek und seinem Team. Reduzierte und gleichermaßen kraftvolle Gerichte aus tollen Produkten - z. B. "Taube, Pfifferlinge, Quitte" oder "Reh, Kartoffel, Petersilie" - zeigen eigene Ideen, lassen aber auch die klassische Basis erkennen - hier seien die herrlichen Saucen erwähnt! Die gute Weinkarte bietet auch eine schöne Auswahl an offenen Weinen.

♿ 🅿 – Preis: €€€€

außerhalb Stadtplan – *Terminalstraße Mitte 20* ✉ *85356* – ✆ *089 97824500* – *mountainhub.de* – *Geschlossen: Montag, Samstag, Sonntag, mittags: Dienstag*

In München-Großhadern

JOHANNAS

SAISONAL • FREUNDLICH Einladend ist dieses Restaurant im familiengeführten Hotel "Neumayr". Das gilt für die angenehme, wertige Gasthaus-Atmosphäre und die schöne Innenhofterrasse ebenso wie für die gute Küche. Gekocht wird ambitioniert im Fine-Dining-Stil, in Menüform oder à la carte. Die aus guten Produkten raffiniert und handwerklich sorgfältig zusammengestellten Gerichte nennen sich z. B. "Gamskitzrücken, Felsenbirnen, Purple Curry, Waldpilze, Blaukraut, Knollensellerie". Wild- und Innereien-Spezialitäten haben ihren festen Platz auf der Karte. Dazu eine über 2000 Positionen umfassende Weinkarte als beeindruckende Liebhaber-Selektion - da zeigt sich die Leidenschaft des Chefs. Die internationale Auswahl legt den Fokus auf Chardonnay und Pinot Noir aus dem Burgund. Beachtlich auch das Angebot an kleinen Flaschen. Der Service ist aufgeschlossen, freundlich und versiert.

⛺ ♿ 🅿 🏠 – Preis: €€€

Stadtplan: B3-4 – *Heiglhofstraße 18* ✉ *81377* – ✆ *089 7411440* – *www.restaurant-johannas.de* – *Geschlossen: Montag und Dienstag, mittags: Mittwoch und Donnerstag*

MÜNCHEN

In München-Milbertshofen

 ESSZIMMER

FRANZÖSISCH-MODERN • DESIGN In der 3. Etage der architektonisch sehr speziellen BMW Welt "schwebt" das verglaste Restaurant gewissermaßen über der Fahrzeug-Ausstellung. Wenn Sie den Aufzug verlassen, gelangen Sie von der gemütlichen Lounge in das chic-urbane Restaurant. Von den Tischen an den bodentiefen Fenstern blickt man auf edle Autos. Nicht minder spannend ist die Küche, die das Team um Spitzenkoch Bobby Bräuer bietet: Ganz klassisch zubereitet, begeistert z. B. die Bisque aus gefühlvoll gegrillter grüner Krabbe mit intensivem Geschmack, voller Farbe und finessenreicher Würzung mit elegantem Safrantouch und einem Hauch von Zitronengrasschärfe. Dazu marinierte Scheiben und Tatar von der Jakobsmuschel sowie aromatischer englischer Sellerie. Ebenso beeindruckend sind Kombinationen wie St. Petersfisch mit Steinpilz, Muskatkürbis und Pata Negra. Das Menü mit fünf bis acht Gängen gibt es auch als Vegi-Variante. Aufmerksam und professionell der Service, elegant in Schwarz.

🕸 ᴠ 🅐🅚 – Preis: €€€€

Stadtplan: C1-5 – *Am Olympiapark 1* ✉ *80809* – ☏ *089 358991814* – *www. feinkost-kaefer.de/esszimmer-muenchen* – *Geschlossen: Montag und Sonntag, mittags: Dienstag-Samstag*

BAVARIE

MARKTKÜCHE • TRENDY Regionalität und Nachhaltigkeit sind zwei Grundgedanken der "Bavarie" hier in der BMW Welt. So setzt man beim Kombinieren bayerischer und französischer Elemente auf hochwertige Produkte. Sie können à la carte speisen oder in Menüform - es gibt auch eine vegane Variante. Mittags 3-gängiger Business Lunch . Angenehm die Atmosphäre in dem großzügigen luftig-hohen Raum. Schön auch die Terrasse mit Blick auf Olympiapark und -turm.

ᴠ 🅐🅚 🏠 ♿ – Preis: €€

Stadtplan: C1-6 – *Am Olympiapark 1* ✉ *80331* – ☏ *089 358991818* – *www. feinkost-kaefer.de/bavarie* – *Geschlossen: Sonntag, abends: Montag*

In München-Neuhausen-Nymphenburg

ACETAIA

ITALIENISCH • GEMÜTLICH Eine wirklich sympathische Adresse ist das bereits seit 1999 bestehende Restaurant am Nymphenburger Kanal. Gemütliche Atmosphäre mit tollem Jugendstil-Flair und charmanter Service versprühen italienische Lebensfreude, nicht zu vergessen die italienische Küche - probieren Sie die Schafskäse-Ravioli! Den namengebenden alten Aceto Balsamico kann man hier übrigens auch kaufen.

🕸 🏠 – Preis: €€

Stadtplan: C2-7 – *Nymphenburger Straße 215* ✉ *80639* – ☏ *089 13929077* – *www.restaurant-acetaia.de* – *Geschlossen: Mittwoch, mittags: Samstag*

BROEDING

Chef: Manuel Reheis

KLASSISCHE KÜCHE • GEMÜTLICH Das lebendige Lokal gehört zu den Institutionen von Neuhausen. In dem äußerlich eher unscheinbaren Haus in einer Wohnstraße darf man sich auf ein 5- oder 6-Gänge-Menü mit geschmackvollen reduzierten Gerichte wie z. B. "Seeforelle mit Ochsenherztomate und Steinpilzen" freuen, deren exzellente Zutaten (meist Bio- oder Demeterware) aus der Alpen- und Voralpenregion kommen. Die Atmosphäre ist angenehm unkompliziert, was nicht zuletzt am sympathisch unprätentiösen und aufmerksamen Service liegt. Gut auch die Weinberatung - schön die auf österreichische Anbaugebiete ausgerichtete Karte. Im Sommer lockt die lauschige Innenhofterrasse. Tipp:

MÜNCHEN

337

Kommen Sie auch mal zum kleineren 3-Gänge-Vorabendmenü (Aufenthalt bis 19.30 Uhr begrenzt).

🕸 *Engagement des Küchenchefs:* Ich gebe Fortbildungen für die Ganztierverwertung für Fachkollegen und Berufsschulen. In unserem Restaurant verarbeiten wir Kälber vom Demeter- und Bioland-Hof, Rinder und Hühner von kleinen Produzenten, Steinschaf von einem Arche-Betrieb und wir sind an der Gründung einer Demeter-SoLaWi beteiligt!

🍸 🍴 – Preis: €€€

Stadtplan: C2-22 – *Schulstraße 9* ✉ *80636* – ☏ *089 164238* – *www.broeding. de/restaurant.html* – *Geschlossen: Sonntag, mittags: Montag-Samstag*

ZAUBERBERG 🆕

KREATIV • ZEITGEMÄSSES AMBIENTE Das "Zauberberg" verzaubert Sie in mancherlei Hinsicht. Da sei zum einen Claudia Kimbacher zu nennen, die als engagierte Gastgeberin mit ihrer auffallend herzlichen Art im Service für eine angenehm persönliche Note sorgt und auch gerne bei der Wahl der Weine behilflich ist. Zum anderen ist da die Küche von Sven Gerlach, die in Form eines Überraschungsmenüs mit fünf bis sechs modern-kreativen Gängen daherkommt. So kombiniert er z. B. knusprige Schweinenacken mit koreanischem Würzlack und Grünkohl-Kimchi oder aromatische Egerlinge mit einer cremigen, mit Shoyu-Soja verfeinerten Sauce sowie Taleggio-Kaspress-Talern. Vegetarisch ist auf Nachfrage ebenfalls möglich. Das freundlich und mit elegantem Touch gestaltete Restaurant bietet auch eine Terrasse.

🍴 – Preis: €€€

Stadtplan: C2-57 – *Hedwigstr. 14, München* – ☏ *089 18999178* – *www. restaurant-zauberberg.de* – *Geschlossen: Montag und Sonntag, mittags: Dienstag-Samstag*

In München-Oberföhring

FREISINGER HOF

TRADITIONELLE KÜCHE • GASTHOF Nicht ohne Grund ist der charmante Gasthof von 1875 immer gut besucht. Die Atmosphäre hier ist stilvoll und lebhaft und das Essen schmeckt! Geboten werden Klassiker aus Bayern und Österreich - im Mittelpunkt steht Gekochtes vom Rind! Oder lieber Backhendl? Wenn Sie Glück haben, gibt es mittags den tollen Kalbsrahmgulasch. Der Service ist flott und hilfsbereit. Gut übernachten kann man in tipptopp gepflegten Zimmern.

🍴 ♻ 🅿 – Preis: €€

Stadtplan: D1-8 – *Oberföhringer Straße 189* ✉ *81925* – ☏ *089 189082400* – *www.freisinger-hof.de/de*

In München-Obergiesing

🕸 ### GABELSPIEL

Chef: Florian Berger

MODERNE KÜCHE • MINIMALISTISCH Sabrina und Florian Berger kommen mit ihrem kleinen Restaurant mitten in Giesing richtig gut an! Das liegt zum einen an der gänzlich unprätentiösen und angenehm familiären Atmosphäre - da spürt man das Herzblut der Gastgeber! Die sympathische Chefin ist mit im Service - unheimlich freundlich und fachlich geschult sorgt sie für einen reibungslosen Ablauf. Aber auch die moderne Küche aus regionalen Zutaten zieht Gäste an. Was man hier in Form eines Menüs bekommt, sind erstklassige Produkte wie z. B. der im Noriblatt servierte Saibling. Florian Berger zeigt wirklich tolles Handwerk und setzt seine Erfahrungen in der Sternegastronomie (u. a. "Hangar 7", "Tantris", "Restaurant N° 15") geschickt um.

𝓕 – Preis: €€€€

Stadtplan: C3-2 – *Zehentbauernstraße 20* ✉ *81539* – ☏ *089 12253940* – *www.restaurant-gabelspiel.de* – *Geschlossen: Montag und Sonntag, mittags: Dienstag-Samstag*

DER DANTLER

MODERNE KÜCHE • NACHBARSCHAFTLICH Man nennt sich selbst "Bayrisch' Deli". In alpenländisch-charmanter Atmosphäre bekommt man mittags à la carte Pasta, Pastrami-Sandwich, Ramen-Suppe oder Fisch des Tages sowie einen 3-Gänge-Business-Lunch. Am Abend gibt es ambitioniertere modern-kreative Küche in Menüform - auch eine vegetarische oder pescetarische Variante ist möglich. Der Service ist locker, persönlich und ungezwungen. Nebenan: Weinstube als Eventlocation & Pop-up (donnerstags).

⇩ – Preis: €€€

Stadtplan: C2-3 – *Werinherstraße 15* ✉ *81541* – ☏ *089 39292689* – *derdantler. de* – *Geschlossen: Montag, Samstag, Sonntag*

In München-Obersendling

❀ **MURAL FARMHOUSE - FINE DINE**

Chef: Maximilian Huber

SAISONAL • ENTSPANNT Auch nach dem Wechsel der Küchenleitung hält man hier am absolut nachhaltigen "Farm to table"-Konzept fest. Küchendirektor Timo Fritsche und Küchenchef Maximilian Huber gehen ganz mit der Zeit, verwenden heimische Produkte und verarbeiten sie komplett. Ebenso wird fermentiert und eingelegt. In ihrem kreativen Menü kombinieren sie z. B. eine durchgehend glasige, wunderbar zarte rotschleischige Forelle aus dem Schliersee mit einer vollmundigen, mit Estragonbutter abgerundeten und fein gewürzten Heu-Beurre-Blanc, was für intensive Aromatik sorgt. Dazu bietet man viele biologisch oder biodynamisch angebaute Weine. Das "FINE DINE" bildet zusammen mit dem "À LA CARTE"-Bereich ein trendig-stylisches "Restaurant im Restaurant", untergebracht im Hotel "WunderLocke" in Sendling. Schwesterrestaurant ist übrigens das besternte "mural".

❀ *Engagement des Küchenchefs:* Die Restaurants der Mural-Familie Arbeiten generell sehr stark regional bezogen und nachhaltig. Wir beziehen Produkte vom eigenen Dachgarten aus unseren Hochbeeten, unserem eigenen Garten, dazu biodynamische oder biologische Weine, auch setzen wir eigene Kombuchas, Garums und Essig an.

🕸 ♿ – Preis: €€€€

Stadtplan: C3-50 – *Gmunder Straße 27* ✉ *81379* – ☏ *089 262089079* – *muralfarmhouse.de* – *Geschlossen abends: Montag*

MURAL FARMHOUSE - À LA CARTE

Chef: Maximilian Huber

REGIONAL • ENTSPANNT Der zweite Teil des "mural farmhouse" ist ein modernes, locker-legeres Bistro, das ebenso nachhaltig und regional ausgerichtet ist wie das "FINE DINE". Verarbeitet werden Produkte aus der Umgebung sowie von den eigenen Hochbeeten auf dem Dach des zugehörigen Hotels "WunderLocke". Schmackhafte Gerichte wie z. B. "Einkornrisotto mit Bergkäse, Kräuter vom Dach, Piment d'Espelette und Kohlchips" werden hier à la carte serviert. Sie können übrigens auch zu Mittag essen: Das Angebot ist etwas kleiner und beinhaltet auch Gerichte von der Abendkarte, dazu eine günstige Bento-Box. Die biologisch bzw. biodynamisch ausgelegte Weinkarte ist dieselbe wie im Gourmetrestaurant.

❀ *Engagement des Küchenchefs:* Auch in unserer vermeintlich etwas einfacheren Küche geht es ausschließlich regional und nachhaltig zu, auch hier profitieren wir von den Produkten unserer Hochbeete, unserem eigenen Garten knapp außerhalb von München, aber auch von der Regionalität unserer Fisch- und Fleischprodukte.

🕸 🅰️ 𝓕 – Preis: €€

Stadtplan: C3-30 – *Gmunder Straße 27* ✉ *81379* – ☏ *089 262089079* – *muralfarmhouse.de* – *Geschlossen: Montag*

In München-Pasing

ESSENCE

KLASSISCHE KÜCHE • CHIC In dem chic-modernen Restaurant samt wunderbarer Terrasse sorgt nicht nur das Serviceteam um Patronne Daniela Roch dafür, dass man sich wohlfühlt. Am Herd setzt Phillip Schnabel seine in tollen Adressen gesammelten Erfahrungen gekonnt um und bietet am Abend beispielsweise mit "Reh aus dem Allgäu, Sellerie, Haselnuss, Kirsche, Purple Curry" aromareiche, in die Tiefe gearbeitete und aufwändige, aber keinesfalls verkünstelte Gerichte aus sehr guten, topfrischen Produkten, kreative Note inklusive. Es gibt auch ein vegetarisches Menü. Mittags wird das Restaurant zu einem Bistro mit etwas einfacherer Karte. Park-Tipp: Tiefgarage direkt am Gebäude.

🅿 🍴 – Preis: €€€€

Stadtplan: A2-9 – *Gottfried-Keller-Straße 35* ✉ *81245* – ☎ *089 80040025* – *www.essence-restaurant.de* – *Geschlossen: Montag, mittags: Samstag und Sonntag*

In München-Schwabing

✿✿ TANTRIS

FRANZÖSISCH-ZEITGEMÄSS • VINTAGE Der Look des "Tantris" ist einfach unverwechselbar, das gilt für die Fassade ebenso wie für das Interieur - ein Original in Orange und Schwarz! Man hat inzwischen ein paar moderne Akzente geschaffen - markant der begehbare gläserne Weinschrank. Dennoch ist der legendäre "Tantris"-Stil mit seinem 70er-Jahre-Flair und all seiner Originalität erhalten geblieben. Die Küche von Benjamin Chmura und seinem Team ist sehr kontrastreich, ausdrucksstark und spielt gerne mit säuerlichen Geschmackskomponenten - wunderbar umgesetzt in Gerichten wie "Petit Bateau - Steinbutt, Muscheln, Safran" mit vollmundigen Meeresaromen! Eine Hommage an die Japan-Zeit des Chef-Patissiers Maxime Rebmann ist z. B. "Fin d'été - Pflaume, Shiso, Reis". Am Mittag gibt es ein Menü mit vier oder sechs Gängen, am Abend eines mit sechs oder acht Gängen. Der Service glänzt mit Charme, Effizienz und Wissen. Die Weinkarte ist ein wahrer Traum für Connaisseurs, hervorragend die Empfehlungen des Sommelier-Teams!

🕸 🅿 🍴 ✿ 🍷 🅿 – Preis: €€€€

Stadtplan: C1-63 – *Johann-Fichte-Straße 7* ✉ *80805* – ☎ *089 3619590* – *tantris.de* – *Geschlossen: Montag und Dienstag*

✿ BROTHERS

MODERNE KÜCHE • HIP "Brothers" steht für die Zwillingsbrüder Klaas, die sich als Maître und Sommelier in der Gourmetszene bereits einen Namen gemacht haben, aber auch allgemein für den brüderlichen Geist im Team. Dazu zählt auch Küchenchef Daniel Bodamer, der nach Top-Adressen nun hier für moderne Gerichte mit klassischer Basis und internationalen Einflüssen sorgt, ausgezeichnet die Produkte. Es gibt eine A-la-carte-Auswahl sowie ein fixes Menü daraus. Dazu eine gut aufgestellte Weinkarte mit eigener Note. Die Atmosphäre ist locker-leger und chic-urban. Von den Plätzen an der Theke schaut man in die Küche.

🕸 ♿ – Preis: €€€€

Stadtplan: F1-67 – *Kurfürstenstraße 31* ✉ *80801* – ☎ *089 45461930* – *www.brothers-munich.com* – *Geschlossen: Montag und Dienstag, mittags: Mittwoch-Samstag, abends: Sonntag*

✿ TANTRIS DNA

FRANZÖSISCH-KLASSISCH • ELEGANT Unter dem Namen "Tantris Maison Culinaire" findet man neben dem Menürestaurant "Tantris" auch das "DNA". Für die Küche hier ist inzwischen ebenfalls Benjamin Chmura verantwortlich. Nach wie vor serviert man Klassiker aus fünf Jahrzehnten dieser Münchner Institution in leicht abgewandelter Form, aber auch neue Kreationen. Die absolute Spitzenqualität der Produkte zeigt sich beispielsweise bei "Kaisergranat, Kaviar, Sauce Gribiche".

Auch der Service wird dem hohem Niveau gerecht: sehr gut besetzt, aufmerksam, herzlich und hochprofessionell, aber nie steif - geleitet vom charmanten Maître und Sommelier Mathieu Mermelstein. Die Weinkarte ist eine der besten des Landes, da ist die fantastische Burgunder-Auswahl nur ein Tipp von vielen!

🕸 🅰️ 🅿️ – Preis: €€€€

Stadtplan: C1-15 – *Johann-Fichte-Straße 7* ✉ *80805 –* ☎ *089 3619590 – tantris.de – Geschlossen: Montag, Dienstag, Sonntag*

❀ ## WERNECKHOF SIGI SCHELLING

Chef: Sigi Schelling

FRANZÖSISCH-ZEITGEMÄSS • ELEGANT Seit sich Sigi Schelling im Sommer 2021 mit dem altehrwürdigen "Werneckhof" nahe dem Englischen Garten selbstständig gemacht hat, ist die Küchenchefin ihrer kulinarischen Linie treu geblieben. Modernisierte und aufgefrischte Klassik bringt sie beispielsweise als "Seezunge, Hummerravioli, Shitake, Karotten-Ingwer-Püree, Hummercreme" auf den Teller. Dabei lässt ihr reduzierter Stil durchaus ein 14 Jahre unter Hans Haas im "Tantris" erkennen. Mittags gibt es einen "Business Lunch" mit drei oder vier Gängen, am Abend ein noch etwas anspruchsvolleres 5-Gänge-Menü. Aufmerksam und fachlich ausgezeichnet umsorgt und auch in Sachen Wein kompetent beraten, sitzen Sie in schönem Ambiente: Eine halbhohe dunkle Holztäfelung und Stuck bewahren den Charakter von einst, während schicke Sessel, markante Lüster und Kunst für moderne Eleganz sorgen. Angenehm lebhaft und ungezwungen die Atmosphäre.

🅰️ – Preis: €€€€

Stadtplan: C2-60 – *Werneckstraße 11* ✉ *80802 –* ☎ *089 244189190 – werneckhof-schelling.de – Geschlossen: Montag, Dienstag, Sonntag*

1804 HIRSCHAU

Chef: Lukas Adebahr

MODERN • HISTORISCHES AMBIENTE "Nachhaltig - Saisonal - Regional" - so lautet das Motto von Küchenchef Lukas Adebahr und seinem Team in dem historischen Gebäude in idyllischer Lage im Englischen Garten. Man arbeitet nach dem "Farm to table"-Prinzip und verwendet z. B. für "Gockel, Karotte, Pfifferling" beste Produkte von regionalen Erzeugern oder aus Eigenanbau. Die Gerichte haben oft einen bayerischen Akzent, den man kreativ umsetzt. Das angebotene Menü gibt es auch vegetarisch. Dazu stylisches Interieur mit alpinem Touch - ein geschmackvoller Mix aus klaren Formen, Holz, Glas und hübschen Accessoires. Sehr freundlich und aufmerksam der Service.

❀ *Engagement des Küchenchefs:* Die 3 Säulen unseres Konzepts sind Regionalität, Saisonalität und Nachhaltigkeit und diese leben wir mitten im Englischen Garten „nose to tail" und „farm to table"! So beziehen wir Fische nur von der Fischzucht Birnbaum, Huhn und Wild vom Gutshof Polting sowie Gemüse von Bauern unseres Vertrauens.

🛋️🏠🅿️ – Preis: €€€

Stadtplan: D1-26 – *Gyßlingstraße 15* ✉ *80805 –* ☎ *089 36090490 – www.1804muc.de – Geschlossen: Montag, Dienstag, Sonntag, mittags: Mittwoch-Samstag*

GREEN BEETLE

Chef: Patric Geier

VEGETARISCH • TRENDY Seit jeher spielen Umweltbewusstsein und Nachhaltigkeit hier eine große Rolle, vom geschmackvollen Design des Restaurants bis hin zur Kleidung des Personals, nicht zu vergessen die Küche. Man ist bio-zertifiziert. Gekocht wird vegetarisch-vegan - zur Wahl stehen das Menü "Your Choice" sowie das Überraschungsmenü "Our Choice". Mittags bietet man unter der Woche ein 3-Gänge-Lunchmenü mit Wahlmöglichkeit. Dazu hält der überaus freundliche und aufmerksame Service fast ausschließlich Bio- oder biodynamische Weine für Sie bereit. Schön die überdachte Terrasse.

MÜNCHEN

❀ *Engagement des Küchenchefs:* Es ist mir ein Anliegen, im Herzensprojekt von Patron Michael Käfer vegetarische/vegane und nachhaltige Küche neu zu kochen! Unser Restaurant geht sehr in die Tiefe, Bioprodukte, Mitarbeiterkleidung aus Altplastik, Schuhe aus Tresterresten, eine Barwand aus Nussschalen, es gibt viel zu entdecken…!

♿ 🍽 – Preis: €€€

Stadtplan: D2-64 – *Schumannstraße 9* ✉ *80538* – ☎ *0176 14168023* – *www. feinkost-kaefer.de/greenbeetle* – *Geschlossen: Montag und Sonntag*

IL BORGO

ITALIENISCH • ELEGANT Seit 1989 ist dieses italienische Restaurant eine schöne Konstante in Schwabing. Das Ambiente ist modern-elegant und gemütlich zugleich, gelungen hat man alte Wandfliesen und die ursprüngliche Theke integriert. Die häufig wechselnde Karte bietet Abwechslung einschließlich 5-Gänge-Degustationsmenü und Gerichte für zwei Personen. Mittags zudem günstiges 2-Gänge-Menü.

🍽 – Preis: €€

Stadtplan: C2-24 – *Georgenstraße 144* ✉ *80797* – ☎ *089 1292119* – *il-borgo. de* – *Geschlossen: Montag und Sonntag, mittags: Samstag*

JAPATAPA TOSHIBAR ⓝ

JAPANISCH • MINIMALISTISCH Nahe der Münchner Freiheit in Schwabing finden Sie in einer Seitenstraße das Restaurant von Toshio und Tamiko Kobatake, die als langjährige Betreiber des "Toshi" keine Unbekannten in München sind. Das kleine Lokal ist recht minimalistisch und geradlinig, Sie sitzen an der Theke oder an kleinen Tischen. Die Küche des Patrons ist authentisch japanisch, probieren sollten Sie natürlich die guten Sushi, aber auch Gerichte wie "Onsen-Ei mit Kaviar, Dashi-Brühe" oder "Black Cod mit Saikyomiso gegrillt" sind verlockend. Die Chefin im Service ist diskret und freundlich und man bietet neben der recht guten Weinauswahl auch eine stattliche Anzahl an Sake.

🅰 – Preis: €€€

Stadtplan: C1-56 – *Marschallstraße 2* ✉ *80802* – ☎ *089 25546942* – *www. japatapa-toshibar.de* – *Geschlossen: Montag, mittags: Dienstag-Sonntag*

LA BOHÈME

FLEISCH • TRENDY Schön gesellig und locker ist es hier! Wer hochwertige Steak-Cuts schätzt, ist in dem Restaurant mit der trendig-urbanen Atmosphäre genau richtig. Aber auch mit anderen Gerichten und leckeren Desserts macht die Karte Appetit. Einen besonders guten Eindruck von der Küche bieten die "Sharings" - auch vegetarisch. Samstags und sonntags kommt man gerne zum Brunch.

🍽 – Preis: €€

Stadtplan: C1-10 – *Leopoldstraße 180* ✉ *80804* – ☎ *089 23762323* – *boheme-schwabing.de* – *Geschlossen mittags: Montag-Freitag*

PORTUN RESTAURANT ⓝ

MODERN • CHIC In diesem Restaurant in der Schwabinger Leopoldstraße kocht der ehemalige Co-Küchenchef des "Les Deux", Gregor Goncharov. Er überrascht mit einer von der Alpe-Adria-Region geprägten Küche, also mit Anleihen aus Istrien, Slowenien, Italien und Österreich. Neugierig machen da interessante Gerichte wie z. B. "Adria Hummer, Erbsen, Mais, Tomatenessenz, Mandeln" oder "Mangalica Hausschwein" für zwei Personen. Das Ganze wird Ihnen in moderner Atmosphäre mit Chic und frischem Style präsentiert, bei schönem Wetter gibt es auch Außenplätze.

♿ 🅰 🍽 ⇆ – Preis: €€€

Stadtplan: C1-42 – *Leopoldstraße 150* ✉ *80805* – ☎ *089 38053960* – *www. portun-restaurant.de* – *Geschlossen: Montag und Sonntag*

PURE WINE & FOOD

MEDITERRAN • TRENDY Angenehm locker ist es hier, trendig der Bistrostil. Aus der Küche kommen saisonal-mediterrane Gerichte - aus frischen Produkten klar und modern zubereitet, teils auch mit internationalen Einflüssen. Zur Wahl stehen das "Chef's Choice Menü", ein vegetarisches Menü sowie Gerichte à la carte. Toll: über 250 (Bio-) Weine - auch zum Mitnehmen. Tipp: Buchen Sie ein "Winetasting".

🕸 – Preis: €€

Stadtplan: F1-25 – *Neureutherstraße 15* ✉ *80799* – ☎ *089 399936* – *pure-wine-food.de* – *Geschlossen: Montag und Sonntag, mittags: Dienstag-Samstag*

In München-Thalkirchen

ASAM SCHLÖSSL

BAYRISCH • FREUNDLICH In seinem charmanten Restaurant etwas außerhalb des Zentrums bietet der gebürtige Ire Shane McMahon schmackhafte bayerische Küche, in die er geschickt seine eigene Note einbringt. Hier finden sich Wirtshaus-Klassiker, aber auch Modernes sowie Steaks vom "Big Green Egg". Sie sitzen in gepflegter, freundlicher Wirtshaus-Atmosphäre und werden aufmerksam umsorgt.

🎦 – Preis: €€€

Stadtplan: C3-23 – *Maria-Einsiedel-Straße 45* ✉ *81379* – ☎ *089 780167790* – *www.asamschloessl.de* – *Geschlossen: Montag*

In München-Trudering

IL SOMMELIER ⓝ

ITALIENISCH • CHIC Wirklich schön, was Sie in dem eher unscheinbaren Neubau im Stadtteil Trudering erwartet. In chic-modernem Ambiente bietet man Ihnen eine authentische, geschmackvolle und unkomplizierte "cucina italiana". Serviert werden gehobene, aber nicht abgehobene Gerichte wie z. B. "Tortelli mit Käse-Auberginenfüllung" oder "Rinderbacke geschmort mit Süßkartoffelpüree". Dazu reicht man eine rein italienische Weinkarte. Im Sommer lockt die ruhig nach hinten gelegene Terrasse.

🕭 🅰 🎦 – Preis: €€€

außerhalb Stadtplan – *Kreillerstraße 194* ✉ *81825* – ☎ *089 51471202* – *www.ilsommelier.de* – *Geschlossen: Montag, mittags: Samstag und Sonntag*

MÜNCHEN

MÜNSTER (WESTFALEN)

Nordrhein-Westfalen – Regionalatlas **3**–K2

✿✿ COEUR D'ARTICHAUT

FRANZÖSISCH-MODERN • CHIC Ein bisschen versteckt in einem Innenhof (im Sommer mit schicker Terrasse) und nur wenige Gehminuten vom Dom findet man dieses attraktive "Casual Fine Dining"-Konzept: In wohnlicher Atmosphäre schaut man in die offene Küche - das erinnert fast ein bisschen an eine Theaterbühne. Hier verbindet der gebürtige Franzose Frédéric Morel überaus gekonnt seine bretonischen Wurzeln mit Einflüssen seiner norddeutschen Wahlheimat sowie einer modern-kreativen Note - hervorragend die Saucen und Fonds! Bei der Wahl der top Produkte achtet er auf saisonalen Bezug und regionale Herkunft. Das monatlich wechselnde Menü "Morel's Tasting" gibt es mit sechs oder acht Gängen. Eine 4-Gänge-Variante bietet man nur sonntags (außer an Feiertagen und im Advent). Statt Wein kann man auch eine alkoholfreie Begleitung wählen.

🆎 🛋 – Preis: €€€€

Alter Fischmarkt 11A ✉ *48143 –* ☎ *0251 39582823 – www.coeur-dartichaut. de – Geschlossen: Montag und Dienstag, mittags: Mittwoch-Samstag, abends: Sonntag*

✿ BOK RESTAURANT BRUST ODER KEULE

MARKTKÜCHE • FREUNDLICH Es sind nur wenige Stufen hinab ins Parterre des gepflegten Eckhauses. In dem hübschen geradlinig gehaltenen Restaurant führt Laurin Kux am Herd Regie. Der ehemalige Küchenchef des "Ferment" in Münster-Roxel bietet hier eine moderne, saisonal geprägte Küche, die es Di. bis Do. à la carte und in Menüform (auch vegetarisch) gibt, Fr. und Sa. nur als Menü. Dazu freundlicher, geschulter Service samt guter Weinberatung. Schön ist auch die kleine Terrasse vor dem Haus. Tipp: An der Theke serviert man Ihnen auf Wunsch Kleinigkeiten zu einem Glas Wein.

🦞 🛋 – Preis: €€€

Melchersstraße 32 ✉ *48149 –* ☎ *0251 9179656 – www.brustoderkeule.de – Geschlossen: Montag und Sonntag, mittags: Dienstag-Samstag*

✿ SPITZNER

FRANZÖSISCH-MODERN • HISTORISCHES AMBIENTE In dem geschmackvoll gestalteten Restaurant im historischen Oerschen Hof in der Innenstadt wird eine saisonale Küche mit französischen Einflüssen geboten. Liebhaber von Klassikern wie "Hase à la Royal" oder "Pâté en croûte" dürfen sich freuen, Spezialitäten wie diese finden sich immer mal auf der Karte. Sehr gekonnt holt man auf dem Teller die klassische Linie in die heutige Zeit. Dazu berät Sie der kompetente Service um Maître und Sommelier Sebastian Uppena ungezwungen und stilvoll. Auch Küchenchef Karl-Nikolas Spitzner serviert hin und wieder mit.

🛋 ⇔ – Preis: €€€

Königsstraße 42 ✉ *48143 –* ☎ *0251 41441550 - spitzner-restaurant.de – Geschlossen: Montag und Sonntag, mittags: Dienstag-Freitag*

VILLA MEDICI

MEDITERRAN • CHIC Schön liegt die schmucke Villa in einem ruhigen Wohngebiet am Rande der Innenstadt. In schickem Ambiente wird man freundlich mit mediterraner Küche und italienischem Wein umsorgt. Sehr nett ist auch die seitlich gelegene Terrasse. Sie möchten übernachten? Man hat auch fünf hübsche Gästezimmer.

🛋 ⇔ 🅿 – Preis: €€

Prozessionsweg 402 ✉ *48155 –* ☎ *0251 34218 – villa-medici-muenster.de – Geschlossen: Montag und Dienstag, mittags: Samstag*

VON RHEMEN

FRANZÖSISCH-KLASSISCH • ELEGANT Im Restaurant des stilvollen Hotels
"Schloss Wilkinghege" sitzt man in einem eleganten hohen Raum mit historischem
Flair unter einer schönen Stuckdecke. Gekocht wird klassisch und mit saisonalem
Bezug - zur Wahl stehen Gerichte à la carte, das Schlossmenü oder ein vegeta-
risches Menü. Als Alternative bietet man zusätzlich noch die "Kleine Karte". Dazu
werden Sie freundlich und geschult umsorgt.

🛏️ ⇔ 🅿 – Preis: €€€

*Steinfurter Straße 374 ✉ 48159 – ☏ 0251 144270 – schloss-wilkinghege.de –
Geschlossen: Montag und Sonntag, mittags: Dienstag-Samstag*

MÜNSTERTAL
Baden-Württemberg – Regionalatlas **7**–B1

SPIELWEG

Chef: Viktoria Fuchs

ASIATISCHE EINFLÜSSE • GASTHOF Richtig gemütlich hat man es bei Familie
Fuchs in dem 1705 erstmals urkundlich erwähnten "Spielweg"-Stammhaus. In charmanten Stuben im Schwarzwälder Stil wird man sehr freundlich und aufmerksam
umsorgt. Gekocht wird ambitioniert und mit Geschmack, klassisch und regional
wie z. B. "Lauwarm geräucherter Saibling aus der Wutach im kalten Kartoffel-
Lauch-Sud", aber auch mit asiatischem Einfluss wie bei "Wildschwein-Dim-Sum
mit Sojasauce" - die Küche Asiens ist ein Steckenpferd der jungen Küchenchefin.
Am Mittag ist das Angebot etwas einfacher - ideal auch für ein Vesper bei einer
Wanderung. Übernachten können Sie in gepflegten, individuell eingerichteten
Gästezimmern.

🍃 *Engagement des Küchenchefs:* Ich fühle mich der Tradition meines
Vaters verpflichtet und lege größten Wert auf Regionalität! Als „Naturparkwirtin"
verarbeite ich eigene saisonale Kräuter, Essblumen, Pflücksalate und Gemüse,
habe eigene Obstbäume und eine eigene Käserei mit Naturreifekeller. Wichtig ist
uns die eigene Jagd!

🏡 🅿 – Preis: €€

Spielweg 61 ✉ 79244 – ☏ 07636 7090 – www.spielweg.com

MUGGENSTURM
Baden-Württemberg – Regionalatlas **5**–T2

🕸️ **LAMM**

INTERNATIONAL • GASTHOF Hier trifft traditionelle Gasthof-Herzlichkeit auf
geschmackvoll-modernes Ambiente aus geradlinigem Stil, wertigen Materialien
und warmen Tönen. Die Karte macht mit einem interessanten Mix aus badisch-
regionalen und internationalen Gerichten Appetit. Schön auch die Menüs, darunter
ein veganes. Eine sehr gefragte Adresse - für die Wochenenden sollten Sie frühzeitig reservieren!

🏡 – Preis: €€

*Hauptstraße 24 ✉ 76461 – ☏ 07222 52005 – www.lamm-muggensturm.com –
Geschlossen: Dienstag und Mittwoch, mittags: Samstag*

MULFINGEN
Baden-Württemberg – Regionalatlas **5**–V2

JAGSTMÜHLE

FRANZÖSISCH-KLASSISCH • LÄNDLICH Mit gemütlich-elegantem Interieur
und reizvoller Terrasse passt das Restaurant wunderbar ins charmante Bild des
romantisch an der Jagst gelegenen Anwesens. Helle Holztäfelung, Kachelofen,

hübsche Stoffe - all das sorgt für Behagen. Gekocht wird mit internationalen Einflüssen, hier und da eine dezente asiatische Note. Sie können à la carte oder in Menüform speisen, auch ein vegetarisches Menü wird angeboten. Alternativ gibt es die nette Mühlenscheune mit regionaler Küche. Zum Übernachten hat man schöne Gästezimmer.

🛏 🍴 ⇔ 🅿 – Preis: €€€

Jagstmühlenweg 10 ⊠ 74673 – ☎ 07938 90300 – www.jagstmuehle.de –
Geschlossen: Dienstag und Mittwoch, mittags: Montag, Donnerstag, Freitag

MUNKMARSCH – Schleswig-Holstein ➔ Siehe Sylt (Insel)

NAGOLD
Baden-Württemberg – Regionalatlas **7**–B2

OSTARIA DA GINO
ITALIENISCH • FAMILIÄR Eine richtig sympathische familiäre Adresse! Typisch italienisch die Speisen, ungezwungen und charmant die Atmosphäre! Man berät Sie gerne bei der Auswahl von der Tafel, ebenso in Sachen Wein. Tipp: der günstige Mittagstisch. Und darf es vielleicht noch etwas Leckeres für zuhause aus dem Feinkostladen sein?

🍴 ⇔ – Preis: €€

Querstraße 3 ⊠ 72202 – ☎ 07452 66610 – www.dagino-nagold.de –
Geschlossen: Sonntag

NAURATH/WALD
Rheinland-Pfalz – Regionalatlas **5**–S1

✿ RÜSSEL'S LANDHAUS
Chef: Harald Rüssel
KREATIV • CHIC Schon bei der Anfahrt über die kleine Brücke spürt man das Landhausflair - gelungen hat man den Charakter der idyllischen alten Mühle bewahrt! Hier zeigt sich das Herzblut, das Ruth und Harald Rüssel in ihr Haus stecken, ebenso wie in der Küche. Das starke Team um den Patron bietet ein Menü mit fünf bis sieben Gängen, das nicht zuletzt durch die Qualität der Produkte besticht - und die bezieht man am liebsten von lokalen Produzenten, Wild sogar aus eigener Jagd! Die klassische Basis der Küche scheint immer durch, wird aber elegant durch kreative Elemente ergänzt, ohne verspielt oder gekünstelt zu wirken. Lassen Sie sich bei der Weinbegleitung überraschen - gerne empfiehlt man schöne Moselweine. Auf der Terrasse sitzt man herrlich an einem kleinen See! Hübsche Hotelzimmer hat man ebenfalls.

🍸 🛏♿🍴 🅿 – Preis: €€€€

Büdlicherbrück 1 ⊠ 54426 – ☎ 06509 91400 – www.ruessels-landhaus.de –
Geschlossen: Dienstag und Mittwoch, mittags: Montag und Donnerstag

RÜSSEL'S HASENPFEFFER
REGIONAL • LÄNDLICH Eine wirklich hübsche Alternative zum Rüssel'schen Gourmetrestaurant und beliebt bei den Gästen, denn hier kocht man schmackhaft und mit guten Produkten. Gerne bestellt man z. B. Wild und Geschmortes - ein Hasengericht findet sich übrigens auch immer auf der regional-saisonalen Karte.

🛏♿🍴 🅿 – Preis: €€€

Büdlicherbrück 1 ⊠ 54426 – ☎ 06509 91400 – www.ruessels-landhaus.de –
Geschlossen: Dienstag und Mittwoch, mittags: Donnerstag

NECKARGEMÜND

Baden-Württemberg – Regionalatlas **5**–U2

CHRISTIANS RESTAURANT

MODERN • **ZEITGEMÄSSES AMBIENTE** Eine attraktive Adresse ist das Restaurant von Sandy und Christian Heß - das gilt für die Atmosphäre ebenso wie für die Küche. Das Ambiente ist geradlinig, hell und freundlich, schöne Rundbogenfenster geben den Blick auf den Neckar frei. Und dann ist da noch die Terrasse über dem Fluss - bei gutem Wetter wirklich ein idyllischer Platz zum Essen! Auf der Speisekarte finden sich aktuelle Gerichte mit mediterranem Einfluss - als Menü oder à la carte. Auch für Feierlichkeiten bietet das Haus einen hübschen Rahmen.

≤ 🕸 ⇔ – Preis: €€€

Neckarstraße 40 ✉ *69151 –* 𝒞 *06223 9737323 – restaurant-christian.de –*
Geschlossen: Montag-Mittwoch, mittags: Donnerstag und Freitag

ZUM RÖSSL

REGIONAL • **LÄNDLICH** Ein langjähriger Familienbetrieb in einer ehemaligen Poststation von 1642. In dem hübschen traditionell gehaltenen Restaurant wählt man zwischen regionalen Klassikern sowie mediterran und saisonal beeinflussten Tagesempfehlungen. Auf Vorbestellung gibt es auch ein Überraschungsmenü. Tipp: die idyllische Terrasse!

🕸 ⇔ 🅿 – Preis: €€

Heidelberger Straße 15 ✉ *69151 –* 𝒞 *06223 2665 – www.roessl-waldhilsbach.*
de – Geschlossen: Montag-Mittwoch

NENNDORF, BAD

Niedersachsen – Regionalatlas **3**–L1

😊 ### DAS AUGUST

MARKTKÜCHE • **GEMÜTLICH** Kein Wunder, dass diese Adresse gut besucht ist: Lange Familientradition und richtig schmackhafte Küche, dazu freundlicher Service und Wohlfühl-Atmosphäre - dafür stehen die Gehrkes. Gekocht wird frisch, saisonal und mit ausgesuchten Produkten. Auf der Karte z. B. Gemüsecurry, gebratene Maishähnchenbrust mit Pilzen oder heimisches Wild. Interessant auch die Schnitzel-Auswahl. Dazu ein gut bestückter Weinschrank. Zum Übernachten hat das "Schmiedegasthaus Gehrke" schöne Zimmer.

🦭 🕸 ⇔ 🅿 – Preis: €€

Riepener Straße 21 ✉ *31542 –* 𝒞 *05725 94410 – www.schmiedegasthaus.de –*
Geschlossen: Montag und Dienstag, mittags: Mittwoch-Freitag

NEUBEUERN

Bayern – Regionalatlas **6**–Y4

😊 ### AUERS SCHLOSSWIRTSCHAFT

Chef: Astrid Hilse

REGIONAL • **GASTHOF** Seit über 30 Jahren ist man hier mit Engagement im Einsatz. In dem netten ländlich-schlichten Gasthaus führt Chefin Astrid Hilse am Herd Regie, sie kocht schmackhaft, tagesfrisch und konzentriert sich ganz auf die sehr guten Zutaten, darunter viele Bio-Produkte. Schön sitzt man auf der Terrasse mit Bäumen.

🍀 *Engagement des Küchenchefs:* Ich nenne meine Küche „Heimische Gourmetküche"! Will heißen, beste Produkte aus direkter Umgebung geschmackvoll und mit Pfiff verarbeitet, Fische aus hiesiger Zucht, Biogemüse, Wild kommt vom Heuberg und aus dem Chiemgau, Biogetreide und Mehl aus einer nahen Mühle, eben gelebte Nachhaltigkeit!

🕸 ⇔ 🅿 – Preis: €€

Rosenheimer Straße 8 ✉ *83115 –* 𝒞 *08035 2669 – www.auers-schlosswirtschaft.*
de – Geschlossen: Montag, Dienstag, Sonntag, mittags: Mittwoch-Samstag

NEUBURG AN DER DONAU

Bayern – Regionalatlas **6**–X2

GASTSTUBE ZUM KLOSTERBRÄU

BAYRISCH • LÄNDLICH So stellt man sich eine historische bayerische Gaststube vor: Holzbalken an der Decke, Dielenboden, Kachelofen - rustikal, wohnlich und herrlich gemütlich, oder wie man hier sagt: "zünftig"! Und draußen lockt eine wunderbare Terrasse. Gekocht wird klassisch und regional-saisonal - à la carte oder in Form dreier Menüs, eines davon vegetarisch. Dazu gibt es schöne Weine. Tipp: Besuchen Sie auch das barocke "Münster Heilig Kreuz" in Bergen.

🛏🌳♿🅿 – Preis: €€

Kirchplatz 1 ✉ 86633 – 𝒸 08431 67750 – www.zum-klosterbraeu.de –
Geschlossen mittags: Montag

NEUENAHR-AHRWEILER, BAD

Rheinland-Pfalz – Regionalatlas **3**–J4

❀❀ ## STEINHEUERS RESTAURANT ZUR ALTEN POST

Chef: Hans Stefan Steinheuer

FRANZÖSISCH-KLASSISCH • ELEGANT Ausgezeichnete Küche in Wohlfühl-Atmosphäre - kein Wunder, dass sich bei den engagierten Steinheuers seit vielen Jahren die (Stamm-) Gäste die Klinke in die Hand geben. Da ist zum einen das schöne hochwertig-elegante Interieur, zum anderen die beiden Menüs von Christian Binder (übrigens Schwiegersohn von Patron Hans Stefan Steinheuer). Hier liest man z. B. "Eifler Rehrücken, Schwarzwurzel, Pfifferlinge, Rosenkohl" oder "Steinbutt, Fenchel, Chicorée, Fingerlimes". Die Küche ist klassisch, durchdacht und klar aufgebaut, die Produkte von ausgesuchter Qualität. Mit Gabriele Steinheuer und Tochter Désirée - ihres Zeichens Sommelière - leiten die Damen der Familie charmant und kompetent den Service. Toll auch die Beratung in Sachen Wein - man beachte die bemerkenswerte Karte!

🕸 🅰🅲 🅿 – Preis: €€€€

Landskroner Straße 110 ✉ 53474 – 𝒸 02641 94860 – www.steinheuers.de –
Geschlossen: Montag-Mittwoch, mittags: Donnerstag-Samstag

❀ ## RESTAURANT BROGSITTER -
HISTORISCHES GASTHAUS SANCT PETER 🆕

MODERNE KÜCHE • ELEGANT Schon im 13. Jh. war das Historische Gasthaus Sanct Peter als Hof- und Weingut des Kölner Domstifts für seinen Wein bekannt. Daran hat sich bis heute nichts geändert, denn das charaktervolle Anwesen wird von Familie Brogsitter mit der Erfahrung langer Winzertradition geführt. Nach der verheerenden Flutkatastrophe im Sommer 2021 hat man das Restaurant sehr aufwändig und geschmackvoll renoviert: chic-elegant das Ambiente mit hoher offener Giebeldecke und sehenswertem Murano-Kronleuchter. Schön auch die Terrasse. Die klassisch basierte und modern-international beeinflusste Küche gibt es als Menü mit vier bis sechs Gängen, z. B. als "Gebackener Mahi Mahi, Ananaskompott, Krustentier-Kokosnussnage". Dazu eine umfangreiche Weinkarte samt guter Auswahl an offenen Weinen, auch vom eigenen Weingut. Umsorgt wird man freundlich und geschult.

🕸 ♿🌳🅿 – Preis: €€€€

Walporzheimer Straße 134 ✉ 53474 – 𝒸 02641 97750 – www.sanct-peter.de –
Geschlossen: Montag und Dienstag

**HISTORISCHES GASTHAUS
SANCT PETER RESTAURANT WEINKIRCHE** ⓝ

INTERNATIONAL • LÄNDLICH Klassisch-elegant präsentiert sich das nach der Flutkatastrophe 2021 renovierte Restaurant. Die a. d. 13. Jh. stammende Weinkirche mit Galerie ist die Keimzelle des Hauses, weitere schöne Räume sind "Alte Lay" und "Walporzheimer Himmelchen". Angenehm auch die Terrasse hinter dem Haus mit Blick ins Grüne. Gekocht wird mit regionalen, saisonalen und internationalen Einflüssen, Klassiker sind "Geschmorte Ochsenbäckchen in Ahr-Burgunder-Sauce" oder "Steinbutt in Ahr-Blanc-de-Noir-Sauce". Ansprechend die Auswahl an Brogsitter-Weinen - die reich bestückte Vinothek lädt zum Kaufen ein. Von 14 - 17 Uhr bestellen Sie von der kleineren Stubenkarte, z. B. Sanct Peter's Vesperbrett. Im Ort betreibt man auch das "Hotel Sanct Peter".

&⃞ 🍴 ⇄ 🅿 – Preis: €€€

Walporzheimer Straße 134 ✉ *53474 –* ℰ *02641 97750 – www.sanct-peter.de –
Geschlossen: Montag und Dienstag*

STEINHEUERS LANDGASTHOF POSTSTUBEN

REGIONAL • ZEITGEMÄSSES AMBIENTE Dies ist nicht "Steinheuer light", sondern ein ganz eigenständiges Restaurant, in dem frisch gekocht wird. Die Küche ist regional-klassisch und hat saisonale Einflüsse, daneben finden sich auch internationale Gerichte auf der Karte. Dazu reicht man dieselbe sehr gut sortierte Weinkarte wie im Gourmet. Serviert wird in gemütlichem Ambiente, schön auch die begrünte Terrasse. Wer übernachten möchte, wählt die Doppelzimmer im Haupthaus oder das komfortable Gästehaus.

🐾 Ⓜ 🍴 🅿 – Preis: €€€

Landskroner Straße 110 ✉ *53474 –* ℰ *02641 94860 – www.steinheuers.de –
Geschlossen: Dienstag und Mittwoch*

NEUENDORF BEI WILSTER
Schleswig-Holstein – Regionalatlas **1**–C2

😊 **ZUM DÜCKERSTIEG**

REGIONAL • LÄNDLICH Ein hübsches, gemütliches Restaurant mit ländlichem Flair, in dem saisonal und regional gekocht wird. Freuen Sie sich auf Gerichte voller Kraft und Aroma. Die gute Auswahl reicht von Lachs über Nordseekrabben bis Wolfsbarsch, von Spanferkel bis Wild. Der traditionsreiche Familienbetrieb - inzwischen übrigens in 4. Generation geführt - hat auch schöne wohnliche Gästezimmer für Sie.

🍴 ⇄ 🅿 – Preis: €€

Dückerstieg 7 ✉ *25554 –* ℰ *04823 92929 – www.dueckerstieg.de –
Geschlossen: Montag und Dienstag, mittags: Mittwoch und Donnerstag*

NEUENSTEIN
Baden-Württemberg – Regionalatlas **5**–V2

GOLDENE SONNE

MODERN • RUSTIKAL Gemeinsam mit seiner Frau hat Heiner Bohnet der "Goldenen Sonne" in dem schmucken historischen Fachwerkhaus neues Leben eingehaucht. Das Paar blickt auf Top-Stationen in Frankreich zurück, u. a. bei Spitzenkoch Sébastien Bras. Man sitzt hier in sehr gemütlichen Stuben und lässt sich ambitionierte kreative Küche servieren. Im Fokus stehen regionale Produkte und die enge Zusammenarbeit mit heimischen Erzeugern.

🍴 – Preis: €€€

Vorstadt 2 ✉ *74632 –* ℰ *07942 9290614 – goldene-sonne.com – Geschlossen:
Montag und Sonntag, mittags: Dienstag-Samstag*

NEUHAUSEN (ENZKREIS)

Baden-Württemberg – Regionalatlas **7**–B2

❀ **ALTE BAIZ**

MODERNE KÜCHE • CHIC In der "Alten Baiz" erwarten Sie hochwertiges Ambiente mit charmant-rustikalem Touch sowie die modern inspirierte Küche von Claudio Urru. Er kocht durchdacht und bringt seine Gerichte geschmacklich stets auf den Punkt, ganz gleich ob Sie eines der beiden Gourmetmenüs (auch A-la-carte-Bestellung möglich) oder von der Karte mit den Tagesempfehlungen wählen. Interessant auch die Gerichte für zwei Personen wie Kalbskotelett, deutsches Kikok-Huhn im Ganzen gebraten oder bretonischer Loup de mer - alles am Tisch tranchiert. Freundlich und geschult der Service.

🅿 – Preis: €€€€

Hauptstraße 2 ✉ 75242 – ☎ 07234 9473899 – www.gruenerwald.de –
Geschlossen: Montag und Dienstag, mittags: Mittwoch-Freitag

NEUHÜTTEN

Rheinland-Pfalz – Regionalatlas **5**–S1

❀ **LE TEMPLE**

Chefs: Oliver Schäfer und Christiane Detemple-Schäfer

FRANZÖSISCH-MODERN • CHIC Ein absolut eingespieltes Team: Christiane Detemple-Schäfer und Oliver Schäfer. Seit 1992 sind sie hier mit beachtlichem Engagement im Einsatz und haben ihren "Tempel" zu einer festen gastronomischen Größe gemacht – nicht nur im kleinen Neuhütten, auch unter den rheinland-pfälzischen Sterne-Restaurants. Sie bieten eine klassisch basierte und modern umgesetzte Küche mit den besten Produkten der Saison, sehr filigran und überaus präzise. Das geschmackvoll-elegante Ambiente würde auch wunderbar in eine Großstadt passen, dazu eine Cigar-Lounge. Wer umgeben von der schönen Landschaft des Hunsrücks übernachten möchte, kann dies in wohnlichen Gästezimmern - ein leckeres Frühstück gibt's ebenfalls!

🍴🅿 – Preis: €€€€

Saarstraße 2 ✉ 54422 – ☎ 06503 7669 – www.le-temple.de – Geschlossen:
Mittwoch, mittags: Montag, Dienstag, Donnerstag-Samstag

NEUJELLINGSDORF – Schleswig-Holstein ➜ Siehe Fehmarn (Insel)

NEUKIRCHEN-VLUYN

Nordrhein-Westfalen – Regionalatlas **3**–J2

😊 **LITTLE JOHN'S**

MARKTKÜCHE • GEMÜTLICH Frisch und richtig gut isst man bei Tim Lellau in dem hübschen Haus von 1905. Man sitzt hier in sympathisch-legerer Atmosphäre mit skandinavischem Charme und wird aufmerksam und geschult umsorgt. Zur Wahl stehen die Menüs "Weide & Wasser" oder "Wald & Wiese" (vegetarisch) - auf Voranmeldung auch vegan möglich. Eine A-la-carte-Auswahl gibt es ebenfalls. Mittags zusätzliches fair kalkuliertes 3-Gänge-Lunch-Menü. Im Eingangsbereich kann man in die Küche schauen - das macht schon vorab Appetit! Hinweis: nur Barzahlung!

🍴 – Preis: €€

Niederrheinallee 310 ✉ 47506 – ☎ 02845 7908210 – www.little-johns.de –
Geschlossen: Montag, Dienstag, Sonntag, mittags: Mittwoch und Samstag

NEULEININGEN

Rheinland-Pfalz – Regionalatlas **7**–B1

H'MANNS

KLASSISCHE KÜCHE • LÄNDLICH Dieses wirklich charmante Haus der Hegmanns wird Ihnen gefallen! Aus der Küche kommen nur beste Produkte, und die werden mit Geschmack und Sorgfalt zubereitet. Sie können ein Menü oder à la carte wählen, donnerstags bietet man nur Tapas. Dazu eine sehr gute Weinkarte. Umsorgt wird man ausgesprochen freundlich. Tipp: Es gibt einen "Chefs Table" ganz in der Nähe der Küche, aber dennoch geschützt.

⅚ 🐜 **P** – Preis: €€€

Am Goldberg 2 ✉ *67271* – ✆ *06359 5341* – *www.hmanns.de* – *Geschlossen: Montag-Mittwoch, mittags: Donnerstag-Samstag*

NEUMÜNSTER

Schleswig-Holstein – Regionalatlas **1**–D2

AM KAMIN

KLASSISCHE KÜCHE • ELEGANT Charmant und heimelig ist die Atmosphäre in dem liebevoll eingerichteten Restaurant. Über die Servicetheke kann man einen Blick in die teils offene Küche werfen und Patron Karl Ress bei der Arbeit zusehen. Er versteht sein Handwerk und kocht mit Geschmack und Sorgfalt. Das Angebot ist klassisch und saisonal ausgerichtet - Sie können das Überraschungsmenü wählen oder Gerichte à la carte.

Preis: €€€

Propstenstraße 13 ✉ *24534* – ✆ *04321 42853* – *www.am-kamin.info* – *Geschlossen: Montag und Sonntag, mittags: Dienstag-Samstag*

NEUNBURG VORM WALD

Bayern – Regionalatlas **6**–Y2

✿✿ OBENDORFERS EISVOGEL

Chefs: Hubert und Sebastian Obendorfer

KREATIV • ZEITGEMÄSSES AMBIENTE Sebastian Obendorfer hat wahrlich ein Talent dafür, ausgezeichnete Produkte mit Finesse und Ausdruck auf den Teller zu bringen. In einem Degustationsmenü präsentiert er z. B. bei „Carabinero, Karotte, Edamame, Passionsfrucht" seinen eigenen Stil, der Klassik, Kreativität und internationale Inspirationen vereint. Toll auch der Käsewagen des berühmten Affineurs Antony aus dem Elsass! Passend die Weinbegleitung, auch alkoholfrei möglich. Die Gäste sitzen komfortabel in modern-elegantem Ambiente, ein Hingucker ist der ellipsenförmige Weinschrank mitten im Raum. Dank der freien Lage auf einer Kuppe blickt man durch die großen Fenster auf die Oberpfälzer Hügellandschaft - grandiose Sonnenuntergänge inklusive! Der Service ist herzlich und versiert. Tipp: Übernachten Sie im Hotel "Der Birkenhof".

⪕ & **P** – Preis: €€€€

Hofenstetten 43 ✉ *92431* – ✆ *09439 9500* – *www.der-birkenhof.de* – *Geschlossen: Montag und Sonntag, mittags: Dienstag-Samstag*

TURMSTUBE

REGIONAL • ELEGANT Freundlich und elegant hat man es hier, während man sich gute saisonal inspirierte Küche servieren lässt, die auf ausgesuchten Produkten basiert. Auch Wiener Schnitzel fehlt nicht auf der Karte. Tipp: Genießen Sie die Aussicht von der Terrasse. Sie möchten etwas länger bleiben? Gäste des Hotels "Der Birkenhof" dürfen sich auf komfortables Wohnen und Wellness freuen.

⪕ 🍴 & 🐜 ⇄ **P** – Preis: €€

Hofenstetten 55 ✉ *92431* – ✆ *09439 9500* – *www.der-birkenhof.de*

NEUPOTZ

Rheinland-Pfalz – Regionalatlas **5**–T2

😋 GEHRLEIN'S HARDTWALD

REGIONAL • LÄNDLICH Es liegt etwas versteckt, das Restaurant der Familie Gehrlein. Drinnen ist es schön gemütlich, im Garten die hübsche Terrasse. Die Küche überzeugt mit Produktqualität, handwerklichem Aufwand und Geschmack - "Label Rouge Perlhuhn, Sellerie, Karotte, Miso, Krapfen" ist da ein schönes Beispiel. Der sehr engagierte und freundliche Service sorgt für einen reibungslosen Ablauf. Tipp: richtig wohnliche Zimmer im Gästehaus vis-à-vis.

🍽 ♿ **P** – Preis: €€

Sandhohl 14 ✉ *76777 –* ☏ *07272 2440 – www.gehrlein-hardtwald.de –*
Geschlossen: Mittwoch und Donnerstag

😋 ZUM LAMM

KLASSISCHE KÜCHE • LÄNDLICH Ein Gasthof im besten Sinne! Ulrike und Manfred Kreger sind herzliche Gastgeber und führen ihr stets gut besuchtes Lokal mit großem Engagement. Aus der Küche des Patrons kommen regionale Gerichte, eine Spezialität ist Zander aus dem Rhein - und der liegt quasi vor der Tür! Ebenso lecker ist z. B. "Lammrücken, Kräuterkruste, Minzsauce, gegrillte Wassermelone, Gnocchi". Im Sommer speisen die Gäste gerne im Garten hinterm Haus. Zum Übernachten hat man gepflegte Zimmer.

🍽 ♿ **P** – Preis: €€

Hauptstraße 7 ✉ *76777 –* ☏ *07272 2809 – www.gasthof-lamm-neupotz.de –*
Geschlossen: Montag, mittags: Dienstag-Samstag, , abends: Sonntag

NEUSS

Nordrhein-Westfalen – Regionalatlas **3**–J3

HERZOG VON BURGUND

MARKTKÜCHE • ELEGANT Schon von außen ist das stilvolle Stadthaus schön anzusehen, drinnen das sehenswerte denkmalgeschützte Treppenhaus sowie die Restauranträume Erftzimmer und Gartenzimmer mit klassischem Ambiente - ein Hingucker die Gemälde des Düsseldorfer Künstlers Markus Tollmann. Die Küche ist saisonal ausgerichtet, ein Klassiker ist das Wiener Schnitzel. Der Service ist freundlich und versiert. Herrlich die Plätze im Freien: Die Terrasse ist eine grüne Oase inmitten der Stadt!

🍽 ♿ – Preis: €€

Erftstraße 88 ✉ *41460 –* ☏ *02131 23552 – herzogvonburgund.de – Geschlossen:*
Montag und Sonntag, mittags: Samstag

SPITZWEG

MARKTKÜCHE • BISTRO Chic der geradlinig-moderne Look samt markantem Rot und dekorativen Bildern an den Wänden. Draußen an der Straße die lebendige Terrasse. Auf der Karte finden sich saisonale, regionale und internationale Gerichte.

🍽 ♿ – Preis: €€

Glockhammer 43a ✉ *41460 –* ☏ *02131 6639660 – www.restaurant-spitzweg.*
de – Geschlossen: Montag und Sonntag, mittags: Dienstag-Samstag

NEUSTADT AN DER WALDNAAB

Bayern – Regionalatlas **6**–Y1

KUHLEMANN

KREATIV • RUSTIKAL Man merkt der Küche an, dass der Chef in guten Adressen gearbeitet hat. Hier im Restaurant des familiengeführten Hotels "Grader" setzt er seinen interessanten Kochstil in Form eines kreativen Menüs um. Dazu eine ansprechende kleine Weinkarte. Das Ambiente: ein sympathischer Mix aus rustikal und modern.

⇔ 🅿 – Preis: €€€

Freyung 39 ✉ 92660 – ☎ 09602 941872 – restaurant-kuhlemann.de –
Geschlossen: Montag, Dienstag, Sonntag, mittags: Mittwoch-Samstag

NEUSTADT AN DER WEINSTRASSE
Rheinland-Pfalz – Regionalatlas **7**–B1

❀ **IRORI**

Chef: Maximilian Goldberg

KREATIV • ENTSPANNT Hier muss man ein bisschen Zeit mitbringen, doch
es lohnt sich! In dem großzügig und luftig gestalteten Restaurant sitzen Sie in
wertigem Ambiente mit schönem Kreuzgewölbe und lassen sich von einem professionellen und gleichermaßen passionierten Team umsorgen. Gastgeberin und
Sommelière Kerstin Bauer ist stets präsent, hat immer ein offenes Ohr und sorgt
mit Empathie und Charme für eine herzliche Atmosphäre. Nicht zu vergessen ihre
trefflichen Weinempfehlungen zum 10-Gänge-Menü von Max Goldberg, in dem
sich regionale und japanische Einflüsse toll verbinden. Sehr eigen und kontrastreich kommen z. B. "Aal & Paprika" oder "Patricks Pilze" daher. Ausgezeichnet die
saisonalen Produkte, Nachhaltigkeitsgedanke inklusive.

⅋ ♿ 🅿 – Preis: €€€€

Weinstraße 507 ✉ 67433 – ☎ 0175 2437801 – www.irori.restaurant –
Geschlossen: Dienstag und Mittwoch, mittags: Montag, Donnerstag-Samstag

DAS ESSZIMMER

MEDITERRAN • GEMÜTLICH Richtig nett hat man es in dem Gasthaus in der
Altstadt: hübsch das freundliche, geradlinig-moderne Ambiente, angenehm intim
die Atmosphäre. Aus der offenen Küche kommen italienisch-mediterrane Gerichte.
Di. und Mi. serviert man ausschließlich das "Spezialitätentage-Überraschungsmenü",
Do. nur das "Tastingmenü". Fr. und Sa. gibt es ein Menü, das Sie sich selbst von der
Karte zusammenstellen. Schön sitzt man auch auf der Terrasse.

🍴 – Preis: €€

Hintergasse 38 ✉ 67433 – ☎ 06321 354996 – www.esszimmer-neustadt.de –
Geschlossen: Montag-Mittwoch, Sonntag, mittags: Samstag

SPINNE

REGIONAL • FREUNDLICH In dem Restaurant in schöner erhöhter Lage am
Waldrand wird mit regional-saisonalem Bezug gekocht, dabei setzt Patron Jörg
Friedrich auf frische, gute Produkte. Das angebotene Menü können Sie sich individuell zusammenstellen. Umsorgt werden Sie aufmerksam und engagiert unter
der Leitung der herzlichen Chefin. Sehr angenehm sitzt man auf der Terrasse. Sie
möchten übernachten? Man hat freundliche Gästezimmer.

🛏🍴🅿 – Preis: €€

Eichkehle 58 ✉ 67433 – ☎ 06321 9597799 – www.restaurant-spinne.de –
Geschlossen: Montag-Mittwoch, mittags: Donnerstag-Sonntag

NEU-ULM
Bayern – Regionalatlas **5**–V3

STEPHANS STUBEN BY MARCO LANGER Ⓝ

KREATIV • MINIMALISTISCH Hier hat Marco Langer, kein Unbekannter in der
Region, im Sommer die Leitung übernommen. Gekocht wird ambitioniert und
mit sehr guten Produkten. Es gibt zwei Menüs mit Bezug zur Saison, eines davon
vegetarisch. Einladend ist auch das geschmackvolle klare Design des Restaurants,
freundlich und geschult der Service - der Chef erklärt die Speisen am Tisch.

Preis: €€€

Bahnhofstraße 65 ✉ 89231 – ☎ 0173 7082023 – www.stephansstuben.com –
Geschlossen: Montag, Dienstag, Sonntag, mittags: Mittwoch-Samstag

NEUWIED

Rheinland-Pfalz – Regionalatlas **3**–K4

BRASSERIE NODHAUSEN

MARKTKÜCHE • **ELEGANT** In der Brasserie des schmucken historischen Anwesens dürfen Sie sich auf eine international, regional und saisonal geprägte Küche freuen - auf der Karte machen z. B. "Mascarponeravioli mit Trüffel und Parmesan" oder "Hirschrücken mit wildem Brokkoli, Graupen und Selleriecreme" Appetit. Ansprechend das Wintergartenflair - durch große Fenster schaut man auf das schöne Grundstück mit seinem alten Baumbestand. Tipp: Speiseöle aus der eigenen Feinkost-Manufaktur - für daheim oder als Mitbringsel.

🌣 ✿ **P** – Preis: €€

Nodhausen 1 ✉ *56567* – ✆ *02631 344880* – *s258353772.online.de –*
Geschlossen: Montag und Sonntag, mittags: Dienstag-Samstag

NEUZELLE

Brandenburg – Regionalatlas **4**–R1

WILDE KLOSTERKÜCHE

MARKTKÜCHE • **DESIGN** In der Nähe des a. d. 13. Jh. stammenden Zisterzienserklosters mit barocker Kirche finden Sie dieses Restaurant. Das Ambiente chic und modern-leger, die Küche teilweise einsehbar. Hier wird mit Geschmack und Sorgfalt gekocht, dabei richtet man sich nach der Saison und bezieht die Produkte überwiegend aus der Region. Auf Voranmeldung bietet man auch eine vegane Option. Tipp: Gin aus eigener Herstellung. Schön übernachten können Sie im separat geführten "Klosterhotel".

♿ 🌣 ✿ **P** – Preis: €€

Bahnhofstraße 18 ✉ *15898* – ✆ *033652 823991* – *www.wildeklosterkueche.de –*
Geschlossen: Montag und Dienstag, mittags: Mittwoch-Freitag, abends: Sonntag

NIDEGGEN

Nordrhein-Westfalen – Regionalatlas **3**–J3

🏵 BURG NIDEGGEN - BROCKEL SCHLIMBACH

Chefs: Tobias Schlimbach und Herbert Brockel

MODERNE KÜCHE • **LÄNDLICH** Das Besondere hier? Da wäre zum einen die Lage in einer Burg a. d. 12. Jh. oberhalb von Nideggen - fantastische Aussicht inklusive! Zum anderen das attraktive Ambiente: eine historische kleine Stube, in der viel schönes Holz und modernes Design für eine ganz eigene Atmosphäre sorgen. Und "last but not least" die Küche. Viele Ideen, viel Kraft, viel Leidenschaft - das steckt in dem modernen Menü der namengebenden Patrons Herbert Brockel (zuvor viele Jahre im Erftstadter "Husarenquartier" mit Stern) und Tobias Schlimbach (ebenfalls mit langjähriger Sterne-Erfahrung). Nicht zu vergessen die ausgesuchten Produkte, auf denen die tollen Gerichte basieren. Während die Chefs ihre Speisen selbst servieren, empfehlen ihre Ehefrauen interessante Weine.

⩗ 🌣 ✿ **P** – Preis: €€€€

Kirchgasse 10 a ✉ *52385* – ✆ *02427 9091066* – *www.burgrestaurant-nideggen.*
de – Geschlossen: Montag-Mittwoch, mittags: Donnerstag

KAISERBLICK

MARKTKÜCHE • **TRENDY** Eine schöne Alternative zum "Brockel Schlimbach" ist dieses Restaurant auf der jahrhundertealten Burg Nideggen. Man bietet eine Marktküche mit regionalen Gerichten, zubereitet aus frischen saisonalen Zutaten vorwiegend von Lieferanten und Produzenten aus der Region. Sie sitzen in modernem Ambiente und werden sehr freundlich und zuvorkommend umsorgt. Wenn das Wetter es zulässt, können Sie auf der hübschen Terrasse im Innenhof speisen.

🏠 🅿 – Preis: €€

Kirchgasse 10 a – ✉ 52385 – 𝒫 02427 9091066 – www.burgrestaurant-nideggen. de – Geschlossen: Montag-Mittwoch, mittags: Donnerstag

NIEDERHAUSEN
Rheinland-Pfalz – Regionalatlas **5**–T1

HERMANNSHÖHLE

KLASSISCHE KÜCHE • **GEMÜTLICH** Das ehemalige Fährhaus von 1517 hat so manchen Stammgast. Was Patron Wigbert Weck auf den Teller bringt, wird aus frischen Produkten zubereitet und schmeckt! Tipp: Überraschungsmenü (nur tischweise). Drinnen modernes Vinothek-Ambiente samt verglastem Weinkühlschrank (Schwerpunkt regionale Weine), draußen die nette Terrasse - nur durch die Straße von der Nahe getrennt. Zum Übernachten hat man zwei Ferienappartements.

🏠 ♻ 🅿 – Preis: €€

Hermannshöhle 1 ✉ 55585 – 𝒫 06758 6486 – hermannshoehle-weck.de – Geschlossen: Montag und Sonntag

NIEDERKASSEL
Nordrhein-Westfalen – Regionalatlas **3**–J3

❀ ## CLOSTERMANNS LE GOURMET

KREATIV • **ELEGANT** Über den tollen Innenhof des zum Hotel erweiterten denkmalgeschützten Vierseithofs gelangt man zum "Le Gourmet". Sie können direkt auf der herrlichen Terrasse Platz nehmen oder drinnen in etwas privaterer Atmosphäre speisen. Auf dem Weg in das geschmackvolle modern-elegante kleine Restaurant kommen Sie an der verglasten Küche vorbei. Unter der Leitung von Thomas Gilles entsteht hier ein aufwändiges modernes Menü mit klassischer Basis, vielen Kontrasten und interessanten Geschmackskombinationen. Sehr angenehm der immer freundliche und präsente Service, trefflich die Weinempfehlungen. Tipp: Übernachten Sie in den komfortablen Zimmern des Hotels "Clostermanns Hof".

♿ 🏠 🅿 – Preis: €€€

Heerstraße 2a ✉ 53859 – 𝒫 02208 94800 – www.clostermannshof.de – Geschlossen: Montag, Dienstag, Sonntag, mittags: Mittwoch-Samstag

NIEDERWEIS
Rheinland-Pfalz – Regionalatlas **5**–S1

SCHLOSS NIEDERWEIS

KLASSISCHE KÜCHE • **LÄNDLICH** Ein geschmackvolles Restaurant in der ehemaligen Kornscheune des Barockschlosses von 1751 - spannend der Mix aus rustikalem Flair (markant der offene Dachstuhl) und modernem Interieur. Die aromatischen Gerichte werden à la carte oder als frei wählbares Menü angeboten. Dazu eine schöne Weinkarte samt Raritäten im Offenausschank. Reizvoll der Garten. Festsaal und Standesamt gibt es auch. Praktisch: problemloses Parken.

🐾 ♿ 🏠 ♻ 🅿 – Preis: €€

Hauptstraße 9 ✉ 54668 – 𝒫 06568 9696450 – schloss-niederweis.de – Geschlossen: Montag und Dienstag

NIEDERWINKLING

Bayern – Regionalatlas **6**–Z2

🏵 **BUCHNER WELCHENBERG 1658**

Chef: Mathias Achatz

MODERNE KÜCHE • RUSTIKAL Ein toller Ort, um abzuschalten und sich ganz auf den Genuss und die Atmosphäre zu konzentrieren, denn durch die dicken Mauern des historischen Gutshofs a. d. 16. Jh. dringt kein Handy-Signal. Seit 1882 ist das Haus in Familienbesitz, mit Mathias Achatz führt inzwischen die 5. Generation Regie am Herd. Er kocht klassisch und modern inspiriert, mal komponentenreich, mal reduzierter, immer handwerklich überaus akkurat und mit hochwertigen Produkten. Dazu heimelig-traditionelles Ambiente und charmanter, aufmerksamer Service - hier sind die Eltern des Chefs sehr herzlich und mit persönlicher Note im Einsatz, das macht es schön familiär und man fühlt sich einfach wohl! Für die Zusammenstellung der erstklassigen Weinauswahl ist Mathias' Bruder Andreas zuständig - er kümmert sich vor allem um das eigene Hotel 2 km weiter. Dort kann man gut übernachten und einen Shuttle-Service bietet man ebenfalls.

🐾 🏡 ⇔ 🅿 – Preis: €€€

Freymannstraße 15 ✉ *94559* – ☎ *09962 730* – *www.buchner-welchenberg.de* – *Geschlossen: Montag-Mittwoch, mittags: Donnerstag*

NIENSTÄDT

Niedersachsen – Regionalatlas **3**–L1

SÜLBECKER KRUG

FLEISCH • FREUNDLICH Lust auf Prime Beef aus dem 800°-Ofen? Das Haus ist bekannt für richtig gutes Fleisch. Auf der Karte finden sich Klassiker wie Ribeye, Rumpsteak oder Flanksteak, dazu gibt es tolle Saucen - und alles wird auf dem Holzbrett serviert! Eine Weinbar hat man ebenfalls. Übers Jahr werden auch verschiedene Aktionen angeboten - fragen Sie ruhig nach!

🏡 ⇔ 🅿 – Preis: €€

Mindener Straße 6 ✉ *31688* – ☎ *05724 95500* – *www.suelbeckerkrug.de* – *Geschlossen: Montag-Mittwoch, mittags: Donnerstag-Sonntag*

NITTEL

Rheinland-Pfalz – Regionalatlas **5**–S1

CULINARIUM

MARKTKÜCHE • ELEGANT Das geradlinig-schicke Restaurant mit schönem Terrassenbereich befindet sich im Weingut Matthias Dostert, wo man auch wohnliche Gästezimmer bietet. Am Herd sorgt Patron Walter Curman für schmackhafte und handwerklich sehr sauber zubereitete Gerichte. Die Klassiker auf der Karte lassen seine österreichische Herkunft erkennen - geschmorte Kalbsbäckchen sind da ebenso lecker wie Kaiserschmarrn!

🏡 🅿 – Preis: €€

Weinstraße 5 ✉ *54453* – ☎ *06584 91450* – *www.culinarium-nittel.de* – *Geschlossen: Montag und Dienstag, mittags: Mittwoch-Samstag, abends: Sonntag*

NÖRDLINGEN

Bayern – Regionalatlas **5**–V2

🏵 **WIRTSHAUS MEYERS KELLER**

Chef: Joachim Kaiser

MARKTKÜCHE • LÄNDLICH Es ist schon etwas Besonderes, das sympathische rustikal-trendige Restaurant, das Joachim (genannt Jockl) Kaiser zusammen mit seiner Frau Evelin bereits in 3. Generation betreibt. Kreativ und zugleich bodenständig ist das interessante Küchenkonzept. Neben dem feinen saisonalen Menü (konventionell oder vegetarisch) gibt es auch Wirtshaus-Klassiker. Das volle Kaiser'sche Engagement merkt man auch am sehr freundlichen, angenehm natürlich-unkomplizierten und gleichermaßen geschulten Service. Übrigens: Im ehemaligen Bierkeller unter Ihnen reift Culatello-Schinken - den sollten Sie probieren! Im Sommer sitzt man am liebsten unter alten Linden und Kastanien! Sie suchen ein Mitbringsel? Man hat auch einen Shop.

🛋 ⇄ 🅿 – Preis: €€€

Marienhöhe 8 ⊠ 86720 – 𝒞 09081 4493 – jockl-kaiser.de – Geschlossen: Montag-Mittwoch, mittags: Donnerstag und Samstag, abends: Sonntag

NÖRTEN-HARDENBERG

Niedersachsen – Regionalatlas **3**–M2

NOVALIS

KLASSISCHE KÜCHE • ELEGANT Drinnen sitzt man in schönem elegantem Ambiente, draußen mit Blick auf die historische Burganlage. Gekocht wird saisonal, mit Geschmack und Aroma, basierend auf sehr guten, gerne regionalen Produkten, so z. B. Wild aus eigener Jagd oder Leinetaler Räucherfische. Auch ein rein vegetarisches Menü wird angeboten. Der Service ist aufmerksam und herzlich. Tipp: Weinkarte mit großer Auswahl an französischen Rotweinen. Geschmackvolle Gästezimmer im "Hardenberg BurgHotel".

🛋 ⇄ 🅿 – Preis: €€€

Hinterhaus 11a ⊠ 37176 – 𝒞 05503 9810 – www.hardenberg-burghotel.de – Geschlossen mittags: Montag, Mittwoch-Sonntag

NONNENHORN

Bayern – Regionalatlas **5**–V4

TORKEL

MARKTKÜCHE • GASTHOF Bei Familie Stoppel erwartet Sie eine mediterran und klassisch geprägte Küche, in der sich auch viel Regionales findet. Wem die Wahl schwerfällt, bestell am besten das kleine "Fine Dining Menü". Auch ein Blick in die Weinkarte lohnt sich. Serviert wird in freundlichen Räumen oder auf der hübschen Terrasse.

🛋 ⇄ 🅿 – Preis: €€

Seehalde 14 ⊠ 88149 – 𝒞 08382 98620 – www.hotel-torkel.de – Geschlossen: Dienstag und Mittwoch, mittags: Montag, Donnerstag-Sonntag

NORDERNEY (INSEL)

Niedersachsen – Regionalatlas **4**–N2

In Norderney

❀ **SEESTEG**

MODERNE KÜCHE • CHIC Was für ein Glück, dass es den gebürtigen Baden-Württemberger Markus Kebschull in den hohen Norden verschlagen hat. Zuvor im Cuxhavener "Sterneck", leitet er nun auf der schönen Insel nun bereits seit 2012 die Küche des Restaurants im gleichnamigen kleinen Boutique-Hotel nur wenige Schritte vom Meer. Er kocht klassisch basiert, hier und da mit modernen Akzenten. Die geschmackvollen, aus sehr guten (gerne regionalen) Produkten zubereiteten Gerichte nennen sich z. B. "Bisque vom Helgoländer Hummer, Frühlingsrolle/Melone". Es gibt zwei Menüs (eines davon vegetarisch) sowie eine kleine A-la-carte-Auswahl mit Klassikern. Dazu wohnliches, wertig-geschmackvolles Ambiente samt gut einsehbarer Küche sowie ein reizvoller Blick Richtung Nordsee - Tipp: die Seeterrasse!

♿ 🛋 – Preis: €€€

Damenpfad 36a ⊠ 26548 – 𝒞 04932 893600 – www.seesteg-norderney.de

LA MER 🆕

FRANZÖSISCH-KLASSISCH • CHIC Nach Stationen in ausgezeichneten Restaurants, zuletzt im "Seesteg", betreibt Inhaber und Küchenchef Hilko Uphoff nun zusammen mit Lebensgefährtin Giulia Casto dieses schicke Restaurant direkt neben dem "Michels Thalasso Hotel Nordseehaus" gleich am Anfang der Fußgänger-/Einkaufszone. Seine Küche ist klassisch-französisch geprägt, zeigt aber auch moderne Akzente wie z. B. beim geflämmten schwarzen Seehecht, in Miso und Apfelwein gebeizt. Einladend ist auch das Restaurant selbst: Das Interieur ist schön hell und geradlinig-modern gehalten, vor der großen Fensterfront hat man eine hübsche Terrasse.

&. 🛋 – Preis: €€€

Bülowallee 5 – ✉ 26548 – ✆ 04932 883333 – la-mer-norderney.de – Geschlossen: Mittwoch und Donnerstag, mittags: Montag, Dienstag, Freitag-Sonntag

MÜLLERS AUF NORDERNEY 🆕

MODERN • CHIC Hier trumpft schon die exklusive Lage mit freiem Blick aufs Meer! Im schmucken kleinen Boutique-Hotel "1884" im Stil der Bäderarchitektur, entstanden aus der Villa Mathilde und der angeschlossenen Villa Olga, erwartet Sie ein im schicken, reduziert-modernen Design gehaltenes Restaurant samt herrlicher Terrasse. In der Küche bereitet das Team um Nelson Müller aus frischen, guten Produkten geschmackvolle und schön unkomplizierte Gerichte zu, die man getrost als "Soulfood" bezeichnen kann.

⛵ &. 🛋 – Preis: €€€

Am Weststrand 3 – ✉ 26548 – ✆ 04932 5219900 – www.nelson-mueller.de/ pages/mullers-auf-norderney – Geschlossen: Montag, Dienstag, Sonntag, mittags: Mittwoch-Samstag

OKTOPUSSY 🆕

MODERN • GEMÜTLICH Hier im Restaurant des Hotels "New Wave" wird unkompliziert und richtig gut gekocht, mit regionalem Bezug und internationalem Twist - so liest man auf der Karte z. B. "Geschmorte Ochsenbacke" oder "Heilbutt Japan Style". Schön das geradlinig-moderne Ambiente mit maritimem Touch, einsehbarer Küche und eigens designtem Stammtisch für die größere Runde, dazu freundlicher und lockerer Service. Im Sommer lockt die geschützte Innenhofterrasse. Ab Mai bietet die Rooftop-Bar leckere Cocktails bei entspannter Atmosphäre.

&. 🛋 – Preis: €€€

Luisenstraße 13 – ✉ 26548 – ✆ 04932 934200 – www.oktopussy-norderney.de – Geschlossen: Dienstag, mittags: Montag, Mittwoch-Sonntag

NORDHAUSEN

Thüringen – Regionalatlas **4**–N2

🐝 FEINE SPEISESCHENKE

MARKTKÜCHE • FREUNDLICH Sie finden dieses freundliche Restaurant in einem von Wald und Wiesen umgebenen kleinen Ort in einem ruhigen Seitental. Serviert wird saisonale Küche mit regionalen und internationalen Einflüssen. Etwas Besonderes: Man züchtet schottische Hochlandrinder. Sie wählen aus verschiedenen Menüs (darunter ein vegetarisches) oder von der Klassiker-Karte.

🛎 🛋 ✿ **P** – Preis: €

Winkelberg 13 – ✉ 99734 – ✆ 03631 4736490 – speiseschenke.de – Geschlossen: Montag und Dienstag, mittags: Mittwoch-Samstag, abends: Sonntag

NORDHEIM AM MAIN

Bayern – Regionalatlas **5**–V1

REISERS ZEHNTHOF

REGIONAL • HISTORISCHES AMBIENTE Mitten in dem malerischen Weindorf liegt der denkmalgeschützte 400 Jahre alte Zehnthof. Drinnen sitzt man in gemütlich-rustikalen Gasträumen mit historischem Charme, draußen locken angenehme Terrassenplätze im wunderbaren Innenhof mit zwei schattenspendenden Platanen. Küche und Weinkarte sind regional ausgerichtet. Hinweis: Sie erreichen das Restaurant durch die Hofeinfahrt in der Langgasse.

&. ⌂ ⇦ – Preis: €€

Langgasse 33 ✉ 97334 – ✆ 09381 1702 – www.der-reiser.de/restaurants/3-zehnthof-nordheim-reloaded – Geschlossen: Montag-Mittwoch, mittags: Donnerstag und Freitag

NORDKIRCHEN

Nordrhein-Westfalen – Regionalatlas **3**–K2

SCHLOSS RESTAURANT VENUS

INTERNATIONAL • KLASSISCHES AMBIENTE Im "Westfälischen Versailles" finden Sie dieses klassisch-gediegene Gewölberestaurant - die zahlreichen Gemälde stammen übrigens von Patron Franz L. Lauter, einem passionierten Maler! Geboten wird das "Anbiss"-Menü, aus dem man auch à la carte wählen kann. Eine einfachere, legere Alternative am Mittage ist das Bistro mit großer Terrasse. Tipp: Vor oder nach dem Essen bietet sich ein Spaziergang um das Schloss mit Park an.

⇥ ⇦ **P** – Preis: €€€

Schloss 1 ✉ 59394 – ✆ 02596 972472 – lauter-nordkirchen.de – Geschlossen: Montag-Mittwoch

NÜRNBERG

Bayern
Regionalatlas **6–X1**

Gibt's zum Glück nicht nur auf dem Christkindlesmarkt...

Nürnberg hat eine tolle Auswahl an 1- und 2-Sterne-Restaurants mit unterschiedlichen Konzepten. Spitzenreiter sind unverändert das **Essigbrätlein** und das **etz!** Beide mit Grünem Stern für ihre Nachhaltigkeits-Philosophie. Neu unter den 1-Stern-Restaurants ist das **Wonka** - hier gibt es auch einen preiswerten Lunch. Erwähnenswert auch das **Imperial by Alexander Herrmann** mit chic-trendigem Ambiente und moderner internationaler Küche mit fränkischem Touch. Im **Zwei-Sinn Meiers** erwarten Sie gleich zwei Optionen: modern-kreativ im **Fine Dining** oder französisch-mediterran im **Bistro**. Ein Dauerbrenner ist das **MINNECI**, beliebt für italienisches Fine Dining mit "Klassikern in modernem Gewand". Und vergessen Sie nicht, eines der typischen Bratwurst-Lokale zu besuchen! Ein Muss ist auch ein Bummel durch die historische Altstadt mit ihren Sehenswürdigkeiten. Tipp fürs Wochenende: die kleine Eismanufaktur in der charmanten Weißgerbergasse!

❁❁ **ESSIGBRÄTLEIN**

Chefs: Andree Köthe und Yves Ollech

INNOVATIV • GEMÜTLICH Man muss an der Glocke läuten, um in das kleine "Essigbrätlein" mitten in der Nürnberger Altstadt zu kommen. Ein schönes intimes Restaurant. Die Atmosphäre gemütlich und heimelig, alle sind ausgesprochen charmant und aufmerksam! In der Küche geht es äußerst innovativ zu, Gerichte wie z. B. "Zwiebel mit Rose" sind einzigartig und durchdacht in der Kombination. Dabei stehen die Saison und ausgesuchte Produzenten ganz im Fokus. Entsprechend dem eigenen nachhaltigen Ansatz setzt man die "Leaf to root"-Philosophie absolut konsequent um. Patron Andree Köthe und Küchenchef Yves Ollech - seit Jahren ein eingespieltes Team am Herd - haben ein Faible für Kräuter, Gewürze und Gemüse. Man fermentiert und weckt ein. Zur kreativen Naturküche gibt es wirklich gut abgestimmte Weinbegleitungen. Tipp: Vegetarisches Mittagsmenü am besten bei der Reservierung anfragen.

❁ *Engagement des Küchenchefs:* Wir sehen uns als Impulsgeber und als Schnittstelle zwischen Haute Cuisine und Nachhaltigkeit in der Küche. Wir beziehen unsere Ware von Bauern aus der Region, sehen diese Reduzierung als kreative Herausforderung, sind oft selbst auf dem Feld, tierische Produkte spielen eine immer geringere Rolle.

🅰🄲 ⇄ – Preis: €€€€

Stadtplan: B2-8 – *Weinmarkt 3* ✉ *90403* – ✆ *0911 225131* – *essigbraetlein.de* – *Geschlossen: Montag, Dienstag, Sonntag*

ETZ

Chef: Felix Schneider

KREATIV • CHIC Felix Schneider und sein Team lassen Sie hier in einen eigenen Kosmos eintauchen. Sie haben sich ganz der Nachhaltigkeit verschrieben und die bringen sie mit reichlich eigenen Ideen in Form eines fixen saisonalen Menüs auf den Teller. Man pflanzt selbst Obst und Gemüse an, alles ist selbst produziert, von Schinken über Butter bis hin zu Miso und Essig. Um 18 Uhr startet die kleine Tour durch die Versuchsküche, danach serviert man Ihnen während vier bis fünf kurzweiligen Stunden 12 bis 16 kreative Gänge - omnivor (Fisch/Fleisch) oder vegetarisch. Toll die Aromatik z. B. bei der in Heubutter gebratenen Brust vom Hahn! Dazu eine dynamische Getränkebegleitung, Weine oder alkoholfreie Kreationen. Die Atmosphäre ist dank offener Küche freundschaftlich-intim und locker, alles läuft sehr gut eingespielt und professionell. Die Köche servieren mit und erklären die Gerichte. Hinweis: Das Restaurant liegt etwas versteckt in einem Hinterhof, Zugang über Kirschgartenstr. 6.

Engagement des Küchenchefs: Ich achte auf regionalen Einkauf (95% der Produkte aus der nächsten Umgebung) und verarbeite nur ganze Tiere. Zukünftig möchten wir uns noch stärker vegetarisch ausrichten. Wir reduzieren CO2 und setzen auf mitarbeiterfreundliche Arbeitszeiten. Wir denken ganzheitlich, über den Tellerrand hinaus.

Preis: €€€€

Stadtplan: C2-1 – *Wiesentalstraße 40* ⊠ *90419* – ☎ *0911 47712809* – *etzrestaurant.de* – *Geschlossen: Montag-Mittwoch, Sonntag, mittags: Donnerstag-Samstag*

ENTENSTUBEN

MODERNE KÜCHE • ZEITGEMÄSSES AMBIENTE Wer vor dem eher unscheinbaren Haus im Stadtteil "Wöhrd" steht, würde hier nicht unbedingt ein solch geschmackvoll-elegantes Restaurant erwarten. Es ist die Wirkungsstätte von Fabian Denninger. Nach Stationen u. a. im "Edsbacka krog" in Sollentuna bei Stockholm, in der "Burg Wernberg" und im "Waldhotel Sonnora" in Wittlich, leitete er hier in Nürnberg zuerst die Küche des "Koch und Kellner", bevor er im Juni 2014 Inhaber und Küchenchef der "Entenstuben" wurde. Hier bereitet er Speisen auf klassischer Basis zu, wobei er sie modern und kontrastreich umsetzt. Schön gelingt das z. B. beim lauwarmen Hummer, dem Papaya und Mangold eine feine Frucht- und Säure-Note verleihen. Das sehr ansprechend präsentierte Menü gibt es auch als vegetarische Variante. Tipp: die ruhige, charmant-begrünte Terrasse hinter dem Haus.

🌤 – Preis: €€€€

Stadtplan: D2-9 – *Schranke 9* ⊠ *90489* – ☎ *0911 5209128* – *www.entenstuben. de* – *Geschlossen: Montag und Sonntag, mittags: Dienstag-Samstag*

KOCH UND KELLNER

MODERNE KÜCHE • BISTRO Einer der großen Klassiker der Nürnberger Gourmet-Szene hat mit Felix Bruegel (zuvor als Souschef hier tätig) einen neuen Chef am Herd. Seine Gerichte sind in einer Art "modernisierten Klassik" beheimatet. Nicht fehlen darf natürlich Patron und "Kellner" Frank Mackert mit seinem unnachahmlichen fränkischen Charme und profunder Weinexpertise, die er bei seiner rund 500 Etiketten umfassenden Karte versiert und nonchalant einbringen kann. Dazu schaffen klare Formen, freundliche, warme Farben und Parkettboden ein schönes Ambiente. Hinweis: Mo. - Sa. mittags (11.30 - 14.30 Uhr) nur auf Vorreservierung.

🍽 – Preis: €€€

Stadtplan: A3-4 – *Obere Seitenstraße 4* ⊠ *90429* – ☎ *0911 266166* – *www. kochundkellner.de* – *Geschlossen: Sonntag*

TISANE

MODERNE KÜCHE • DESIGN Cool, trendig und kommunikativ! In diesem "Chef's Table Restaurant" auf dem schicken Areal des Augustinerhofs in der Altstadt ist die offene Küche das Herzstück. Hier sitzen Sie an einer markanten

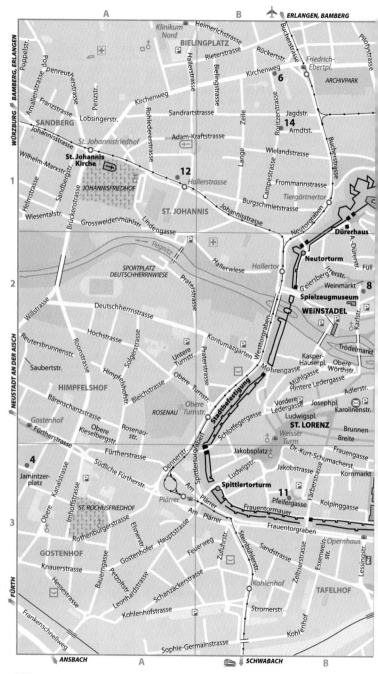

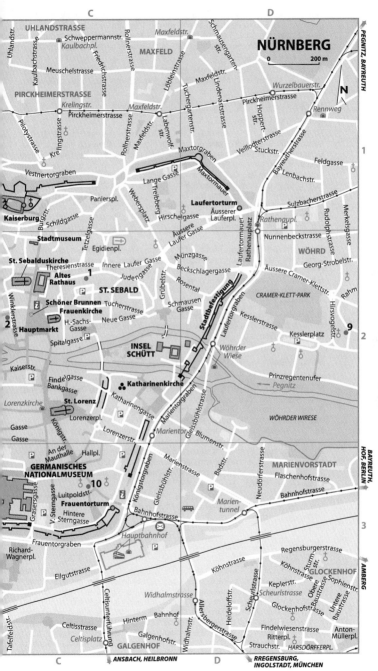

NÜRNBERG

0   200 m

N

PEGNITZ, BAYREUTH

C

D

1

UHLANDSTRASSE

Schweppermannstr.
Kaulbachpl.

Uhlandstr.

Kaulbachstrasse

Meuschelstrasse

MAXFELD

Rollnerstrasse

Friedrichstrasse

Löbleinstrasse

Maxfeldstr.

Schnausengarten str.

PIRCKHEIMERSTRASSE

Krelingstr.

Pirckheimerstrasse

Maxfeldstr.

Maxfeldstrasse

Lindenaststrasse

Tuchergartenstr.

Pirckheimerstrasse

Wurzelbauerstr.

Hopperstr.

Rennweg

Pilotystrasse

Krelingstrasse

Rollnerstrasse

Maxtorstr.

Labenwolf str.

Maxtorgraben

Veillodterstrasse

Stuckstr.

Bayreutherstrasse

Lenbachstr.

Feldgasse

1

Vestnertorgraben

Lange Gasse

Treibberg

Maxtormauer

Laufertorturm

Sulzbacherstrasse

Kaiserburg

Burgstr.

Schildgasse

Panierspl.

Weberplatz

Hirschelgasse

Äusserer
Lauferpl.

Rathenaupl.

Nunnenbeckstrasse

Rudolphstrasse

Merkelsgasse

WÖHRD

Stadtmuseum

Tetzelgasse

Egidienpl.

Äussere
Laufer Gasse

Münzgasse

Laufertormauer
Rathenauplatz

Georg-Strobelstr.

St. Sebalduskirche

Theresienstrasse

Innere Laufer Gasse

Beckschlagergasse

Äussere Cramer-Klettstr.

Altes
Rathaus

1

Judengasse

Rosental

Stadtbefestigung

CRAMER-KLETT-PARK

Rahm

ST. SEBALD

Grübelstr.

Winklerstrasse

Schöner Brunnen

Tucherstrasse

Schmausen
Gasse

Laufertorgraben

Kesslerstrasse

Hirsvogelstr.

Frauenkirche

Neue Gasse

9

2

Hauptmarkt

H.-Sachs-
Gasse

Kesslerplatz

Spitalgasse

INSEL
SCHÜTT

Wöhrder
Wiese

Prinzregentenufer

WÖHRDER WIRESE

2

Kaiserstr.

Findelgasse

Bankgasse

Katharinenkirche

Marientorgraben

Pegnitz

Lorenzkirche

St. Lorenz

Katharinengasse

Gleissbühlstrasse

Blumenstr.

Lorenzerpl.

Königstr.

Lorenzerstr.

Marientorgraben

Marienstr.

Gasse

Gasse

Marienstrasse

Badstr.

Neudörferstrasse

MARIENVORSTADT

BAYREUTH,
HOF, BERLIN

An der
Mauthalle

Hallpl.

Königstorgraben

Gleissbühlstr.

Flaschenhofstrasse

GERMANISCHES
NATIONALMUSEUM

Luitpoldstr.

10

Bahnhofstrasse

AMBERG

V. Sterngasse

Frauentorturm

Hintere
Sterngasse

Bahnhofstrasse

Marien-
tunnel

Grasersgasse

Frauentorgraben

Hauptbahnhof

3

Richard-
Wagnerpl.

Eilgutstrasse

Köhnstrasse

Regensburgerstrasse

Köhnstrasse

Sturm str.

GLOCKENHOF

Keplerstr.

Obere
Sophienstr.

Tafelfeldstr.

Widhalmstrasse

Scheurlstrasse

Heideloffstr.

Scheurlstrasse

Baustrasse

Untere
Baustrasse

Glockenhofstrasse

Anton-
Müllerpl.

Celtisstrasse

Hinterm Bahnhof

Widhalmstr.

Allersbergerstrasse

Findelwiesenstrasse
Ritterpl.

Celtisplatz

Galgenhofstr.

Strauchstr.

HARSDÖRFFERPL.

Celtisunterführung

GALGENHOF

ANSBACH, HEILBRONN

RREGENSBURG,
INGOLSTADT, MÜNCHEN

C

D

Theke im Naturstein-Look, der Austausch zwischen Köchen und Gästen ist Teil des Konzepts. Sie erleben hautnah mit, wie das Team um René Stein (bekannt aus dem "Schwarzen Adler") ein modern-kreatives Menü mit angenehm reduzierten Gerichten aus top Produkten zubereitet - auf Vorbestellung auch vegetarisch.
Preis: €€€€

Stadtplan: C2-2 – *Augustinerhof 1* ⊠ *90403* – *℘ 0911 376766276* – *restaurant-tisane.de* – *Geschlossen: Montag, Dienstag, Sonntag, mittags: Mittwoch-Samstag*

⌂ ## VELES

Chef: Vadim Karasev

MODERNE KÜCHE • GEMÜTLICH Ein Gourmetrestaurant im Nürnberger Szeneviertel Gostenhof? Warum eigentlich nicht? Umgeben von einem alternativ angehauchten Umfeld legt Küchenchef und Patron Vadim Karasev in seinem Restaurant viel Wert auf Regionalität und Saisonalität. Viele der ausgezeichneten Zutaten kommen von Kleinerzeugern aus dem Knoblauchsland, das quasi um die Ecke liegt. In der komplett einsehbaren Küche direkt im Raum entsteht ein durchdachtes, kreatives Menü mit fünf bis sieben Gängen - auf Voranmeldung auch vegetarisch. Dazu biodynamische Weine oder eine hausgemachte alkoholfreie Getränkebegleitung. Das Ambiente ist unkompliziert, locker und durchaus trendig. Freundlich und motiviert das Team, das Sie mit Enthusiasmus betreut und kulinarisch überrascht.

⌂ *Engagement des Küchenchefs:* Ich bin sehr auf das Produkt fokussiert, gehe respektvoll damit um und lasse mich zu ständigen Veränderungen inspirieren. Die Produkte kommen aus der unmittelbaren Umgebung, z. B. Fisch aus Erlangen, Gemüse aus dem Knoblauchsland. Alles wird komplett verarbeitet, teils fermentiert oder gepickelt.

⌂ – Preis: €€€

außerhalb Stadtplan – *Kernstraße 29* ⊠ *90429* – *℘ 0911 5985385* – *www.veles-restaurant.de* – *Geschlossen: Montag-Mittwoch, Sonntag, mittags: Donnerstag-Samstag*

⌂ ## WAIDWERK

Chef: Valentin Rottner

MODERNE KÜCHE • CHIC Die Gourmet-Keimzelle im Hause Rottner! Wo einst Vater Stefan das kulinarische Wohl der Region geprägt hat, lebt Sohn Valentin Rottner die Tradition sehr gekonnt weiter. Geboten wird ein modernes Menü mit vier bis sieben Gängen - ab zwei Personen gibt es auf Wunsch auch ein Tranchiergericht als Hauptgang. Dazu wird man unter der Leitung von Sommelier Thomas Wachter umsorgt, der professionell und freundlich mit Witz und Charme den Service leitet. Ebenso anspruchsvoll das Interieur: Richtig chic ist der geradlinige Stil in Kombination mit einem ländlichen Touch und Bezug zur Jagd - Letzteres kommt nicht von ungefähr: Küchenchef Valentin Rottner ist Jäger.

AC P – Preis: €€€€

außerhalb Stadtplan – *Winterstraße 15* ⊠ *90431* – *℘ 0911 612032* – *www.waidwerk-restaurant.de* – *Geschlossen: Montag, Dienstag, Sonntag, mittags: Mittwoch-Samstag*

⌂ ## WONKA

Chef: Christian Wonka

KREATIV • ZEITGEMÄSSES AMBIENTE Seit über 20 Jahren betreibt Christian Wonka dieses sympathische Restaurant. Gekocht wird ambitioniert und schmackhaft, gelungen werden ausgesuchte Produkte ohne Chichi zubereitet. Wirklich Freude macht der klare Aufbau der Gerichte, die aus wenigen Komponenten bestehen, so beispielsweise "Kabeljau, Chinakohl, Orange". Immer wieder schaffen asiatische Einflüsse (z. B. Wan Tan, Tempeh, Miso...) schöne, balancierte gesetzte Kontraste. Abends gibt es ein kreatives Menü mit fünf oder sechs Gängen, auch als vegane Variante. Mittags ist das Menü kleiner – hier finden sich ebenfalls Gerichte vom Abend. Neben verschiedenen geschmackvollen Räumen hat man noch sehr angenehme Terrassenplätze im Innenhof. Das Haus ist übrigens gut mit der Straßenbahn erreichbar.

🍴 ⇔ – Preis: €€€

Stadtplan: A1-12 – *Johannisstraße 38* ✉ *90419* – ☎ *0911 396215* – *www. restaurant-wonka.de* – *Geschlossen: Montag und Sonntag, mittags: Dienstag und Samstag*

✿ ZWEISINN MEIERS | FINE DINING

Chef: Stefan Meier

KREATIV • ZEITGEMÄSSES AMBIENTE Eine echte kulinarische Bereicherung für die Frankenmetropole ist dieses geradlinig-schicke Restaurant etwas außerhalb des Nürnberger Stadtzentrums, mit dem sich Stefan Meier nach erstklassigen Stationen im "Louis C. Jacob" in Hamburg, im "Amador" in Langen oder bei Johanna Maier im österreichischen Filzmoos vor einigen Jahren selbstständig gemacht hat. Gemeinsam mit seinem motivierten Team kombiniert er beste Produkte zu stimmigen, handwerklich exakten und kreativen Gerichten mit eigener Idee. Für Vegetarier hält man auf Nachfrage Alternativen zum angebotenen Menü bereit. Der Service ist professionell, sehr freundlich und aufmerksam.

� & 🍴 – Preis: €€€€

außerhalb Stadtplan – *Äußere Sulzbacher Straße 118* ✉ *90491* – ☎ *0911 92300823* – *www.meierszweisinn.de* – *Geschlossen: Montag und Sonntag, mittags: Samstag*

[W]EINKLANG

MODERN • CHIC Chic kommt das kleine Restaurant im Nürnberger Nordwesten daher, gemütlich die Atmosphäre, ein schönes Detail sind die dekorativen Weinregale. Hier bietet Patron und Küchenchef Tomas Spanu ein Menü mit vier oder fünf Gängen, auch als vegetarische Variante. Der Chef - übrigens sardisch-französischer Abstammung - kocht angenehm reduziert und auf das Produkt bezogen. Der freundliche und aufmerksame Service macht das angenehme Bild komplett. Da wird man doch gerne zum Wiederholungstäter!

& 📺 – Preis: €€€

außerhalb Stadtplan – *Johannisstraße 130* ✉ *90402* – ☎ *0911 91947480* – *www.weinklang.co* – *Geschlossen: Montag und Sonntag, mittags: Dienstag-Samstag*

DER SCHWARZE ADLER

MODERNE KÜCHE • ROMANTISCH Hier ist man mit Herzblut bei der Sache - das merkt man an den stilvollen Stuben des wunderschön restaurierten jahrhundertealten Hauses ebenso wie am engagierten Service und nicht zuletzt an der internationalen, modern-saisonalen Küche von Christian Brieske, regionale Produkte aus dem Knoblauchsland inklusive. Das Angebot ist auf "Sharing" ausgelegt. Reizend die Terrasse im Garten - im Sommer steht hier der Outdoor-Grill im Mittelpunkt.

🍴 ⇔ – Preis: €€€

außerhalb Stadtplan – *Kraftshofer Hauptstraße 166* ✉ *90427* – ☎ *0911 305858* – *schwarzeradler.de* – *Geschlossen: Montag und Dienstag, mittags: Mittwoch-Freitag, Sonntag*

IMPERIAL BY ALEXANDER HERRMANN

INTERNATIONAL • TRENDY Ein interessante Location ist dieses Restaurant schon allein durch seinen Mix aus architektonischen Details des Altbaus sowie dem modernen, chic-urbanen Look samt einsehbarer mittig angelegter Küche. Hier wird man in unkomplizierter, entspannter Atmosphäre freundlich umsorgt. Gekocht wird international und mit fränkischem Einfluss. Es stehen verschiedene Menüs zur Wahl.

📺 – Preis: €€€€

Stadtplan: C3-10 – *Königstraße 70* ✉ *90402* – ☎ *0911 24029955* – *ah-imperial. de* – *Geschlossen: Montag und Sonntag, mittags: Dienstag-Samstag*

IU & ON

THAILÄNDISCH • **TRENDY** Bereits seit 1972 gibt es diesen Familienbetrieb im Herzen von Nürnberg! Man hat viele Stammgäste und die schätzen die aromareichen Gerichte, zu denen auch Klassiker wie "Laab" oder "Tom Yam" zählen. Dazu erwarten Sie klares, minimalistisches Ambiente und freundlicher Service. Seinen Namen hat das Restaurant übrigens von den Schwester Iu und On, die hier kochen.
🍴 – Preis: €
Stadtplan: B1-14 – *Roritzerstraße 10* ✉ *90419* – ☎ *0911 336767* – *thairestaurant-nuernberg.de* – *Geschlossen: Montag und Dienstag, mittags: Mittwoch-Freitag*

MINNECI

ITALIENISCH • **MEDITERRANES AMBIENTE** Richtig schön verbindet sich der historische Charakter des alten Stadthauses von 1560 mit der Atmosphäre eines italienischen Ristorante. Zur Wahl stehen ein Menü sowie Gerichte à la carte - gut kommen beispielsweise die "Ochsenschwanz-Tortelli" an. Mittags bietet man ein etwas kleineres und günstigeres Lunch-Menü. Der Service ist freundlich und charmant. Sie kommen mit dem Auto? Nebenan gibt es ein öffentliches Parkhaus.
🍴 – Preis: €€€
Stadtplan: B3-11 – *Zirkelschmiedsgasse 28* ✉ *90402* – ☎ *0911 209655* – *www.restaurant-minneci.de* – *Geschlossen: Montag und Sonntag*

WÜRZHAUS

MODERNE KÜCHE • **MINIMALISTISCH** Eine wirklich interessante Adresse! Während man sich in der Mittagspause auf ein einfacheres, fair kalkuliertes Lunch-Angebot freuen darf (à la carte oder als kleines Menü), zeigt sich das Restaurant am Abend von seiner aufwändigeren Seite samt modern-kreativer Küche. In ihrem Menü verbindet Küchenchefin Diana Burkel regional-saisonale Produkte mit internationalen Einflüssen. Freundlich und versiert der Service, sympathisch die Atmosphäre.
🍴 – Preis: €€€
Stadtplan: B1-6 – *Kirchenweg 3a* ✉ *90419* – ☎ *0911 9373455* – *www.wuerzhaus.info* – *Geschlossen: Montag und Sonntag, mittags: Samstag*

ZIRBELSTUBE

REGIONAL • **RUSTIKAL** Der Weg in Nürnbergs Umland lohnt sich, denn in dem charmenten Sandsteingebäude von 1860 erwartet Sie neben dem schönen Ambiente der Zirbelstube oder des Gewölbes eine gute regional-saisonale Küche mit klassischen und internationalen Einflüssen. Die Gerichte der beiden Menüs können Sie auch variieren. Reizend die Terrasse. Der freundlich geführte Familienbetrieb hat auch hübsche Gästezimmer.
♿🍴♻🅿 – Preis: €€€
außerhalb Stadtplan – *Friedrich-Overbeck-Straße 1* ✉ *90455* – ☎ *0911 998820* – *www.zirbelstube.com* – *Geschlossen: Montag und Sonntag, mittags: Dienstag-Samstag*

ZWEISINN MEIERS | BISTRO

MODERNE KÜCHE • **BISTRO** Wer in Nürnberg ein richtig nettes Bistro sucht, ist hier genau richtig! Angenehme gepflegte Atmosphäre, freundlicher Service und gutes Essen erwarten Sie. Mittags ist der günstige Tagesteller gefragt. Das Gourmetrestaurant des Hauses befindet sich im hinteren Bereich und ist nicht minder beliebt.
🕸 ♿🍴 – Preis: €€
außerhalb Stadtplan – *Äußere Sulzbacher Straße 118* ✉ *90491* – ☎ *0911 92300823* – *www.meierszweisinn.de* – *Geschlossen: Montag und Sonntag, mittags: Samstag*

OBERAUDORF

Bayern – Regionalatlas **6**–Y4

BERNHARD'S

MARKTKÜCHE • FREUNDLICH Das Restaurant der Familie Bernhard liegt sehr zentral, ist gemütlich in seiner ländlich-traditionellen Art und lockt viele Stammgäste, aber auch Touristen an. Tipp: Probieren Sie Gerichte mit Schweizer Akzent - der Senior ist gebürtiger Graubündner! Auf der Karte finden sich u. a. auch leckere Klassiker wie "Rumpsteak Café de Paris". Angenehm sitzt man auch auf der Terrasse. Sie möchten übernachten? Gepflegte Gästezimmer bietet man hier oder im "Seebacher Haus" unter gleicher Leitung.

🏡 ⇔ 🅿 – Preis: €€

Marienplatz 2 ✉ *83080 –* ☎ *08033 30570 – www.bernhards.biz – Geschlossen: Mittwoch, mittags: Donnerstag*

OBERBOIHINGEN

Baden-Württemberg – Regionalatlas **7**–B2

🏵   ### ZUR LINDE

REGIONAL • BÜRGERLICH Seit Jahrzehnten ein bewährter Klassiker in der Region - hier bekommen Sie richtig traditionelle Küche. Die aus sehr guten Produkten zubereiteten Gerichte sind schmackhaft und zudem preislich fair. Beliebt auch das günstige Tagesessen. Tipp: Vieles gibt es auch für zuhause: Maultaschen, Spätzle, Wurst- und Fleischwaren... Für Langzeitgäste: topmoderne Apartments im Nebenhaus.

🏡 ⇔ 🅿 – Preis: €

Nürtinger Straße 24 ✉ *72644 –* ☎ *07022 61168 – www.linde-oberboihingen.de – Geschlossen: Montag und Dienstag*

OBERHAUSEN

Nordrhein-Westfalen – Regionalatlas **3**–J2

HACKBARTH'S RESTAURANT

MODERNE KÜCHE • MEDITERRANES AMBIENTE Hinter der roten Eingangstür erwartet Sie ein trendig-schickes Ambiente, in dem Sie das herzliche Hackbarth-Team aufmerksam umsorgt. Die moderne Küche verbindet Regionales und Internationales. Mediterrane und fernöstliche Einflüsse finden sich ebenso wie der Bezug zur Saison. Mittags ist das Angebot ein bisschen kleiner, abends gibt es noch ein Menü mit sechs Gängen. Gut sortierte Weinkarte. Schön sitzt man auch auf der Terrasse. Tipp: Zum Wochenende (Fr. und Sa.) sollten Sie reservieren.

🏡 ⇔ 🅿 – Preis: €€

Im Lipperfeld 44 ✉ *46047 –* ☎ *0208 22188 – www.hackbarths.de – Geschlossen: Montag und Sonntag, mittags: Samstag*

OBERKIRCH

Baden-Württemberg – Regionalatlas **5**–T3

SPRINGBRUNNEN SKLENAR

REGIONAL • LANDHAUS Nach fast 30 Jahren Mallorca hat es den gebürtigen Tschechen Martin Sklenar und seine Frau Lucie von der Baleareninsel in die Weinberge von Oberkirch verschlagen. Hier bieten sie in gemütlichem Ambiente mit rustikalem Touch oder auf der herrlichen Terrasse, dem "Weinberggarten", einen interessanten Mix aus badisch-regionaler, mallorquinischer und böhmisch inspirierter Küche. Zu den produktorientierten Gerichten serviert man überwiegend regionale Weine.

 ♿ 🏡 ⇔ 🅿 – Preis: €€

Springstraße 11 ✉ *77704 –* ☎ *07802 7058383 – www.restaurant-springbrunnen. de – Geschlossen: Dienstag und Mittwoch, mittags: Montag, Donnerstag-Samstag*

OBERRIED

Baden-Württemberg – Regionalatlas **7**–B1

(😋) DIE HALDE

REGIONAL • RUSTIKAL Hier oben in 1147 m Höhe ist mit diesem stilvollen Restaurant der Spagat zwischen Historie und Moderne geglückt! Sie sitzen in gemütlichen Stuben und lassen sich freundlich und geschult umsorgen. In der Küche arbeitet man gerne mit heimischen Produkten, Wasser kommt aus der Haus-Bergquelle. Zum Übernachten gibt es schöne Zimmer in modern-regionalem Stil.

&.🏡 **P** – Preis: €€

Halde 2 ⊠ *79254 –* ℰ *07602 94470 – www.halde.com*

(😋) GASTHAUS STERNEN POST

REGIONAL • LÄNDLICH Bereits seit 2006 sind Bernd Lutz und seine Frau Rosemarie in dem sympathischen Gasthaus von 1875 für ihre Gäste da. Der Patron und sein Team sorgen hier für schmackhafte klassisch-saisonale Gerichte, für die sie viele Produkte aus der Region verwenden. Charmant die Stuben, hübsch die Terrasse. Zum Übernachten hat man freundliche Zimmer und eine schöne Ferienwohnung.

🏡 ⇔ **P** – Preis: €€

Hauptstraße 30 ⊠ *79254 –* ℰ *07661 989849 – www.gasthaus-sternen-post.de –* *Geschlossen: Dienstag und Mittwoch, abends: Montag*

OBERSTAUFEN

Bayern – Regionalatlas **5**–V4

ALPENKÖNIG - ESSLUST

FRANZÖSISCH-ZEITGEMÄSS • REGIONALES AMBIENTE Hier sitzen Sie in schönen, wertig eingerichteten Stuben von charmant-traditionell bis chic-modern und lassen sich vom herzlichen, geschulten Service mit frischer regionaler Küche umsorgen. Dazu eine ansprechende Weinkarte. Das Restaurant befindet sich übrigens im attraktiven gleichnamigen Hotel mit wohnlichen Zimmern und modernem Wellnessbereich, umgeben von reizvoller Allgäuer Landschaft.

🛏 🅰️ **P** – Preis: €€

Kalzhofer Straße 25 ⊠ *87534 –* ℰ *08386 93450 – www.hotel-alpenkoenig.de –* *Geschlossen: Dienstag und Sonntag, mittags: Montag, Mittwoch-Samstag*

DIE.SPEISEKAMMER

MODERNE KÜCHE • TRENDY "Casual Fine Dining" nennt sich das Konzept im Restaurant des chic-alpinen Hotels "DAS.HOCHGRAT". Zum trendig-wertigen Design aus klaren Linien und warmem Holz bietet man eine moderne Küche, bei der man Wert legt auf Saisonalität und gerne auf Produkte aus der Region zurückgreift. Es gibt ein A-la-carte-Angebot (hier können Sie zwei bis vier Gänge auswählen) sowie zwei Menüs mit vier bis sechs Gängen, eines davon vegetarisch. Für zwei Personen ist das Weidehuhn von Lars Odefey in fünf Gängen eine schöne Empfehlung. Dazu eine Weinkarte mit über 700 Positionen.

🕸 &.🏡 – Preis: €€

Rothenfelsstraße 6 ⊠ *87534 –* ℰ *08386 9914620 – www.das-hochgrat.* *de/essen.html – Geschlossen: Dienstag und Mittwoch, mittags: Montag,* *Donnerstag-Samstag*

OBERSTDORF

Bayern – Regionalatlas **5**–V4

✿ ESS ATELIER STRAUSS

Chef: Peter A. Strauss

KLASSISCHE KÜCHE • GEMÜTLICH Hochwertige Möbel aus Altholz, bequeme, mit schönen Karo-Stoffen bezogene Stühle, in die Decke eingelassene Edelweißleuchten und geradlinige, edle Tischkultur – so frisch und modern präsentiert sich das Restaurant. Aber nicht nur der chic-alpine Look gefällt den Gästen, alles, was Hausherr Peter A. Strauss hier auf den Teller bringt, begeistert ebenso. Man verwöhnt Sie mit klassischen Gerichten, die modern-kreativ beeinflusst sind und angenehm reduziert zubereitet werden. Die Produkte sind von ausgezeichneter Qualität und kommen überwiegend aus der Region. Man bietet nur ein saisonales Überraschungsmenü - eine Speisenkarte wird nicht gereicht. Blickfang ist der verglaste Weinklimaschrank mit guter Auswahl.

&. 🍴 – Preis: €€€€

Kirchstraße 1 ⊠ 87561 – ℰ 08322 800080 – www.loewen-strauss.de –
Geschlossen: Montag-Mittwoch, mittags: Donnerstag-Sonntag

☺ DAS FETZWERK

INTERNATIONAL • TRENDY Modern und angenehm unkompliziert kommt "Das Fetzwerk" daher - das gilt sowohl für das trendige Ambiente als auch für die Küche. Geboten werden schmackhafte, frische Gerichte mit einem gewissen Pfiff. Dazu wird man freundlich und aufmerksam umsorgt. Das Restaurant befindet sich übrigens im komfortablen Hotel "Das Freiberg" und hat ab 13 Uhr geöffnet. Bei schönem Wetter ist die Terrasse geradezu ein Muss!

🍽 🅿 – Preis: €

Freibergstraße 21 ⊠ 87561 – ℰ 08322 96780 – www.das-fetzwerk.de

---

☺ DAS JAGDHAUS

REGIONAL • LÄNDLICH Das charmante Holzhaus von 1856 mit seinen drei Stuben ist eine richtig nette Alternative zu den anderen Restaurants, die Familie Bolkart-Fetz in Oberstdorf bietet. Auf den Tisch kommen nur Produkte aus Deutschland, bevorzugt aus der Region, so finden sich auch tolle Wildgerichte auf der traditionellen Karte. Dazu gibt es eine schöne Weinauswahl. Im hübschen Biergarten sitzt man angenehm unter Kastanien.

🍽 ♻ 🅿 – Preis: €€

Ludwigstraße 13 ⊠ 87561 – ℰ 08322 987380 – www.das-jagdhaus.de –
Geschlossen: Mittwoch und Donnerstag

DAS MAXI - GENUSSREICH 🆕

SAISONAL • CHIC „Das Maxi" erweitert gelungen das Angebot des Hotels „Das Freiberg" und ist nicht nur für den Hausgast interessant. Hier bekommt man zeitgemäße, meist mediterrane Gerichte mit saisonalem Einfluss. Neben dem wechselnden Tagesmenü hat man auch ein kleines A-la-carte-Angebot. Serviert wird in geschmackvollen Stuben, im Sommer sind die Plätze im Garten sehr einladend. Tadellos die Auswahl an internationalen Weinen. Buchen Sie doch auch gleich eines der schönen Gästezimmer mit herrlichem Blick auf die Berge!

🛏 🍽 ♻ 🅿 – Preis: €€€

Freibergstraße 21 ⊠ 87561 – ℰ 08322 96780 – www.das-freiberg.de/das-maxi –
Geschlossen: Sonntag, mittags: Montag-Samstag

LÖWEN GENUSS WIRTSCHAFT

REGIONAL • GASTHOF Im alpinen Lifestyle-Hotel "Löwen & Strauss" gibt es neben dem Gourmetrestaurant auch dieses Restaurant als wirklich nette Alternative. Der modern-rustikale Stil - schön die liebevollen Details wie alte Skier, Kuhglocken etc. - kommt gut an. Bei den Gerichten legt man Wert auf regionalen und saisonalen Bezug. Tipp: Nehmen Sie auch einen Drink in der Bar "Berggold" im Haus nebenan.

&. 🛝 🅿 – Preis: €€

Kirchstraße 1 ✉ 87561 – ☏ 08322 800088 – www.loewen-strauss.de –
Geschlossen: Montag und Dienstag

ONDERSCH GENUSSWIRTSCHAFT

MODERNE KÜCHE • FREUNDLICH Hinter dem Namen "Ondersch" (Dialekt für "Anders") verbirgt sich ein trendiges Konzept, das ankommt. Hier im "LOFT" findet man Kino, Streetfood-Bar und das Restaurant "Genusswirtschaft" unter einem Dach. Letzteres befindet sich in der oberen Etage, unkompliziert und urban die Atmosphäre, freundlich der Service. Geboten wird eine schmackhafte moderne Küche mit regionalem und saisonalem Bezug.

&. – Preis: €€

Ludwigstraße 7 ✉ 87561 – ☏ 08322 3004885 – www.ondersch.de –
Geschlossen: Sonntag

OBERURSEL (TAUNUS)
Hessen – Regionalatlas **3**–L4

KRAFTWERK

MODERN • TRENDY Das einstige Kraftwerk ist nicht nur eine schicke Location, man isst hier auch richtig gut. Die Küche verbindet klassische, mediterrane und österreichische Einflüsse. Sie sitzen in einer hohen Halle mit Industrie-Charme und lassen sich freundlich umsorgen. Serviert werden moderne Menüs, zu denen man Ihnen auf Wunsch auch eine ausgewählte Weinbegleitung anbietet.

🕸 🛝 🅿 – Preis: €€

Zimmersmühlenweg 2 ✉ 61440 – ☏ 06171 929982 – kraftwerkrestaurant.de –
Geschlossen: Montag und Sonntag, mittags: Dienstag-Samstag

ODENTHAL
Nordrhein-Westfalen – Regionalatlas **3**–J3

❀ **ZUR POST**

Chefs: Alejandro Wilbrand und Christopher Wilbrand

MODERNE KÜCHE • ELEGANT Einen Ort zum Genießen und Wohlfühlen haben die Brüder Alejandro und Christopher Wilbrand aus dem historischen Gasthaus gemacht. Mit ihrer Küche gelingt ihnen ein interessanter Spannungsbogen zwischen Klassik und kreativ angehauchter Moderne. Dafür verarbeiten sie ausgezeichnete Produkte zu einem konventionellen und einem vegetarischen Menü. Der Bezug zur Region findet sich in den durchdachten Gerichten ebenso wie andere europäische Einflüsse. Trefflich die Empfehlungen aus dem schönen Weinangebot. Neben ihrem Gourmetrestaurant haben die Wilbrands hier auch noch die legerere „Postschänke" und ein komfortables kleines Hotel.

🆎 ♻ 🅿 – Preis: €€€

Altenberger-Dom-Straße 23 ✉ 51519 – ☏ 02202 977780 – www.zurpost.
eu – Geschlossen: Montag und Dienstag, mittags: Mittwoch-Samstag, abends:
Sonntag

POSTSCHÄNKE

MARKTKÜCHE • BISTRO Gemütlich und sympathisch-lebhaft ist die Atmosphäre hier. Die "Postschänke" ist die schöne Alternative zum Gourmetrestaurant "Zur Post" und kommt gut an mit ihrer schmackhaften saisonal ausgerichteten Küche, für die ausgesuchte, frische Produkte zum Einsatz kommen. Geboten wird ein Tagesmenü mit Wahlmöglichkeit sowie Tagesempfehlungen. Der Service ist sehr freundlich und aufmerksam.

🏠 🅿 – Preis: €€
Altenberger-Dom-Straße 23 ✉ 51519 – ☎ 02202 977780 – www.zurpost.eu –
Geschlossen: Montag und Dienstag, abends: Sonntag

OFTERSCHWANG
Bayern – Regionalatlas 5-V4

✿ SILBERDISTEL

KLASSISCHE KÜCHE • ELEGANT Das seit 1919 von Familie Fäßler geführte luxuriöse "Sonnenalp Resort" hat auch eine tolle gastronomische Seite. Das Team der "Silberdistel"-Küche verarbeitet ausgesuchte saisonale Zutaten. Geboten wird das Menü „Weitblick" mit bis zu sieben Gängen – Tipp: Vor, zu oder zwischen den Gängen können Sie Kaviar von Walter Grüll aus Salzburg bestellen. Freitags und sonntags gibt es eine zusätzliche Klassiker-Karte. Hier in der 4. Etage hat man übrigens eine wunderbare Aussicht - vielleicht können Sie ja einen Fensterplatz ergattern. Doch auch das Restaurant selbst kann sich sehen lassen: geschmackvoll und hochwertig der Mix aus elegantem Stil und alpenländischem Charme. Dazu kommt das Bemühen um den Gast, das in diesem traditionsreichen Haus allgegenwärtig ist.

⬧ ♿ 🎦 🅿 – Preis: €€€€
Sonnenalp 1 ✉ 87527 – ☎ 08321 2720 – Geschlossen: Montag und Dienstag,
mittags: Mittwoch-Sonntag

FREISTIL.

Chefs: Mirco Heuser und Constantin Kiehne

MODERNE KÜCHE • FREUNDLICH Neben einem schönen modernen Ambiente aus klaren Formen und warmem Holz erwartet Sie hier eine regional und saisonal ausgerichtete Küche mit modernen Gerichten, die Sie in Menüform (auch vegetarisch bzw. vegan) oder à la carte wählen können. Sie möchten übernachten? Im Boutiquehotel hat man hübsche, wohnlich gestaltete Gästezimmer für Sie.

✿ *Engagement des Küchenchefs:* Saisonalität und handverlesene Produktqualität stehen für mich an erster Stelle, das Allgäu hat hier viel zu bieten! Wir verarbeiten Tiere von A - Z, Wild aus der Umgebung, Fische aus regionaler Zucht, ich stehe für faire und gute Arbeitsbedingungen, Strom beziehen wir aus dem Blockheizkraftwerk.

🏠 🅿 – Preis: €€
Schweineberg 20 ✉ 87527 – ☎ 08321 7071 – kiehnes-freistil.de – Geschlossen
mittags: Montag-Sonntag

ÖHNINGEN
Baden-Württemberg – Regionalatlas 5-U4

✿ FALCONERA

Chef: Johannes Wuhrer

FRANZÖSISCH-KLASSISCH • FAMILIÄR Eine schöne Adresse ist die ehemalige Mühle im Grünen unweit des Bodensees. Mit Falken- und Mühlenstube hat man in dem jahrhundertealten Fachwerkhaus einen geschmackvollen Mix aus elegant und rustikal geschaffen. Nicht zu vergessen der tolle Garten! Dass man hier viele Stammgäste hat, ist nicht nur dem hübschen Rahmen zu verdanken, auch die herzliche Art der Gastgeber kommt an. Und dann ist da noch die hervorragende Küche, die Leidenschaft und Können widerspiegelt. Patron Johannes Wuhrer kocht klassisch-saisonal und verarbeitet ausgesuchte, frische Produkte. Sie können das "Menü Falconera" oder das "Gemüsemenü" wählen - oder lieber Gerichte à la carte? Mittags gibt es zusätzlich ein günstigeres 3-Gänge-Menü.

🍴 🏠 🅿 – Preis: €€€
Zum Mühlental 1 ✉ 78337 – ☎ 07735 2340 – falconera.de – Geschlossen:
Montag, Dienstag, Sonntag, mittags: Mittwoch und Donnerstag

OLDENBURG

Niedersachsen – Regionalatlas **1**–B4

KEVIN GIDEON

MODERNE KÜCHE • HIP Umzug nach Redaktionsschluss. Das Restaurant in bester Innenstadtlage kommt wertig, geradlinig-modern und mit "Industrial"-Touch daher, große Fenster lassen Licht herein. Man sitzt hier in freundlich-nachbarschaftlicher Atmosphäre, der zum Raum hin offen angeschlossene Küchenpass gewährt je nach Sitzplatz interessante Einblicke. Kevin Gideon und sein kleines Team bieten ein kreativ-modernes Menü mit kraftvollen Gerichten, auch als vegetarische Variante. Zu einzelnen Gängen ist ein "Upgrade" (z. B. Trüffel oder Kaviar) möglich. Tipp: Gut parken können Sie am Waffenplatz.

🅰🅲 – Preis: €€€€

Donnerschweer Straße 325 ✉ *26123 –* ☏ *0441 18005066 – kevingideon.de –*
Geschlossen: Montag und Sonntag, mittags: Dienstag-Freitag

OSNABRÜCK

Niedersachsen – Regionalatlas **3**–K1

⚭ FRIEDRICH

FRANZÖSISCH-MODERN • CHIC In dem gepflegten Stadthaus am kleinen Hans-Callmeyer-Platz überzeugt Lars Keiling mit moderner französischer Küche, in die er kreative Momente sowie internationale und mediterrane Aromen einbezieht. Zu den vier bis sieben Gängen des Menüs können Sie die passende glasweise Weinbegleitung wählen oder sich überaus kompetent beraten lassen. Für die charmant-professionelle Gästebetreuung ist Restaurantleiterin und Sommelière Gina Duesmann zuständig, die sehr aufmerksam auf jeden Gast eingeht. Zum tollen Essen und dem angenehmen Service gesellt sich noch ein geschmackvolles chic-elegantes Ambiente. Alternativ hat man das Bistro "Kleiner Friedrich" mit schöner Terrasse unter schattenspendenden Kastanien.

🕸 – Preis: €€€€

Lotter Straße 99 ✉ *49078 –* ☏ *0541 96380899 – friedrich-osnabrueck.de –*
Geschlossen: Montag, Dienstag, Sonntag, mittags: Mittwoch-Samstag

⚭ IKO

Chef: Tom Elstermeyer

MODERNE KÜCHE • MINIMALISTISCH Gelungen hat man hier die drei Bereiche "Iko-Flowers", "Iko-Atelier" und "Iko-Restaurant" verbunden. Das Ergebnis: ein attraktives geradlinig-modernes Interieur mit trendig-rustikalem Touch, Blumendeko aus dem angeschlossenen Laden und handgefertigtem Geschirr aus der integrierten Töpferei. In der offenen Küche verarbeitet man ausgesuchte Produkte zu einem modern-kreativen Menü mit fünf oder sieben Gängen - auch vegetarisch. Die Köche servieren die Gerichte selbst. Charmant und geschult empfiehlt man dazu auch gerne alkoholfreie selbst kreierte Cocktails. Hübsche Gartenterrasse. Übrigens: Man bietet auch Töpfer-Kurse an.

🏮 ⇄ – Preis: €€€€

Stadtweg 38a ✉ *49086 –* ☏ *0541 44018030 – www.iko-restaurant.de –*
Geschlossen: Montag, Dienstag, Sonntag, mittags: Mittwoch-Samstag

⚭ KESSELHAUS

KREATIV • TRENDY Einen coolen Rahmen bietet diese aparte Adresse im Gewerbegebiet. Attraktive Industrie-Architektur prägt das Bild: vor dem Gebäude die nette Terrasse am markanten Ziegelschornstein, drinnen tolles Loft-Ambiente: Sie sitzen unter einer hohen Decke, um Sie herum freiliegende Backsteinmauern, hohe Sprossenfenster und schicke Design-Elemente wie der mittige "Center Table" aus massivem Holz oder Comic-Kunst an der Wand. Während das Team um Randy de Jong für eine modern-saisonale, auf wenige Komponenten reduzierte

Produktküche in Menüform sorgt (hier z. B. "Wolfsbarsch, Rosmarin, Kumquat"), leitet Gastgeberin und Inhaberin Thayarni Garthoff in relaxter Atmosphäre den professionellen Service - auch die Köche sind mit von der Partie. Samstags und sonntags auch Lunch.

�_____ ⇄ 🅿 – Preis: €€€€

Neulandstraße 12 ✉ 49084 – ☏ 0541 97000072 – www.kesselhaus-os.de – Geschlossen: Montag-Mittwoch, mittags: Donnerstag und Freitag

WILDE TRIEBE

REGIONAL • **TRENDY** Trendig-puristisch und ideenreich vereint das über 150 Jahre alte ehemalige Bahnhofsgebäude Kunst und Kulinarik. Wertiges Ambiente aus Backstein, Beton, Stahl und Holz, überaus charmanter Service und sehr produktbezogene Küche auf eigens gebranntem Ton-Geschirr. Besuchen Sie auch das "stille Örtchen": Durch eine Glasabdeckung schaut man hier in einen Brunnenschacht!

�_____ 🅿 – Preis: €€

Am Sutthauser Bahnhof 5 ✉ 49082 – ☏ 0541 60079033 – www.wilde-triebe. de – Geschlossen: Montag, Dienstag, Sonntag, mittags: Mittwoch-Samstag

OSTRACH
Baden-Württemberg – Regionalatlas **5**–U4

⊛ LANDHOTEL ZUM HIRSCH

REGIONAL • **FREUNDLICH** In dem über 300 Jahre alten Gasthaus gibt es eine gute regionale Küche, die mit der Saison geht und überwiegend auf heimischen Produkten basiert. Das Angebot reicht von Klassikern wie "Hirschwirts Gaisburger Marsch" oder "Schwäbisches Kuttelragout" bis hin zu mediterran beeinflussten Gerichten wie z. B. "Gebratenes Filet von der Atlantik-Dorade an Weißweinsößle auf Paprika-Zucchinigemüse und Risotto". Zum Übernachten hat der gepflegte Familienbetrieb wohnliche Zimmer.

&_____ �_____ ⇄ 🅿 – Preis: €€

Hauptstraße 27 ✉ 88356 – ☏ 07585 92490 – www.landhotel-hirsch.de – Geschlossen: Sonntag

ÖTISHEIM
Baden-Württemberg – Regionalatlas **7**–B2

⊛ STERNENSCHANZ

BÜRGERLICHE KÜCHE • **GASTHOF** Hier macht es Spaß einzukehren! Ein wirklich netter Gasthof, der von Familie Linck mit Herzblut geführt wird. Man wird freundlich umsorgt und kann richtig gut und preislich fair essen! Gekocht wird regional-schwäbisch und gutbürgerlich - da darf man sich beispielsweise auf Flädlesuppe und Kalbsrahmgulasch freuen. Kein Wunder, dass man zahlreiche Stammgäste hat! Im Sommer lockt die schöne Gartenterrasse.

�_____ ⇄ 🅿 – Preis: €€

Gottlob-Linck-Straße 2 ✉ 75443 – ☏ 07041 6667 – www.sternenschanz.de – Geschlossen: Montag und Sonntag, mittags: Dienstag-Samstag

PADERBORN
Nordrhein-Westfalen – Regionalatlas **3**–L2

✿ BALTHASAR

Chef: Elmar Simon

FRANZÖSISCH-MODERN • **ELEGANT** Nicht ohne Grund findet das "Balthazar" regen Zuspruch bei den Gästen. Inhaber und Küchenchef Elmar Simon überzeugt hier mit klassisch-modernen Speisen, während seine charmante Frau Laura, ihres Zeichens Sommelière, mit ihrem Team für einen lockeren und gleichermaßen professionellen Service sorgt, gute Weinempfehlungen inklusive. Dazu wertig-elegantes Ambiente - helles Holz, warme Brauntöne und angenehme Beleuchtung schaffen eine entspannte Atmosphäre. Interessant: Auf dem Weg ins Restaurant gewährt das Bullauge im Eingangsbereich einen Blick in die Küche - das steigert die Vorfreude auf das ausgezeichnete Essen. Geboten werden zwei Menüs, eines davon vegetarisch.

&. 🌿 ⇪ 🅿 – Preis: €€€€

Warburger Straße 28 ⊠ 33098 – 𝒞 05251 24448 – www.restaurant-balthasar. de – Geschlossen: Montag und Sonntag, mittags: Dienstag-Samstag

PANKER
Schleswig-Holstein – Regionalatlas **1**–D2

FORSTHAUS HESSENSTEIN
MARKTKÜCHE • GEMÜTLICH Dass das ehemalige Forsthaus in schöner Lage eine gefragte Adresse ist, liegt an den heimelig-charmanten Stuben, am freundlichen Service und nicht zuletzt an der guten Küche, die es z. B. in Form von Klassikern wie Wiener Schnitzel, Zwiebelrostbraten oder Crème brûlée gibt. Tipp: Nehmen Sie sich etwas Zeit und besteigen Sie den Aussichtsturm. Daneben laden die Feldwege ringsum zu einem Spaziergang ein.

🌿 ⇪ 🅿 – Preis: €€

Hessenstein 1 ⊠ 24321 – 𝒞 04381 9416 – www.forsthaus-hessenstein.com – Geschlossen: Montag und Dienstag, mittags: Mittwoch-Samstag

PAPPENHEIM
Bayern – Regionalatlas **6**–X2

😊 ZUR SONNE
REGIONAL • GASTHOF Bei Familie Glück kann man richtig gut essen! Darf es etwas Saisonales sein oder lieber ein regionaler Klassiker? Wild macht hier ebenso Appetit wie Gerichte vom Altmühltaler Lamm. Viele Produkte kommen aus der Region. Mittags speist man im lichten Wintergarten im Neubau, im Sommer lockt die Terrasse. Die "Sonne" hat auch schöne Gästezimmer, darunter Themenzimmer.

🌿 ⇪ – Preis: €€

Deisinger Straße 20 ⊠ 91788 – 𝒞 09143 837837 – www.sonne-pappenheim.de – Geschlossen: Dienstag und Mittwoch

PARSBERG
Bayern – Regionalatlas **6**–Y2

HIRSCHKÖNIG ⓝ
SAISONAL • CHIC Hier verbinden sich ländlicher Charme und Moderne mit eleganter Note zu schönem Wohlfühlambiente - das gilt für das Hotel "Hirschen" ebenso wie für das kleine Gourmetrestaurant mit seinem wertigen, puristisch-schicken Interieur. Serviert wird das 6- oder 7-Gänge-Menü "Feld & Flur", das z. B. mit "Bärlauchravioli, Tomate" modern, saisonal und mit mediterranem Touch umgesetzt wird. Auf Wunsch mit Weinbegleitung. Im Feinkost-Shop gibt es hausgemachte Spezialitäten wie Chutneys, Pickels, Wurstwaren...

🆎 ⇪ 🅿 – Preis: €€€€

Marktstraße 1a ⊠ 92331 – 𝒞 09492 606333 – www.hirschenhotels.com – Geschlossen: Montag-Donnerstag, Sonntag, mittags: Freitag und Samstag

PASSAU

Bayern – Regionalatlas **6**–Z3

WEINGUT

INTERNATIONAL • TRENDY Sie möchten nach einem Stadtbummel in schicker trendig-moderner Atmosphäre speisen? Mit den "Weingut-Klassikern", Steaks oder Empfehlungen von der Wochenkarte bietet man Ihnen eine gute Auswahl an Gerichten. Sie können aber auch einfach Tapas oder ein Glas Wein bestellen - Letzteren kann man hier auch kaufen. Der Service ist sehr freundlich und aufmerksam. Dekorative Weinregale und Hochtische tragen zur schönen Vinothek-Atmosphäre bei. Es gibt zwei Reservierungszeiten: 17:30 - 20 Uhr sowie ab 20:15 Uhr.

🍹 – Preis: €€

Theresienstraße 28 ✉ *94032* – ☎ *0851 37930500* – *www.weingut-passau.de* – *Geschlossen: Montag und Sonntag, mittags: Dienstag-Samstag*

ZWO20 🔘

MODERNE KÜCHE • HIP 2020 haben Andrea von Csiszer (sie führt am Herd Regie) und Sophie Herzog (sie kümmert sich herzlich und geschult um die Gäste) ihr Restaurant gegründet - daher der Name "Zwo20". Neben der etwas ungewöhnlichen Location in einer historischen Kapelle mit markanten Elementen wie Gewölbe und Deckenmalerei sowie der trendig-lockeren Atmosphäre ist hier auch die als Sharing-Konzept angebotene euro-asiatische Küche interessant. Dabei stellen Sie sich mehrere kleinere pfiffige Gerichte wie z. B. "Peking Pork 24h sous vide, Röstzwiebel, Soja, Honig" oder "Blumenkohlwings, Rotkohl, Sweet Chili, Fenchel, Kartoffel" zum Teilen zusammen. Schön ist übrigens auch die Lage mitten in der Altstadt, direkt zwischen Donau und Inn, nahe dem Dreiflüsseeck. Tipp: Parkhaus Römerplatz wenige Gehminuten entfernt.

🍹 – Preis: €€

Schrottgasse 12 ✉ *94032* – ☎ *0851 98848840* – *zwo20passau.com* – *Geschlossen: Dienstag und Mittwoch, mittags: Montag, Donnerstag-Samstag*

PERASDORF

Bayern – Regionalatlas **6**–Z2

⍟ GASTHAUS JAKOB

Chef: Michael Klaus Ammon

KLASSISCHE KÜCHE • GEMÜTLICH Man muss schon wissen, wo dieses etwas ab vom Schuss mitten im Bayerischen Wald gelegene einstige Wirtshaus zu finden ist. Aber die Suche lohnt sich, denn hier isst man ausgezeichnet. Dafür sorgt Küchenchef und Inhaber Michael Klaus Ammon mit seinen beiden Menüs "Klassik" und "Inspiration. Handwerkliche Präzision und reichlich geschmacklicher Ausdruck gelingen ihm z. B. beim "3erlei von der Wachtel", die es als gezupftes Keulenfleisch in einem Raviolo, als Eigelb und als kross gebratene Brust gibt, begleitet von einer vollmundigen geschäumten Madeirasauce und feinem Schwarzwurzelpüree. Toll auch das Ambiente: Das wertige Interieur mit viel warmem Holz verbindet modernen Stil mit regionalem Charme, im Sommer lockt die Terrasse vor dem Haus. Zum Team gehören auch die Lebensgefährtin des Patrons, Mona Haka, sowie ihr Bruder Andreas, seines Zeichens Sommelier, die zusammen sehr versiert und freundlich den Service leiten. Tipp: Zum Übernachten hat man drei gemütliche Chalets.

🐿 🍹 **P** – Preis: €€€

Haigrub 19 ✉ *94366* – ☎ *09965 80014* – *genuss-jakob.de* – *Geschlossen: Montag und Dienstag, mittags: Mittwoch-Samstag, abends: Sonntag*

PERL

Saarland – Regionalatlas **5**–S1

✿✿✿ VICTOR'S FINE DINING BY CHRISTIAN BAU

Chef: Christian Bau

KREATIV • ELEGANT Wer könnte präziser, unkomplizierter und charakteristischer die Aromen der französischen und der japanischen Küche zusammenführen als Christian Bau? Elemente beider Stile finden sich in seinem Menü "Paris - Tokio" z. B. bei "Lachsbauch, Katsuobushi, Myoga" oder "Seezunge, Kartoffel, Lauch, Kombu, Caviar". Sein akkurates Handwerk ist über jeden Zweifel erhaben, ebenso die absolute Spitzenqualität der Produkte. Geschickt setzt er neue Ideen um, ohne seinem Stil untreu zu werden. Auf perfekte Balance, wunderbare Finesse und nicht zuletzt die Einzigartigkeit seiner Küche ist Verlass! Dazu wird man in stilvoll-modernem Ambiente professionell und charmant umsorgt. Das toll eingespielte Team um Sommelière Nina Mann und Restaurantleiter Felix Kress ist stets präsent und dennoch angenehm zurückhaltend.

🐝 AC 🅿 – Preis: €€€€

Schlossstraße 27 ⌧ 66706 – 𝒞 06866 79118 – www.victors-fine-dining.de – Geschlossen: Montag-Mittwoch, mittags: Donnerstag und Freitag

PETERSTAL-GRIESBACH, BAD

Baden-Württemberg – Regionalatlas **5**–T3

✿✿ LE PAVILLON

FRANZÖSISCH-KLASSISCH • KLASSISCHES AMBIENTE Nicht nur Naturliebhaber zieht es in die idyllische Schwarzwaldlandschaft, dafür sorgt der reizvoll gelegene Familienbetrieb „Dollenberg". Hier findet man neben dem wunderschönen Hotel-Resort ein fantastisches Gourmetrestaurant. Küchenchef Martin Herrmann zelebriert Klassik, ohne sich der Moderne zu verschließen. Geboten wird ein 8-Gänge-Menü, das Sie aber auch kürzen können. Angenehm reduziert die Gerichte, hochwertig die Produkte - ein Highlight sind die Saucen! Dazu kommt ein sehr elegantes Ambiente nebst herrlichem Blick durch die bodentiefen Fenster - wenn das Wetter mitspielt, erlebt man hier einen tollen Sonnenuntergang! Nicht zu vergessen der ungezwungene und zugleich stilvolle Service samt klasse Weinberatung. Dank fundiertem Weinwissen kann Sommelier Christophe Meyer so einiges erzählen. Gerne empfiehlt er auch Weine der eigenen "CM-Edition".

🐝 ⇐ 🖭 ᕼ 🅿 – Preis: €€€€

Dollenberg 3 ⌧ 77740 – 𝒞 07806 780 – www.dollenberg.de – Geschlossen: Dienstag und Mittwoch, mittags: Montag, Donnerstag-Sonntag

🕸 KAMIN- UND BAUERNSTUBE

SAISONAL • GEMÜTLICH In diesem gastronomischen Teil des exklusiven Hotels "Dollenberg" haben Sie die Wahl zwischen der gemütlich-rustikalen Bauernstube, der eleganten Kaminstube und der tollen großen Terrasse - von hier und der Kaminstube hat man eine schöne Aussicht auf den Schwarzwald. Überall dürfen Sie sich auf eine gute regional-internationale Küche freuen. Die ausgesuchte Weinkarte des Gourmetrestaurants bekommen Sie übrigens auch hier! Tipp: das Menü der Woche!

🐝 ⇐ 🖭 ᕼ 🅿 – Preis: €€

Dollenberg 3 ⌧ 77740 – 𝒞 07806 780 – www.dollenberg.de

PFINZTAL

Baden-Württemberg – Regionalatlas **5**–U2

VILLA HAMMERSCHMIEDE

KLASSISCHE KÜCHE • GEMÜTLICH Ob in behaglichen Stuben oder im lichten Pavillon, man serviert Ihnen klassisch-regionale Küche, vom interessanten "Villa

Lunch" bis zum Feinschmecker-Menü am Abend. Auf der Karte liest man z. B. „In Olivenöl gebratenes Filet vom Steinbutt an einem Relish von Hokkaidokürbis und Dörraprikose mit Walnuss". Reizvolle Terrasse.

🛏️&🔺🎴⇄🅿 – Preis: €€

Hauptstraße 162 ✉ *76327* – ☎ *07240 6010* – *villa-hammerschmiede.de* – *Geschlossen: Montag und Sonntag, mittags: Samstag*

PFORZHEIM

Baden-Württemberg – Regionalatlas **5**–U2

HOPPE'S

FRANZÖSISCH • FREUNDLICH Man kommt immer wieder gerne hierher! Das liegt zum einen an der sympathischen, gemütlichen und charmant-lebendigen Atmosphäre, zum anderen an der guten Küche. Gekocht wird elsässisch-badisch - auf der Karte macht "Coq au vin à la chef" ebenso Appetit wie "Rostbraten vom Rinderrücken mit gerösteten Zwiebeln und Spätzle" oder auch "Badische Hechtklößchen". Oder lieber Flammkuchen? Vor dem Restaurant hat man auch einige Außenplätze.

🎴🍴 – Preis: €€

Weiherstraße 15 ✉ *75173* – ☎ *07231 105776* – *www.hoppes-pforzheim.de* – *Geschlossen: Montag, Dienstag, Sonntag, mittags: Mittwoch-Samstag*

PFRONTEN

Bayern – Regionalatlas **5**–V4

🍃 PAVO

MODERNE KÜCHE • INTIM Eines vorweg: Eine spektakuläre Lage wie die des "Boutique Hotel Blaue Burg" erlebt man so in Deutschland nicht allzu oft! Das inmitten der Gipfel der Allgäuer Alpen gelegene Anwesen ist nur über einen Privatweg erreichbar - überwältigend die Aussicht! Genau hier überzeugt Simon Schlachter in dem kleinen Restaurant mit seinem modern-kreativen "Sharing"-Konzept. Ziel ist es, den Gästen ein gemeinsames Erlebnis zu bescheren. Und das gelingt ihm mit einem Menü, dessen Gänge jeweils aus mehreren kleinen Gerichten bestehen und perfekt zum Teilen sind! Bis zu 18 Speisen voller verschiedener Komponenten und Aromen - das spiegelt seinen eigenen aufwändigen Stil wider und schafft Vielschichtigkeit auf dem Teller. Dazu edles Interieur und geschulter, charmanter Service durch die Lebensgefährtin des Küchenchefs. Alternativ gibt es noch das "Restaurant 1250" mit regionaler Küche (auch mittags).

🍴🅿 – Preis: €€€€

Auf dem Falkenstein 1 ✉ *87459* – ☎ *08363 914540* – *www.blaueburg.com* – *Geschlossen: Montag-Mittwoch, mittags: Donnerstag-Sonntag*

BERGHOTEL SCHLOSSANGER ALP

REGIONAL • GEMÜTLICH Mitten in den Allgäuer Alpen liegt das schöne Haus, das neben dem Hotel mit geschmackvollen und komfortablen Zimmern auch dieses gemütliche und stilsicher eingerichtete Restaurant beherbergt. Dank Postkarten-Aussicht ist im Sommer natürlich die Terrasse ein herrliches Fleckchen! Gekocht wird richtig gut, bei den Produkten ist man strikt regional ausgerichtet. Speisen wie z. B. "Saibling confiert, Morchel, Erbse" werden durch eine exzellente Weinkarte ergänzt.

🐾 🍴🎴⇄🅿 – Preis: €€

Am Schlossanger 1 ✉ *87459* – ☎ *08363 914550* – *www.schlossanger.de*

PIDING

Bayern – Regionalatlas **6**–Z4

⊛ LOHMAYR STUB'N

REGIONAL • LÄNDLICH Chef Sebastian Oberholzner ist Koch mit Leib und Seele, entsprechend gefragt sind seine leckeren Gerichte, bei denen er auf saisonale und regionale Zutaten setzt - man kennt seine Lieferanten und die Herkunft der Produkte. Dazu gibt es eine gute Weinauswahl. Charmant umsorgt wird man in dem schönen historischen Haus ebenfalls.

🌤 🅿 – Preis: €€

Salzburger Straße 13 ✉ *83451* – ☏ *08651 714478* – *www.lohmayr.com* – *Geschlossen: Dienstag und Mittwoch, mittags: Montag, Donnerstag-Samstag*

PIESPORT

Rheinland-Pfalz – Regionalatlas **5**–S1

✿✿✿ SCHANZ. RESTAURANT.

Chef: Thomas Schanz

FRANZÖSISCH-MODERN • CHIC Solch ein Top-Restaurant würde man im beschaulichen Piesport an der Mosel eher nicht vermuten. Thomas Schanz ist es zu verdanken, dass sich die für Spitzenweine bekannte Gemeinde auch zu einem kulinarischen Magneten entwickelt hat. Mit eigener Handschrift setzt er Patron klassische Küche modern um. Mutig kombinierte Aromen fügt er auf dem Teller harmonisch zusammen. Bei der Produktqualität geht er keine Kompromisse ein. Verlockend ist z. B. der wilde Steinbutt, dekoriert mit grünem Apfel in Form von Ringen und Creme und begleitet von Pralinen aus pochiertem Blattsalat mit Pistazienfüllung, ergänzt durch das schöne Säurespiel eines herrlich kräftigen Blüten-Heu-Aufgusses! Verpassen Sie auch nicht das Signature Dish "Trüffel-Ei". Engagiert empfiehlt man den passenden Wein - auch das eigene Weingut ist vertreten. Thomas Schanz, nicht nur gelernter Koch, sondern auch Hotelfachmann, bietet im einst elterlichen Betrieb auch schöne Gästezimmer.

🕸 ♿ Ⓜ️ 🅿 – Preis: €€€€

Bahnhofstraße 8a ✉ *54498* – ☏ *06507 92520* – *www.schanz-restaurant.de/de* – *Geschlossen: Montag, Dienstag, Sonntag, mittags: Mittwoch und Freitag*

PILSACH

Bayern – Regionalatlas **6**–X2

⊛ MEIER

Chefs: Gigliotti Domenico und Michael Meier

REGIONAL • LÄNDLICH Herrlich die Lage im Grünen, toll der Garten und die Terrasse, gelungen der Mix aus Tradition und Moderne. Familie Meier bietet in ihrem schönen "HILZHOF" neben schicken Gästezimmern und dem kleinen Fine-Dining-Restaurant "HIO" auch das "MEIER" mit richtig schmackhafter Küche aus Bio-Produkten, die aus der Region kommen oder sogar vom eigenen Gemüsefeld bzw. aus dem Kräutergarten. Sehr charmant der Service.

✿ *Engagement des Küchenchefs:* In meiner Küche sind mir nicht nur Traditionen wichtig, sondern das natürliche Bewusstsein, dass man mit eigenem Bio-Gemüse, frischen Kräutern aus dem Garten, Fleisch vom Nachbarn aus artgerechter Haltung oder erstklassigen Bio-Kartoffeln aus einem nahen Kloster einfach geschmackvoll kochen kann.

♿ 🌤 ↔ 🅿 – Preis: €€

Hilzhofen 18 ✉ *92367* – ☏ *09186 237* – *www.hilzhof.com/de/meier-wirtshaus* – *Geschlossen: Montag und Dienstag*

HIO ⓝ

Chefs: Michael Meier und Moritz Techet

KREATIV · BÜRGERLICH "HIO" ist der Spitzname des kleinen Dorfes, in dem sich das Restaurant befindet. Hier bietet man ein Degustationsmenü mit sieben Gängen, in dem Gemüse eine große Rolle spielt. Vieles kommt aus dem eigenen Garten direkt am Haus oder von lokalen Bauern. Das Interieur ist ein schicker Mix aus modernem Design und rustikalem Touch, ein Hingucker die offene Küche. Fast schon familiär die Atmosphäre mit nur 16 Plätzen, der Service freundlich, angenehm ungezwungen und professionell. Neben dem "HIO" beherbergt der "HILZHOF" auch das Restaurant "MEIER" sowie einige Gästezimmer.

🍴 *Engagement des Küchenchefs:* Sinn spiegelt das wider, wie ich kochen möchte. Es ist meine Denkweise, die Dinge zu hinterfragen und Gäste mit scheinbar simplen Gerichten zu überraschen. Unser Motto lautet „der Acker kocht", denn unser Demeter-Acker liefert - neben benachbarten Bauern - was wir benötigen, um nachhaltig zu kochen.

🍴 – Preis: €€€€

Hilzhofen 18 ⊠ 92367 – ℰ 09186 237 – www.hio-restaurant.de/de – Geschlossen: Montag-Mittwoch, mittags: Donnerstag-Samstag, , abends: Sonntag

PINNEBERG

Schleswig-Holstein – Regionalatlas **1**-C3

ROLIN

INTERNATIONAL · KLASSISCHES AMBIENTE Sie sitzen hier in charmantem elegant-maritimem Ambiente, lassen sich vom geschulten, aufmerksamen Service ausgesprochen freundlich umsorgen und genießen schmackhafte und mit Pfiff zubereitete Regionalküche. Zum Übernachten hat das Hotel "Cap Polonio" gepflegte Zimmer. Der Kapitän des gleichnamigen Schiffes von einst gab dem Restaurant übrigens seinen Namen.

🍴 ♻ 🅿 – Preis: €€

Fahltskamp 48 ⊠ 25421 – ℰ 04101 5330 – cap-polonio.de – Geschlossen: Montag, Dienstag, Sonntag, mittags: Mittwoch-Samstag

PIRK

Bayern – Regionalatlas **6**-Y1

GENUSSSCHMIEDE

REGIONAL · HIP In der 1682 erbauten Schmiede widmet man sich heute einer modernen, saisonal beeinflussten Küche aus frischen Produkten. Man sitzt hier in ansprechendem geradlinig-trendigem Ambiente unter einer hohen Stahldecke und wählt zwischen einem Menü und Gerichten à la carte. Auch Vegetarier werden auf der Karte fündig.

🍴 – Preis: €€

Rathausplatz 6 ⊠ 92712 – ℰ 0961 48026600 – www.genussschmiede-pirk.de – Geschlossen: Montag und Dienstag, mittags: Mittwoch und Donnerstag

PIRMASENS

Rheinland-Pfalz – Regionalatlas **5**-T2

✿ DIE BRASSERIE

Chef: Vjekoslav Pavic

KLASSISCHE KÜCHE · BRASSERIE Hinter der auffallenden roten Fassade trifft die unkomplizierte Atmosphäre einer Brasserie auf das Niveau eines Sternerestaurants. Im vorderen Bistrobereich nimmt man an Hochtischen Platz, hinten im Restaurant unter einem dekorativen Deckengemälde auf bequemen schicken Polstersesseln. Bei Patron und Küchenchef Vjekoslav Pavic steht das Produkt im Fokus, ausgesucht die Qualität. Gerichte wie "Pochiertes Filet von der bretonischen Seezunge mit Muskatkürbis und Apfel-Curry-Sauce" sind durchdacht, haben die richtige Balance und intensiven Geschmack. Geboten werden zwei Menüs mit vier oder fünf Gängen, eines davon vegetarisch. Dazu einige Brasserie-Klassiker. Do. und Fr. gibt es ein fair kalkuliertes Lunch-Menü. Aufmerksam und geschult der Service samt charmanter Chefin und versiertem Sommelier - gerne empfiehlt man zu den einzelnen Gängen einen guten regionalen Wein. Tipp für den Sommer: die hübsche Terrasse!

&. 🎦 🎏 ⇔ 🅿 – Preis: €€€

Landauer Straße 105 – ✉ 66953 – ☏ 06331 7255544 – www.diebrasserie-ps.de – Geschlossen: Montag, Dienstag, Sonntag, mittags: Mittwoch

PIRNA

Sachsen – Regionalatlas **4**–R3

🍃 **FELSENBIRNE**

MARKTKÜCHE • CHIC Freundlich und geradlinig-modern ist das Ambiente in dem Restaurant in einer kopfsteingepflasterten Straße in der schönen Altstadt, nicht weit von der Elbe. Patron und Küchenchef Felix Mikulla kocht mit saisonalem Bezug - die Gerichte sind schmackhaft, frisch und zudem noch preislich attraktiv! Auch vegetarische und vegane Gerichte finden sich auf der Karte. Nett sitzt man im Sommer auf der Terrasse im Innenhof.

🎏 – Preis: €€

Lange Straße 34 – ✉ 01796 – ☏ 03501 7599791 – www.felsenbirne-restaurant. de – Geschlossen: Sonntag, mittags: Dienstag-Donnerstag

PLEISKIRCHEN

Bayern – Regionalatlas **6**–Y3

🌿 **HUBERWIRT**

Chef: Alexander Huber

MODERNE KÜCHE • REGIONALES AMBIENTE Seit 1612 ist der gestandene Gasthof bereits in Familienbesitz und mit Alexander Huber in den besten Händen. Gekonnt bezieht der Chef bayerische Bodenständigkeit ebenso in seine Küche ein wie raffinierte Moderne. Dabei werden ausgezeichnete Produkte verarbeitet, die Speisen haben Intensität und Kraft, aber auch Finesse. Da fällt die Entscheidung zwischen regionalen Klassikern und modernen Gerichten nicht ganz leicht. Am Mittag ist das Angebot etwas kleiner. Man sitzt in gemütlichen Stuben oder auf der wunderbaren, teilweise über-dachten Terrasse, der Service ist herzlich, aufmerksam und angenehm unkompliziert, und er empfiehlt schöne offene Weine zum Essen. Erwähnenswert ist auch das richtig gute Preis-Leistungs-Verhältnis! Eine tolle Adresse mit Charme und Atmosphäre!

🎏 ⇔ 🅿 – Preis: €€€

Hofmark 3 – ✉ 84568 – ☏ 08635 201 – www.huber-wirt.de – Geschlossen: Montag und Sonntag, mittags: Dienstag-Donnerstag

PLOCHINGEN

Baden-Württemberg – Regionalatlas **7**–B2

🍃 **STUMPENHOF**

REGIONAL • RUSTIKAL Wo man so herzlich umsorgt wird, kann man sich nur wohlfühlen! Der Service in dem langjährigen Familienbetrieb ist superfreundlich, auch die Chefin selbst hat immer ein offenes Ohr für ihre Gäste und versprüht gute Laune. Ob fair kalkuliertes Mittags-Menü, Klassiker der regionalen Küche oder auch Vespergerichte, Sie finden bestimmt das Passende! Schöne Terrasse.

≼ 🎏 ⇔ 🅿 – Preis: €€

Am Stumpenhof 1 – ✉ 73207 – ☏ 07153 22425 – www.stumpenhof.de – Geschlossen: Montag-Mittwoch

CERVUS

TRADITIONELLE KÜCHE • **RUSTIKAL** Im Zentrum finden Sie dieses gut geführte kleine Restaurant in rustikalem Stil. Johannes Füller bietet eine regional geprägte Karte mit einigen internationalen Akzenten. Die Speisen werden sorgfältig und schmackhaft zubereitet. Von macnhen Tischen kann man einen Blick in die Küche erhaschen. Mittags kleinere, einfachere Karte. Charmanter Innenhof.

🌿 – Preis: €€

Bergstraße 1 ⊠ 73207 – ☏ 07153 558869 – www.gasthaus-cervus.de –
Geschlossen: Montag und Sonntag, mittags: Freitag und Samstag

POLLE
Niedersachsen – Regionalatlas **3**–L2

🏵 GRAF EVERSTEIN

REGIONAL • **FREUNDLICH** Hier lockt nicht nur die wunderschöne Aussicht auf die Weser, bei Familie Multhoff wird auch noch richtig gut gekocht. Der Chef bietet eine klassische Küche mit Kraft und Aroma, für die er ausgesuchte Produkte verwendet. Dazu werden Sie freundlich und aufmerksam umsorgt. Im Sommer speist man natürlich gerne auf der Terrasse, den Blick aufs Tal kann man dank großer Fensterfront aber auch drinnen genießen.

🍃 🌿 ⇔ 🅿 – Preis: €€

Amtstraße 6 ⊠ 37647 – ☏ 05535 999780 – www.graf-everstein.de –
Geschlossen: Montag-Mittwoch, mittags: Donnerstag

POTSDAM
Brandenburg – Regionalatlas **4**–Q1

🕸 KOCHZIMMER IN DER GASTSTÄTTE ZUR RATSWAAGE

MODERNE KÜCHE • **DESIGN** Richtig stylish ist die Ratswaage a. d. 18. Jh.! Außen die historische Fassade, innen puristisches Interieur mit schicken Details wie silbergrauen Wänden, Leuchtern im 50er-Jahre-Stil und orange-roten Designer-Stühlen. Familie Frankenhäuser und ihr Team setzen hier auf "neue preußische Küche". Unter der Leitung von David Schubert werden top Produkte verarbeitet, gerne von Brandenburger Erzeugern. Es gibt ein 6-Gänge-Menü ("Hummerbisque" als Upgrade möglich), das Sie auf Vorbestellung auch vegetarisch bekommen. Mi. bis Fr. bietet man auf vorherige Reservierung das Special "kochZIMMER Stars" (Vier Gänge inkl. Apero und Getränke). Dazu sollten Sie auf die Weinempfehlungen von Patron Jörg Frankenhäuser vertrauen! Tipp für den Sommer: Versuchen Sie einen Tisch im traumhaften Innenhof zu bekommen - leider sind die Plätze hier begrenzt!

🕸 🌿 ⇔ – Preis: €€€€

Am Neuen Markt 10 ⊠ 14467 – ☏ 0331 20090666 – www.restaurant-
kochzimmer.de – Geschlossen: Montag, Dienstag, Sonntag, mittags:
Mittwoch-Samstag

JULIETTE

FRANZÖSISCH-KLASSISCH • **GEMÜTLICH** Sie suchen ein Stück französische Lebensart mitten in Potsdam? Im Holländischen Viertel finden Sie dieses wirklich liebenswert gestaltete Restaurant, untergebracht in einem charmanten Fachwerkhaus a. d. 17. Jh. Hier sitzen Sie auf drei Ebenen und lassen sich bei dezenter Chansons-Begleitung ambitionierte klassische Küche servieren. Neben dem Menü können Sie auch ein paar Gerichte à la carte wählen. Dazu eine gut sortierte Weinkarte. Darf es bei schönem Wetter vor dem Essen vielleicht ein Aperitif an einem der kleinen Tische auf dem Gehsteig sein?

Preis: €€

Jägerstraße 39 ⊠ 14467 – ☏ 0331 2701791 – www.restaurant-juliette.de –
Geschlossen: Montag und Dienstag, mittags: Mittwoch-Freitag

VILLA KELLERMANN

DEUTSCH · CHIC So richtig geschmackvoll ist die 1914 erbaute Villa am Heiligen See. "Salon Alter Fritz", "Elefantensalon", "Grüner Salon" - da fällt die Wahl schwer, denn jeder Raum hat seinen eigenen Charme. Nicht zu vergessen die schön bepflanzte Terrasse mit altem Baumbestand, schlichtweg ein Traum - schon deshalb lohnt sich die Fahrt hier hinaus! Geboten wird eine traditionell basierte und modern umgesetzte deutsche Küche - als Menü (mit Vorspeise als "Viererlei") oder à la carte samt vegetarischen/veganen Optionen. Dazu eine gut sortierte Weinkarte - hier ist auch das Weingut "Von Othegraven" vertreten, das Villa-Inhaber Günther Jauch und seine Frau übernommen haben.

⪡ 🏠 ✿ – Preis: €€€

Mangerstraße 34 ✉ 14467 – ☎ 0331 20046540 – villakellermann.de/de – Geschlossen: Montag-Mittwoch, mittags: Donnerstag und Freitag

PRESSECK

Bayern – Regionalatlas **4**-N4

😊 GASTHOF BERGHOF - URSPRUNG

MARKTKÜCHE · FREUNDLICH "Tradition trifft Moderne" lautet hier das Motto und das gilt sowohl fürs Ambiente als auch für die Küche. Bei den schmackhaften Gerichten setzt man auf saisonalen Bezug. Tipp: Speisen Sie im Sommer auf der gemütlichen Terrasse im Innenhof! Zum Übernachten hat man gepflegte Gästezimmer und ein hübsches modernes Ferienhaus.

🏠 ✿ 🅿 – Preis: €€

Wartenfels 85 ✉ 95355 – ☎ 09223 229 – www.berghof-wartenfels.de – Geschlossen: Montag und Dienstag, mittags: Mittwoch und Donnerstag

PRIEN AM CHIEMSEE

Bayern – Regionalatlas **6**-Y4

⸙ WACHTER FOODBAR

Chef: Dominik Wachter

MODERNE KÜCHE · CHIC In der ehemaligen Kochschule und Bistro seines Lehrmeisters Thomas Mühlberger setzt der junge Dominik Wachter ein modernes Tresen-Konzept um. Cool, chic und urban ist die Atmosphäre hier. Sie sitzen bequem an der großen mittigen Bar oder an Hochtischen und beobachten das Geschehen am Küchenpass. Aus überwiegend regionalen Produkten entstehen interessante, schlüssige Kreationen, die man in Form eines Menüs serviert. Dazu bietet man die passende Weinbegleitung.

🅿 – Preis: €€€€

Bernauer Straße 31 ✉ 83209 – ☎ 08051 966888 – www.wachter-foodbar.de – Geschlossen: Montag, Dienstag, Sonntag, mittags: Mittwoch-Samstag

😊 ZUM FISCHER AM SEE Ⓝ

SAISONAL · FREUNDLICH Was erwarten Sie bei diesem Namen? Schon im kleinen Eingangsbereich begrüßt Sie ein Bild mit diversen Süßwasserfischen und auch in der Küche liegt der Fokus auf Fischgerichten. Die gut aufgestellte Karte bietet aber auch Steaks, regionale Klassiker wie geschmortes Ochsenbackerl sowie Vegetarisches. Und haben Sie die Auswahl an Grappa und Bränden gesehen? Das macht Lust auf einen Absacker. Bei schönem Wetter speist man am besten auf der Terrasse mit Blick zum See - dort können auch kleine Boote anlegen. Auch übernachten kann man hier gut. Parken ist übrigens kein Problem - man hat einen großen Privatparkplatz.

🏠 🅿 – Preis: €€

Harrasser Straße 145 ✉ 83209 – ☎ 08051 90760 – www.fischeramsee.de

PULHEIM

Nordrhein-Westfalen – Regionalatlas 3–J3

✿ GUT LÄRCHENHOF

FRANZÖSISCH-MODERN • ELEGANT Als Peter Hesseler hier im Jahre 1997 begann, hätte er sich wohl nicht träumen lassen, dass das Haus einmal mit Sternetradition von sich reden macht. Seit 2017 ist Torben Schuster auf dem wunderbaren Anwesen des hochrangigen Golfplatzes für die Küche verantwortlich. Er kocht modern, mutig und kreativ und verliert dennoch nicht die klassische Basis aus den Augen. Ausgezeichnet z. B. "Portugiesische Rotbarbe, Bouillabaisse, Curry, junge Salate, Bisque-Jus & Kokos". Ein etwas einfacheres Bistro-Menü gibt es ebenfalls. Dazu werden Sie von Gastgeber Peter Hesseler und seinem Team sehr freundlich und kompetent betreut, fundierte Weinberatung inklusive. Tipp: Auf der herrlichen Terrasse kommt Urlaubsfeeling auf!

🕸 🏠 ⇔ 🅿 – Preis: €€€€

Hahnenstraße ✉ 50259 – ☎ 02238 9231016 – restaurant-gutlaerchenhof.de

---

BISTRO

MARKTKÜCHE • BISTRO Im Bistro des noblen Golfclubs Gut Lärchenhof vor den Toren Kölns isst man zwar etwas einfacher als im gleichnamigen Gourmetrestaurant, aber Geschmack und top Frische sind Ihnen hier ebenso gewiss - mittags und abends. Die Bandbreite an Gerichten ist groß, von Currywurst über Königsberger Klopse bis hin zu Kaviar. Herrlich ist natürlich die Terrasse mit Blick aufs Green!

🏠 ⇔ 🅿 – Preis: €€

Hahnenstraße ✉ 50259 – ☎ 02238 9231016 – restaurant-gutlaerchenhof.de

---

QUEDLINBURG

Sachsen-Anhalt – Regionalatlas 4–N2

KIKU RESTAURANT BY JAN FRIBUS ⓝ

INTERNATIONAL • FREUNDLICH Der Name „KIKU" nimmt Bezug auf die Chrysantheme, die japanische Nationalblume, und auch die Küche hier ist stark von japanischen Elementen geprägt, zeigt aber auch Einflüsse anderer asiatischer Länder sowie hier und da auch einen dezenten klassisch-französischen Touch. Auf der Karte liest man z. B. Thunfisch-Tatar, gedämpfte Teigtaschen oder auch Algen-Lachs-Steak. Zu finden ist das Restaurant in einer von Fachwerkhäusern gesäumten kleinen Straße unweit des Zentrums. Die Atmosphäre ist leger-elegant, der Service freundlich und ungezwungen, die Köche kommen an den Tisch und erklären charmant die schmackhaften Gerichte. Am besten lernt man die Küche mit dem 10-Gänge-Menü kennen, ein ansprechendes A-la-carte-Angebot gibt es aber auch. Das Preis-Leistungs-Verhältnis ist wirklich fair.

🏠 – Preis: €€€

Pölle 8 ✉ 06484 – ☎ 03946 9070444 – www.kikurestaurant.de – Geschlossen: Montag und Dienstag, mittags: Mittwoch-Sonntag

---

WEINSTUBE

INTERNATIONAL • KLASSISCHES AMBIENTE Die ehemalige Stallung ist heute ein reizendes Restaurant, in dem Terrakottafliesen, warme Töne und eine alte Backsteindecke für ein schönes Ambiente mit ländlichem Touch sorgen. Geboten wird eine internationale Küche mit Bezug zur Saison. Dazu wird man freundlich und geschult umsorgt. Zum Übernachten hat das "Hotel Am Brühl" charmant-elegante Zimmer.

🏠 ⇔ 🅿 – Preis: €€

Billungstraße 11 ✉ 06484 – ☎ 03946 96180 – www.hotelambruehl.de – Geschlossen mittags: Montag-Sonntag

RADEBEUL

Sachsen – Regionalatlas **4**–Q3

ATELIER SANSSOUCI

KLASSISCHE KÜCHE • ELEGANT "Atelier Sanssouci" - schon der Name klingt stilvoll, und genau so ist das wundervolle Anwesen a. d. 18. Jh. auch! Nicht nur von außen ist die "Villa Sorgenfrei" samt herrlichem Garten eine Augenweide, absolut sehenswert auch das Interieur: ein mediterran-eleganter Saal mit markanten Lüstern und hoher Stuckdecke. Ebenso niveauvoll die Küche. Aus sehr guten Produkten entsteht ein gelungener Mix aus Klassik und Moderne. Zur Wahl stehen ein konventionelles und ein vegetarisches Menü. Dazu gibt es eine schöne Weinbegleitung, versiert die Beratung durch den Sommelier. Zum Übernachten hat man geschmackvolle Zimmer.

⇔🚗🏠🅿 – Preis: €€€€

Augustusweg 48 ✉ *01445 –* 📞 *0351 7956660 – www.hotel-villa-sorgenfrei. de/restaurant – Geschlossen: Dienstag und Mittwoch, mittags: Montag, Donnerstag-Sonntag*

RANTUM – Schleswig-Holstein → Siehe Sylt (Insel)

RATHENOW

Brandenburg – Regionalatlas **2**–F4

HASENPFEFFER

MODERN • ELEGANT Das elegante Restaurant im idyllisch gelegenen "Golf Resort Semlin" ist gewissermaßen ein kulinarischer Leuchtturm in der Region. Aus der Küche kommen zeitgemäße Kreationen mit saisonalem und regionalem Bezug, zubereitet aus sehr guten Produkten - wählbar als Menü oder à la carte. Erwähnenswert ist auch der schöne Blick auf den Golfplatz - der bodentiefen Fenster sei Dank!

⇐⇔🅿 – Preis: €€€

Ferchesarer Straße 8B ✉ *14712 –* 📞 *03385 5540 – www.golfresort-semlin.de – Geschlossen: Montag und Sonntag, mittags: Dienstag-Samstag*

RATSHAUSEN

Baden-Württemberg – Regionalatlas **5**–U3

ADLER

MARKTKÜCHE • RUSTIKAL Gemütlich-rustikal ist es in dem historischen Gasthaus, herzlich der Service unter der Leitung der Chefin - die charmante Steirerin ist eine tolle Gastgeberin! In der Küche bereiten Vater und Sohn schmackhafte Speisen aus guten Produkten zu. Die Karte ist zweigeteilt: Zum einen gibt es klassische schwäbische Gerichte wie "Kutteln in Lemberger" oder "Hausgemachte Maultaschen", zum anderen bietet man gehobene Gerichte wie z. B. "Japanische Ramensuppe" oder "Bretonischer Seeteufel auf Blumenkohl-Mandelpüree". Für die musikalische Untermalung hat man eine alte Jukebox. Tipp: eigene Brände.

🏠⇔🅿 – Preis: €€

Hohnerstraße 3 ✉ *72365 –* 📞 *07427 2260 – www.adler-ratshausen.de – Geschlossen: Montag-Mittwoch, mittags: Donnerstag-Samstag*

RAUHENEBRACH

Bayern – Regionalatlas **5**–V1

😊 GASTHAUS HOFMANN

REGIONAL • GEMÜTLICH Nicht ohne Grund zieht es viele Stammgäste hier hinaus zu Bettina Hofmann, denn man sitzt nicht nur gemütlich in wertig eingerichteten Stuben, man isst auch richtig gut. Gekocht wird schmackhaft, regional-saisonal und mit modernen Einflüssen, dazu schöne Weine. Es gibt auch eine vegetarische Menüvariante. Der Service ist freundlich und gut organisiert. Wohnliche Gästezimmer hat man ebenfalls. Die Eier fürs Frühstück stammen übrigens aus eigener Hühnerhaltung!

🌳 ♻ **P** – Preis: €€

Schindelsee 1 ✉ *96181 – ℰ 09549 98760 – www.schindelsee.de – Geschlossen: Montag, Dienstag, Donnerstag, mittags: Mittwoch, Freitag, Samstag*

RAVENSBURG

Baden-Württemberg – Regionalatlas **5**–V4

ATELIER TIAN

INTERNATIONAL • FREUNDLICH Die Lage in der historischen Veitsburg ist schon etwas Besonderes. Oben angekommen, erwartet Sie nicht nur eine tolle Aussicht auf Ravensburg, sondern auch die ambitionierte, schmackhafte Küche von Christian Ott. Die Gerichte von der Karte können Sie sich selbst zu einem Menü zusammenstellen - da ist man schön flexibel! Professionell und freundlich umsorgt wird man ebenfalls. Tipp: Reservieren Sie rechtzeitig - diese Location ist nicht nur bei Einheimischen beliebt!

⬤ **P** – Preis: €€€€

Veitsburgstraße 2 ✉ *88212 – ℰ 0751 95125949 – www.atelier-tian.de – Geschlossen: Montag-Mittwoch, mittags: Donnerstag-Sonntag*

BRASSERIE COCOTTE

FRANZÖSISCH • BRASSERIE Hier erwartet Sie nicht nur eine wirklich schöne Brasserie-Atmosphäre (dekorativ die Bilder von Kochlegenden wie Paul Bocuse oder Marco Pierre White), gut essen können Sie ebenfalls. Beliebt sind schmackhafte französische Klassiker wie Salade Niçoise, Boeuf Bourguignon, Confit Canard, Tarte au Citron etc. Einladend ist auch die Terrasse unter schattenspendenden Bäumen.

🌳 – Preis: €€

Grüner-Turm-Straße 16 ✉ *88212 – ℰ 0751 88879001 – www.brasserie-cocotte. de – Geschlossen: Montag und Sonntag, mittags: Dienstag-Freitag*

LUMPERHOF

REGIONAL • LÄNDLICH Idyllisch liegt der familiengeführte Landgasthof im Grünen - reizvoll die Terrasse mit mächtiger alter Linde! Die schmackhaften regional-saisonalen Gerichte nennen sich z. B. "Rehragout mit Spätzle und Pilzen" oder "Ravensburger Spargel mit gebackenem Maischollenfilet und Sauce Hollandaise". Nur Barzahlung.

🌳 ♻ **P** – Preis: €

Lumper 1 ✉ *88212 – ℰ 0751 3525001 – lumperhof.de – Geschlossen: Montag und Dienstag, mittags: Mittwoch-Freitag*

REES AM RHEIN

Nordrhein-Westfalen – Regionalatlas **3**–J2

LANDHAUS DREI RABEN

REGIONAL • GEMÜTLICH Seit 1995 steht Familie Koep für gute Gastronomie, und die bietet man auf dem historischen Anwesen des im 18 Jh. erbauten und einst landwirtschaftlich genutzten Landguts "Jaquetrois" mit schönem altem Baumbestand. Sie sitzen in gemütlichen Räumen (im Winter mit wärmendem Kamin) oder auf der tollen Terrasse mit Blick zum Mahnensee - besonders reizvoll bei Sonnenuntergang! Man kocht international, regional und saisonal. Tipp: Sonntags gibt es Kaffee und Kuchen.

🍴 ✿ **P** – Preis: €€

Reeserward 5 ⊠ 46459 – ☏ 02851 1852 – www.landhaus-drei-raben.de –
Geschlossen: Montag-Donnerstag, mittags: Freitag und Samstag

REGENSBURG

Bayern – Regionalatlas **6**–Y2

❀ **ASKA**

JAPANISCH • INTIM Zwei Restaurants mit schwedischem Namen unter einem Dach. Im Gegensatz zum Mutterbetrieb "Storstad" ist das "Aska" aber ein kleines Sushi-Restaurant, und zwar eines mit persönlicher Note. Übersetzt bedeutet der Name "Asche", entsprechend dunkel ist das klare Interieur gehalten. Man sitzt an der Theke oder an einem der wenigen Tische in Nischen und genießt authentische Sushi-Küche in Form eines 8- oder 10-Gänge-Menüs, dazu zwei zusätzliche Empfehlungen. Meister Atsushi Sugimoto lernte sein Handwerk in seiner Heimatstadt Osaka und verarbeitet hier nun top Produkte zu den besten klassischen Sushi weit und breit! Der aufmerksame und charmante Service bietet die passende Sake-Begleitung zum Menü, dazu eine Wasser- und Grüntee-"Flat" - nicht gerade alltäglich in Deutschland!

♿ – Preis: €€€€

Watmarkt 5 ⊠ 93047 – ☏ 0941 59993000 – aska.restaurant – Geschlossen:
Montag und Sonntag, mittags: Dienstag-Freitag

❀ **ROTER HAHN BY MAXIMILIAN SCHMIDT**

Chef: Maximilian Schmidt

MODERNE KÜCHE • ENTSPANNT Auf eine richtig lange Geschichte kann dieses historische Stadthaus im Herzen von Regensburg zurückblicken. Im 13. Jh. erstmals urkundlich erwähnt und seit Jahrhunderten als Gasthof bekannt, ist hier mit Maximilian Schmidt bereits die 3. Generation der Familie am Ruder. In angenehm ungezwungener Atmosphäre serviert man eine moderne Küche, die Wert legt auf Regionalität, aber auch französische und asiatischen Einflüsse zeigt. Im Fokus steht das Abendmenü mit fünf oder acht Gängen. Sie können aber auch à la carte speisen. Fr. und Sa. gibt es mittags ein reduziertes Angebot. Sie möchten übernachten? Im Hotelbereich erwarten Sie Zimmer mit individueller Note.

🍴 ✿ – Preis: €€€€

Rote-Hahnen-Gasse 10 ⊠ 93047 – ☏ 0941 595090 – www.roter-hahn.com –
Geschlossen: Montag, Dienstag, Sonntag, mittags: Mittwoch und Donnerstag

❀ **STORSTAD**

Chef: Anton Schmaus

KREATIV • TRENDY Schwedisch ist hier nicht nur der Name ("storstad" bedeutet "Großstadt" und nimmt Bezug auf die Zeit des Chefs in Stockholm), nordische Akzente finden sich auch im Design des chic-urbanen Restaurants im 5. Stock des Turmtheaters. Man hat hier oben im historischen Goliathhaus übrigens auch eine herrliche Terrasse mit Blick auf den Dom! In der Küche kann sich Patron Anton Schmaus auf ein engagiertes Team verlassen. Unter der Leitung von Küchenchef Josef Weig entstehen ein konventionelles und ein vegetarisches Menü mit kreativen Gerichten wie z. B. "Konfierter Steinbutt, gebratene Topinambur und Topinamburcreme, Quitten-Aioli, Sudachi-Gel" - intensiv und rund die Aromen. Zu Recht stehen hier die Produkte im Mittelpunkt, wirklich bemerkenswert die Qualität. Begleitet wird das ausgezeichnete Essen von schön abgestimmten Weinen und einem versierten, zuvorkommenden Serviceteam. Mittags gibt es ein kleineres Menü sowie einen Auszug aus der Abendkarte.

♟ 🍽 ⇻ – Preis: €€€€

Watmarkt 5 ✉ 93047 – ☎ 0941 59993000 – storstad.de – Geschlossen: Montag und Sonntag, mittags: Dienstag und Mittwoch

STICKY FINGERS

MODERN • HIP In der schönen Altstadt finden Sie dieses coole Restaurant samt Bar. Trendiger Look und moderne Musik verleihen dieser legeren Adresse ein bisschen Club-Atmosphäre. Auf der interessanten internationalen Karte finden sich schmackhafte Gerichte von Panzanella über Fish & Chips bis Paella. Sehr freundlich der Service. Man bietet nicht nur Weine, auch die umfangreiche Cocktail-Auswahl lockt viele Gäste hierher.

Preis: €€

Unteren Bachgasse 9 ✉ 93047 – ☎ 0941 58658808 – stickyfingers.restaurant – Geschlossen: Montag, Dienstag, Sonntag, mittags: Mittwoch-Samstag

KREUTZER'S

INTERNATIONAL • TRENDY Die Lage beim Westhafen ist zwar etwas ab vom Schuss, doch der Besuch lohnt sich, denn hier gibt es richtig gutes Fleisch und Fisch vom Grill! Und auch die klassisch-internationalen Vorspeisen und Desserts können sich sehen lassen, ebenso der Business Lunch. Im Sommer locken Terrasse und "Garden Lounge".

♿ 🍽 🅿 – Preis: €€

Prinz-Ludwig-Straße 15a ✉ 93055 – ☎ 0941 569565020 – www.kreutzers. kitchen – Geschlossen: Sonntag, mittags: Samstag

ONTRA

MARKTKÜCHE • HIP Im Technologiezentrum "Tech Square" südlich der Stadtmitte liegt dieses geschmackvoll-modern designte Restaurant. Geboten wird eine saisonal ausgerichtete Karte, auf der sich auch vegetarische Gerichte finden. Dazu werden Sie freundlich und geschult umsorgt. Mittags ist das Speiseangebot kleiner und günstiger. Im angrenzenden Bereich "Ontra's Gourmetstube" serviert man am Abend ein fixes Menü mit sieben Gängen.

🍽 ⇻ 🅿 – Preis: €€

Franz-Mayer-Straße 5a ✉ 93053 – ☎ 0941 20492049 – www.ontra-regensburg. de – Geschlossen mittags: Montag, Samstag, Sonntag

ONTRA'S GOURMETSTUBE Ⓝ

MODERNE KÜCHE • HIP Angrenzend an sein Restaurant "Ontra" im Technologiezentrum "TechSquare" hat Patron und Küchenchef Peter Grasmeier diese moderne kleine Gourmetstube eingerichtet. Hier bietet er am Abend ein fixes Degustationsmenü mit sieben Gängen, in denen er geschickt klassische und mediterrane Einflüsse mit asiatischen Zutaten verbindet. Mit ausgeprägten Aromen und sehr guten Produkten kommen z. B. "Hamachi, Kohlrabi, Mandel, Sauerampfer" oder "Selecta Schwein, Kümmel, Paprika, Ingwer" daher. Umsorgt werden Sie freundlich und kompetent.

🆌 – Preis: €€€€

Franz-Mayer-Straße 5a ✉ 93053 – ☎ 0941 20492049 – www.ontra-regensburg. de/gourmetmenue – Geschlossen mittags: Montag, Samstag, Sonntag

REICHENAU INSEL

Baden-Württemberg – Regionalatlas **5**-U4

GANTER RESTAURANT MOHREN

MARKTKÜCHE • GEMÜTLICH Ob in gemütlich-rustikalem oder chic-modernem Ambiente, im Restaurant des "Ganter Hotel Mohren" gibt es eine saisonal geprägte Küche sowie Klassiker - auf der Karte z. B. "gebratenes Saiblingsfilet mit

Balsamico-Albinsen" oder auch "Original Wiener Schnitzel". Schön übernachten kann man im historischen Stammhaus oder im Neubau.

🛏 ⇔ 🅿 – Preis: €€

Pirminstraße 141 ✉ 78479 – ℰ 07534 9944607 – www.mohren-bodensee.de/de – Geschlossen: Montag und Dienstag, mittags: Mittwoch-Samstag, abends: Sonntag

REICHERTSHAUSEN

Bayern – Regionalatlas **6**–X3

GASTHOF ZUM MAURERWIRT

KLASSISCHE KÜCHE • LÄNDLICH Ein schöner Gasthof in einem kleinen Dorf. Gemütlich sitzt man in geschmackvollen Stuben, der ländliche Charme passt zur langen Tradition des Hauses. Man bietet zwei Menüs, deren Gerichte auch einzeln bestellt werden können. Der freundliche Service empfiehlt dazu den passenden Wein.

🅰 🛏 🅿 – Preis: €€

Scheyerer Straße 3 ✉ 85293 – ℰ 08137 809066 – www.maurerwirt.de – Geschlossen: Montag-Mittwoch, mittags: Donnerstag-Samstag

REICHSHOF

Nordrhein-Westfalen – Regionalatlas **3**–K3

BALLEBÄUSCHEN

FRANZÖSISCH-KLASSISCH • GEMÜTLICH Seit über 30 Jahren betreibt Familie Allmann dieses nette Restaurant - man lebt die Tradition und bleibt dennoch nicht stehen. Die Küche ist schmackhaft, frisch und ehrlich, sie reicht von regional bis klassisch und bietet auch Wild aus eigener Jagd. Mittags kleine Tageskarte. Schöne Terrasse hinterm Haus.

🛏 ⇔ 🅿 – Preis: €

Hasseler Straße 10 ✉ 51580 – ℰ 02265 9394 – www.ballebaeuschen.de – Geschlossen: Montag-Donnerstag, mittags: Freitag

REIL AN DER MOSEL

Rheinland-Pfalz – Regionalatlas **5**–S1

HEIM'S RESTAURANT

TRADITIONELLE KÜCHE • FAMILIÄR In dem rund 300 Jahre alten Haus genießt man in geschmackvollem Ambiente frische saisonale Küche. Zu den regional und mediterran beeinflussten Speisen gibt es auch den passenden Mosel-Wein. Herrlich die Terrasse mit Blick auf Weinberge und Mosel. Küchen-Öffnungszeiten: 12 - 21 Uhr. Zum Übernachten hat der "Reiler Hof" schöne Zimmer.

≤ 🛏 ⇔ 🅿 – Preis: €€

Moselstraße 27 ✉ 56861 – ℰ 06542 2629 – www.reiler-hof.de/de

VILLA'S WINE & DINE

MODERN • ENTSPANNT Im Gourmetrestaurant der "Villa Melsheimer" dürfen Sie sich auf fantasievolle und modern-kreative Gerichte aus sehr guten und frischen Produkten freuen. Im Sommer lockt die wirklich wunderschöne Terrasse zur Mosel! Sollte das Wetter nicht mitspielen, können Sie den Blick auch vom lichten Wintergarten aus genießen. Zum Übernachten stehen im eigenen Boutique-Hotel wohnliche Gästezimmer bereit.

🛏 🅿 – Preis: €€€

Moselstraße 5 ✉ 56861 – ℰ 06542 900034 – www.melsheimer.de – Geschlossen: Montag-Mittwoch, mittags: Donnerstag und Freitag

REIT IM WINKL

Bayern – Regionalatlas **6**–Y4

GUT STEINBACH

Chef: Achim Hack

REGIONAL • LANDHAUS "Restaurant HEIMAT", "Auerhahn Stuben", "Bayern Stuben" oder "Tiroler Stuben" - unterschiedliche Räume bietet die Gastronomie des schmucken gleichnamigen Hotels mit Spa, allesamt geschmackvoll und gemütlich. Besonderes Flair hat die Terrasse mit Bergpanorama - da lässt sich die idyllische Lage richtig genießen! Man kocht saisonal und legt Wert auf Nachhaltigkeit, der überwiegende Teil der Produkte kommt aus einem Umkreis von 80 km. Auf der Karte finden sich auch Klassiker wie Wiener Schnitzel oder Chateaubriand für zwei Personen.

🌿 *Engagement des Küchenchefs:* Das Prinzip „Farm to table" geht mir über alles, daher auch meine Philosophie und das Credo des Hauses „80 Prozent aller Produkte aus maximal 80 km Entfernung". Dabei helfen sowohl Eigenanbau als auch handverlesene Produzenten, die zum ökologischen Fingerabdruck unseres Hauses passen.

🌳 ⇔ 🅿 – Preis: €

Steinbachweg 10 ✉ 83242 – 𝒞 08640 8070 – www.gutsteinbach.de

REMCHINGEN

Baden-Württemberg – Regionalatlas **5**–U2

ZUM HIRSCH

REGIONAL • GEMÜTLICH Schon lange sind Markus und Britta Nagy in der Region als ambitionierte Gastronomen bekannt. Hier bieten sie in dem charmanten Fachwerk-Gasthof von 1688 regional und mediterran inspirierte Küche. Im Winter sitzt man gerne in der hübschen Ofenstube, im Sommer auf der schönen Terrasse. Mittags: preiswertes 3-Gänge-Menü "Eat & Talk". Gepflegt übernachten kann man ebenfalls.

🌳 ⇔ 🅿 – Preis: €€

Hauptstraße 23 ✉ 75196 – 𝒞 07232 79636 – www.hirsch-remchingen.de – Geschlossen: Montag und Sonntag

REMSCHEID

Nordrhein-Westfalen – Regionalatlas **3**–K3

HELDMANN & HERZHAFT

KLASSISCHE KÜCHE • GEMÜTLICH Die schmucke Industriellenvilla a. d. 19. Jh. ist der perfekte Rahmen für die ambitionierte Küche, die Ulrich Heldmann seinen Gästen bietet. Ob Sie das Saisonmenü oder Gerichte à la carte wählen, hier überzeugen Frische, Geschmack und Sorgfalt. Dazu das wirklich schöne Ambiente mit hohen Decken, edlem Parkett und gepflegter Tischkultur - und im Sommer ist die Terrasse natürlich besonders beliebt.

🧑‍🦽 🌳 ⇔ 🅿 – Preis: €€

Brüderstraße 56 ✉ 42853 – 𝒞 02191 291941 – www.heldmann-herzhaft.de – Geschlossen: Montag, Dienstag, Sonntag, mittags: Freitag und Samstag

RHEDA-WIEDENBRÜCK

Nordrhein-Westfalen – Regionalatlas **3**–K2

❀ REUTER

Chef: Iris Bettinger

FRANZÖSISCH-MODERN • ELEGANT Familientradition seit 1894 - da ist Ihnen echtes Engagement gewiss. In dem schönen wertig-eleganten Restaurant des gleichnamigen Hotels macht Iris Bettinger mit ihrem "interregiomediterraneurasischen" Menü von sich reden. Nach Stationen wie dem "Colombi" in Freiburg, der "Käfer-Schänke" und dem "Mandarin Oriental" in München hat sie hier im Jahre 2007 in 4. Generation die Küchenleitung übernommen. Mit kreativer Note kombiniert sie ausgezeichnete Zutaten z. B. zu „Gegrillter Zander mit Spitzkohl, Walnuss & Guanciale". Viele der verwendeten Produkte kommen aus der Region. Dazu werden die Gäste angenehm professionell umsorgt. Auch der Sommelier berät Sie mit Herzblut - mit rund 250 Positionen hat man eine gut sortierte Weinauswahl.

🛋 🅿 – Preis: €€€€

Bleichstraße 3 ✉ 33378 – ☎ 05242 94520 – www.hotelreuter.de/restaurant/gourmet-restaurant – Geschlossen: Montag, Dienstag, Sonntag, mittags: Mittwoch-Samstag

GASTWIRTSCHAFT FERDINAND REUTER

MARKTKÜCHE • BISTRO In dem traditionsreichen Familienbetrieb dürfen Sie sich auf eine gute Küche mit regionalem und saisonalem Bezug freuen, die einen Mix aus Klassikern und gehobeneren Gerichten bietet. Das Ambiente dazu ist freundlich und gemütlich, im moderneren Teil sitzt man zusammen an langen Holztischen. Das Restaurant befindet sich im Hotel "Reuter", in dem es sich auch gut übernachten lässt.

🛋 🅿 – Preis: €€

Bleichstraße 3 ✉ 33378 – ☎ 05242 94520 – www.hotelreuter.de/gastwirtschaft/gastwirtschaft-ferdinand – Geschlossen: Montag und Sonntag, mittags: Dienstag-Samstag

RHEINE
Nordrhein-Westfalen – Regionalatlas **3**–K1

BEESTEN

KLASSISCHE KÜCHE • FREUNDLICH Mit Engagement und Herz betreibt Familie Beesten seit 1906, inzwischen in 4. Generation, das Traditionsgasthaus mitten in Rheine. Drinnen gediegenes Ambiente, draußen eine Terrasse unter alten Kastanien. Der Chef steht selbst am Herd und kocht klassisch-saisonal. Sie wählen à la carte oder das wöchentlich wechselnde Menü. Ein vegetarisches Menü gibt es ebenfalls. Die Chefin leitet freundlich den Service.

🛋 ♿ 🅿 – Preis: €€

Eichenstraße 3 ✉ 48431 – ☎ 05971 3253 – www.restaurant-beesten.de – Geschlossen: Mittwoch und Donnerstag, mittags: Montag, Dienstag, Freitag-Sonntag

RIEDENBURG
Bayern – Regionalatlas **6**–Y2

🏵 ### FORST'S LANDHAUS

INTERNATIONAL • FREUNDLICH An einem kleinen Bach liegt dieses engagiert geführte Haus - da sind die Terrassenplätze zum Wasser hin natürlich gefragt! Gekocht wird mit saisonalem Bezug, dabei verwendet man viele regionale Produkte, so z. B. Lamm aus dem bayerischen Jura. Auch die vegetarischen Gerichte machen Lust, sie sind einfallsreich und schmecken! Dazu sorgt die freundliche Chefin für guten Service mit persönlicher Note. Übernachten können Sie ebenfalls - es stehen einfache, aber gepflegte Zimmer bereit.

🛋 ♿ – Preis: €€

Mühlstraße 37b ✉ 93339 – ☎ 09442 9919399 – www.forsts-landhaus.de – Geschlossen: Montag und Dienstag, mittags: Mittwoch-Freitag, abends: Sonntag

RIETBERG

Nordrhein-Westfalen – Regionalatlas **3**–L2

DOMSCHENKE

REGIONAL • **KLASSISCHES AMBIENTE** In dem bereits in 3. Generation familiengeführten Restaurant sitzt man in der rustikalen Gaststube mit Stammtisch oder im freundlichen Wintergarten und wird herzlich umsorgt. Geboten wird ein Mix aus bürgerlich-regionalen und gehobeneren Gerichten. Die Speisekarte wird ergänzt durch Tagesempfehlungen von der Tafel. Im Sommer locken die Plätze im Freien unter alten Bäumen.

 🔴 🏡 ♻ 🅿 – Preis: €€

Lippstädter Straße 1 ✉ *33397 –* 𝒞 *02944 318 – domschenke-mastholte.de – Geschlossen: Dienstag und Mittwoch, mittags: Montag, Donnerstag-Samstag*

RIPPOLDSAU-SCHAPBACH, BAD

Baden-Württemberg – Regionalatlas **5**–T3

🐸 KLÖSTERLE HOF

REGIONAL • **TRADITIONELLES AMBIENTE** Küchenchef Markus Klein und seine Frau führen das Haus mit Engagement und Herz. Man sitzt hier in nettem ländlichem Ambiente und lässt sich freundlich umsorgen. Serviert werden schmackhafte regional-saisonal ausgerichtete Speisen aus guten Produkten. Gut zu wissen: Es gibt von 12 - 20 Uhr durchgehend warme Küche. Tipp für Übernachtungsgäste: die "Wohlfühl-" und "Komfortzimmer".

 🏡 🅿 – Preis: €€

Klösterleweg 2 ✉ *77776 –* 𝒞 *07440 215 – kloesterlehof.de – Geschlossen: Montag und Sonntag*

RÖDENTAL

Bayern – Regionalatlas **4**–N4

🐸 FROSCHGRUNDSEE

MARKTKÜCHE • **REGIONALES AMBIENTE** Oberhalb eines kleinen Sees finden Sie das nette Landhaus im Ortsteil Schönstädt. Dass Hannes Scammell ein guter Koch ist, beweist er mit schmackhaften, frischen Gerichten, die sich an der Saison orientieren. Auch draußen kann man schön sitzen. Mittags ist das Angebot etwas reduzierter. Zur guten Küche gesellt sich der freundliche Service durch die Chefin. Grill-Fans aufgepasst: Man bietet auch interessante "Smoker-Abende" an.

 🔴 🏡 🅿 – Preis: €€

Schönstädt 14 ✉ *96472 –* 𝒞 *09563 8013 – www.restaurant-froschgrundsee.de – Geschlossen: Montag und Dienstag, abends: Sonntag*

ALTE MÜHLE

MEDITERRAN • **GEMÜTLICH** Freundlich und in geradlinigem Stil kommt dieses Restaurant daher - es ist angebaut an das historische Gebäude einer einstigen Kornmühle, in der Sie heute gepflegt übernachten können. Gekocht wird mediterran, regional und saisonal ausgerichtet. Wer vegetarisch/vegan speisen möchte, wird auf der Karte ebenfalls fündig. Do. - Sa. gibt es auch Mittagessen.

 🏡 🅿 – Preis: €€

Mühlgarten 5 ✉ *96472 –* 𝒞 *09563 72380 – www.alte-muehle-hotel.com – Geschlossen: Montag und Sonntag, mittags: Dienstag-Samstag*

RÖTHENBACH AN DER PEGNITZ

Bayern – Regionalatlas **6**–X1

KULINARIUM ⓝ

SAISONAL • GEMÜTLICH Nicht weit von Nürnberg finden Sie hier im Zentrum von Röthenbach a. d. Pegnitz dieses sympathische Restaurant. Moderner Stil und eine rustikale Holzbalkendecke schaffen in dem gepflegten Fachwerkhaus eine gemütliche Atmosphäre. Am Herd steht Gerald Hoffmann, kein unbekannter Koch in der Region und zuletzt Küchenchef im Restaurant „Koch und Kellner". Unterstützt wird er von seiner Frau, die herzlich den Service leitet. Geboten wird ein Menü mit regionalen Produkten, das sich an der Saison orientiert. Im Sommer hat man im Vorgarten eine hübsche Terrasse. Im Haus befindet sich auch ein kleines Hotel.
� – Preis: €€€

Friedrichsplatz 4 ✉ 90552 – ☎ 015679 305236 – kulinarium.restaurant – Geschlossen: Montag und Sonntag, mittags: Dienstag-Samstag

ROSENBERG

Baden-Württemberg – Regionalatlas **5**–V2

LANDGASTHOF ADLER

MARKTKÜCHE • GEMÜTLICH Schon lange ist der jahrhundertealte Gasthof in der Region für gute Küche bekannt. Daran knüpft seit Februar 2022 Michael Vogel an, der hier Jahre zuvor schon tätig war und nach seiner Zeit bei Spitzenkoch Andreas Caminada die Regie übernommen hat. Charmant das Ambiente mit seinem Mix aus Tradition und Moderne. Tipp: Das "Lädle" mit regionalen Produkten. Hübsche Gästezimmer.
🔄🅿 – Preis: €€

Ellwanger Straße 15 ✉ 73494 – ☎ 07967 513 – www.landgasthofadler.de – Geschlossen: Montag und Dienstag, mittags: Mittwoch und Donnerstag, abends: Sonntag

ROSTOCK

Mecklenburg-Vorpommern – Regionalatlas **2**–F2

❀ ### GOURMET-RESTAURANT DER BUTT

MODERNE KÜCHE • KLASSISCHES AMBIENTE Was die beeindruckende "Yachthafenresidenz Hohe Düne" Hotelgästen an Wohnkomfort und Wellness bietet, findet sich im "Butt" als gastronomisches Pendant. Modern und angenehm klar ist hier die Küche. Verantwortlich dafür ist André Münch. Er kocht überaus durchdacht und mit handwerklicher Präzision. Das Ergebnis sind reduzierte, intensive und geschmacklich sehr fein ausbalancierte Gerichte, in denen er exzellente Produkte toll zur Geltung bringt. Zum kulinarischen Genuss kommt noch ein optischer: Hier im obersten Stock eines Pavillons hat man eine fantastische Sicht über den Yachthafen - nicht zuletzt bei Sonnenuntergang ein echtes Highlight!
⇜🅺🅿 – Preis: €€€€

Am Yachthafen 1 ✉ 18119 – ☎ 0381 50400 – www.hohe-duene.de/hotel-ostsee/ restaurant/gourmetrestaurant-der-butt.html – Geschlossen: Montag und Sonntag, mittags: Dienstag-Samstag

ROT AM SEE

Baden-Württemberg – Regionalatlas **5**–V2

❀ ### LANDHAUS HOHENLOHE

MEDITERRAN • ELEGANT Warum der langjährige Familienbetrieb so beliebt ist? Bei Matthias Mack erwartet Sie neben freundlicher Atmosphäre auch eine gute, frische Küche, die sich an der Saison orientiert und Bezug zur Region hat. Interessant auch das mediterran inspirierte Tapas-Menü. Kräuter, Salate und Gemüse baut man teilweise selbst an. Übernachten können Sie ebenfalls.

🌿 ⇄ 🅿 – Preis: €€

Erlenweg 24 ⊠ 74585 – 📞 07955 93100 – www.landhaus-hohenlohe.de –
Geschlossen: Montag, mittags: Dienstag-Samstag, , abends: Sonntag

ROTHENBURG OB DER TAUBER

Bayern – Regionalatlas 5-V2

❀   **MITTERMEIER**

MODERNE KÜCHE • HIP Vorbei an der einsehbaren Küche gelangt man in den trendigen Gastraum, wo man sehr engagiert und freundlich umsorgt wird. Gekocht wird modern und saisonal, Gerichte wie z. B. „Ravioli, Parmigiano Reggiano, grüne Olive" oder „Perlhuhn, Pfifferlinge, Liebstöckel" sind angenehm klar und verständlich und zeigen schöne Kontraste und toll abgestimmte Aromen. Viele Produkte kommen von regionalen Erzeugern. Eine nette Idee: Kleine Kärtchen informieren über die Gerichte, die Sie sich zu einem Menü mit fünf, sieben oder neun „Tellern" zusammenstellen können. Gerne empfiehlt man dazu eigene „Tauberhase"-Weine. Tipp: Im Hotel "Villa Mittermeier" kann man sehr geschmackvoll übernachten.

🌿 ⇄ 🅿 – Preis: €€€€

Vorm Würzburger Tor 7 ⊠ 91541 – 📞 09861 94540 – www.villamittermeier.de –
Geschlossen: Montag und Sonntag, mittags: Dienstag-Samstag

HERR ⓝ

INTERNATIONAL • INTIM Im schmucken Hotel "herrnschlösschen" mitten in der Altstadt sitzt man richtig schön in einem kleinen Restaurantbereich inmitten historischer Mauern, die mit stilvoll-modernem Interieur gelungen kombiniert wurden - man beachte den mächtigen Fachwerkbalken von 1526! Das angebotene Menü mit fünf Gängen und so manchem "Drumherum" nennt sich "INNOVATIVE KLASSIK By Sascha Bungeroth". Nach einigen namhaften Adressen bietet der Küchenchef nun hier je nach Saison Gerichte wie "Gebeizte kanadische Kammmuscheln, Sesam, Meerrettich, Tonburi" oder "Tatar vom fränkischen Kalbsfilet, Burrata, Oliven, Pinienkerne". Der charmante Service empfiehlt dazu die passenden Weine. Herrlich die Terrasse im Barockgarten!

🌿 – Preis: €€€

Herrngasse 20 ⊠ 91541 – 📞 09861 87389100 – www.restaurantherr.de/de –
Geschlossen: Dienstag und Mittwoch, mittags: Montag, Donnerstag-Sonntag

ROTTACH-EGERN

Bayern – Regionalatlas 6-Y4

❀❀   **GOURMETRESTAURANT DICHTER**

FRANZÖSISCH-ZEITGEMÄSS • ELEGANT Wer nicht den Seiteneingang nimmt, erreicht das Gourmetrestaurant über die Lobby des luxuriösen "Parkhotel Egerner Höfe", vorbei an der schicken Bar und an dekorativen verglasten Weinschränken. Das Ambiente wertig und geradlinig-modern - Blickfang sind drei japanische Stechpalmen, jede in einem markanten Glaskubus. Zudem kann man boden-tiefe Fenster zum Park mit Kunstobjekten schauen. In der Küche wird französische Klassik modern interpretiert, dabei achtet man sehr auf Regionalität. Hier sei nicht zuletzt der fantastische fein-aromatische Tegernseer Saibling erwähnt, den man z. B. stimmig mit Blumenkohl und Muskatblüte verbindet. Geboten wird ein Menü mit fünf bis zehn Gängen. Aufmerksam und freundlich der Service - in Sachen Wein können Sie ganz auf den bemerkenswerten Sommelier Tobias Blaha vertrauen!

🕸 🖐🦽 ⇄ 🅿 – Preis: €€€€

Aribostraße 19 ⊠ 83700 – 📞 08022 666566 – www.gourmetrestaurant-dichter.
de – Geschlossen: Montag, Dienstag, Sonntag, mittags: Mittwoch-Samstag

❀ **HAUBENTAUCHER**

Chef: Alois Neuschmid

INTERNATIONAL • BISTRO Die herrliche Lage direkt am See nebst wunderbarer Terrasse ist zweifelsfrei ein echtes Highlight. Zudem sorgt Inhaber und Küchenchef Alois Neuschmid, der übrigens Jahre zuvor mit seinem "Lois" hier im Ort bereits einen Stern hatte, kulinarisch für wahre Freude. Während man mittags einfachere Tagesgerichte wie gebratene Blutwurst, Pasta oder Wiener Schnitzel bietet, gibt es am Abend Gourmetküche in Form eines Überraschungsmenü mit vier Gängen, teilweise in zwei Teilen wie z. B. Kalb in Form von rosa gegartem Tafelspitz und saftig geschmorter Schulter - auf Wunsch mit passender Weinreise. Neben dem tollen Essen kommt auch die angenehm legere und entspannte Atmosphäre an. Man wird sehr freundlich umsorgt, auch der Patron selbst ist in dem sympathischen, gemütlich-maritimen Restaurant präsent. Tipp: Reservieren Sie - man ist mittags wie abends gut besucht!
≼ 🍴 – Preis: €€€

Seestraße 30 ⊠ 83700 – ☏ 08022 6615704 – www.haubentaucher-tegernsee. de – Geschlossen: Montag, Dienstag, Sonntag

ALOIS-ANTON KAMINRESTAURANT

REGIONAL • GEMÜTLICH Eine schöne Alternative zum Gourmetrestaurant des "Park-Hotels Egerner Höfe". Sie haben die Wahl: Möchten Sie in den bayerisch-gemütlichen Stuben "Alois" und "Anton" speisen? Oder lieber im etwas schickeren "Kaminrestaurant"? Ebenso reizvoll ist die windgeschützte Terrasse mit Blick auf Weide und Berge. Herzlich umsorgt lässt man sich in angenehm ungezwungener Atmosphäre regional-saisonale Gerichte schmecken.
♿ 🍴 🅿 – Preis: €€€

Aribostraße 19 ⊠ 83700 – ☏ 08022 666502 – www.egerner-hoefe.de

FÄHRHÜTTE 14

INTERNATIONAL • RUSTIKAL Natur pur! Idyllisch liegt das Restaurant der "Überfahrt" am Seeufer. Das Ambiente modern mit maritim-rustikalem Touch, herzlich-leger und versiert der Service. Die Küche ist international-saisonal ausgerichtet. Tipp: Mieten Sie einen Liegestuhl am Strand! Hinweis: Nicht mit dem Auto erreichbar, 300 m Fußweg.
≼ 🍴 – Preis: €€

Weißbachdamm 50 ⊠ 83700 – ☏ 08022 188220 – www.althoffcollection. com/de/althoff-seehotel-ueberfahrt/restaurants-und-bar/faehrhuette-14 – Geschlossen: Montag-Mittwoch, mittags: Donnerstag-Sonntag

KIRSCHNER STUBEN

INTERNATIONAL • RUSTIKAL Heimelig-gemütlich und sympathisch-lebendig ist es hier, toll die Terrasse mit Seeblick. Dazu ein schöner Mix an guten, frischen Gerichten. Die Produkte dafür kommen vorwiegend von regionalen Erzeugern. Mittags Schmankerlkarte. Tipp: Salatdressing, Bratensaft oder Jus gibt's auch zum Kauf für zuhause. Im Hotel "Maier zum Kirschner" hat man hübsche Zimmer mit alpenländischem Charme.
🍴 ♻ 🅿 – Preis: €€

Seestraße 23 ⊠ 83700 – ☏ 08022 273939 – www.maier-kirschner.de – Geschlossen: Dienstag und Mittwoch

RUDERTING

Bayern – Regionalatlas **6**–Z3

☺ **LANDGASTHOF ZUM MÜLLER**

REGIONAL • RUSTIKAL In dem gestandenen Landgasthof von Ingrid und Markus Buchner gibt es frische regional-saisonale Küche mit international-mediterranen Einflüssen, für die Küchenchef Marcel von Winckelmann verantwortlich zeichnet. Zur einladenden Atmosphäre trägt der sympathisch-herzliche Service ebenso bei wie das gemütlich-rustikale Ambiente der Gaststuben, nicht zu vergessen die sehr schöne begrünte Terrasse mit "Salettl". Zum Übernachten hat man ländlich-moderne Zimmer.

🛝 ⇄ 🅿 – Preis: €€

Passauer Straße 16 ⊠ 94161 – ℰ 08509 1224 – www.landgasthofzummueller. de – Geschlossen: Dienstag und Mittwoch, mittags: Montag, Donnerstag-Samstag

RÜDESHEIM AM RHEIN

Hessen – Regionalatlas **5**–T1

BEES RESTAURANT ⓝ

MARKTKÜCHE • CHIC Wo einst Asbach Uralt seine Produktionsstätte hatte, erwartet Sie heute ein attraktives Restaurant mit guter saisonaler Küche. Das angebotene Menü gibt es ab vier Gängen, alternativ können Sie auch à la carte wählen. Zum schicken Ambiente samt teilweise einsehbarer Küche gesellt sich ein freundlicher Service. Im Sommer hat man eine nette Terrasse. Praktisch: Hier nahe Bahnhof und Rhein finden Sie auch öffentliche Parkplätze.

Preis: €€€

Am Rottland 6 ⊠ 65385 – ℰ 06722 4191916 – beesrestaurant.de – Geschlossen: Dienstag und Mittwoch, mittags: Montag, Donnerstag-Samstag, abends: Sonntag

RÜTHEN

Nordrhein-Westfalen – Regionalatlas **3**–L2

🙂 KNIPPSCHILD

REGIONAL • FREUNDLICH Richtig gemütliche Stuben voller Charme und Liebe zum Detail haben die Knippschilds in ihrem traditionsreichen Haus. Man kocht sauerländisch und saisonal, mit einer Portion Bodenständigkeit und internationalen Einflüssen. Tipp: Wild aus der Region - der Chef ist selbst Jäger. Freundlich der Service. Nett: Absacker im "Wirtshaus". Für Übernachtungsgäste: schöne Zimmer und Wellness.

🛝 ⇄ 🅿 – Preis: €€

Theodor-Ernst-Straße 3 ⊠ 59602 – ℰ 02902 80330 – hotel-knippschild.de – Geschlossen mittags: Montag

RÜGEN (INSEL)

Mecklenburg-Vorpommern – Regionalatlas **2**–G2

In Binz

❀ FREUSTIL

Chef: Ralf Haug

KREATIV • FARBENFROH Ein echter Glücksfall für das schöne Ostseebad Binz, dass es den gebürtigen Schwarzwälder Ralf Haug in den hohen Norden verschlagen hat. Seit 2013 begeistert er im Gourmetrestaurant des Hotels "Vier Jahreszeiten" mit Kreativität und Finesse. In seinem 12-Gänge-Menü (auch in verkürzter Form möglich) verbindet er klassische Elemente und regionale Zutaten modern und verständlich. "Nordic Bouillbaisse" macht da ebenso Lust wie "Paprika, Algenbrösel, saure Creme". Erwähnt werden muss auch das tolle Preis-Leistungs-Verhältnis bei exzellenter Produktqualität! So unkompliziert wie die Küche ist auch die Atmosphäre. Das liegt zum einen am nordisch-legeren Interieur, zum anderen am sehr sympathischen und aufmerksamen Service.

🛝 – Preis: €€€

Zeppelinstraße 8 ⊠ 18609 – ℰ 038393 50444 – www.freustil.de – Geschlossen: Montag und Dienstag

In Klein Kubbelkow

GUTSHAUS KUBBELKOW

INTERNATIONAL • ELEGANT Schön liegt das schmucke denkmalgeschützte Gutshaus in einem Park. In den stilvollen Räumen spürt man die über 100-jährige Geschichte des Anwesens. Für Gerichte wie z. B. "gebratener Boddenzander auf Kubbelkower Gemüse- und Kräuter-Gazpacho" verwendet man gerne regionale und saisonale Produkte. Tipp: Dieses Idyll bietet auch geschmackvolle, individuelle Gästezimmer.

🛏🕭♻️🅿 – Preis: €€€

Im Dorfe 8 ✉ 18528 – ✆ 03838 8227777 – www.kubbelkow.de/de – Geschlossen: Montag-Mittwoch, Sonntag, mittags: Donnerstag-Samstag

RUPPERTSBERG
Rheinland-Pfalz – Regionalatlas **7**–B1

HOFGUT RUPPERTSBERG

Chef: Jean-Philippe Aiguier

REGIONAL • RUSTIKAL Das historische Anwesen am Ortsrand ist eine der Keimzellen des Weinguts Bürklin-Wolf und heute ein charmantes Restaurant samt herrlichem Innenhof. Gekocht wird französisch, regional und saisonal, dabei setzt man auf Bio-Produkte, die man möglichst aus der nächsten Umgebung bezieht. Zur Wahl stehen zwei Menüs, eines davon vegetarisch. Für exklusive Feiern kann man das Teehaus buchen. Tipp: Im Hofladen gibt's Leckeres für daheim.

🍀 *Engagement des Küchenchefs:* In meiner Küche verwenden wir nur regionale und saisonale Bioprodukte und ich kenne alle Lieferanten, das Thema Nachhaltigkeit geht bei uns über die Küche hinaus, das Haus ist seit 2010 bio-zertifiziert, Müllvermeidung, Personalmanagement, eigener Bio-Hofladen, alles hat unsere volle Aufmerksamkeit!

🕭♻️🅿 – Preis: €€€

Obergasse 2 ✉ 67152 – ✆ 06326 982097 – dashofgut.com – Geschlossen: Montag, Dienstag, Sonntag, mittags: Mittwoch-Samstag

RUST
Baden-Württemberg – Regionalatlas **5**–T3

🏵🏵 AMMOLITE - THE LIGHTHOUSE RESTAURANT

MODERNE KÜCHE • DESIGN Sie müssen nur dem markanten Leuchtturm folgen, um das exklusive Restaurant im „Europa Park" zu finden. Zeitlos-chic und elegant ist das Ambiente hier, leicht transparente Vorhänge in einem warmen Goldton geben dem runden Raum eine intime Note und vermitteln Ruhe. Während Sie auf edlen Samtsesseln an hochwertig eingedeckten Tischen sitzen und von einem gut eingespielten Serviceteam aufmerksam und kompetent umsorgt werden, gibt Küchenchef Peter Hagen-Wiest die beiden 7-Gänge Menüs "Around the World" und "Green Forest" (vegetarisch) zum Besten. "Taube, Himbeere, Rote Bete, Albufera Sauce" oder "Aubergine, Sellerie, Pak Choi" liest man da beispielsweise. Er kocht klassischer Basis und modern inspiriert, seine Gerichte sind klar und gut strukturiert, ausgesucht die Produkte. Dazu hervorragend abgestimmte Weine, die fachlich sehr fundiert präsentiert werden.

♿🅰🕭🅿 – Preis: €€€€

Peter-Thumb-Straße 6 ✉ 77977 – ✆ 07822 776699 – www.ammolite-restaurant. de – Geschlossen: Montag und Dienstag, mittags: Mittwoch-Samstag

The Heart

lass das Salz weg
nimm Kaviar

# of Kaviar.

**Kaviartradition aus Hamburg
seit 1925.**

www.altonakaviar.de

EATRENALIN

MODERNE KÜCHE • CHIC Eine geradezu futuristische Form der Erlebnis-Gastronomie! Man entscheidet sich vorab per Ticketsystem für eines der Menüs - "Red Dimensions" oder "Green Dimensions" (vegan) - und für die passende Getränkebegleitung. Wer zusätzliche Extras wünscht, kann beide Menüs in den Varianten „Exclusive Dinner", „Champagne Dinner" oder „Sommelier Dinner" wählen. Vor Ort wird man während der rund zweistündigen "Eatrenalin Experience" auf hochmodernen "Floating Chairs" durch verschiedene Themenwelten und Räume geführt, wo entsprechend abgestimmte Häppchen und Gerichte serviert werden. Die Küche ist ambitioniert und zeigt internationale, modern-kreative und auch klassische Einflüsse. Start ist in der Lounge, Abschluss in der Bar bei DJ-Musik, Champagner und Cocktails.

&. 🅿 – Preis: €€€€

Roland-Mack-Ring 5 ✉ 77977 – ☎ 07822 776677 – www.eatrenalin.de –
Geschlossen: Dienstag-Donnerstag, mittags: Montag, Freitag-Sonntag

SAARBRÜCKEN

Saarland – Regionalatlas **5**–S2

✿✿ ESPLANADE

KLASSISCHE KÜCHE • CHIC Durch und durch geschmackvoll ist die ehemalige Schule mitten im Zentrum, die auch ein schmuckes kleines Boutique-Hotel beherbergt. Im Mittelpunkt steht aber das chic-moderne Restaurant. Küchenchef Silio Del Fabro verbindet hier Klassisches mit modernen und mediterranen Einflüssen, und das schön klar strukturiert, handwerklich top und finessenreich wie z. B. bei "Zweierlei vom Rinderfilet", dessen ausgezeichnete Qualität bei den zarten Scheiben des Carpaccios ebenso zur Geltung kommt wie beim Türmchen aus feinem Tatar. Gut machen sich dazu herzhaftes Senfeis sowie eine aromatische Vinaigrette aus Balsamico und Tomatenwürfelchen. Zur Wahl stehen das Menü "Signature" und Speisen à la carte, darunter tolle Gerichte für zwei Personen. Mittags interessanter "Plat du Jour". Erwähnenswert ist auch der klasse Service unter der Leitung von Jérôme Pourchère, Gastgeber und Sommelier aus Leidenschaft!

క్తి 🅼 ⇔ 🅿 – Preis: €€€€

Nauwieserstraße 5 ✉ 66111 – ☎ 0681 84499125 – www.esplanade-sb.de –
Geschlossen: Montag, Dienstag, Sonntag

✿✿ GÄSTEHAUS KLAUS ERFORT

FRANZÖSISCH-KLASSISCH • ELEGANT Was die stilvolle weiße Villa in der Innenstadt von Saarbrücken schon von außen an Klasse und Eleganz verspricht, hält auch das Interieur mit seiner gelungenen Liaison aus klassisch-historischem Rahmen und moderner Geradlinigkeit. Eine stimmige Kombination von Klassik und modernen Akzenten findet sich auch in der Küche von Klaus Erfort. In einem Menü mit vier, fünf oder sieben Gängen präsentiert er beispielsweise zarte Dim Sum, gefüllt mit geschmorter Ente und begleitet von aromatischen kleinen Steinpilzen sowie einer klassischen Jus mit toller Tiefe und süßlichen Akzenten auf finessenreiche und angenehm reduzierte Art. Dazu eine gut aufgestellte Weinkarte. Das Serviceteam kümmert sich freundlich, ungezwungen und gleichermaßen professionell um die Gäste.

క్తి 🚗 & 🏠 ⇔ 🅿 – Preis: €€€€

Mainzer Straße 95 ✉ 66121 – ☎ 0681 9582682 – www.gaestehaus-erfort.de –
Geschlossen: Samstag und Sonntag

✿ JOULIARD

KLASSISCHE KÜCHE • BISTRO In einem gepflegten Stadthaus etwas außerhalb des Zentrums finden Sie dieses französische Bistro. Die Küche überzeugt mit gutem Handwerk und vor allem mit Frische und Geschmack. Auf der ansprechenden Karte liest man Klassiker wie z. B. "Roastbeef mit Sauce Béarnaise", aber auch Gerichte, die man nicht überall findet. Der Service ist freundlich, geschult und flott. Nett sitzt man auch auf der Terrasse vor dem Haus. Kein Wunder also, dass man hier so manchen Stammgast hat!

🍴 – Preis: €€

Scheidter Straße 66 ✉ 66123 – ✆ 0681 68615322 – www.jouliard.de – Geschlossen: Montag und Sonntag, mittags: Dienstag-Samstag

LE COMPTOIR

KREATIV • BISTRO Sie finden dieses Restaurant im Nauwieser Viertel in einem historischen Haus mit Sandstein-Klinkerfassade, übrigens das Geburtshaus des Regisseurs Max Ophüls. Hier erwarten Sie ein attraktives modernes Interieur und eine sympathische Atmosphäre. Beliebt sind auch die Plätze an der Theke (auf Französisch "le comptoir" - daher der Name). Am Abend bietet man ein saisonal wechselndes und modern ausgerichtetes Menü mit vier oder fünf Gängen.

Preis: €€€

Försterstraße 15 ✉ 66111 – ✆ 0681 83907886 – www.lecomptoir-saarbruecken. de – Geschlossen: Montag und Sonntag, mittags: Dienstag-Samstag

RESTAURANT QUACK IN DER VILLA WEISMÜLLER

MEDITERRAN • HIP Schön sitzt man hier über der Stadt auf der Terrasse oder in den geschmackvollen Gasträumen mit ihrem Mix aus Villen-Flair und trendig-schickem Stil. Die ambitionierte saisonale Küche bietet Mediterranes, aber auch Regionales. Interessant der Chefs Table: Thekenkonzept mit Überraschungsmenü und Blick in die Küche. Gute Weinkarte. Hinweis: Zufahrt über schmalen Privatweg.

🍴 ⇄ 🅿 – Preis: €€

Gersweilerstraße 43A ✉ 66117 – ✆ 0681 52153 – www.restaurant-quack.de – Geschlossen: Montag, Dienstag, Sonntag

SAARLOUIS

Saarland – Regionalatlas **5**–S2

🟢🟢 LOUIS RESTAURANT

KREATIV • ELEGANT Mit modern-kreativer Küche trumpft das Restaurant im geschmackvollen Boutique-Hotel "LA MAISON". Hier gibt es ein fixes Menü mit sieben Gängen, auch als vegetarische Variante. Die Gerichte sind aufwändig zubereitet und verbinden klassische Basis mit japanischen Einflüssen - pfiffige Kontraste inklusive. Die feine Kombination von Aromen beginnt schon bei den fantastischen Amuses-Bouches und setzt sich z. B. bei "Steinbutt, Erbse, Lardo, Sudachi & Basilikum" fort. Und das Ambiente? Der hohe Raum - übrigens ein ehemaliger Gerichtssaal - kommt mit seinem schicken, modern-eleganten Interieur recht stylish und durchaus luxuriös daher. Der freundliche und professionelle Service tut ein Übriges - hier sei auch Sommelier Robert Jankowski erwähnt. Toll die Terrasse.

🐝 ⌂& 🅿 – Preis: €€€€

Prälat-Subtil-Ring 22 ✉ 66740 – ✆ 06831 89440440 – lamaison-hotel.de – Geschlossen: Montag, Dienstag, Sonntag, mittags: Mittwoch-Samstag

SAAROW, BAD

Brandenburg – Regionalatlas **4**–R1

🟢 AS AM SEE

MODERNE KÜCHE • CHIC "AS" steht hier u. a. für "Am See" und "Andreas Staack", Inhaber und Küchenchef. Der sympathische Patron empfiehlt in diesem einladenden, freundlichen Mix aus Vinothek und Bistro moderne Küche in Form eines Menüs mit fünf Gängen, die sich beispielsweise "Hirschfilet, wilder Brokkoli, Preiselbeerjus" nennen. Zu finden ist das Restaurant in einem ruhigen begrünten

Wohnviertel, in einer Seitenstraße unweit des Kurparks. Eine schöne Terrasse hat man ebenfalls.

🍽 🅿 – Preis: €€

Seestraße 9 ✉ 15526 – ☏ 033631 599244 – www.asamsee.de – Geschlossen: Montag und Dienstag, mittags: Mittwoch-Samstag, abends: Sonntag

SACHSA, BAD

Niedersachsen – Regionalatlas **3**–M2

JOSEPH'S FINE DINING

KREATIV • Im Restaurant des Hotels "Romantischer Winkel" erwartet Sie eine weltoffene, kreative Küche in Form eines fixen Menüs. Aus überwiegend regionalen Produkten in Kombination mit internationalen Gewürzen und Aromen entstehen Gerichte wie z. B. "Wagyu Roast Beef, Teriyaki, Ahornsirup, Weißkohl, Wurzelgemüse". Dazu schönes modernes Ambiente: Ein kleines Separee mit offener Küchenecke schafft eine intime Atmosphäre, nebenan schaut man durch die bodentiefe Fensterfront auf den "Schmelzteich". Für alle Gäste beginnt das Menü zur gleichen Zeit, Küchenchef und Souschef moderieren den Abend. Kaffee wird zum Schluss am Tisch aufgebrüht.

Preis: €€€€

Bismarckstraße 23 ✉ 37441 – ☏ 05523 3040 – www.josephs-fine-dining.de – Geschlossen: Montag-Mittwoch, Sonntag, mittags: Donnerstag-Samstag

SÄCKINGEN, BAD

Baden-Württemberg – Regionalatlas **5**–T4

✿ GENUSS-APOTHEKE

Chef: Raimar Pilz

KREATIV • **TRENDY** Von der einstigen Apotheke ist nur der Namenszusatz geblieben. Hinter den großen Fenstern erwartet Sie heute ein frisches, modernes Restaurantkonzept. Sie sitzen in einem hellen, geradlinig gehaltenen Raum an wertig eingedeckten Tischen, Blickfang ist die markante offene Küche. Hier kocht Patron Raimar Pilz kreativ und mit top Produkten. Gelungen bindet er immer wieder würzige Kräuter ein und sorgt für finessenreiche und subtile Gerichte wie z. B. "Schwarzwaldbeef, Butternusskürbis, Steinsalzzwiebel". Jeden Abend gibt es ein 6- bis 8-Gänge-Gourmetmenü, das unter der Woche etwas günstiger ist. Dass man sich hier wohlfühlt, liegt auch mit am Service, der Sie herzlich und aufmerksam umsorgt und gut in Sachen Wein berät. Tipp: Machen Sie einen Spaziergang durch die schöne Altstadt!

Preis: €€€€

Schönaugasse 11 ✉ 79713 – ☏ 07761 9333767 – www.genuss-apotheke.de – Geschlossen: Montag und Sonntag, mittags: Dienstag-Samstag

FINE.WINE.DINE. ⓝ

MARKTKÜCHE • **ZEITGEMÄSSES AMBIENTE** In der Fußgängerzone, unweit des Rheins, finden Sie dieses gemütlich-moderne kleine Restaurant, in dem man Ihnen am Abend ambitionierte saisonale Küche in Menüform oder à la carte serviert. Eine schöne Idee ist auch das Sharing-Menü für zwei, das man Mittwoch- und Donnerstagabend anbietet. Auf Vorbestellung bekommen Sie auch vegetarische Optionen. Zum Lunch gibt es einfachere, günstigere Tagesgerichte. Und wer Lust hat auf Leckeres für daheim, kann hier auch Feinkost und Wein kaufen.

🍽 – Preis: €€€

Rheinbrückstraße 27 ✉ 79713 – ☏ 07761 9983016 – www.finewinedine.de – Geschlossen: Montag und Sonntag, abends: Dienstag

SALACH

Baden-Württemberg – Regionalatlas **5**–V3

✿ GOURMETRESTAURANT "FINE DINING RS"

Chef: Rolf Straubinger

FRANZÖSISCH-ZEITGEMÄSS • ELEGANT Wunderbar die einsame, ruhige Lage hier oben auf Burg Staufeneck, fantastisch der Blick über das Filstal! Den genießt man im Gourmetrestaurant des Burghotels dank großer Panoramafenster - mit etwas Glück erleben Sie einen beeindruckenden Sonnenuntergang! Sie sitzen in geschmackvollem puristisch-elegantem Ambiente, professionell der bisweilen charmant "schwäbelnde" Service - hier lebt man die Region! Das Team um Rolf Straubinger und seinen langjährigen Küchenchef Markus Waibel begeistert in ihrem modernen Menü mit aufwändigen Gerichten, die fein und angenehm leicht sind und interessante Kontraste zeigen. Alternativ gibt es noch das Burgrestaurant "oifach andersch" - hier kocht man schwäbisch, aber auch mit internationalen Einflüssen.

🕸 ⇜🅿 – Preis: €€€€

Burg Staufeneck 1 ⊠ 73084 – 𝒞 07162 9334473 – www.burg-staufeneck.de/ de – Geschlossen: Montag-Mittwoch, mittags: Donnerstag-Samstag

SALEM

Baden-Württemberg – Regionalatlas **5**–U4

🕸 RECK'S

REGIONAL • GASTHOF Küche, Kunst und Wohnen sind in dem langjährigen Familienbetrieb vereint. Drei Schwestern leiten das Hotel mit teils klassischen, teils stilvoll-modernen Gästezimmern sowie das Restaurant, in dem man richtig gute saisonal beeinflusste Küche bietet. Drinnen hat man drei behagliche Stuben, draußen sitzen Sie herrlich auf der Terrasse unter Platanen und schauen auf Streuobstwiesen! Schön: Kunst findet sich überall im Haus.

🛖 ⇔🅿 – Preis: €€

Bahnhofstraße 111 ⊠ 88682 – 𝒞 07553 201 – www.recks-hotel.de – Geschlossen: Mittwoch und Donnerstag

SALZUFLEN, BAD

Nordrhein-Westfalen – Regionalatlas **3**–L1

AUVIGU 🆕

KREATIV • ZEITGEMÄSSES AMBIENTE In der Altstadt, nahe den berühmten Salinen, finden Sie dieses echte Wohlfühl-Restaurant. Gianluca Fleer hat sich hier mit seiner Frau Inga selbstständig gemacht. "High Dining" nennen sie ihr Konzept: Dahinter verbirgt sich eine modern-kreative und zugleich bodenständige Küche in Form eines Menüs oder à la carte. In Gerichte wie z. B. "Cremiges Risotto, Aquerello, Nashi Birne, Jakobsmuschel, Lardo, Safran, Yuzu, Pastinake" lässt der Patron seine sardischen Wurzeln einfließen, aber auch französische und internationale Akzente - unkompliziert und dennoch spannend. Attraktiv auch das Ambiente: wertig, modern, mit elegantem Touch.

Preis: €€€

Wenkenstraße 21 ⊠ 32105 – 𝒞 05222 3648586 – www.auvigurestaurant.de – Geschlossen: Montag und Sonntag, mittags: Dienstag-Samstag

SAMERBERG

Bayern – Regionalatlas **6**–Y4

🕸 GASTHOF ALPENROSE

REGIONAL • GASTHOF Immer gut gebucht und auch bei den vielen Stammgästen beliebt ist der schöne alteingesessene Gasthof bei der Kirche - Familienbetrieb seit

1868. Drinnen gemütliche Stuben, draußen lauschiger Biergarten und Terrasse. Gekocht wird bayerisch-saisonal, gerne verarbeitet man Produkte aus der nächsten Umgebung. Hübsche Gästezimmer hat man ebenfalls.

🏡 ❧ 🅿 – Preis: €

Kirchplatz 2 ✉ 83122 – ☎ 08032 8263 – www.alpenrose-samerberg.de – Geschlossen: Montag und Dienstag, mittags: Mittwoch und Donnerstag

SANKT INGBERT

Saarland – Regionalatlas **5**–S2

❀ **MIDI**

KREATIV · INDUSTRIELL Am Mittag bietet das in einem Gewerbegebiet gelegene Restaurant werktags ein preisgünstiges Mittagsbuffet (daher der Name „midi" – das französische Wort für „mittags"), am Abend übernimmt dann das Team um Küchenchef Peter Wirbel - ein talentierter Koch, der sehr gute Stationen in der Umgebung hinter sich hat. Das Ergebnis sind fein balancierte Speisen mit Geschmack, für die man wenn möglich auf Produkte aus der Region zurückgreift. Dienstags gibt es ein 8-gängiges Amuse-Bouche-Bliesgau-Menü, mittwochs das 4-Gänge-Menü „Plats Signatures". Freitags und samstags bietet man das Menü "Midi" mit bis zu sechs Gängen sowie das 3-Gänge-Menü "Rund um die Biosphäre". Sonntagmittags wählen Sie à la carte. Der Service ist sehr freundlich und geschult – auch der Chef ist präsent und erklärt sein Konzept. Tipp: Biosphärenmarkt mit Leckerem für daheim!

🅰🅲 – Preis: €€€

Ernst-Heckel-Straße 4 ✉ 66386 – ☎ 06894 9299423 – www.midi-restaurant. de – Geschlossen: Samstag und Sonntag, abends: Montag-Freitag

DIE ALTE BRAUEREI

FRANZÖSISCH · KLASSISCHES AMBIENTE Mit Florian Dauphin ist inzwischen der Sohn der sympathischen Gastgeber Eric und Isabelle Dauphin am Herd im Einsatz. Sie sitzen in gemütlichem Ambiente und werden freundlich umsorgt, während Sie sich französisch und saisonal beeinflusste Gerichte schmecken lassen. Sie können à la carte wählen oder in Menüform speisen. Unter der Woche bietet man mittags ein günstiges Business-Menü. Zu erreichen ist das Restaurant in der einstigen Brauerei über den Innenhof. Übernachten können Sie ebenfalls: Es stehen sechs Gästezimmer zur Verfügung, die von der Künstlerin Margret Lafontaine individuell gestaltet wurden.

🏡 🅿 – Preis: €€

Kaiserstraße 101 ✉ 66386 – ☎ 06894 92860 – www.diealtebrauerei.com – Geschlossen: Dienstag und Mittwoch, mittags: Samstag

SANKT MÄRGEN

Baden-Württemberg – Regionalatlas **7**–B1

🏵 **ZUM KREUZ**

REGIONAL · GEMÜTLICH Seit 1683 gibt es das Gasthaus bereits, mit Matthias Schwer führt die Familie die Tradition in 4. Generation fort. Hier etwas außerhalb von St. Märgen in ca. 1030 m Höhe wird richtig gut gekocht: Saisonales wie z. B. heimisches Wild sowie Klassiker (Maultaschen, Schnitzel,...). Es gibt ein A-la-carte-Angebot, das Menü "Tradition" sowie das "Genussmenü" (nur auf Vorbestellung). Zum Übernachten hat man wohnliche Zimmer und Appartements.

🅿 – Preis: €

Hohlengraben 1 ✉ 79274 – ☎ 07669 91010 – www.gasthaus-zum-kreuz.de – Geschlossen: Mittwoch und Donnerstag

SANKT PETER

Baden-Württemberg – Regionalatlas **7**–B1

ZUR SONNE

Chef: Hanspeter Rombach

REGIONAL • GASTHOF Hanspeter Rombach legt in seinem einladenden freundlichen Restaurant Wert auf regionale und saisonale Produkte. Die "Heimat"- und die "Sonne"-Gerichte können Sie als Menü oder à la carte wählen. Tipp: Im "Heimatladen" gibt's Leckeres vom Bio-Gemüse über Brot bis zum Mittagstisch. Für Übernachtungsgäste hat man wohnliche Zimmer und einen hübschen Saunabereich.

🐾 *Engagement des Küchenchefs:* Nachhaltig arbeiten war für mich schon immer ein wichtiges Thema, daher ist mein Haus bereits seit 2006 bio-zertifiziert, ich verarbeite am liebsten Fleisch von Rindern, die auf Schwarzwaldwiesen grasen, backe unser Bio-Brot selbst und angeschlossen an das Fernwärmenetz ist mein Haus klimaneutral.

🏡 🅿 – Preis: €€

Zähringerstraße 2 ✉ 79271 – ☎ 07660 94010 – www.sonne-schwarzwald.de – Geschlossen: Montag

SANKT PETER-ORDING

Schleswig-Holstein – Regionalatlas **2**–B2

SALT & SILVER AM MEER

GRILLGERICHTE • HIP Beeindruckend ist hier schon die Lage in einem 8 m hohen Pfahlbau direkt am Strand, dem Meer ganz nah. Geboten wird frische Küche, teils mit Produkten aus der Region. Die Karte lockt mit Fisch und Fleisch vom Grill, auch "Ceviche" darf als "Signatur Dish" nicht fehlen. Richtig nett die lebhafte Atmosphäre, drinnen wie draußen auf der tollen Terrasse. Neben den beiden Hamburger Restaurants eine weitere "Salt & Silver"-Variante.

≤ 🏡 🅿 – Preis: €€

Zum Böhler Strand ✉ 25826 – ☎ – saltandsilver.de – Geschlossen: Mittwoch

SANKT WENDEL

Saarland – Regionalatlas **5**–S1

✿ RESTAURANT KUNZ

Chef: Alexander Kunz

FRANZÖSISCH-KLASSISCH • FAMILIÄR Familie Kunz ist in ihrem Haus im Ortsteil Bliesen als eingespieltes Team im Einsatz. Nun wurden die Restaurants „Traditionelle" und „Gourmet" vereint. Der Patron und sein Küchenchef Patrick Jenal bieten die preislich fair kalkulierten Menüs "Signature" und "Traditionell" sowie eine A-la-carte-Auswahl. Das Angebot reicht von klassisch-französischen Gerichten wie z. B. „Norwegischer Heilbutt, Artischocke, Tom Berry Tomate, Sauce Pistou" über Spezialitäten wie „Ganze Miéral Ente vom Drehspießgrill in zwei Gängen serviert" bis hin zu Klassikern wie Wiener Schnitzel. Ausgesucht die Produktqualität. Toll auch der Blick auf den beachtlichen "Bliestaldom" St. Remigius, den die Glasfront des schicken modern-eleganten Wintergartens freigibt. Sehr freundlich der Service. Alexander Kunz ist übrigens auch für sein Event-Catering und die Dinnershow "Alexander Kunz Theatre" in Saarbrücken bekannt.

🆂 🅿 – Preis: €€€

Kirchstraße 22 ✉ 66606 – ☎ 06854 8145 – www.restaurant-kunz.de – Geschlossen: Montag-Mittwoch, mittags: Donnerstag-Samstag, , abends: Sonntag

SASBACHWALDEN

Baden-Württemberg – Regionalatlas **5**–T3

DER ENGEL

REGIONAL • LÄNDLICH Hier passt einfach alles zusammen: Familientradition seit 1764, charmante Stuben hinter historischen Fachwerkmauern (mal traditioneller, mal moderner), herzliche Atmosphäre und schmackhafte regionale Küche. Zur Wahl stehen Klassiker, Tagesgerichte oder auch Menüs. Schön übernachten können Sie übrigens ebenfalls.

🏠 ⇄ **P** – Preis: €€

Talstraße 14 ✉ *77887* – ☏ *07841 3000* – *engel-sasbachwalden.de* – *Geschlossen: Montag*

SAULGAU, BAD

Baden-Württemberg – Regionalatlas **5**–U4

KLEBERS

INTERNATIONAL • CHIC Ob Sie drinnen in angenehm lichter Atmosphäre sitzen oder im Sommer draußen auf der herrlichen Terrasse, Sie werden freundlich und charmant umsorgt und genießen eine international und regional geprägte Küche aus sehr guten Produkten. Zur Wahl stehen verschiedene Menüs (darunter ein vegetarisches) sowie einige Gerichte à la carte. Das Restaurant befindet sich übrigens im geschmackvollen Hotel "Kleber Post".

🦽 🅰 🏠 ⇄ – Preis: €€

Poststraße 1 ✉ *88348* – ☏ *07581 5010* – *www.kleberpost.de* – *Geschlossen: Dienstag, mittags: Samstag*

SAULHEIM

Rheinland-Pfalz – Regionalatlas **5**–T1

MUNDART RESTAURANT

KLASSISCHE KÜCHE • LÄNDLICH Eine charmante Adresse ist das alte Dorfhaus mitten in dem kleinen Weinort. Es gibt frische klassisch geprägte Küche, die man sich drinnen in hübschem ländlich-modernem Ambiente oder draußen auf der Terrasse im reizenden Innenhof schmecken lässt. Ideal für Feierlichkeiten ist die umgebaute Scheune.

🏠 ⇄ **P** – Preis: €€

Weedengasse 8 ✉ *55291* – ☏ *06732 9322966* – *www.mundart-restaurant. de* – *Geschlossen: Mittwoch und Donnerstag, mittags: Montag, Dienstag, Freitag, Samstag*

SCHARBEUTZ

Schleswig-Holstein – Regionalatlas **1**–D2

  DIVA

FRANZÖSISCH-MODERN • ELEGANT Die mediterrane Note des direkt am Ostseestrand gelegenen Hotels "BelVeder" findet sich auch im kleinen Gourmetrestaurant mit seinem eleganten, in warmen Tönen gehaltenen Interieur wieder. Auf Meerblick müssen Sie hier trotz der schönen Lage an der Lübecker Bucht leider verzichten, es sei denn Sie sitzen draußen auf der Terrasse! Volle Aufmerksamkeit verdient aber ohnehin die klassisch basierte Küche von Gunter Ehinger. Gekonnt kombiniert man z. B. bei "Steinbutt und Rauchlachs mit Sauce von Bouchotmuscheln und Avocadosalsa" regionale und internationale Produkte oder verbindet bei "Kaisergranat und Kohlrabi" moderne Ideen mit feiner

Raffinesse. Gut die glasweise Weinbegleitung zum Menü. A-la-carte-Wahl ist ebenfalls möglich. Dazu werden Sie aufmerksam und geschult umsorgt.

&. 🅰 🍴 🅿 – Preis: €€€

Strandallee 146 ⊠ 23683 – ℰ 04503 3526600 – www.hotel-belveder.de –
Geschlossen: Montag, Dienstag, Sonntag, mittags: Mittwoch-Samstag

SCHEIDEGG
Bayern – Regionalatlas **5**–V4

ZUM HIRSCHEN & GASTHAUS BEIM STÖCKELER

REGIONAL • RUSTIKAL Eine feste Größe im Ort und in der Region ist dieses familiengeführte Gasthaus. Gemütlich-rustikal die Räume, schön die Terrasse im Schatten der Kirche. Geboten wird frische regional-saisonale Küche. Man hat auch eine gute Auswahl an glutenfreien Gerichten. Übernachtungsgäste dürfen sich auf schöne modern-alpine Zimmer und ein gutes Frühstück freuen - vielleicht auf der Balkonterrasse?

&. 🍴 ♻ 🅿 – Preis: €

Kirchstraße 1 ⊠ 88175 – ℰ 08381 2119 – www.zumhirschenscheidegg.de –
Geschlossen: Mittwoch, mittags: Donnerstag

SCHIRGISWALDE-KIRSCHAU
Sachsen – Regionalatlas **4**–R3

 ### JUWEL

FRANZÖSISCH-MODERN • CHIC Das Gourmetrestaurant im Wellnesshotel "BEI SCHUMANN" trägt seinen Namen nicht umsonst, das beginnt schon beim wertigen Interieur in schickem Lila-Schwarz samt ausgesuchten Details wie Amethysten und Swarovski-Kristallen. Dazu kommt eine modern-kreativ inspirierte Küche mit klassischen Einflüssen, für die Tobias Heldt verantwortlich ist. Unter den fünf bis neun Gängen des angebotenen Menüs liest man z. B. "Jakobsmuschel, Sellerie, Brunnenkresse". Nicht unerwähnt bleiben darf auch die feine Patisserie. Zum sehr guten Essen gesellt sich noch ein weiterer Wohlfühlfaktor: das überaus freundliche und geschulte Serviceteam um Patrick Grunewald, das Sie auch in Sachen Wein kompetent berät - Tipp: Man hat eine beachtliche Champagner-Auswahl!

♻ 🅿 – Preis: €€€€

Bautzener Straße 74 ⊠ 02681 – ℰ 03592 5200 – www.bei-schumann.de –
Geschlossen: Montag, Dienstag, Sonntag, mittags: Mittwoch-Samstag

AL FORNO

ITALIENISCH • FREUNDLICH Für Freunde authentisch italienischer Küche ist dieses Ristorante eine schöne Alternative zu den Restaurants "JUWEL" und "WEBERSTUBE", die sich ebenfalls hier im Hotel "BEI SCHUMANN" befinden. Sie sitzen in richtig gemütlicher Atmosphäre, während in der offenen Küche nicht zuletzt Klassiker wie Antipasti, Pasta und Pizza aus dem Steinofen entstehen. Angenehm ist im Sommer die Terrasse mit Blick auf den "SEEWUNDERBAR".

🍴 🅿 – Preis: €€

Bautzener Straße 74 ⊠ 02681 – ℰ 03592 5200 – www.bei-schumann.de –
Geschlossen: Dienstag und Mittwoch, mittags: Montag, Donnerstag-Sonntag

WEBERSTUBE

MARKTKÜCHE • RUSTIKAL Holztäfelung, Kachelofen, hübsche Deko... Die gemütlich-rustikale Stube im Hotel "BEI SCHUMANN" ist überaus charmant - hier merkt man den Bezug zur Region. Das gilt auch für die Wahl der Produkte, die man für die saisonal ausgerichtete Küche verwendet. Auf der Karte macht z. B. "Ragout vom heimischen Wild mit Schwarzwurzeln und böhmischen Knödeln" Appetit. Freuen darf man sich auch auf einen herzlichen und geschulten Service. Tipp: Reservieren Sie doch auch mal für einen Fondue-Abend!

🛖 🅿 – Preis: €€

Bautzener Straße 74 ✉ 02681 – ☎ 03592 5200 – www.bei-schumann.de –
Geschlossen: Montag und Sonntag, mittags: Dienstag-Samstag

SCHLECHING
Bayern – Regionalatlas **6**–Y4

😋 **RAIT'NER WIRT**

REGIONAL • GEMÜTLICH Das malerische gestandene Gasthaus a. d. 17. Jh. beherbergt heute hübsche, wohnliche Gästezimmer und richtig gemütliche Restaurantstuben mit rustikalem Wirtshaus-Charme - da teilt man sich auch gerne mal einen großen Tisch mit anderen Gästen. Und draußen lockt im Sommer der herrliche Biergarten! Serviert werden bürgerlich-regionale Gerichte ohne Chichi, dafür mit viel Geschmack, darunter z. B. Schweinsbraten, Käsespätzle oder Kaiserschmarrn. Beachten Sie auch die Tageskarte.

&🛖🅿 – Preis: €

Achentalstraße 8 ✉ 83259 – ☎ 08641 5911170 – raitnerwirt.de – Geschlossen:
Montag und Dienstag, mittags: Mittwoch-Samstag

SCHLUCHSEE
Baden-Württemberg – Regionalatlas **7**–B1

❀❀ **MÜHLE**

FRANZÖSISCH-MODERN • ENTSPANNT Niclas Nussbaumer heißt der Chef am Herd des Gourmetrestaurants im gleichnamigen kleinen Boutique-Hotel, das schön etwas abseits liegt. Sein Stil: klassisch-französisch basierte Küche mit modernen, innovativen Elementen. Ausgesuchte saisonale Produkte, die man gerne aus der Region bezieht, werden gekonnt in Szene gesetzt. Das Menü können Sie auf Wunsch um einen Käse-Gang erweitern. Stimmig die Getränkebegleitung. Sympathisch und angenehm persönlich der Service unter der Leitung der charmanten Lea Rupp - auch die Köche servieren mit und erklären die Gerichte. Tipp: Bleiben Sie über Nacht - die Zimmer in dem schmucken Haus von 1603 sind sehr geschmackvoll.

🆔 ⇔🅿 – Preis: €€€€

Unterer Mühlenweg 13 ✉ 79859 – ☎ 07656 209 – www.muehle-schluchsee.de –
Geschlossen: Dienstag und Mittwoch, mittags: Montag, Donnerstag-Sonntag

SCHMALLENBERG
Nordrhein-Westfalen – Regionalatlas **3**–K3

❀ **HOFSTUBE DEIMANN**

MODERNE KÜCHE • CHIC Das Gourmetrestaurant des Wellnesshotels "Deimann" - entstanden aus einem Herrenhaus von 1880 und seit 1917 im Besitz der Familie Deimann - bietet nur ein Menü, und das steckt voller Ausdruck und akkuratem Handwerk. Küchenchef Felix Weber setzt auf modernen Stil und top Produkte. So ergibt z. B. der saftig angegrillte und im Ofen leicht glasig gezogene Steinbutt mit feiner Würze und wunderbar festem Biss eine tolle Verbindung mit nussig-zarter Cashewcreme, aromatischem Schwarzwurzelpüree, Salat von Blumenkohl und konfierter Kombu-Alge sowie hauchdünnen Scheiben von Buddhas Hand und sämig-intensiver Beurre blanc. Dazu geschulter, freundlicher und präsenter Service. Sommelier Christian Pufahl empfiehlt interessante Weine, bringt mit selbst angesetzten Getränken aber auch tolle alkoholfreie Menü-Begleitungen ins Spiel. Nicht zu vergessen das schicke, wertige Interieur. Herzstück ist hier ist die offene Küche - da ist der Gast nah am Geschehen und erfährt so manch interessantes Detail.

🍴 ⇔🅿 – Preis: €€€€

Alte Handelsstraße 5 ✉ 57392 – ☎ 02975 810 – www.deimann.de/hofstube –
Geschlossen: Montag, Dienstag, Sonntag, mittags: Mittwoch-Samstag

GASTHOF SCHÜTTE

REGIONAL • RUSTIKAL In der bei Wanderern und Bikern beliebten Region finden Sie dieses traditionelle familiär geführte Landhotel samt Wellness, in dem man auch gut essen kann. Gekocht wird regional und klassisch-international. Mittags ist die Karte etwas kleiner. Im Winter sorgt ein offener Kamin in dem charmanten Restaurant für zusätzliche Atmosphäre.

🌤 ⇔ 🅿 – Preis: €€

Eggeweg 2 ✉ 57392 – ☎ 02975 820 – www.gasthof-schuette.de – Geschlossen mittags: Montag-Freitag

SCHNEVERDINGEN

Niedersachsen – Regionalatlas **1**–C4

😊 RAMSTER

Chef: Marcus Ramster

REGIONAL • FAMILIÄR Eine sympathisch-familiäre Adresse, die für gute saisonal ausgerichtete Küche steht. Man fühlt sich der Region verbunden, entsprechend verwendet man überwiegend heimische Produkte. Auf der Karte finden sich traditionelle Gerichte - Schneverdinger Heidschnucke darf da als Spezialität nicht fehlen. Schön die Terrasse zum Garten. Übernachtungsgäste freuen sich über sehr wohnliche Zimmer, teilweise mit Balkon.

🍀 *Engagement des Küchenchefs:* Das Thema Nachhaltigkeit beschäftigt mich schon lange, daher bin ich auch Gründungsmitglied bei „greentable", einer Non-Profit-Initiative für Nachhaltigkeit in der Gastronomie! Entsprechend gehe ich das Thema auch in meinem Haus an, Ökostrom, eigenes Blockheizkraftwerk, Waren aus direkter Umgebung!

🍽 🌤 🅿 – Preis: €

Heberer Straße 16 ✉ 29640 – ☎ 05193 6888 – www.hotel-ramster.de – Geschlossen: Montag, mittags: Dienstag-Donnerstag

SCHÖNWALD IM SCHWARZWALD

Baden-Württemberg – Regionalatlas **7**–B1

ZUM OCHSEN

REGIONAL • FREUNDLICH Schön gemütlich hat man es in den Stuben mit ihrer charmanten, für die Region ganz typischen Deko. Aus der Küche kommen schmackhafte ambitionierte Gerichte, die regional und saisonal ausgerichtet sind und gelegentlich auch einen internationalen Twist zeigen. Übernachtungsgäste dürfen sich in dem traditionsreichen Familienbetrieb auf wohnliche Zimmer und einen Wellnessbereich mit diversen Anwendungen und Pool freuen.

≤ 🍽 🌤 ⇔ 🅿 – Preis: €€

Ludwig-Uhland-Straße 18 ✉ 78141 – ☎ 07722 866480 – www.ochsen.com – Geschlossen mittags: Montag-Donnerstag

SCHORNDORF

Baden-Württemberg – Regionalatlas **7**–B2

🌼 GOURMETRESTAURANT NICO BURKHARDT

Chef: Nico Burkhardt

FRANZÖSISCH-MODERN • CHIC In dem sehenswerten historischen Fachwerkhaus in der schönen Altstadt bekommt man so einiges geboten. Hier befindet sich das Gourmetrestaurant des "Boutiquehotels Pfauen". Mit eigenem Stil und reichlich Details bereitet Inhaber und Küchenchef Nico Burkhardt ein Menü mit ausgezeichneten Produkten modern und filigran zu, beispielsweise in Form eines wunderbar zarten Kalbsfilets mit Vanille-Essig-Jus – herrlich das Süße-Säure-Spiel der Sauce!

Besonders stechen dabei sein präzises Handwerk und der enorme Aufwand hervor. Serviert wird in einem geschmackvoll und warm eingerichteten Raum mit nur acht Plätzen. Hier fühlt man sich wirklich wohl, denn die Atmosphäre ist angenehm intim und man wird zudem noch richtig aufmerksam und herzlich umsorgt.

🄰🄲 🛋 – Preis: €€€€

Höllgasse 9 ⊠ 73614 – ℰ 07181 6699010 – pfauen-schorndorf.de/ gourmetrestaurant-nico-burkhardt-3 – Geschlossen: Montag, Dienstag, Sonntag, mittags: Mittwoch-Samstag

SCHRAMBERG

Baden-Württemberg – Regionalatlas **5**–U3

GASTHOF HIRSCH

KLASSISCHE KÜCHE • KLASSISCHES AMBIENTE Im Zentrum des Schwarzwaldortes liegt der hübsche Gasthof von 1748. Eine gefragte Adresse, denn man bietet hier eine klassisch orientierte Küche mit Geschmack und Kraft, für die man ausgesuchte Produkte verwendet. Und die Atmosphäre stimmt ebenfalls, dafür sorgen das schöne Ambiente und die sehr freundliche, aufmerksame Gastgeberin. Tipp: Zum Übernachten hat man individuelle, hochwertige Zimmer.

🛋 ⇔ – Preis: €€

Hauptstraße 11 ⊠ 78144 – ℰ 07422 280120 – www.hotel-gasthof-hirsch.com – Geschlossen: Dienstag und Mittwoch

SCHWÄBISCH GMÜND

Baden-Württemberg – Regionalatlas **5**–V2

KRIETSCH

MARKTKÜCHE • FREUNDLICH Auch unter dem Namen "Krietsch" bietet das ehemalige Restaurant "Fuggerei" richtig gute Küche. Gekocht wird saisonal und mit Bezug zur Region, aber auch mit internationalen Einflüssen. Mittags gibt es ein Tagesmenü. Man sitzt schön unter einer hohen historischen Gewölbedecke - oder speisen Sie lieber auf der hübschen Terrasse? Tipp: Besuchen Sie das Münster direkt hinter dem Restaurant.

& 🛋 ⇔ – Preis: €€

Münstergasse 2 ⊠ 73525 – ℰ 07171 30003 – restaurant-krietsch.de – Geschlossen: Montag und Sonntag

SCHWÄBISCH HALL

Baden-Württemberg – Regionalatlas **5**–V2

☸ EISENBAHN

Chefs: Thomas Wolf und Josef Wolf

FRANZÖSISCH-MODERN • ELEGANT Die Erfahrungen und Idee zweier Generationen stecken im Hause Wolf. Das spiegelt sich auch in der Küche des seit 1997 besternten Restaurants wider. Sie ist sowohl klassisch als auch modern-international inspiriert. Ausgesucht die Produkte, fein die Aromen, intensiv der Geschmack. Man konzentriert sich auf das Wesentliche und präsentiert die Gerichte ohne Schnickschnack. Serviert werden diese in Form eines saisonalen Menüs, wählbar in unterschiedlichen Längen. Neben dem ausgezeichneten Essen darf man sich auf herzliche und geschulte Gästebetreuung freuen. Einladend auch das geschmackvolle Interieur und die hübsche Terrasse hinter dem Haus. Sie mögen Wein? Man hat eine tolle internationale Auswahl. Als Zweitrestaurant gibt es das "Bistro s'Bähnle". Übernachten können Sie ebenfalls.

🐾 🄰🄲 ⇔ 🄿 – Preis: €€€€

Karl-Kurz-Straße 2 ⊠ 74523 – ℰ 0791 930660 – www.landhauswolf.eu – Geschlossen: Montag, Dienstag, Sonntag, mittags: Mittwoch-Samstag

✿ REBERS PFLUG

Chef: Hans-Harald Reber

MARKTKÜCHE • GEMÜTLICH Schon beim Betreten des Restaurants kommt man an der offenen Küche vorbei, das weckt die Vorfreude! Die Karte ist recht breit gefächert, da finden sich regionale Klassiker wie Tafelspitz oder Rostbraten, aber auch das "Genießer-Menü", das man mit drei bis sechs Gängen wählen kann. Eine vegetarische Variante gibt es auch. Und dann sind da noch die hochwertigen Steaks! Das hervorragende Fleisch bezieht Patron und Küchenchef Hans-Harald Reber selbstverständlich vom Metzger seines Vertrauens, seinem Groß-Cousin! Schön sitzt man hier in freundlicher und angenehm ungezwungener Atmosphäre, dabei wird man aufmerksam und geschult umsorgt. Zum Übernachten stehen wohnliche Zimmer bereit.

❀ ⛶ ⛩ ✿ 🅿 – Preis: €€€

Weckriedener Straße 2 ⊠ 74523 – ☏ 0791 931230 – www.rebers-pflug.de/ startseite.html – Geschlossen: Montag und Sonntag, abends: Samstag

☺ LANDHAUS ZUM RÖSSLE

MARKTKÜCHE • GASTHOF Familientradition seit 1780! Da hat Gastfreundschaft einen ebenso hohen Stellenwert wie die schmackhafte Küche aus regionalen Produkten. Die Karte wechselt mit der Saison und je nach Einkauf. Im Sommer ist der Garten ein herrliches Plätzchen! Tipp: Es gibt auch einen Hofladen. Für Feste hat man eine tolle Scheune. Gut übernachten kann man ebenfalls.

♿ ⛩ ✿ 🅿 – Preis: €€

Zeilwiesen 5 ⊠ 74523 – ☏ 0791 2593 – www.roessle-veinau.de – Geschlossen: Mittwoch, mittags: Montag, Dienstag, Donnerstag-Samstag, , abends: Sonntag

SCHWARZENFELD

Bayern – Regionalatlas **6**–Y2

ESSKUNST

MODERNE KÜCHE • CHIC Ein geradlinig-schickes Restaurant, in dem man sich auf ambitionierte Küche freuen darf. Geboten werden modern inspirierte Gerichte auf klassischer Basis, die schön angerichtet sind und mit Geschmack überzeugen. Sie können à la carte oder ein Menü wählen. Dazu sehr herzlicher und engagierter Service. Hinweis: Zugang über den Eingang der Sparkasse!

⛩ – Preis: €€

Hauptstraße 24 ⊠ 92521 – ☏ 09435 6999610 – www.restaurant-esskunst.de – Geschlossen: Montag und Dienstag, mittags: Mittwoch-Samstag

SCHWEINFURT

Bayern – Regionalatlas **3**–M4

KINGS AND QUEENS

INTERNATIONAL • FREUNDLICH Das kleine Restaurant hat viele Stammgäste. Das liegt an der modern-eleganten Atmosphäre, am freundlichen und geschulten Service sowie an der international-saisonal ausgerichteten Küche. Die gibt es in Form dreier Menüs, eines davon vegetarisch. Sie können auch variieren oder die Gerichte à la carte bestellen. Dazu schöne Weine - besonders gut sortiert die regionale Auswahl.

🅰🅲 – Preis: €€€

Bauerngasse 101 ⊠ 97421 – ☏ 09721 533242 – www.kingsqueens.eu – Geschlossen: Montag, Dienstag, Sonntag, mittags: Mittwoch-Samstag

KUGELMÜHLE

FRANZÖSISCH-KLASSISCH • TRENDY Seit 2001 führt Max Matreux nun schon dieses klar designte Restaurant in einem Seitenflügel einer Fabrik. Dabei legt er großen Wert auf Nachhaltigkeit, und das zeigt sich auch in seiner klassisch geprägten Küche, für die er gerne saisonale und regionale Produkte verwendet. Geboten wird ein Menü mit drei bis fünf Gängen sowie eine A-la-carte-Auswahl. Tipp: Fragen Sie auch nach dem "Bib Gourmand"-Menü. Freundlich und geschult der Service.

🅰️ ⇔ 🅿️ – Preis: €€

Georg-Schäfer-Straße 30 ✉ 97421 – 𝒞 09721 914702 – restaurant-kugelmuehle. de – Geschlossen: Samstag und Sonntag

SCHWENDI

Baden-Württemberg – Regionalatlas **5**–V3

❀ ESSZIMMER IM OBERSCHWÄBISCHEN HOF

Chef: Julius Reisch

MODERNE KÜCHE • FREUNDLICH Seit Julius Reisch nach seinen Wanderjahren mit Stationen u. a. in der "Traube Tonbach" in Baiersbronn und im "Söl'ring Hof" auf Sylt in den elterlichen Betrieb zurückgekehrt ist, sind er und Ehefrau Anna im "Esszimmer" mit vollem Engagement im Einsatz - er als Küchenchef, sie als Restaurantleiterin und Sommelière. Geboten wird ambitioniertes "Fine Dining" in Form zweier Menüs, eines davon rein vegetarisch. Eine klassisch basierte Küche, die modern interpretiert wird - ausdrucksstark und aromareich. Dazu gibt es eine sehr gelungen abgestimmte Weinbegleitung - hier serviert man auch gerne gereifte Weine. Übernachten können Sie im "Oberschwäbischen Hof" ebenfalls.

🐾 ♿ 🅿️ – Preis: €€€

Hauptstrasse 9 ✉ 88477 – 𝒞 07353 98490 – www.oberschwaebischer-hof.de – Geschlossen: Montag, Dienstag, Sonntag, mittags: Mittwoch-Freitag

LAZARUS STUBE IM OBERSCHWÄBISCHEN HOF

MARKTKÜCHE • FREUNDLICH Lust auf richtig schmackhafte regional-saisonale Küche samt Klassikern wie Zwiebelrostbraten oder hausgemachte Maultaschen? Für das ansprechende A-la-carte-Angebot kommen in der "Lazarus Stube" gute, frische Produkte zum Einsatz. Wer es ambitionierter mag, darf sich auf die Gourmetkarte des Zweitrestaurants "Esszimmer" freuen. Daneben bietet der "Oberschwäbische Hof" modern-funktionale Gästezimmer.

♿ 🍴 ⇔ 🅿️ – Preis: €€

Hauptstraße 9 ✉ 88477 – 𝒞 07353 98490 – www.oberschwaebischer-hof.de – Geschlossen: Montag, Dienstag, Sonntag, mittags: Mittwoch-Freitag

SCHWERIN

Mecklenburg-Vorpommern – Regionalatlas **2**–E3

😊 CUBE BY MIKA

IZAKAYA • HIP Eine trendig-lebendige Adresse ist das etwas versteckt gelegene Restaurant, das im Maisonette-Stil auf zwei Etagen aufgeteilt ist. Locker und leger geht es hier zu, im unteren Bereich kann man auch an Hochtischen sitzen. Die schmackhafte Küche gibt es im Izakaya-Style: überwiegend asiatische Gerichte und Snacks zum Teilen. Zu bestimmten Terminen bietet man auch ein ambitioniertes Degustations-Menü.

🍴 – Preis: €€

Domhof 6 ✉ 19055 – 𝒞 0385 77887706 – cube-bymika.de – Geschlossen: Montag und Sonntag, mittags: Dienstag-Samstag

GOURMETFABRIK

INTERNATIONAL • BISTRO Schön liegt das Restaurant am Schweriner See. Drinnen sitzen Sie in moderner und angenehm legerer Atmosphäre und können in die offene Küche schauen, draußen auf der Terrasse genießen Sie den Blick zum kleinen Hafen. Mittags serviert man ein preiswertes Tagesmenü, das gut ankommt. Am Abend bietet man eine abwechslungsreiche Speiseauswahl von Königsberger Klopsen über Steaks bis Burger. Man verwendet gute regionale und saisonale Produkte.

🌦 – Preis: €€

Werderstraße 74B ✉ 19055 – ☏ 0385 76098570 – www.gourmetfabrik.de – Geschlossen: Montag und Sonntag, mittags: Samstag

GOURMETRESTAURANT 1751

INTERNATIONAL • HISTORISCHES AMBIENTE Mit seinem wunderbaren historischen Flair zählt das Restaurant in dem über 250 Jahre alten Weinhaus im Herzen der Stadt zu den schönsten der Region. In einem toll restaurierten Tonnengewölbe serviert man ein Menü mit fünf oder sieben Gängen, für dessen aufwändig kreierte Gerichte man meist regionale Produkte verwendet. Dazu eine Weinkarte mit so mancher Rarität! Das Hotel "Weinhaus Uhle" bietet geschmackvolle Zimmer.

🦪 ⇨ – Preis: €€€€

Schusterstraße 15 ✉ 19055 – ☏ 0385 48939430 – www.weinhaus-uhle.de – Geschlossen: Montag und Sonntag, mittags: Dienstag-Samstag

LA BOUCHE ET EL PATO

INTERNATIONAL • BISTRO Das Bistro mit der sympathisch-gemütlichen Atmosphäre liegt mitten in der Stadt, der Dom ist nur einen Steinwurf entfernt. Im EG sitzt man im "La Bouche", in der 1. Etage im "El Pato" - das international-mediterrane Angebot ist überall gleich. Freundlich der Service. Nett auch die Terrasse in der Fußgängerzone.

🌦 ⇨ – Preis: €

Buschstraße 9 ✉ 19053 – ☏ 0385 39456092 – www.bistrolabouche.de – Geschlossen: Montag und Sonntag, mittags: Dienstag-Freitag

WEINBISTRO "GEORGE"

MARKTKÜCHE • WEINBAR Auch das Bistro hat Flair! Das Zweitrestaurant im Hotel "Weinhaus Uhle" ist ein Mix aus Weinhandlung und sympathischem Ganztagesrestaurant. Hier sitzt man in schönem Ambiente an blanken Holztischen und lässt sich geschmackvolle Gerichte aus regionalen Produkten servieren, so z. B. "Der Pilzgarten - Pilze vom Pilzgarten Helvesiek in Rahm mit Serviettenkloß". Natürlich fehlt auch Müritz-Zander nicht auf der Karte. Dazu eine gute Weinauswahl. Im Sommer hat man auch Tische vor dem Haus an der Straße.

🦪 🌦 – Preis: €€

Schusterstraße 13 ✉ 19053 – ☏ 0385 48939430 – www.weinhaus-uhle.de/ weinbistro

SCHWETZINGEN

Baden-Württemberg – Regionalatlas **5**–U2

MÖBIUS - DAS RESTAURANT Ⓝ

MODERNE KÜCHE • GEMÜTLICH Tommy R. Möbius hat ein neues Konzept. Aus seinem früheren „möbius lebensmittel.punkt" mit Feinkost & Bistro hat er gemeinsam mit seiner Frau ein schickes kleines Restaurant gemacht. Während sich Letztere in geschmackvoll-modernem Ambiente herzlich und geschult um die Gäste kümmert, sorgt er am Abend für eine klare und ambitionierte Küche auf klassischer Basis. Di. bis Sa. einfacherer Mittagstisch (auch als Takeaway). Feinkost für daheim gibt es weiterhin. Daneben bietet man regelmäßig Themen-Menüabende und Kochkurse.

⇨ – Preis: €€€

Kurfürstenstraße 22 ✉ 68723 – ☏ 06202 6085020 – dermoebius.com – Geschlossen: Montag und Sonntag, abends: Dienstag-Samstag

SELZEN

Rheinland-Pfalz – Regionalatlas **5**–T1

ⓢ **KAUPERS RESTAURANT IM KAPELLENHOF**

Chef: Sebastian Kauper

MODERNE KÜCHE • INTIM Ein kleines Restaurant mit Potential zum Lieblingslokal - da sollte man unbedingt reservieren! Die Lage ist etwas versteckt, doch der Weg lohnt sich. Dafür sorgen Nora Breyer und Sebastian Kauper (beide ausgebildete Köche) in dem über 300 Jahre alten Kapellenhof. Das sympathische Betreiberpaar hat unter dem Dachgiebel ein ausgesprochen gemütliches Ambiente geschaffen und ist hier als eingespieltes Team bei der Sache. Die Gastgeberin umsorgt Sie herzlich und empfiehlt auch tolle Weine, Sebastian Kauper bietet ein modern-saisonales Menü, für das er nur ausgesuchte Produkte verwendet. Durchdacht und mit Gefühl kombiniert er z. B. ein butterzartes Stück aus dem Soonwalder Rehrücken mit auf Meersalz gebackener Roter Beete, schwarzer Nuss und kalt gerührten Preiselbeeren sowie aromatischer Jus. Die ein oder andere alte Gemüsesorte baut man im eigenen Garten selbst an. Wunderbar die hübsch begrünte Dachterrasse! Fragen Sie auch nach den "Late Lunch"-Terminen (sonn- und feiertags ab 14 Uhr).

🌤 🅿 – Preis: €€€€

Kapellenstraße 18a ✉ *55278 –* ☏ *06737 8325 – www.kaupers-kapellenhof.de – Geschlossen: Montag-Donnerstag, mittags: Freitag und Samstag*

SENDEN

Nordrhein-Westfalen – Regionalatlas **3**–K2

HOF GROTHUES-POTTHOFF - HASENKLEE

MARKTKÜCHE • FREUNDLICH Eine charmant-moderne Adresse mit ambitionierter saisonaler Küche, für die man gerne Gemüse und Obst aus eigenem Anbau verwendet. Geboten werden zwei Menüs mit vier oder fünf Gängen (mittwochs auch als 3-Gänge-Variante), eines davon vegetarisch - optional gibt es zwei zusätzliche Gerichte. Freundlich der Service, gut die Weinberatung durch den Chef. Auf dem schönen Hof finden sich auch eine Bäckerei, ein Hofladen und ein Hofcafé sowie ein Hotel. Als Restaurant-Alternative am Abend hat man das "Hasenpfeffer" mit traditionell und modern beeinflusster Küche.

♿ ⇔ 🅿 – Preis: €€€

Hof Grothues-Potthoff 4 ✉ *48308 –* ☏ *02597 696418 – www.hof-grothues-potthoff.de – Geschlossen abends: Montag-Samstag*

SIEBELDINGEN

Rheinland-Pfalz – Regionalatlas **7**–B1

TISCHLEIN DECK DICH BY LILLY ⓝ

SAISONAL • ZEITGEMÄSSES AMBIENTE Im Gewölbekeller des separat geführten Hotels "Villa Königsgarten", dem ehemaligen Weingut Diehl, haben Stefan Echle (Service) und Matthis Nowak (Küche) nach ihrer Zeit im Neupotzer "Lilly" ihre neue Wirkungsstätte gefunden. Vom Innenhof - hier hat man im Sommer eine begrünte Terrasse - führen ein paar Stufen hinunter ins Restaurant. Auf dem Weg dorthin können Sie einen Blick in die verglaste Küche werfen, wo ein modern-saisonales Menü mit Wahlmöglichkeit entsteht. Das nach dem Märchen der Gebrüder Grimm benannte Restaurant hat ein modern-elegantes Ambiente mit historischem Touch, ebenso angenehm der freundliche, geschulte Service. Die schöne Lage in dem von Weinbergen umgebenen Ort an den Ausläufern des Pfälzer Waldes ist prädestiniert für Ausflüge.

🆎 🌤 🅿 – Preis: €€

Bismarckstraße 1 ✉ *76833 –* ☏ *06345 949723 – www.tischleindeckdich.com – Geschlossen: Dienstag und Mittwoch, mittags: Montag, Donnerstag-Sonntag*

SIMMERATH

Nordrhein-Westfalen – Regionalatlas **3**–J4

GENIESSER WIRTSHAUS

REGIONAL • GEMÜTLICH Gemütlichkeit kommt auf, wenn man bei regionalen Gerichten wie "Döppekooche" in liebenswerten Stuben sitzt oder nach dem Abendessen in charmanten Themenzimmern (Motto "Genuss") in ein kuscheliges Bett sinkt! Und draußen: ein schöner Obstgarten mit eigenen Hühnern, Räucherhaus, Feuerstelle, Scheune mit Verkaufsladen.

🍴 🅿 – Preis: €€

Hövel 15 ✉ *52152 –* ☎ *02473 3212 – geniesserwirtshaus.de – Geschlossen: Montag-Mittwoch, mittags: Donnerstag-Samstag*

SIMMERSHOFEN

Bayern – Regionalatlas **5**–V1

❀ ### WINZERHOF STAHL ⓝ

Chefs: Christian Stahl und Mirko Schweiger

MODERNE KÜCHE • INTIM Wein oder Essen? Im Restaurant des Winzerhofs Stahl steht beides im Fokus, und zwar in Form eines modernen 9-Gänge-Überraschungsmenüs samt perfekt abgestimmter Begleitung aus neun Weinen des eigenen Weinguts. Das Interieur ist ein charmanter Mix aus minimalistischem Design und Altbau-Elementen wie freigelegten Holzbalken und offener Steinwand. Dazu herrscht in dem kleinen Gastraum eine angenehm intime Atmosphäre. Das ist nicht zuletzt Inhaber Christian Stahl zu verdanken, der persönlich am Gast ist - man spürt förmlich seine Leidenschaft fürs Kochen und den Wein! Der Patron und sein eingespieltes Küchenteam, das er zusammen mit Mirko Schweiger leitet, servieren die Speisen selbst.

🅿 – Preis: €€€€

Lange Dorfstr. 21 ✉ *97215 –* ☎ *09848 96896 – www.winzerhof-stahl.de*

SIMONSWALD

Baden-Württemberg – Regionalatlas **7**–B1

HUGENHOF

INTERNATIONAL • GEMÜTLICH Altes Gebälk, Kamin, charmante Einrichtung - da kommt Gemütlichkeit auf, während Chef Klaus Ditz Ihnen am Tisch sein ambitioniertes und schmackhaftes 4-Gänge-Menü annonciert und Chefin Petra Ringwald freundlich-versiert die passenden Weine empfiehlt. Dank der Lage oberhalb des Ortes hat man einen schönen Blick auf das Tal. Übernachten kann man in dem persönlich geführten Haus ebenfalls.

🕸 ⇐ 🛏 🅿 – Preis: €€€

Am Neuenberg 14 ✉ *79263 –* ☎ *07683 930066 – www.hugenhof.de – Geschlossen: Montag und Dienstag, mittags: Mittwoch-Sonntag*

SINZHEIM

Baden-Württemberg – Regionalatlas **5**–T2

EBANAT ⓝ

SAISONAL • CHIC Schön liegt das moderne Restaurant in den Weinbergen, genauer gesagt im Weingut Kopp, einem Demeter-Weingut samt Vinothek. Bei klassisch-saisonaler Küche mit internationalen Einflüssen genießt man die Aussicht auf die Reben und die Ebene - auf diese nimmt auch der Name Bezug (der Ortsteil Ebenung wurde früher "Ebanat" genannt, in Anlehnung an das althochdeutsche Wort für "Ebene"). Zur guten Küche, die für die man auch gerne regionale Produkte verwendet, gibt es Weine aus eigenem Anbau. Freundlich und geschult der Service.

⇐&🍴🅿 – Preis: €€

Ebenunger Straße 23 ✉ 76547 – ☏ 07221 3977068 – www.weingut-kopp.com –
Geschlossen: Montag und Dienstag, mittags: Mittwoch-Sonntag

SINZIG

Rheinland-Pfalz – Regionalatlas **3**–K4

FEINSCHLIFF

MODERNE KÜCHE • **HIP** In dem Restaurant im Herzen von Sinzig erwartet Sie
ein trendig-schickes Ambiente mit zentraler, durch ein Fenster einsehbarer Küche.
Durch große bodentiefe Fenster schaut man zum Kirchplatz mit der Pfarrkirche St.
Peter. Am Abend gibt es ein modernes Menü mit dezenten asiatischen Einflüssen,
das für alle um 18.30 Uhr beginnt (nur auf Vorbestellung). Gute, fair kalkulierte
Weinbegleitung. Mittags bietet man nur ein Tagesgericht.

🅰🅲 – Preis: €€€

Kirchplatz 8 ✉ 53489 – ☏ 02642 9959699 – www.restaurant-feinschliff.de –
Geschlossen: Dienstag und Mittwoch, abends: Montag

SOBERNHEIM, BAD

Rheinland-Pfalz – Regionalatlas **5**–T1

❀ **JUNGBORN**

MODERNE KÜCHE • **ELEGANT** Wertigkeit ist Trumpf in dem imposanten
Hotelkomplex des "BollAnts", dem steht auch das "Jungborn" in nichts nach: elegant das Ambiente samt wunderbarem Sandstein-Tonnengewölbe, herzlich der
Service, toll die Küche von Philipp Helzle. Sein Kochstil ist mit moderner Klassik
treffend beschrieben. Er kocht angenehm reduziert und französisch geprägt, hier
und da mit internationalen Einflüssen. Ausgezeichnet die Qualität der Produkte. Zu
den beiden angebotenen Menüs empfiehlt man gerne Wein aus der Region. Der
Name "Jungborn" stammt übrigens aus der Gründerzeit des ehemaligen "Felke-
Jungborn Kurhaus Dhonau", dem heutigen "BollAnts", und bezieht sich auf dessen
Gesundheitsphilosophie.

🍴🅿 – Preis: €€€€

Felkestraße 100 ✉ 55566 – ☏ 06751 93390 – www.bollants.de – Geschlossen:
Montag und Sonntag, mittags: Dienstag-Samstag

HERMANNSHOF

MEDITERRAN • **LÄNDLICH** Das hübsche Gewölbe bestimmt auch im zweiten
Restaurant des geschmackvollen Hotels "BollAnts - SPA im Park" das Ambiente,
ebenso das ausgesprochen schöne Interieur im attraktiven Vintage-Look.
Einladend ist auch die Terrasse im Innenhof. Gekocht wird mediterran und mit
regionalen Einflüssen. Zur Wahl stehen zwei täglich wechselnde Menüs, die auch
miteinander kombiniert werden können.

🍴🅿 – Preis: €€

Felkestraße 100 ✉ 55566 – ☏ 06751 93390 – www.bollants.de – Geschlossen:
Montag und Sonntag, mittags: Dienstag-Samstag

SODEN AM TAUNUS, BAD

Hessen – Regionalatlas **3**–L4

BELLASLOKAL

KREATIV • **ZEITGEMÄSSES AMBIENTE** In ihrem Restaurant in einer engen
Dorfstraße im Ortsteil Altenhain empfängt Sie Inhaberin und Küchenchefin Isabelle
Pering in angenehm hellen Räumen in geschmackvollem klaren Design. Mit ihrem
Menü, das man auch vegetarisch wählen kann, beweist die Chefin ein Händchen
für stimmige Geschmacksbilder - hier zeigen sich ihre Stationen in guten Adressen.

Produkte und Weine kommen überwiegend aus der Region, meist in Bio-Qualität. Schöne Terrasse.

🍽 – Preis: €€€

Langstraße 15 ⊠ 65812 – ☎ 06174 9529141 – bellaslokal.de – Geschlossen: Dienstag und Mittwoch, mittags: Montag, Donnerstag-Samstag, abends: Sonntag

SOMMERHAUSEN

Bayern – Regionalatlas **5**–V1

🏵 **PHILIPP**

Chef: Michael Philipp

FRANZÖSISCH-MODERN • GEMÜTLICH Seit über 20 Jahren kümmern sich Heike und Michael Philipp mit viel Herzlichkeit um ihre Gäste. Die Gäste schätzen hier die klassisch-modern geprägte Küche, die auch mediterrane und asiatische Einflüsse zeigt. In Punkto Wein können Sie voll und ganz auf die Empfehlungen von Gastgeberin und Sommelière Heike Philipp vertrauen, die Sie fachkundig und äußerst charmant umsorgt. Erwähnenswert ist auch der geschmackvolle Rahmen: ein stilvoll-gemütliches Restaurant mit historischem Flair, untergebracht in einem schmucken über 400 Jahre alten Renaissance-Palais mitten in dem malerischen Winzerörtchen. Zwei Suiten und ein Doppelzimmer laden zudem zum Übernachten ein.

🍽 ⇔ – Preis: €€€€

Hauptstraße 12 ⊠ 97286 – ☎ 09333 1406 – www.restaurant-philipp.de – Geschlossen: Montag-Donnerstag, mittags: Freitag

SONDERHOFEN

Bayern – Regionalatlas **5**–V1

BARON.ESS Ⓝ

KREATIV • CHIC Auf dem Areal der Event-Location „Brückenbaron" befindet sich auf einer alten Brückenkonstruktion dieses trendig-schicke Restaurant. Beim Eingang kann man in die verglaste Küche schauen, bevor man in einem luftigen Raum Platz nimmt. Durch große Fenster blickt man auf das begrünte Gelände samt Wasserlauf mit Springbrunnen. Schön die Terrasse. Geboten wird ein kreatives Saisonmenü, bei dem Nachhaltigkeit im Fokus steht. Die Köche selbst erklären am Tisch die Speisen. Die Weine (meist Bio) kommen aus der Region.

🍸 🅼 🍽 ⇔ 🅿 – Preis: €€€€

Am Mühläcker ⊠ 97255 – ☎ 09337 996899 – www.brueckenbaron.com – Geschlossen: Montag-Mittwoch, mittags: Donnerstag-Sonntag

SONNENBÜHL

Baden-Württemberg – Regionalatlas **5**–U3

🏵 **HIRSCH**

Chef: Gerd Windhösel

KLASSISCHE KÜCHE • FAMILIÄR Seit vielen Jahren eine gastronomische Institution auf der Schwäbischen Alb, mit Herzlichkeit und Leidenschaft von Gerd und Silke Windhösel geführt. Der Patron steht selbst am Herd und verarbeitet nur ausgesuchte Zutaten, die er am liebsten aus der Umgebung bezieht, vom Älbler Weidelamm über Seckach-Forellen bis Alb-Safran. Er setzt auf eine angenehm schnörkellose Küche - saisonal-klassisch und auch gerne traditionsbewusst, aber immer auf hohem Niveau. Zur Wahl stehen verschiedene Menüs, darunter ein vegetarisches, sowie "Hirsch-Klassiker" à la carte. Sie möchten übernachten? Das schöne wohnliche Ambiente des Restaurants findet sich auch in den Gästezimmern.

♿ 🍽 ⇔ 🅿 – Preis: €€

Im Dorf 12 ⊠ 72820 – ☎ 07128 92910 – www.romantikhotel-hirsch.de/de – Geschlossen: Montag-Mittwoch, mittags: Donnerstag

DORFSTUBE

SCHWÄBISCH · GEMÜTLICH Kein Wunder, dass man hier gerne isst! Alternativ zum Gourmetrestaurant hat das Hotel "Hirsch" noch die "Dorfstube", die bei Liebhabern schwäbischer Küche das Herz höher schlagen lässt. Gemütlich sitzt man in der in altem Holz gehaltenen Stube, während man mit Kutteln, Maultaschen, Zwiebelrostbraten & Co. verwöhnt wird. Auch Vegetarisches findet sich auf der Karte. Die schmackhaften Gerichte basieren auf regionalen Produkten. Freundlich der Service. Bleiben Sie am besten über Nacht, die Zimmer sind richtig hübsch und wohnlich.

&. 🛖 ⟳ 🅿 – Preis: €€

Im Dorf 12 ⊠ 72820 – ☏ 07128 92910 – www.romantikhotel-hirsch.de – Geschlossen mittags: Montag und Dienstag

SPALT

Bayern – Regionalatlas **6**–X2

🕸 GASTHOF BLUMENTHAL

Chefs: Alexander Hausmann und Josef Kocher

REGIONAL · GASTHOF Ein Familienbetrieb in 5. Generation und ein fränkisches Gasthaus im besten Sinne! Gemütlich die Restauranträume, herrlich die Terrasse. In entspannter Atmosphäre wird man angenehm leger und überaus charmant umsorgt. Auf den Tisch kommt eine unkomplizierte, einfache und schmackhafte regionale Küche aus guten Produkten. Tipp: Saibling und Forelle aus eigener Zucht!

🕸 *Engagement des Küchenchefs:* Meine Chefs sind wirkliche Vorreiter, denn die eigene Fischzucht, eigene Obstsäfte, der Kräutergarten, das eigene Kraftwerk für Strom und Wärme, das Auge für die Mitarbeiter und die Möglichkeit, das Beste der Region kulinarisch zu verarbeiten, sorgt wirklich für nachhaltigen Spaß an der Arbeit.

🛖 ⟳ 🅿 – Preis: €

Stiegelmühle 42 ⊠ 91174 – ☏ 09873 332 – www.gasthof-blumenthal.de – Geschlossen: Montag und Dienstag, abends: Sonntag

SPEYER

Rheinland-Pfalz – Regionalatlas **5**–U2

CLYNE - DAS RESTAURANT

REGIONAL · FREUNDLICH Am Rand der Altstadt und nur einen Steinwurf von der Fußgängerzone entfernt liegt diese gemütliche, persönlich geführte Restaurant. Der Name "CLYNe" steht für "klein" und nimmt Bezug auf die wenigen Plätze - da ist eine Reservierung ratsam! Man kocht saisonal und bringt Produkte aus der Region schmackhaft auf den Teller. Es gibt das "Menü vom Land", das "Menü aus dem Wasser" und das "Menü nich' Fisch, nich' Fleisch".

Preis: €€

Große Greifengasse 5 ⊠ 67346 – ☏ 06232 1008285 – www.restaurant-clyne.de – Geschlossen: Montag-Mittwoch, mittags: Donnerstag-Samstag, , abends: Sonntag

SPROCKHÖVEL

Nordrhein-Westfalen – Regionalatlas **3**–K2

HABBEL'S

INTERNATIONAL · GEMÜTLICH Seit 1878 ist diese Adresse ein Ort der Bewirtung und hat sich seither stetig weiterentwickelt. Auf der Karte finden sich regionale, saisonale und internationale Einflüsse. Man hat übrigens eigenes Quellwasser im Ausschank. Tipp: Destillate aus der Habbel-Manufactur - darunter ein 77er Whisky!

🛖 🅿 – Preis: €€

Gevelsberger Straße 127 ⊠ 45549 – ☏ 02339 914312 – habbel-restaurant.de – Geschlossen: Montag und Dienstag, mittags: Mittwoch-Samstag

STARNBERG

Bayern – Regionalatlas **6**–X4

✿ AUBERGINE

KREATIV • CHIC Gehobene Gastronomie in einem Businesshotel? Im Gourmetrestaurant des komfortablen "Vier Jahreszeiten Starnberg" kann man diese Erfahrung machen. In einem verglasten Anbau im Wintergartenstil erwarten Sie wertiges modern-elegantes Interieur sowie die kreative Küche von Maximilian Moser. In seinen beiden Menüs (eines davon vegetarisch) bringt er internationale Einflüsse ebenso ein wie den Bezug zur Saison. Umsorgt wird man zuvorkommend und kompetent, gut auch die Weinberatung. Tipp: Verfolgen Sie auch den kulinarischen Kalender - hier finden sich interessante Angebote.

&. – Preis: €€€€

Münchner Straße 17 ✉ *82319* – ☎ *08151 4470290* – *www.aubergine-starnberg. de* – *Geschlossen: Montag, Dienstag, Sonntag, mittags: Mittwoch-Samstag*

STAUFEN IM BREISGAU

Baden-Württemberg – Regionalatlas **7**–B1

☺ DIE KRONE

REGIONAL • GEMÜTLICH Es hat schon Charme, das mitten im Ort gelegene historische Gasthaus mit seinen gemütlichen Stuben und der netten Terrasse. Familie Lahn ist mit Engagement bei der Sache, das zeigt nicht zuletzt die schmackhafte klassisch-regionale Küche aus frischen, guten Produkten. Man kann hier auch schön übernachten - einige Zimmer mit Schlossblick.

🏡 🅿 – Preis: €€

Hauptstraße 30 ✉ *79219* – ☎ *07633 5840* – *www.die-krone-staufen.de* – *Geschlossen: Samstag, mittags: Montag-Freitag*

AMBIENTE

MARKTKÜCHE • FREUNDLICH Man muss schon wissen, dass in dem unscheinbaren Gewerbegebiet solch ein geschmackvolles Restaurant zu finden ist! Die freundliche Chefin umsorgt sehr aufmerksam die Gäste, während der Patron frische klassische Gerichte wie z. B. "Perlhuhnbrust, wilder Brokkoli, Shiitake-Pilzrisotto" zubereitet - à la carte oder in Menüform (auch vegetarisch).

🏡 🅿 – Preis: €€

Ballrechterstraße 8 ✉ *79219* – ☎ *07633 802442* – *restaurant-ambiente.com* – *Geschlossen: Mittwoch und Donnerstag, mittags: Freitag und Samstag*

HÖFLI ⓝ

MARKTKÜCHE • MINIMALISTISCH Schön fügt sich das charmante "Höfli" in das hübsche Altstadtbild ein, Hingucker ist der kopfsteingepflasterte Innenhof, in dem man im Sommer umgeben von historischem Gemäuer und Fachwerk speist. Ebenso angenehm sitzt man drinnen in klar-modern gehaltenem Ambiente. Während Chefin Alexandra Killy für herzlichen Service sorgt, bereitet ihr Mann Marco schmackhafte und handwerklich sauber gearbeitete Gerichte zu. Seine klassische Ausbildung zeigt sich z. B. bei "Bretonischer Rochenflügel, Buchweizen-Safranrisotto, Kapern, Krustentiersud".

🏡 – Preis: €€

Hauptstraße 56 ✉ *79219* – ☎ *07633 9337288* – *www.hoefli-staufen.de* – *Geschlossen: Montag und Sonntag*

STEINENBRONN

Baden-Württemberg – Regionalatlas **7**–B2

KRONE

MARKTKÜCHE • **FREUNDLICH** Im Herzen von Steinenbronn liegt das seit vielen Jahren familiär geführte Haus. Hier trifft Moderne auf Tradition, das gilt fürs Ambiente ebenso wie für die Küche. Alternativ zum Restaurant gibt es das nette legere "Krönle" - preislich sehr fair die Gerichte von der Tafel. Toll sind übrigens die handgeschabten Spätzle hier im Haus! Zum Übernachten hat man funktionelle Zimmer.

🛋 ⇄ 🅿 – Preis: €€

Stuttgarter Straße 45 ✉ *71144 –* ✆ *07157 7330 – www.krone-steinenbronn.de – Geschlossen: Montag und Sonntag*

STEPHANSKIRCHEN

Bayern – Regionalatlas **6**–Y4

GOCKLWIRT

BÜRGERLICHE KÜCHE • **RUSTIKAL** Warum es Stammgäste und Ausflügler gleichermaßen hierher zieht? Die reichlich dekorierten Stuben sind schön urig und die beachtliche Sammlung an Landmaschinen ist schon sehenswert! Gekocht wird regional und klassisch-international, von "Spicy Lachstatar" über "Böfflamott" bis zum 4-Gänge-Menü. Zum Übernachten: Doppelzimmer im Nachbarhaus.

🛋 ⇄ 🅿 – Preis: €

Weinbergstraße 9 ✉ *83071 –* ✆ *08036 1215 – www.gocklwirt.de – Geschlossen: Montag-Mittwoch, mittags: Donnerstag*

STÜHLINGEN

Baden-Württemberg – Regionalatlas **5**–U4

🐝 GASTHAUS SCHWANEN

REGIONAL • **GEMÜTLICH** Eine charmante Adresse mit guter Küche ist das in 3. Generation als Familienbetrieb geführte Gasthaus gegenüber der Kirche. Drinnen erwartet Sie behagliche Atmosphäre, draußen lockt die idyllische Gartenterrasse. Man verwendet teilweise eigene Produkte, hat u. a. Hühner, eine Jagd, stellt Liköre her... Zum Übernachten: "Gasthaus Schwanen", "Villa Pfarrhus" mit schönem Garten sowie Gästehaus "Malermeisterhaus".

🛋 🅿 – Preis: €€

Talstraße 9 ✉ *79780 –* ✆ *07744 5177 – www.gasthaus-schwanen.de – Geschlossen: Mittwoch und Donnerstag, mittags: Montag, Dienstag, Freitag, Samstag*

GENGS LINDE

TRADITIONELLE KÜCHE • **ZEITGEMÄSSES AMBIENTE** Christian und Silvia Geng leiten das Haus in 4. Generation - er in der Küche, sie im Service. Gekocht wird überwiegend traditionell und mit saisonalem Bezug. Nicht fehlen darf auch die Vesperkarte. Gut die Auswahl an Weinen, vor allem an regionalen und deutschen. Für Kinder gibt's die "Karte für unsere Kids" und einen Spielplatz. Schön das trendig-moderne Ambiente. Attraktive Gästezimmer hat man ebenfalls.

♿ 🅰 🛋 🅿 – Preis: €€

St.-Gallus-Straße 37 ✉ *79780 –* ✆ *07744 1255 – gengslinde.de – Geschlossen: Dienstag, mittags: Montag, Mittwoch-Samstag*

STUTTGART

Baden-Württemberg
Regionalatlas **7**–B2

Nach traditionellem Rezept mögen sie die meisten am liebsten...

Top Niveau heißt es nach wie vor im Schloss Hohenheim: Hier bietet die **Speisemeisterei** 2-Sterne-Küche. Ein toller Neuzugang in der Sternenliga: **Zur Weinsteige** mit japanisch inspirierter Küche und umfangreicher Weinkarte. Ebenfalls von Japan geprägt ist das Angebot im **Nagare** im Stadtteil Feuerbach. Hier finden Sie auch das moderne **new josch** - schön die Terrasse! Kreatives Fine Dining dürfen Sie nach wie vor im stylischen **Ritzi Gourmet** erwarten - gut isst man übrigens auch in der angeschlossenen Brasserie **Ritzi**.

Ein schöner Tipp ist zudem **Schweizers Restaurant** mit ambitionierter klassisch-saisonaler Küche - hier lockt im Sommer die charmante ruhige Innenhofterrasse. Eine modernes Menü auf Sternniveau erwartet Sie im **Hupperts** im Süden Stuttgarts. Ebenfalls einen Besuch wert: **Vetter**. mit Bib Gourmand. Unkomplizierte italienische Küche gibt's im außerhalb gelegenen **Nannina**. Eine hippe Übernachtungsadresse ist das Design-Hotel **Jaz in the City Stuttgart**.

😣😣 **SPEISEMEISTEREI**

KREATIV • CHIC Der ruhig außerhalb der Stadt gelegene Kavaliersbau des Schlosses Hohenheim ist ein Ort der anspruchsvollen Kulinarik. Dies ist nicht zuletzt Stefan Gschwendtner zu verdanken. Seit 2008 in der Speisemeisterei tätig und seit 2016 Küchenchef, hat er seinen eigenen Stil entwickelt und verfeinert. Das Produkt ist zweifelsohne der Star seiner sehr intelligenten, handwerklich präzisen und ausdrucksstarken Gerichte, in die er auch gerne asiatische Akzente einbindet, so z. B. bei „Hamachi Ikejime aus Dänemark, Golden Queen Kaviar, Avocado, Koriander". Geboten wird ein Menü mit sechs oder sieben Gängen. Umsorgt werden Sie von einem äußerst kompetenten, freundlichen und charmanten Serviceteam, das Sie auch in Sachen Wein bestens berät. Im Sommer wird das schicke Restaurant durch die herrliche Terrasse ergänzt.

🔹🏠♿🅿 – Preis: €€€€

Stadtplan: B3-2 – *Schloss Hohenheim 1B* ✉ *70599* – ✆ *0711 34217979* – *www.speisemeisterei.de* – *Geschlossen: Dienstag und Mittwoch, mittags: Montag, Donnerstag-Sonntag*

😣 **5**

MODERNE KÜCHE • HIP Auch nach vielen Jahren ist das "5" noch "up to date"! Das liegt in erster Linie an der modernen Küche von Alexander Dinter. Seit 2018 ist er der kreative Chef am Herd und bringt gelungen eigene Ideen in sein saisonal

ALLEKO/Getty Images Plus

inspiriertes Menü ein. Auch der Rahmen ist etwas Besonderes: Im ersten Stuttgarter Bahnhof nahe dem Schlossgarten sorgt ein leger-urbanes und dennoch stilvolles Lounge-Flair für eine spezielle Atmosphäre. Und die begleitet Sie von der stylischen Bar im EG bis zum "Casual Fine Dining"-Restaurant im 1. OG. Hier sitzen die Gäste auf schicken, individuell designten Stühlen an blanken Tischen und genießen neben der ausgezeichneten Küche auch einen ebenso niveauvollen Service samt versierter Weinberatung. Günstig für Autofahrer sind die Parkhäuser in unmittelbarer Umgebung. Reservierungszeiten am Abend im Gourmetrestaurant: 17:45, 18:30 und 19:15 Uhr.

🅰🅲 – Preis: €€€

Stadtplan: E2-15 – *Bolzstraße 8* ✉ *70173* – ☎ *0711 65557011 – www.5.fo –*
Geschlossen: Montag, mittags: Dienstag

✿ DÉLICE

Chef: Andreas Hettinger

KREATIV • FREUNDLICH Nach 20 Jahren als leidenschaftlicher Patron hat Evangelos Pattas sein "Délice" in vertrauensvolle Hände übergeben: Während Andreas Lutz als Gastgeber und Sommelier für zuvorkommende und kompetente Gästebetreuung samt professioneller Weinberatung verantwortlich ist, führt Andreas Hettinger (nun auch Inhaber des Restaurants) die Leitung der Küche fort. In dem schönen Tonnengewölbe dürfen Sie sich auf sein saisonal geprägtes Menü freuen. In der offenen Küche bereitet er aus sehr guten Produkten stimmige Gerichte zu, die klassische, mediterrane und kreative Einflüsse zeigen. Auf Wunsch können Sie die fünf Gänge des Menüs auf vier reduzieren.

🕸 🅰🅲 – Preis: €€€€

Stadtplan: E2-13 – *Hauptstätter Straße 61* ✉ *70178* – ☎ *0711 6403222 – www.*
restaurant-delice.de/de – Geschlossen: Montag, Samstag, Sonntag, mittags:
Dienstag-Freitag

✿ DER ZAUBERLEHRLING

KREATIV • CHIC Weinliebhaber dürften sich freuen: Beim Betreten des Restaurants sticht der begehbare verglaste Weinklimaschrank ins Auge, der Lust macht auf das rund 300 Positionen umfassende Angebot. Auch das schicke Interieur mit seinem stilvollen klaren Design und individuellen Details ist ein Eyecatcher. Das sorgt ebenso für eine angenehme Atmosphäre wie der sehr charmante und versierte Service. Dieser anspruchsvolle Rahmen ist die perfekte Untermalung für die sehr moderne, exakte und kontrastreiche Küche von Fabian Heldmann. Hinweis: Samstags bietet man nur "Candle Light Dinner". Und wie wäre es mal mit einem Kurs in der eigenen Kochschule? Zum Übernachten hat das gleichnamige kleine Designhotel mitten im Zentrum geschmackvolle, ganz individuelle Gästezimmer.

🕸 🅰🅲 – Preis: €€€

Stadtplan: E2-14 – *Rosenstraße 38* ✉ *70182* – ☎ *0711 2377770 – www.*
zauberlehrling.de – Geschlossen mittags: Montag-Sonntag

✿ HEGEL EINS

MODERNE KÜCHE • CHIC Sie finden dieses interessante Restaurant im staatlichen Museum für Völkerkunde, dem Linden-Museum. Das engagierte Team um Patron Jan Tomasic und seine Köche bieten am Abend ein modern-kreatives Überraschungsmenü mit fünf oder sieben Gängen, zubereitet aus sehr guten Produkten. Eine vegetarische Variante ist auf Vorbestellung ebenfalls möglich. Das Interieur ist richtig chic und schafft Atmosphäre, umsorgt wird man freundlich und kompetent. Mittags gibt es eine einfachere und günstigere kleine Karte, die ideal ist für Museumsbesucher.

Preis: €€€€

Stadtplan: D1-11 – *Hegelplatz 1* ✉ *70174* – ☎ *0711 6744360 – hegeleins.de –*
Geschlossen: Montag und Sonntag, mittags: Dienstag-Samstag

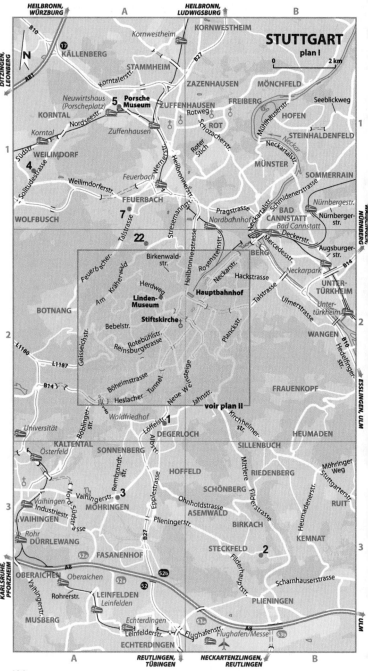

⊛ HUPPERTS

KLASSISCHE KÜCHE • FREUNDLICH Das Restaurant liegt mitten in einem Wohngebiet im Stuttgarter Süden - nicht ganz leicht zu finden, aber der Weg lohnt sich! Dafür sorgen die engagierten Hupperts mit geschmackvollem Ambiente, aufmerksamem und versiertem Service unter der Leitung von Claudia Johnson und nicht zuletzt mit der modernen Küche von Patron Michael Huppert. Sein Menü ist recht innovativ, zeigt gelungene Kontraste und stellt die ausgezeichneten, vorwiegend regionalen Produkte in den Fokus. Tipp: Seitlich am Haus hat man im Sommer eine sehr schöne Terrasse!

🅰🄲 🍴 ⇔ – Preis: €€€€

Stadtplan: C3-10 – *Gebelsbergstraße 97* ✉ *70199* – ✆ *0711 6406467* – *www.hupperts-restaurant.de* – *Geschlossen: Montag und Sonntag, mittags: Dienstag-Samstag*

⊛ RITZI GOURMET

FRANZÖSISCH-KREATIV • CHIC In zentraler Lage, ganz in der Nähe von Hauptbahnhof und Zeppelin-Carré, erwartet Sie ein gastronomisches Doppelkonzept. Neben der schicken, lebhaften Brasserie hat das "Ritzi" auch eine Gourmet-Variante. Auf einer kleinen, über wenige Stufen erreichbaren Empore befindet sich das geschmackvoll-elegante Abendrestaurant mit nur sechs Tischen, in dem Ben Benasr ein kreativ-modernes Menü mit bis zu sechs Gängen bietet. Aus tollen Produkten entstehen aufwändig zubereitete Speisen, die sich z. B. "Eismeersaibling & Brunnenkresse" oder auch "Südtiroler Milchkalb & Amalfizitrone" nennen. Dazu versierter Service.

🅰🄲 – Preis: €€€€

Stadtplan: E1-20 – *Friedrichstraße 6* ✉ *70174* – ✆ *0711 137920* – *ritzi-stuttgart.de* – *Geschlossen: Montag, Mittwoch, Sonntag, mittags: Dienstag, Donnerstag-Samstag*

⊛ WIELANDSHÖHE

Chef: Vincent Klink

FRANZÖSISCH-KLASSISCH • ELEGANT Stolz thront die „Wielandshöhe" von Koch-Urgestein Vincent Klink in exponierter Lage, umgeben von saftigen Reben, in einer der besten Wohngegenden Stuttgarts. Große Fenster geben in dem schlicht-elegant gehaltenen Restaurant den Blick über die Stadt frei. Patron Vincent Klink und sein Küchenchef Jörg Neth setzen auf Klassik und lassen sich auch von ihrer schwäbischen Heimat beeinflussen. Chichi und Effekthascherei werden Sie auf dem Teller nicht finden, stattdessen richtig gutes Handwerk und gelungen hervorgehobene Aromen bester Zutaten. Da ist es nicht verwunderlich, dass seit 1993 fast ununterbrochen ein MICHELIN Stern über dem Restaurant leuchtet.

🕸 ⪻ 🍴 ⇔ – Preis: €€€

Stadtplan: E3-8 – *Alte Weinsteige 71* ✉ *70597* – ✆ *0711 6408848* – *www.wielandshoehe.de* – *Geschlossen: Montag, Dienstag, Sonntag*

⊛ ZUR WEINSTEIGE

Chef: Jörg Scherle

SAISONAL • FAMILIÄR In dem langjährigen Familienbetrieb spürt man das Engagement der Brüder Scherle. Gekocht wird klassisch-modern, saisonal und mit japanischen Einflüssen. Die Gerichte sind klug aufgebaut und zeigen geschickt eingebundene Kontraste. Zur Wahl stehen drei Menüs, eines davon vegetarisch. Attraktiv auch das Ambiente: Hier hat man moderne Elemente und rustikale Details aus schönem altem Eichenholz gelungen kombiniert. Von der Terrasse blickt man auf das große Koi-Karpfen-Bassin - als echter Koi-Fan hat Jörg Scherle sogar eine eigene Koi-Firma. Toll: Im begehbaren Gewölbe von 1870 lagern über 1600 Weine und rund 200 Destillate! Im Hotel übernachtet man von rustikal bis elegant.

🕸 🅰🄲 🍴 🅿 – Preis: €€

Stadtplan: E2-17 – *Hohenheimer Straße 30* ✉ *70184* – ✆ *0711 2367000* – *www.zur-weinsteige.de* – *Geschlossen: Montag und Sonntag, mittags: Dienstag-Samstag*

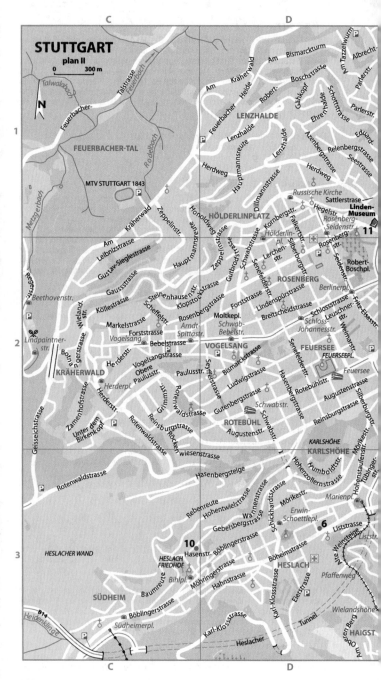

STUTTGART
plan II
0   300 m

N

Talwaldach

Feuerbach

Talstrasse

Feuerbacher-

FEUERBACHER-TAL

Rodelbach

Metzgerbach

MTV STUTTGART 1843

Am Kräherwald

Feuerbacher Helde

Robert

Am Kräherwald

Boschstrasse

Bismarckturm

Am Tazzelwurm

Albrecht-

Parlerstr.

Gähkopf

Schottstrasse

Stafflenbergstr.

Parlerstr.

Ehre

Eduard-

Relenbergstrasse

Seestrasse

LENZHALDE

Feuerbacher Helde

Lenzhalde

Lenzhalde

Herdweg

Herdweg

Hauptmannsreute

Azenbergstrasse

Zeppelinstr.

Honoldweg

HÖLDERLINPLATZ

Honoldweg

Hauptmannstr.

Dillmannstrasse

Russische Kirche

Sattlerstrasse

Linden-Museum

11

Kräherwald

Zeppelinstr.

Kornbergstr.

Hegelstr.

Rosenberg-Seidenstr.

Am Leibnizstrasse

Gustav-Siegelstrasse

Gaussstrasse

Köllestrasse

Wielandstr.

Steinenhausen str.

Scheffelstr.

Klopstockstrasse

Schwabstrasse

Gutbrodstr.

Silberburgstr.

Fallerstr.

Lerchen-str.

Hölderlin-pl.

Rosenberg str.

ROSENBERG

Lindenspürstrasse

Forststrasse

Schlossstrasse

Berlinerpl.

Fritz-Elsass-str.

Robert-Boschpl.

Seidenstr.

Markelstrasse

Forststrasse

Rosenbergstrasse

Moltkepl.

Arndt-Spittastr.

VOGELSANG

Bebelstrasse

Breitscheidstrasse

Schloss-Johannesstr.

Leuchner-str.

Weimartr.

Weimartr.

Schloss-

FEUERSEE

FEUERSEEPL.

Feuersee

Beethovenstr.

Lindpaintner-str.

Reuterstr.

Bopserstr.

Vogelsangstrasse

Obere Paulusstr.

He rderstr.

Seyfferstr.

Vogelsang

KRÄHERWALD

Herderpl.

Paulusstr.

Rotenwaldstrasse

Ludwigstrasse

Bismarckstr.

Schwab-Bebelstr.

Senefelderstr.

Augustenstrasse

Reinsburgstrasse

Silberburgstr.

Zamenhofstrasse

Unter dem Birkenkopf

Gutenbergstrasse

Rotebühlstr.

Hasenbergstrasse

Rotenwaldstrasse

Reinsburgstrasse

Schwab.

ROTEBÜHL

Augustenstr.

Geisseichstrasse

wiesenstrasse

Rotenwaldstrasse

Hasenbergsteige

Rebenreute

Hohenwielstrasse

Gebelsbergstrasse

Wa nnenstrasse

Schickhardtstrasse

Mörikestr.

Hohenzollernstrasse

Humboldtstr.

Marienpl.

KARLSHÖHE

KARLSHÖHE

Hohenstaufenstr.

Tübingerstr.

Mörikestr.

Erwin-Schoettlpl.

6

Liststrasse

Liststr.

10

Hasenstr.

HESLACH FRIEDHOF

Böblingerstrasse

Möhringerstrasse

Böheimstrasse

Eiestrasse

HESLACH

Pfaffenweg

HESLACHER WAND

Bihlpl.

Baumreute

Hahnstrasse

Karl-Klossstrasse

SÜDHEIM

Böblingerstrasse

Südheimerpl.

B14

Heidehinge

Karl-Kloss-strasse

Heslacher

Tunnel

Wielandshöhe

Oberen Berg

Am

HAIGST

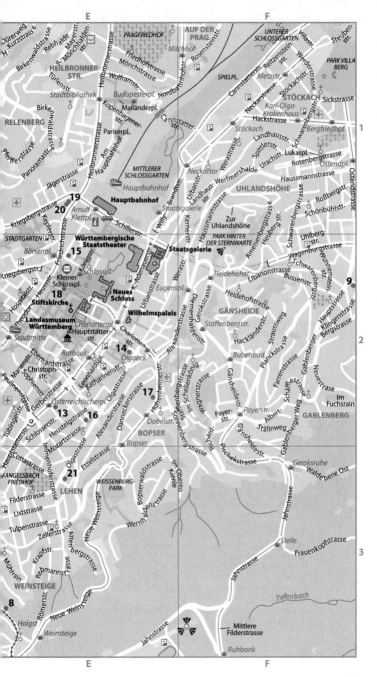

423

GOLDENER ADLER

REGIONAL • TRENDY Solch ein gemütlich-lebendiges Restaurant hätte wohl jeder gerne in der Nachbarschaft! Das Ambiente neuzeitlich und mit rustikalem Touch, die Küche frisch und regional-traditionell. Das Angebot reicht vom Klassiker über international inspirierte Gerichte bis zu Vegetarischem. Trotz der Lage an einer Straße sitzt man schön auf der großen Terrasse (im Winter kann man hier parken).

🌦 🅿 – Preis: €

Stadtplan: D3-6 – *Böheimstraße 38* ✉ *70178* – ✆ *0711 6338802* – *goldener-adler-stuttgart.de* – *Geschlossen mittags: Montag-Sonntag*

VETTER.

MARKTKÜCHE • FREUNDLICH Eine beliebte Adresse mit sympathischer Atmosphäre und guter Küche ist das Restaurant in einem von schönen Altbauten geprägten Stadtviertel. Für die regionalen, traditionellen oder auch mediterranen Gerichte werden frische Produkte angenehm unkompliziert und handwerklich gekonnt zubereitet. Im Sommer ist die hübsche Terrasse am Mozartplatz gefragt.

🌦 – Preis: €

Stadtplan: E2-16 – *Bopserstraße 18* ✉ *70180* – ✆ *0711 241916* – *www.vetter-essen-trinken.de* – *Geschlossen: Montag und Sonntag, mittags: Dienstag-Samstag*

ZUR LINDE

REGIONAL • GASTHOF Engagiert betreiben die Brüder Trautwein die rund 300 Jahre alte ehemalige Poststation - charmant der Mix aus historisch und modern. Es gibt schwäbische Klassiker wie Gaisburger Marsch, Maultaschen oder Zwiebelrostbraten, zudem Saisonales. Hinter dem Haus hat man eine schöne begrünte Terrasse. Uriger Gewölbekeller für Veranstaltungen.

🌦 ⇄ – Preis: €€

Stadtplan: A3-3 – *Sigmaringer Straße 49* ✉ *70567* – ✆ *0711 7199590* – *www.linde-stuttgart.de* – *Geschlossen: Sonntag, mittags: Montag-Samstag*

CHRISTOPHORUS

MEDITERRAN • DESIGN Sie sind Auto-Enthusiast und Freund guter Küche? Mit Blick ins Porsche Museum oder auf den Porscheplatz können Sie hier mediterran-internationale Gerichte wie z. B. "Confiertes Filet vom Steinbutt, Pancettaschaum, Herbsttrompeten, Kürbisquiche, Amalfizitrone" oder auch US Prime Beef vom Grill genießen. Interessant: Front-Cooking. Gute Weinkarte mit über 500 Positionen. Das Restaurant in der 3. Etage ist vom Parkhaus mit dem Lift direkt zu erreichen.

🍸 ㅤ AC ⇄ – Preis: €€€

Stadtplan: A1-5 – *Porscheplatz 5* ✉ *70435* – ✆ *0711 91125980* – *www.porsche.com/germany/aboutporsche/porschemuseum/refreshments/christophorus* – *Geschlossen: Montag und Sonntag*

CUBE

INTERNATIONAL • TRENDY Die absolute Top-Lage ist hier ebenso interessant wie die Glas-Architektur, das Design und die ambitionierte weltoffene Küche. Einfachere Mittagskarte. Nett: Frühstück, Kuchen oder "After Work"-Drinks an der "o.T. Bar". Schön die Terrasse am Schlossplatz vor dem Kunstmuseum. Tipp für Theater- und Konzertbesucher: Fragen Sie nach dem "Late Night"-Essen.

⇱ ㅤ AC – Preis: €€

Stadtplan: E2-18 – *Kleiner Schlossplatz 1* ✉ *70173* – ✆ *0711 93964279* – *www.cube-restaurant.de/de/cube*

FÄSSLE LE RESTAURANT

FRANZÖSISCH-KLASSISCH • NACHBARSCHAFTLICH Patrick Giboin bietet hier in gemütlichem Ambiente seine Version der klassisch-französischen Küche. Appetit macht z. B. "Brust & Keule von der Étouffée-Taube mit sautierten Pfifferlingen, Chorizo, Mais und Polenta". Auch an Vegetarier ist gedacht. Kindermenüs gibt es ebenfalls.

🏧 🍽 ♿ – Preis: €

Stadtplan: A2-1 – *Löwenstraße 51* ✉ *70597* – ✆ *0711 760100* – *www.restaurant-faessle.de* – *Geschlossen: Montag und Sonntag, mittags: Dienstag*

MEISTER LAMPE

KLASSISCHE KÜCHE • FAMILIÄR Hier macht es Freude zu essen - und das hat seinen Grund: Patron Daniel Stübler betreibt sein gemütliches kleines Restaurant mit spürbarer Leidenschaft. Die guten regional und international geprägten Gerichte serviert er selbst und beweist dabei nicht nur fachliche Kompetenz, sondern ist ausgesprochen herzlich am Gast und verbreitet gute Laune! Bemerkenswert ist auch die sorgfältig zusammengestellte Weinkarte, auf der sich ausschließlich Gewächse aus Baden-Württemberg, Baden und der Pfalz finden.

🐾 🍽 – Preis: €€

Stadtplan: A1-4 – *Solitudestraße 261* ✉ *70499* – ✆ *0711 9898980* – *restaurant-meisterlampe.com* – *Geschlossen: Montag, mittags: Dienstag-Samstag, , abends: Sonntag*

NAGARE

JAPANISCH • MINIMALISTISCH Lassen Sie sich nicht vom unscheinbaren Äußeren des Eckhauses irritieren! Drinnen erwarten Sie ein ansprechendes fernöstlich-minimalistisches Ambiente sowie eine japanische Küche mit kreativen, modern-französischen Einflüssen. Man bietet Menüs und A-la-carte-Gerichte - auch Sushi und Vegetarisches sind vertreten. Der Service freundlich, höflich und geschult.

Preis: €€

Stadtplan: A1-7 – *Feuerbacher-Tal-Straße 34* ✉ *70469* – ✆ *0711 93541290* – *www.restaurant-nagare.de* – *Geschlossen: Montag-Mittwoch, mittags: Donnerstag-Sonntag*

NANNINA

ITALIENISCH • FREUNDLICH Gastgeberin Giovanna Di Tommaso (genannt Nannina) widmet sich in dem kleinen Restaurant ganz ihrer Leidenschaft, der italienischen Küche. Gekocht wird frisch und ambitioniert. Nett die Terrasse hinterm Haus. Tipp: Mit dem Auto kommt man recht schnell zum Cannstatter Wasen oder zum Mercedes-Benz Museum auf der gegenüberliegenden Neckarseite.

🍽 🅿 – Preis: €€

Stadtplan: F2-9 – *Gaishämmerstraße 14* ✉ *70186* – ✆ *0711 7775172* – *www.nannina.de* – *Geschlossen: Montag und Sonntag, mittags: Dienstag-Donnerstag, Samstag*

NEW JOSCH

FRANZÖSISCH-MODERN • CHIC Einladend ist schon die angenehme Terrasse im Hinterhof des in einem Wohngebiet auf dem Killesberg gelegenen Hauses, und das Interieur kann sich ebenfalls sehen lassen: Klare Formen, ruhige Töne und warmes Holz schaffen ein wertiges, geschmackvoll-modernes Ambiente. Charmant und kompetent umsorgt, können Sie zwischen "Lacher's Fine Dining Menü" (auf Vorbestellung) und einem ansprechenden A-la-carte-Angebot wählen. Dazu gute Weinempfehlungen. Im 1. Stock gibt es zwei schöne Salons.

♿ 🏧 🍽 ♿ – Preis: €€€

Stadtplan: A2-22 – *Feuerbacher Weg 101* ✉ *70192* – ✆ *0711 3608350* – *new-josch.de* – *Geschlossen: Montag und Sonntag, mittags: Dienstag-Samstag*

RITZI

MODERN • BRASSERIE Nur einen Steinwurf von Hauptbahnhof und Zeppelin-Carré entfernt liegt diese schicke Brasserie mit recht stylischer und wertiger Einrichtung. Aus der Küche kommen modern-klassische Gerichte mit mediterraner Note, darunter z. B. "gegrillter Oktopus mit geschmorten Steckrüben" oder "Pot au feu von Edelfischen".

🆎 🍴 – Preis: €€

Stadtplan: E1-19 – *Friedrichstraße 6* ✉ *70174* – ☎ *0711 137920* – *ritzi-stuttgart. de* – *Geschlossen: Montag und Sonntag, mittags: Dienstag-Samstag*

SCHWEIZERS RESTAURANT

KLASSISCHE KÜCHE • KLASSISCHES AMBIENTE In dem sorgsam restaurierten denkmalgeschützten Haus - 1903 als "Schweizer Hof" eröffnet - nehmen Sie in schöner Jugendstil-Atmosphäre Platz und genießen ein klassisch-saisonales Menü, das es auch vegetarisch gibt. Dazu wählen Sie von der gut sortierten Weinkarte oder entscheiden sich für die glasweise Weinbegleitung. Umsorgt werden Sie freundlich und aufmerksam. Angenehm die ruhige, schattige Innenhofterrasse!

🍴 ⇄ – Preis: €€€

Stadtplan: E3-21 – *Olgastraße 133 B* ✉ *70180* – ☎ *0711 60197540* – *schweizers-restaurant.de* – *Geschlossen: Montag und Sonntag, mittags: Dienstag-Samstag*

WALDHORN ⓝ

MODERN • GASTHOF In dem Restaurant im Stadtteil Rohr lockt eine interessante Verbindung aus klassisch-französischer Küche mit spanischen und schwäbischen Einflüssen. Dieser Mix kommt nicht von ungefähr: Chef José María González Sampedro stammt aus Mallorca, Chefin Caroline Autenrieth aus Schwaben, kennengelernt haben sie sich in einer Restaurantküche in Marseille. Unter den sechs Gängen ihres Überraschungsmenüs finden sich z. B. tolles aromatisches Lamm und geschmorte Schalotte mit einer Füllung aus mediterran gewürztem Blutwurst-Ragout. Serviert wird in einem schönen Gastraum, in dem eine alte Holztäfelung und moderne Einrichtungsdetails für charmante Atmosphäre sorgen.

🍴 ⇄ 🅿 – Preis: €€€€

außerhalb Stadtplan – *Krehlstraße 111* ✉ *70565* – ☎ *0711 25513885* – *daswaldhorn.de* – *Geschlossen: Montag, Dienstag, Sonntag*

SÜDHARZ

Sachsen-Anhalt – Regionalatlas **4**–N2

20ZWANZIG

MARKTKÜCHE • CHIC Das Restaurant des ruhig am Ortsrand gelegenen Hotels "Freiwerk" befindet sich im modernen, im Jahre 2020 ("20zwanzig") erbauten Anbau einer schmucken Fachwerk-Villa von 1894. Trendig-chic das Ambiente, schön der Blick ins Grüne durch die große Fensterfront. Gekocht wird aktuell und saisonal inspiriert. Zur Wahl stehen ein Überraschungsmenü in variabler Länge und Gerichte à la carte. Der Service ist freundlich und geschult.

♿ 🆎 🍴 ⇄ 🅿 – Preis: €€€

Thyrahöhe 24 ✉ *06536* – ☎ *034654 85900* – *www.hotel-freiwerk.de*

SULZBACH-LAUFEN

Baden-Württemberg – Regionalatlas **5**–V2

😊 **DIE KRONE** ⓝ

MARKTKÜCHE • ZEITGEMÄSSES AMBIENTE Patron und Küchenchef Markus Elison, der zuvor im Restaurant "Herrengass" in Gschwend sein Können am Herd zeigte, bietet hier schmackhafte Gerichte aus guten Produkten. Er kocht regional und teils auch mit mediterranen Einflüssen. Ein Klassiker ist "Zwiebelrostbraten in Spätburgunderjus mit Spätzle". Neben Gerichten à la carte können Sie auch das saisonale Menü oder "Das Krone Menü" wählen. Freundlich der Service, geradlinig-modern das Ambiente. Zum Übernachten hat man Zimmer in klarem Design - im Gästehaus sind die Preise günstiger.

& ♿ 🅿 – Preis: €€

Hauptstraße 44 ✉ 74429 – ☎ 07976 911910 – www.krone-sulzbach.com –
Geschlossen: Samstag und Sonntag, mittags: Montag-Freitag

SULZBURG

Baden-Württemberg – Regionalatlas **7**–B1

🏵 🏵 HIRSCHEN

Chef: Douce Steiner

FRANZÖSISCH-KLASSISCH • ELEGANT Warum zahlreiche Gäste von nah und fern zu Douce Steiner und Udo Weiler in das beschauliche Örtchen im Markgräflerland pilgern? In dem schmucken über 500 Jahre alten Haus sitzt man in charmant-eleganten Stuben, freundlich und aufmerksam der Service. Große Fenster erlauben einen Blick in die Küche. Hier wird klassisch-französisch gekocht. Im Menü findet sich beispielsweise top gereiftes und perfekt gegartes Reh mit Fichtensprossen im grünen Pfefferblatt und einer mit Heidelbeeren verfeinerten Jus. Nicht das einzige elegante und ausgewogene Gericht, das neben der hervor-ragenden Produktqualität durchaus auch eine feminine Handschrift zeigt. Zudem gibt es es noch paar Klassiker, die Sie ins Menü einbauen können. Tipp: Lassen Sie etwas Platz für die tolle Auswahl an kleinen Feinheiten zum Espresso. Schön für einen Aperitif oder Digestif ist der idyllische Innenhof. Zum Übernachten bietet man sehr geschmackvolle Zimmer.

🐜 ♿ – Preis: €€€€

Hauptstraße 69 ✉ 79295 – ☎ 07634 8208 – www.douce-steiner.de/de_home.
html – Geschlossen: Montag, Dienstag, Sonntag, mittags: Mittwoch-Samstag

🐷 LANDGASTHOF REBSTOCK

REGIONAL • GEMÜTLICH Im Herzen des Weindorfs leitet Familie Keller dieses gemütlich-ländliche jahrhundertealte Haus, in dem die herzlichen Gastgeber frische saisonal inspirierte Küche bieten. Gerne verwendet man Produkte aus der Region, internationale Einflüsse finden sich aber ebenfalls auf der Karte. Geschult und sehr aufmerksam der Service. Gut übernachten kann man hier übrigens auch.

🌤 ♿ 🅿 – Preis: €€

Hauptstraße 77 ✉ 79295 – ☎ 07634 503140 – www.rebstock-in-sulzburg.de –
Geschlossen: Mittwoch und Sonntag, mittags: Montag und Dienstag

LA MAISON ERIC

KLASSISCHE KÜCHE • GEMÜTLICH Ein wahres Schmuckstück ist das alte Fachwerkhaus, das etwas versteckt in einer Seitenstraße liegt. Drinnen erwartet Sie ein geschmackvolles Interieur, draußen eine wunderbare Terrasse zum herr-lichen Garten. Geboten wird klassische Küche in Form eines Mittagstisches von Donnerstag bis einschließlich Sonntag.

🍴🌤 ♿ – Preis: €€

Im Brühl 7 ✉ 79295 – ☎ 07634 6110 – la-maison-eric.de – Geschlossen: Montag
und Dienstag, abends: Mittwoch-Sonntag

SYLT (INSEL)

Schleswig-Holstein – Regionalatlas 1–D3

In Hörnum

🕸 **KAI3**

KREATIV • TRENDY "Nordic Fusion" heißt es im Gourmetrestaurant des luxuriösen "BUDERSAND Hotel - Golf & Spa". Unter diesem Motto nimmt Küchenchef Felix Gabel Sie mit auf eine kreative Reise. Dabei kombiniert er ausgesuchte heimische Produkte und Einflüsse verschiedener Länder und bindet gekonnt unterschiedliche Gewürze und Aromen ein. Zur Wahl stehen das Menü "Große Aromenreise" und die vegetarische Alternative "Kraut & Rüben". Passend zur Küche kommt auch das Ambiente nordisch-modern daher. Und dann ist da noch der wunderbare Blick auf die Nordsee, den die raumhohen Fenster freigeben. Highlight ist die Terrasse - der herrlichen Lage des Hauses am Südende von Sylt sei Dank!

🕸 ⇇ & 🎨 ㋰ 🅿 – Preis: €€€€

Am Kai 3 ⊠ 25997 – ℰ 04651 46070 – www.budersand.de/de – Geschlossen: Mittwoch und Donnerstag, mittags: Montag, Dienstag, Freitag-Sonntag

In Keitum

🕸 **TIPKEN'S BY NILS HENKEL**

MODERN • ELEGANT Mit angenehm dezentem Luxus empfängt Sie das "Severin's Resort & Spa", in dem sich das Restaurant befindet. Nehmen Sie im Sommer einen Aperitif auf der ruhigen begrünten Terrasse hinter dem Haus, bevor Sie in wertigem, stilvoll-modernem Ambiente die Küche von René Verse genießen. Sie ist präzise und kommt mit einer schönen Leichtigkeit daher, auch die Handschrift von Namensgeber Nils Henkel ist deutlich erkennbar: Seine Gemüseküche, mit der er sich zu früheren Zeiten einen Namen machte, wird hier gekonnt umgesetzt - im Menü "Flora", aber auch im Menü "Fauna" z. B. in Kombination mit erstklassigem Fisch wie bei "Meeräsche, Karotten-Koriandersaft, junge Möhren" - einfach herrlich! Sie können auch Gerichte tauschen oder à la carte bestellen. Tipp: Buchen Sie am besten gleich im Hotel, dann können Sie sich auch der interessanten Weinkarte widmen.

🕸 ㋲ ㋰ ↷ 🅿 – Preis: €€€€

Am Tipkenhoog 18 ⊠ 25980 – ℰ 04651 46066533 – www.severins-sylt.de – Geschlossen: Montag-Mittwoch, Sonntag, mittags: Donnerstag-Samstag

OMA WILMA HEIMATKÜCHE

TRADITIONELLE KÜCHE • REGIONALES AMBIENTE Charmant kommt das historische Reetdachhaus im Herzen von Keitum daher: drinnen friesisch-modernes Ambiente, draußen die schöne Gartenterrasse und dazu sympathisch-legerer, geschulter Service. Die Küche ist ein ambitionierter Mix aus Tradition und Moderne. Mittags kleinere Karte. Okt. - Ostern Mo. und Di. geschlossen, sonst nur Di.

㋰ – Preis: €€

Gurtstig 32 ⊠ 25980 – ℰ 04651 8860066 – omawilma.de – Geschlossen: Montag und Sonntag, mittags: Dienstag-Samstag

SALON 1900

REGIONAL • Das etwas abseits in Keitum gelegene Reetdachhaus ist schon von außen richtig einladend, und das hübsche Bild setzt sich im Inneren fort: Niedrige Decken und dekorative Details wie Bilder, alte Nähmaschinen, Kaffeemühlen und so manches mehr schaffen ein gemütlich-charmantes Ambiente mit nostalgischem Flair. Freundlich serviert man Ihnen klassisch-regionale Küche mit modernem Einschlag.

㋰ 🅿 – Preis: €€

Keitumer Süderstr. 40 ⊠ 25980 – ℰ 04651 936000 – www.salon1900.de – Geschlossen: Montag

In List

KÖNIGSHAFEN

TRADITIONELLE KÜCHE • BÜRGERLICH Der Weg hinauf in den Norden der Insel lohnt sich! Die Tradition reicht bis ins Jahr 1881 zurück, bereits die 5. Generation kümmert sich in dem gepflegten weißen Backsteinhaus um das Wohl der Gäste, nicht zuletzt mit guter regional-saisonaler Küche. Nett die Gartenterrasse hinterm Haus. Im Winter Mo. + Di. Ruhetag.

🏡 🅿 – Preis: €€

Alte Dorfstraße 1 ✉ 25992 – ☎ 04651 870446 – www.koenigshafen.de –
Geschlossen: Montag und Dienstag, mittags: Mittwoch-Sonntag

In Munkmarsch

KÄPT'N SELMER STUBE

FRANZÖSISCH-KLASSISCH • LÄNDLICH Überall sieht man die Liebe zum Detail: original blau-weiße Kacheln, Antiquitäten, nordischer Stil, dazu eine traumhafte Terrasse... Das Restaurant des schönen Hotels "Fährhaus" bietet eine ambitionierte klassisch-französische Küche mit regionalen und internationalen Einflüssen. Mittags ist die Karte kleiner, nachmittags locken hausgemachte Kuchenspezialitäten.

⇐ 🖢 🕭 🏡 ✿ 🅿 – Preis: €€

Bi Heef 1 ✉ 25980 – ☎ 04651 93970 – www.faehrhaus-sylt.de – Geschlossen
mittags: Montag-Sonntag

In Rantum

✿✿ **SÖL'RING HOF**

MODERNE KÜCHE • ELEGANT Besser könnte die Lage kaum sein! Auf Ihr Klingeln öffnet sich das weiße Tor und über eine gepflasterte Auffahrt erreichen Sie das schöne reetgedeckte Landhaus, das am Rande von Rantum auf einer Düne thront. Wenn Sie Glück haben, können Sie Ihren Aperitif am "besten Platz des Hauses" nehmen: eine kleine Bank quasi direkt in den Dünen mit klasse Blick auf die Nordsee! Und drinnen? Wertiges Interieur in nordischem Stil vereint hier Eleganz und Gemütlichkeit, der charmante und ebenso professionelle Service tut ein Übriges - auch die exzellente Weinberatung durch Restaurantleiterin und Sommelière Bärbel Ring sei erwähnt! Man kann in die Küche schauen, wo das Team um Jan-Philipp Berner aus besten - möglichst regionalen - Produkten ein kreatives Menü zubereitet, nicht zu vergessen die leckeren Kleinigkeiten vorab und danach.

🕭 ⇐ 🖢 ✿ 🅿 – Preis: €€€€

Am Sandwall 1 ✉ 25980 – ☎ 04651 836200 – www.soelring-hof.de –
Geschlossen: Montag und Sonntag, mittags: Dienstag-Samstag

SANSIBAR

INTERNATIONAL • RUSTIKAL Eine Adresse mit Kultstatus! Das Strandhütten-Flair ist sehr gefragt, da geht man gern fünf Minuten zu Fuß durch die Dünen - oder Sie nutzen den Shuttleservice. Neben der Tages-/Abendkarte gibt es noch Sansibar-Highlights wie Kaviar sowie die Steakkarte. Toll die Weinauswahl. Mittags keine Reservierung möglich.

🕭 🏡 🅿 – Preis: €€

Hörnumer Straße 80 ✉ 25980 – ☎ 04651 964646 – www.sansibar.de –
Geschlossen mittags: Montag-Sonntag

In Tinnum

☸ BODENDORF'S

FRANZÖSISCH-MODERN • ELEGANT Wer im Gourmetrestaurant des schmucken "Landhaus Stricker" speist, erlebt eine Küche, die Spaß macht! Verantwortlich dafür ist das Team um Holger Bodendorf und Denis Brühl, das ein 6- bis 9-Gänge-Menü mit handwerklich sehr exakten und klar strukturierten Gerichten auf klassischer Basis bietet. Aus top Produkten entstehen aromareiche Kombinationen mit aufwändigen kleinen Details. Auch das Ambiente kann sich sehen lassen: Blanke Eichentische und moderne Bilder schaffen eine frische Note. Das passt gut zum kompetenten jungen Serviceteam, das sich freundlich und angenehm leger um die Gäste kümmert. Versiert auch die Weinberatung - man hat über 900 Positionen. Tipp: Vor dem Essen ein Apero in der coolen "Miles Bar".

⅏ & 🄿 – Preis: €€€€

Boy-Nielsen-Straße 10 ✉ 25980 – ℰ 04651 88990 – www.landhaus-stricker.
com – Geschlossen: Montag, Samstag, Sonntag, mittags: Dienstag-Freitag

TANGSTEDT

Schleswig-Holstein – Regionalatlas **1**–D3

☺ GUTSKÜCHE

Chef: Matthias Gfrörer

REGIONAL • TRENDY Es ist eine wahre Freude, welch tolle Produkte in der "Gutsküche" vor den Toren Hamburgs auf den Teller kommen - nachhaltige Gastronomie par excellence! Die Bio-Produkte vom eigenen Hofgut Wulksfelde stehen absolut im Mittelpunkt, so präsentiert man auf der Tafel rein vegetarische Gerichte, die um die sogenannten "Beilagen" Fisch, Geflügel und Fleisch erweitert werden können. Ganz wunderbar zur Saison ist z. B. "GUT´s Caprese mit handgeschöpftem Büffelmozzarella, Rucola, Tomaten-Pesto" - das herrliche Aroma vollreifer Tomaten bleibt in Erinnerung! Tipp: Snacks im "GutsDeli" nebst Delikatessen-Shop sowie Bio-Produkte im Hofladen direkt vor Ort. Und im Sommer: Bio-Eis im schönen GutsGarten.

🌱 *Engagement des Küchenchefs:* Meine Küche kann ich guten Gewissens als "bedingungslos nachhaltig" bezeichnen. Bei uns geht es um pure Produktliebe und Zubereitung von Genuss mit gutem Gewissen. Eine ehrliche, leidenschaftliche Küche aus fairen Produkten und ökologischem Anbau, schließlich ist "bio" das Normalste auf dieser Welt.

🍽 🄿 – Preis: €€

Wulksfelder Damm 15 ✉ 22889 – ℰ 040 64419441 – www.gutskueche.de –
Geschlossen: Montag und Dienstag

TEINACH-ZAVELSTEIN, BAD

Baden-Württemberg – Regionalatlas **5**–U3

☸ GOURMETRESTAURANT BERLINS KRONE

FRANZÖSISCH-MODERN • GEMÜTLICH In geschmackvoller und gemütlicher Atmosphäre sitzen, sich überaus freundlich und kompetent umsorgen lassen und dann auch noch ausgezeichnet speisen? Das einstige "Gasthaus Krone" der Familie Berlin hat sich zu einer wahren Gourmetadresse gemausert und ist eine echte Bereicherung der baden-württembergischen Sterne-Gastronomie. In der Küche hat Patron Franz Berlin die Leitung inne und sorgt für eine gelungene Mischung aus Klassischem und Mediterranem. Die Gerichte sind aufwändig und modern, aber dennoch stimmig und klar verständlich. In Sachen Wein kann man getrost den trefflichen Empfehlungen des Sommeliers folgen. Übernachtungsgäste dürfen sich auf wohnliche Zimmer und ein gutes Wellnessangebot freuen.

⅏ 🛏 🄿 – Preis: €€€€

Marktplatz 2 ✉ 75385 – ℰ 07053 92940 – www.berlins-hotel.de – Geschlossen:
Montag, Dienstag, Sonntag, mittags: Mittwoch-Samstag

TEISENDORF

Bayern – Regionalatlas **6**–Z4

🕸 **MUNDART2015** ⓝ

REGIONAL • GEMÜTLICH In schöner Lage nicht weit von Salzburg erwartet Sie im attraktiven Hotel "Gut Edermann" mit geschmackvollen Zimmern und Wellness auf 2700 qm auch eine interessante Gastronomie, zu der neben der "Bauernstube1910" auch das "MundArt2015" gehört. Hier wird man in gemütlicher Atmosphäre von einem freundlichen Service mit schmackhafter saisonaler Küche umsorgt. Die dafür verwendeten regionalen Produkte lassen den Nachhaltigkeitsgedanken erkennen.

🛏🏡♻🅿 – Preis: €€

Holzhausen 2 ✉ *83317 –* ☎ *08666 92730 – www.gut-edermann.de –*
Geschlossen mittags: Montag-Sonntag

TEISNACH

Bayern – Regionalatlas **6**–Z2

🕸 **OSWALD'S GOURMETSTUBE**

FRANZÖSISCH-MODERN • ELEGANT Das kulinarische Herzstück im Hause Oswald! Im Souterrain befindet sich eine edle Gourmetstube, wie man sie in dem rund 550 Einwohner zählenden Kaikenried im Bayerischen Wald kaum vermuten würde: großzügig, sehr chic und elegant, fast schon luxuriös! Hier ist Thomas Gerber Küchenchef, der zuvor viele Jahre bei Heinz Winkler in Aschau und davor bei Christian Bau in Perl als Souschef tätig war. Er bietet ein modern inspiriertes Menü, das fein ausbalanciert ist und auf erstklassigen Produkten basiert. Dazu eine gut sortierte Weinkarte mit rund 350 Positionen und ein aufmerksamer, sehr freundlicher Service. Tipp: Auf Anfrage "Dinner-Highlight" im Weinkeller (6 - 8 Pers.)

🅰♻🅿 – Preis: €€€€

Am Platzl 2 ✉ *94244 –* ☎ *09923 84100 – www.hotel-oswald.de – Geschlossen:*
Montag, Dienstag, Sonntag, mittags: Mittwoch-Samstag

TENGEN

Baden-Württemberg – Regionalatlas **5**–U4

🕸 **GASTHOF ZUR SONNE**

REGIONAL • GASTHOF Praktisch direkt an der Schweizer Grenze kann man hier in netter traditioneller Atmosphäre schmackhafte, frische Küche mit regionalen, aber auch mediterranen Einflüssen genießen. Gerne wählen die Gäste das "Sonnen-Menü", aber auch das A-la-carte-Angebot kommt gut an. Nicht nur für Weintrinker interessant: Zum Übernachten hat man drei einfache, gepflegte Zimmer.

🐾🏡♻🅿 – Preis: €€

Hauptstraße 57 ✉ *78250 –* ☎ *07736 7543 – www.sonne-wiechs.de –*
Geschlossen: Montag-Mittwoch, mittags: Donnerstag

TIEFENBRONN

Baden-Württemberg – Regionalatlas **7**–B2

🕸 **BAUERNSTUBEN**

REGIONAL • LÄNDLICH Gemütlich hat man es im urig-heimeligen Restaurant der altehrwürdigen "Ochsen-Post". Das Angebot reicht von badisch-schwäbisch bis international beeinflusst. Da finden sich neben Steak & Co. auch Gerichte abseits des Mainstreams - wo gibt es noch Schweinsohrensalat, Saure Nierle oder Kuttelsuppe? Dazu eine wunderbare Terrasse, aufmerksamer Service und eine gepflegte Weinkarte mit einigen Raritäten. Tipp: Das tolle Brot kann man auch für zuhause kaufen! Schöne Gästezimmer.

🛋 ⇔ 🅿 – Preis: €

Franz-Josef-Gall-Straße 13 ✉ 75233 – ☏ 07234 95450 – www.ochsen-post.de – Geschlossen: Sonntag, mittags: Montag

TIMMENDORFER STRAND

Schleswig-Holstein – Regionalatlas **1**–D2

✿ ORANGERIE

FRANZÖSISCH-KLASSISCH • ELEGANT Wer einen echten Klassiker an der Ostsee erleben möchte, ist in diesem eleganten Gourmetrestaurant in einem Seitenflügel des "Maritim Seehotels" genau richtig. Und das liegt nicht zuletzt an Lutz Niemann, der bereits seit 1990 die Geschicke in der Küche leitet. An seiner Seite hat er ein eingespieltes Team samt langjährigem Souschef. Klassische Gerichte wie z. B. "Variation von der Jakobsmuschel mit Ponzu-Gelee und Palmenherzen" zeugen von präzisem Handwerk und ausgezeichneter Produktqualität. Menü oder à la carte? Beides ist möglich. Dazu freundlicher und professioneller Service unter der Leitung von Sommelier Ralf Brönner - da sind Ihnen stimmige Weinempfehlungen gewiss. Terrasse zum kleinen Park und zur Ostsee-Promenade.

🕃 🎦 🛋 🅿 – Preis: €€€

Strandallee 73 ✉ 23669 – ☏ 04503 6052424 – www.orangerie-timmendorfer-strand.de – Geschlossen: Montag-Sonntag

TINNUM - Schleswig-Holstein → Siehe Sylt (Insel)

TODTNAU

Baden-Württemberg – Regionalatlas **7**–B1

✿ DERWALDFRIEDEN

Chef: Volker Hupfer

REGIONAL • LÄNDLICH Ruhig liegt der Familienbetrieb der Hupfers auf dem Herrenschwander Hochplateau auf 1020 m. Sohn Volker sorgt für richtig gute Küche, die ganz auf die Region und die Saison setzt. Neben Menüs (konventionell oder vegan) und dem A-la-carte-Angebot gibt es auch eine Zusatzkarte mit Schwarzwälder Vesper-Spezialitäten. Nett die Gartenterrasse. Zum Übernachten hat man Zimmer im "stammHaus" und im "spaHaus".

✿ *Engagement des Küchenchefs:* Als Gründungsmitglied der Naturparkwirte war mein Bestreben um Regionalität und Nachhaltigkeit schon immer zentral. Mein Haus ist EMAS-zertifiziert, wir führen interne Audits durch, um ständige Entwicklung zu garantieren, und mein Betrieb wird regelmäßig von unabhängigen Umweltgutachtern geprüft!

🖢 🛋 ⇔ 🅿 – Preis: €€

Dorfstraße 8 ✉ 79674 – ☏ 07674 920930 – www.derwaldfrieden.de – Geschlossen: Montag und Dienstag

TÖLZ, BAD

Bayern – Regionalatlas **6**–Y4

✿ JÄGERWIRT

Chefs: Martin Rank und Peter Rank

REGIONAL • LÄNDLICH Ein bayerisches Wirtshaus, wie man es sich wünscht: urig-gemütliche Atmosphäre, charmanter Service und eine unkomplizierte, schmackhafte Küche, die heimische, aber auch mediterran beeinflusste Gerichte bietet. Bei der Produktwahl achtet man auf Regionalität und ausgesuchte Erzeuger. Neben der regulären Karte gibt es eine wechselnde Tageskarte sowie "Schmankerl der Woche". Auf Vorbestellung: die beliebten Kalbs- und Schweinshaxen vom Grill sowie Gans und Ente! Nett ist auch die ländliche Umgebung.

🏵️ *Engagement des Küchenchefs:* Regionalität, kurze Wege und Kontakt zu den nah gelegenen Produzenten unserer Waren ist mir wichtig! Ob Rind, Wild, Lamm, Fisch oder Bauernbrot, alles direkt vom Erzeuger. Im Hausgarten sind Wildkräuter wie Bärlauch, Löwenzahn und Kresse feste Bestandteile, ebenso das regionale Bier im Wirtshaus.

🏠 ♿ 🅿 – Preis: €€

Nikolaus-Rank-Straße 1 ✉ 83646 – 𝒞 08041 9548 – jaegerwirt.de –
Geschlossen: Dienstag und Mittwoch, mittags: Donnerstag

TRECHTINGSHAUSEN
Rheinland-Pfalz – Regionalatlas **5**-T1

PURICELLI

SAISONAL • FREUNDLICH Hier genießt man in wunderbarer Lage eine saisonale, regionale und mediterrane Küche. Drinnen sitzt man in freundlichem geradlinig-modernem Ambiente mit rustikaler Note, von der Terrasse blickt man auf den Rhein. Schwerpunkt der Weinkarte ist die umliegende Region. Zum Übernachten hat das Hotel "Burg Reichenstein" individuelle Gästezimmer.

≤ & 🏠 ♿ 🅿 – Preis: €€

Burgweg 24 ✉ 55413 – 𝒞 06721 6117 – www.burg-reichenstein.com

TRIEFENSTEIN
Bayern – Regionalatlas **5**-V1

🍴 ## WEINHAUS ZUM RITTER

REGIONAL • GEMÜTLICH Das 500 Jahre alte ehemalige Bauernhaus hat schon Charakter. Die vielen Stammgäste mögen die gemütliche Atmosphäre in der reizenden Stube (Hingucker ist ein altes Schweizer Kirchenfenster), den herzlichen Service und natürlich die frische regionale Küche von Patron Thomas Hausin - die schmackhaften Gerichte lassen erkennen, dass der Chef in guten Häusern gearbeitet hat! Hinweis: Im Sommer hat man andere Öffnungszeiten.

🏠 – Preis: €€

Rittergasse 2 ✉ 97855 – 𝒞 09395 1506 – www.weinhaus-ritter.de –
Geschlossen: Montag, mittags: Dienstag-Samstag

TRIER
Rheinland-Pfalz – Regionalatlas **5**-S1

🍴 ## BAGATELLE

MODERNE KÜCHE • CHIC Das Team um Küchenchef Gerald Schöberl (zuvor Souschef bei Sternekoch Christian Bau) hat frischen Wind in die bereits seit Jahren existierende "Bagatelle" gebracht. Die moderne Küche zeigt klassisch-französische Einflüsse und interessante japanische Akzente. Zudem erwartet Sie ein schickes Interieur und freundlich-charmanter Service. Schön sitzt man auf der geschützten Terrasse mit Blick auf die Mosel, die nur einen Steinwurf entfernt ist.

& 🏠 ♿ – Preis: €€€

Zurlaubener Ufer 78 ✉ 54292 – 𝒞 0651 43697380 – bagatelle.de – Geschlossen: Montag und Dienstag, mittags: Mittwoch, Donnerstag, Samstag

🍴 ## BECKER'S

Chef: Wolfgang Becker

KREATIV • CHIC Passend zum architektonisch interessanten gleichnamigen Designhotel erwartet Sie hier ein wertiges Gourmetrestaurant in puristisch-schickem

Stil. In einem Ambiente aus ledernen Schalensesseln, edlem Parkettboden und grau verkleideten Wänden genießen Sie bei moderner Hintergrundmusik ein sehr produktbezogenes Menü. Auf Chichi verzichtet Patron und Küchenchef Wolfgang Becker dabei bewusst, stattdessen stellt er den Geschmack in den Fokus. Der Chef ist übrigens nicht nur Koch, er hat auch ein Faible für gute Tropfen. So hat er auch das Winzer-Handwerk gelernt und bietet u. a. Weine aus eigenem Anbau.

🎥 🅿 – Preis: €€€€

Olewiger Straße 206 ✉ 54295 – ☎ 0651 938080 – www.beckers-trier.de – Geschlossen: Montag, Dienstag, Sonntag, mittags: Mittwoch-Samstag

BECKER'S WEINHAUS

KLASSISCHE KÜCHE • WEINBAR Ein Kontrast zum modernen Neubau des Hotels ist das Stammhaus, in dem sich das Becker'sche Zweitrestaurant befindet. Viel helles Holz macht die Atmosphäre hier behaglich, angeschlossen das Backsteingewölbe. Dazu wählen Sie am Abend zwischen Menü und A-la-carte-Gerichten, mittags serviert man ausschließlich ein 3-Gänge-Lunchmenü. Ein hübsches Plätzchen ist auch die Terrasse.

🍴 ✿ 🅿 – Preis: €€

Olewiger Straße 206 ✉ 54295 – ☎ 0651 938080 – www.beckers-trier.de – Geschlossen: Montag, Dienstag, Sonntag, mittags: Mittwoch-Samstag

GASTRAUM

MODERNE KÜCHE • FREUNDLICH Geradlinig-elegant ist es hier im modernen Anbau der schmucken Villa, durch die raumhohe Fensterfront hat man eine schöne Aussicht auf Trier - die genießt man aber am besten von der tollen Terrasse! Mit guten Produkten wird saisonal inspiriert gekocht.

🍴 – Preis: €€

Bernhardstraße 14 ✉ 54295 – ☎ 0651 33066 – www.hotel-villa-huegel.de – Geschlossen: Sonntag, mittags: Montag-Samstag

SCHLOSS MONAISE

FRANZÖSISCH-KLASSISCH • HISTORISCHES AMBIENTE Mit der Küche von Hubert Scheid erwartet Sie hier ein echter kulinarischer Klassiker der Region! Seine Handschrift: angenehm schnörkellose Zubereitungen aus hervorragenden Produkten. Serviert wird in stilvollen hohen Räumen mit dem herrschaftlichem Flair der 1783 erbauten ehemaligen Sommerresidenz - oder speisen Sie lieber auf der wunderbaren Terrasse mit Blick ins Grüne und zur Mosel?

🕸 🍴 ✿ 🅿 – Preis: €€€

Schloss Monaise 7 ✉ 54294 – ☎ 0651 828670 – www.schloss-monaise.de – Geschlossen: Montag und Dienstag

TRITTENHEIM

Rheinland-Pfalz – Regionalatlas **5**–S1

⍟ **WEIN- UND TAFELHAUS**

MARKTKÜCHE • FREUNDLICH Daniela und Alexander Oos haben in dem kleinen Weinort aus einem ehemaligen Winzerhaus von 1672 eine richtig schöne Gourmetadresse zum Wohlfühlen gemacht. Während der Chef mediterran inspiriert und saisonal-klassisch kocht, kümmert sich die Chefin sehr herzlich um die Gäste - ihr sympathischer Tiroler Charme kommt an! Zu den durchdachten und angenehm klaren Gerichten aus top Produkten gibt es eine tolle Weinkarte mit regionalem Schwerpunkt. Dazu ein Genuss der anderen Art: Man speist in einem verglasten Kubus mit wunderbarem Blick auf die berühmte Weinlage "Trittenheimer Apotheke" auf der anderen Moselseite. Das Ambiente modern-elegant, draußen der hübsche Garten mit herrlicher Terrasse. Angeschlossen ein geschmackvolles kleines Boutique-Hotel.

⊛ ⪡ 🍴 ♻ 🅿 – Preis: €€€€

Moselpromenade 4 ✉ 54349 – ☎ 06507 702803 – www.wein-tafelhaus.de –
Geschlossen: Montag und Sonntag, mittags: Dienstag-Samstag

TÜBINGEN
Baden-Württemberg – Regionalatlas **7**–B2

CARO'S Ⓝ

MODERN • BRASSERIE Nur einen Katzensprung vom schönen Marktplatz mit
dem Rathaus entfernt finden Sie das aus einer ehemaligen Studentenkneipe entstandene Restaurant. Auf zwei Ebenen speist man hier in gemütlichem Ambiente
mit viel Holz, im Sommer kann man auch draußen an der Straße sitzen. Serviert
wird eine frische zeitgemäße Küche von Ceviche über Iberico-Schweinekotelett
bis Dorade. Aber auch vegetarische Gerichte finden sich auf der Karte. Gegenüber
betreibt man noch die "Speisekammer", hier verkauft man Spirituosen und Feinkost.
🅰🅲 🍴 – Preis: €€

Haaggasse 10 ✉ 72070 – ☎ 07071 6391433 – www.caros-restaurant.de –
Geschlossen: Dienstag und Mittwoch, mittags: Montag, Donnerstag-Sonntag

SCHRANNERS WALDHORN

KLASSISCHE KÜCHE • GEMÜTLICH Einfach zum Wohlfühlen: Schön und gemüt-
lich hat man es bei Maximilian und Marie-Luise Schranner. Mit viel Liebe haben
sie dem traditionsreichen Gasthaus ein geschmackvolles Interieur verliehen.
Maximilian Schranner setzt auf klassische Küche. Geboten werden das "Menü
Gourmet", das "Menü vegetarisch" und das "Wirthaus-Menü" - Sie können die
Gerichte aus den Menüs aber auch à la carte bestellen. Mittags gibt es ein preislich
richtig fair kalkuliertes Lunchmenü! Ein besonderes Highlight ist es, an warmen
Tagen auf der herrlichen Terrasse am Seebach zu sitzen und den wunderschönen
Blick Richtung Schloss zu genießen.
🍴 ♻ 🅿 – Preis: €€

Schönbuchstraße 49 ✉ 72074 – ☎ 07071 61270 – www.schranners-waldhorn.
de – Geschlossen: Montag und Dienstag

TUNAU
Baden-Württemberg – Regionalatlas **7**–B1

ZUR TANNE

REGIONAL • RUSTIKAL Eine Adresse mit Charme: außen historisches
Bauernhaus, drinnen urige Gemütlichkeit! Auf den Tisch kommen schmackhafte
Speisen, bei deren Zubereitung man Wert legt auf gute Produkte sowie regionalen
und saisonalen Bezug. Sie möchten übernachten? Gepflegte Gästezimmer hat man
ebenfalls - TV gibt es nicht, aber hier genießt man sowieso lieber die Ruhe!
⪡ 🛏 🍴 🅿 – Preis: €€

Alter Weg 4 ✉ 79677 – ☎ 07673 310 – www.tanne-tunau.de – Geschlossen:
Montag-Donnerstag, mittags: Freitag und Samstag

TUTTLINGEN
Baden-Württemberg – Regionalatlas **5**–U4

✿ **ANIMA**

Chef: Heiko Lacher

KREATIV • DESIGN Im Erdgeschoss eines modernen Gebäudes sitzen Sie hier
in einem geradlinig designten Raum, der durch raumhohe Fenster den Blick nach
draußen freigibt - nur eine Hecke trennt Sie von der Donau. In der offenen Küche
zeigt Chef Heiko Lacher seine Persönlichkeit - hier erklärt sich auch der Name

"Anima" (das lateinische Wort für "Seele"). Sein Stil: die kreative und gleichermaßen harmonische Verbindung verschiedener gastronomischer Kulturen, nicht zuletzt der französischen und italienischen. Auf Basis ausgezeichneter Produkte gelingen schöne Aromenkombinationen, zu denen auch selbst angebaute Kräuter beitragen. Tipp: Austern oder Kaviar als Extra zum Menü!

&. 🍴 – Preis: €€€€

In Wöhrden 5 ✉ 78532 – ☏ 07461 7803020 – www.restaurant-anima.de – Geschlossen: Montag, Dienstag, Sonntag, mittags: Mittwoch-Samstag

MEET & EAT BY SANDRO

FLEISCH • ZEITGEMÄSSES AMBIENTE Am Rathaussteg über die Donau liegt das "Hotel Stadt Tuttlingen", in dessen EG Sie dieses geradlinig-moderne Restaurant finden. Im Mittelpunkt der ambitionierten Küche steht Dry Aged Beef. Aber auch Gerichte wie "Gebratener Steinbutt unter der Kartoffelhaube, Kohlrabi, Rotweinbutter" liest man auf der Karte. Vor dem Haus die überdachte Terrasse zur Fußgängerzone.

&. 🍴 – Preis: €€

Donaustraße 30 ✉ 78532 – ☏ 07461 930120 – meet-eat-restaurant.de – Geschlossen: Montag und Sonntag, mittags: Dienstag-Samstag

TUTZING
Bayern – Regionalatlas **6**–X4

FORSTHAUS ILKAHÖHE

SAISONAL • REGIONALES AMBIENTE Hier trumpft schon die idyllische Lage auf einer Anhöhe mit fantastischem Blick über Tutzing hinweg auf den See - toll die Terrasse! Auch das Interieur des ehemalige Forsthauses kann sich sehen lassen: ein wertiger und charmanter Mix aus modernem Stil und regionalem Touch. Geboten wird saisonale Küche, für die man ausgesuchte Produkte verwendet. Mediterran-internationale Einflüsse finden sich auf der Karte ebenso wie regionale Klassiker. Während man mittags in der Stube nur eine kleine Auswahl an einfacheren Gerichten serviert, wird es am Abend ambitionierter. Einen SB-Biergarten gibt es ebenfalls.

≼ 🍴 ✿ 🅿 – Preis: €€€

Oberzeismering 2 ✉ 82327 – ☏ 08158 8242 – www.restaurant-ilkahoehe.de – Geschlossen: Dienstag und Mittwoch

TWIST
Niedersachsen – Regionalatlas **1**–A4

LANDGASTHOF BACKERS

REGIONAL • GASTHOF Bis ins Jahr 1843 geht die Geschichte dieses Familienbetriebs zurück, bereits die 6. und 7. Generation der Backers sind hier inzwischen mit Engagement im Einsatz. Die frische, schmackhafte Küche ist regional ausgerichtet und orientiert sich an der Saison, die Produkte bezieht man gerne aus der Umgebung, so z. B. heimisches Reh oder Diepholzer Gänse. Man ist übrigens seit vielen Jahren "Slow Food"-Mitglied. Ein paar wohnliche Gästezimmer hat man ebenfalls. Tipp: "Backers zum Kennenlernen": 4-Gänge-Regionalmenü mit Getränken und Übernachtung.

🛏 &. 🍴 ✿ 🅿 – Preis: €€

Kirchstraße 25 ✉ 49767 – ☏ 05936 904770 – www.gasthof-backers.de – Geschlossen: Montag und Dienstag, mittags: Mittwoch-Samstag

ÜBERLINGEN

Baden-Württemberg – Regionalatlas **5**–U4

JOHANNITER-KREUZ

KLASSISCHE KÜCHE • **ROMANTISCH** Aus dem über 350 Jahre alten ehemaligen Bauernhof ist nicht nur ein schönes Romantikhotel entstanden, im einstigen Stall befindet sich auch ein geschmackvoll-rustikales Restaurant, in dem altes Gebälk und der mittige Kamin für eine gemütliche Atmosphäre sorgen. Gekocht wird klassisch basiert, mit Bezug zur Region und saisonalen Einflüssen. An Vegetarier ist ebenfalls gedacht. Gut die Weinauswahl.

(🏨🛉♿️🅿️ – Preis: €€

Johanniterweg 11 ✉ 88662 – ✆ 07551 937060 – www.johanniter-kreuz.de –
Geschlossen: Montag, mittags: Dienstag

LANDGASTHOF ZUM ADLER

REGIONAL • **GASTHOF** Eine charmante familiengeführte Adresse, von den gemütlichen Stuben im schönen alten Fachwerkhaus bis zu den hübschen, wohnlich-ländlichen Übernachtungszimmern (verteilt auf Haupthaus und Gästehaus). Serviert werden überwiegend bürgerlich-regional geprägte Speisen, aber auch Feineres. Neben der Klassiker-Karte (hier z. B. Zwiebelrostbraten) bietet man eine gut aufgestellte Tageskarte, auf der man beispielsweise "Seesaibling, Riesling, Gemüsejuliennes, Nüdele" liest.

🛉♿️🅿️ – Preis: €€

Hauptstraße 44 ✉ 88662 – ✆ 07553 82550 – www.adler-lippertsreute.de –
Geschlossen: Mittwoch und Donnerstag

UHINGEN

Baden-Württemberg – Regionalatlas **5**–V3

✽ RESTAURANT AUF SCHLOSS FILSECK

MEDITERRAN • **KLASSISCHES AMBIENTE** Schloss Filseck ist nicht nur ein Ort der Begegnung, Kunst und Bildung, sondern auch ein Treffpunkt für Feinschmecker! Das Restaurant mischt klassische Atmosphäre mit modernen Akzenten, dazu schaffen Holzdecke und Bruchsteinwände eine angenehme historisch-rustikale Note. Oder möchten Sie lieber auf der herrlichen Terrasse im Innenhof speisen? Die Küche von Daniele Corona ist stark mediterran und auch italienisch geprägt, dabei sehr aufwändig und facettenreich wie z. B. "Toscana - Chianina Rind, Rucola, Bagnetto Verde". Das abendliche Gourmetmenü wird auch als vegetarische Variante angeboten. Dazu eine gut sortierte Weinkarte nebst versierter Beratung. Mittags bietet man ein ganz anderes Konzept: Unter dem Namen "mezzogiorno" gibt es einen einfacheren preiswerten Business Lunch. Praktisch: kostenfreier Shuttle-Service im Radius von ca. 20 km um Schloss Filseck.

⭠🏨🛉♿️🅿️ – Preis: €€€€

Filseck 1 ✉ 73066 – ✆ 07161 28380 – www.restaurant-auf-schloss-filseck.de –
Geschlossen: Montag und Sonntag, mittags: Samstag

UHLDINGEN-MÜHLHOFEN

Baden-Württemberg – Regionalatlas **5**–U4

SEEHALDE

SAISONAL • **FREUNDLICH** Das Haus der Brüder Gruler trumpft schon mit seiner herrlichen Lage am See - das macht die Terrasse im Sommer zum Lieblingsplatz! Die frische, wirklich ambitionierte Küche ist ebenfalls einen Besuch wert. Gekocht wird regional, saisonal und klassisch orientiert. Bodenseefisch fehlt natürlich nicht auf der Karte - es gibt ihn sogar als 3-Gänge-Menü "Bodensee-Fisch-Impressionen" für zwei Personen. Oder lieber das "Regional-Menü"? Alternativ wählen Sie aus dem ansprechenden A-la-carte-Angebot. Dazu eine schön selektierte Weinkarte mit so mancher Besonderheit. Versiert der Service. Zum Übernachten hat man gepflegte Zimmer, meist mit Seeblick.

⪦ 🕼 🕼 ⇔ 🅿 – Preis: €€€

Birnau-Maurach 1 ⊠ 88690 – 𝒞 07556 92210 – seehalde.de – Geschlossen:
Dienstag und Mittwoch

ULM (DONAU)
Baden-Württemberg – Regionalatlas **5**–V3

⊛ BI:BRAUD

MODERN • GEMÜTLICH Eine charmante Adresse ist das angenehm unkompli-zierte kleine Restaurant, das nicht weit vom Ulmer Münster etwas versteckt in der Altstadt liegt. Im Gastraum geht es sympathisch-lebhaft zu und man wird freundlich umsorgt. Eventuell erhaschen Sie einen Blick in die Küche hinter der Bar. Hier bereitet das engagierte junge Team um Chefin Alina Meissner-Bebrout ein interessantes modernes Menü mit fünf Gängen zu (auch in verkürzter Form möglich). Eine vegetarische Variante gibt es ebenfalls. Die Speisen sind exakt gearbeitet, weder verspielt noch überladen, sondern einfach richtig gut gekocht - auch die nicht alltäglichen Desserts seien erwähnt!

🕼 – Preis: €€€

Büchsengasse 20 ⊠ 89073 – 𝒞 0731 1537512 – bebrout.com – Geschlossen:
Montag und Sonntag, mittags: Dienstag-Samstag

⊛ SEESTERN

FRANZÖSISCH-MODERN • CHIC Sie lassen den Blick über den See direkt vor Ihnen schweifen und genießen dabei ein ausgezeichnetes Menü - schöner geht's kaum! Im Gourmetrestaurant des Hotels "Lago" ist neben der Aussicht auch das Interieur ein Hingucker: warmes Holz und maritime Farben - wertig und nordisch-chic. Im Sommer lockt die Terrasse nebst Lounge und kleinem Sandstrand, im Winter sorgt der Kaminofen für Behaglichkeit. Im Mittelpunkt steht die moderne Küche von Patron Klaus Buderath (er war für die Sterneküche im "Landgasthof Adler" im Rammingen verantwortlich und bescherte auch dem Restaurant "Lago" einen Stern) sowie seinem Küchenchef Benedikt Wittek. Gekocht wird hand-werklich sehr exakt, mit vielen Details und mit Produkten von top Qualität. Tipp: Probieren Sie mal die alkoholfreie Getränkebegleitung!

⪦ 🄺 🕼 🅿 – Preis: €€€€

Friedrichsau 50 ⊠ 89073 – 𝒞 0731 2064000 – hotel.lago-ulm.de – Geschlossen:
Montag, Dienstag, Sonntag, mittags: Mittwoch-Samstag

⊛ TREIBGUT
Chef: Nico Körner

MODERN • CHIC Das "Treibgut" als niveauvolle Alternative zum "Seestern" macht das "Lago" nochmal mehr zum Gourmethotel! In trendiger und recht stylischer Atmosphäre serviert man moderne Küche. Es gibt auch Gerichte zum Teilen, z. B. Steak-Cuts, Fisch im Ganzen oder Vesperplatten. Man bietet eine schöne Auswahl an Produkten aus der eigenen Bäckerei, Metzgerei oder Eismanufaktur.

🌱 *Engagement des Küchenchefs:* Unser als Klimahotel zertifiziertes LAGO ermöglicht mir nicht nur gute Küche zu bieten, sondern auch nachhaltig zu arbei-ten. Eigenanbau von Obst, eigene Metzgerei, Bäckerei, Brennerei, Kräutergarten, Honig aus unserer Imkerei usw. Die „Genusswerkstatt" hält ständig Kontakt zu ihren Lieferanten.

🄺 🕼 🅿 – Preis: €€

Friedrichsau 50 ⊠ 89073 – 𝒞 0731 2064000 – hotel.lago-ulm.de/de –
Geschlossen mittags: Montag-Samstag, abends: Sonntag

USEDOM (INSEL)

Mecklenburg-Vorpommern – Regionalatlas **3**–L4

In Ahlbeck

KAISERS ECK

TRADITIONELL EUROPÄISCH • FREUNDLICH Direkt an der Ahlbecker Kirche finden Sie das Restaurant mit der gemütlichen und sympathisch-unkomplizierten Atmosphäre. Die Chefin managt freundlich und leger den Service, der Chef kocht. Die Küche ist überwiegend regional ausgerichtet. Das "Lieblingsmenü" kommt gut an, aber auch die anderen Gerichte machen Lust - da fällt die Wahl nicht ganz leicht.

Preis: €€

Kaiserstraße 1 ✉ 17419 – ☎ 038378 30058 – www.kaiserseck.de – Geschlossen mittags: Montag-Sonntag

In Heringsdorf

✿ KULMECK BY TOM WICKBOLDT

Chef: Tom Wickboldt

MODERNE KÜCHE • ENTSPANNT Es macht einfach Spaß, hier zu essen! Das liegt zum einen an der angenehm legeren Atmosphäre, für die neben dem gemütlich-modernen Interieur und der musikalischen Untermalung mit Rock- und Pop-Klassikern der 70er Jahre nicht zuletzt auch der freundliche Service sorgt, zum anderen an der Küche von Tom Wickboldt. Er bietet ein 7-Gänge-Menü (zwei zusätzliche Gerichte kann man ergänzen oder tauschen), das mit klar strukturierten und verständlichen Speisen aus hochwertigen Produkten überzeugt, so z. B. der als elegantes Tatar servierte topfrische Kaisergranat. Auch wenn Brot, Butter und Öl extra berechnet werden, es lohnt sich, das hausgemachte Sauerteigbrot schmeckt toll! Die Weinkarte ist fair kalkuliert.

Preis: €€€€

Kulmstraße 17 ✉ 17424 – ☎ 038378 488040 – www.kulmeck.de – Geschlossen: Montag, Dienstag, Sonntag, mittags: Mittwoch-Samstag

✿ THE O'ROOM

KREATIV • CHIC Das hat schon besonderen Charme und trifft absolut den Zeitgeist: "casual fine dining" unter einem Dach mit dem "Marc O'Polo Strandcasino"-Store. Küchenchef in dem stylischen kleinen Restaurant ist André Kähler, der hier ein modern-kreatives Menü mit schönem geschmacklichem Ausdruck und Mut zu eigenen Ideen bietet. Zu jedem Gang informiert ein Kärtchen über die Inspiration. Dazu schickes Design und angenehm lockerer und professioneller Service. Tipp: Man hat eine kleine Feinkost-Ecke, in der es z. B. die ausgeschenkten Weine zum Mitnehmen gibt. Wer es mal etwas legerer mag, speist im "O'ne" mit modern-regionalem Angebot.

🅰🅲 – Preis: €€€€

Kulmstraße 33 ✉ 17424 – ☎ 038378 183912 – www.strandcasino-marc-o-polo. com – Geschlossen: Freitag und Samstag, mittags: Montag-Donnerstag, Sonntag

BELVEDERE

MODERNE KÜCHE • CHIC Das kulinarische Aushängeschild des Hotels "Travel Charme Strandidyll". In der 4. Etage sitzt man unter einer Glaskuppel und genießt bei modern-eleganter Atmosphäre die herrliche Sicht über den Hotelpark hinweg zur Ostsee. Geboten wird eine klassisch basierte Küche aus teilweise regionalen Produkten. Ihr Menü können Sie sich selbst zusammenstellen. Freundlich und geschult der Service. Tipp: Den Apero nimmt man am besten auf der schönen Terrasse ein.

🅰🅲 🍴 – Preis: €€€

Delbrückstraße 10 ✉ 17419 – ☎ 038378 476547 – www.belvedere-heringsdorf. de – Geschlossen: Montag und Sonntag, mittags: Dienstag-Samstag

USINGEN IM TAUNUS

Hessen – Regionalatlas **3**–L4

UWE & ULI - ZUHAUSE BEI UNS

INTERNATIONAL • **GEMÜTLICH** Schon von außen ist das a. d. 17. Jh. stammende denkmalgeschützte Liefrink-Haus direkt am Marktplatz einladend. Auch unter neuem Namen (ehemals „essWebers - Küche am Markt") sitzt man hinter der hübschen Fachwerkfassade in charmant-modernem Ambiente. Gekocht wird international-saisonal. Neben dem "Chef-Menü" gibt es auch Gerichte à la carte sowie eine Auswahl an Steaks.

🍽 ⇄ – Preis: €€

Marktplatz 21 ✉ *61250 –* ☎ *06081 5763760 – www.uwe-uli.de – Geschlossen: Sonntag, mittags: Samstag*

VAIHINGEN AN DER ENZ

Baden-Württemberg – Regionalatlas **7**–B2

✿ LAMM ROSSWAG

Chef: Steffen Ruggaber

MODERNE KÜCHE • **GASTHOF** Was die Gäste in den beschaulichen kleinen Weinort zieht? Es ist die kreative Küche von Patron Steffen Ruggaber. Er kocht durchdacht, technisch präzise und kombiniert gekonnt die tollen Aromen ausgesuchter Produkte - erwähnt seien auch seine intensiven Saucen! Zur Wahl stehen "Unser Gourmet Menü" und "Unser Gemüse Menü". Mittwochs und donnerstags ist das Abendmenü etwas kleiner als am Wochenende. Das Mittagsangebot (Sa.) ist ein bisschen einfacher. Seit über 20 Jahren leiten Steffen und Sonja Ruggaber das Haus mit großem Engagement. Das spürt man auch am Service: Hier sorgt die Chefin für herzliche und versierte Gästebetreuung. Kompetent auch die Weinberatung - man hat eine sehr gut sortierte rein deutsche Weinkarte. Tipp: Gut übernachten können Sie hier ebenfalls.

🐾 🍽 🅿 – Preis: €€€

Rathausstraße 4 ✉ *71665 –* ☎ *07042 21413 – www.lamm-rosswag.de – Geschlossen: Montag, Dienstag, Sonntag, mittags: Mittwoch-Freitag*

VALLENDAR

Rheinland-Pfalz – Regionalatlas **3**–K4

DIE TRAUBE

SAISONAL • **RUSTIKAL** Gemütlich sitzt man in dem reizenden Fachwerkhaus von 1647 auf kleinen Bänken und lässt sich eine ambitionierte saisonal-mediterrane Küche aus tollen Produkten schmecken. Sehr nett ist auch die Terrasse vor der alten Scheune mit Glockenspiel. Tipp: Gleich um die Ecke finden Sie ein öffentliches Parkhaus.

🍽 ⇄ – Preis: €€

Rathausplatz 12 ✉ *56179 –* ☎ *0261 61162 – dietraube-vallendar.de – Geschlossen: Montag-Sonntag*

VALLEY

Bayern – Regionalatlas **6**–Y4

WALDRESTAURANT MAXLMÜHLE

REGIONAL • **GEMÜTLICH** Mögen Sie Forellen? Die räuchert man hier selbst - auch Sülze und Pasteten sind aus eigener Herstellung! Ebenso lecker ist z. B. "gekochtes Rindfleisch mit Lauchsauce und böhmischem Knödel". Das Gasthaus liegt schön einsam am Ende der Straße direkt am Wasser - da kommt natürlich auch der Biergarten gut an.

🍴 🅿 – Preis: €€

Maxlmühle ✉ 83626 – ☎ 08020 1772 – maxlmuehle.de – Geschlossen: Dienstag-Donnerstag

VELBERT
Nordrhein-Westfalen – Regionalatlas **3**–J3

🕸 **HAUS STEMBERG**

Chef: Sascha Stemberg

MARKTKÜCHE • **GASTHOF** Seit 1864 sind die Stembergs hier am Ruder. Sascha Stemberg ist Küchenchef in 5. Generation und das mit ebenso viel Herzblut und Engagement wie zuvor sein Vater! Das ganz eigene Konzept lässt Platz für Variabilität, so serviert man Ihnen ein 4- bis 6-Gänge-Menü, aber auch Gourmetgerichte à la carte. Besonders interessant wird es, wenn Tradition ins Spiel kommt und Speisen mit bürgerlicher Basis auf hohem Niveau umgesetzt werden. Das Ergebnis nennt sich beispielsweise "Königsberger Klopse & knuspriges Kalbsbries, Kaperncreme, Amalfi Zitrone, Grüne Gemüse & Püree". Und als Dessert "Oma's Schokoladenpudding"? Der Service ist sehr freundlich, alles andere als steif und immer präsent. Dazu eine schöne Weinkarte mit einigen wirklichen Raritäten. Das tolle Essen und die angenehme Atmosphäre machen hier richtig Lust auf eine Wiederholung!

🕸 🍴 ⇄ 🅿 – Preis: €€€

Kuhlendahler Straße 295 ✉ 42553 – ☎ 02053 5649 – haus-stemberg.de – Geschlossen: Donnerstag und Freitag, mittags: Montag-Mittwoch

VELDENZ
Rheinland-Pfalz – Regionalatlas **5**–S1

RITTERSTURZ

KLASSISCHE KÜCHE • **GEMÜTLICH** Das hat Charme: liebenswerte, gemütliche Räume, freundlicher und aufmerksamer Service und dazu die idyllische Lage im Grünen! Besonders gerne sitzt man da auf der Terrasse und genießt den Blick auf Schlossruine und Rittersturz-Fels. Die klassisch-saisonal geprägte Küche können Sie in Menüform oder à la carte wählen. Dafür kommen Wildkräuter, Obst, Gemüse etc. aus dem Umland zum Einsatz.

🍴 ⇄ 🅿 – Preis: €€

Veldenzer Hammer 1a ✉ 54472 – ☎ 06534 18292 – www.rendezvousmitgenuss. de – Geschlossen: Montag und Dienstag, mittags: Mittwoch-Samstag

VERDEN (ALLER)
Niedersachsen – Regionalatlas **1**–C4

PADES RESTAURANT

REGIONAL • **FREUNDLICH** Wolfgang Pade ist ein sehr engagierter Botschafter seines Fachs. Seine saisonalen Gerichte sind schmackhaft und stellen die ausgesuchten, gerne regionalen Produkte in den Mittelpunkt. Service und Ambiente in dem schmucken Patrizierhaus stehen der Küche in nichts nach. Herrlich die Gartenterrasse mit altem Baumbestand. Hinweis: Es gibt zwei Servicezeiten: 17.45 Uhr und 20.15 Uhr.

🍴 ⇄ – Preis: €€

Grüne Straße 15 ✉ 27283 – ☎ 04231 3060 – www.pades.de – Geschlossen mittags: Montag-Samstag

VILLINGEN-SCHWENNINGEN

Baden-Württemberg – Regionalatlas **5**–U3

RINDENMÜHLE

MARKTKÜCHE • **FREUNDLICH** Man sitzt hier gemütlich in ländlich-elegantem Ambiente oder im Sommer auf der schönen Gartenterrasse. Die saisonale Küche gibt es à la carte oder als Menü, das man sich aus den Gerichten selbst zusammenstellen kann. Auch an Vegetarier ist gedacht. Für Übernachtungsgäste: wohnliche, zeitgemäße Zimmer sowie Sauna- und Fitnessbereich. Tipp: ein Spaziergang im angrenzenden Kurpark.

🛏️🍽️🅿️ – Preis: €€

Am Kneippbad 9 ✉ *78052* – ☏ *07721 88680* – *www.rindenmuehle.de/ restaurant* – *Geschlossen: Montag und Sonntag*

VÖHRINGEN

Bayern – Regionalatlas **5**–V3

ⓐ SPEISEMEISTEREI BURGTHALSCHENKE

KLASSISCHE KÜCHE • **FREUNDLICH** Familie Großhammer ist ein Garant für gute Gastronomie in der Region, seit Jahren ist hier Verlass auf schmackhafte Küche und herzlichen Service! Die Gerichte orientieren sich an der Saison, regionale Produkte stehen im Fokus. Menü, Klassiker und Gerichte von der Tageskarte kommen gleichermaßen gut an. Das Restaurant ist in ländlichem Stil gehalten und auf drei Ebenen angelegt, dazu hat man eine nette Terrasse. Praktisch: der große Parkplatz.

🍽️♿🅿️ – Preis: €€

Untere Hauptstraße 4 ✉ *89269* – ☏ *07306 5265* – *speisemeisterei-burgthalschenke.de* – *Geschlossen: Montag und Dienstag*

VÖRSTETTEN

Baden-Württemberg – Regionalatlas **7**–B1

SONNE

REGIONAL • **GEMÜTLICH** In dem historischen Gasthaus mit der schönen Fachwerkfassade sitzt man in gemütlich-ländlicher Atmosphäre und wird angenehm locker, freundlich und geschult umsorgt. Die Küche basiert auf frischen Produkten, die man gerne aus der Region bezieht. Im Sommer lockt die herrliche Gartenterrasse. Gepflegt übernachten können Sie ebenfalls.

🍽️🅿️ – Preis: €

Freiburger Straße 4 ✉ *79279* – ☏ *07666 2326* – *www.sonne-voerstetten.de*

VOGTSBURG IM KAISERSTUHL

Baden-Württemberg – Regionalatlas **7**–B1

ⓢ SCHWARZER ADLER

FRANZÖSISCH-KLASSISCH • **KLASSISCHES AMBIENTE** Eine tolle klassische Adresse! Hier erlebt man Gastlichkeit, die den Charme vergangener Tage versprüht - und das keineswegs altmodisch, sondern modern, ohne dabei die Tradition zu vergessen! Patron Fritz Keller weiß um das Engagement von Küchenchef Christian Baur, die klassisch-französische Kulinarik des legendären „Schwarzen Adlers" fortzuführen. Da darf eine herrliche "Beurre blanc" zum perfekt gegarten Steinbutt nicht fehlen. Voller Kraft und Aroma stecken auch die am Tisch tranchierten Gerichte ab zwei Personen - eine schöne Empfehlung! Für Weinliebhaber ist das gemütliche stilvoll-elegante Restaurant geradezu ein Eldorado, sensationell die Weinkarte, toll die Bordeaux-Auswahl mit Jahrgangstiefe! Auch das hauseigene Weingut (in der dritten Generation im Besitz der Familie) ist vertreten. Zum Übernachten hat man geschmackvolle Gästezimmer. Als bodenständigere Restaurantalternative gibt es noch das "Winzerhaus Rebstock".

🕸 🏠🅿 – Preis: €€€€

*Badbergstraße 23 ✉ 79235 – ☎ 07662 933010 – www.franz-keller.de –
Geschlossen: Mittwoch und Donnerstag, mittags: Montag, Dienstag, Freitag*

DIE ACHKARRER KRONE

REGIONAL • RUSTIKAL Ein typischer badischer Gasthof mit guter, ehrlicher Küche, wie man sie mag. Bis 1561 reicht die gastronomische Tradition des Hauses zurück. Heute erfreut man sich an Wild aus eigener Jagd, badischen Hechtklößchen, Kalbsnierle oder geschmorten Ochsenbäckle. Regionale Speisen und Weine gibt's in heimeligen Stuben oder auf der Terrasse. Man hat auch wohnliche Gästezimmer.

🔗⇨🅿 – Preis: €

Schlossbergstraße 15 ✉ 79235 – ☎ 07662 93130 – www.hotel-krone-achkarren.de

STEINBUCK STUBE

KLASSISCHE KÜCHE • ELEGANT Mitten im Zentrum liegt das schmucke, aufwändig restaurierte über 400 Jahre alte Haus. Man sitzt im geschmackvoll-gemütlichen Restaurant, im neuzeitlichen Weinstübchen oder auf der dazwischengelegenen Terrasse. Freundlich wird man mit saisonal und mediterran beeinflussten klassischen Gerichten umsorgt, dazu nur regionale Weine. Schön übernachten kann man ebenfalls.

🏠⇨🅿 – Preis: €€

Talstraße 2 ✉ 79235 – ☎ 07662 911210 – steinbuck-stube.de – Geschlossen: Montag und Dienstag, mittags: Mittwoch-Samstag

VOLKACH

Bayern – Regionalatlas **5**–V1

⌘ WEINSTOCK

KREATIV • CHIC Richtig chic ist das Restaurant in der 1. Etage des traditionsreichen Hotels "Zur Schwane" - hier trifft Moderne auf schöne historische Bausubstanz. In der Küche heißt es Konzentration auf das Wesentliche: Das Team reduziert sich gekonnt auf das Produkt (teilweise aus dem eigenen Garten) und den Geschmack - so entstehen moderne regionale Gerichte mit klassischen Wurzeln. Dazu ausschließlich deutsche Weine, auch vom eigenen Weingut (diese alle auch glasweise). Interessant die Empfehlungen zum Menü – hier sei die ausgezeichnete Beratung von Maître und Sommelier Jan Pislcajt erwähnt. Übernachtungsgäste erwarten attraktive individuelle Zimmer.

🕸 Ⓜ – Preis: €€€€

Hauptstraße 12 ✉ 97332 – ☎ 09381 80660 – www.schwane.de – Geschlossen: Mittwoch-Freitag, mittags: Montag, Dienstag, Samstag, Sonntag

SCHWANE 1404

REGIONAL • GEMÜTLICH In dem jahrhundertealten Gasthaus in der schönen Altstadt ist dies eine wirklich charmante Alternative zum Gourmetrestaurant. Die gemütlich-rustikale Gaststube lockt ebenso wie der tolle Innenhof - etwas Besonderes ist hier der sieben Meter lange Eichentisch. Gekocht wird modern-saisonal, vieles kommt aus der Region, Gemüse teils aus dem eigenen Garten, dazu eigene Weine. Reduzierte Mittagskarte.

🏠 – Preis: €€

Hauptstraße 12 ✉ 97332 – ☎ 09381 80660 – www.schwane.de – Geschlossen: Mittwoch und Donnerstag

VREDEN

Nordrhein-Westfalen – Regionalatlas **3**–J1

⊛ AM KRING - BÜSCHKER'S STUBEN

TRADITIONELLE KÜCHE · FREUNDLICH In einem kleinen Dorf bei Vreden, gleich neben der Kirche, finden Sie diese gepflegte, regionstypisch gehaltene Adresse. Die Speisekarte ist saisonal ausgerichtet und bietet auch Klassiker. Dazu werden Sie freundlich und geschult umsorgt - der Chef ist ebenfalls präsent. Sie möchten übernachten? Dafür stehen im Hotel "Am Kring" neuzeitliche Gästezimmer bereit.

&. 🎔 🚗 ⇆ 🅿 – Preis: €€

Kring 6 ⊠ 48691 – ☏ 02564 93080 – www.amkring.de – Geschlossen: Sonntag, mittags: Montag-Samstag

WACHENHEIM AN DER WEINSTRASSE

Rheinland-Pfalz – Regionalatlas **7**–B1

⊛ INTENSE

FUSION · CHIC Sie kennen das "Intense" aus Kallstadt? Hier in Wachenheim bieten Bettina und Benjamin Peifer ein neues und sehr interessantes Konzept! Nach Empfang, Snacks und Apero in der "Gud Stubb" im ehemaligen Pfarrhaus werden Sie in der Speisekammer in die Küchenphilosophie eingeführt, bevor Sie im puristisch-urbanen Restaurant an der Theke mit direktem Blick in die Küche, an kleinen Tischen oder Nischen ("Koshitsu") Platz nehmen. Geboten wird eine ganz spezielle Fusion aus Pfalz und Japan. Heimische und nachhaltig erzeugte Produkte stehen im Fokus – so bezieht man z. B. den Stör von einem Züchter aus der Region und serviert ihn lackiert mit süßlicher Sojasoße und perfekt gegrillt zusammen mit feinem Spinat und tollem kräftigem Röstaromen! Dazu betreut Sie ein stets präsentes Team, der Chef serviert oft selbst – Musik unterstreicht die gute Stimmung. Passend auch die Weinempfehlungen.

🕸 🎔 🅿 – Preis: €€€€

Weinstraße 31 ⊠ 67157 – ☏ 06322 6004994 – www.restaurant-inten. se – Geschlossen: Montag, Mittwoch, Sonntag, mittags: Dienstag, Donnerstag-Samstag

THE IZAKAYA

MODERNE KÜCHE · TRENDY Als "japanisch-pfälzische Kneipe" könnte man diese lebendige, trendig-legere Adresse bezeichnen, für deren interessantes Konzept Benjamin Peifer verantwortlich zeichnet. Geboten wird hier eine gelungene Fusion aus heimischer und japanischer Küche. Man serviert ein Omakase-Menü zum Teilen sowie ein paar kleine A-la-carte-Gerichte. Dazu werden Sie sehr aufmerksam und freundlich umsorgt, stimmig auch die Weinberatung. Passend zur Küche gibt es regionale Weine und einige Sake.

🚗 ⇆ – Preis: €€€

Weinstraße 36 ⊠ 67157 – ☏ 06322 9593729 – www.the-izakaya.com – Geschlossen: Montag und Sonntag, mittags: Dienstag-Samstag

WACHTBERG

Nordrhein-Westfalen – Regionalatlas **3**–J4

KRÄUTERGARTEN

KLASSISCHE KÜCHE · TRADITIONELLES AMBIENTE Bereits seit 1983 leiten die freundlichen und engagierten Gastgeber das Restaurant mit dem netten gepflegten Ambiente. Nicht ohne Grund hat man hier viele Stammgäste: Geboten wird eine klassisch ausgerichtete Küche, die sich an der Saison orientiert und bei der man auf Produktqualität und Frische setzt. Dazu werden Sie aufmerksam umsorgt. Da kommt man gerne wieder!

🍴 – Preis: €€€

Töpferstraße 30 ✉ *53343 –* ☎ *02225 7578 – gasthaus-kraeutergarten.de –*
Geschlossen: Dienstag-Donnerstag, mittags: Montag, Freitag, Samstag, , abends:
Sonntag

WACKERSBERG

Bayern – Regionalatlas **6**–X4

🎎 TÖLZER SCHIESSSTÄTTE - HAGER

REGIONAL • RUSTIKAL Eine tolle Adresse mit traditionell-bayerischem Charme.
Richtig gut isst man hier, entsprechend gefragt ist das sympathisch-ländliche
Restaurant - da sollten Sie auf jeden Fall reservieren! Andreas und Michaela Hager
sind ein eingespieltes Team, das merkt man nicht zuletzt an den schmackhaften
Gerichten, für die man sehr gute Produkte aus der Region verwendet. Klassiker
auf der kleinen Karte sind z. B. Leberknödelsuppe, Tafelspitz mit Kren oder
Lachsforellenfilet mit Senfsoße. Dazu freundlicher Service.

🍴 **P** – Preis: €€

Kiefersau 138 ✉ *83646 –* ☎ *08041 3545 – www.michaela-hager.de –*
Geschlossen: Montag und Donnerstag, abends: Sonntag

WAGING AM SEE

Bayern – Regionalatlas **6**–Z4

🎎 LANDHAUS TANNER

Chef: Franz Tanner

REGIONAL • GEMÜTLICH Mit Stefanie und Franz Tanner sind Ihnen in dem langjährigen Familienbetrieb herzliche Gastgeber gewiss. Ihr Engagement merkt
man an den schicken modern-alpenländischen Gästezimmern wie auch am geschmackvollen Restaurant mit Wohnzimmer-Atmosphäre und nicht zuletzt an der
guten Küche, die es z. B. als Lende vom Chiemgauer Rind mit Kräuterbutter und
BBQ-Soße gibt. Gekocht wird saisonal und mit ausgesuchten Produkten. Warme
Küche: September bis April von Mo. bis Mi. 17 - 21 Uhr, von Do. bis Sa. 12 - 21 Uhr,
Mai bis August von Di. bis Sa. 12 - 21 Uhr. Man ist übrigens "Slow Food"-Mitglied.

❀ *Engagement des Küchenchefs:* Wir achten sehr auf unsere Umwelt,
nutzen grünen Strom aus Wasserkraft, haben eine eigene Solaranlage, Heizung
aus Biomasse, E-Tankstelle. Wir verarbeiten überwiegend regionale Produkte,
aber auch unserer Hochbeete für Kräuter und unsere eigene ungespritzte
Obstplantage fließen ein.

🍴 ♻ **P** – Preis: €€€

Aglassing 1 ✉ *83329 –* ☎ *08681 69750 – www.landhaus-tanner.de –*
Geschlossen: Sonntag, mittags: Montag und Dienstag

WAIBLINGEN

Baden-Württemberg – Regionalatlas **7**–B2

🍃 BACHOFER

Chef: Bernd Bachofer

KREATIV • FREUNDLICH Das schöne Haus am Marktplatz - übrigens das zwei-
tälteste in Waiblingen - stammt von 1647 und war einst eine Apotheke. Heute
schafft eine schicke, trendig-lebendige Atmosphäre einen attraktiven Kontrast
zum historischen Rahmen. Wer am Tresen sitzt, hat den besten Blick in die verglaste Küche. Hier sorgt Patron Bernd Bachofer für eine gelungene moderne
Mischung aus klassischen und fernöstlichen Elementen. Exzellente Produkte werden kreativ und aufwändig zubereitet, interessant die Vielfalt an Aromen. Es gibt
auch ein vegetarisches Menü. Dazu professioneller, sehr freundlicher Service samt

engagierter Weinberatung - gut die Auswahl an Weinen und Sake. Fair kalkulierter Lunch. Tipp: Über dem Restaurant hat man schmucke Gästezimmer.

🏠 ⇄ – Preis: €€€€

Marktplatz 6 ✉ 71332 – ☎ 07151 976430 – www.bachofer.info – Geschlossen: Montag, Dienstag, Sonntag, mittags: Mittwoch, Freitag, Samstag

BRUNNENSTUBEN

REGIONAL • FREUNDLICH Gastfreundschaft auf solch stilvolle Art würde man hier angesichts der unscheinbaren Fassade auf den ersten Blick eher nicht vermuten. Doch Petra und Thorsten Beyer betreiben ihr Haus mit Herzblut - sie kocht richtig gut, er umsorgt Sie kompetent, auch in Sachen Wein. Die Küche bietet Regionales, Saisonales und Mediterranes, à la carte oder als Menü (auch vegetarisch). Schön die Terrasse mit schattenspendenden Bäumen.

🏠 ⇄ 🅿 – Preis: €€

Quellenstraße 14 ✉ 71334 – ☎ 07151 9441227 – brunnenstuben.de – Geschlossen: Montag und Dienstag, mittags: Mittwoch-Samstag

WALDBRONN

Baden-Württemberg – Regionalatlas **5**–U2

☼ SCHWITZER'S GOURMET-RESTAURANT

Chef: Cédric Schwitzer

KLASSISCHE KÜCHE • ELEGANT In der einstigen Bar des "Schwitzer's Hotel am Park" hat nun das schicke kleine Gourmet-Restaurant seinen Platz gefunden. In der offenen Küche bereiten Patron Cédric Schwitzer und sein Team ein klassisch und zugleich modern inspiriertes 6-Gänge-Menü aus hochwertigen Produkten zu, das Sie mit Fisch und Fleisch oder vegetarisch wählen können. Liebevolles Detail: Am Tisch erklären bebilderte Kärtchen die Gerichte. Umsorgt werden Sie überaus freundlich und aufmerksam unter der Leitung von Stephanie Schwitzer, serviert wird an Tischen oder an der Theke.

🐾 ♿ 🎦 🏠 🅿 – Preis: €€€€

Etzenroter Straße 4 ✉ 76337 – ☎ 07243 354850 – schwitzers.com – Geschlossen: Montag, Dienstag, Sonntag, mittags: Mittwoch-Samstag

SCHWITZER'S PUR

SAISONAL • ZEITGEMÄSSES AMBIENTE Es hat sich einiges getan im Hause Schwitzer: In den neu renovierten Räumlichkeiten des ehemaligen Gourmetrestaurants samt raumhoher Fensterfront und Parkblick heißt es „Saison-Genuss-Reise": Mit saisonal wechselnden Konzepten präsentiert man Ihnen verschiedene Küchenstile - à la carte oder als Menu Surprise mit drei Gängen. Wer übernachten möchte, findet in „Schwitzer's Hotel am Park" hochwertig ausgestattete Gästezimmer.

♿ 🏠 🅿 – Preis: €€€

Etzenroter Straße 4 ✉ 76337 – ☎ 07243 354850 – schwitzers.com – Geschlossen: Mittwoch und Donnerstag, mittags: Montag, Dienstag, Freitag, Samstag, abends: Sonntag

WALDENBUCH

Baden-Württemberg – Regionalatlas **7**–B2

☼ GASTHOF KRONE

KLASSISCHE KÜCHE • LÄNDLICH Ein richtig sympathischer Gasthof, der wunderbar in die Region passt! Wenn Erik Metzger seine klassischen Speisen zubereitet, entstehen angenehm reduzierte, harmonische Kombinationen ohne unnötige Spielerei. Produktqualität steht dabei natürlich völlig außer Frage. Dazu gemütlich-historisches Ambiente. Die Räume „Schiller-Salon" und „Goethe-Salon" tragen ihre Namen nicht umsonst: Auf der alten Tischplatte im Eingangsbereich haben sich im

18. Jh. die beiden Namengeber verewigt! Der Service stimmt ebenfalls. Gastgeber Matthias Gugeler ist gewissermaßen die gute Seele des Hauses und sorgt dafür, dass Sie kompetent und mit persönlicher Note umsorgt werden, versiert auch die Weinberatung. Tipp: der Mittagstisch - Qualität ist hier nämlich auch etwas preisgünstiger zu haben!

&8 🏠 ⇔ 🅿 – Preis: €€€

Nürtinger Straße 14 ⊠ 71111 – 𝒞 07157 408849 – krone-waldenbuch.de/ startseite.html – Geschlossen: Montag und Dienstag, mittags: Mittwoch und Samstag

WALDKIRCH
Baden-Württemberg – Regionalatlas **7**–B1

ZUM STORCHEN

MARKTKÜCHE • **GEMÜTLICH** Richtig gut isst man bei Familie Trienen in dem schön sanierten alten Stadthaus. Man kocht saisonal-regional und mit modern-internationalen Einflüssen. Tipp: Probieren Sie mal die Tagesempfehlung als Menü. Schöne Plätze im Freien bietet die Terrasse auf dem Gehsteig oder im ruhigeren Hinterhof. Angenehm übernachten können Sie hier übrigens ebenfalls - die Zimmer sind wohnlich und zeitgemäß.

🏠 ⇔ – Preis: €€

Lange Straße 24 ⊠ 79183 – 𝒞 07681 4749590 – zum-storchen-waldkirch.de – Geschlossen: Montag und Sonntag, mittags: Dienstag-Samstag

WALDKIRCHEN
Bayern – Regionalatlas **6**–Z2

✿ JOHANNS

MODERNE KÜCHE • **TRENDY** Wer sein Einkaufserlebnis mit einem kulinarischen Erlebnis verbinden möchte, der ist im 2. Stock des bekannten Modehauses „Garhammer" gut aufgehoben. In schickem, fast schon urbanem Ambiente genießt man die ausdrucksstarke Küche von Patron Michael Simon Reis. Der gebürtige Passauer versteht es, Innovatives mit Traditionellem zu kombinieren, großen Wert legt er dabei auf Produkte aus der Region. Erwähnenswert ist auch das unschlagbare Preis-Leistungs-Verhältnis! Tipp: Die Terrasse bietet einen schönen Blick über die Region.

⇜ 🅰 🅰 🏠 🅿 – Preis: €€

Marktplatz 24 ⊠ 94065 – 𝒞 08581 2082000 – www.restaurant-johanns.de – Geschlossen: Sonntag

WALDSEE, BAD
Baden-Württemberg – Regionalatlas **5**–V4

GASTHOF KREUZ

REGIONAL • **GASTHOF** Eine sympathische Adresse ist der bei der Kirche gelegene Gasthof. Hier sitzen Sie in freundlich-rustikaler Atmosphäre und lässt sich eine regional und saisonal ausgerichtete Küche schmecken. Darf es z. B. Wild aus heimischer Jagd sein? Es gibt auch das günstige "Regio Menü". Im Sommer sitzt man gerne im Freien vor dem Haus. Gepflegt übernachten können Sie ebenfalls.

🏠 ⇔ – Preis: €

Gut-Betha-Platz 1 ⊠ 88339 – 𝒞 07524 3927 – kreuz-gasthof.de – Geschlossen: Montag und Dienstag, abends: Sonntag

SCALA

REGIONAL • **TRENDY** Das moderne Restaurant mit dem schönen Blick zum See - herrlich die Terrasse! - bietet Ihnen eine saisonal geprägte Küche. Hier legt man

Wert auf regionale Produkte und verwertet die pflanzlichen und tierischen Zutaten komplett. Mittags gibt es ein kleineres Angebot an Speisen. Dazu erwarten Sie ein freundlicher Service und eine gepflegte Weinauswahl.

⪝ � ⌂ – Preis: €€

Wurzacher Straße 55 ⊠ 88339 – ℰ 07524 9787773 – www.scala-bad-waldsee.
de – Geschlossen: Montag und Dienstag, abends: Sonntag

WALLUF
Hessen – Regionalatlas **3**–K4

ZUR SCHLUPP

SAISONAL • GEMÜTLICH Sehr engagiert leitet Familie Ehrhardt ihr charmantes kleines Restaurant in dem Haus a. d. J. 1608. Die Atmosphäre ist gemütlich, die Küche frisch und saisonal geprägt - und dazu einen der schönen Weine aus der Region? Vergessen Sie nicht, zu reservieren. Tipp: Romantisch ist im Sommer der Innenhof!

⌂ – Preis: €€

Hauptstraße 25 ⊠ 65396 – ℰ 06123 72638 – gasthauszurschlupp.de –
Geschlossen: Dienstag-Donnerstag, mittags: Montag, Freitag, Samstag

WALTROP
Nordrhein-Westfalen – Regionalatlas **3**–K2

⊛ GASTHAUS STROMBERG

MARKTKÜCHE • FREUNDLICH In dem alteingesessenen Gasthaus in der Fußgängerzone trifft Tradition auf Moderne, das Ambiente ist puristisch und gemütlich zugleich, sehr nett die Terrasse. Auf der Karte finden sich saisonale Gerichte, Klassiker und auch Vegetarisches. Gerne verwendet man Produkte aus der Region. Tipp: Man hat einige Parkplätze am Haus. Für Gesellschaften ist die 1,5 km entfernte "Werkstatt" ideal.

⌂ 🅿 – Preis: €€

Dortmunder Straße 5 ⊠ 45731 – ℰ 02309 4228 – www.gasthaus-stromberg.
de – Geschlossen: Montag und Sonntag, mittags: Dienstag-Freitag

WANGEN IM ALLGÄU
Baden-Württemberg – Regionalatlas **5**–V4

ADLER

REGIONAL • GEMÜTLICH Sie mögen regionale Küche und auch asiatische Einflüsse hier und da? Die aus frischen, guten Produkten zubereiteten Gerichte nennen sich z. B. "Perlhuhnbrust mit Currynudeln und Kräutern" oder "Skrei auf Rote-Bete-Risotto mit Meerrettichschaum". Wirklich schön das gemütlich-elegante Ambiente und der Garten!

⌂ ⌂ 🅿 – Preis: €€

Obere Dorfstraße 4 ⊠ 88239 – ℰ 07522 707477 – s364439699.website-start.
de – Geschlossen: Montag-Donnerstag, mittags: Freitag

WAREN (MÜRITZ)
Mecklenburg-Vorpommern – Regionalatlas **2**-F3

⊛ KLEINES MEER

MARKTKÜCHE • FREUNDLICH Nett sitzt man in dem freundlichen, auf zwei Ebenen angelegten Restaurant, der offene Dachstuhl macht es schön luftig. Vor dem Haus die Müritz - da ist die Terrasse mit kleinem Lounge-Bereich natürlich gefragt. Geboten wird eine regional und saisonal ausgerichtete Küche aus guten

Produkten. Vegetarische Gerichte finden sich ebenfalls auf der Karte. Im gleichnamigen Hotel können Sie in gepflegten Zimmern übernachten.

& 🍴 ✿ – Preis: €€

Alter Markt 7 ✉ *17192 –* 🕾 *03991 648200 – www.restaurant-kleinesmeer.de – Geschlossen: Montag und Sonntag, mittags: Dienstag-Samstag*

WASSERBURG AM BODENSEE
Bayern – Regionalatlas **5**–V4

CARALEON

MODERNE KÜCHE • KLASSISCHES AMBIENTE Das geschmackvolle Restaurant befindet sich in dem gleichnamigen kleinen Boutique-Hotel in toller Lage an der Wasserburger Bucht, schön der Blick auf den See. Geboten werden Klassiker wie z. B. Rindstatar, Caesar Salad oder geschmorte Kalbsbäckchen sowie ein saisonales "Fine Dining"-Menü. Dazu werden Sie freundlich und kompetent umsorgt. Tipp: Für einen Absacker direkt am See gibt es die "Sunset Lounge".

< & 🍴 ✿ 🅿 – Preis: €€

Halbinselstraße 70 ✉ *88142 –* 🕾 *08382 9800 – caraleon.de – Geschlossen: Montag und Dienstag, mittags: Mittwoch-Samstag*

WASSERBURG AM INN
Bayern – Regionalatlas **6**–Y3

🊋 WEISSES RÖSSL

REGIONAL • FAMILIÄR Sie finden das "Weisse Rössl" im Herzen der schönen Altstadt mit ihren historischen Gebäuden. Hinter der bemalten Fassade erwartet Sie eine freundliche Atmosphäre, die klassischen und modernen Stil verbindet. Gekocht wird regional und saisonal. Tagesempfehlungen sind auf der Tafel angeschrieben. Tipp: Mittagsmenü zu sehr gutem Preis-Leistungs-Verhältnis. Im Sommer hat man eine nette Terrasse vor dem Haus.

🍴 – Preis: €

Herrengasse 1 ✉ *83512 –* 🕾 *08071 5263213 – www.xn--weisses-rssl-djb.de*

WEIGENHEIM
Bayern – Regionalatlas **5**–V1

❀ LE FRANKENBERG ⓝ

KREATIV • ELEGANT Was für eine tolle Location! Über eine Brücke erreichen Sie das aufwändig restaurierte Schloss Frankenberg in schöner erhöhter Lage. Teil dieses herrschaftlichen Anwesens ist neben einem Hotel und einem Weingut auch das „Le Frankenberg", dessen stilvoll-elegantes Ambiente historisches Flair versprüht. Steffen Szabo, kein Unbekannter in der Gastro-Szene, verarbeitet hier für sein saisonales 5- bis 8-Gänge-Menü regionale und internationale Produkte mit Ausdruck und Balance. Ein interessantes Spiel mit Texturen zeigt z. B. der Fischgang aus Saibling und Kürbis in Form von Püree, Schaum und gerösteten Kernen. Dazu sorgt Restaurantleiterin und Sommelière Sandra Tober für freundlichen Service und gute Weinberatung.

🅿 – Preis: €€€€

Schloß Frankenberg 1 ✉ *97215 –* 🕾 *09339 97140 – www.schloss-frankenberg. de – Geschlossen: Montag-Mittwoch*

WEIKERSHEIM

Baden-Württemberg – Regionalatlas **5**–V1

🏵 **LAURENTIUS**

Chef: Jürgen Koch

REGIONAL • **ELEGANT** Das Haus der Familie Koch ist gewissermaßen ein "Rundum sorglos"-Paket, denn man kann hier am Marktplatz sehr schön wohnen, richtig gut essen und wird überaus zuvorkommend betreut. Patron Jürgen Koch und seine Frau Sabine haben sich in dem aparten Natursteintonnengewölbe mit dem modern-eleganten Ambiente regionale Küche auf die Fahnen geschrieben. Man verarbeitet hochwertige saisonale Produkte. Statt Schnörkel und Chichi bieten die Gerichte Finesse, Harmonie und jede Menge Geschmack. Und dazu vielleicht einen schönen Wein aus dem Taubertal, Franken oder Baden-Württemberg? Daneben ist u. a. auch Frankreich vertreten. Tipp: Nehmen Sie sich gute Zutaten für daheim mit, die gibt's im "Hohenloher Märktle".

🎿 **P** – Preis: €€€

Marktplatz 5 ✉ *97990 – ☎ 07934 91080 – hotel-laurentius.de – Geschlossen: Montag und Dienstag, mittags: Mittwoch-Samstag, abends: Sonntag*

WEIL AM RHEIN

Baden-Württemberg – Regionalatlas **5**–T4

CAFÉ GUPI

MODERN • **WEINBAR** Im einstigen Gärtnerhaus eines historischen Landguts erwartet Sie das trendige Restaurant-Bar-Konzept der Gastronomen- und Winzerfamilien Düster und Schneider. Geboten werden schmackhafte modern-saisonale Gerichte - à la carte oder als Menü. Im Sommer lockt die Terrasse unter den großen Bäumen des schönen Läublinparks. Der Restaurantname setzt sich übrigens aus den regionalen "GUPI"-Weinen "GUtedel und PInot zusammen. Tipp: Reservieren Sie.

🎿 🌿 🔄 – Preis: €€

Römerstraße 1 ✉ *79576 – ☎ 07621 9358553 – www.cafegupi.de – Geschlossen: Montag, Dienstag, Sonntag, mittags: Mittwoch-Samstag*

WEIMAR

Thüringen – Regionalatlas **4**–N3

ANNA

MODERNE KÜCHE • **CHIC** In dem dank viel Glas herrlich lichtdurchfluteten Restaurant des komfortablen Hotels "Elephant" sitzt man unter einer hohen Decke in schönem geradlinigem Ambiente - dekorativ die Bilder im Eingangsbereich. Geboten wird eine modern-kreativ ausgerichtete Regionalküche. Tipp: Machen Sie einen Spaziergang durch die hübsche Altstadt.

🦟 ♿ 🎿 🌿 🔄 **P** – Preis: €€

Markt 19 ✉ *99423 – ☎ 03643 8020 – www.hotelelephantweimar.de – Geschlossen: Montag und Sonntag, mittags: Dienstag-Samstag*

WEINGARTEN

Baden-Württemberg – Regionalatlas **5**–V4

🏵 **MARKOS**

Chef: Marco Akuzun

KREATIV • **CHIC** Marco Akuzun, langjähriger Küchenchef im Stuttgarter "top air", hat hier in der "Syrlin Speisewelt" gemeinsam mit seiner Frau und Gastgeberin Nadine sein eigenes Restaurant eröffnet. Genauer gesagt ein Doppelkonzept aus dem Gourmetrestaurant "MARKOS" und dem optisch etwas abgetrennten Bistro "KOSTBAR". In seinem kreativen Menü verbindet das Küchenteam um Marco Akuzun mit viel Aufwand intensive Aromen, kraftvollen Geschmack und handwerkliche Raffinesse. Das Interieur kommt mit klaren Formen, hochwertigen Materialien und Design-Akzenten stylish und dennoch gemütlich daher.

🅼 🅿 – Preis: €€€€

Ravensburger Straße 56 ⊠ 88250 – ℰ 0751 56163714 – syrlin-speisewelt.de – Geschlossen: Montag, Dienstag, Sonntag, mittags: Samstag

KOSTBAR

MODERNE KÜCHE • CHIC Nur durch optische Raumteiler vom angeschlossenen Gourmetrestaurant "MARKOS" getrennt, kommt das "KOSTBAR" mit seinem wertigen Interieur aus warmem Holz und klarem Design ebenso chic und zugleich gemütlich daher. Wer sich angesichts der schönen Auswahl an modernen Gerichten nicht entscheiden kann, lässt sich beim "Probbererle Menü" überraschen. Toll: überdachte Terrasse mit aktivem Wasserrad!

🍽 🅿 – Preis: €€

Ravensburger Straße 56 ⊠ 88250 – ℰ 0751 56163714 – syrlin-speisewelt.de/kostbar – Geschlossen: Montag, Dienstag, Sonntag, mittags: Samstag

WEINGARTEN KREIS KARLSRUHE

Baden-Württemberg – Regionalatlas **5**–U2

ZEIT|GEIST

FRANZÖSISCH-ZEITGEMÄSS • GEMÜTLICH Das jahrhundertealte Walk'sche Haus im Herzen von Weingarten hat wirklich Charme: Außen sticht einem die hübsche Fachwerkfassade ins Auge, drinnen schafft der Mix aus moderner Geradlinigkeit und rustikaler Note ein sehr angenehmes Ambiente. Am Herd gibt Küchenchef Sebastian Syrbe moderne Gerichte auf klassischer Basis zum Besten. Sie können à la carte wählen oder ein Überraschungsmenü. Tipp: Lassen Sie sich im Sommer nicht die wunderbare Terrasse über dem Walzbach entgehen! Als preiswertere Alternative gibt es noch das "still|bruch". Schön übernachten können Sie übrigens ebenfalls.

🍽 ✿ 🅿 – Preis: €€€

Marktplatz 7 ⊠ 76356 – ℰ 07244 70370 – www.walksches-haus.de – Geschlossen: Montag und Sonntag, mittags: Dienstag-Samstag

WEINHEIM AN DER BERGSTRASSE

Baden-Württemberg – Regionalatlas **5**–U1

BISTRONAUTEN

MARKTKÜCHE • BISTRO Ein Tipp vorweg: Reservieren Sie unbedingt, denn diese wirklich nette Adresse ist immer gut besucht! In dem ehemaligen OEG-Bahnhof von 1903 sitzt man in ungezwungen-moderner Atmosphäre mit Industrie-Charme und isst richtig gut. Auf der Tafel steht ein saisonales Menü angeschrieben, beim Hauptgang wählt man zwischen Fleisch, Fisch und Vegi. Dazu gibt es deutsche Weine. Wer an der Theke speist, schaut in die offene Küche.

🍽 🅿 – Preis: €€

Kopernikusstraße 43 ⊠ 69469 – ℰ 06201 8461856 – www.bistronauten.de – Geschlossen: Montag und Sonntag, mittags: Dienstag-Samstag

ESSZIMMER DAS RESTAURANT

MODERNE KÜCHE • FAMILIÄR Alter Dielenboden, schöne blanke Holztische, allerlei Deko..., richtig wohnlich ist es hier, da fühlt man sich fast ein bisschen wie im heimischen Esszimmer. Gekocht wird kreativ, bei den Produkten achtet man sehr auf Qualität und Herkunft, vieles kommt aus der Region - top ist z. B. der Hamachi aus Völklingen. Es gibt ein Menü mit vier bis sieben Gängen - inkludiert sind Snacks zur Einstimmung, Brotzeit und Salat sowie zum Abschluss ein Petit Four.

⠃⠺ 🈱 – Preis: €€€€

Alte Postgasse 53 ✉ 69469 – ✆ 06201 8776787 – esszimmer-weinheim.de –
Geschlossen: Montag, Dienstag, Sonntag, mittags: Mittwoch-Samstag

WEINSTADT

Baden-Württemberg – Regionalatlas **7**–B2

✿ ### CÉDRIC

Chef: Cédric Staudenmayer

MODERNE KÜCHE • KLASSISCHES AMBIENTE In der ehemaligen "Krone" im Ortsteil Beutelsbach bietet Cédric Staudenmayer - übrigens Enkel des einstigen Chefs Otto Koch - eine ambitionierte Küche mit saisonal-regionalem Bezug, die aus einer klassischen Basis heraus modern umgesetzt wird. Wie stimmig man hier mit intensiven Aromen und gelungenen Kontrasten arbeitet, zeigen nicht zuletzt auch fleischfreie Gerichte wie beispielsweise „Kartoffel, Zwiebel, Pilze, grüner Pfeffer". Das alle zwei Monate wechselnde Menü bekommen Sie auf Vorbestellung auch als rein vegetarische Variante. Dazu freundlicher, aufmerksamer und geschulter Service. Gelungen hat man das klassisch-traditionelle Ambiente in dem Gebäude von 1800 mit dezenten modernen Elementen gespickt. Im "Weinstadt-Hotel" nebenan können Sie gut übernachten.

Preis: €€€

Marktstraße 39 ✉ 71384 – ✆ 07151 3048228 – www.restaurant-cedric.de –
Geschlossen: Samstag und Sonntag, mittags: Montag-Freitag

WEISENHEIM AM BERG

Rheinland-Pfalz – Regionalatlas **7**–B1

✿ ### ADMIRAL

Chef: Holger Stehr

MODERN • FAMILIÄR Ein wirklich charmantes Restaurant und zudem ein Klassiker in der Region, dem die engagierten Inhaber eine eigene Note verpasst haben. Am Herd sorgt Patron Holger Stehr für eine interessante moderne Küche in Form eines Menüs mit mit fünf bis acht Gängen. Gastgeberin Martina Kraemer-Stehr, ihres Zeichens Sommelière, ist für den freundlichen und versierten Service verantwortlich. Weinkarte und -beratung überzeugen ebenfalls - da darf man sich auf schön abgestimmte glasweise korrespondierende Weine zu den einzelnen Gerichten des Menüs freuen. Tipp: Zum Übernachten gibt es ein hübsches Gästezimmer im schmucken Sandstein-Pavillon innerhalb des "Admiral"-Gartens.

🈱 **P** – Preis: €€€€

Leistadter Straße 6 ✉ 67273 – ✆ 06353 4175 – www.admiral-weisenheim.de –
Geschlossen: Montag und Dienstag, mittags: Mittwoch-Samstag

WEISSENBRUNN

Bayern – Regionalatlas **4**–N4

✿ ### GASTHOF ALEX

Chef: Domenik Alex

MARKTKÜCHE • FREUNDLICH In 5. Generation führt Inhaber und Küchenchef Domenik Alex den seit 1886 bestehenden Familienbetrieb gemeinsam mit Madlen Häckel. Ihr Motto: "Balance zwischen gelebter Tradition und kreativem Zeitgeist". Gekocht wird geschmacksintensiv, finessenreich und saisonal. Die Gerichte sind modern-kreativ inspiriert, auf das Wesentliche reduziert und klar im Aufbau. Einige Produkte stammen übrigens aus eigenem Anbau. Und das Drumherum? Attraktiv das Interieur aus warmem Holz und geradlinigem Stil, freundlich und kompetent die Gästebetreuung durch die Chefin. Wohnliche Zimmer zum Übernachten hat man ebenfalls.

🌦 ⇔ 🅿 – Preis: €€€€

Gössersdorf 25 ✉ 96369 – ☎ 09223 1234 – www.gasthofalex.de – Geschlossen:
Montag und Dienstag, mittags: Mittwoch-Samstag, abends: Sonntag

WEISSENHAUS

Schleswig-Holstein – Regionalatlas **1**-D2

COURTIER

KREATIV • ELEGANT Ein ganz wunderbarer idyllischer Ort ist dieses Schlossgut von 1896 samt romantischer Parkanlage mit altem Baumbestand, Schlossweiher und Blickschneise zur Ostsee - ein Traum ist da die Terrasse, ganz besonders bei Sonnenuntergang! Mit hervorragenden Produkten schafft Küchenchef Christian Scharrer eine überaus geschmacksintensive Verbindung von klassischer Küche und modernen Akzenten. Und wie sollte es bei diesem herrschaftlichen Anwesen anders sein, speist man in edlen Sälen mit stilvollen Details wie Kronleuchtern, Stuck und riesigen Wandgemälden des französischen Künstlers Jacques Courtier, Namensgeber des Restaurants. Dazu sorgt die herzliche Gastgeberin Nathalie Scharrer mit ihrem sehr gut eingespielten Team für einen versierten und aufmerksamen Service.

🕸 🖐&🌦🐴🅿 – Preis: €€€€

Parkallee 1 ✉ 23758 – ☎ 04382 92620 – www.weissenhaus.de – Geschlossen:
Montag, Dienstag, Sonntag, mittags: Mittwoch-Samstag

BOOTSHAUS

INTERNATIONAL • HIP Traumhaft die Lage direkt am Strand - näher an der Ostsee geht kaum! Drinnen sitzt man in moderner Atmosphäre, dank großer Fenster hat man eine schöne Aussicht. Besuchermagnet ist aber natürlich die Terrasse! Die Küche ist ein frischer mediterraner Mix - mittags etwas einfacher, am Abend gehobener, von Klassikern bis zu eleganten Kombinationen. Serviert wird von 13 Uhr bis 16.30 Uhr und von 18 Uhr bis 21 Uhr.

🍃🌦⇔ – Preis: €€

Strandstraße 4 ✉ 23758 – ☎ 04382 92620 – www.weissenhaus.de –
Geschlossen: Mittwoch, mittags: Montag, Dienstag, Donnerstag

WEISSENSTADT

Bayern – Regionalatlas **4**-P4

GASTHAUS EGERTAL

REGIONAL • BISTRO Familie Rupprecht hat in ihrem hübschen traditionsreichen Gasthaus zwei Konzepte zu einem vereint: Im eleganten Restaurant und im Bistro bietet man dieselbe Karte: frische Gerichte mit regionalen und klassischen Einflüssen. Obst und Gemüse kommt teils aus eigenem Anbau. Sehr freundlich der Service durch den Chef und sein Team. Schön die Terrasse vor dem Haus.

🌦⇔🅿 – Preis: €€

Wunsiedler Straße 49 ✉ 95163 – ☎ 09253 237 – gasthausegertal.de –
Geschlossen: Dienstag und Mittwoch, mittags: Montag, Donnerstag-Samstag

WERDER (HAVEL)

Brandenburg – Regionalatlas **4**-Q1

ALTE ÜBERFAHRT

Chef: Thomas Hübner

MODERNE KÜCHE • CHIC Reizvoll ist schon die Lage an der Uferpromenade der kleinen Havel-Insel. Ebenso attraktiv das Restaurant mit seinem wertigen modern-eleganten Interieur und seiner fast schon intimen Atmosphäre, schön die Terrasse am See. Nicht zu vergessen die kreative Küche aus regionalen und saisonalen Produkten. Ein vegetarisches Menü bestellen Sie am besten bei der Reservierung. Die Gerichte zeichnen sich aus durch exaktes Handwerk, klaren Aufbau und schöne Balance - da merkt man die top Adressen in Deutschland und Italien, in denen Küchenchef Thomas Hübner bisher tätig war. Mit Herzblut kümmert sich Patron Patrick Schwatke - übrigens ebenfalls sterneerfahrener Koch - um die Gäste und schafft eine persönliche Note.

🏵 *Engagement des Küchenchefs:* Unser Engagement in Sachen Nachhaltigkeit ist sehr groß. Wir verwenden nur Bioprodukte, ernten in den Schlossgärten eigens für uns angebautes Gemüse, setzen auf "Nose to Tail", Ziel ist "Zero Waste" und wir unterstützen Müritzfischer und erstklassige Fleisch- und Geflügelzüchter in direkter Umgebung.

🏠 – Preis: €€€€

Fischerstraße 48b ✉ *14542 – ☎ 03327 7313336 – www.alte-ueberfahrt.de – Geschlossen: Montag, mittags: Dienstag-Freitag*

WERDOHL

Nordrhein-Westfalen – Regionalatlas **3**–K3

THUNS DORFKRUG

INTERNATIONAL • ZEITGEMÄSSES AMBIENTE Zeitgemäß und mit elegantem Touch kommt das Restaurant daher, schön die modernen Bilder und der Parkettboden. Geboten werden schmackhafte regionale und internationale Gerichte. Gepflegt übernachten kann man ebenfalls: Die Zimmer sind geradlinig und funktionell.

🏠 🅿 – Preis: €€

Brauck 7 ✉ *58791 – ☎ 02392 97980 – www.thuns.de – Geschlossen: Montag und Sonntag, mittags: Dienstag-Samstag*

WERNBERG-KÖBLITZ

Bayern – Regionalatlas **6**–Y1

😊 WIRTSSTUBE IM HOTEL BURKHARD

REGIONAL • RUSTIKAL Im Restaurant des langjährigen Familienbetriebs "Landgasthofs Burkhard" setzt man auf Geschmack und Produktqualität. Tipp: das regional-saisonale Marktmenü. Mittags etwas kleineres Angebot mit Lunchmenü. Man speist in hübschen, wohnlichen Räumen - neben der "Wirtsstube" kann man auch im "Esszimmer" sitzen. Sehr nett auch die Innenhofterrasse.

🏠 ♻ 🅿 – Preis: €€

Marktplatz 10 ✉ *92533 – ☎ 09604 92180 – www.hotel-burkhard.de – Geschlossen: Freitag, mittags: Samstag, , abends: Donnerstag und Sonntag*

WERNIGERODE

Sachsen-Anhalt – Regionalatlas **4**–N2

🏵 PIETSCH

Chef: Robin Pietsch

KREATIV • GASTHOF Ein interessantes modernes Gastro-Konzept. Beginn ist um 19.30 Uhr mit dem Eintreffen der Gäste, Menüstart um 19.45. Es gibt nur ein Menü mit zahlreichen kleinen Gängen, die weltoffen mit chinesischen, japanischen und koreanischen Einflüssen daherkommen und kreativ, technisch aufwändig und aromareich umgesetzt sind. Man sitzt an der Theke zur offenen Küche und kann den Köchen bei der Arbeit zuschauen. Das schafft eine kommunikative und unterhaltsame Atmosphäre, die gut zum trendig-urbanen Look passt. Schön selektierte Weinkarte samt eigenen Editionen - alternativ kann man eine selbst kreierte alkoholfreie Begleitung wählen. Nebenan: Robin Pietschs Restaurant "Zeitwerk".

Preis: €€€€

Breite Straße 53a ⊠ 38855 – ℰ 03943 6947884 – robin-pietsch.de – Geschlossen: Montag, Dienstag, Sonntag, mittags: Mittwoch-Samstag

❀ ZEITWERK

Chef: Robin Pietsch

KREATIV • MINIMALISTISCH "Willkommen im Wohnzimmer Restaurant" steht auf dem Menü, das Sie an Ihrem Platz vorfinden, und das trifft die angenehm entspannte Atmosphäre in dem mit hellem Holz wertig und chic-modern eingerichteten Restaurant ziemlich genau. Das Menü beginnt für alle Gäste um 19.15 Uhr und der zeitgleiche Ablauf zieht sich durch den ganzen Abend. Sie sollten etwas Zeit mitbringen, doch die zahlreichen interessanten kleinen Speisen, die in gutem Tempo aus der offenen Küche kommen, sowie der kompetente und charmante Service um Florian Raake (er sorgt mit Tipps wie z. B. "Hop & Grape" von Daniel Mattern übrigens auch für eine exzellente Weinberatung) machen Ihren Besuch zu einem kurzweiligen Erlebnis. Das Restaurant liegt etwas versteckt in einem Innenhof, wo Patron Robin Pietsch auch sein Restaurant "Pietsch" betreibt.

🅰 🍴 – Preis: €€€€

Breite Straße 53a ⊠ 38855 – ℰ 03943 6947884 – robin-pietsch.de/zeitwerk – Geschlossen: Montag, Dienstag, Sonntag, mittags: Mittwoch-Samstag

WERTINGEN

Bayern – Regionalatlas **6**–X3

GÄNSWEID

REGIONAL • TRENDY Schön, was aus der einstigen Autowerkstatt geworden ist: ein hübsch dekoriertes, gemütlich-modernes Restaurant mit regional-internationalen Gerichten, die auf einer Tafel angeschrieben sind. Folgen Sie den Weinempfehlungen der Chefin. Wenn die Weine Ihren Geschmack treffen, können Sie sie hier auch kaufen! Mittags ist das Speiseangebot kleiner und einfacher.

♿ 🍴 – Preis: €€

Gänsweid 1 ⊠ 86637 – ℰ 08272 642132 – www.gaensweid.de – Geschlossen: Dienstag und Mittwoch, mittags: Samstag

WIESBADEN

Hessen – Regionalatlas **3**–K4

❀ ENTE

KREATIV • ELEGANT Klassischer geht es kaum! Der "Nassauer Hof", ein schmuckes Grandhotel von 1813, bildet den stilvollen Rahmen für die elegante "Ente". Auf zwei Ebenen - eine geschwungene Treppe mit schmiedeeisernem Geländer führt hinauf auf die Empore - sitzt man an wertig eingedeckten Tischen und genießt die modern inspirierte klassische Küche von Michael Kammermeier. Die Gerichte sind durchdacht und sehr präzise gearbeitet, die Produktqualität ist ausgezeichnet. Zur Wahl stehen die Menüs "Küchenrunde" und "Querbeet". Auf Vorbestellung: Ente in drei Gängen (für zwei Personen). Der Service steht der Küche in nichts nach: Unter der Leitung von Jimmy Ledemazel werden Sie aufmerksam, herzlich und geschult umsorgt. Sehr schön sitzt man übrigens auch auf der Terrasse vor dem Haus.

🐝 ♿ 🅰 🍴 🅿 – Preis: €€€€

Kaiser-Friedrich-Platz 3 ⊠ 65183 – ℰ 0611 133666 – www.hommage-hotels. com/nassauer-hof-wiesbaden/kulinarik/restaurant-ente – Geschlossen: Montag, Dienstag, Sonntag, mittags: Mittwoch-Samstag

DAS GOLDSTEIN BY GOLLNER'S

SAISONAL • CHIC Richtig stylish kommt das schön im Grünen gelegene ehemalige Schützenhaus daher - wertig das geradlinig-schicke Design, viel Holz bewahrt den Bezug zur Natur. Die ambitionierte Küche bietet traditionelle Klassiker sowie Modernes und Internationales. Toll der begehbare Weinkeller sowie die umfangreiche Weinkarte.

⅏ 🖐🏻&🏛⇔🅿 – Preis: €€

Goldsteintal 50 ⊠ 65207 – ℰ 0611 541187 – www.gollners.de – Geschlossen: Montag und Dienstag, mittags: Mittwoch-Freitag

ENTE-BISTRO

FRANZÖSISCH-KLASSISCH • BISTRO Der kleine Ableger der berühmten "Ente" ist ebenfalls eine feste Größe in der Stadt. Das Ambiente ist typisch für ein Bistro: eng, gemütlich, viele Fotos an den Wänden zeugen von bekannten Gästen. Bodentiefe Fenster machen es dazu schön hell. Man kocht klassisch-französisch mit saisonalen und mediterranen Einflüssen.

🆎🏛 – Preis: €€€

Kaiser-Friedrich-Platz 3 ⊠ 65183 – ℰ 0611 133666 – www.hommage-hotels. com/nassauer-hof-wiesbaden/unser-hotel – Geschlossen: Montag, Dienstag, Sonntag, mittags: Mittwoch-Samstag

MARTINO KITCHEN

SAISONAL • ZEITGEMÄSSES AMBIENTE Sie finden dieses sympathische, gut geführte Lokal unweit des Marktplatzes und nicht weit entfernt von der sehenswerten Spielbank. In der teilweise einsehbaren Küche bereitet der Chef schmackhafte regional und mediterran beeinflusste Gerichte zu, bei denen er auf saisonale Zutaten achtet. Am Abend bietet man zwei Menüs, das eine vegetarisch, das andere regulär. Mittags ist das Angebot etwas reduzierter. Charmant der Service durch die Chefin. Das Restaurant befindet sich im Hotel "Citta Trüffel" mit chic designten Gästezimmern und Feinkostladen.

🆎 – Preis: €€

Webergasse 6 ⊠ 65183 – ℰ 0611 9905530 – www.martino.kitchen – Geschlossen: Montag, Dienstag, Sonntag

WIESSEE, BAD

Bayern – Regionalatlas **6**-Y4

🕸 ### FREIHAUS BRENNER

REGIONAL • GEMÜTLICH Ein Gasthof wie aus dem Bilderbuch! Ergaben liegt er über dem Tegernsee, im Sommer erwartet Sie ein Traum von Terrasse. Drinnen sitzen Sie in heimeligen Stuben, in denen warmes Holz für Gemütlichkeit sorgt. Gekocht wird richtig schmackhaft - auf den Tisch kommen regionale Klassiker wie Schweinebraten mit Knödel oder heimischer Saibling mit Petersilienkartoffeln, aber auch Gehobeneres wie Steinbuttfilet mit Kürbisrisotto. Eingespielt und charmant der Service in Tracht. Tipp: die schöne Ferien-Suite im DG.

🖐🏛⇔🅿 – Preis: €€

Freihaus 4 ⊠ 83707 – ℰ 08022 86560 – www.freihaus-brenner.de – Geschlossen: Dienstag und Mittwoch

WILDBERG

Baden-Württemberg – Regionalatlas **7**-B2

🕸 ### TALBLICK

REGIONAL • FREUNDLICH Die Brüder Claus und Rainer Weitbrecht halten die Tradition des elterlichen Betriebs hoch - da spürt man das Engagement der ganzen Familie. Als Chef am Herd sorgt Claus Weitbrecht mit schwäbischer, aber auch weltoffener Küche für das Wohl der Gäste. Vegetarisches gibt es ebenfalls. Handwerk und Geschmack stimmen gleichermaßen. Dazu eine gut aufgestellte Weinkarte. Man hat hier im Haus übrigens auch noch das "Gourmetrestaurant". Zudem kann man auch schön gepflegt übernachten.

≼ & 🛱 ⇔ 🅿 – Preis: €€

Bahnhofsträßle 6 ✉ 72218 – ☏ 07054 5247 – www.talblick-wildberg.de –
Geschlossen: Dienstag und Mittwoch

WILDEMANN
Niedersachsen – Regionalatlas **3**–M2

RATHAUS

MODERNE KÜCHE • HIP Wo einst das Rathaus stand, speist man heute in gemütlich-trendigem Ambiente, das Design-Elemente, warmes Holz und Naturtöne kombiniert. Geboten wird eine ambitionierte kreativ-moderne Küche, die zugleich angenehm bodenständig ist. Originell die Namen der Gerichte wie z. B. "H2O" ("Kalte Wassermelonen-Gurkensuppe, Forellenceviche") oder "Haarscharf" ("Medium gebratenes Wildschwein, Frühlingslauch-Rote-Beete-Ragout, Gartenkräuter, Meerrettichpasta"). Optisch ansprechend die farbenfrohen Tellerbilder. Schön sitzt man im Sommer draußen unter Linden. Gut übernachten können Sie ebenfalls.

🛱 ⇔ 🅿 – Preis: €€

Bohlweg 37 ✉ 38709 – ☏ 05323 6261 – www.hotel-rathaus-wildemann.de –
Geschlossen: Montag und Dienstag

WILTHEN
Sachsen – Regionalatlas **4**–R3

ERBGERICHT TAUTEWALDE

INTERNATIONAL • GEMÜTLICH Drinnen hübsche ländlich-moderne Räume, draußen ein herrlicher Innenhof mit Blick in die Küche. Gekocht wird saisonal, regional und international - gerne verwendet man dafür heimische Produkte. Zur Wahl stehen das "Landidyll-Menü" sowie das "A la carte-Menü". Und wer auf Fleisch verzichten möchten, darf sich auf ein veganes Menü freuen. Gut übernachten kann man im traditionsreichen "Erbgericht" ebenfalls.

🛱 ⇔ 🅿 – Preis: €€

Hauptstraße 25 ✉ 02681 – ☏ 03592 38300 – www.tautewalde.de –
Geschlossen: Sonntag, mittags: Montag-Freitag

WINDELSBACH
Bayern – Regionalatlas **5**–V2

LANDHAUS LEBERT

REGIONAL • FREUNDLICH In dem kleinen Ort rund 10 km von Rothenburg ob der Tauber erwartet Sie ein gemütliches Restaurant mit richtig schmackhafter Küche aus guten Produkten der Region - man achtet auf Nachhaltigkeit. Im Sommer hat man einen netten Biergarten. Zudem gibt es gepflegte Zimmer zum Übernachten und eine Scheune für Feierlichkeiten. Tipp: Im Schäferwagen können Sie Hausgemachtes wie z. B. Zitronenlikör, Gewürzmischungen, Gelees und Konfitüren kaufen.

🛱 ⇔ 🅿 – Preis: €€

Schloßstraße 8 ✉ 91635 – ☏ 09867 9570 – hotel-restaurant-rothenburg.de –
Geschlossen: Montag, mittags: Dienstag-Samstag

WINDORF

Bayern – Regionalatlas **6**–Z3

🏵 FEILMEIERS LANDLEBEN

REGIONAL • GEMÜTLICH Gastlichkeit wird in den gemütlich-modernen Stuben groß geschrieben! Seine "Landleben"-Küche ist für Johann (genannt Hans) Feilmeier Heimatliebe und Verpflichtung zugleich. Man kocht regional, saisonal und überaus geschmacksintensiv. Sie können eines der verschiedenen Menüs oder à la carte wählen. Äußerst charmant und herzlich der Service - passende Weinberatung inklusive. Tipp: Feinkost für daheim.

🍴 ⇔ 🅿 – Preis: €€

Schwarzhöring 14 ✉ 94575 – ☎ 08541 8293 – www.feilmeiers-landleben.de – Geschlossen: Montag und Dienstag, mittags: Mittwoch-Freitag

WINNENDEN

Baden-Württemberg – Regionalatlas **7**–B2

ALTES RATHAUS BY WHAT THE FOOD ⓝ

KREATIV • ZEITGEMÄSSES AMBIENTE Ein richtig schönes Beispiel für angenehm legere und unprätentiöse Gastronomie, die Genuss und Freude bringt! Das Restaurant befindet sich in einem hübschen Fachwerkhaus in der Fußgängerzone. Drinnen sitzt man in modern und klar designtem Ambiente, draußen zum Vorplatz gibt es eine nette Terrasse. Patron und Küchenchef Patrick Schubert bietet eine schmackhafte kreative Küche, als Degustations-Menü oder à la carte. Chefin Anne Henrichs kümmert sich freundlich und kompetent um die Gäste. Interessant: Man hat einen Foodtruck, den Sie für besondere Anlässe buchen können.

🍴 – Preis: €€€

Marktstraße 47 ✉ 71364 – ☎ 07195 5899572 – w-thefood.de/pages/restaurant – Geschlossen: Montag und Sonntag, mittags: Dienstag

WINTERBACH

Baden-Württemberg – Regionalatlas **7**–B2

🏵 LANDGASTHAUS HIRSCH

REGIONAL • LÄNDLICH Bei Familie Waldenmaier (bereits in 4. Generation) wird richtig gut gekocht, und zwar regional-saisonal. Während Chef Sven am Herd steht, umsorgt Chefin Simone auf herzliche Art die Gäste. Wild kommt übrigens aus eigener Jagd, Schnaps brennt man selbst! Das nett dekorierte, gemütliche Restaurant befindet sich im 1. Stock und hat hier auch eine hübsche Balkon-Terrasse.

🍴 ⇔ 🅿 – Preis: €€

Kaiserstraße 8 ✉ 73650 – ☎ 07181 41515 – www.hirsch-manolzweiler.de – Geschlossen: Montag-Mittwoch, mittags: Donnerstag und Freitag

WIRSBERG

Bayern – Regionalatlas **4**–P4

⭐⭐ AURA BY ALEXANDER HERRMANN & TOBIAS BÄTZ

KREATIV • CHIC Er ist Sterne-Koch, Gastronom, Kochbuchautor und bekannt aus diversen TV-Kochsendungen: Alexander Herrmann. Im traditionsreichen Herrmann'schen Familienbetrieb, dem "Posthotel" in Wirsberg, bildet er im schicken modern-eleganten Gourmetrestaurant zusammen mit Tobias Bätz ein eingespieltes Küchenchef-Duo. Ihr Menü (auch vegetarisch) ist eine spannende Reise durch die besten Zutaten Frankens, bisweilen echte Raritäten, die kreativ und mitunter sehr aufwändig zubereitet z. B. als "Eingelegte & gebratene Waldpilze, Waldpilzsud, Lärchenöl, Cassisbeeren, Fichten-Extrakt" auf den Teller kommen.

Dazu fränkische Weine. Um 18 Uhr ist Menüstart. Umsorgt wird man freundlich und souverän, auch die Köche servieren mit und erklären die Gerichte. Eine schöne Idee: kleine Kärtchen mit Informationen zu den im „Future Lab ANIMA" verarbeiteten und haltbar gemachten Produkten.

🅰️ 🅿️ – Preis: €€€€

Marktplatz 11 ✉ 95339 – ☎ 09227 2080 – herrmanns-posthotel.de/gourmet-restaurant – Geschlossen: Montag, Dienstag, Sonntag, mittags: Mittwoch-Samstag

BISTRO OMA & ENKEL

REGIONAL • BISTRO "oma & enkel" nennt sich das Konzept im Bistro des traditionsreichen "Posthotel". Der Name steht für die Verbindung von Generationen, von Traditionellem und Modernem. So holt man Gerichte aus Großmutters Zeiten in die Gegenwart und setzt Kindheitserinnerungen modern um. In angenehm legerer Atmosphäre wählen Sie "Fränkische Tapas" oder das "Heimatmenü" - Letzteres können Sie um "Add-ons" erweitern. Beide Menüs gibt es auch als vegetarische Variante.

🅰️ 🍽️ ♿ 🅿️ – Preis: €€€

Marktplatz 11 ✉ 95339 – ☎ 09227 2080 – herrmanns-posthotel.de – Geschlossen mittags: Montag-Freitag

WITTNAU
Baden-Württemberg – Regionalatlas 7–B1

RISTORANTE ENGEL

ITALIENISCH • GEMÜTLICH Das Haus mit fast 200-jähriger Gastro-Geschichte ist seit über 40 Jahren in italienischer Hand. Nach seinen Eltern leitet heute Franco Iaia das Ristorante mit seiner Frau Yvonne. Die gemütlichen Stuben mit Kachelofen und warmem Holz sind voller Leben und Charme, herrlich die Terrasse "La Piazza" unter Maulbeerbäumen. Die "Cucina italiana strettamente classica" bietet Highlights wie hausgemachte Pasta, Brasato, Ossobuco...

🍽️ 🅿️ – Preis: €€€

Weinbergstraße 2 ✉ 79299 – ☎ 0761 402805 – www.ristorante-engel.de – Geschlossen: Montag-Mittwoch

WOLFSBURG
Niedersachsen – Regionalatlas 4–N1

🏵️🏵️🏵️ AQUA

KREATIV • ZEITGEMÄSSES AMBIENTE Mitten in der an sich schon beeindruckenden Autostadt von Volkswagen liegt das "The Ritz-Carlton", und hier - etwas versteckt im Erdgeschoss am Ende eines Korridors - ein wahrhaft lohnendes Ziel für alle Gourmets: Das „Aqua". Das Design edel und geradlinig, der Service professionell und zugleich angenehm ungezwungen und charmant - Berührungsängste mit 3-Sterne-Kulinarik braucht man hier nicht zu haben! Auf dem Teller beeindrucken interessante, bisweilen auch überraschende Kreationen und herausragende klare Kombinationen. Lust machen da nicht nur "Sicher Saibling & geröstete Bucheckernkerne, Avocado & Gurke" oder "Kaisergranat & geschmortes Schweinekinn, Karotte, Krustentier-Mayonnaise". Sven Elverfeld gelingt es immer wieder, komplexe Gerichte mit Leichtigkeit zu präsentieren. Fazit: Hier geht es um das Essen, das Erleben und den Genuss!

🥂 ♿ 🅰️ 🍽️ 🅿️ – Preis: €€€€

Parkstraße 1 ✉ 38440 – ☎ 05361 606056 – www.restaurant-aqua.com – Geschlossen: Montag, Dienstag, Sonntag, mittags: Mittwoch-Samstag

TERRA

MODERNE KÜCHE • ZEITGEMÄSSES AMBIENTE In diesem Restaurant im attraktiven Hotel "The Ritz-Carlton" erwartet Sie eine lichtes modern-elegante Atmosphäre und ein spannender Blick auf die VW-Werke und das Hafenbecken, den die große Fensterfront freigibt. Geboten wird eine saisonal ausgerichtete Küche, die Sie à la carte oder als Menü wählen können. Auch Vegetarier werden hier fündig.

⌖ & ⅏ 🄿 – Preis: €€€

Parkstraße 1 ✉ *38440 – ☎ 05361 607091 – www.ritzcarlton.com/de/hotels/ germany/wolfsburg/dining/terra*

WILDFRISCH GUTSKÜCHE

REGIONAL • ZEITGEMÄSSES AMBIENTE Vor den Toren Wolfsburgs finden Sie das ehemalige Pförtnerhaus des Ritterguts der Familie von der Schulenburg. Hier hat man ein recht schlichtes, aber schickes modernes Restaurant eingerichtet - Mittelpunkt ist die komplett offene Küche. Gekocht wird unkompliziert und saisonal, gerne mit regionalen Produkten. Sonntags bis 17 Uhr geöffnet, dann auch Kuchen und Torten.

🏠 ⇔ 🄿 – Preis: €€

Schulenburgstraße,16 ✉ *38446 – ☎ 05363 8133310 – www.wildfrisch.de – Geschlossen: Montag, mittags: Dienstag-Samstag, , abends: Sonntag*

WÜRSELEN

Nordrhein-Westfalen – Regionalatlas **3**–J3

ALTE FEUERWACHE

REGIONAL • TRENDY Das Engagement der herzlichen Gastgeber Kurt und Monika Podobnik zeigt sich nicht zuletzt in der ambitionierten Küche des Patrons. Am Abend bietet man verschiedene Menüs (darunter ein vegetarisches), mittags wählt man das etwas reduzierte Lunchmenü oder Gerichte à la carte. Dazu schönes geradliniges Ambiente, legere Atmosphäre und geschulter Service.

⅏ 🄿 – Preis: €€

Oppener Straße 115 ✉ *52146 – ☎ 02405 4290112 – www.alte-feuerwache-wuerselen. de – Geschlossen: Montag, Dienstag, Sonntag, mittags: Freitag und Samstag*

WÜRZBURG

Bayern – Regionalatlas **5**–V1

❀ ### KUNO 1408

KREATIV • CHIC Wirklich schön ist dieses im Zentrum der Barockstadt gelegene Restaurant, dessen Geschichte bis ins Jahr 1408 zurückreicht. Zu dieser Zeit soll Kuno von Rebstock einer der ersten Besitzer des Anwesens „Zum Rebstock" gewesen sein – daher der Name. Heute dürfen sich Gäste hier auf die produktorientierte Küche der Doppelspitze Robin Hofmann und Patrick Grieshaber freuen. Modern-kreativ inspirierte Gerichte wie z. B. "Hecht-Ceviche, Karotte, Ei, Parmesan" gibt es in Form eines 4- bis 6-Gänge-Menüs. Dazu gesellt sich ein versiertes und freundlich-lockeres Serviceteam, das Ihnen auch die passenden Weine empfiehlt. Ein Hingucker ist auch das Restaurant selbst mit seinem modern-eleganten Interieur aus schicken Sesseln, Designerlampen und warmen Erdtönen. Zum Übernachten hat das Hotel "Rebstock" individuelle, wohnliche Zimmer.

& ⅏ – Preis: €€€€

Neubaustraße 7 ✉ *97070 – ☎ 0931 30931408 – www.restaurant-kuno. de/main/index.php – Geschlossen: Montag, Dienstag, Sonntag, mittags: Mittwoch-Samstag*

WUPPERTAL

Nordrhein-Westfalen – Regionalatlas 3–J3

⭐ **SHIRAZ**

FRANZÖSISCH-KLASSISCH • **ELEGANT** Man muss ein bisschen Acht geben, dass man an dem kleinen, mit Schiefer verkleideten Gasthaus nicht vorbeifährt. Es empfängt und umsorgt Sie Serkan Akgün, der sich hier 2017 selbstständig gemacht hat - seit über 30 Jahren ist er Gastgeber aus Leidenschaft. Auch die Welt der Weine macht ihm - wie auch seinen Gästen - Spaß. Am Herd ist seit Oktober 2020 Alexander Hoppe für finessen- und kontrastreiche moderne Küche mit klassischer Basis verantwortlich. Diese findet sich z. B. als "Zander, Risotto, Dashi-Beurre-Blanc, Schnittlauchöl" in seinem saisonal wechselnden Menü. Ausgezeichnete Produkte stehen hier ebenso im Fokus wie Handwerk, Geschmack und eine eigene Idee. Übrigens: Sie können das Menü auch erweitern. Das schöne Restaurant hat auch eine Terrasse mit Blick ins Wuppertal.

🌳 🅿 – Preis: €€€€

Wittener Straße 288 ⊠ 42279 – ℰ 0202 26533779 – restaurant-shiraz.com – Geschlossen: Montag, Dienstag, Sonntag, mittags: Mittwoch-Freitag

---

79 °

MARKTKÜCHE • **FARBENFROH** Im Stadtteil Elberfeld finden Sie dieses Restaurant in einer engen Straße mit Lokalen und kleinen Geschäften. Angenehm unprätentiös und trendig ist hier die Atmosphäre, freundlich-leger der Service, ambitioniert die Küche - das kommt an! Gekocht wird modern und saisonal mit mediterranen und klassischen Einflüssen, von "Gebeizter Eismeersaibling, Holunderblüten-Tomatenfond & Estragonöl" bis "Waldpilze, Kartoffelstampf, Schnittlauch & Nussbutterschaum". Sie können sich Ihr Menü selbst zusammenstellen - konventionell oder vegetarisch. Schön der Innenhof.

🌳 – Preis: €€

Luisenstraße 61 ⊠ 42103 – ℰ 0202 27097070 – www.79grad.com – Geschlossen: Montag und Sonntag, mittags: Dienstag-Samstag

---

SCARPATI

ITALIENISCH • **ELEGANT** Schon seit 1982 betreiben die Scarpatis dieses einladende Restaurant. In einer gepflegten Jugendstilvilla nehmen Sie in klassisch-elegantem Ambiente Platz und lassen sich vom aufmerksamen Service mit italienischer Küche umsorgen. Richtig schön (und geschützt dank Markise) ist auch die tolle Gartenterrasse. Tipp: Jeden Mittwoch gibt es das fair kalkulierte "Amuse Bouche Menü".

🅰🌳 ⇔ 🅿 – Preis: €€

SCheflstraße 41 ⊠ 42327 – ℰ 0202 784074 – www.scarpati.de – Geschlossen: Montag und Dienstag, mittags: Mittwoch-Samstag

---

TRATTORIA

ITALIENISCH • **KLASSISCHES AMBIENTE** Kein Wunder, dass man hier viele Stammgäste hat, denn was man in der etwas legereren Restaurantvariante der Familie Scarpati aufgetischt bekommt, kann sich sehen lassen. Serviert werden schmackhafte und frische italienische Gerichte, einschließlich beliebter Klassiker wie "Vitello Tonnato". Sie können à la carte oder in Menüform speisen. Auch die freundliche Gästebetreuung kommt an.

🅰🌳 ⇔ 🅿 – Preis: €€

SCheflstraße 41 ⊠ 42327 – ℰ 0202 784074 – www.scarpati.de – Geschlossen: Montag und Dienstag, mittags: Mittwoch-Samstag

WURSTER NORDSEEKÜSTE

Niedersachsen – Regionalatlas **1**–B3

☺ **GASTHAUS WOLTERS - ZUR BÖRSE**

REGIONAL • RUSTIKAL Ein schönes Gasthaus mit Tradition ist diese ehemalige Viehbörse. Hinter der typischen Fassade aus Backstein und Fachwerk sitzt man in netter ländlicher Atmosphäre und lässt sich eine bürgerlich-regional ausgerichtete Küche aus guten Produkten schmecken. Dazu wird man herzlich umsorgt. Tipp: Reservieren Sie lieber, die Tische im Hause Wolters sind meist gut gebucht!

⇔ – Preis: €€

In der Langen Straße 22 ✉ *27639 –* ☏ *04705 1277 – www.zur-boerse.de –*
Geschlossen: Dienstag und Mittwoch

WUSTROW

Mecklenburg-Vorpommern – Regionalatlas **2**–F2

SCHIMMEL'S

REGIONAL • CHIC Ein echter Blickfang: außen die markante rote Fassade, drinnen wertig-moderner Chic gepaart mit Wohlfühl-Atmosphäre - schön die Holztische! In der offenen Küche wird regional gekocht, hier und da auch mit internationalem Touch. Man bietet zwei Menüs, aus denen Sie auch à la carte wählen können. Lecker sind z. B. die geschmackvollen Suppen, aber auch der frische Fisch! Im Service die herzliche und aufmerksame Chefin. Tipp: Man hat auch hübsche Gästezimmer und Ferienwohnungen.

🛖 **P** – Preis: €€

Parkstraße 1 ✉ *18347 –* ☏ *038220 66500 – www.schimmels.de – Geschlossen: Donnerstag, mittags: Montag-Mittwoch, Freitag*

WYK – Schleswig-Holstein ➜ Siehe Föhr (Insel)

ZELL IM WIESENTAL

Baden-Württemberg – Regionalatlas **7**–B1

☺ **BERGGASTHOF SCHLÜSSEL**

REGIONAL • GASTHOF Der über 100 Jahre alte Berggasthof liegt im 700 m hoch gelegenen Ortsteil Pfaffenberg - da genießt man die Aussicht über die Region besonders gut von der Terrasse. Die engagierten Gastgeber bieten in verschiedenen Stuben mit ländlichem Flair eine frische, modern inspirierte und sehr saisonale Regionalküche. Vesperkarte durchgehend. Tipp: Tisch Nr. 15 am Kachelofen. Zum Übernachten hat man gepflegte Gästezimmer.

⪍ 🛖 ⇔ **P** – Preis: €€

Pfaffenberg 2 ✉ *79669 –* ☏ *07625 375 – berggasthof-schluessel.de –*
Geschlossen: Dienstag und Mittwoch

ZELTINGEN-RACHTIG

Rheinland-Pfalz – Regionalatlas **5**–S1

SAXLERS RESTAURANT

INTERNATIONAL • LÄNDLICH Das Restaurant befindet sich im wohnlich eingerichteten "Weinhotel St. Stephanus" an der Uferpromenade unweit des alten Marktplatzes. Hier erwarten Sie klassisches Ambiente, freundlich-engagierte Gastgeber und schmackhafte Küche aus sehr guten Produkten, auch vegetarisch. Tipp: Lassen Sie Platz für die leckeren Desserts! Im UG hat man einen Braukeller mit Bier vom Kloster Machern.

⬚ 🏠 **P** – Preis: €€

Uferallee 9 ✉ 54492 – ℰ 06532 680 – www.hotel-stephanus.de/weinhotel.
html – Geschlossen: Donnerstag, mittags: Montag-Mittwoch, Freitag, -Sonntag

ZERBST
Sachsen-Anhalt – Regionalatlas **4**–P2

PARK-RESTAURANT VOGELHERD
MARKTKÜCHE • LÄNDLICH Idyllisch liegt das einstige Gutshaus im Grünen.
Das seit über 100 Jahren familiär geleitete Restaurant bietet saisonale Küche von
"Rindergulasch" bis "Fasanenbrust mit Champagnerkraut und Püree". Gefragt ist
auch die hübsche Terrasse bei einem kleinen Teich.

🏠 ⇄ **P** – Preis: €€

Lindauer Straße 78 ✉ 39264 – ℰ 03923 780444 – Geschlossen: Montag und
Dienstag, mittags: Mittwoch-Freitag, abends: Samstag

ZORNEDING
Bayern – Regionalatlas **6**–Y3

😊 ### ALTE POSTHALTEREI
MARKTKÜCHE • GEMÜTLICH In den liebenswerten Stuben dieses gestandenen
familiengeführten Gasthofs bietet man Ihnen eine regional und saisonal ausgerichtete Küche. Auf der Karte machen Klassiker wie z. B. Forelle "Müllerin", Wiener
Schnitzel oder Rinderfiletgulasch "Stroganoff" Appetit. Sie sitzen gerne im Freien?
Man hat einen lauschigen Biergarten unter Kastanien. Zum Übernachten stehen
schöne großzügige Gästezimmer bereit.

🏠 ⇄ **P** – Preis: €

Anton-Grandauer-Straße 9 ✉ 85604 – ℰ 08106 20007 – www.alteposthalterei-
zorneding.de – Geschlossen: Montag und Dienstag, mittags: Mittwoch-Sonntag

ZWEIBRÜCKEN
Rheinland-Pfalz – Regionalatlas **5**–T2

ESSLIBRIS
MEDITERRAN • ELEGANT Schön sitzt man in lichtem modern-elegantem
Ambiente, genießt den Blick zum Garten und wird von einem herzlichen, geschulten Service umsorgt. Hier im Restaurant des in einem herrlichen Park gelegenen
und geschmackvoll eingerichteten Hotels "Landschloss Fasanerie" wird mediterran
mit regionalem und saisonalem Bezug gekocht - auch Klassiker finden sich immer
mal auf der Karte. An Veganer ist ebenfalls gedacht.

🏠 **P** – Preis: €€

Fasanerie 1 ✉ 66482 – ℰ 06332 9730 – www.landschloss-fasanerie.com/de

ZWEIFLINGEN
Baden-Württemberg – Regionalatlas **5**–U2

✿✿ ### LE CERF
FRANZÖSISCH-KLASSISCH • ELEGANT Elegant und klassisch, fast schon
opulent zeigt sich das kulinarische Herzstück des "Wald & Schlosshotel
Friedrichsruhe"! Erlesene Details wie edle Stoffe, feine Tapeten und Kristallleuchter
passen perfekt zum historischen Schloss. Auch die Küche hat eine klassische
Basis, wird aber von Boris Rommel und seinem Team modern interpretiert. Dabei
überzeugen akkurates Handwerk und herausragende Produkte, präzise werden
die einzelnen Komponenten bis ins kleinste Detail ausgearbeitet, so z. B. bei
„Bretonischer Steinbutt, Fichte, Kalbszunge und Pfifferlinge". Man bietet zwei

Menüs (eines vegetarisch), aus denen man auch à la carte wählen kann. Dazu werden Sie freundlich und kompetent umsorgt. Auch der Küchenchef ist persönlich am Gast und erklärt die Idee hinter seinen Gerichten, so manches richtet er selbst am Tisch an. Tipp: Apero an der Hotelbar.

🛏️ & 🅰️ 🍴 🅿️ – Preis: €€€€

Kärcherstraße 11 ✉ 74639 – ☎ 07941 60870 – schlosshotel-friedrichsruhe.de – Geschlossen: Montag, Dienstag, Samstag, Sonntag, mittags: Mittwoch-Freitag

ZWINGENBERG
Hessen – Regionalatlas **5**–U1

KALTWASSERS WOHNZIMMER
MODERNE KÜCHE • **RUSTIKAL** Richtig nett sitzt man hier in gemütlicher Wohnzimmer-Atmosphäre, charmante nostalgische Details setzten hübsche Akzente. Sie speisen gerne draußen? Dann wird Ihnen das "Atrium" mit Innenhof-Flair und Blick in die verglaste Küche gefallen. Auf der Karte machen produktorientierte modern-regionale Gerichte Appetit.

🍴 ✿ – Preis: €€€

Obergasse 15 ✉ 64673 – ☎ 06251 1058640 – www.kaltwasserswohnzimmer. de – Geschlossen: Montag, Dienstag, Sonntag, mittags: Mittwoch-Samstag

ZWISCHENAHN, BAD
Niedersachsen – Regionalatlas **1**–B4

❀ APICIUS
FRANZÖSISCH-MODERN • **ELEGANT** Sehr schön liegt das geschmackvolle, seit Generationen von Familie zur Brügge geführte Hotel "Jagdhaus Eiden" im Grünen, nur wenige Meter vom See entfernt. Hier finden Sie das modern-elegante Gourmetrestaurant, in dem Küchenchef Tim Extra und sein motiviertes Team Ihnen modern interpretierte, finessenreiche Gerichte wie z. B. "Balfego Thunfisch, Rettich, Buttermilch Dashi, N25 Kaviar" bieten. Sie können ein Menü mit fünf oder sechs Gängen wählen, vegetarisch, konventionell oder gemischt. Dazu ein klassischer, aber keinesfalls steifer, sondern angenehm lockerer Service - aufmerksam und sehr gut organisiert. Ansprechend die Weinkarte mit über 600 Etiketten. Tipp: eigene Spielbank im Haus.

🍸 🛏️ & 🅰️ 🅿️ – Preis: €€€€

Eiden 9 ✉ 26160 – ☎ 04403 698416 – apicius.de – Geschlossen: Montag, Dienstag, Sonntag, mittags: Mittwoch-Samstag

EIDEN RESTAURANT
REGIONAL • **LÄNDLICH** Die Lage des Jagdhauses in einem 10 ha großen Park ist fantastisch - da ist die herrliche Gartenterrasse natürlich besonders gefragt! Auch drinnen sitzt man schön bei regionalen Fisch- und Wildspezialitäten sowie internationalen Klassikern. Verbinden Sie Ihr Essen doch mit einem Besuch der Spielbank direkt im Haus.

🍴 ✿ 🅿️ – Preis: €€€

Eiden 9 ✉ 26160 – ☎ 04403 698000 – www.jagdhaus-eiden.de – Geschlossen: Montag, Dienstag, Sonntag, mittags: Mittwoch-Samstag

GUIDE
MICHELIN

Buchen Sie die besten Hotels,
die Sie sich vorstellen können

guide.michelin.com/de/de

Seit über 120 Jahren setzt sich der Guide
MICHELIN dafür ein, Ihnen hochwertige
gastronomische Erlebnisse zu bescheren.
Die gleiche Leidenschaft und das gleiche
Fachwissen wenden wir nun auf Hotels an.
Unsere Experten haben die Welt durchforstet,
um Unterkünfte zu finden, die sich durch ihren
Stil, ihren Service und ihre Persönlichkeit
auszeichnen - mit Optionen für jeden
Geldbeutel.

Besuchen Sie die Website und die App des
MICHELIN Guide, um die besten Hotels
zu buchen, die Sie sich vorstellen können.

Relais & Châteaux Hotel Gut Steinbach | Reit im Winkl, Deutschland

MICHELIN Éditions

Société par actions simplifiée au capital de 487 500 €
57 rue Gaston Tessier - 75019 Paris (France)
R.C.S. Paris 882 639 354

© 2023 **Michelin Éditions** – Tous droits réservés
Dépôt légal : mars 2024
Imprimé en Italie - en mars 2024, du papier issu de forêts bien gérées

Plans de villes : © MICHELIN 2024. Tous droits réservés

Compograveur : MICHELIN Éditions, Voluntari (Roumanie)
Imprimeur-relieur : LEGO, Lavis (Italie)

Unser Redaktionsteam hat die Informationen für diesen Guide mit größter Sorgfalt zusammengestellt und überprüft. Trotzdem ist jede praktische Information (offizielle Angaben, Preise, Adressen, Telefonnummern, Internetadressen etc.) Veränderungen unterworfen und kann daher nur als Anhaltspunkt betrachtet werden. Es ist nicht auszuschließen, dass einige Angaben zum Zeitpunkt des Erscheinens des Guide nicht mehr korrekt oder komplett sind. Bitte fragen Sie daher zusätzlich bei der zuständigen offiziellen Stelle nach den genauen Angaben (insbesondere in Bezug auf Verwaltungs- und Zollformalitäten). Eine Haftung können wir in keinem Fall übernehmen.